십자가에서 아가페로

고린도전서 강해
십자가에서 아가페로

2016년 3월 7일 초판 1쇄 발행

지 은 이 | 이상원
펴 낸 이 | 박영호
펴 낸 곳 | 도서출판 솔로몬
주   소 | 서울시 동작구 사당로 155(사당동) 신주빌딩 지하1층
전   화 | 599-1482
팩   스 | 592-2104
직영서점 | 596-5225
등 록 일 | 1990년 7월 31일
등록번호 | 제 16-24호
디 자 인 | 박마리아(mmsdg@naver.com)

ISBN 978-89-8255-542-8 (03230)

저작권법에 의하여 보호를 받는 저작물이므로 무단전재와 복제를 금합니다.
정가는 뒷표지에 있습니다.
잘못되거나 파손된 책은 구입하신 서점에서 교환하여 드립니다.

배려하는 교회윤리
고린도전서 강해

십자가에서 아가페로

이상원 지음

솔로몬

| 서문 |

    한국교회는 영혼구원을 향한 뜨거운 열정을 좇아서 좋은 학벌과 탄탄한 사회적 입지를 과감하게 포기하고 고된 선교의 길에 나선 북미의 선교사들과 이들의 가르침을 계승한 한국의 교회 지도자들의 눈물겨운 헌신이 밑거름이 되어 성장을 거듭하여 오늘에 이르렀습니다. 그러나 가지 많은 나무에 바람 잘 날이 없다는 속담처럼 오늘의 한국교회는 풀어내기가 매우 힘든 많은 문제들로 인하여 고통을 당하고 있습니다. 지금은 소강상태에 접어들었으나 한국교회는 거의 모든 교단들이 분열을 아픔을 겪었으며, 교단과 지역 교회 안에서 일어나는 많은 분쟁이 사회법정으로 옮겨가 진행되고 있으며, 한국교회를 대표하는 지도자들이 성적인 추문, 재정비리, 설교 및 논문 표절 등으로 곤경에 빠져 있으며, 교회 안에서는 무리하게 권위를 주장하는 교회지도자들과 성도들 간의 갈등 등으로 어려움을 당하고 있습니다. 이와 같은 일련의 사태들이 교회에 대한 일반사회의 신뢰를 크게 실추시키고 있는 실정입니다. 이 시점에서 우리는 이렇게 묻지 않을 수 없습니다. 어떻게 해야 한국교회를 힘들게 하는 이런 난제들을 원활하게 풀어내고 건강하고 견실한 교회생활과 신앙생활의 전망을 제시할 수 있을까?

    이 질문에 대한 답변을 찾는 적절한 방법 가운데 하나가 바로 고린도전서의 가르침에 주목하는 것이라고 저는 생각합니다. 바울은 자신이 설립한 고린도교회가 파벌의 문제, 음행의 문제, 세상 법정에 호소하는 문제, 결혼과 이혼의 문제, 독신의 문제, 우상제물을 먹는 문제, 성찬과 애찬의 문제, 은사의 문제, 부활의 문제 등으로 힘들어 하고 있다는 소식을 듣고 이런 난제들을 풀어내고 고린도교회를 건강하고 견실한 교회로 회복시키기 위한 간절한 마음을 담아 이 서신을 썼습니다. 바울은 이 서신에서 고린도교회 안에서 일어나는 모든 난제들을 해결하는 원리를 제시하고 있는데, 그 원리를 필자는 십자가에서 시작하여 아가페 사랑으로 꽃피우는 배려의 윤리라고 정리하고자 합니다. 바울은 예수 그리스도의 십자가 사건이 우리를 구원하시기 위한 대속의 사건이라는 신학적 의미를 지닌 사건인 동시에 자기 자신을 철저하게 희생하고 다른 사람의 안녕을 최우선적으로 배려하는 자기희생의 삶, 타인을 배려하는 삶이 성도들의 삶과 교회생활의 중심적인 원리라는 점에 주목하고 십자가에 나타난 이와 같은 "배려의 윤리"로써 모든 문제들을 풀어낼 수 있음을 매우 감동적이면서도 설득력있게 풀어내고 있습니다. 십자가에 나타난 배려의 윤리는 고린도전서 13장에서 아가페 사랑의 원리로 아름답게 꽃을 피워냈습니다.

본 강해를 준비하는 데 다음의 문헌이 크게 도움이 되었습니다. Anthony C. Thiselton, *The First Epistle to the Corinthians(NIGTC)*, Grand Rapids: Erdmans, 2000 (1400페이지가 넘는 이 방대하고 탁월한 주석이 강의 전체의 틀을 잡아 주었을 뿐만 아니라 풍부한 자료를 아울러 제공해 주었습니다); *1 Corinthians: A Shorter Exegetical & Pastoral Commentary*; F.W. Groscheide, *The First Epistle to the Corinthians(NIC)*, Grand Rapids: Eerdmans, 1984; David Prior, *The Message of 1 Corinthians*, Downers Grove: IVP, 1985; Alan F. Johnson, *1 Corinthians*, Downers Grove: IVP, 2004; H.W. Hollander, *Een praktische bijbelverklaring*, Kampen: Kok, 1996; 안더스 니그렌, 『아가페와 에로스』, 서울: 크리스챤 다이제스트, 1998; 이상원, 『자기 십자가를 지고: 사도행전 강의』, 서울: 솔로몬, 2001.

본 고린도전서 강의는 일차적으로는 필자가 2001년부터 지금까지 협동

목사로서 섬겨 오고 있는 경기도 남양주 진접읍에 소재한 장현소망교회에서 한 달에 한 번 주어지는 주일 낮 설교를 통하여 연속 강의로 전달되었으며, 2차적으로는 2014년 1월부터 경기도 용인시 구성동에 소재한 구성중앙교회 교육관을 빌려서 격주로 진행해 오고 있는 성경공부모임에서 연속된 집중강의로 전달되었습니다. 오랜 시간 동안 진행된 연속 강의를 인내로서 참고 들어 주신 장현소망교회 김종원 목사님과 성도들에게 감사를 표합니다. 특히 격주성경공부모임에 참석하시는 성도들은 비상한 열의와 꾸준함으로 진지하고도 간절히 사모하는 마음으로 성경공부에 임해 주셨고, 또 중요한 많은 질문들과 토론을 통하여 성경에 대한 이해를 풍성하게 해 주셨습니다. 특히 구성중앙교회 이기봉 담임목사님께서는 언제나 즐거운 마음으로 장소제공을 비롯하여 성경공부 팀을 위한 필요한 일들을 준비해 주시는 수고를 마다하지 않으셨습니다. 필자가 전도사 시절부터 함께 교회를 섬겨 오신 이희순 권사님은 성경공부에 한 번도 빠지지 않으시고 참석해 주셨으며 물심양면으로 섬겨 주셨습니다. 그밖에도 탁월한 유머감각으로 분위기를 이끌어 주시고 필요할 때 물심양면으로 섬겨주신 오간례 권사님, 필자의 네덜란드 유학시절 독일에서 임시담임목회를 할 때 인연을 맺은 "신실함"의 대명사 지형주 권사님, 기지와 믿음이 번득이는 강선미 권사님, 조용하면서도 촌철살인의 표현력을 갖춘 이선영 자매, 세계 수 십 개국의 대사를 역임하신 엄청난 스펙을 가지셨으면서도 먼 거리에서 성경공부에 참여하기 위하여 오시며 강남엘림교회를 개척하여 섬기시는 장기호 목사님, 그리고 필자의 강의를 경청하고 교회의 성도들과 성경공부 팀을 위하여 간식준비를 비롯한 분위기메이커역할을 신실하게 해 온 아내 조혜경, 그리고 아빠의 강의를 제법 진지하게 들어준 큰 딸 진희, 둘째 딸 윤희와 출간의 기쁨을 함께 하고자 합니다. 특별히 솔로몬 출판사의 박영호 사장님께서 필자의 출간계획을 흔쾌하게 승낙해 주시고 출간에 필요한 모든 궂을 일들을 담당해 주셔서 깊은 감사를 드립니다.

아무쪼록 독자들이 교회생활과 신앙생활에 뒤따르는 어려움을 풀어내고 하나님을 기쁘시게 하는 아름답고 바른 교회생활과 신앙생활을 엮어내는 데 이 책이 작은 도움이 될 수 있기를 기도드리면서 서문을 대신합니다.

2015년 9월
양지 연구실에서
이 상 원

CONTENTS

서문 **4**

제1강 서론 • 고전 1:22-24 **13**
제2강 바울의 문안인사 • 고전 1:1-3 **33**
제3강 바울의 감사(상) • 고전 1:4-9 **49**
제4강 바울의 감사(하) • 고전 1:4-9 **61**
제5강 분쟁이 없이 같은 마음으로 • 고전 1:10-17 **75**
제6강 십자가의 도 • 고전 1:18-25 **91**
제7강 자랑하는 자는 주 안에서 • 고전 1:26-31 **103**
제8강 십자가에 못 박히신 것 외에는 • 고전 2:1-5 **115**
제9강 은밀한 가운데 있는 하나님의 지혜 • 고전 2:6-9 **127**
제10강 성령의 일 • 고전 2:10-16 **139**
제11강 육신에 속한 자 • 고전 3:1-4 **151**
제12강 세 개의 비유(상 - 밭의 비유) • 고전 3:5-8 **165**
제13강 세 개의 비유(하 - 집의 비유와 성전의 비유) • 고전 3:9-17 **179**
제14강 모든 것이 다 너희의 것 • 고전 3:18-23 **191**
제15강 직분자의 마음가짐 • 고전 4:1-5 **203**
제16강 죽이기로 작정된 자 같이 • 고전 4:6-13 **215**
제17강 영적 아버지의 권고 • 고전 4:14-21 **229**

제18강 묵은 누룩을 내 버리라 • 고전 5:1-8 **241**

제19강 성도들에 대한 판단 • 고전 5:9-13 **255**

제20강 차라리 불의를 당하라 • 고전 6:1-8 **269**

제21강 하나님의 나라 • 고전 6:9-11 **283**

제22강 주와 합하는 자(상) • 고전 6:12-14 **295**

제23강 주와 합하는 자(하) • 고전 6:15-20 **309**

제24강 부부생활의 원리 • 고전 7:1-7 **323**

제25강 결혼와 이혼 • 고전 7:8-16 **337**

제26강 부르심 그대로 • 고전 7:17-24 **351**

제27강 아내 있는 자들은 없는 자 같이 • 고전 7:25-31 **365**

제28강 좋은 것과 더 좋은 것 • 고전 7:32-40 **379**

제29강 지식은 사랑 안에서(상) • 고전 8:1-6 **393**

제30강 지식은 사랑 안에서(하) • 고전 8:7-13 **407**

제31강 자유의 절제 • 고전 9:1-18 **421**

제32강 모든 일에 절제하라 • 고전 9:19-23 **435**

제33강 달리기 선수와 권투 선수처럼 • 고전 9:24-27 **449**

제34강 감당할 시험밖에는(상) • 고전 10:1-13 **463**

제35강 감당할 시험 밖에는(하) • 고전 10:1-13 **477**

제36강 주의 잔과 귀신의 잔 • 고전 10:14-22 **493**

제37강 자유의 참된 의미 • 고전 10:23-11:1a **507**

제38강 여자의 머리는 남자 • 고전 11:2-16 **521**

제39강 주의 몸을 분별하라(상) • 고전 11:17-22 **537**

제40강 주의 몸을 분별하라(하) • 고전 11:23-34 **551**

제41강 성령으로 아니하고는 • 고전 12:1-7 **565**

제42강 성령의 은사들 • 고전 12:8-11 **581**

제43강 몸은 하나, 많은 지체 • 고전 12:12-21 **595**

제44강 약한 지체를 더 소중히 • 고전 12:22-31 **609**

제45강 아가페 사랑(상 – 사랑이 없으면 꽝이다) • 고전 13:1-3 **625**

제46강 아가페 사랑(중 – 사랑의 속성) • 고전 13:4-7 **639**

제47강 아가페 사랑(하 – 사랑의 영속성) • 고전 13:8-13 **653**

제48강 방언과 예언(상) • 고전 14:1-12 **667**

제49강 방언과 예언(하) • 고전 14:13-25 **683**

제50강 모든 것을 덕을 세우기 위하여 • 고전 14:26-33a **699**

제51강 여자는 잠잠하라 • 고전 14:33b-40 **713**

제52강 부활의 역사성 • 고전 15:1-4 **727**

제53강 부활의 증인들 • 고전 15:5-11 **743**

제54강 부활이 없으면 • 고전 15:12-19 **757**

제55강 잠자는 자들의 첫 열매 • 고전 15:20-22 **771**

제56강 각각 차례대로 되리니 • 고전 15:23-28 **785**

제57강 죽은 자들이 다시 살아나지 못하면 • 고전 15:29-34 **799**

제58강 어떠한 몸으로 오느냐 • 고전 15:35-44 **815**

제59강 썩지 아니할 것으로 • 고전 15:45-58 **833**

제60강 몇 가지 남은 문제들과 마무리 인사 • 고전 16:1-24 **851**

22 유대인은 표적을 구하고 헬라인은 지혜를 찾으나 23 우리는 십자가에 못 박힌 그리스도를 전하니 유대인에게는 거리끼는 것이요 이방인에게는 미련한 것이로되 24 오직 부르심을 받은 자들에게는 유대인이나 헬라인이나 그리스도는 하나님의 능력이요 하나님의 지혜니라

제1강

서론

From the Cross to Agape

고전 1장 22~24절

● 　　　　고린도전서는 바울이 2차 선교여행 중에 고린도시에 설립한 고린도교회의 성도들에게 보낸 서신입니다. 고린도전서가 어떤 동기에서, 어디서, 그리고 언제 서술되었는가를 살펴보기 전에 바울 당시의 고린도시가 어떤 곳인가에 대하여 알아 볼 필요가 있습니다. 왜냐하면 고린도전서 서술의 동기와 고린도전서의 내용은 고린도시의 성격과 고린도인들의 생활풍습과 밀접하게 연결되어 있기 때문입니다.

　바울은 고린도시에 오기 전에 아테네에 잠깐 체류한 일이 있는데, 아테네 시와 고린도시는 분위기가 사뭇 다른 도시들이었습니다. 아테네시가 철학이 발달한 학문의 도시로서 차분하지만 경제적으로는 침체되고 가라앉아 있던 도시였던 것과는 대조적으로 고린도시는 동서무역이 활발하게 이루어지고 있었던 상업도시로서 생기가 넘치는 국제도시였습니다.

　지도에서 보면 고린도시는 북쪽에 위치한 아가야 지방과 남쪽에 위치한 펠로폰네소스지방을 육로로 연결시켜 주는 병목과 같은 좁은 지역에 위치해 있습니다. 고린도시에서 서쪽으로 약 2킬로미터 정도 가면 르가움 Lechaeum 항구가 있고 항구 앞 서쪽 바다는 고린도만입니다. 고린도시에서 동쪽으로 약 5-8킬로미터 정도 가면 겐그레아 Cenchrae 항구가 나오는데 항구 앞 동쪽 바다는 사로닉만입니다. 고린도만으로 나와 서쪽으로 계속 가면 로마와 이탈리아가 나오고, 사로닉만으로 나와 동쪽으로 계속 가면 에베소시가 있는 소아시아가 나옵니다. 말하자면 고린도시는 유럽과 아시아를 이어주는 동서무역의 연결점에 위치해 있습니다.

당시 동서무역을 하는 사람들에게는 두 개의 무역로가 열려 있었습니다. 하나는 고린도시 남쪽 펠로폰네소스 반도를 끼고 이오니아해를 항해하여 말레아 곶을 지나 에게해로 가는 뱃길입니다. 이 길은 배에 짐을 실은 상태로 계속하여 항해할 수 있다는 점에서 매우 편한 길입니다. 그러나 이 항해 길은 무서운 돌풍을 만날 각오를 하고 가야 하는 길이었습니다. 사도행전 27장에 예루살렘에서 체포된 바울을 싣고 로마를 향하여 항해하던 곡물수송선이 바로 이 돌풍을 만나서 파선 당했었습니다. 당시 항해하던 사람들 사이에서는 "말레아를 두 번 보면 집을 잊어라"는 격언이 유행했는데, 이 격언의 의미는 말레아를 끼고 도는 이 항해 길을 두 번 이상 가면 돌풍을 만나 죽을 위험이 있다는 뜻이었습니다. 따라서 사람들은 이 편한 항해 길을 이용하지 않고 번거롭지만 안전한 다른 길을 이용했습니다. 다른 길은 좁은 고린도만으로 들어가서 르가움 항구에까지 가서 짐을 내린 다음에 육로로 고린도시를 가로질러 9킬로미터 정도 짐을 운반한 다음 반대편에 있는 겐그레아 항구에까지 가서 새로운 배로 갈아타는 여행길이었습니다. 작은 배는 롤러에 실어 반대편 항구로 이송되었습니다. 르가움 항구에서 겐그레아 항구까지 연결되는 잘 포장된 육로를 디올코스Diolkos 라고 불렀습니다. 19세기에 디올코스가 있던 자리에다 아주 깊고 좁은 운하를 파서 오늘날은 배가 직접 통행할 수 있게 되었습니다. 수에즈 운하나 파나마 운하를 생각하시면 됩니다. 이 길은 배를 갈아타야 하고, 육로로 짐을 옮겨야 하는 번거로움이 뒤따르지만 돌풍을 피해 갈 수 있는 이점이 있었기 때문에 무역상들은 이 길을 주로 이용했습니다. 이 같은 지정학적 조건 때문에 고린도시는 동서무역의 물류 중심지가 되었습니다. 짐을 하역하고 육로로 옮기고 배를 수선하는 것과 같은 일거리가 많아 사람들이 몰려들었고, 고린도시는 물류에 뒤따르는 세금만으로도 많은 재정을 벌어들일 수 있었습니다.

고린도시는 이처럼 동서를 이어주는 국제무역의 요충지였을 뿐만 아니라 남북을 이어주는 가교역할을 하기도 했습니다. 남북을 연결시켜 줄 때는 경제적인 면 보다는 정치문화적인 면이 더 중요했습니다. 주전2세기 중엽 로마를 뒤에 업은 스파르타와 고린도시를 포함한 아테네가 중심이 된 에게 연합군 사이에 치열한 전투가 벌어졌습니다. 이 전투에서 에게 연합군이 패전함과 동시에 고린도시는 로마군에 의하여 철저하게 약탈당하고 파괴되어 폐허로 변했습니다. 이후 약 100년쯤 지난 뒤인 주전44년에 로마의 시이저 황제는 고린도시를 은퇴군인들을 위한 거주지로 재건하기 시작했습니다. 재건된 고린도에는 로마의 퇴역군인들, 노예들, 노예 신분에 있다가 자유를 얻은 사람들이 몰려들어서 활기를 찾기 시작했습니다. 고린도시는 동서무역의 요충지로 잘 알려져 있었기 때문에 로마 전역에서 무역상들이 몰려들었습니다. 그 결과 고린도시는 자연스럽게 국제무역의 중심지로 발돋움하게 되었습니다. 고린도 인근 지역에는 물이 풍부하여 목욕업이 발달했고, 질 좋은 진흙이 풍부하여 진흙을 이용한 도자기, 벽돌, 도로포장, 건축업이 활기를 띠었습니다. 고린도시로 몰려든 사람들 중에는 유대인들과 시리아인들도 끼어 있었습니다. 특히 유대인들은 늘 하던 관습에 따라 고린도시에 회당을 세웠는데, 이 회당은 바울이 선교활동을 시작하는 출발점이 되었습니다. 바울은 어느 도시를 가든지 언제나 먼저 유대인들에게 복음을 전하고, 유대인들이 받아들이지 않으면 이방인에게로 향하는 방식을 채택해 왔는데, 이 점은 고린도에서도 예외가 아니었습니다.

원래 고린도는 아테네의 영향권 안에 있었던 도시였으나, 아테네가 중심이 된 에게 연합군이 로마의 지원을 받은 스파르타 연합군에게 패전한 후에는 로마 식민지로 귀속되었고, 로마의 퇴역군인들과 돈을 주고 로마 시민권을 얻은 자유인들, 노예들이 몰려들면서 그리스적인 요소는 대폭 사라지고 로마식 생활방식이 도시 전체를 지배하게 되었습니다. 특히 고린도시의 생활풍습이 로마식이라는 사실을 아는 것은 고린도전서의 내용을 이해하는데도 매우 중요합니다.

예를 들어서 고린도전서 11장 5절에 보면 여자가 머리에 두건 같은 것을 쓰지 않고 기도하는 자를 책망하는 내용이 나옵니다. 바울이 당시 여자들이 머리에 두건 같은 것을 쓰지 않고 나오는 여자들을 책망한 이유는 로마의 생활풍습과 관련이 있었습니다. 당시의 고린도시에서 통용되던 로마식 관습에 따르면 결혼한 여자가 머리에 아무 것도 쓰지 않고 나오는 것은 "나는 성관계를 가질 마음이 있소"라는 뜻이거나 아니면 상대방을 무시하는 태도를 의미했습니다. 머리에 아무 것도 두르지 않고 나오면 이렇게 인식된다는 잘 알면서 아무 것도 쓰지 않고 기도하러 나와 앉아 있다면 문제가 있지 않겠습니까?

고린도전서 6장 1절에서 8절까지에 보면 세상 법정에 호소하여 갈등을 해결하려는 시도들을 책망하는 내용이 나옵니다. 이 내용은 세상 법정에 호소하는 것 자체를 금지시키는 명령은 아닙니다. 당시 로마의 형법은 비교적 공정했으나 본문에서 문제가 되고 있는 민법은 부정부패의 온상이었습니다. 민사소송이 전개되면 대부분 재력과 사회적 지위를 가진 사람들이 영향력을 행사하여 가난한 사람들에게 불리한 판결을 내리도록 하는 것이 다반사였습니다. 바울은 재력이나 사회적 영향력을 가진 교인들이 그렇지 않은 교인을 민사법정에 고발해 놓고 재력과 사회적 영향력을 악용하여 괴롭히는 관행을 책망하는 것입니다.

고린도전서 11장 17절 이하를 읽어 보면 자기 만찬을 먼저 가져다가 먹는 관습을 책망하는 내용이 나옵니다. 당시 고린도시의 로마식 식사관습을 머릿속에 그리면 이 본문을 이해하는데 도움이 됩니다. 만찬은 아마도 당시 귀족들의 저택에서 진행되었을 것입니다. 당시 귀족들의 저택에서 식사할 때 귀족들은 트리클리니움이라고 불리우는 식당에서 비스듬히 누운 채로 비싸고 좋은 음식과 포도주를 먹고 마셨고, 귀족이 아닌 사람들은 아트리움이라고 불리우는 복도에서 급이 낮은 음식과 포도주로 식사를 했습니다. 그러나 교회의 만찬자리에서는 신분고하를 가리지 않고 나누어 먹었습니다. 그러다가 신앙과 사랑이 식어지니까 귀족출신 성도들이 질이 좋은 음식과 포도주를 나눠 먹기가 아깝다는 생각을 하게 되었고, 급기야는 자기들끼리 먼저 먹어버리고 점심시간에는 먹을 것을 내놓지 않으니까 문제가 되었던 것입니다.

그러면 바울이 고린도전서를 써서 보내야 했던 이유는 무엇일까요? 고린도시는 바울의 2차선교여행의 마지막 사역을 한 도시였습니다. 바울의 사역에 힘입어 고린도시에서 기독교의 세력이 커지자 유대교인들의 반감도 커져 갔습니다. 마침 이때 고린도에는 웅변가 세네카의 아들이자 철학자 세네카의 형제이기도 했던 갈리오가 신임총독으로 부임했습니다. 이때가 주후50년에서 51년경입니다. 유대교인들은 바울 일행을 잡아다가 신임총독에게로 끌고 가서 바울이 로마법을 어기고 사람들을 유혹하여 하나님을 믿게 한다고 고발했습니다.행18:12-13 그러나 갈리오는 기독교란 유대교의 한 분파에 지나지 않는 것이고, 두 종파 간의 갈등은 경전의 해석을 둘러싸고 벌어지는 내부의 문제라고 생각했습니다. 당시 로마 정부의 정책은 식민지인들의 종교가 로마의 통치에 정치적으로 반항하지 않는 한 간섭하지 않는 것이었기 때문에 갈리오는 이 원칙에 따라서 이 문제에 말려들고 싶지 않았습니다. 갈리오는 바울뿐만 아니라 바울을 붙잡아 온 유대교인들까지 쫓아내 버렸습니다.^{행18:14-16}. 쫓겨나온 유대교인들은 화풀이로 회당장 소스데네를 붙잡아다가 때렸습니다^{행18:17}. 소스데네는 바울의 설교를 듣고 개종하여 기독교인이 된 인물로서 아마도 갈리오 앞에서 풀려 나오는 과정에서 바울을 변호했던 것 같습니다. 뿐만 아니라 소스데네는 개종한 후 바울의 사역을 적극적으로 지원했던 것 같습니다. 유대교인들은 유대교의 지도자인 회당장이 오히려 기독교를 지원하고 나서자 그 분풀이로 소스데네를 때린 것입니다. 고린도전서 1장 1절에 보면 바울이 고린도전서를 쓸 때 소스데네와 함께 문안인사를 하는 것으로 나오는데, 만일 이 소스데네가 사도행전에 등장하는 소스데네와 동일인물이라면 소스데네도 고린도를 떠나 바울과 합류하여 에베소에서 바울을 도와 사역하고 있었던 것으로 추정됩니다. 아가야 총독 갈리오로부터 풀려나온 바울은 몇 개월 간 고린도에 더 머물면서 고린도교회 성도들을 가르쳤습니다. 사도행전 18장 18절에 "더 여러 날" 머물렀다고 했는데, 여기서 말하는 "여러 날"은 최소한 몇 개월을 가리키는 함축적인 표현입니다.

바울은 고린도를 떠나 모교회인 시리아 안디옥 교회로 향합니다. 말하자면 귀환여행이 되는 셈이지요. 귀환하는 여행은 육로를 이용하지 않고 배편을 이용합니다. 이번 귀환여행에는 고린도에서 사귄 귀중한 동역자들인 아굴라와 브리스길라가 동행했습니다^{행18:18}. 바울은 이 두 사람과 같이 고린도시 동편 항구인 겐그레아 항에 도착하여 하나님 앞에서 한 서약을 지키기 위하여 머리를 깎았습니다.

바울이 행한 서약은 이른바 나실 인의 서약으로서, 구약성경 민수기 6장 1-21절과 미쉬나라는 주석서에 기록되어 있던 예식을 가리킵니다. 이 예식은 특별히 어떤 좋은 일이 있을 때, 그 일을 허락하신 하나님께 감사하고 또 헌신하는 마음의 표현으로 행하던 예식입니다. 아마도 바울은 갈리오 앞에 붙잡혀 갔다가 무사히 풀려난 것과 많은 방해에도 불구하고 고린도시에서 2년 가까운 기간 동안이나 머무르면서 말씀을 가르칠 수 있었던 것이 매우 기쁘고 감사했던 것 같습니다. 바울은 이와 같은 감사한 마음을 나실인의 서약을 행함으로써 하나님께 표현하고자 했습니다. 이 서약을 하기로 작정하면 일체의 술포도주 포함을 마시지 않고, 머리를 자르지 않고 그대로 길러야 했습니다. 이 예식은 적어도 30일간 계속되었습니다. 이 서약기간이 끝나면 머리를 자릅니다. 그리고는 예루살렘에 가서 희생 제사를 드리는 것으로 서약이 완료됩니다. 본문에 바울이 머리를 잘랐다는 것은 바울이 서약기간을 마쳤다는 것을 뜻합니다.

겐그레아항을 떠난 아굴라 부부와 바울은 여행 중에 에베소를 잠깐 방문합니다 행18:19. 에베소는 2차선교여행초기에 바울이 전도하기로 마음에 두었다가 하나님이 길을 마게도니아쪽으로 트시는 바람에 전도하지 못했던 곳입니다. 에베소에 도착한 바울은 에베소에서도 예전과 다름없이 유대인의 회당을 중심으로 복음전하는 일을 계속합니다. 본문은 바울의 에베소 전도에 대하여 상세히 기록하고 있지 않으나, 이 전도를 통해서 많은 사람들이 개종했던 것 같습니다. 에베소교회 교인들은 바울에게 에베소에 남아서 사역을 계속해 줄 것을 간청했으나 바울은 이 간청을 거절하고 곧 시리아로 향하는 배에 오릅니다 행18:20-21. 바울이 에베소에 머물 수 없었던 이유는 곧 다가올 유월절에 예루살렘에 들려서 나실인의 서약을 마무리해야 했기 때문입니다. 나실인의 서약은 예루살렘에서 희생 제사를 드림으로써 끝나도록 되어 있었습니다. 대신 바울은 브리스길라와 아굴라 부부로 하여금 에베소에 머물면서 성도들을 돌보도록 조치를 취했습니다. 그러나 바울의 마음속에는 계속해서 에베소교회가 떠나지 않았습니다. 따라서 그는 "하나님의 뜻이면 너희에게로 돌아오겠다"는 약속을 남기는 것을 잊지 않습니다.

이 무렵 아볼로라는 알렉산드리아 출신 학자가 에베소에 와서 예수에 관한 소식을 전합니다. 유대교와 헬라사상을 종합하여 신플라톤주의라는 새로운 철학 사조를 창시한 필로학파 출신이었던 아볼로는 어디서인지는 알 수 없지만 예수에 관한 소식을 듣고 감명을 받아 예수를 전했는데, 아볼로가 알고 있었던 예수에 관한 지식은 세례요한이 알고 있었던 수준에 머물러 있었습니다. 그 한 예가 세례에 관한 것이었습니다. 세례요한은 세례의 의미를 죄를 회개하고 하나님의 심판을 피하는 데 있다고 가르쳤습니다. 물론 이것도 세례가 지닌 중요한 의미들 가운데 하나입니다. 그러나 예수님이 베푸신 세례는 이와 같은 소극적인 의미에서 한걸음 더 나아가서 하나님의 자녀가 되고 영생에 참여하며 하나님과 더불어 연합하는 적극적인 의미를 가지고 있었는데, 아볼로는 세례가 지닌 적극적인 의미를 모르고 있었습니다. 비단 세례에 관해서 뿐만 아니라 아볼로가 예수에 관하여 알고 있었던 모든 지식이 이와 같은 한계를 안고 있었습니다.

아볼로의 설교를 듣고 있던 브리스길라와 아굴라는 아볼로가 무엇이 부족한가를 금방 알아채고 아볼로를 집으로 불러다가 복음을 자세히 가르쳐 줍니다. 아볼로는 이미 구약성경과 헬라 철학에도 능통했기 때문에 브리스길라와 아굴라가 참된 복음을 가르쳐 주자 빠른 시간 안에 복음의 핵심을 파악했습니다. 아볼로가 복음을 받아들인 것을 확인한 브리스길라와 아굴라는 아볼로에게 아가야 지방 곧 고린도에 가서 사역할 것을 제안합니다. 아볼로는 이 제안을 받아 들여 고린도로 건너가서 바울이 떠난 고린도교회에서 사역을 시작합니다.

이 무렵 시리아 안디옥으로 귀환했던 바울이 세 번째 선교여행을 떠납니다. 바울은 갈라디아 지방에 설립된 교회들을 순방한 후에 에베소에 와서 에베소 사역을 시작합니다. 고린도교회에서 사역하던 아볼로는 바울이 에베소에 와 있는 것을 알고 에베소를 방문하여 고린도교회 소식을 바울에게 전합니다. 이때 아볼로는 고린도교회 안에서 일어난 음행사건들에 대하여 바울에게 보고한 것 같습니다. 이 소식을 듣고 바울이 편지 한 통을 써서 보냈는데, 이 한 통의 편지는 고린도전서를 쓰기 전에 보낸 서신입니다. 이 편지는 오늘날 남아 있지 않습니다. 고린도전서 5장 9절이 바울이 이 편지를 써서 보냈으며, 편지에서 주로 다룬 주제는 음행이라는 점을 잘 보여 줍니다. "내가 너희에게 쓴 편지에 음행하는 자들을 사귀지 말라 하였거니와."

두 번째 소식은 글로에의 집 사람들을 통하여 전달되었습니다. 고린도전서 1장 11절입니다. "내 형제들아 글로에의 집편으로 너희에 대한 말이 내게 들리니 곧 너희 가운데 분쟁이 있다는 것이라." "글로에의 집 편"이라는 말은 글로에의 집을 위하여 일하는 하인들을 말합니다. 이 하인들이 에베소 교회 교인들이었습니다. 이들은 글로에와 항상 연락을 하고 있었기 때문에 글로에가 속해 있던 고린도교회의 소식을 잘 알고 있었습니다. 바울은 이들을 통하여 아볼로가 고린도교회에 간 이후로 누구를 지도자로 따를 것인가 하는 문제를 두고 분파가 생겨났다는 소식을 전해들을 수 있었습니다.

이 외에도 고린도교회 성도들이 몇 가지 중요한 생활상의 문제들 예컨대, 결혼과 독신, 우상에게 바쳤던 고기를 먹는 문제, 성령의 은사 등의 문제들을 어떻게 처리해야 좋을지 의견을 달라는 편지를 바울에게 보냈습니다. 이 편지는 고린도전서 16장 17절에 언급되어 있는 스데바나가 전달한 것으로 알려져 있습니다. 바울이 이 편지를 받았다는 사실은 고린도전서 7장 1절에 "너희가 쓴 문제에 대하여 말하면"이라는 구절에 의하여 입증됩니다. 마침내 바울은 분파와 관련하여 구두로 전달된 소식과 고린도교회 성도들이 보낸 몇 가지 생활상의 문제들에 대하여 문의한 편지에 답변하는 서신을 쓰지 않을 수 없었습니다. 이 서신이 바로 고린도전서입니다.

이 서신이 서술된 장소가 에베소라는 사실은 고린도전서 16장 8절에 "내가 오순절까지 에베소에 머물려 함은"이라는 문구에서 확증됩니다.

고린도전서가 서술된 시기는 바울이 고린도에서 사역하던 도중에 아가야의 총독으로 부임하여 바울이 고린도를 떠나게 된 계기가 되었던 바울재판을 주도했던 갈리오와 연관하여 추정합니다. 갈리오는 주후51년 봄에서 52년 봄까지 재임했습니다. 바울이 고린도를 떠난 후 시리아 안디옥에 갔다가 이른 바 3차 선교여행 시 에베소에 와서 서신을 썼기 때문에 고린도전서를 서술한 시기는 어림잡아 53년에서 54년 사이가 가장 개연성이 큽니다.

고린도전서 16장 21절에 보면 "나 바울은 친필로 너희에게 문안하노니"라는 말씀이 있는데, 여기서 "친필로"라는 구절은 직접 서명을 했다는 말입니다. 당시 서신을 쓸 때, 특히 글을 쓸 줄 모르는 사람들을 대신하여 구두로 불러 주는 내용을 대서하여 편지를 작성하여 보내는 일이 많았습니다. 바울은 글을 쓸 줄 모르는 경우에 해당하지는 않지만 어떤 이유에서이든 편지의 내용을 구두로 불러주고 누군가로 하여금 받아쓰게 한 후에 받아쓴 내용을 다 확인하고 끝 부분에 친필로 서명을 하고 서신을 보냈습니다. 친필 서명을 첨가했다는 것은 독자들에 대하여 바울이 각별한 애정을 가지고 있었음을 보여 줍니다. 특히 고린도전서는 바울이 다만 서명만을 한 것이 아니라 16장 21절에서 24절까지 친필로 써넣은 것으로 알려져 있습니다.

당시 서신은 통상적으로 회중들을 모아 놓고 한 사람이 낭독해주는 것이 관례였습니다. 그 가장 중요한 이유는 청중들 가운데 글을 쓰거나 읽을 줄 모르는 사람들이 대다수를 차지하고 있었다는 데 있습니다.

고린도전서에는 성도들의 실생활에 관련된 아주 다양한 많은 현실문제들이 등장합니다. 그런데 바울이 이 모든 문제들을 다룰 때 제시하는 모든 답변의 논증의 방향을 결정하는 중심사상이 하나 있습니다. 그것은 바로 그리스도의 십자가입니다. 그리스도의 십자가는 바울이 전개하는 모든 다양한 사상들의 변주곡들 안에 공통적으로 들어 있으며, 때로는 명시적으로 드러나기도 하고, 때로는 암시적으로 잠행해 들어가기도 하지만, 이 주제 선율로부터 완전히 벗어나지 않습니다. 따라서 고린도전서 전체의 요절은 고린도전서 1장 22절에서 24절입니다. "유대인은 표적을 구하고 헬라인은 지혜를 찾으나 우리는 십자가에 못 박힌 그리스도를 전하니 유대인에게는 거리끼는 것이요 이방인에게는 미련한 것이로되 오직 부르심을 입은 자들에게는 유대인이나 헬라인이나 그리스도는 하나님의 능력이요 하나님의 지혜니라." 그런데 십자가의 복음은 당시 고린도시를 지배했던 생활철학과는 대립되는 것이었다는 사실을 아는 것이 중요합니다.

고린도시는 국제무역의 중심지로서 로마나 아테네처럼 사회적 신분체계가 확립된 곳이 아니라 로마의 퇴역군인들, 돈을 주고 자유를 얻은 자유인들, 노예들, 유대인들, 로마 각지의 무역업자들과 같은 다양한 계층의 사람들이 모인 곳이었기 때문에 사회계층간의 구분이 느슨하고 계층 간의 이동이 비교적 자유로웠습니다. 이런 이유 때문에 고린도시에는 노예나 하층민 출신으로서 탁월한 장사수완으로 부자가 되어 로마 시민권을 돈을 주고 사거나 탁월한 처세술을 통하여 고위 관직에까지 오른 자유민들이 많았습니다. 이들에게 있어서는 장사수완이나 처세술과 같은 인간 자신이 가진 능력과 지식이 매우 중요했습니다. 이런 능력들이 돈을 벌어들이거나 고위 관직에 오르는데 필수적인 것이었기 때문입니다. 이런 분위기에서 인간의 지혜와 능력을 의지하지 않고 당시 사회에서는 수치스러운 사회적 낙오자가 되는 것을 의미했던 십자가를 바라볼 것과 하나님의 능력에 의지할 것을 말한다는 것은 고린도인들의 생활철학과는 조화될 수 없었습니다.

돈과 사회적 지위는 공급량이 한정되어 있고 원하는 사람은 많기 때문에 사람들이 돈과 사회적 지위를 추구하는 일에 매달리다 보면 자연스럽게 치열한 경쟁이 이루어질 수밖에 없고, 경쟁에서 승리한 사람은 대우받고 경쟁에서 진 사람은 도태되는 비정한 사회가 됩니다. 이것이 바로 현대사회의 특징인데 고린도시도 예외가 아니었습니다. 고린도시에서 발견된 비문들 중에는 자수성가하여 많은 돈을 벌어서 시의 최고행정관까지 오른 사람이 자기가 번 돈을 희사하여 도로를 포장하고 건물을 지어주었다는 내용을 새겨서 과시하려고 했던 흔적들이 많이 나타납니다. 예를 들어서 바비우스 비문 the Babius monument 으로 알려진 자료를 보면 다음과 같은 내용이 나옵니다. "바비우스는 신흥자유인으로서 돈과 천민 신분에 있다가 돈을 벌어 자유를 얻고 탁월한 처세술로 고린도시의 고위 행정관리의 직에까지 올랐던 인물이었다."

그러나 십자가의 길은 돈과 사회적 지위를 얻기 위한 경쟁에서 이기는 길이 아니라 지는 길이며, 자기를 높이는 길이 아니라 자기는 죽이고 하나님만을 높이는 길이며, 다른 사람을 누르고 밟고 일어서는 것이 아니라 다른 사람에게 양보하고 다른 사람을 위하여 희생하며 다른 사람을 먼저 배려하는 길이며, 인간의 계략과 지식을 의지하는 길이 아니라 십자가에 나타난 하나님의 지혜에 의지하는 길이었습니다.

고린도시에서는 검투사들이 칼싸움하는 경기와 벤허에 나오는 전차경주와 같은 경주가 인기를 끌고 있었습니다. 특히 전차경주는 이 지역이름을 따서 이스트미안 경기 the Isthmian game 라고 불리었습니다. 이 경기는 올림픽경기 다음으로 인기가 있는 경기였습니다. 4년마다 한 차례씩 개최된 이 경기에서는 로마 황제를 위하여 전차경주 뿐만 아니라 시작 발표, 트럼펫, 플루트, 수금과 같은 악기연주, 다양한 운동경기들이 있었습니다.

바울은 그리스도인을 비유할 때 관중석에 앉아서 여유를 즐기며 경주를 관람하는 자들로 비유한 것이 아니라 관중들에게 즐거움을 안겨 주기 위하여 경기장 속에 들어가서 죽을 힘을 다하여 경연과 경주를 하고 관중들의 구경거리가 된 자들로 비유합니다. 고린도전서 9장 24절에서 그리스도인들을 "운동장에서 달음질하는 자"에 비유한 것이 좋은 예입니다. 경기장에서 관중들의 구경거리의 자리에 들어가는 것은 고린도 인들이 추구하는 삶의 목표가 아니었습니다.

또한 고린도시에서는 궤변론자들로 알려진 웅변가들이 등장하여 탁월하고 현란한 화술로 청중들의 가려운 곳을 긁어 주고 청중들이 마음으로 바라는 것을 성취하는 지름길을 가르쳐 주고 돈을 받아 챙기고 있었습니다. 당시 로마의 웅변가들에는 두 부류가 있었습니다. 하나는 로마의 웅변가 키케로106-43, BC 와 퀸틸리안40-95, AD 이 가르쳤던 고전적 웅변술을 구사하는 웅변가들이었고, 다른 하나는 궤변론자들의 전통을 계승하는 웅변가들이었습니다. 고전적 웅변가들은 청중들의 즉흥적인 인기를 얻는 일 보다는 모든 사람들에게 적용되는 보편적인 진리를 논리 정연한 언어로 설득하는 일에 노력을 기울였습니다. 그러나 궤변론적인 웅변가들은 보편적인 진리란 존재하지 않으며 진리는 각 사람이 주관적으로 가지고 있는 감정에 불과한 것이라는 상대주의적 사고를 가지고 청중들을 감정적으로 자극하고 선동하여 인기를 얻는 일에 관심을 기울였습니다. 이들은 청중들에게 인기를 얻은 대가로서 돈을 챙기기에 바빴습니다. 고린도에서 활동하던 웅변가들은 바로 이 궤변론적인 웅변가들이었습니다.

  바울의 설교는 궤변론적인 웅변가들과는 정반대의 길을 걸었습니다. 고린도에 도착하여 사역을 시작할 무렵의 바울은 매우 지쳐 있는 상태였습니다. 2차선교여행이 시작된 이후 바울의 여정은 매우 힘든 과정의 연속이었습니다. 빌립보에서 매를 많이 맞고 감옥에 갇혔다가 풀려났고, 데살로니가에서도 사역에 막 불이 붙으려고 하던 시점에 유대교인들의 협박에 밀려서 막 믿음이 싹트기 시작하고 또 많은 것을 가르쳐 주어야 할 초신자들을 그대로 방치한 채 떠나야 했고, 베뢰아에서 신사답고 말씀을 사모하는 성도들을 만나서 좋은 시간을 보내던 중에 또 다시 베뢰아까지 원정 내려온 유대교인들에 의하여 쫓겨나야 했고, 아테네에서는 눈에 띄는 사역의 열매를 거두지도 못한 채 서둘러 떠나야 했습니다. 거듭되는 이 같은 여정 때문에 고린도에 도착한 바울은 매우 큰 좌절과 낙심에 빠져 있었던 것 같습니다. 2차 선교 여행을 함께 시작한 디모데와 실라는 데살로니가 교인들을 위하여 데살로니가에 머물게 했기 때문에 동행자가 없어서 외롭기도 했습니다. 펠로폰네소스반도의 산길을 걷느라고 지친 몸에는 돌에 맞고 채찍에 맞은 상처 때문에 고통이 엄습해 왔습니다. 그런 몸으로 고린도에 왔는데, 고린도는 온통 돈벌이에 혈안이 된 사람들, 이방신전들, 도덕적 타락으로 휘청거리고 있었습니다. 마음이 힘든데 외부 환경도 의지할 만한 곳이 없었습니다. 고린도에 도착한 바울은 마음이 약해졌고, 공포가 엄습해 왔으며, 온 몸이 떨리기까지 했습니다. 아마도 바울은 존 폴록John Pollock 이 추정하고 있는 것처럼 "모든 사역을 접고, 설교를 포기하고, 토러스산이든, 아라비아광야든, 어디든 들어가서 조용히 쉬고 싶었을 것입니다."

바울은 현란하고 능숙한 화술을 사용하기를 거부하고 대중들 앞에서 약하고 이처럼 두려워하고 심히 떠는고전2:3 자신의 모습을 진솔하게 그대로 드러내면서 말씀을 전했습니다. 바울은 말과 지혜의 아름다운 것에 의지하지 않고, 설득력 있는 지혜의 말에 의지하지 않고, 오직 하나님의 능력에만 전적으로 의존하여 청중들에게는 별로 인기가 없는 "예수 그리스도와 그가 십자가에 못 박히신 것"만을 전했습니다.

웅변가들이 현란한 화술로 그럴듯한 말을 전하고는 돈을 챙겨서 축재하던 것과는 대조적으로 바울은 설교한 댓가로 돈을 챙기지 않았습니다. 바울은 당시 사람들이 천박하게 여겼던 손노동 곧 천막을 깁는 일을 부지런히 하여 생계비를 벌면서 동시에 연약한 성도들에게 영혼을 살려내는 십자가의 복음을 전하고 가르치는 일에 전념했습니다. 고린도에 도착한 바울은 아마도 천막을 깁는 일거리를 찾았을 것입니다. 그리고는 고린도시 안에 있는 천막을 만드는 상점을 찾아 들어갔는데, 그 상점이 바로 브리스길라와 아굴라의 상점이었습니다. 아마도 바울은 이 상점 한 구석에 잘 곳을 얻어 먹고 자면서 일을 했고, 일을 하는 가운데 자연스럽게 상점 주인이었던 브리스길라와 아굴라와 이야기할 기회를 가질 수 있었던 것 같습니다. 당시 고린도에는 르가움항과 겐그레아항에 들어오는 범선들의 돛을 수리하는 일거리가 많았고, 또 이스트미안 경주가 벌어지면 많은 사람들이 경기를 관람하기 위하여 경기장 주변에 치는 천막을 만드는 일거리도 많아서 바울의 일감은 항상 있었던 것 같습니다. 바울은 11시에서 오후4시까지 말씀사역을 위하여 할당하고 나머지 시간에는 하루 8시간 정도 고된 노동을 했던 것으로 알려져 있습니다. 당시 육체노동은 천박한 계층의 사람들이 하는 일로 경멸되고 있었기 때문에 진리를 가르치는 선생이 육체노동을 한다는 것은 상상하기 힘들었습니다. 그러나 바울은 약한 교인들을 힘들지 않게 하기 위하여 이와 같은 천박한 일을 하기를 주저하지 않았습니다.

종교다원주의를 주장하는 독자들은 구원의 길로서 바울처럼 다만 그리스도의 십자가를 유일한 길로서 전하는 것은 바울 당대에나 가능했던 것이고 오늘날처럼 종교적으로 다원화된 시대에는 적합하지 않다고 생각할 수도 있습니다. 그러나 그것은 사실과 다릅니다. 오늘날만 종교 다원주의가 지배하는 시대가 아니라 바울 당시의 고린도시도 종교적으로 다원화된 시대에 속해 있었습니다. 고린도시에는 로마에서 공식적으로 인정한 신들만 해도 포세이돈 신, 아프로디테 신, 아폴로 신, 데메터 신, 코레 신, 아스클레피오스 신들이 있었고 이들을 위한 신전이 있었습니다.

예를 들어서 아크로고린도Acrocorinth 라고 불리우는 약 600미터 정도 되는 언덕 위에는 아프로디테 여신을 섬기는 거대한 신전이 있었습니다. 이 신전 안에는 1000명의 여 사제들이 있었는데, 이 창녀들이 밤이 되면 도시로 내려와 성매매를 했습니다. 아프로디테숭배는 솔로몬, 여로보암, 요시아 시대에 시리아에서 성행했던 아스다롯 여신숭배 왕상11:1-9,33; 왕하23:13 와 같은 성격의 것이었습니다. 또한 아크로고린도 밑에서는 멜리세르테스 Melicertes 신을 숭배했는데, 이 신은 항해의 신으로서 두로시의 주신인 멜카르트와 동일한 신이었다. 이 같은 사실들은 근동의 종교가 이곳에 영향을 주었음을 보여줍니다.

아폴로신은 음악, 노래, 시의 신이자 남성의 아름다움의 이상형이었습니다. 남성성을 표현하는 다양한 자세의 아폴로 나신상과 부조들은 남성숭배자들을 흥분시켜 성전 안에 있는 아폴로신의 미동들과 성관계를 가지도록 했습니다. 따라서 고린도는 동성애관습의 중심지이기도 했습니다.

바울이 종교다원적인 상황에서 오직 십자가를 통한 구원과 삶의 길을 전했다는 말은 현대를 살아가는 기독교인들이 사회가 종교적으로 다원화되었다는 것을 핑계로 삼아 십자가의 길을 구원과 삶의 도리로서 증거 하는 것을 주저해서는 안 된다는 것을 의미합니다.

십자가신학이 고린도전서의 신학적 중심이라면 십자가 신학으로부터 필연적으로 나오는 규범인 사랑은 고린도전서 13장에서 집중적으로 다루어지고 있으며, 고린도전서 전장에 걸쳐 논의되는 윤리적인 문제들을 풀어가는 규범적 지침으로서 기능합니다.

1 하나님의 뜻을 따라 그리스도 예수의 사도로 부르심을 받은 바울과 형제 소스데네는 2 고린도에 있는 하나님의 교회 곧 그리스도 예수 안에서 거룩하여지고 성도라 부르심을 받은 자들과 또 각처에서 우리의 주 곧 그들과 우리의 주 되신 예수 그리스도의 이름을 부르는 모든 자들에게 3 하나님 우리 아버지와 주 예수 그리스도로부터 은혜와 평강이 있기를 원하노라

제2강

바울의 문안인사

· From
the Cross
to Agape

고전 1장 1~3절

● 　　　　1절은 이 서신을 보낸 자가 바울과 바울의 형제 소스데 네임을 밝히고 있습니다. "하나님의 뜻을 따라 그리스도 예수의 사도로 부르심을 받은 바울과 형제 소스데네는." 송신자로 언급된 두 사람 가운데 첫 번째 인물은 바울입니다. 바울은 자기 자신을 사도로 규정합니다. 바울은 이전에 갈라디아에 있는 성도들에게 서신을 보낼 때도 자신의 사도권에 의문을 제기하는 자들 때문에 갈라디아서 1장 1절에서 서신 문안인사를 할 때부터 사도권을 강조해야만 했습니다. "사람들에게 난 것도 아니요 사람으로 말미암은 것도 아니요 오직 예수 그리스도와 그를 죽은 자 가운데서 살리신 하나님 아버지로 말미암아 사도된 바울은." 바울의 사도권에 대한 이의제기는 고린도교회에서도 계속되었기 때문에 고린도교회에 보내는 서신에서도 바울은 자신이 사도임을 강조하지 않을 수 없었습니다. 예컨대 고린도교회에 베드로 파, 아볼로 파, 그리스도 파 등이 등장했다는 사실은 바울의 사도권에 대하여 이의를 가진 이들이 있었음을 보여 줍니다.

　　바울의 사도권이 계속하여 의심의 대상이 되어야 했던 세 가지 이유들이 있습니다. 첫째로, 바울이 개종 전에 기독교를 모질게 박해한 경력이 계속하여 바울에 대하여 의심의 눈초리를 거두지 못하게 했습니다. 둘째로, 바울에게는 예수님의 공생애 기간 동안 예수님과 함께 지낸 시간이 없었습니다. 셋째로, 바울은 예수님이 부활하신 후 제자들에게 나타나실 때 그 자리에 있지 않았습니다. 갈라디아서에서와 같이 고린도전서에서도 바울은 자신이 사도임을 문안인사 뿐만 아니라 본문 안에서도 강조합니다. 고린도전서 9장 2절에서 바울은 이렇게 말합니다. "다른 사람에게는 내가 사도가 아닐지라도 너희에게는 내가 사도니." 바울은 자신이 다른 사도들과 동등한 반열에서 동등한 권한이 있음을 강조합니다. 고린도전서 9장 5절입니다. "우리가 다른 사도들과 주의 형제들과 게바와 같이 믿음의 자매된 아내를 데리고 다닐 권리가 없겠느냐." 바울이 자신을 고린도전서 15장 9절에서 자기 자신을 "사도 중에 가장 작은 자"고 겸비하게 말하고 있는데, "사도 중에 가장 작은 자"라는 말은 자신이 사도임을 전제하는 것입니다.

그러면 바울이 자신이 사도임을 강조할 때 바울의 마음은 어떤 것일까요? 얼마 전까지만 해도 목사를 "주의 종"이라고 부르는 때가 있었습니다. 이 호칭은 그 의미가 매우 미묘한 것이었습니다. 주의 "종"이니까 문자적으로 보면 자기를 낮추는 겸손한 표현입니다. 그런데 실제로 성도들에게는 "사람의 종이 아니고 주의 종이니까 순종하고 섬겨야 한다"는 권위적인 의미로 받아 들여졌습니다. 그러나 바울이 자신을 사도라고 부를 때는 그 의미가 주의 종이라고 할 때와는 정반대입니다. 사도라는 직분은 인간으로 오신 하나님의 아들 예수 그리스도와 함께 있었던 직계 제자라는 엄청난 권위의 자리에 자신을 두는 것입니다. 로마교의 교황이라는 어마어마한 권위 있는 자리에 있는 사람이 구차스러운 논리들을 내세우면서 자기가 사도 베드로의 후계자임을 입증하려고 애를 쓰지만 잘 안 되는 것만 보아도 사도라는 자리가 어떤 자리인가를 알 수 있습니다.

그러나 사도의 내용을 보면 전혀 다른 차원을 만날 수 있습니다. 바울은 자기 자신을 예수 그리스도의 사도로 소개하고 있는데, 예수 그리스도의 사도는 예수 그리스도가 하신 일을 전하는 자이며 또한 예수 그리스도의 삶을 본받는 삶을 통하여 예수 그리스도를 증시하는 자입니다. 그러면 사도는 예수 그리스도가 행하신 어떤 일을 전하는 자일까요? 답은 고린도전서 1장 23절과 15장 20절에 있습니다. "우리는 십자가에 못 박힌 그리스도를 전하니 유대인에게는 거리끼는 것이요 이방인에게는 미련한 것이로되." 바울을 사도로 부르신 예수 그리스도는 십자가에 못 박히셨습니다. "그러나 이제 그리스도께서 죽은 자 가운데서 다시 살아 잠자는 자들의 첫 열매가 되셨도다." 십자가에 못 박히신 그리스도는 다시 살아나셨습니다. 바울은 십자가에 못 박히셨다가 부활하신 예수 그리스도께서 보내신 사도입니다. 여기서 중요한 것은 그리스도의 지상에서의 사역입니다. 지상에 계실 때 십자가에 못 박히신 예수님은 자기의 제자들에게 자기를 따라 오려거든 자신을 본받아 자기 십자가를 지고 따를 것을 명령하셨습니다. 바울이 자신을 예수 그리스도의 사도로 소개할 때 그의 머릿속에는 십자가에 달리신 예수 그리스도의 상이 꽉 차 있었습니다. 원래 하나님의 본체이시지만 자기를 비우시고 종의 형체로 낮아지신 겸비의 예수님, 죄인들의 발을 씻기시며 죄인들을 위하여 가장 비천한 형벌이었던 십자가의 형벌을 받으시고 십자가 위에서 죽으신 예수님이 바울의 생각을 사로잡고 있었습니다. 바울이 생각하는 예수 그리스도는 겸비하게 섬기시는 분이었고, 예수님이 보여주신 섬김의 본을 따라서 바울 자신도 철저한 섬김의 삶을 살아야 했습니다. 사도권의 외형은 엄청난 권위가 있는 자리였으나 그 내용은 철저한 낮아짐과 섬김이었습니다. 만일 사도권에 어떤 권위가 있다 하더라도 그 권위는 십자가의 연약함을 통하여 행사되는 권위일 뿐입니다.

바울은 소스데네를 서신의 공저자로 소개합니다. 고린도전서 2장 6절에 바울은 서신의 내용을 서술하면서 "우리가 온전한 자들 중에서는 지혜를 말하노니"라고 말한 것은 소스데네를 염두에 둔 표현으로 생각됩니다. 소스데네가 고린도전서의 공저자였다는 말을 소스데네가 고린도전서의 일부를 저술했다는 의미로 받아들일 필요는 없습니다. 아마도 바울은 소스데네와 이야기를 나누는 가운데 고린도교회 사정도 파악하고 바울 자신의 생각을 소스데네에게 이야기하고 소스데네의 의견도 들으면서 서로 공감대를 이루었을 것입니다. 그리고 서신을 쓴 다음에 소스데네에게 읽어 보게 했고, 소스데네는 바울이 서신에 쓴 내용에 대하여 전적으로 공감한다는 생각을 주고받았던 것 같습니다. 물론 바울은 자신이 직접 서신을 서술했지만 서신을 서술하는 과정에서 같이 의견을 나누는 일에 참여한 소스데네를 공저자로서 배려하고 예우해 준 것이라고 볼 수 있습니다.

칼빈은 이 소스데네가 사도행전 18장 17절에 언급된 고린도의 회당장 소스데네를 가리키는 것이라고 보았습니다. 이 견해가 소스데네에 대한 표준적인 견해입니다. 소스데네는 바울이 에베소에 와서 사역하고 있다는 소식을 듣고 에베소에 와서 바울과 함께 사역을 했던 것 같습니다. 소스데네에 대한 언명은 바울의 사역에 대하여 두가 지 중요한 정보를 제시합니다. 우선 소스데네의 개종은 바울의 고린도에서의 전도가 잘 이루어졌음을 시사합니다. 유대교에 평생 동안 몸담아 오던 회당의 장까지 개종시킬 정도로 바울이 전한 복음은 능력과 힘이 있었습니다. 또한 소스데네를 공저자이자 동역자로 배려하고 소개하고 있다는 사실은 바울이 독불장군과 같이 혼자 사역을 하지 않고 항상 동역자들의 역할과 기능을 존중해 주면서 동역자들과 협력하면서 사역을 했음을 시사해 줍니다. 따라서 바울이 서술한 서신에는 바울과 함께 일하는 동역자들을 소개하고 배려하며, 동역자들에 대한 각별한 애정을 표현하는 대목이 많습니다. 바울이 고린도를 떠나서 에베소에 와 있는 동안 소스데네 뿐만 아니라 스데바나, 브드나도, 아가이고 등이 고린도에서 에베소로 찾아 왔고, 브리스길라와 아굴라도 에베소로 찾아 와서 함께 일했습니다. 바울은 이 동역자들을 고린도전서 16장에서 소개하면서 각별한 애정을 나타냈습니다.

바울의 동역의식은 고린도교회가 직면한 최대의 현안들 가운데 하나에 대한 해결책을 제시하는데 결정적인 역할을 합니다. 아볼로가 바울의 후임자로 고린도교회로 와서 사역한 이후에 아볼로를 따르는 자들과 바울에 대한 그리움을 가지고 있던 자들 사이에서 갈등이 시작되었습니다. 이 소식을 전해 듣고 바울은 자신과 아볼로와의 관계를 "나는 심었고 아볼로는 물을 주었으되"라고 정리해 주었습니다. 씨앗을 심어만 놓고 물을 주지 않는다면 씨앗은 말라 죽어 버리고 맙니다. 물을 주어야 씨앗이 살아서 자라납니다. 또 씨앗을 심지 않으면 물을 주는 일이 아무런 의미가 없습니다. 따라서 심는 일과 물을 주는 일은 서로를 필요로 하며 서로를 세워 주며 협력하는 일들입니다. 고린도교회 교인들은 아볼로를 바울의 경쟁자로 생각했으나 바울은 아볼로를 서로를 보완해주고 세워주고 상대방의 사역을 빛내 주는 동역자로 생각했습니다. 그렇습니다. 하나님 나라의 일은 어떤 천재가 자기의 능력을 가지고 혼자 하는 일이 아닙니다. 하나님 나라의 일은 많은 구성원들이 서로의 부족한 부분을 채워주고 서로를 세워 주면서 힘을 합하여 하나의 아름다운 공동체를 형성시켜 나가는 일입니다.

2절은 서신의 수신자가 고린도에 있는 지역교회임을 밝히고 있습니다. "고린도에 있는 하나님의 교회 곧 그리스도 예수 안에서 거룩하여지고 성도라 부르심을 받은 자들과 또 각처에서 우리의 주 곧 그들과 우리의 주되신 예수 그리스도의 이름을 부르는 자들에게." 이 짧은 한 절 안에 바울의 교회관의 맹아가 이미 들어 있습니다.

　우선 문제가 많았던 고린도의 지역교회는 하나님의 교회였습니다. 지역교회를 하나님의 교회로 부른다는 것은 몇 가지 중요한 의미를 지니고 있습니다. 첫째로, 교회는 어떤 특정한 인간의 소유물이 아니라 하나님의 소유물입니다. 어떤 특정한 인간이나 집단이 교회를 형성하는 과정에서 헌금 등을 많이 했다는 이유로 교회에 대한 소유권을 행사하려고 드는 것은 매우 잘못된 교회관입니다. 둘째로, 교회가 하나님의 교회라는 말은 교회는 교회를 구성하는 구성원들이 지닌 어떤 탁월한 영적 자질이나 업적 또는 도덕적인 업적 등에 근거하여 수립된 공동체가 아니라는 것입니다. 이 점은 "그리스도 예수 안에서 거룩하여지고 성도라 부르심을 받은 자들"이라는 구절 안에 잘 나타나 있습니다. 헬라어 원문을 직역하면 "그리스도 안에서 거룩하여진 자들"과 "성도들이라고 불리는 자들"은 동격입니다. 성도라고 불리는 자들은 그리스도 안에서 거룩하여진 자들입니다. 그런데 성도가 원래 무슨 뜻이냐? 성도는 "거룩한 자"라는 뜻입니다. 성도는 거룩한 자입니다. 그러면 성도가 거룩한 자인 근거는 무엇인가? 성도 안에 원래부터 하나님이 인정해 주실 만한 탁월한 영적이고 도덕적인 자질과 업적이 있기 때문에 성도는 거룩한 자라고 불리는 것인가? 그게 아닙니다. 거룩이라는 자질은 아담과 하와가 선악과를 따먹고 타락했을 때 이미 박탈당했기 때문에 인간에게는 남아 있지 않습니다. 거룩하지 않은 인간이 인간 외부에서 들어 온 어떤 힘에 의하여 거룩하여짐으로써 거룩한 자가 되었습니다.

　그렇다면 원래 거룩하지 않은 인간을 거룩한 자가 되게 한 힘은 어디에서 오는 것인가? 본문은 "그리스도 안에서" 온다고 말합니다. 우리가 예수 그리스도를 구주로 영접하였을 때 그리스도의 의가 우리에게 전가되어 값없이 그리고 은혜로 우리는 하나님 앞에서 의롭다 여김을 받고 거룩하여 졌습니다. 인간이 거룩하여진 것은 전적으로 그리스도 안에 있는 거룩함에 의한 것일 뿐, 인간 안에 있는 어떤 영적이고 도덕적인 자질에 의하여 이루어지는 것이 아닙니다. 그런 의미에서 성도들의 공동체인 교회는 하나님의 교회입니다.

우리는 바울이 특별히 고린도교회를 염두에 두고 주저함이 없이 "하나님의 교회"라고 당당하게 말하고 있다는 점에 주목해야 합니다. 고린도전서는 분파, 도덕적 위선과 부패, 인종차별 등과 같은 온갖 도덕적인 문제들로 더러워진 고린도교회를 영적, 도덕적으로 책망하고 교정하기 위하여 기록된 서신입니다. 그러나 바울은 이렇게 문제가 많은 고린도교회를 향하여 "하나님의 교회"라고 부르기를 주저하지 않고 있으며, 또한 고린도교회 성도들을 향하여 성도들이라고 호명하기를 주저하지 않았습니다. 고린도교회에 대한 바울의 책망은 거룩한 하나님의 교회가 보다 바람직한 교회의 모습을 갖추어야 한다는 의미에서 제시되는 안타까운 마음의 표현이요, 하나님의 교회가 아닌 집단에 대한 책망이 결코 아니며, 하나님의 교회로서의 신분을 박탈하기 위한 책망도 아닙니다. 고린도교회 성도들에 대한 책망도 같은 맥락입니다. 바울은 거룩한 하나님의 백성들이 하나님의 성도들의 신분에 합당하지 않은 모습을 보여주는 것을 보고 한탄하며 성도의 신분에 합당한 모습을 회복하라는 당위적 차원에서 책망하는 것이요, 결코 하나님의 성도들이 아닌 불신자들에 대한 책망이 아니며, 더욱이 그리스도의 의에 근거하여 하나님의 거룩한 백성이 된 자들로부터 그 신분을 박탈하기 위한 책망은 아닙니다. 하나님의 교회에게서 하나님의 교회의 신분을 박탈하거나 하나님의 성도로부터 성도의 신분을 박탈할 권리는 바울이나 그 어떤 사도에게도 없으며, 그 어떤 목사나 신학자에게도 없습니다.

허물투성이였던 고린도교회를 향하여 당당하게 "하나님의 교회"라고 호칭하며, 도덕적으로 문제가 많았던 고린도교회를 향하여 "하나님의 거룩한 백성"이라고 호칭할 때는 교회의 머리이신 그리스도, 그리고 성도들에게 전가된 그리스도의 의에 주목했기 때문입니다. 그러나 거듭나고도 여전히 죄의 잔재를 벗어나지 못한 교인들, 그리고 이 교인들로 구성된 교회의 인간적인 모습에 주목할 때는 여전히 불완전한 교회요 죄인들입니다. 불완전한 교회와 이 교회를 구성하는 죄인들은 이 세상을 떠나는 그 날까지 죄의 잔재를 버리고 그리스도의 거룩에까지 자라가라는 규범적 명령을 들어야 합니다. 지역교회와 성도들이 도덕적인 결함을 지니고 있다는 이유로 이 교회들이 하나님의 교회가 아니고 이 성도들이 하나님의 거룩한 자가 아니라고 말하면 종교적 완전주의 또는 율법주의가 되고, 지역교회는 하나님의 교회요 성도들은 하나님의 거룩한 자임을 강조하면서 교회와 성도들의 죄를 지적하고 거룩에 이르도록 촉구하지 않는다면 반 율법주의에 빠집니다.

사실상 고린도교회를 향하여 하나님의 교회라고 호명하는 바울의 호명 속에 고린도교회를 향한 강력한 규범적 명령이 들어 있습니다. 통상적으로 규범적 명령은 명령형으로 되어 있기 마련입니다. 그러나 직설법으로 서술되어 있어도 규범적 명령을 그 안에 함의하고 있을 때가 있으며, 때로는 명령형보다 훨씬 더 강력한 규범적 효과를 지닐 때가 있습니다. 예를 들어서 컨닝 페이퍼를 열심히 준비하고 있는 어떤 학생이 있다고 가정해 봅시다. 이 모습을 보고 지나가던 어떤 사람이 "하나님은 편재하십니다"라고 한마디 하고 지나갑니다. 이 말은 직설법으로서 어떤 규범적인 명령도 담고 있지 않습니다. 그러나 컨닝을 준비하는 당사자에게 이 말은 양심을 예리하게 찌르는 칼날과도 같은 말로 다가옵니다. 왜 그렇습니까? 이 말은 "하나님이 이곳에도 계시고, 하나님이 너의 행동을 지금 보고 계신다"는 뜻이기 때문입니다. 이 말은 필연적으로 "하나님이 보고 계시는데도 네가 컨닝을 할 수 있느냐?"라는 뜻을 담고 있습니다. "하나님은 편재하신다"는 말은 노골적으로 "컨닝을 하지 말아라"라고 말하는 것보다 한층 더 강하게 양심을 압박하는 어법입니다. 이처럼 "교회는 하나님의 교회다"라는 말은 명령법이 아닌 직설법이지만, 이 말 안에는 "고린도교회야, 너는 하나님의 교회라는 사실을 알고 있고 그런 행동을 하는 것이냐?"라는 책망이 내포되어 있습니다.

바울은 독자들에게 고린도교회도 수직적인 차원에서 인간의 공동체가 아닌 하나님의 공동체임을 인식할 것을 제시한 바울은 다음 구절에서는 수평적 차원에서는 전 세계에 걸쳐 있는 보편교회의 지평 안에서 지역교회를 인식할 것을 제시합니다.

"또 각처에서 우리의 주 곧 그들과 우리의 주되신 예수 그리스도의 이름을 부르는 자들에게." 바울은 고린도교회를 향하여 서신을 서술하고 있지만 단지 고린도교회라는 지역교회만 바울의 머릿속에 들어 있지 않습니다. 바울은 "각 처" 곧 모든 장소에 있는 성도들 전체를 마음속에 담고 이 모든 성도들에게도 문안인사를 드립니다. 바울은 예수 그리스도는 단지 고린도교회 성도들만의 주님이 아니라 "각처에 있는 그들"의 주님도 되신다는 사실을 특별히 지적합니다. 이 같은 바울의 언명은 고린도교회 성도들은 고린도교회가 해변에 홀로 외톨이처럼 버려진 조약돌과 같은 존재가 아니라 세계 각처에 흩어져 있는 모든 지역교회들을 포괄하는 보편적이고 우주적인 교회의 한 부분으로서 이 교회와 긴밀한 연관 안에 있는 교회임을 인식할 것을 제시하는 것입니다. 아무리 작은 지역교회라도 전 세계 교회를 포괄하는 우주적인 보편교회의 전망을 항상 마음에 두고, 지역교회는 이 보편교회의 일부라는 인식을 가지고 교회생활을 하는 것이 바른 교회관입니다. 이 말의 의미는 한 지역교회는 자기교회 중심으로만 생각해서는 안 되고 다른 교회들에 대해서도 관심을 가지고 다른 교회의 입장에 서보는 훈련이 필요하다는 뜻이며, 동시에 성도들도 자기중심적으로 생각하고 행동하지 말고 다른 성도들의 입장을 배려하는 삶의 모습을 갖추라는 뜻입니다. 교회와 성도들은 지나치게 자기중심적인 신앙생활을 넘어서야 할 의무가 있습니다. 예를 들어서 어떤 성도가 타려고 하던 비행기를 놓쳐서 애석해 했습니다. 그런데 이 비행기가 비행도중에 사고를 만나 추락하여 승객들이 사망했습니다. 나중에 이 소식을 들은 이 성도는 자기를 위험으로부터 구해주신 하나님의 손길을 생각하면서 감사의 찬양을 드렸습니다. 대부분 한국교회 성도들의 신앙생활과 간증이 이 지점에서 더 나아가지 못한 채 머물고 있습니다. 그런데 이 신앙은 자기중심적인 신앙입니다. 성숙한 성도라면 보다 넓은 시각, 곧 타인의 입장을 고려해 보는 관점에서도 생각해 볼 수 있어야 합니다. 이 성도는 자기의 목숨을 건진 것에 대하여 감사하고 있으나, 예약대기를 하던 중에 자기가 앉으려고 했던 그 자리에 자기 대신 앉아서 비행하다가 죽은 승객은 고려에 넣지 않았습니다. 우리의 믿음이 이 이 수준에서만 계속하여 머물러 있다면 성숙하지 못한 믿음이라고 할 수 있습니다. 보다 성숙한 믿음은 타인과 타 교회를 배려하는 태도에까지 나아가는 것입니다.

자기교회 뿐만 아니라 타교회의 입장까지도 배려하면서 서로를 돕고 서로를 세워주는 것이 참된 교회관이라고 할 때 한 지역교회 안에서 분파로 나누어져서 다른 분파를 배려하지 못하고 분파끼리 갈등을 일으키고 싸우고 있는 고린도교회의 모습은 한층 더 추한 모습일 수 밖에 없습니다.

바울의 문안인사는 축복기도의 말로써 마무리됩니다. "하나님 우리 아버지와 주 예수 그리스도로부터 은혜와 평강이 있기를 원하노라."

오늘의 말씀이 주는 교훈을 정리하겠습니다.

첫째로, 사도 바울은 자신이 사도임을 강조할 때 사도로서의 권위를 강조하지 않고 십자가에 달리신 겸비와 섬김의 예수 그리스도를 생각하며 교회와 성도들을 섬기는 태도를 견지했습니다. 대 사도인 바울이 이런 겸비한 태도를 취한 것을 본받아 우리들도 겸비하게 섬기는 마음으로 교회 일에 임해야 하겠습니다.

둘째로, 바울은 하나님 나라의 일을 독불장군처럼 혼자 힘으로 하려고 하지 않고 하나님이 보내주신 동역자들을 소중하게 여기고 동역자들의 사역을 세워주고 서로의 약점을 보완하는 협력사역을 했습니다. 이와 같은 바울의 모습을 본받아 우리도 동료 성도들과 마음을 모아서 서로의 약점을 보완해 주고 협력하면서 교회 일을 해야 하겠습니다.

셋째로, 바울은 고린도교회를 향하여 지역교회는 전 세계에 걸쳐서 형성되어 있는 우주적인 보편교회의 한 부분이라는 넓은 교회관을 가지고 자기 교회의 일들에만 관심과 애정을 기울이지 말고 타교회의 입장에 서서 타교회의 안녕에도 관심을 가지며, 타 교회를 배려하는 태도로 교회생활에 임할 것을 요청했습니다.

넷째로, 고린도교회는 허물이 많은 교회였으나 그리스도 안에서 당당하게 하나님의 교회로 불렸던 것처럼, 오늘날의 지역교회들은 오늘날 지역교회들이 아무리 허물이 많아도 여전히 하나님의 교회로 인식할 수 있어야 합니다.

4 그리스도 예수 안에서 너희에게 주신 하나님의 은혜로 말미암아 내가 너희를 위하여 항상 하나님께 감사하노니 5 이는 너희가 그 안에서 모든 일 곧 모든 언변과 모든 지식에 풍족하므로 6 그리스도의 증거가 너희 중에 견고하게 되어 7 너희가 모든 은사에 부족함이 없이 우리 주 예수 그리스도의 나타나심을 기다림이라 8 주께서 너희를 우리 주 예수 그리스도의 날에 책망할 것이 없는 자로 끝까지 견고하게 하시리라 9 너희를 불러 그의 아들 예수 그리스도 우리 주와 더불어 교제하게 하시는 하나님은 미쁘시도다

제3강

바울의 감사(상)

From the Cross to Agape

고전 1장 4~9절

● 　　　　　1절에서 3절까지 고린도교회 교인들에 대한 문안인사를 서술한 바울은 고린도교회 교인들에게 나타난 심각한 문제점들에 대하여 고린도교회 교인들을 책망하기에 앞서서 고린도교회 교인들에게 하나님이 주신 은혜를 찾아내고 이 은사들에 대하여 하나님께 감사를 표현합니다. 이 감사의 표현이 4절에서 9절까지 기록되어 있습니다. 4절에서 9절까지의 내용을 다시 세분해 보면 4절에서 7절 전반절까지는 현재까지 고린도교회 교인들에게 주어진 하나님의 은혜들에 대하여 감사하고 있으며, 7절 후반 절과 9절까지는 미래에 주어질 하나님의 은혜에 대하여 감사하고 있습니다. 제3강에서는 4절에서 7절 전반절까지에 서술되어 있는, 현재까지 고린도교회에 주어진 하나님의 은혜에 대하여 감사하는 부분을 살펴보고 은혜를 나누고자 합니다.

고린도교회 교인들은 현재까지 하나님으로부터 어떤 은혜를 받았을까요? 먼저 4절을 읽겠습니다. "그리스도 예수 안에서 너희에게 주신 하나님의 은혜를 인하여 내가 너희를 위하여 항상 하나님께 감사하노니."

하나님이 현재까지 고린도교회에 주신 은혜는 무엇일까요? 그리고 이 은혜에 대하여 감사하는 바울의 태도로부터 우리가 배울 수 있는 교훈은 무엇일까요? 고린도교회는 교회가 보여줄 수 있는 부패하고 타락한 모습을 골고루 갖춘 교회였습니다. 우선 고린도교회 안에는 파벌이 있었습니다. 고린도교회는 그리스도파, 베드로 파, 아볼로 파, 바울 파로 나뉘어져서 갈등을 겪고 있었습니다. 고린도교회에는 성적인 문제도 있었습니다. 교인들 중에 창녀촌에 드나드는 사람들도 있었고, 근친상간도 있었고, 동성애도 있었습니다. 고린도교회에는 부자들이 가난한 사람들을 차별대우하는 일도 있었습니다. 교회 안에서 이런 모습을 발견할 때 우리는 마음속에 울분을 느끼고 교회의 타락한 모습을 예리하게 비판하게 됩니다. 교회비판에 몰두하다 보면 교회에 대하여 극히 비관적인 전망에 사로잡힙니다. 때로는 비판을 하는데 머무르지 않고 교회에 대하여 실망과 좌절을 느낀 나머지 신앙생활 자체가 정체에 빠질 우려도 있습니다.

그러면 바울은 고린도교회의 부패한 모습을 어떤 태도로 대했을까요? 사실상 바울이 고린도전서를 쓴 이유는 고린도교회의 부패한 관행을 책망하기 위한 것이었습니다. 그러나 바울은 고린도교회의 부패한 모습을 책망하기에 앞서서 고린도교회가 받은 하나님의 은혜를 생각하고 이 은혜를 인정하고 칭찬해 주며 이 은혜에 대하여 하나님께 감사하는 것을 잊지 않습니다. 바울의 태도는 예수님이 보여주신 태도와도 일맥상통합니다. 요한계시록에 보면 소아시아의 일곱 교회에 대하여 예수님이 잘잘못을 지적하는 내용이 등장합니다. 일곱 교회 가운데 다섯 교회가 예수님으로부터 책망을 받았습니다. 그런데 예수님은 다섯 교회를 책망하시기 전에 이 다섯 교회가 지닌 장점을 인정해 주고 격려해 주고 칭찬해 주는 것을 잊지 않으셨습니다. 그렇습니다. 우리는 아무리 결함이 많은 교회라 할지라도 교회 안에는 하나님이 주신 엄청난 은혜가 있다는 사실을 결코 간과해서는 안 됩니다. 그리고 이 은혜를 인정해 주고 이 은혜에 대하여 감사하는 마음을 잃지 않는 태도가 필요합니다. 조나단 에드워즈라는 신학자가 이런 말을 한 일이 있습니다. "아무리 천사 같은 사람이라도 자세하게 들여다 보면 악한 구석이 있고 아무리 악한 사람이라도 자세하게 들여다보면 착한 구석이 있다." 100% 완전한 교회나 사람이 이 세상에 존재하지 않는 것처럼, 100% 불완전하고 타락한 교회나 인간도 이 세상에 존재하지 않습니다. 그러므로 우리는 부패한 교회를 책망할 때 이 교회 안에 있는 하나님의 은혜를 항상 먼저 생각하는 태도를 잃지 않아야 합니다. 이것이 성숙한 신자의 태도입니다. 교회의 잘못을 지적하는 목적은 어디까지나 교회가 받은 하나님의 은혜의 불씨를 살려내어 교회를 건실하게 세우기 위한 것이지, 비판을 위한 비판이 되거나 교회를 파괴시키기 위한 것이어서는 안 됩니다. 많은 성도들이 처음에는 교회를 바로잡기 위한 목적으로 교회비판을 시작하지만 나중에는 교회생활에 대하여 아주 냉소적인 사람이 되는 경우가 있습니다. 이것은 정말로 불행한 일입니다. 우리는 아무리 불완전한 교회라도 교회는 주님의 은혜를 간직하고 있는 주님의 몸이라는 사실을 항상 기억하고 교회를 대해야만 합니다. 교회로부터 부패한 모습을 찾아냈다고 해서 교회를 쉽게 떠나거나 옮기는 것 보다는 부패한 모습을 위하여 하나님께 눈물로 기도하며 성도들을 사랑으로 보듬는 보다 성숙한 마음이 필요합니다.

다음으로 우리가 음미해 보아야 할 부분은 바울의 감사가 "항상" 나타났다는 점입니다. 선한 일을 어쩌다가 우연히 한두 번 행하는 것을 보고 우리는 그 사람을 착한 성품을 지닌 사람이라고 부르지는 않습니다. 어쩌다가 우연히 한두 번 선한 일을 하는 것은 누구나 할 수 있습니다. 선한 일을 "항상" 행할 수 있어야 정말로 착한 성품을 가진 사람이라고 평가할 수 있습니다. 바울은 어쩌다가 우연히 하나님께 감사하는 삶을 산 것이 아니라 "항상" 감사하는 생활을 했습니다. 감사가 몸에 배이고 감사가 바울의 인품이 된 것입니다. 이처럼 진정한 신앙생활은 "항상" 여일하게, 비가 오나 눈이 오나 변함없이, 좋은 환경을 만날 때나 나쁜 환경을 만날 때나 흔들림이 없이, 누가 뭐라고 하든 상관하지 않고 묵묵히 같은 마음으로 행하는 것입니다.

　이 구절에서 우리가 또 한 가지 주목해야 할 점은 바울이 무엇에 대하여 감사했느냐 하는 것입니다. 바울은 고린도교회 교인들에게 주어진 하나님의 은혜에 대하여 감사했습니다. 바울은 고린도교회 교인들이 지닌 어떤 특별한 자질을 생각하면서 감사한 것이 아닙니다. 고린도교회 교인들이 부자로 잘 사는 것, 학벌이 좋은 것, 사회적 지위가 높은 것에 대하여 감사하지 않았습니다. 바울은 고린도교회에 주어진 은혜를 생각하면서 감사했습니다. 인간이 지닌 어떤 자질에 대하여 감사하면 그 자질을 갖춘 일부 사람들을 편애하는 결과로 나타납니다. 편애는 교회 안에 시기와 질투를 유발하며 교회를 분열과 갈등으로 몰아넣을 수 있습니다. 그러나 사람들 안에 있는 하나님의 은혜를 감사의 대상으로 삼으면 교인들을 공정하고 평등하게 대할 수 있습니다. 왜냐하면 하나님의 은혜는 어떤 특별한 자질을 갖춘 사람에게만 주어지는 것이 아니라 하나님이 원하시는 모든 사람들에게 공정하게 주어지는 것이기 때문입니다. 따라서 우리는 언제나 하나님을 통하여 인간을 보는 시각을 길러야 하겠습니다.

　4절에서 고린도교인에게 주어진 하나님의 은혜에 대하여 감사한다는 점을 밝힌 바울은 5절에서는 고린도교회 교인들이 받은 은혜의 내용이 무엇인가를 말합니다. "이는 너희가 그의 안에서 모든 일 곧 구변과 모든 지식에 풍족하므로." 바울은 고린도교회 교인들이 "그의 안에서" 곧 예수 그리스도 안에서 구변과 지식에 뛰어났다고 말합니다. "예수 그리스도 안에서 구변과 지식이 뛰어났다"는 말이 무슨 뜻일까요? 이 말은 고린도교회 교인들이 지닌 언변과 지식이 예수 그리스도의 목적을 이루는 일에 도구로 사용되고 있다는 뜻입니다.

언변은 말을 잘하는 기술을 말합니다. 고린도시는 고대 희랍문화와 로마문화가 잘 발달한 곳이었고, 고대 희랍과 로마에서는 웅변술이 발달했습니다. 웅변술이 발달했다는 말은 화술이 발달했다는 뜻입니다. 고린도시는 그리스에 속해 있는데, 고린도인들이 말을 잘했음을 보여주는 증거가 오늘날에도 확인됩니다. 예컨대, 그리스남자들은 세계 여러 나라 남자들 중에서 가장 연애를 잘하는 것으로 정평이 나 있습니다. 그리스 남자들이 연애를 잘 하는 비법이 바로 말을 잘 하는데 있습니다. 예를 들어서 이 두 나라 남자들은 여자를 부를 때 그냥 이름만을 부르는 법이 없고 여자의 예쁘고 아름다운 부분을 칭찬하는 말을 넣어서 부른다고 합니다. 예를 들어서 마리아라는 여성의 이름을 부를 때 그냥 무뚝뚝하게 "마리아!"라고 부르는 것이 아니라 "내 눈에 넣어도 아프지 않을 아름다운 마리아"라고 칭찬을 많이 붙여서 부른다고 합니다. 이렇게 칭찬을 많이 해주는데 넘어가지 않을 여자가 어디 있겠습니까? 또 이 두 나라 남자들은 여자에게 폭력을 휘두르는 일이 없다고 합니다. 폭력은 말로 해서 안 통할 때 최후의 수단으로 동원되는 것인데, 그리스 남자들은 워낙 말을 잘해서 말로 모든 문제를 해결할 수 있을 정도로 화술이 능숙하기 때문에 폭력을 휘두를 필요가 없는 것이지요. 또한 고린도시는 당시 다양한 계층의 사람들이 모여들어 자유롭게 교류하는 국제무역의 중심지였기 때문에 다른 어떤 지역보다도 많은 정보를 알 수 있는 곳이었습니다. 이와 같은 정황 안에서 살았던 고린도교회 교인들은 화술이 능했고 폭넓은 지식을 가지고 있었습니다.

고린도전서에는 고린도교회 교인들이 능숙한 화술과 많은 지식 때문에 문제를 일으키고 있음을 책망하는 내용이 있습니다. 예를 들어서 고린도전서 2장 1절에서 "형제들아 내가 너희에게 나아가 하나님의 증거를 전할 때에 말과 지혜의 아름다운 것으로 아니하였나니 내가 너희 중에서 예수 그리스도와 그가 십자가에 못 박히신 것 외에는 아무 것도 알지 아니하기로 작정하였음이라"라고 말한 것이나 고린도전서 8장 1절에 "지식은 교만하게 한다"고 말한 것으로부터 바울이 고린도교회 교인들이 화술과 지식 때문에 문제를 일으키고 교만해진 것을 책망하기 위하여 고린도전서를 썼음을 보여 줍니다. 그러나 바울은 고린도교회 교인들의 능숙한 화술과 폭넓은 지식을 가지고 있다는 사실 그 자체를 책망한 것은 아닙니다. 고린도교회 교인들의 능숙한 화술과 폭넓은 지식이 남용된 것도 사실이지만 이 두 가지 재능은 사실은 고린도교회를 설립하고 유지하는데 효율적으로 사용되어 온 것도 사실입니다. 바울이 "예수 그리스도 안에서 구변과 지식이 뛰어났다"고 한 것은 고린도교회 교인들의 능숙한 화술과 폭넓은 지식이 예수 그리스도를 섬기는 도구로 사용되었다는 뜻입니다. 고린도교회 교인들의 능숙한 화술과 폭넓은 지식은 특히 복음을 전하고 가르치는 일에 효율적으로 사용되었습니다. 그렇습니다. 기도하는 가운데 겸손하게 그리스도와 성도들을 섬기는 마음가짐만 잃지 않으면 말도 잘 못하고, 아는 것이 적은 것 보다는 말을 잘하고 많은 것을 알고 있으면 훨씬 더 그리스도와 성도들을 잘 섬길 수 있습니다. 그러므로 우리는 말을 잘 하고 더 많은 것을 알기 위하여 최선을 다하여 노력해야 합니다. 여기서 다시 우리는 바울의 성숙한 태도를 만날 수 있습니다. 바울은 화술과 지식의 문제와 관련해서도 고린도교회 교인들의 잘못을 책망하기 이전에 고린도교회 교인들이 이 두 가지 능력을 잘 활용하여 예수 그리스도를 잘 섬겨 온 사실을 인정해주는 것을 잊지 않습니다.

바울은 고린도교회 교인들이 능숙한 화술과 폭넓은 지식을 그리스도를 위하여 잘 활용한 결과가 어떻게 나타났는가를 말합니다. 6절에서 바울은 "그리스도의 증거가 너희 중에 견고하게 되었다"고 말합니다. 고린도교회 교인들이 능숙한 화술과 폭넓은 지식을 잘 활용하여 복음을 전한 결과 고린도 교회 교인들이 그리스도가 어떤 분이시며 인간을 구원하시기 위하여 어떤 일을 하셨으며, 또 어떤 일을 하고 계신가를 확실하게 알 수 있게 되었습니다. 바울의 감사의 제목은 7절 전반절에서 한층 더 확대되고 있습니다. 고린도교회는 화술과 지식에 있어서만 풍부했던 것이 아니라 "모든 은사"에 부족함이 없는 교회라는 점을 지적하면서 하나님께 감사를 표현합니다. 고린도교회 교인들은 영적으로도 매우 깊은 수준에까지 들어간 자들입니다. 이들은 심지어 방언의 은사까지도 받았습니다. 물론 고린도교회에서는 방언의 은사 때문에 문제가 일어났고, 이 문제를 해결하는데 고린도전서의 상당한 분량을 할애한 것도 사실입니다. 그러나 방언의 은사를 받았다는 사실은 고린도 교회가 그만큼 기도를 깊이 했음을 보여주는 증거이기도 합니다. 기도를 하지 않으면 방언의 은사를 받지 조차 못하겠지요. 방언의 은사를 받은 것 자체가 결코 나쁜 일은 아니며, 부작용도 있지만 크게 볼 때는 교회를 유익하게 하는 것입니다.

기본적으로 바울이 고린도교회를 바라보는 시각은 가지 많은 나무에 바람 잘 날이 없다는 것이었습니다. 여러분 가지가 많이 뻗어 있는 큰 나무가 얼마나 아름답고 보기에 좋습니까? 큰 나무 밑에 돗자리를 깔고 누워 있으면 잎이 무성한 가지들이 바람에 움직이면서 끊임없이 소리를 냅니다. 가지들이 바람에 흔들려서 부딪히고 무성한 나뭇잎이 서로 부딪히면서 큰 파도소리와 비슷한 웅장한 소리를 끊임없이 냅니다. 나무에게서 이런 소리가 웅장하게 난다는 것은 나무가 크게 잘 자랐다는 뜻입니다. 교회가 부흥하고 교인들 숫자가 많아지고 게다가 다양한 계층에서 다양한 사람들이 모여들다 보면 여러 가지 문제가 터지고 발생하는 것은 피해갈 수가 없습니다. 한 아이가 성인으로 자라기 위해서는 성장통을 겪는 과정을 피해갈 수가 없듯이, 고린도교회도 성장해가는 과정에서 이런 성장통을 피해갈 수가 없었던 것입니다. 바울은 고린도교회가 매우 심한 성장통을 겪고 있다고 보고 교회가 이 성장통을 잘 극복하여 한 단계 더 성숙하고 아름다운 공동체로 도약할 수 있도록 도와주는 마음으로 고린도전서를 쓰고 있는 것입니다. 우리는 고린도전서를 읽으면서 이와 같은 바울의 마음을 읽어내야 합니다. 고린도전서로부터 한 교회의 부패하고 타락한 잘못을 일방적으로 비판하기만 하는 바울의 모습을 읽어내는 것은 바울의 마음을 잘못 읽어내는 것입니다.

이제 오늘의 본문이 주는 교훈을 정리하고 강의를 마무리하고자 합니다.

오늘의 본문이 우리에게 주는 가장 중요한 교훈은 우리가 몸담고 있는 지역교회를 대하는 우리의 태도와 관련이 있습니다. 모든 지역교회는 불완전할 수밖에 없고 잘못되고 부패한 모습을 가지고 있기 마련입니다. 이런 모습들은 마땅히 지적되어야 하고 책망 받아야 합니다. 그러나 교회의 부정적인 모습을 비판하는 과정에서 우리의 비판이 비판을 위한 비판이 될 수가 있고, 교회에 대한 차갑고 냉소적인 태도를 가질 수가 있으며, 부정적인 모습 이면에 숨어 있는 하나님의 은혜를 보지 못하는 수가 있습니다. 우리는 이런 마음가짐으로 교회 그리고 사람들의 잘못을 비판하는 일이 없도록 해야 할 것입니다. 예수님이 "비판하지 말라"는 말씀을 주신 것은 바로 이런 비판을 염두에 두신 것입니다. 우리는 비판하기 전에 교회가 한 단계 더 자라기 위해서는 성장통이 불가피하게 찾아온다는 사실을 생각하고 먼저 교회를 사랑으로 끌어안는 마음을 잃지 않아야 하며, 공동체의 잘못된 부분을 바로잡아 보다 아름다운 공동체를 향하여 나아가고자 하는 목표를 잃지 않아야 하며, 겉으로 드러난 부정적인 모습 이면에 깊이 자리 잡고 있는 하나님의 은혜의 손길을 발견하고 감사하는 마음을 잃지 않아야 합니다. 그리고 교회로부터 부족한 부분이 발견되더라도 가볍게 교회를 옮기지 않고 인내하는 가운데 교회의 힘든 부분까지도 짊어지고 가는 마음가짐이 필요합니다.

또한 오늘의 본문은 우리의 감사생활, 나아가서는 선을 행하는 우리의 마음가짐과 행동이 "항상성"을 가져야 함을 제시하고 있습니다. 자기 기분이 내킬 때 어쩌다가 한번 씩 감사의 마음을 갖는 것, 선한 일을 행하는 것은 진정한 선행이 될 수 없습니다. 한번 선을 행하기로 마음먹었으면 기도하고 인내하는 가운데 항상, 여일하게, 조금은 바보처럼 우직하게 그 일을 행하는 것이 진정한 선행입니다.

마지막으로 오늘의 본문은 우리 모두에게 교회와 동료 성도들을 바라볼 때 교회와 동료 성도들이 지니고 있는 특별한 인간적인 자질에 주목하지 말고 그 안에 있는 하나님의 은혜에 주목할 것을 요청하고 있습니다. 인간적인 자질에 주목하면 편애가 되기 쉽고 분열을 초래할 수가 있으며, 실망에 빠지기 쉽습니다. 그러나 하나님의 은혜에 주목하면 차별이 없이 공정하게 대할 수가 있으며, 상대방으로부터 결함이 발견되어도 실망하지 않고 동일한 마음으로 대할 수가 있습니다.

4 그리스도 예수 안에서 너희에게 주신 하나님의 은혜로 말미암아 내가 너희를 위하여 항상 하나님께 감사하노니 5 이는 너희가 그 안에서 모든 일 곧 모든 언변과 모든 지식에 풍족하므로 6 그리스도의 증거가 너희 중에 견고하게 되어 7 너희가 모든 은사에 부족함이 없이 우리 주 예수 그리스도의 나타나심을 기다림이라 8 주께서 너희를 우리 주 예수 그리스도의 날에 책망할 것이 없는 자로 끝까지 견고하게 하시리라 9 너희를 불러 그의 아들 예수 그리스도 우리 주와 더불어 교제하게 하시는 하나님은 미쁘시도다

제4강

바울의 감사(하)

From
the Cross
to Agape

고전 1장
4~9절

● 　　　　4절부터 7절 전반절까지에서 하나님이 현재에 이르기까지 고린도교회 성도들에게 주신 은혜를 생각하면서 하나님께 감사를 드린 바울은 7절 후반 절부터 9절까지에서는 하나님이 미래에 고린도교회 성도들에게 주시기로 약속한 은혜를 예상하면서 하나님께 감사를 드리고 있습니다.

하나님이 미래에 고린도교회에 주실 은혜에 대하여 살펴보기 전에 하나님이 현재에 이르기까지 고린도교회 성도들에게 주셨던 은혜에 대하여 바울이 감사한 부분이 가지고 있는 한 가지 특징을 더 살펴보고자 합니다. 바울의 감사는 바울의 마음과 삶의 극히 작은 한 부분이지만 이 극히 작은 한 부분 안에 바울의 인품과 평소의 생활철학이 녹아들어 있습니다.

본문 4절에서 7절 전반절까지에 나타난 바울의 감사를 읽어 보면 바울은 하나님이 바울 자신에게 주신 은혜들을 생각하고 감사하고 있는 것이 아니라 다른 사람들에게 주신 은혜들을 생각하면서 감사하고 있음을 발견할 수 있습니다. 4절에 "그리스도 예수 안에서 너희에게 주신 하나님의 은혜," 5절에 "너희가 그 안에서 모든 일 곧 모든 언변과 모든 지식에 풍족하므로," 6절에 "그리스도의 증거가 너희 중에 견고하게 되어," 7절에 "너희가 모든 은사에 부족함이 없이." 본문들이 명백하게 보여주고 있는 것처럼 바울은 온통 너희가 받은 것들을 생각하면서 하나님께 감사하고 있습니다. 이와 같은 바울의 감사의 내용으로부터 우리가 읽어낼 수 있는 것이 무엇일까요?

바울은 지금 다른 사람들이 하나님으로부터 좋은 것들을 받은 것을 보고 하나님께 감사하고 있는데, 이런 감사의 마음은 쉽게 가질 수 있는 마음이 아닙니다. 자기 자신이 좋은 것들을 많이 받은 것을 보고 감사하는 마음을 가지는 것은 쉬운 일입니다. 물론 자기 자신이 좋은 것을 많이 가지고도 감사할 줄 모르는 사람도 많이 있습니다. 이런 모습 보다는 내가 가진 좋은 것에 대하여 감사하는 마음을 가지는 것이 훨씬 나은 태도입니다. 그러나 다른 사람이 좋은 것을 가지고 있는 것을 보고 진심으로 기뻐하고 감사하는 것은 훨씬 더 어렵습니다. 왜냐하면 사람은 다른 사람이 좋은 것을 가진 것을 보면 기뻐하는 마음 보다는 부러워하고 시기하고 질투하는 마음을 갖는 것이 보통이기 때문입니다.

진정한 친구는 내가 가난하고 힘든 곤경에 처할 때 드러납니다. 진정한 친구는 내가 가난해지고 어려운 처지에 놓여도 나를 떠나지 않습니다. 그러나 내가 가난해지고 곤경에 처했을 때 나를 떠나지 않는 것만으로는 진정한 친구의 모습이 완전히 드러나지 않습니다. 내가 가난하고 곤경에 처했을 때 친구가 나를 떠나지 않고 나를 기꺼이 위로할 수 있는 이유는 친구가 나보다는 더 나은 처지에 있다는 안도감과 약간의 우월감이 있기 때문일 때가 있습니다. 정말로 진정한 친구는 내가 잘 되었을 때 드러납니다. 내가 잘 되었을 때 진심으로 기뻐해줄 수 있으면 그 친구는 정말로 진정한 친구입니다. 그러나 많은 친구들이 내가 어려울 때는 나를 떠나지 않고 위로해 주다가 내가 잘되면 거리가 멀어집니다. 내가 잘 되는 것에 대하여 일종의 질투를 느끼기 때문입니다. 그러므로 내가 곤경에 처할 때 나의 곁을 떠나지 않고 나를 위로해 줄 뿐만 아니라 내가 좋은 위치에 있게 되어 친구보다 더 잘 되는 때에도 내 곁을 떠나지 않고 나를 진심으로 기뻐해 줄 수 있는 친구가 진정한 친구입니다.

　4절밖에는 안 되는 짧은 문단 안에서 4차례나 다른 사람들이 하나님으로부터 좋은 은사를 받은 것을 보고 감사하고 기뻐하고 있는 바울의 마음가짐 안에서 우리는 하나님의 은혜를 받아 변화되고 아름답게 승화된 바울의 모습을 확인할 수 있습니다.

　그 뿐만이 아닙니다. 자기 자신의 안위 보다는 다른 사람들의 안위에 관심을 집중시키고 있는 바울에게서 주님이 주신 계명이 마음과 생활 속에 녹아들어가 거의 무의식적으로 실천하는 모습을 만나게 됩니다. 주님이 우리에게 주신 계명들 가운데 가장 중요한 계명들을 열거하라고 말하면 우리는 사랑의 대강령과 황금률을 제시할 수 있습니다. 사랑의 대강령은 마태복음 22장 37절에서 40절까지에 기록되어 있습니다. "예수께서 이르시되 네 마음을 다하고 목숨을 다하고 뜻을 다하여 주 너의 하나님을 사랑하라 하셨으니 이것이 크고 첫째 되는 계명이요 둘째도 그와 같으니 네 이웃을 네 자신 같이 사랑하라 하셨으니 이 두 계명이 온 율법과 선지자의 강령이니라." 첫 번째 강령인 "네 마음을 다하고 목숨을 다하고 뜻을 다하여 주 너의 하나님을 사랑하라"는 명령은 나의 모든 관심을 내가 아닌 하나님께 집중하라는 명령입니다. 두 번째 강령인 "네 이웃을 네 몸과 같이 사랑하라"는 명령은 내가 아닌 이웃에게 관심을 집중하라는 명령입니다. 사랑의 대강령과 함께 기독교윤리를 떠받치는 두 개의 큰 기둥들 가운데 하나인 황금률은 마태복음 7장 12절에 이렇게 기록되어 있습니다. "그러므로 무엇이든지 남에게 대접을 받고자 하는 대로 너희도 남을 대접하라 이것이 율법이요 선지자니라." 황금률은 다른 사람의 입장에 서서 생각하고 행동하라는 계명입니다. 황금률도 역시 나 자신이 아닌 다른 사람에게 관심을 집중하라는 계명입니다. 다른 사람이 받은 은혜를 찾아서 자기 일처럼 기뻐하는 바울에게서 우리는 주님의 계명을 삶 속에서 실현하는 하나님의 사람의 모습을 보게 됩니다.

이와 같은 사도 바울의 모습과 비교해 보았을 때 우리의 모습은 어떻습니까? 우리는 정말로 다른 사람이 하나님으로부터 좋은 것들을 많이 받았을 때, 그래서 다른 사람이 나보다 훨씬 더 잘 되었을 때, 정말로 마음에 아무런 주저함이 없이 그를 축하해 주고 마음으로 기쁨을 느끼고 그로 인하여 하나님께 감사할 수 있습니까? 우리는 정말로 사도 바울처럼 거의 무의식적으로 나 자신의 유익 보다는 이웃의 유익을 더 중요시하는 생각과 생활을 할 만큼 하나님의 계명의 말씀들이 우리의 인격과 생활 속에 녹아 들어가도록 하고 있습니까?

이제 바울이 과거에 고린도교회 성도들에게 주신 은혜에 대하여 감사하는 구절들을 살피는 일을 마무리 하고 바울이 고린도교회 성도들이 미래에 받게 될 하나님의 은혜를 예상하면서 하나님께 감사하는 대목을 살펴보도록 하겠습니다. 먼저 7절 후반 절을 읽겠습니다. "우리 주 예수 그리스도의 나타나심을 기다림이라." 이 부분을 원문에 근거하여 다시 한 번 번역해 보면 이렇습니다. "그러나 너희들은 여전히 우리 주 예수 그리스도의 나타남을 간절한 마음으로 기다린다."

원문에는 7절 중간에 "그러나"라는 접속사를 넣음으로써 지금까지 다룬 것과는 다른 주제가 등장한다는 사실을 알려 줍니다. 다시 말해서 7절 전반절까지는 하나님이 과거에 고린도교회 성도들에게 주신 은혜를 다루고 있다면 이제부터는 미래에 고린도교회 성도들에게 주시게 될 은혜를 다루겠다는 말입니다.

"여전히." 바울은 왜 '여전히'라는 단어를 사용하고 있을까요? 고린도교회 성도들이 과거에 하나님으로부터 은혜를 받았지만 과거에 은혜를 받은 것만으로는 부족하기 때문에 여전히 다가오는 미래에 더 받아야 한다는 것입니다. 고린도교회의 성도들이 과거에 받은 은혜가 대단한 것임은 분명하지만 그것은 이제 경우 시작에 불과한 것입니다. 우리가 오늘에 이르기까지 하나님으로부터 받은 은혜가 큽니다. 그러나 이 은혜는 아직 시작에 불과하고 우리가 더 받게 될 더 큰 은혜가 여전히 우리를 기다리고 있습니다. 우리는 지금까지 하나님으로부터 많은 은혜를 받았으나 여전히 우리에게는 무언가가 모라자서 답답한 부분이 너무 많습니다. 따라서 정상적인 성도들이라면 이와 같은 답답함을 느끼고 더 큰 은혜를 갈망해야 합니다. 우리는 미래에 우리에게 주어질 더 큰 은혜를 간절하게 사모해야 합니다. 그러면 우리가 간절하게 사모해야 할 하나님의 더 큰 은혜는 무엇일까요? 바로 "주 예수 그리스도의 나타남"입니다. 그러면 주 예수 그리스도께서 나타나시는 날은 언제입니까? 바로 예수님이 재림하시는 날입니다. 성도들은 과거에 이미 구원의 은혜를 받았으나, 여전히 풀리지 않는 많은 답답함을 느끼는 자들이며, 이 답답함이 완전히 풀리는 날인 예수 그리스도의 재림의 날을 기다리되 간절한 마음으로 기다리는 자들입니다.

우리가 예수 그리스도를 구주로 영접했을 때 우리의 속사람이 죄와 사망의 세력으로부터 해방되었고, 우리의 죽었던 영혼이 살아났습니다. 우리는 어마어마한 은혜를 받았습니다. 그러나 우리에게는 여전히 말로 다할 수 없는 답답함이 있습니다.

첫째로, 우리가 답답함을 겪어야 하는 이유는 우리의 영혼은 거듭났지만 우리의 몸까지 거듭난 것은 아니기 때문입니다. 우리의 몸은 여전히 질병에 약하고 노화되어 가다가 마침내 썩어 버리고 맙니다. 우리는 육체적인 죽음을 피할 수가 없습니다. 서로 말은 하지 않고 하루하루 살아가기에 바빠서 잠시 잊고는 있지만 우리의 마음속에는 육체적인 죽음에 대한 두려움이 있습니다. 몸이 병이 들고 노화되면 우리의 마음도 약해집니다. 몸이 아직 거듭나지 않음으로 인하여 찾아오는 이와 같은 답답함은 언제 풀릴까요? 바로 예수 그리스도의 재림의 날에 풀립니다. 예수 그리스도의 재림의 날에 질병과 노화에 약한 우리의 몸이 영원히 썩지 않고 결코 병에 걸리지 않는 신령한 새 몸을 입을 때 우리의 답답함은 완전히 해소될 것입니다.

둘째로, 우리가 예수 그리스도를 구주로 영접할 때 예수 그리스도의 의가 우리에게 전가되어서 우리가 하나님 앞에서 의로운 자가 되었지만 우리가 실질적으로 의인이 된 것은 아니기 때문에 우리는 답답함을 느낍니다. 우리가 예수 그리스도를 구주로 영접했을 때 우리는 우리가 입고 있던 걸레처럼 너덜너덜하고 더러운 불의의 옷을 벗어 버리고, 완전하고 깨끗한 예수 그리스도의 의의 옷으로 갈아입었습니다. 옷을 갈아입었다고 해서 사람 자체가 바뀌는 것은 아닙니다. 옷을 입은 사람은 옷을 입기 전이나 크게 다를 바 없이 그대로입니다. 그런데 놀랍게도 하나님은 변화되지 않은 우리의 사람 됨됨이를 전혀 보지 않으시고 우리가 갈아입은 의의 옷만을 보시고는 우리를 의롭다고 여겨주시고, 우리를 하나님의 자녀로 삼아 주셨습니다. 우리는 원리적으로 의인이 되었습니다. 그러나 우리에게 어떤 답답함이 남아 있습니까? 우리가 입고 있는 옷에 우리의 사람 됨됨이가 따라가지 못하는데 뒤따르는 답답함이 우리에게 있습니다. 옷은 완전하게 의로운 옷을 입었는데, 그 옷을 입고 있는 사람의 됨됨이는 너무나 불의하고 더러운 모습을 그대로 지니고 있습니다. 깨끗한 새 옷을 입었는데 사람은 몇 개월 동안 몸도 씻지 않고 독하고 썩은 냄새가 풀풀 풍기는 모습 그대로라면 얼마나 어울리지 않겠으며, 또 얼마나 답답하겠습니까? 어떻게 해야 이런 답답함이 해소될 수 있을까요? 우리의 사람 됨됨이가 우리가 입고 있는 옷에 딱 맞는 의로움과 깨끗함을 갖춘 모습으로 변화될 때 이 답답함은 해소될 수 있습니다. 그러면 언제 이런 변화가 가능할까요? 예수 그리스도께서 재림하시는 날에 이런 변화가 일어납니다. 그러므로 8절은 이렇게 말합니다. "주께서 너희를 우리 주 예수 그리스도의 날에 책망할 것이 없는 자로 끝까지 견고하게 하시리라." 하나님은 예수님의 재림의 날에 우리를 "책망할 것이 없는 자"로 변화시켜 주셔서 우리의 답답함을 해소시켜 주시겠다는 것입니다.

우리는 침몰해 가는 배에서 구명정으로 구조된 자들입니다. 이것은 하나님이 우리의 과거에 우리에게 베푸신 은혜입니다. 그런데 침몰해 가는 배로부터 구명정으로 올라탔다고 해서 구조가 완료된 것이 아닙니다. 사나운 바닷물결이 구명정을 탄 우리를 집어 삼킬 듯이 무서운 기세로 우리를 기다리고 있습니다. 그리고 우리는 미래의 어느 때엔가 육지에 상륙할 때까지 무서운 이 바다를 헤치고 나아가야 합니다. 구명정을 타고 항해하는 구조된 자들이 육지에 상륙하는 날을 간절히 기다리듯이 우리는 우리의 답답함이 완전히 해소되는 주님이 재림하시는 날을 간절하게 소망해야 합니다.

사랑하는 성도 여러분! 여러분은 현재의 모습을 보고 말로 다할 수 없는 답답함을 느끼고 있습니까? 이런 답답함을 느낄 수 있어야 건강한 성도입니다. 몸에 수분이 부족하면 목이 마름을 느낄 수 있어야 하고, 몸에 음식물이 들어가지 않으면 배고픔을 느껴야 하듯이 성도들은 우리의 몸이 질병에 약할 뿐만 아니라 노화되어 해체되어 버린다는 사실을 생각할 때, 그리고 우리의 사람 됨됨이가 우리가 입고 있는 옷에 어울리지 않는다는 사실을 생각할 때 말로 할 수 없는 답답함을 느낄 수 있어야 합니다. 이런 답답함을 느끼지 못하면 어딘가 영적으로 병이 들어 있다는 뜻입니다.

또한 여러분은 주님이 재림하시는 날을 간절히 기다리고 있습니까? 주님이 재림하시는 날을 간절히 기다리는 성도들이 건강한 성도들입니다. 물론 주님이 재림하시는 날을 기다리다가 잘못된 시한부 종말론과 같은 사이비 이론에 미혹당해서는 안되겠지만 주님이 재림하시는 날을 간절한 마음으로 기다리는 것은 성도에게 주어진 특권이자 세상이 줄 수 없는 소망입니다. 오늘날 한국의 교회와 성도들에게서 재림의 날에 대한 간절한 기대를 점점 찾아보기 어렵게 되는 것은 아주 유감스러운 일입니다.

앞에서 말씀드린 구명정 이야기를 다시 생각해 보겠습니다. 일단 구명정에 올라탐으로써 침몰하는 배로부터는 구조되었지만 육지에 상륙하는 그날까지 험난한 항해길이 기다리고 있습니다. 금방이라도 파도에 휩쓸려 바닷물 속에 빠져 버릴 것 같습니다. 이것이 성도들이 구원받은 이후에 살아내야 할 삶의 모습입니다. 구원받은 성도들에게 주어진 삶은 결코 쉽게 살아낼 수 있는 삶이 아닙니다. 그 삶은 "좁은 문으로 들어가는" 삶입니다.

바울은 이 항해길이 아무리 험난해도 성도들은 이 항해 길을 무난히 헤쳐 나가 반드시 육지에 상륙할 것이라고 믿어야 하는 이유를 9절에 제시합니다. "너희를 불러 그의 아들 예수 그리스도 우리 주와 더불어 교제하게 하시는 하나님은 미쁘시도다."

바울이 먼저 제시한 것은 하나님의 미쁘심 곧 신실하심입니다. 우리 말 번역에는 하나님이 미쁘시다는 표현이 문장의 끝에 제시되어 있지만 원문

상으로는 제일 앞부분에 제시되어 있습니다. 하나님은 신실하시기 때문에 우리는 우리의 항해길이 안전할 것이라는 확신을 가질 수 있습니다. 만일 하나님이 우리를 구명정에 태워 놓은 다음에 구명정이 뒤집혀지기라도 하여 물에 빠져 죽는 일이 일어난다면 하나님은 웃기는 변덕쟁이가 되고 맙니다. 그러나 하나님은 신실하시기 때문에 일단 구명정에 태워 구조한 사람들을 다시 바다 속에 밀어 넣어 죽이는 그런 일은 결코 하지 않으십니다. 우리가 주 예수 그리스도를 구주로 영접했을 때 우리의 영혼을 구원해 주신 하나님은 우리가 험난한 신앙의 여정을 안전하게 통과하여 주님의 재림의 날에 완전하게 구원받도록 지켜 주실 것입니다.

그러면서 바울은 주님이 험난한 항해 길에 우리를 안전하게 지켜 주시는 증거로서 성도들이 "주 예수 그리스도로 더불어 교제하는 것"을 지적합니다. 이 본문에 교제한다는 말은 "연합한다," 혹은 "그리스도와 생명을 나누어 가진다"는 것을 뜻합니다. 일단 우리가 예수님을 구주로 영접하면 예수님과 우리는 생명 안에서 연합되는데, 한번 생명 안에서 연합되면 그 어떤 것도 이 연합을 끊을 수 없습니다. 주님은 우리를 주님 자신의 생명의 가슴에 안고 주님이 직접 구명정을 조정하여 항해하시기 때문에 우리의 항해는 안전하고 마침내 육지에 이를 수밖에 없는 항해입니다. 예수님과 우리는 생명의 줄로 하나가 되었습니다. 예수님과 우리는 두 손을 꼭 잡고 있습니다. 한 손은 우리가 내밀어서 예수님의 손을 잡은 손입니다. 다른 한 손은 예수님이 내밀어서 우리를 잡은 손입니다. 우리가 하나님을 향하여 내민 손을 놓쳤다고 하더라도 우리가 바닷물에 빠지지 않는 이유는 예수님이 우리를 잡으신 손은 결코 놓는 일이 없기 때문입니다. 여기에 우리의 희망이 있습니다.

이제 오늘 본문이 주는 교훈을 정리하고 강의를 마무리하겠습니다. 우리는 바울처럼 다른 사람이 좋은 것을 받았을 때 진정한 마음으로 기뻐하고 하나님께 감사하는 사람이 되게 해 달라고 기도해야 하겠습니다. 또한 우리는 우리 자신은 잊고 우리의 이웃을 섬기는 일에 관심과 노력을 기울이는 사람이 되게 해달라고 기도해야 하겠습니다. 또한 우리는 우리의 구원이 아직 완성되지 않은 것을 생각할 때 답답함을 느끼면서 주님의 재림의 날을 소망하는 성도들이 되어야 하겠습니다. 우리는 주님이 우리를 주님의 생명의 가슴 안에 폭 안고 어떤 경우에도 우리를 놓지 않으시고 손수 구명정을 운전하셔서 육지로 데리고 가신다는 가슴 벅찬 희망의 약속을 기억하면서 우리에게 주어진 신앙 여정이 아무리 험난하고 힘든 여정이라 할지라도 능히 헤쳐 나가는 성도들이 되어야 하겠습니다.

10 형제들아 내가 우리 주 예수 그리스도의 이름으로 너희를 권하노니 모두가 같은 말을 하고 너희 가운데 분쟁이 없이 같은 마음과 같은 뜻으로 온전히 합하라 **11** 내 형제들아 글로에의 집 편으로 너희에 대한 말이 내게 들리니 곧 너희 가운데 분쟁이 있다는 것이라 **12** 내가 이것을 말하거니와 너희가 각각 이르되 나는 바울에게, 나는 아볼로에게, 나는 게바에게, 나는 그리스도에게 속한 자라 한다는 것이니 **13** 그리스도께서 어찌 나뉘었느냐 바울이 너희를 위하여 십자가에 못 박혔으며 바울의 이름으로 너희가 세례를 받았느냐 **14** 나는 그리스보와 가이오 외에는 너희 중 아무에게도 내가 세례를 베풀지 아니한 것을 감사하노니 **15** 이는 아무도 나의 이름으로 세례를 받았다 말하지 못하게 하려 함이라 **16** 내가 또한 스데바나 집 사람에게 세례를 베풀었고 그 외에는 다른 누구에게 세례를 베풀었는지 알지 못하노라 **17** 그리스도께서 나를 보내심은 세례를 베풀게 하려 하심이 아니요 오직 복음을 전하게 하려 하심이로되 말의 지혜로 하지 아니함은 그리스도의 십자가가 헛되지 않게 하려 함이라

제5강

분쟁이 없이 같은 마음으로

From the Cross to Agape

고전 1장 10~17절

● 　　　　　1절에서 3절까지에서 문안 인사를 하고, 4절에서 9절까지는 하나님이 고린도교회에 현재에 이르기까지 주신 은혜와 미래에 주실 은혜를 생각하며 감사를 표현한 바울은 10절에서부터 고린도교회에서 발생한 문제들을 본격적으로 다루기 시작합니다. 우리 말 성경에는 나와 있지 않지만 헬라어 원문 성경에는 10절에 "그러나"라는 접속사가 등장합니다. 이 접속사는 바울이 지금까지와는 다른 어조로 말을 하기 시작한다는 것을 암시합니다. 지금까지는 고린도교회 성도들을 칭찬하는 말을 했습니다. 그러나 이제부터는 고린도교회 성도들을 책망하는 말들을 하기 시작합니다.

　바울의 책망은 "형제들아"라는 호명으로부터 시작됩니다. "형제들아"라는 호칭은 고린도교회 성도들을 가리키는 호칭입니다. "형제들"이라는 호칭을 단지 남성들만을 가리키는 호칭이라고 생각하는 것은 잘못된 해석입니다. 이 호칭은 여자들도 포함된 호칭입니다. 그러므로 우리는 바울이 "형제들아"라고 말할 때 "형제와 자매들아"라는 뜻으로 받아들이면 됩니다. 바울이 "형제들"이라는 표현을 사용할 때는 남성과 여성을 구별하여 남성들만을 염두에 두고 말하는 것이 아니라 성도들의 공동체가 피를 나눈 가족 공동체와 성격이 같다는 점을 강조하는 것입니다. 혈연으로 이루어진 형제와 자매들이 한 부모로부터 같은 피와 살을 나눈 자들이라면 성도들은 한 주님으로부터 같은 피와 살을 나눈 자들입니다.

　"형제들아"라는 호칭은 또한 따뜻한 애정이 담긴 표현입니다. 바울이 비록 고린도교회 교인들의 잘못을 책망하지만 고린도교회 성도들을 미워하거나 적으로 생각하면서 책망하는 것이 아니라 고린도교회 성도들을 가족의 일원으로 생각하면서 고린도교회 교인들이 좀 더 바르고 아름다운 하나님의 자녀가 되기를 바라는 간절하고 사랑이 담긴 마음으로 권고를 하는 것입니다. 이처럼 교회에서 하는 권고는 언제나 사랑하는 마음으로 이루어져야 합니다.

바울은 고린도교회 교인들에게 권고를 시작합니다. "내가 우리 주 예수 그리스도의 이름으로 너희를 권하노니." "권한다"는 말은 개인적인 관계가 전혀 없는 어떤 사람을 만나서 상대방의 마음도 모르고 상대방이 처해 있는 상황도 모르는 상태에서 어떤 요청을 하는 것이 아닙니다. 이런 어법을 perlocution이라고 합다. perlocution은 인격적 교제가 없는 상태에서 단순하게 논리적으로 설득하는 어법을 뜻합니다. 권한다는 말은 개인적으로 잘 알고 있고, 또 같이 지내본 경험도 있는 어떤 지인을 만나서 강하게 요청하는 태도를 말합니다. 이런 어법을 illocution이라고 합니다. illocution은 인격적이고 사회적인 관계 안에서 상대방에게 강하게 어떤 것을 요청하는 어법을 말합니다. 바울은 고린도교회 교인들에게 이런 식으로 권고할 자격을 갖추고 있습니다. 고린도교회는 바울이 설립한 교회이며, 바울이 2년이 넘는 기간 동안 같이 지내면서 돌보았던 교회입니다. 고린도교회 성도들에게 바울은 아비와도 같은 존재입니다. 따라서 바울은 영적인 아비가 되어 자식들이 잘못하는 것을 보고 꾸짖는 마음으로 권고를 하는 것입니다.

본문에서 바울은 고린도교회 교인들 사이에서 발생한 심각한 관계상의 문제를 해결할 수 있는 권고를 합니다. 그런데 바울이 제시하는 권고의 내용은 바울 자신의 머리 속에서 쥐어 짜낸 것이 아닙니다. 바울은 자신의 권고는 "우리 주 예수 그리스도의 이름으로" 하는 권고라는 점을 분명히 합니다. 예수 그리스도가 어떻게 문제의 해결자가 되는가는 본문의 내용이 소개되면서 점차 드러나게 됩니다.

바울의 권고는 무엇일까요? 10절 후반 절을 읽겠습니다. "모두가 같은 말을 하고 너희 가운데 분쟁이 없이 같은 마음과 같은 뜻으로 온전히 합하라." 바울은 같은 말, 같은 마음, 같은 뜻을 가질 것을 강하게 요구하고 있습니다. 바울이 이 요구를 하는 이유는 고린도교회 교인들의 마음이 갈라져 있기 때문입니다. 다시 말해서 고린도교회 안에 "분쟁"이 발생한 것입니다. 분쟁이라고 번역된 스키스마라는 헬라어는 그물이 찢어진 상태 또는 옷이 찢어진 상태를 묘사하는 단어입니다. 고린도교회 성도들의 마음이 그물이 찢어지듯이, 옷이 찢어지듯이 마음이 찢어져서 나뉜 상태에 있었습니다. 마음이 찢어져 있는 고린도교회 성도들을 향하여 바울은 "같은 말을 하고," "같은 마음과 같은 뜻"을 가짐으로써 "온전히 합하라"고 권고합니다. "온전히 합한다"는 말은 찢어진다는 말과 반대어입니다. 이 단어에 해당하는 헬라어 카타르티조는 찢어진 그물을 수선하여 다시 연결된 하나의 그물로 원상 복구시킨다는 뜻입니다. 고린도교회 성도들의 마음이 무엇인가 때문에 갈갈이 찢어져 있는데, 이제 같은 말, 같은 마음, 같은 뜻이라는 실로 꿰메어서 다시 조화를 이룬 하나의 마음으로 원상 복구시키라는 것입니다.

여기서 같은 말을 하고 같은 마음을 가지고 같은 뜻을 가지라는 말은 모든 성도들이 모든 문제들에 대하여 획일적으로 똑같은 말을 하고, 똑같은 마음을 가지고, 똑같은 뜻을 품으라는 뜻은 아닙니다. 그것은 불가능합니다. 성도들이 살아 온 환경이 다르고, 교육받은 배경이 다르고, 기질이 다르고, 성격도 다른데 어떻게 획일적으로 똑같은 말과 생각과 뜻을 가질 수가 있나요? 바울은 지금 성도들의 개성을 완전히 죽여서 공산주의 사회에서 보듯이 획일적인 하나의 공동체를 만들 것을 생각하고 있는 것이 아닙니다. 바울은 성도들의 독특한 개성들이 그대로 살아나면서도 서로 충돌하지 않고 아름답게 어우러져서 하나의 조화를 이루는 공동체를 생각하고 있는 것입니다. 말하자면 바울은 일종의 오케스트라를 생각하고 있습니다. 오케스트라 안에는 서로 다른 다양한 악기들이 각각 고유한 독특한 음을 냅니다. 그런데 어떤 일정한 법칙에 따라서 소리를 내도록 지도를 하면 각기 다른 독특한 음들이 화음을 이루어 각각 자기 자리를 차지하면서 하나의 아름다운 음악을 연주해 냅니다. 바울이 말하는 같은 말, 같은 마음, 같은 뜻은 성도들의 다양한 개성들을 살려 주면서도 통합하여 하나의 아름다운 마음으로 엮어주는 어떤 공통된 법칙을 뜻합니다. 이 법칙이 없으면 성도들의 마음이 천 갈래 만 갈래로 갈라집니다. 그러나 이 법칙이 있으면 성도들의 개성이 가득 찬 마음과 행동이 제자리를 찾아 들어가면서 하나의 아름다운 그림으로 탄생합니다. 이 법칙이 무엇일까요? 이 법칙은 성도들의 인간적인 생각 안에서 나오는 것이 아닙니다. 이 법칙은 바로 예수 그리스도로부터 나오는 것입니다. 예수 그리스도로부터 나와서 성도들의 갈라진 마음을 하나로 묶어줄 이 법칙은 고린도전서 2장 16절이 말하는 "그리스도의 마음"인데, 과연 이 마음은 무엇일까요? 이런 질문을 마음속에 가지면서 본문을 계속하여 살펴보겠습니다.

바울은 고린도교회에 분쟁이 있음을 10절에서 시사한 다음 분쟁이 있다는 것을 어떻게 알게 되었으며, 분쟁의 내용은 무엇인가를 11절과 12절에서 소개합니다. 우선 11절을 읽겠습니다. "내 형제들아 글로에의 집편으로 너희에 대한 말이 내게 들리니 곧 너희 가운데 분쟁이 있다는 것이라."

고린도교회에 분쟁이 있다는 소식은 "글로에의 집 편"에서 들려 왔습니다. 글로에는 고린도교회에 출석하는 여성도 였습니다. 글로에는 상당한 재력을 가진 여성도로서 고린도시와 에베소시를 오가면서 무역을 하는 상인이었습니다. "글로에의 집 편"이라는 말은 글로에의 집에 속한 가족들만을 가리키는 것이 아니라 글로에의 사업을 돕는 상인들과 노예들까지를 포함하는 명칭입니다. 글로에의 집사람들 중 일부는 고린도에 머물면서 고린도교회에 출석했고, 일부는 에베소에 머물면서 바울이 섬기는 교회에 출석했습니다. 글로에는 고린도교회의 분쟁에 휘말려 들어가지 않았던 성도였던 것 같습니다. 바울은 글로에의 집에 속한 사람들로부터 고린도교회의 분쟁소식을 들을 수 있었습니다.

그러면 분쟁의 내용은 무엇인가? 12절입니다. "내가 이것을 말하거니와 너희가 각각 이르되 나는 바울에게, 나는 아볼로에게, 나는 게바에게, 나는 그리스도에게 속한 자라 한다는 것이니." 글로에가 전해 준 소식은 고린도교회 성도들이 네 파로 나뉘어 싸우고 있다는 것이었습니다. 그런데 여기서 오해해서는 안 될 것은 바울이나, 아볼로나, 게바나, 그리스도가 싸움을 일으킨 것이 아니라는 것입니다. 바울, 아볼로, 게바, 그리스도는 이런 싸움을 일으킬 사람들이 아니며, 싸움이 일어난다 하더라도 싸움을 말릴 사람들입니다. 그러면 싸움이 왜 일어났는가? 싸움이 일어나게 된 배경에는 아볼로라는 인물이 있었습니다. 물론 아볼로가 분쟁을 일으킨 것은 아닙니다. 그러나 아볼로가 고린도교회에 오게 된 것이 분쟁의 계기가 된 것은 사실입니다.

아볼로 이야기는 사도행전 18장 24절에서 19장 1절까지 소개되어 있습니다. 사도행전에 의하면 아볼로는 알렉산드리아 출신으로서 언변이 탁월하고 구약성경에 능통한 사람이었습니다. 당시 알렉산드리아는 국제도시로서 필로학파라는 유명한 학파가 활동하는 도시였습니다. 아볼로는 바로 필로 학파 출신이었습니다. 당시 알렉산드리아 출신이라는 말은 당대 최고학부출신이라는 말과 같은 뜻을 지니고 있었습니다. 아볼로는 어떤 경로를 통해서인지는 알 수 없지만 예수에 관한 이야기를 듣고 감명을 받고 예수를 전하는 자가 되었습니다. 아볼로는 에베소시에 와서 예수를 전했습니다. 그런데 아볼로는 예수에 대하여 반쪽밖에 모르고 있었습니다. 예컨대 세례에 관하여 아볼로가 알고 있던 지식은 세례 요한이 세례에 관하여 가르친 지식에 머물러 있었고 예수님이 가르치신 보다 풍부한 세례의 의미는 아직 모르고 있었습니다. 비단 세례 문제만이 아니라 구원에 관한 지식에 있어서 아볼로는 반쪽밖에는 모르고 있었습니다. 아볼로가 설교하는 것을 듣고 있던 브리스길라와 아굴라 부부는 아볼로를 집으로 초청하여 바울로부터 전해들은 복음을 전수해 주었고, 아볼로는 마침내 모르고 있었던 예수에 관한 지식의 나머지 절반을 알게 되었습니다. 브리스길라와 아굴라는 마침 바울이 떠난 후 비어 있던 고린도교회에 아볼로를 바울의 후임자로 추천하는 편지와 함께 아볼로를 고린도교회로 보냅니다. 고린도교회에 부임한 아볼로는 탁월한 능력을 발휘하여 사역을 잘 했던 것 같습니다. 아볼로에게는 몇 가지 면에서 전임자였던 바울을 능가하는 점들이 있었습니다. 우선 아볼로는 알렉산드리아 출신이었던 반면에 바울은 다소 출신이었습니다. 다소도 상당한 수준을 지닌 교육도시이긴 했지만 알렉산드리아와는 게임이 되지 않았습니다. 우선 학력에 있어서 아볼로가 바울보다 월등히 뛰어 났습니다. 뿐만 아니라 아볼로는 박학다식하고 웅변술이 아주 뛰어나서 고린도시에 있던 유대주의자들이 무리로 논쟁을 하려고 달려들었는데 아볼로 한 사람을 당해내지 못했습니다. 아볼로는 당당하게 설교를 했고, 논쟁에 임했습니다. 그러나 바울은 늘 두렵고 떨리는 마음으로 복음을 전했고, 화려한 지적 능력을 과시하거나 탁월한 웅변술을 사용하지 않았습니다. 이런 상황에서 아볼로에게 호감을 가지고 아볼로를 따르는 교인들이 등장하는 것은 자연스러운 일입니다.

그런데 호사다마라는 말이 있듯이, 아볼로가 사역을 훌륭하게 잘 하여 따르는 자들이 등장하자 고린도교회 성도들이 예수 믿기 전에 원래 가지고 있었던 나쁜 습관 하나가 슬며시 고개를 들기 시작했습니다. 고대 사회에는 어떤 탁월한 인물이 등장하면 이 인물을 숭배하면서 이 인물을 중심으로 파당을 형성하고 세력을 과시하는 관습이 있었고, 고린도교인들에게 이런 관습이 심했습니다. 사람들이 탁월한 인물 주변에 모여드는 이유는 이 사람과 관계를 가짐으로써 사회적인 신분이 올라갈 것을 기대했기 때문입니다. 탁월한 인물을 출세의 방편으로 이용한 것입니다. 아볼로를 따르는 무리들의 세력이 커지자 고린도교회를 설립하고 고린도교회 교인들에게 영적인 아비와도 같은 역할을 했던 바울을 존경하고 따르던 교인들이 위기의식을 느끼고 자신들은 아볼로가 아무리 일을 잘해도 바울을 능가할 수 없고 바울의 권위를 무너지는 것을 좌시하지 않겠다는 입장을 표명했습니다. 이른바 바울파가 형성되기 시작한 것이지요.

그런데 교인들 중에는 아볼로에게도 별로 호감을 가지지 않고 있었지만 그렇다고 해서 바울도 탐탁하지 않게 여긴 사람들도 있었습니다. 이 사람들은 바울의 사도권을 문제 삼은 사람들이었습니다. 바울은 열두 사도도 아니었고, 예수님의 3년에 걸친 공생애 기간 동안 예수님 곁에 있었던 것도 아닌데다가 바울에게는 교회를 잔혹하게 핍박했던 경력이 있었습니다. 이런 바울의 약점을 탐탁하지 않게 여기던 교인들은 사도들 가운데 정통 수석 사도인 게바 곧 베드로를 따라야 된다고 주장했습니다.

그런데 아볼로, 바울, 베드로는 사실 비슷비슷한 수준에 있는 인물입니다. 모두 다 장점이 있는 반면에 단점들도 있었기 때문이지요. 아볼로는 학력이나 웅변술에 있어서는 바울을 능가했고, 어부였던 베드로를 당연히 능가했지만, 예수님과 함께 있었던 인물도 아니고 게다가 바울의 제자인 브리스길라와 아굴라의 제자에 불과했습니다. 바울은 고린도교회의 설립자이지만 예수님과 함께 한 경력이 없고, 교회를 잔인하게 핍박한 지울 수 없는 과거를 안고 있었습니다. 베드로는 명실 공히 수석사도이지만 학력이 너무 형편없었던 데다가 어린 여종 앞에서 예수님을 세 번 씩이나 부인한 부끄럽고 지울 수 없는 과거를 가지고 있었습니다. 기왕에 세력다툼이 시작된 이상 이 세 사람을 능가해 버릴 인물이 필요했는데, 그것이 그리스도였습니다. 교인들 가운데 일부는 영이신 그리스도를 따르고 그리스도의 음성을 직접 듣는다고 주장하기 시작했습니다. 그리스도를 내세우면 다른 모든 경쟁자들을 일거에 제압할 수 있을 것이라고 계산한 것이지요.

이렇게 하여 고린도교회에는 바울을 따른다고 주장하는 교인들, 아볼로를 따른다고 주장하는 교인들, 베드로를 따른다고 주장하는 교인들, 그리스도를 따른다고 주장하는 교인들로 일종의 느슨한 파벌이 형성되어 세력을 과시하면서 서로를 깎아 내리는 사태가 벌어지게 되었습니다. 아마도 이들이 처음에 나쁜 의도를 가지고 시작한 것은 아닐 것입니다. 그러나 일단 파벌이 형성되고 파벌 간에 세력다툼이 시작되면, 성도들이라 할지라도 원래의 못된 성품들이 그대로 다 표출되어 추악한 싸움으로까지 치닫게 됩니다.

바울은 고린도교회 안에서 벌어진 파벌싸움이 얼마나 어이없고 잘못된 것인가를 지적합니다. 바울의 책망은 세 개의 질문형태로 되어 있습니다. "그리스도께서 어찌 나뉘었느냐? 바울이 너희를 위하여 십자가에 못박혔으며 바울의 이름으로 너희가 세례를 받았느냐?" "그리스도께서 어찌 나뉘었느냐?" 네 개의 파벌이 모두 그리스도가 자기들 편이라고 주장했을 것입니다. 네 파벌이 각각 그리스도가 자기편이라고 주장하는 말이 모두 맞는다면 그리스도는 몸이 네 개로 쪼개져야 합니다. 이것이 얼마나 어리석은 생각입니까? 특히 바울은 자신을 따르는 자들을 더 엄중하게 책망합니다. 바울은 자신이 숭배의 대상이 될 수 있으려면 따르는 자들의 죄를 대속하기 위하여 십자가 위에서 죽을 정도가 되어야 하는데, 자신이 그들을 위하여 죄를 대신 지고 십자가 위에서 죽은 것이 아니지 않느냐고 반문합니다. 또 바울이 숭배의 대상이 될 수 있으려면 바울 자신의 이름으로 세례를 줄 수 있어야 합니다. 누구의 이름으로 세례를 받는 것은 그 이름을 가진 자의 제자가 된다는 의미가 있습니다. 그렇지만 바울이 바울 자신의 이름으로 세례를 베푼 것이 아니지 않느냐? 특히 마지막 두 번의 질문을 통하여 바울은 고린도교회 교인들이 숭배해야 할 대상은 그들을 위하여 십자가 위에서 죽으신 예수 그리스도 뿐임을 간접적으로 상기시킵니다.

바울을 따르는 자들에 대한 책망은 세례문제를 둘러싸고 계속됩니다. 바울은 3명이라는 극소수의 교인들에게만 어쩔 수 없어서 세례를 주었을 뿐 자기파를 형성할 만큼 많은 교인들에게 세례를 베푼 일이 없음을 상기시킵니다. 14절에서 16절까지입니다. 먼저 14절을 읽겠습니다. "나는 그리스보와 가이오 외에는 너희 중 아무에게도 내가 세례를 베풀지 아니한 것을 감사하노니." 그리스보는 사도행전 18장 8절에 보면 유대교 회당의 회당장이었다가 개종한 사람입니다. 회당장 정도의 위치를 차지하고 있는 것을 보아서 상당한 재력을 가지고 있었음이 분명합니다. 가이오는 로마서 16장 23절에 따르면 바울에게 거처를 제공했을 뿐만 아니라 고린도교회 전체를 돌보아 줄 수 있었을 만큼 재력이 있는 사람이었습니다. 바울은 이 두 사람에게만 세례를 베풀었다는 사실에 대하여 감사하고 있습니다. 이 정도를 가지고 바울파를 형성시킬 수는 없을 것이기 때문입니다. 15절과 16절입니다. "이는 아무도 나의 이름으로 세례를 받았다 말하지 못하게 하려 함이라 내가 또한 스데바나 집 사람에게 세례를 베풀었고 그 외에는 다른 누구에게 세례를 베풀었는지 알지 못하노라." 바울은 잠깐 생각해 본 후에 세례를 베푼 사람이 하나 더 있음을 상기시킵니다. 그 이름은 스데바나입니다. 스데바나는 16장 15절에 바울의 고린도 사역에서 거둔 첫 열매라는 것 이외에는 알려진 것이 없습니다. 바울은 가능한 한 세례를 베풀지 않고 세례를 베푸는 일은 다른 사람에게 위임했는데, 그 이유는 바울 자신의 이름으로 세례를 베풀면 세례 받은 자가 주님을 경배하지 않고 바울 자신에게 관심을 둘 우려가 있었기 때문입니다.

마침내 바울은 17절에서 이렇게 말합니다. "그리스도께서 나를 보내심은 세례를 베풀게 하려 하심이요 오직 복음을 전하게 하려 하심이로되 말의 지혜로 하지 아니함은 그리스도의 십자가가 헛되지 않게 하려 함이라." 바울은 그리스도께서 자신에게 주신 소명은 세례를 베푸는 것이 아니라 복음을 전하는 것임을 분명히 했습니다. 바울은 복음을 전하는 일에 주력했고, 세례를 주는 일은 다른 사역자들에게 위임하는 일이 많았습니다. 세례를 베푸는 것은 복음전도사역이 열매를 거두었다는 것을 가시적으로 보여

줌으로써 복음전도사역을 최종적으로 마무리 짓는 작업입니다. 사람은 누구나 자기가 시작한 일을 자기가 열매를 거둠으로써 마무리 짓고 싶어 합니다. 그러나 바울은 복음전도에다가 세례까지 베풀면 개종한 사람의 관심이 자기 자신에게 온통 집중될 우려가 있기 때문에 마무리 짓는 일은 다른 사역자들에게 위임한 것입니다.

바울은 자기가 복음을 전할 때 어떤 태도로 복음을 전했는가를 말합니다. 바울은 "말의 지혜"로 복음을 전하지 않았다는 점을 강조합니다. 이 말은 세 가지 의미를 가지고 있습니다. 말의 지혜라는 표현은 청중들의 마음을 감동시키기 위하여 여러 가지 인위적인 기법들을 동원하여 말을 하는 것을 뜻합니다. 바울은 이처럼 세련된 인위적인 기법에 의지하여 복음을 전하지 않았습니다. 바울은 인간의 기술, 생각, 능력에 의지하여 복음을 전하는 것은 사람의 감정이나 마음이나 의지에는 약간의 변화를 가져 올 수 있지만 이런 방법으로는 복음의 중심인 그리스도의 십자가가 제대로 전달되기 어렵다고 생각했습니다.

분쟁의 문제에 대한 바울의 이야기는 4장 21절까지 계속됩니다. 따라서 분쟁의 문제에 대한 바울의 최종적인 해결방식은 아직 완전하게 제시되지 않았습니다. 그러나 이미 10절과 17절에 해결방식이 암시되어 있습니다. 고린도교회의 파벌로 인한 분쟁은 예수 그리스도가 보여주는 법칙을 통해서 비로소 해결될 수 있는 것이요, 예수 그리스도가 보여주는 법칙은 복음의 중심인 그리스도의 십자가 안에 들어 있음을 바울은 암시하고 있습니다. 그러면 십자가 안에 어떤 법칙이 들어 있을까요?

첫째로, 예수 그리스도의 십자가는 인간의 힘으로는 결코 죄의 문제를 해결할 수 없다는 교훈을 주고 있습니다. 예수님이 십자가 위에서 죽으신 이유는 인간이 자기 힘으로 죄의 문제를 해결할 수 없었기 때문입니다. 따라서 예수님의 십자가는 사람에게 의지하지 말 것을 강력히 요청합니다. 고린도교회의 파벌은 사람에게 의지하고 사람의 능력을 숭배하려는 마음에서 시작된 것입니다. 그러므로 고린도교회의 파벌문제가 해결되려면 사람에게 의지하고 사람의 능력을 숭배하려는 마음을 버려야 합니다.

둘째로, 예수 그리스도의 십자가는 자기를 희생하고 다른 사람의 입장에 서서 생각하는 삶이 예수님의 삶이요, 예수님을 따르는 자들의 삶임을 보여줍니다. 예수님이 십자가 위에서 죽으신 것은 자기를 위함이 아니라 죄인들을 위하여 자기를 희생하신 행동이었고, 예수님이 철저하게 죄인의 입장에 서서 죄인의 처지를 몸으로 체험해 보고자 함이었습니다. 고린도교회의 파벌문제는 다른 사람들을 희생시키고 자기가 경쟁에서 이겨보겠다는 마음에서 시작된 것이요, 자기 입장만 생각하고 다른 사람의 입장을 고려하지 않는 이기적인 마음에서 시작된 것입니다. 그러므로 고린도교회의 파벌문제를 해결하려면 경쟁에서 이기겠다는 생각을 버려야 하며, 자기중심적인 태도를 버리고 다른 사람의 입장에 서서 생각해 보고자 하는 마음을 회복해야 합니다.

사랑하는 성도 여러분! 우리 모두 함께 우리 주님이 십자가 위에서 보여주신 세 가지 법칙 곧 사람의 지혜와 능력을 의지하지도 말고 숭배하지도 말라, 자기를 희생하라, 다른 사람의 입장에 서서 생각해 보라는 법칙을 묵상하고 실천함으로써 하나님이 우리에게 주신 소중한 교회가 성도들의 개성을 충분히 살리면서도 이 모든 개성들을 잘 모아서 조화로운 화음을 이룬 아름다운 공동체로 가꾸어 가는 일에 최선을 다하는 주의 자녀들이 되어야 하겠습니다.

18 십자가의 도가 멸망하는 자들에게는 미련한 것이요 구원을 받는 우리에게는 하나님의 능력이라 19 기록된 바 내가 지혜 있는 자들의 지혜를 멸하고 총명한 자들의 총명을 폐하리라 하였으니 20 지혜 있는 자가 어디 있느냐 선비가 어디 있느냐 이 세대에 변론가가 어디 있느냐 하나님께서 이 세상의 지혜를 미련하게 하신 것이 아니냐 21 하나님의 지혜에 있어서는 이 세상이 자기 지혜로 하나님을 알지 못하므로 하나님께서 전도의 미련한 것으로 믿는 자들을 구원하시기를 기뻐하셨도다 22 유대인은 표적을 구하고 헬라인은 지혜를 찾으나 23 우리는 십자가에 못 박힌 그리스도를 전하니 유대인에게는 거리끼는 것이요 이방인에게는 미련한 것이로되 24 오직 부르심을 받은 자들에게는 유대인이나 헬라인이나 그리스도는 하나님의 능력이요 하나님의 지혜니라 25 하나님의 어리석음이 사람보다 지혜롭고 하나님의 약하심이 사람보다 강하니라

제6강

십자가의 도

From the Cross to Agape

고전 1장
18~25절

● 　　　　　오늘은 여섯 번째 고린도전서 강해 시간입니다. 자동차로 장거리를 여행할 때 길을 잃지 않고 제대로 가려면 중간 중간에 한 번씩 지도를 펴 놓고 어느 지점에 와 있는가를 확인할 필요가 있는 것처럼, 이 시점에서 지금까지 우리가 무엇을 공부했고 어느 지점에 와 있는가를 간략히 점검해 본 후에 오늘의 본문살피기로 들어가고자 합니다.

　첫째 날은 고린도전서를 이해하는데 필요한 배경에 대한 공부를 했습니다. 고린도시가 어떤 곳이며, 고린도전서를 왜 쓰게 되었으며, 고린도전서에서 중점적으로 다루는 큰 주제들은 무엇인가를 살펴보았습니다. 두 번째 시간에는 1장 1절에서 3절까지에 있는 바울의 문안인사를 살펴보았고, 세 번째 시간과 네 번째 시간에는 하나님이 고린도교회 성도들에게 주신 은혜들을 생각하면서 하나님께 감사하고 성도들을 칭찬하고 격려하는 내용이 담긴 1장 4절에서 9절까지를 살펴보았습니다. 여기까지가 고린도전서 전체의 서론에 해당합니다. 바울은 1장 10절부터 본론을 다루기 시작합니다. 1장 10절부터 17절까지 에서는 고린도교회에 일어난 분쟁을 다루면서 고린도교회 교인들을 책망하고 또 해결책을 제시하는 내용이 소개되어 있습니다. 바울은 17절에서 자신이 그리스도의 십자가를 헛되지 않게 하기 위하여 말의 지혜에 의지하지 않았음을 강조함으로써 고린도교회가 분쟁을 극복하고 분열이 없이 한 마음을 가진 교회가 되기 위해서는 말의 지혜에 의지하지 않고 그리스도의 십자가에 주목해야 한다는 점을 시사했습니다

다. 오늘 우리가 읽은 본문은 세상의 지혜와 그리스도의 십자가를 대조하면서 고린도교회 성도들에게 말의 지혜를 의지해서는 안 되고 그리스도의 십자가에 주목해야 하는 이유를 제시합니다.

오늘의 본문 18절에서 25절에는 한 가지 주제가 반복하여 제시됩니다. 그 한 가지 주제는 세상의 지혜와 그리스도의 십자가를 대조하면서 참된 지혜가 그리스도의 십자가임을 보여주는 것입니다. 바울은 18절에서 이 주제를 간단히 말하고, 19절에서 21절까지에서 같은 주제를 조금 더 자세하게 반복하여 설명하고, 22절에서 24절까지 에서는 같은 주제를 보다 더 상세하게 설명합니다. 그리고 25절에서 결론을 내립니다.

18절은 이렇게 시작됩니다. "십자가의 도가 멸망하는 자들에게는 미련한 것이요 구원을 받는 우리에게는 하나님의 능력이라."

"십자가의 도"는 두 가지 의미를 가집니다. 첫 번째는 교리적인 의미입니다. 예수 그리스도는 인류를 죄와 사망의 세력으로부터 구원하시기 위하여 죄가 없으신 분임에도 불구하고 죄인으로 여김을 받으시고 인류를 대신하여 인류가 받아야 할 형벌인 죽음의 형벌을 십자가 위에서 받으셨습니다. 예수 그리스도께서 십자가 위에서 인류의 죄를 대신 짊어지시고 죽으셨다는 사실을 믿고 예수 그리스도를 구주로 영접하면 우리는 단번에 죄와 사망의 세력으로부터 구원받습니다. 이것이 십자가의 교리적인 의미입니다. 예수 그리스도께서 죽으신 대속의 죽음은 어떤 인간도 흉내 낼 수 없습니다. 하나님이시며 동시에 인간이신 예수 그리스도만이 해낼 수 있는 일입니다.

그런데 십자가의 의미는 여기에 머무르지 않습니다. 십자가는 윤리적인 의미를 지니고 있습니다. 십자가 위에서 예수 그리스도께서 행하신 일을 잘 살펴보면 하나의 형식 곧 행동원리가 있음을 알 수 있습니다. 그것이 무엇일까요? 예수님은 누구를 위하여 십자가 위에서 죽으셨습니까? 자기 자신을 위하여 죽으셨습니까? 아닙니다! 예수님은 100% 인류 곧 타인을 위하여 죽으셨습니다. 타인을 위하여 철저하게 자기를 희생하셨습니다. 참혹한 육체적 죽음을 죽으셨을 뿐만 아니라 그토록 사랑하는 성부 하나님과의 관계가 끊어지는 고통까지도 마다하지 않으셨습니다. 예수 그리스도께서 겟세마네 동산에서 한숨도 자지 못하시면서 그토록 괴로워하셨던 이유가 바로 성부 하나님과의 관계가 실제로 끊어지고 성부 하나님으로부터 버림받는 고통을 견딜 수 없었기 때문입니다. 이처럼 예수 그리스도의 십자가의 죽음은 100% 온전하게 자기를 희생하고 100% 온전하게 타인의 유익을 구하는 행동의 원리에 따라서 이루어졌습니다. 이것이 바로 윤리적인 의미입니다. 자, 이제 십자가의 도가 무엇인지 머릿속에 그림이 그려지지요? 십자가의 도는 첫째는 죄 사함 받고 구원받는 길입니다. 둘째는 철저하게 자기를 희생하고 타인의 유익을 구하는 원리에 따라서 살아야 한다는 명령입니다.

그런데 십자가의 도가 "멸망하는 자들에게는 미련한 것이라"고 바울은 말합니다. "멸망하는 자들"은 하나님을 믿지 않는 불신자들을 뜻합니다. 바울은 불신자들을 "멸망하는 자들"이라고 묘사하고 있습니다. 우리는 이 어구에 사용된 시제에 주의할 필요가 있습니다. "멸망하는"이라는 표현은 현재형입니다. 엄밀하게 말한다면 "지금 멸망해 가고 있는 자들"이라는 뜻입니다. 이 말은 불신자의 현재의 상태를 묘사한 말입니다. 불신자들은 현재 멸망으로 향하여 나아가는 삶을 살고 있는 자들입니다. 그러면 불신자들이 보여주는 어떤 삶의 모습이 불신자들의 현재의 삶을 멸망으로 몰아넣고 있을까요? 불신자의 삶의 특징은 타인을 희생시키면서 자기의 이익을 추구하는 자기중심성인데, 이 삶의 원리가 불신자의 현재의 삶을 멸망으로 빠뜨립니다. 자기이익을 철저하게 추구하면 자기이익도 얻고 자기이익을 얻으면 행복하고 자유롭고 편안할 것 같지만 사실은 정반대입니다. 자기이익을 추구하는 자들에게는 기쁨이 없습니다. 자기라는 밧줄에 꽁꽁 묶인 채 자유를 잃어버립니다. 그럼에도 불구하고 불신자들은 자기의 이익에 철저하게 충실한 삶이 지혜로운 삶이라고 착각합니다. 이들의 눈에는 자기를 철저하게 희생하고 타인의 유익을 구하는 십자가의 원리가 한없이 미련하고 어리석게 보입니다.

"멸망하는 자"의 반대편에는 "구원을 받는 우리"가 있습니다. 구원받는 우리는 예수 그리스도를 구주로 영접한 성도들을 뜻합니다. "구원받는"이라는 형용사도 현재형으로 되어 있습니다. 바울은 성도들을 묘사할 때 과거에 구원받은 자로만 묘사하지 않습니다. 또한 미래에 구원받을 자만으로 묘사하지도 않습니다. 바울은 성도를 현재 구원받고 있는 자로도 묘사합니다. 성도는 예수 그리스도를 구주로 영접함으로써 영혼이 구원받은 자입니다. 동시에 성도는 마지막 날에 몸까지도 구원받을 자들입니다. 동시에 성도들은 현재의 삶 속에서도 날마다 죄와 사망의 세력으로부터 구원받고 있는 자들입니다. 이처럼 날마다 구원받고 있는 자들에게 십자가는 "하나님의 능력"이라고 바울은 말합니다. 현재의 삶에서 구원을 받는다는 것은 자기에게 집착하는 태도로부터 해방되어 자기를 희생하면서 타인의 유익을 구하는 삶을 산다는 것을 뜻합니다. 자기의 이익을 구한다는 것은 마음속에 욕심이 가득 차 있다는 뜻이고 마음속에 욕심이 꽉 차 있다는 말은 마음이 죄의 세력에 얽매여 있다는 뜻입니다. 자기에 대한 집착에서 해방되고, 마음의 탐욕으로부터 해방되어 자유로운 마음으로 이웃을 위하여 살아갈 때 비로소 현재의 삶이 구원받는 것입니다. 그런데 우리가 예수 그리스도의 십자가를 묵상하면서 십자가에 나타난 예수님의 행동원리에 따라서 살아가려고 할 때 하나님은 이 삶을 살아낼 수 있는 힘을 주십니다. 이것이 바울이 말하는 하나님의 능력이 뜻하는 것입니다. 바울이 말하는 하나님의 능력은 이 세상에서 성공하고 번영하는 것을 가능하게 해주는 능력이 아니라 자기를 희생하고 타인의 유익을 구하는 삶을 실천하는 것을 가능하게 하는 힘입니다. 이 하나님의 능력은 세상 사람들이 미련하다고 멸시하는 십자가 뒤에 숨어 있습니다.

19절과 21절에서 바울은 18절에서 제시된 주제를 조금 더 상세하게 설명합니다. 세상 사람들은 십자가의 도를 미련하다고 조롱하지만 하나님은 세상 사람들이 의지하는 지혜를 미련한 것이라고 조롱하십니다. 19절입니다. "기록 된 바 내가 지혜 있는 자들의 지혜를 멸하고 총명한 자들의 총명을 폐하리라." 이 구절은 구약성경 이사야서 29장 14절을 인용한 것입니다. "지혜 있는 자들"은 유다왕국의 왕들 옆에서 참모역할을 하던 책사를 가리킵니다. 책사들은 병법에 달통한 사람들입니다. 삼국지에 나오는 제갈공명과 같은 역할을 하는 사람들이지요. 이들은 온갖 인간적인 계략을 짜내어서 적의 침입을 물리치고 나라를 지킬 전략을 왕에게 제시합니다. "총명한 자"는 세상물정에 아주 밝은 사람들을 뜻합니다. 이 사람들은 머리를 재빨리 굴리면서 세상 사람들에게 손해를 보지 않고 자기이익을 챙기는 기법을 생각해냅니다. 책사나 세상물정에 밝은 사람들은 아주 머리가 비상한 사람들입니다. 그런데 하나님은 이들의 지혜를 멸하고 이들의 총명을 폐해 버릴 것이라고 말씀하셨습니다.

계속되는 20절에서 바울은 이렇게 말합니다. "지혜 있는 자가 어디 있느냐 선비가 어디 있느냐 이 세대에 변론가가 어디 있느냐 하나님께서 이 세상의 지혜를 미련하게 하신 것이 아니냐." "지혜 있는 자"는 그리스철학자들을 뜻하고, 선비는 유대교의 율법학자들을 뜻하고, 변론가는 논쟁을 즐기는 궤변론자들을 뜻합니다. 이 세 부류 안에 그리스와 유대의 내노라 하는 말 잘하는 사상가들이 다 망라되어 있습니다. 그런데 하나님은 이들이 머리를 짜내어 제시한 지혜를 미련한 것으로 만들어 버리신다는 것입니다. 21절이 이 점을 더 상세하게 설명합니다. "하나님의 지혜에 있어서는 이 세상이 자기 지혜로 하나님을 알지 못하므로 하나님께서 전도의 미련한 것으로 믿는 자들을 구원하시기를 기뻐하셨도다." 이 구절은 성도들이 이해하기가 매우 어려운 구절입니다. 우선 이 구절 중간 부분에 있는 "이 세상이 자기 지혜로 하나님을 알지 못하므로"를 먼저 살펴보겠습니다. 세상 사람들은 아무리 머리를 짜내어 온갖 구상을 다 해내도 하나님을 알 수가 없습니다. 그런데 이처럼 세상 사람들이 아무리 인간적인 지혜를 짜내도 하나님을 알 수 없는 이유는 이들이 시도가 하나님의 지혜안에 있기 때문입니다. 이 말이 무슨 뜻입니까? 사람들은 지혜를 짜내어 하나님을 알려고 하지만, 하나님도 지혜를 발휘하여 사람들이 아무리 머리를 짜내어도 하나님을 알지 못하도록 길을 막아 놓으셨다는 말입니다. "전도의 미련한 것"이라는 구절에서 전도는 "십자가의 도를 뜻합니다. "전도의 미련한 것"은 십자가의 도가 미련하다는 말이 아니라 불신자들이 미련한 원리라고 생각하는 십자가의 도라는 뜻입니다. 하나님은 십자가의 도를 통하여 성도들을 구원하셨습니다. 세상의 지혜가 하지 못한 일을 하나님이 십자가의 도를 통하여 해내신 것입니다.

22절에서 24절까지에서 바울은 같은 주제를 한 번 더 반복하여 제시합니다. 22절과 23절입니다. "유대인은 표적을 구하고 헬라인은 지혜를 찾으나 우리는 십자가에 못 박힌 그리스도를 전하니 유대인에게는 거리끼는 것이요 이방인에게는 미련한 것이로되."

"유대인은 표적을 구하고 헬라인은 지혜를 찾으나." 이 말씀은 유대인과 헬라인이 하나님을 어떻게 찾는가를 보여 줍니다. 유대인들은 특별한 표적이 나타나야만 하나님을 알 수 있다고 생각했습니다. 예를 들어서 하늘에 갑자기 이상한 현상이 나타난다든가, 어떤 예언이 이루어진다든가, 어떤 기적이 나타나야 비로소 하나님을 만날 수 있다고 생각했습니다. 또 유대인들은 메시야를 기다렸는데, 이들이 기다린 메시야는 막강한 정치권력과 군사력 그리고 왕으로서의 위엄을 갖춘 왕이었습니다. 이런 인물이 등장해야 하나님을 알 수 있다고 생각했습니다. 따라서 이들의 눈에는 초라하고 힘없이 한 사람이 형틀에 매달려 죽어가는 장면을 보고 하나님을 믿으라고 주장하는 십자가의 도가 하나님을 아는 일에 "거리끼는 장애물"이 될 수밖에 없습니다.

헬라인들은 이성적인 추론과 논증을 통하여 하나님을 찾을 수 있다고 생각했습니다. 헬라인들은 사람의 몸과 물질은 악하다고 생각했기 때문에 하나님이 몸의 형체를 입는다는 것은 사상할 수조차 없었습니다. 하나님은 영으로만 계셔야 했습니다. 또한 하나님은 절대로 감정에 이끌리지 않고 항상 철저하게 이성적으로 생각하는 존재여야 했습니다. 이런 하나님 개념을 가지고 있는 헬라인들에게 하나님이 십자가에 달리신다는 생각은 말도 안 되는 것이었습니다. 더욱이 로마사회에서는 십자가는 너무나 잔인한 형벌이어서 혐오의 대상이었기 때문에 로마시민에게는 결코 십자가형을 부과하지 않았습니다. 게다가 상류사회에서는 십자가형에 대하여 직접 말하는 것도 금기시되었습니다. 이런 상황 속에서 십자가형틀을 통하여 하나님을 만난다는 것은 있을 수가 없었습니다. 또한 헬라인들은 정치, 재판, 철학, 무역, 사랑, 가정경영 등을 성공적으로 수행하여 다른 사람들에게 보여주고 다른 사람들로부터 인정받고 칭송받는 일에 관심을 집중했습니다. 이런 헬라인들에게 철저하게 자기를 희생하고 타인의 유익을 구하는 십자가의 원리는 미련하기 그지없는 것이었습니다. 그러나 바울은 십자가에 못박힌 그리스도를 전했는데, 그 이유는 십자가는 유대인이든 헬라인이든 하나님의 능력과 하나님의 지혜였기 때문입니다.

바울은 25절에서 지금까지 말한 내용을 간략하게 정리하고 결론을 내립니다. "하나님의 어리석음이 사람보다 지혜롭고 하나님의 약하심이 사람보다 강하니라." 이 구절은 병행법이라는 형식으로 서술된 것인데 같은 내용을 두 번 서술함으로써 강조하는 어법입니다. "하나님의 어리석음"과 "하나님의 약하심은" 당연히 그리스도의 십자가를 뜻합니다. 십자가에 달리신 그리스도를 본받아 철저하게 자기를 희생하고 타인의 유익을 구하는 삶을 영위하는 것은 세상 사람들의 눈으로 볼 때는 어리석어 보이지만 자기에 대한 병적인 집착과 영혼을 병들게 하는 탐욕으로부터 성도들을 해방시켜 건강하고 자유로운 영혼으로 이웃을 섬기는 고결한 삶을 살게 함으로써 현재의 삶을 죄의 잔재로부터 구원하는 진정한 지혜의 길입니다. 세상 사람들의 눈에는 정말로 약한 현실로 보이는 십자가가 사실은 무시무시하고 강력한 능력의 원천입니다. 십자가는 하나님이 인간을 죄와 사망의 세력으로부터 해방시키는 강력한 능력의 통로입니다. 자기를 희생하고 타인의 유익을 구하는 삶은 인간이 이 세상에서 할 수 있는 행위 가운데 가장 어려운 행위입니다. 그런데 우리는 이 어려운 삶을 가능하게 하는 하나님의 능력을 십자가에 나아갈 때만 힘입을 수 있습니다. 이 능력은 그리스도의 십자가 안에만 감추어져 있으며, 십자가로 나아갈 때만 이 능력을 넉넉히 주시는 하나님을 만날 수 있습니다.

사랑하는 성도 여러분! 우리 모두 함께 그리스도의 십자가로 나아갑시다. 십자가로 나아가 우리를 위하여 대속의 죽음을 죽으시고 우리를 죄와 사망의 권세로부터 해방시키신 그리스도를 묵상하고 찬양하고 감사합시다. 그리고 그리스도께서 십자가 위에서 보여주신 값진 행동의 원리를 묵상해 봅시다. 그리스도를 따른다고 하면서도, 자기 십자가를 지고 나를 따르라는 명령을 받았으면서도 세상 사람들의 풍조에 물이 들어서 우리 자신에게 집착하고 우리 자신의 안녕과 이익을 추구하고 세상에서의 영광을 추구해 온 우리의 죄를 회개하고, 그리스도를 본받아 자기를 부인하고 희생하면서 이웃의 유익을 구하는 삶으로 돌이키고, 자기에 대한 병적인 집착과 탐욕으로부터 해방된 진정한 그리스도의 삶을 누리는 하나님의 자녀들이 되어 보십시다.

26 형제들아 너희를 부르심을 보라 육체를 따라 지혜로운 자가 많지 아니하며 능한 자가 많지 아니하며 문벌 좋은 자가 많지 아니하도다 27 그러나 하나님께서 세상의 미련한 것들을 택하사 지혜 있는 자들을 부끄럽게 하려 하시고 세상의 약한 것들을 택하사 강한 것들을 부끄럽게 하려 하시며 28 하나님께서 세상의 천한 것들과 멸시 받는 것들과 없는 것들을 택하사 있는 것들을 폐하려 하시나니 29 이는 아무 육체도 하나님 앞에서 자랑하지 못하게 하려 하심이라 30 너희는 하나님으로부터 나서 그리스도 예수 안에 있고 예수는 하나님으로부터 나와서 우리에게 지혜와 의로움과 거룩함과 구원함이 되셨으니 31 기록된 바 자랑하는 자는 주 안에서 자랑하라 함과 같게 하려 함이라

제7강

자랑하는 자는 주 안에서

From the Cross to Agape

고전 1장 26~31절

● 　　　　세기의 대결로 알려진 여자피겨스케이팅 경기가 김연아 선수의 압도적인 승리로 끝났습니다. 김연아 선수의 라이벌이었던 아사다 마오는 지난 세계선수권대회 때도 김연아 선수에게 패배한 바 있습니다. 그 당시 경기가 끝난 직후에 경기장 한구석에서 넋이 나간 모습으로 쪼그리고 앉아 있던 모습이 방송을 탔었고, 이 모습을 보고 많은 시청자들이 애처로움을 느꼈습니다. 이번에도 아사다 마오는 또 다시 김연아를 넘지 못했고, 울면서 인터뷰하는 광경이 방송되어 시청자들의 동정심을 자극했습니다. 아사다 마오가 세계 2등이라는 엄청난 성적을 거두었는데도 자기 자신을 불행하다고 생각한 이유가 무엇일까요?

　며칠 전에는 노벨물리학상 후보로까지 거론되던 장래가 유망한 어느 물리학 교수가 연구에 대한 정신적인 압박을 견디지 못하고 자살했습니다. 많은 사람들이 동경하는 대학교수도 되었고, 다른 대학으로부터 스카웃되어 왔으니 사람들로부터 인정도 받고 있는 우리 사회 최고의 엘리트의 자리에 이미 들어섰는데 왜 이 사람은 열등감을 이기지 못하고 자살로 자기의 삶을 포기한 것일까요?

　우리 모두에게는 다른 사람보다 더 나아지고자 하는 본능적인 욕망이 있습니다. 다른 사람보다 내가 더 공부를 잘 하고, 운동을 더 잘하고, 더 잘 살고, 더 나은 직장을 얻고, 더 예쁘고, 더 인정을 받아야만 나의 마음이 편안함을 느낍니다. 옆에 있는 누구라도 나보다 더 나은 사람이 있으면 나의 마음이 편안하지 않습니다. 우리는 다른 사람보다 항상 더 나은 위치에 있으면 정말로 마음이 편안하고 행복할 것이라고 생각합니다. 모든 세상 사람들은 그렇게 생각하고 다른 사람보다 더 나은 자리에 올라가기 위하여 최선의 노력을 기울입니다. 그러나 다른 사람보다 더 나은 자리에 올라서려는 마음을 어느 선에서 통제하지 못하면 이 마음은 결국 우리를 불행으로 몰고 가고 급기야는 우리를 죽음으로 몰아넣습니다. 왜 그럴까요? 우리가 한 평생 사는 동안 우리보다 더 나은 사람은 항상 우리 곁에 있기 때문입니다. 우리 곁에 우리보다 나은 사람이 있을 때마다 우리의 마음이 편안하지 않다면 우리의 마음은 평생 동안 스트레스를 받게 될 것이며, 누적된 스트레스는 결국 우리로 하여금 천수를 다 누리지 못하고 병들어 단명하게 만들 것입니다. 세상 사람들이 행복을 보장해 주는 지혜의 길이라고 믿고 가는 길이 사실은 세상 사람들을 불행으로 끌고 가는 어리석은 길입니다.

오늘날 한국사회에 남들보다 더 열심히 공부하여 남들보다 더 좋은 대학교에 들어가고 남들보다 더 좋은 직장에 들어가야 한다는 정서가 한국사회 전체를 강하게 장악하고 있는 것처럼, 고린도시도 같은 정서의 지배를 받고 있었습니다. 특히 고린도시는 당시 아테네나 로마처럼 오랜 귀족의 전통이 확립되어 있는 곳이 아니었습니다. 고린도시는 전쟁으로 폐허가 되어 버렸던 곳인데, 로마의 은퇴군인들의 거주지로 개발되기 시작하면서 상인, 노예를 비롯하여 모든 계층의 사람들이 모여든 항구도시였습니다. 고린도시는 항구도시였기 때문에 자연히 상업이 발달했습니다. 고린도시에서는 노예라도 돈만 있으면 노예 신분으로부터 벗어나 로마 시민권도 얻을 수 있었습니다. 따라서 고린도시에서는 돈을 벌어서 비천한 신분을 벗어버리고 사회의 상류층으로 올라가고자 하는 사람들이 많았습니다. 돈을 벌기 위한 경쟁이 치열해지는 것은 당연한 일입니다. 돈을 벌어서 사회적 신분이 올라갈 기회를 잡아야겠다는 분위기가 고린도시를 지배하고 있었습니다. 그런데 고린도교회 교인들 중에 이와 같은 고린도시의 정서를 교인이 되고 난 이후에도 그대로 가지고 있던 사람들이 많았습니다. 이들은 심지어 교회까지도 자신들의 사회적 신분을 높이는 일에 이용하려고 했습니다. 이런 고린도교회의 분위기를 염두에 두고 바울은 오늘 우리가 읽은 본문을 통하여 성도들이 추구해야 할 참된 삶의 길이 무엇인가를 말합니다.

먼저 바울은 고린도교회 교인들이 어떤 신분의 사람들로 이루어져 있는가를 상기시킵니다. 26절입니다. "형제들아 너희를 부르심을 보라 육체를 따라 지혜로운 자가 많지 아니하며 능한 자가 많지 아니하며 문벌 좋은 자가 많지 아니하도다." "너희를 부르심을 보라"는 말은 너희가 어떤 상황에 있을 때 하나님이 너희를 불러서 성도가 되게 하였는가를 한번 생각해 보라는 말입니다. 그러면 고린도교회 교인들은 어떤 상황에 있었을 때 성도로 부르심을 받았는가? "육체를 따라" – 이 말은 "인간적인 관점에서 볼 때," 곧 "세상 사람들이 판단하는 잣대로 생각해 볼 때"라는 뜻입니다. 그러면 세상 사람들이 사람들을 판단하는 잣대는 어떤 것인가요? 그 잣대가 본문에 나타나 있습니다. 본문에 등장하는 세 부류의 사람들이 바로 세상 사람들이 사람의 가치를 평가하는 척도입니다. 세 부류의 사람들은 지혜로운 자, 능한 자, 문벌 좋은 자입니다. 지혜로운 자란 교육배경과 관련되어 있습니다. 당시에 지혜는 주로 헬라 철학을 뜻했습니다. 지혜로운 자란 헬라 철학 공부를 한 자를 뜻합니다. 그런데 고린도시에서는 지혜로운 자가 좀 특별한 의미를 가집니다. 고린도시에는 순회설교자라고 불리우는 사람들이 있었습니다. 이들도 헬라 철학을 전하고 다녔는데, 소크라테스, 플라톤, 아리스토텔레스 등과 같은 정통 헬라 철학을 전한 것이 아니라 당시 정통헬라 철학에 대해서는 비판적인 입장을 가지고 있었던 궤변론자들이 전개한 이단적인 철학을 전했습니다. 순회설교자들이 전한 철학은 그럴듯하고 감동적인 어법을 잘 구사하고 상대방의 심리를 잘 움직여서 자신의 목적을 달성하는 기술을 가르쳤습니다. 그나마 이런 정도의 지식이라도 갖춘 사람들은 지혜로운 자로 대접을 받았습니다. 능한 자는 돈이 많거나 사회적 신분이 높은 귀족을 뜻합니다. 능하다는 말은 힘이 있다는 뜻인데, 높은 자리에 있고 돈이 있으면 힘이 있는 것입니다. 문벌 좋은 자란 귀족의 가문을 뜻합니다.

세상 사람들은 학벌이 좋은 사람, 정부의 높은 관직에서 일하거나 기업체를 운영하여 많은 돈을 벌어들인 사람, 가문이 좋은 사람을 우러러 보고 높이 평가합니다. 그런데 고린도교회 교인들 중에는 이 부류에 들어가는 사람들이 많지 않았습니다. 예를 들어서 회당장 그리스보 같이 상당한 재력이나 사회적 지위를 지닌 사람이 있긴 했지만 이런 사람들은 극소수였고 대부분이 교인들은 학벌도 형편없고, 정치권력도 없고, 돈도 없고, 가문도 별 볼 없는 사람들이었습니다.

그런데 학벌도 약하고 사회적 신분도 별 게 없고 돈도 없고 가문도 좋지 않는 고린도교회 교인들 중에 학벌, 사회적 신분, 돈, 가문을 삶의 목표로 삼고 추구하고, 이런 것들을 가지고 사람의 가치를 평가하려는 자들이 있었습니다.

그런데 바울은 학벌과 권력과 돈과 좋은 가문을 부러워하고 이런 것들을 차지하고 싶어 하는 고린도교회 교인들에게 찬 물을 끼얹어 버리는 말을 합니다. 27절과 28절입니다. "그러나 하나님께서 세상의 미련한 것들을 택하사 지혜 있는 자들을 부끄럽게 하려 하시고 세상의 약한 것들을 택하사 강한 것들을 부끄럽게 하려 하시며 하나님께서 세상의 천한 것들과 멸시 받는 것들과 없는 것들을 택하사 있는 것들을 폐하려 하시나니." 자, 바울의 이 말이 어떤 점에서 문제의 고린도교회 교인들에게 찬 물을 끼얹어 버리는 말로 다가올까요? 이 말이 고린도교회 교인들에게 찬 물을 끼얹어 버리는 말로 다가오는 이유를 살펴보기 전에 먼저 이 본문 그 자체가 지닌 뜻을 살펴보겠습니다.

26절에서 세상 사람들이 사람을 평가하는 기준이 무엇인가를 알 수 있는 세 부류의 사람이 소개되었지요? 지혜로운 자, 능한 자, 문벌 좋은 자! 27절에서 28절에는 이 세 부류에 반대되는 세 부류의 사람이 소개됩니다.

첫째는 미련한 것들입니다. 미련한 것들은 26절에서 소개된 지혜로운 자들에 대한 반대되는 사람들의 부류입니다. 한마디로 말해서 학벌이 없는 사람들을 가리킵니다. 지혜로운 자들과 미련한 자들 중에서 하나님은 미련한 자들을 뽑으셨습니다. 하나님이 미련한 자들을 뽑아 자신의 자녀들로 삼으시는 순간 곧바로 지혜로운 자들은 자존심이 구겨졌습니다. 하나님이 지혜로운 자들을 부끄럽게 만들기 위하여 어떤 특별한 일을 하신 것이 아닙니다. 그냥 미련한 자들을 뽑으신 것만으로 이미 지혜로운 자들은 부끄러움 속에 떨어져 버렸습니다. 예를 들어서 한 사람을 뽑는 기업체에 두 사람이 지원을 했습니다. 두 사람 모두 이 기업체에 들어가는 것을 간절하게 바라고 있었습니다. 그런데 기업체가 이 두 사람 가운데 한 사람을 뽑았습니다. 바로 그 순간 뽑히지 않은 지원자는 좌절 속에 떨어지고 맙니다. 이처럼 지혜로운 자는 하나님으로부터 뽑힘을 받지 않았다는 이유 하나 만으로도 이미 부끄러움을 경험하는 것입니다.

둘째는 세상의 약한 것들입니다. 세상의 약한 것들은 26절이 말하는 능한 자에 반대되는 부류입니다. 능한 자가 27절에서는 강한 자로 표현이 약간 달라졌습니다. 하나님이 정치권력도 없고 돈도 없는 사람을 뽑으시는 바로 그 순간 정치권력도 막강하고 돈도 많은 부자들은 자존심을 구겼습니다.

셋째는 천한 것들과 멸시받는 것들과 없는 것들입니다. 이 세 개의 부류는 사실은 한 가지 부류의 사람들을 다양하게 묘사한 표현으로서 26절이 말한 문벌 좋은 자에 반대되는 개념입니다. 문벌 좋은 자는 귀족들을 가리킵니다. 천하고 멸시받고 없는 부류는 노예 신분에 있거나 이에 준하는 신분에 있는 자들을 뜻합니다. 하나님이 이들을 뽑으시는 바로 그 순간에 문벌 좋은 자들은 자존심이 구겨졌습니다. 스스로 지혜 있는 자요, 강한 자요, 문벌 좋은 자라는 유리한 조건을 가지고 있었기 때문에 하나님에게 뽑히지 못했다는 것이 더 큰 상처가 되고 수치가 됩니다.

그러면 왜 이 말씀이 고린도교회 교인들 가운데 출세를 꿈꾸는 미련하고 약하고 천한 자들에게 찬 물을 끼얹는 역할을 하는 것일까요? 이 말씀 안에는 하나님이 이들을 세상 사람들의 눈에 보기에 미련한 자리에서 끄집어내어 세상 사람들이 보기에 지혜로운 자리로 옮겨 주시겠다는 약속이 담겨 있지 않기 때문입니다. 하나님은 약한 자를 약한 자리에서 끌어내어 강한 자의 자리로 옮겨 주시겠다는 약속도 하지 않으셨고, 천하고 멸시받는 자리로부터 끄집어내어 문벌 좋은 자리로 옮겨 주시겠다는 약속도 하지 않으셨습니다. 하나님은 그런 일에 관심이 없으십니다. 그러나 이 일은 사실상 고린도교회 교인들이 속으로 원하던 것이었습니다. "하나님을 잘 믿을 테니까 이제 우리로 하여금 좀 학벌이 좋은 사람이 되게 해 주시고, 정치권력을 행사하는 자리에도 올라가게 해 주시고, 돈을 많이 벌게 해 주시고, 사회적 신분도 좀 올려 주십시오." 고린도교회 교인들은 바로 이것을 크게 바랐지만 하나님은 이 요구에 응하지 않으셨습니다. 오히려 하나님은 공부 못하는 자, 정치권력이 없는 사람, 돈이 없는 자, 문벌이 좋지 않은 자를 공부 못하는 자리, 정치권력이 없는 잘, 돈이 없는 자리, 문벌이 나쁜 자리에 그냥 두시겠다는 뜻을 가지고 계신 것 같습니다.

29절은 하나님이 이렇게 하시는 이유를 말합니다. "이는 아무 육체도 하나님 앞에서 자랑하지 못하게 하려 함이니라." 미련한 자가 지혜로운 자의 자리에 올라가면 자기의 지혜를 자랑하게 됩니다. 정치권력이 없던 자들이 권력을 잡으면 자기의 권력을 자랑하게 됩니다. 돈이 없던 자들이 돈을 벌어 부자가 되면 자기의 돈을 자랑하게 됩니다. 그런데 하나님은 성도들이 이렇게 되는 것을 원하지 않습니다.

그렇다면 하나님은 무엇을 원하실까요? 30절입니다. "너희는 하나님으로부터 나서 그리스도 예수 안에 있고 예수는 하나님으로부터 나와서 우리에게 지혜와 의로움과 거룩함과 구원함이 되셨으니." 하나님은 고린도교회 성도들에게 관심의 방향을 바꿀 것을 요구하십니다.

먼저 하나님은 남들보다 잘 되고 세상에서 출세하는 일에 관심을 갖지 말고 예수 그리스도에게 관심을 집중할 것을 요구하십니다. "너희는 하나님으로부터 나서 그리스도 예수 안에 있고" - 이 말은 고린도교회 성도들이 오직 하나님의 은혜로 예수님 안에 있게 되었음을 말한 뒤에 예수님 안에 있을 때 어떤 일이 일어나는가를 말합니다. 우리 안에 계신 예수님이 우리의 지혜가 되셨습니다. 지혜의 내용이 그 다음에 나오는 세 가지 용어를 통해 구체화되었습니다. 의로움, 거룩함, 구원함! 하나님은 우리를 대우하실 때 우리의 모습을 보시고 평가하시는 것이 아니라 우리 안에 계신 예수님을 보시고 우리를 평가하십니다. 예수님이 완전히 의로우신 것을 보시고 우리를 의로운 하나님의 백성이라고 평가하십니다. 예수님이 완전히 거룩하신 것을 보시고 우리를 완전히 거룩하다고 평가하십니다. 예수님이 십자가 위에서 예수님 자신의 몸을 속전으로 드린 것을 받으시고 우리를 죄와 사망의 세력으로부터 구원해 주십니다. 바울은 고린도교회 성도들에게 비록 학벌이 없고, 정치권력이나 돈이 없고, 문벌이 없어도, 이것들을 얻는 일에 집착하지 말고 하나님의 은혜로 예수를 믿었을 때 일어난 엄청난 변화를 생각해 보라고 요청합니다. 하나님 앞에서 죄로 말미암아 죽어야 했던 죄인들이 우리 안에 계신 예수 그리스도 때문에 하나님 앞에서 의인으로 여겨지고, 거룩한 존재로 여겨지고, 또한 죄와 사망의 권세로부터 해방되었다면 우리의 신분이 얼마나 높아졌는가를 알 수 있습니다. 우리의 신분이 예수 그리스도만큼 높아졌다면 세상에서 좀 못 배웠어도 무슨 상관이냐, 세상에서 정치권력을 좀 맛보지 못하고 돈을 좀 못 벌고, 노예 신분을 벗어나지 못한다 하더라도 무슨 상관이냐 라는 것입니다. 예수님 때문에 영적으로 높은 신분에 오를 수 있었다면 우리가 자랑해야 할 대상은 누구일까요? 바로 예수님입니다. 그러므로 바울은 31절에서 이렇게 말합니다. "기록 된 바 자랑하는 자는 주 안에서 자랑하라 함과 같게 하려 함이라."

사랑하는 성도 여러분! 우리 모두의 마음속에는 이 세상에서 남들보다 더 잘되기를 원하는 본능적인 욕구가 있습니다. 만일 우리가 이 욕구를 절제하지 않고 이 욕구에 집착하면 우리의 몸과 마음은 병들어 마침내는 죽음에 이르고 말 것입니다. 우리 모두는 이 욕구를 절제하는 훈련을 해야 합니다. 우리는 이 세상에서 남들보다 좀 더 많이 공부하고 좀 더 출세하고 좀 더 많은 돈을 벌고 좀 더 가문이 좋은 것을 자랑하는 어리석음 속에 빠지지 않고 십자가 위에서 우리를 위하여 죽으심으로써 우리를 하나님 앞에 의롭고 거룩하고 구속받은 존재로 세워 주신 예수님을 자랑하는 성숙하고 아름다운 성도들이 되어야 하겠습니다.

1 형제들아 내가 너희에게 나아가 하나님의 증거를 전할 때에 말과 지혜의 아름다운 것으로 아니하였나니 2 내가 너희 중에서 예수 그리스도와 그가 십자가에 못 박히신 것 외에는 아무 것도 알지 아니하기로 작정하였음이라 3 내가 너희 가운데 거할 때에 약하고 두려워하고 심히 떨었노라 4 내 말과 내 전도함이 설득력 있는 지혜의 말로 하지 아니하고 다만 성령의 나타나심과 능력으로 하여 5 너희 믿음이 사람의 지혜에 있지 아니하고 다만 하나님의 능력에 있게 하려 하였노라

제8강

십자가에
못 박히신 것 외에는

From
the Cross
to Agape

고전 2장
1~5절

● 　　　　휴가철이 정점에 도달하면서 전국의 고속도로가 심한 정체와 몸살을 앓고 있습니다. 운전자를 가장 힘들게 하는 것 가운데 하나가 정체현상입니다. 도로의 정체는 운행하는 차량숫자가 많을 때 찾아오지만 정체되어야 할 물리적인 이유가 없을 때도 운전자의 심리적인 이유 때문에 정체가 나타나는 때가 있습니다. 예컨대 교통사고가 나는 경우, 물리적인 이유만을 따진다면 교통사고가 일어난 차선에만 정체가 나타나야 하는데, 실제로는 교통사고와는 아무런 관계가 없는 반대방향 차선에서도 정체현상이 나타납니다. 왜 그럴까요? 어떤 교통사고가 났는가를 알아보고 싶어 하는 운전자들이 속도를 늦추기 때문입니다.

　운전자들은 교통사고가 났다는 말을 들을 때 물론 사람이 다쳤으면 어떻게 하나 하는 걱정도 가지지만 그것이 운전자들이 교통사고에 관심을 가지는 이유의 전부는 아닙니다. 모든 운전자는 사고 없이 안전한 운전을 하고 싶어 합니다. 사고 없이 하는 운전은 좋기는 한데 지루하고 단조롭습니다. 교통사고는 안전하고 편안하지만 지루한 운전시간을 확 깨뜨리고 뒤집어엎어 버리는 놀랍고 경이로운 사건입니다. 사람들의 심리 안에는 지루하고 단조로운 것을 탈피하여 무엇인가 새롭고, 경이로운 어떤 것을 경험해 보고자 하는 욕구가 늘 자리 잡고 있습니다. 왜냐하면 새롭고 경이로운 일들을 경험하면 지루하고 단조롭던 삶이 활력을 되찾고 새로운 의미를 부여받을 수 있기 때문입니다.

우리의 삶 속에 정기적으로 새롭고 경이로운 일들을 경험하는 시간들이 있다면 우리의 삶이 늘 새로운 활력과 의미를 되찾을 수 있지 않겠습니까? 그런데 바로 우리가 믿는 복음이 우리의 삶에 새로운 활력과 새롭고 보람찬 의미를 불어 넣어 주기에 충분한 새롭고 경이로운 단면들을 풍부하게 지니고 있습니다. 오늘 우리가 읽은 본문에서 바울은 바울 자신에게 새로운 활력과 힘을 불어 넣어 바울을 일으켜 세워 준 경이롭고 놀라운 복음의 단면들 가운데 두 가지를 소개하고 있습니다.

1절을 읽겠습니다. "형제들아 내가 너희에게 나아가 하나님의 증거를 전할 때에 말과 지혜의 아름다운 것으로 아니하였나니." 바울은 자신의 사역이 "하나님의 증거"를 전하는 것이었다고 본문에서 밝히고 있습니다. 그런데 이 어구에서 증거라는 말은 비밀이라는 말로 번역하는 것이 본문의 뜻을 더 잘 표현하고 있습니다. 바울은 하나님의 비밀을 전하는 사람이었습니다. 하나님의 비밀은 복음을 뜻합니다. 그런데 왜 복음이 비밀입니까? 비밀은 분명히 존재하는데 사람들 눈에 드러나지 않고 감추어져 있는 어떤 것을 뜻합니다. 그러면 왜 사람들이 아무리 찾아내려고 해도 발견되지 않고 감추어져 있을까요? 사람들은 상식에 맞아야 찾아낼 수 있습니다. 상식을 넘어서면 사람들은 찾아내지 못합니다. 이처럼 복음은 상식을 넘어서는 진리이기 때문에 사람들이 찾아내지 못하고, 그래서 복음은 비밀입니다. 복음은 상식의 차원을 넘어서는 데도 실제로 일어난 일이기 때문에 놀랍고 경이로운 것입니다.

예를 들어 봅시다. 어떤 사람이 사람을 죽인 죄 때문에 죄수가 되어 판사 앞에 서서 판결 선고를 받게 되었습니다. 그런데 이 죄수가 죄수복을 입지 않고 평상복을 입고 판사 앞에 섰습니다. 그런데 놀랍게도, 그리고 상식적으로 납득이 될 수 없는 판결이 선고되었습니다. 판사가 이 사람이 평상복을 입고 있는 모습 하나만을 보고서는 "너는 평상복을 입었으니 무죄다"라고 판결을 내린 것입니다. 인간세계에서 이런 판결이 나올 수 있습니까? 인간세계에서는 이런 판결이 나올 수가 없습니다. 만일 이런 판결이 내려졌다면 사회적으로 엄청난 물의를 일으킬 것이며, 판사는 파면되어야 할 것입니다.

여하튼 죄수가 이런 판결을 받으면 어떤 결과가 나타날까요? 세상이 새롭게 보이게 됩니다. 말기 암 진단을 받고 절망적인 마음으로 죽기만을 기다리던 환자가 진단이 잘못되었고 암이 아니라는 새로운 진단을 들을 때 새 세상이 열리고 삶의 의미와 활력이 되살아나는 것처럼 세상이 새롭게 보입니다.

그런데 복음이 바로 이런 내용을 담고 있습니다. 우리는 하나님 앞에서 용서받을 수 없는 죄인입니다. 우리가 하나님 앞에 서게 되었습니다. 그런데 우리가 하나님 앞에 설 때 입은 옷이 바로 그리스도께서 십자가 위에서 이룩하신 깨끗하고 완전한 의의 옷입니다. 그런데 판사이신 하나님이 죄인인 우리의 모습을 보지 않으시고 우리가 입고 있는 이 옷만을 보시고 "너는 완전히 깨끗하고 의로운 사람이다"라고 선언해 주신 것입니다. 이것이 바로 복음입니다. 이런 일이 인간세계에서는 도저히 있을 수가 없기 때문에 복음은 비밀이고, 경이로운 일입니다. 생각해 보면 생각해 볼수록 경이롭습니다. 복음이 지닌 내용들을 묵상해 보면 모두 이렇게 경이롭고 상식을 훨씬 뛰어넘는 내용을 가지고 있습니다. 이런 놀랍고 경이로운 내용을 확인할 때 우리 앞에는 새로운 세상이 전개되고, 우리의 삶은 새로운 활력과 의미를 부여 받게 됩니다.

바울은 이 놀라운 비밀을 전할 때 "말과 지혜의 아름다운 것으로 아니하였다"고 말합니다. "말"과 "지혜"라는 두 개의 단어가 등장하지요? 이 두 개의 단어는 각각 다른 것을 가리키는 것은 아니고 중언법으로 사용된 것인데, 중언법이란 하나의 내용을 비슷한 단어를 사용하여 한 번 더 말함으로써 강조하는 어법입니다. "아름다운 것"이라는 말은 문학적인 기교를 많이 사용하여 청중들을 감동시키는 능숙한 화술을 뜻합니다. 당시 고린도시에는 능숙한 화술을 구사하여 청중들의 마음을 사로잡고 박수갈채를 얻어낸 다음에는 돈을 챙겨가는 궤변적인 웅변가들이 유행했습니다. "말과 지혜의 아름다운 것"은 바로 이 궤변적인 웅변가들이 행하는 연설을 가리킵니다. 한마디로 말발이 아주 센 사람들입니다. 그런데 바울은 궤변적인 웅변가들처럼 인간이 머리 속에서 짜낸 기가 막힌 어법이나 화술을 이용하여 복음을 전하지 않았습니다. 왜냐하면 놀랍고 경이로운 복음은 인간의 머릿속에서 나올 수 있는 내용이 아니기 때문입니다.

그러면 바울은 어떤 방법으로 복음을 전했습니까? 2절입니다. "내가 너희 중에서 예수 그리스도와 그의 십자가에 못 박히신 것 외에는 아무 것도 알지 아니하기로 작정하였음이라." 바울은 십자가에 못 박히신 그리스도만을 알기로 결심했습니다. 바울이 왜 십자가에 못 박히신 그리스도만을 알기로 결심했을까요? 인간의 상식을 뛰어넘는 놀랍고 경이로운 복음이 가능할 수 있었던 근거가 바로 십자가였기 때문입니다. 예수님이 십자가 위에서 대속의 죽음을 죽으셨기 때문에 불의한 인간이 하나님 앞에서 완전히 의로운 존재로 여김을 받을 수 있게 되었습니다.

바울이 십자가에 못 박히신 그리스도만을 알기로 결심했다는 말은 이전에는 십자가에 못 박히신 그리스도가 아닌 다른 것들을 전하다가 이제부터는 그리스도만을 전하기로 마음을 바꾸었다는 뜻은 아닙니다. 바울은 항상 십자가에 못 박히신 그리스도를 전했습니다. 또 이 말은 십자가에 못 박히신 그리스도 외에는 어떤 다른 것도 전하지 않겠다는 뜻도 아닙니다. 성도들의 신앙생활을 바르게 지도하기 위해서는 십자가에 못 박히신 그리스도 이외에도 전해야 할 내용들이 많습니다.

바울이 이 말을 한 것은 고린도에 오기 직전 아테네에서 있었던 경험 때문입니다. 데살로니가를 떠나 아테네에 들어 온 바울은 아테네인들이 철학에 능통한 사람들이라는 사실에 착안하여 철학적인 방식을 이용하여 대화하기로 결심합니다. 철학적인 방법으로 대화한다는 말은 논리적인 방법으로 대화한다는 뜻입니다. 바울은 논리정연하게 말을 하여 아테네인들이 하나님이 존재하신다는 사실을 깨닫게 한 후에 마음의 바탕이 준비되면 십자가에 달리셨다가 부활하신 예수님에 대하여 말하려고 했습니다. 그런데 논리적인 대화를 끝내고 예수님의 부활에 대하여 말하려고 운을 떼자 청중들은 흥미를 잃고 조롱하면서 다 떠나가 버렸습니다. 이 일은 바울에게는 아주 쓰라린 경험이었습니다. 아테네에서 잠깐 시험해 본 새로운 전략이 실패로 끝난 것입니다. 이 일을 통하여 바울은 말을 잘 하여 상대방을 설득시킨다고 해서 그 사람의 마음이 변하는 것이 아니고, 그리스도를 믿게 만드는 것도 아니라는 사실을 절실하게 깨닫고, 그 이전까지 사용해 왔던 방법 곧 십자가에 못 박히신 그리스도를 바로 전하는 방법이 옳다는 확신을 가지고 이 방법만을 사용하기로 결심한 것입니다.

3절에서 바울은 자기 자신이 인간적으로 정말로 내세울 것이 없는 약하고 보잘 것 없는 존재임을 상기시킵니다. "내가 너희 가운데 거할 때에 약하고 두려워하고 심히 떨었노라." 바울이 고린도에 도착했을 때는 바울의 선교여정 가운데 몸과 마음이 아주 힘들고 어려운 때였습니다. 우선 전해져 내려오는 이야기에 의하면 바울은 키가 작고 머리는 대머리였다고 합니다. 게다가 바울에게는 지병이 있었습니다. 고린도후서 12장 7절에 보면 바울에게는 "육체의 가시"가 있었는데, 이 육체의 가시가 얼마나 바울을 힘들게 했는지 "사탄의 사자"라고까지 말하고 있습니다. 학자들은 오늘 본문에 "심히 떨었다"는 말을 육체의 가시에 연결하여 바울에게 간질병이 있었고 자주 발작이 일어난 것으로 보고 있습니다. 또 갈라디아서 4장 15절에 "너희가 할 수만 있었더라면 너희의 눈이라도 빼어 나에게 주었으리라"는 말씀이 있는 것으로 미루어 볼 때 바울에게는 백내장과 같은 눈병도 있었던 것 같습니다. 눈병 때문에 고생하는 바울이 너무 안스러워 자기 눈이라도 빼서 주고 싶은 마음까지 생겼던 것입니다. 거기다가 지금 바울이 고린도에 왔을 때는 정말로 최악의 상황이었습니다. 바울의 2차 선교여행은 빌립보전도로부터 시작됩니다. 빌립보에서 바울은 귀신들린 여종으로부터 귀신을 쫓아내 주었다가 여종을 이용하여 돈벌이를 하던 사람들이 난동을 피우는 바람에 죽도록 얻어맞고 감옥에 갇혔다가 풀려났습니다. 다음 행선지인 데살로니가에 와서 전도를 잘 하고 있었는데, 이번에는 유대교인들의 조직적인 살해위협에 시달려 떠나야 했습니다. 베뢰아에 왔을 때는 신사적인 성도들을 만나 재미있게 성도들을 지도하고 있었는데, 바울이 베뢰아에 있다는 소식을 들은 유대교인들이 베뢰아에까지 내려와서 난동을 피우는 바람에 또 다시 쫓겨나야 했습니다. 아테네에서는 우상으로 가득 찬 도시풍경을 보고 마음이 많이 상했고 전도의 열매도 거두지 못했습니다. 그러다가 떠밀려 온 곳이 고린도시입니다. 가는 곳마다 매 맞고 쫓겨나고, 그리운 성도들과 정이 들을 만하면 이별을 해야 하고, 홀로 정처 없이 여행을 하니 마음은 고독하고 외롭기 그지없고, 몸은 성하지 않았습니다. 이런 상태에서 고린도에 왔을 때 바울은 몸과 마음이 완전히 지쳐 있었습니다. 바울은 약했고, 두려움에 사로잡혀 있었고, 간질병으로 인한 발작증세도 많이 나타났습니다. 바울은 기력을 완전히 잃어 버려서 자기 힘으로는 아무 일도 할 수가 없었습니다. 이런 바울이 고린도교회를 세우는 큰 사역을 할 수 있었던 것은 성령의 능력을 힘입었기 때문입니다. 4절입니다. "내 말과 전도함이 설득력 있는 지혜의 말로 하지 아니하고 다만 성령의 나타나심과 능력으로 하여." 바울은 자신이 얼마나 약하고 보잘 것 없는가를 생각하고 기도로 매달린 것 같습니다. 하나님은 기도로 매달리는 바울에게 성령의 능력을 주셔서 바울을 일으켜 세우시고 바울의 입을 열어서 복음을 전하도록 하셨습니다.

그렇습니다. 하나님 나라의 사역은 인간의 지혜와 능력으로 하는 것이 아닙니다. 하나님 나라의 사역은 성령의 능력을 힘입어 해야 비로소 제대로 진행될 수가 있습니다. 그러므로 하나님 나라의 사역을 하기 위해서는 기도하여 성령의 능력을 받아야 합니다.

인간의 힘으로 하나님 나라의 일을 하는 것과 기도를 통하여 찾아오는 성령의 능력으로 하나님 나라의 일을 하는 것은 어떤 차이가 있을까요? 그것은 해안에 정박해 있는 배를 물에 띄우는 것에 비유할 수 있습니다. 제가 몇 년 전에 대천해수욕장에 갔다가 소형 어선을 바닷물에 띄우는 광경을 본 일이 있습니다. 일꾼 두 사람이 지렛대를 장착한 바퀴 두 개짜리 무거운 손수레를 가져옵니다. 긴 손수레 한 쪽 끝을 배 밑에 대고 지렛대의 맞은 편 끝에서 누르면 배가 들려 올려 집니다. 그러면 배를 얹은 손수레를 끌고 허리춤까지 잠기는 바닷물 속으로 끌고 들어가서 바닷물에 띄우고 남은 손수레는 빼냅니다. 이 과정은 정말로 고달픈 작업이었습니다. 그런데 만일 해안가 모래톱에 수천척의 배가 올라와 있다고 가정해 봅시다. 그 가운데는 몇 천 톤, 몇 만 톤이나 되는 큰 배도 있습니다. 이 배들을 손수레를 끌고 와서 일일이 물에 진수시킬 수가 있을까요? 그것은 불가능합니다. 그러면 어떻게 해야 이 많은 배들을 물에 띄울 수가 있을까요? 방법은 간단합니다. 밀물이 밀려들어 오기를 기다리기만 하면 됩니다. 밀물이 밀려들어 오면 수천척의 배가 동시에 아주 쉽게 물에 붕 떴다가 미끄러지듯이 바다로 나아갑니다. 놀랍고 경이롭지 않습니까? 인간이 인간의 힘으로 하나님 나라의 일을 할 때와 성령의 능력을 힘입어서 하나님 나라의 일을 할 때 이런 차이가 있습니다. 인간의 능력을 의지하여 할 때와 성령의 능력을 의지하여 할 때 그 질과 규모에 있어서 이런 어마어마한 차이가 있기 때문에 우리는 하나님 나라의 일을 하기 전에 기도해야 하고 기도를 통하여 성령의 능력을 받아야 합니다. 하나님 나라의 일을 하기가 힘겹게 느껴지고 해도 해도 끝이 보이지 않는 것처럼 느껴지는 이유는 성령의 능력을 힘입지 않았기 때문입니다.

 이렇게 성령의 능력에 의지하여 하나님 나라의 일을 할 때 우리는 우리가 가진 믿음도 사람의 지혜에 있지 아니하고 다만 하나님의 능력이 있다는 사실을 깨닫게 된다고 바울은 5절에서 말합니다.

 사랑하는 성도 여러분! 우리는 우리가 얼마나 놀랍고 경이로운 복음에 의하여 구원을 받았는가를 기억하고 삶의 활력과 의미를 얻는 성도들이 되어야 하겠습니다. 살인죄를 범한 죄수가 천근같이 무거운 마음으로 사형당할 날만을 기다리다가 어느 날 갑자기 뜻밖에 무죄석방소식을 듣고 하늘을 나는 듯이 기뻐하고 새로운 삶을 경험하는 것처럼, 허물과 죄로 인하여 죽을 수밖에 없었던 우리는 오직 십자가 위에서 죽으신 그리스도의 대속의 죽으심의 공로 때문에 하나님 앞에서 완전한 의인으로 여겨지고 구원을 받은 놀랍고 경이로운 복음의 진리를 항상 묵상함으로써 새로운 삶의 활력과 의미를 부여받는 성도들이 되어야 하겠습니다. 또한 수천 척, 수만 척의 배를 가볍게 물 위에 띄워 보내는 밀물과도 같은 능력을 지니신 성령의 놀랍고 경이로운 능력에 의지하여 힘든 신앙생활을 가볍고 쉽게 해나가는 성도들이 되어야 하겠습니다.

6 그러나 우리가 온전한 자들 중에서는 지혜를 말하노니 이는 이 세상의 지혜가 아니요 또 이 세상에서 없어질 통치자들의 지혜도 아니요 7 오직 은밀한 가운데 있는 하나님의 지혜를 말하는 것으로서 곧 감추어졌던 것인데 하나님이 우리의 영광을 위하여 만세 전에 미리 정하신 것이라 8 이 지혜는 이 세대의 통치자들이 한 사람도 알지 못하였나니 만일 알았더라면 영광의 주를 십자가에 못 박지 아니하였으리라 9 기록된 바 하나님이 자기를 사랑하는 자들을 위하여 예비하신 모든 것은 눈으로 보지 못하고 귀로 듣지 못하고 사람의 마음으로 생각하지도 못하였다 함과 같으니라

제9강

은밀한 가운데 있는 하나님의 지혜

· From the Cross to Agape

고전 2장 6~9절

● 　　　　우리는 고린도전서 앞부분을 강해해 나가는 가운데 사도 바울이 참된 지혜에 관하여 가르치는 내용을 살펴보는 중에 있습니다. 지혜의 문제는 바울이 1장 18절부터 소개하기 시작한 주제인데, 오늘 우리가 읽은 본문인 2장 6절에서 9절에서도 계속하여 다루어지고 있습니다. 바울이 지혜의 문제를 한번만 말하고 끝내지 않고 반복하여 다루는 이유는 지혜가 워낙 다양한 의미를 가지고 있어서 한두 번 정도만 말하고 끝내버릴 수 없는 주제이기 때문입니다.

바울은 지혜의 문제를 다시 다룰 때 이미 말한 지혜의 중심적인 특징을 반복하여 소개합니다. 바울이 한번 말한 내용을 반복하여 소개하는 이유는 그 내용이 너무나 중요하여 꼭 기억하고 마음에 두어야 하는 것이기 때문입니다. 우리들도 공부를 하거나 강의를 할 때 중요한 내용은 반복하여 강조하거나 암기하지 않습니까? 바울도 마찬가지입니다. 우리가 성경을 읽을 때 어떤 내용이 반복하여 나올 때는 "아하, 이것은 우리가 기억해 두어야 할 중요한 것이구나"라고 생각하면 됩니다. 그러나 바울은 앞에서 말한 내용을 항상 앵무새처럼 반복하기만 하는 것은 아닙니다. 같은 내용을 반복하여 강조하면서도 앞에서 말하지 않은 새로운 내용들을 하나씩 하나씩 내어 놓습니다. 바울은 이 같은 방법으로 자신이 다루고자 하는 주제의 내용을 점점 더 풍성하게 만들어 갑니다.

바울이 지혜의 문제를 반복하여 다루고 있는 중요한 이유들 가운데 또 하나는 고린도교회 성도들 가운데 당시 고린도시에 유행하고 있던 잘못된 지혜관념을 버리지 못한 채 그대로 가지고 있는 자들이 많았기 때문입니다. 이미 말씀드린 것처럼 당시 고린도시는 신흥도시로서 로마의 퇴역군인들, 노예들, 장사꾼들, 그리고 다양한 국적을 가진 사람들이 대거 몰려들어서 서로 경쟁하던 곳이었습니다. 신분구조가 딱 고정되어 있어서 하층민이 상류층으로 자유롭게 올라가는 길이 거의 없었던 로마나 아테네 같은 오래된 도시와는 달리 고린도시에서는 돈만 잘 벌면 로마의 시민권도 살 수 있었고, 정치권력을 잡을 수도 있었고, 상류계급으로 올라갈 수도 있었습니다. 따라서 모든 고린도인들은 어떻게 해서든지 상류계층으로 올라가기 위하여 혈안이 되어 있었습니다. 출세의 욕망으로 마음이 꽉 차 있는 고린도인들은 돈벌이를 잘 할 수 있게 하고, 권력의 자리에 오를 수 있게 해 주는 지식을 많이 알고 있고 가르쳐 줄 수 있는 사람을 지혜자라고 생각했습니다. 이들은 출세를 향한 자기 자신의 야망을 달성하는 법을 가르쳐 주는 방법을 지혜라고 생각했습니다. 고린도교회 교인들 중에서도 이런 생각을 가진 사람들이 많이 있었고, 이들이 좀처럼 생각을 바꾸려고 하지 않았습니다. 이 점에 있어서 오늘날 한국사회와 한국교회도 고린도시와 고린도교회와 별반 차이가 없습니다. 한국의 중고등학교와 대학교에서 가르치는 내용은 90% 이상이 어떻게 하면 돈을 잘 벌 수 있으며, 어떻게 하면 권력의 자리에 오를 수 있으며, 어떻게 하면 사회의 높은 계층으로 올라갈 수 있는가를 가르치는데 모두 할애되고 있습니다. 그리고 교인들 중에도 한국인들이 보편적으로 가지고 있는 이런 생각을 그대로 가지고 있는 사람들이 많습니다. 지금 바울은 많은 성도들의 머릿속에 꽉 박혀 있는 이와 같은 잘못된 지혜관을 바로잡기 위해 안간힘을 쓰고 있는 중입니다.

오늘의 본문은 6절에 "그러나 우리가 온전한 자들 중에서는 지혜를 말하노니"라는 말씀으로부터 시작됩니다. "온전한 자들"이라는 구절 안에 참된 지혜의 실마리가 담겨 있습니다. "온전한 자"는 "성숙한 어른"이라는 뜻입니다. 성숙한 어른들을 보면 지혜가 무엇인지 보인다는 것입니다. 그러면 성숙한 어른들은 어떤 사람들일까요? 성숙한 어른들의 특징을 알기 위해서는 어린아이들과 비교해 보면 됩니다. 어른들과 아이들의 차이는 무엇일까요? 아이들은 본능적으로 자기 자신들을 위하여 행동하고 어른들은 본능적으로 아이들을 위하여 행동합니다. 어린아이들은 육체적으로나 정신적으로 약하기 때문에 자기 자신을 추스르는 데 온통 신경이 곤두 세워져 있습니다. 아주 비상한 경우가 아닌 한 어린아이들이 어른들을 돌보는 예는 없습니다. 그러나 어른들은 어린아이가 있을 경우에 본능적으로 어린아이를 돌봅니다. 여기서 어떤 원리가 나올까요? 어린아이는 자기를 위하여 행동하고, 어른은 타인을 위하여 행동한다는 것입니다. 따라서 바울이 말하는 "온전한 자들" 곧 "성숙한 어른들"은 다른 사람들을 위하여 사는 사람들을 뜻합니다. 이 사람들을 보면 지혜가 무엇인가를 알 수 있다는 것입니다. 참된 지혜란 다른 사람들을 위하여, 그리고 공동체 전체의 유익을 위하여 사는 것을 뜻합니다.

바울은 계속하여 6절 중반 절에서 "이는 이 세상의 지혜가 아니요"라고 말함으로써 참된 지혜는 세상 사람들이 알고 있는 잘못된 지혜와는 다르다는 점을 분명히 강조합니다. 계속되는 6절 하반 절에서 바울은 세상의 지혜의 특성을 보다 구체적으로 설명합니다. "또 이 세상에서 없어질 통치자들의 지혜도 아니요." 이 말씀은 참된 지혜에 관한 두 가지 중요한 정보를 제공합니다.

첫째 정보는 참된 지혜는 통치자들의 지혜가 아니라는 것입니다. 그런데 이 말은 주의해서 들어야 합니다. 여기서 말하는 통치자들은 주로 정치 지도자들을 뜻하지만 여기에만 머무르지 않고 사회의 각 영역을 지도하는 지도자들을 뜻하기도 합니다. 기업체를 지도하는 경영자들도 여기에 포함될 수 있고, 학교를 지도하는 총장이나 교장도 여기에 포함될 수 있고, 각 단체의 단체장들도 여기에 포함될 수 있습니다. 그렇다면 모든 지도자들은 잘못된 지혜를 지닌 자들인가? 그렇지 않습니다. 바울이 통치자들이라고 할 때는 바울 당시에 바울이 경험한 정치치지도자들과 같은 사람들을 염두에 두고 말하는 것입니다. 바울 당시의 정치지도자들은 어떤 사람들일까요? 헤롯왕과 로마의 총독들 그리고 산헤드린 공의회의 의장 등이 바울이 경험한 정치지도자들입니다. 이 지도자들의 공통된 특징은 백성들을 사랑하고 백성들을 돌보는 태도로 백성들을 다스린 사람들이 아니라 한 결 같이 통치자의 자리를 이용하여 자기 이익을 추구하는 일에 혈안이 되어 있었던 자들이었다는 점입니다. 이런 사람들은 백성들이 어떻게 되든 말든 자기이익을 확보해주는 방법을 지혜라고 생각했습니다. 사실 이런 태도는 지혜라고 볼 수 없기 때문에 "통치자들의 지혜"라고 했지만, 지혜라는 말은 "거짓된 지혜" 혹은 "교활한 술수"로 해석되어야 합니다. 물론 바울이 경험한 통치자와는 다른 통치자가 있습니다. 정말로 국민들을 사랑하고 돌보고 아끼는 통치자가 있습니다. 이런 통치자들이 가진 지혜는 본문이 말하는 통치자들의 지혜 곧 거짓된 지혜나 교활한 술수와는 다릅니다. 성도들도 통치자가 되어야 합니다. 사회의 모든 영역에서 지도자의 기회가 주어지면 당연히 지도자로서 섬겨야 합니다. 단 헤롯이나 로마의 총독들과 같은 그런 잘못된 통치자가 되어서는 안 되고 정말로 국민들의 위하여 헌신하고 희생하는 통치자가 되어야 합니다.

둘째 정보는 잘못된 지혜 혹은 술수의 길을 가면 멸망한다는 것입니다. "이 세상에서 없어질 통치자들의 지혜"라는 구절에서 "없어질" 이라는 말이 지혜를 수식하고 있는 듯 한 오해를 줍니다. "없어질...지혜!"라고 해석될 수 있다는 것이지요. 그러나 본문은 그렇게 읽으면 안 되고 "없어질 통치자들"이라고 읽어야 합니다. "없어질"이라는 형용사를 지혜에 연결시키면 안 되고 통치자들에 연결시켜야 합니다. "없어질"이라는 표현도 "멸망할"로 바꾸는 것이 더 정확한 번역입니다. 잘못된 지혜를 추구하는 통치자는 멸망하게 된다는 것입니다. 멸망한다는 단어가 원문에는 현재형으로 되어 있으므로 이미 멸망의 길에 들어서 있다는 것입니다. 자기중심적인 삶을 사는 사람들은 자기중심적인 삶을 사는 바로 그 순간부터 이미 멸망으로 향하는 길에 들어서는 것입니다. 여기서 우리는 마태복음 7장 13절과 14절에서 주님이 하신 말씀을 떠올리지 않을 수 없습니다. "좁은 문으로 들어가라 멸망으로 인도하는 문은 크고 그 길이 넓어 그리로 들어가는 자가 많고 생명으로 인도하는 문은 좁고 그 길이 협착하여 찾는 자가 적음이라." 그렇습니다. 잠깐 가던 길을 멈추고 우리 자신이 살아내고 있는 삶의 모습을 한번 점검해 봅시다. 만일 우리가 자기중심적인 삶을 살고 있다면 우리는 이미 멸망의 대로에 발을 들여 놓은 것이고, 조만간에 우리는 멸망의 수렁에 빠지고 말 것임을 알아야 합니다. 자기 목숨을 찾는 사람은 자기 목숨을 잃을 것이고 자기 목숨을 버리는 사람은 자기 목숨을 찾을 것이라는 말씀처럼의 이익을 추구하는 자는 자기의 이익을 거둘 수 있을 것처럼 보이지만 그것은 신기루에 불과하며 조만간에 자기의 이익을 모두 잃어버리게 될 것입니다.

7절에서 바울은 진정한 지혜는 "은밀한 가운데 있다"고 말합니다. "오직 은밀한 가운데 있는 하나님의 지혜를 말하는 것으로서." 원문을 보다 정확히 번역해 보면 이렇게 됩니다. 참된 지혜는 "비밀 안에 있으며 감추어져 있는 채로 있다." 그러면 도대체 무엇으로부터 감추어져 있는 것일까요? 이 구절을 이해하기 위하여 두 가지 예를 들어 보겠습니다. 교회에서 야유회 같은 행사를 할 때 종종 하는 놀이가 보물찾기 놀이입니다. 보물찾기 놀이에서 보물을 어디에 감추어 놓을까요? 또 한 가지 예로서 숨은 그림 찾기가 있습니다. 숨은 그림은 어디에 감추어 놓을까요? 보통 사람들이 상식적으로 그 자리에 있을 것이라고 생각하는 지점에는 보물이나 숨은 그림이 없습니다. 사람들의 상식을 넘어서는 의외의 곳에 보물이나 숨은 그림이 있기 마련입니다. 이처럼 참된 지혜는 보통 사람들이 합리적으로나 경험적으로 생각하는 방식으로는 찾아낼 수가 없고 만날 수가 없습니다. 그러므로 바울은 구약성경을 인용한 9절에서 이렇게 말합니다. "하나님이 자기를 사랑하는 자들을 위하여 예비하신 모든 것은." 이것은 참된 지혜를 말합니다. "눈으로 보지 못하고 귀로 듣지 못하고 사람의 마음으로 생각하지도 못하였다." 눈과 귀와 마음은 사람이 사물을 인식하는 기능들을 대표하는 것입니다. 사람들은 눈에 보이는 것, 귀로 들은 것, 마음속에서 생각나는 것을 종합하여 진리가 무엇인지, 구원이 무엇인지, 지혜가 무엇인지 알게 됩니다. 그런데 참된 지혜는 인간이 가진 이런 기능들을 가지고는 도저히 알아낼 수가 없다는 것입니다. 왜냐하면 참된 지혜는 인간의 생각을 넘어선 차원에 있기 때문입니다.

7절 후반 절은 이처럼 참된 지혜가 인간의 경험이나 생각으로 알아낼 수 없는 이유를 말합니다. "하나님이 우리의 영광을 위하여 만세 전에 미리

정하신 것이라." "만세 전에"라고 했는데 만세라는 말은 사람들이 살아내고 있는 역사의 기간을 뜻합니다. 그런데 참된 지혜는 역사의 기간 안에서 만들어진 것이 아닙니다. 만일 역사의 시간 안에 만들어졌다면 사람들이 알아낼 수 있을 것입니다. 그러나 참된 지혜는 역사가 시작되기 이전에, 최초의 인간이 세상에 출현하기 이전에, 세상이 창조되기 이전에 계획되고 구상되고 예정된 것이기 때문에 인간의 힘으로 알아낼 수 없습니다.

따라서 참된 지혜는 "이 세대의 통치자들이 한 사람도 알지 못하였다"고 8절이 말합니다. 역사 안에 등장한 내노라 하는 지도자들, 이들 중에는 사람들을 정치적으로 통솔하는 정치지도자들도 있고, 사람을 정신적으로 지도한다고 자부하는 철학적인 지도자들도 있고, 영적인 세계를 지도한다고 자부하는 종교지도자들도 있고, 감성적으로 인간을 지도한다고 자부하는 예술계의 지도자들도 있는데, 이 모든 지도자들 가운데 단 한사람도 하나님이 역사 시대이전에 계획하고 구상하고 결정하신 참된 지혜에 대하여 실마리 조차도 감지하지 못했다는 것입니다. 만일 이들이 참된 지혜를 알았다면 참된 지혜 그 자체인 예수 그리스도를 십자가에 못 박아 죽이는 일을 하지 않았을 것이라고 8절 후반 절에서 바울은 말합니다. "만일 알았더라면 영광의 주를 십자가에 못 박지 아니하였으리라."

그런데 사람들의 생각의 허를 찌르는 것은 사람들이 참된 지혜를 알아보지 못했기 때문에 예수 그리스도를 십자가에 못 박아 죽였는데, 바로 예수 그리스도가 십자가에 못 박힌 사건 곧 예수 그리스도의 십자가가 바로 하나님이 역사 시대 이전에 계획하고 구상하고 결정하신 참된 지혜의 실체였다는 점입니다. 사람들은 여기서 하나님에게 두 번 뒤통수를 얻어 맞습니다. 사람들은 인간으로 오신 예수 그리스도를 보고는 "저 사람에게 무슨 지혜가 있느냐"라고 조롱하여 죽여 버렸습니다. 그런데 알고 보니까 예수 그리스도가 참된 지혜의 근원이었습니다. 사람들은 한번 뒤통수를 얻어맞은 것입니다. 그런데 사람들이 참된 지혜를 알아보지 못했기 때문에 예수 그리스도를 죽여 버린 바로 그 행동이 자기 자신들도 모르는 사이에 참된 지혜를 이 땅위에 실현하는 행동이 되었습니다. 이것은 예수 그리스도를 십자가에 못 박아 죽이는 사람들이 전혀 의도하지 않았던 일입니다. 사람들은 다시 한 번 뒤통수를 얻어맞습니다. 두 번이나 뒤통수를 얻어맞은 사람들은 도대체가 뭐가 뭔지 정신을 차릴 수 없었습니다. 제자들이 예수님을 제대로 이해하지 못하여 예수님을 배반하고 예수님을 팔아넘기고 십자가에 못 박게 했고, 나중에 배은망덕한 이 행동 때문에 평생 동안 눈물로 회개하고 한 사람은 자결하고 말았는데, 그 결과 예수님이 십자가 위에서 죽으신 죽음이 인류 구속의 문을 활짝 열어젖히고 하나님의 백성들이 어떻게 살아가야 하는가를 보여주는 삶의 모범이 명확하게 제시된 것입니다. 예수님을 십자가에 못 박아 죽인 사탄이 예수님의 발꿈치를 물어 뜯는 일에 성공했다고 승리의 노래를 부르는 순간에 예수님은 십자가 위에서 인류 구속의 길을 여시고 참된 삶의 모범을 보여주시고 마침내는 죽음의 권세를 이기고 부활하심으로써 사탄의 머리통을 내리치셔서 치명상을 입히시고 영광의 주님으로 올라서셨습니다. 이로써 "여자의 후손은 네 머리를 상하게 할 것이요 너는 그의 발꿈치를 상하게 할 것이니라"는 창세기 3장 15절의 예언의 말씀이 성취되었습니다. 사람들이 정신을 못 차리고 우왕좌왕하고 있는 사이에 하나님의 참된 지혜의 길은 착착 자기 목표를 실현하고 있었던 것입니다.

그렇다면 이처럼 인간의 힘으로는 파악할 수 없는 참된 지혜의 길은 어떻게 해야 이해하고 파악할 수 있을까요? 방법은 두 가지입니다. 첫째는 하나님이 "참된 지혜는 이것이다" 하시면서 가르쳐 주신 내용을 담고 있는 성경말씀을 읽고 연구하고 묵상하는 것입니다. 그러나 그것만 가지고는 안 됩니다. 둘째는 하나님이 가르쳐 주신 하나님의 일은 하나님의 영인 성령의 도움을 받아야 이해할 수가 있습니다. 간절한 기도를 통하여 성령의 충만함을 입어야 합니다. 따라서 바울은 다음 강의에서 살펴 보게 되는 10절에서 성령을 소개합니다. "오직 하나님이 성령으로 이것을 우리에게 보이셨으니 성령은 모든 것 곧 하나님의 깊은 것까지도 통달하시느니라."

이제 말씀을 맺겠습니다.

우리는 이미 예수님을 구주로 영접한 사람들이며, 예수님을 우리의 목자로 모시고 예수님의 인도하심에 순종하는 삶을 살기로 결심한 자들입니다. 우리는 이미 참된 지혜의 원천을 우리 안에 간직한 자들입니다. 그러나 우리는 믿지 않는 사람들 속에서 함께 어울려 살아가면서 세상 사람들이 생각하고 추구하는 자기중심적인 삶을 따라가려는 유혹을 항상 받고 있습니다. 왜냐하면 이 삶 속에는 우리에게 치명적인 상처를 입힐 수 있는 독이 묻은 가시들이 솟아 있지만 외관상으로는 우리에게 행복을 안겨 주는 화려하고 풍성하고 매력적인 삶처럼 보이기 때문입니다. 우리는 항상 성령의 도우심을 간절하게 간구하고 참된 지혜의 길인 십자가의 길을 말하고 있는 하나님의 말씀을 읽고 묵상함으로써 세상 사람들이 추구하는 자기중심적인 삶에 끌려가지 않도록 주의해야 하겠습니다. 우리는 예수님께서 십자가를 통하여 보여주신 것처럼, 자기를 위한 삶이 아니라 타인과 공동체의 유익을 위한 삶을 살아내기로 날마다 새롭게 다짐함으로써 참된 지혜의 길에서 이탈하지 않는 성도들이 되어야 하겠습니다.

10 오직 하나님이 성령으로 이것을 우리에게 보이셨으니 성령은 모든 것 곧 하나님의 깊은 것까지도 통달하시느니라 **11** 사람의 일을 사람의 속에 있는 영 외에 누가 알리요 이와 같이 하나님의 일도 하나님의 영 외에는 아무도 알지 못하느니라 **12** 우리가 세상의 영을 받지 아니하고 오직 하나님으로부터 온 영을 받았으니 이는 우리로 하여금 하나님께서 우리에게 은혜로 주신 것들을 알게 하려 하심이라 **13** 우리가 이것을 말하거니와 사람의 지혜가 가르친 말로 아니하고 오직 성령께서 가르치신 것으로 하니 영적인 일은 영적인 것으로 분별하느니라 **14** 육에 속한 사람은 하나님의 성령의 일들을 받지 아니하나니 이는 그것들이 그에게는 어리석게 보임이요 또 그는 그것들을 알 수도 없나니 그러한 일은 영적으로 분별되기 때문이라 **15** 신령한 자는 모든 것을 판단하나 자기는 아무에게도 판단을 받지 아니하느니라 **16** 누가 주의 마음을 알아서 주를 가르치겠느냐 그러나 우리가 그리스도의 마음을 가졌느니라

제10강

성령의 일

From
the Cross
to Agape

고전 2장
10~16절

● 　　　　사람은 누구든지 이치에 맞아야 이해하고 받아들이게 되어 있습니다. 여기에 앉아 있는 우리 성도님들 중에서 이치에 맞지도 않는 일들을 적당히 받아들일 만큼 호락호락한 분들은 없습니다. 우리 성도님들 한분 한분이 통속적인 용어를 빌려 말한다면 "한 성질은 하는" 분들입니다. 상당히 까다로운 분들입니다. 이처럼 까다로운 분들이 이 자리에 나와서 예배를 드린다고 얌전하게 앉아 있는 모습 자체가 사실은 이치에 맞지 않는 일입니다. 왜 그럴까요? 여러분이 진리라고 받아들이는 구원의 진리들이 사실은 이치에 맞지 않는 것들이기 때문입니다. 특히 우리 구주이신 예수님과 관련된 내용들은 도대체 이성적으로 납득할 수 없는 것들 투성이입니다. 마리아가 결혼도 하지 않았는데 아기를 출산했다는 것도 이치에 맞지 않습니다. 예수님이 완전한 하나님이시면서 동시에 완전한 인간이라는 말도 이치에 맞지 않습니다. 전능하신 하나님이 온갖 치욕과 수치를 다 당하고 정말로 힘없이 십자가 위에서 죽임을 당하신 것도 사실 이치에 맞지 않습니다. 불의한 죄인인 우리가 하나님 앞에서 의롭다 함을 받고 구원 받은 것은 죄수가 죄수복을 벗고 평상복을 입은 것만을 보고 무죄 석방시켜 주는 것과도 같은 것인데, 이와 같이 구원을 받은 것은 우리로서는 천만다행이긴 하지만, 법적 이치에는 맞지 않는 일입니다. 예수님을 믿으면 몸은 다 썩어서 흙으로 돌아가 해체되어 버리는 데도 몸이 다시 부활한다는 것도 생물학적인 이치에 맞지 않습니다. 그러니 이상하지 않습니까? 이치

에 맞지 않으면 조목조목 따져서 받아들이지 않는 까다로운 여러분들이 이렇게 처음부터 끝까지 이치에 맞지 않는 진리들을 다 받아들이고 이 자리에 앉아서 하나님께 예배를 드리는 것이 정말로 이상하지 않습니까?

사실 그렇습니다. 신앙생활은 우리가 가지고 있는 멀쩡한 이성적인 정신 가지고 할 수 있는 것이 아닙니다. 우리의 신앙고백은 우리의 이성적인 정신에서 나오는 것이 아닙니다. 그러면 우리의 신앙고백은 도대체 어디서 나오는 것일까요? 이 질문에 대한 답이 오늘 우리가 읽은 본문 안에 분명히 나타나 있습니다.

11절을 읽겠습니다. "오직 하나님이 성령으로 이것을 우리에게 보이셨으니 성령은 모든 것 곧 하나님의 깊은 것까지도 통달하시느니라." 그 답은 바로 성령에 있습니다. "오직 하나님이 성령으로 이것을 우리에게 보이셨다!" 우리가 인간적인 이치에 도대체 들어맞지 않는 것을 진리로 받아들이고 이 자리에 이렇게 와 앉아 있을 수 있는 이유는 바로 성령께서 우리의 마음속에 오셔서 구원의 진리를 받아들이도록 우리의 생각의 방향을 바꾸어 주셨기 때문입니다. 성령께서 우리의 생각의 방향을 바꾸어 주셨다고 해서 우리의 일상생활에서 우리 자신의 이성적인 정신과 판단력을 사용하지 못하게 하신 것은 아닙니다. 대부분의 일상생활을 할 때 우리는 이성적인 정신에 따라서 판단하고 일을 진행시킵니다. 그런데 구원의 진리에 대해서만은 너무나 이치에 맞지 않는데도 불구하고 너무나 당연하고 이치에 너무나 합당한 것처럼 우리는 생각합니다. 왜 그렇습니까? 성령께서 우리 마음속에서 구원의 진리를 받아들일 수 있도록 생각을 바꾸어 주셨기 때문입니다. 우리가 이성적인 정신에 의지하여 생각하다 보면 구원의 진리에 대하여 의심도 생기고 잘 믿어지지도 않는 일이 있습니다. 그런데 그런 의심이 어느 선에서 딱 멈추어 버리고 이상하게도 믿어집니다. 왜 그렇습니까? 성령께서 작전을 개시하여 의심을 차단하시는 활동을 하시기 때문입니다.

우리의 경험을 한 번 돌이켜 봅시다. 우리가 이성적으로나 경험적으로 곰곰이 따져 보면 성경이 말하는 구원의 진리에 대하여 의문이 생깁니까, 생기지 않습니까? 의문이 생깁니다! 예를 들어서 인간이 죽어서 천국에 간다고 하는데 도대체 천국이라는 것이 보이지도 않고, 죽어가는 사람을 아무리 들여다보아도 영혼이 빠져 나가서 어디론가 가는 모습도 안 보이고, 한 번 떠난 뒤에는 절대로 현세 안에 다시 찾아오는 일도 없습니다. 이성적으로나 경험적으로 계속해서 생각을 밀고 나가면 걷잡을 수 없는 의문 속에 빠지고 맙니다. 그런데 이상하게도 어느 순간엔가 이런 의문들이 딱 멈추어 버리고 그냥 믿어집니다. 왜 이런 일이 가능할까요? 우리 안에서 성령이 행동에 나서기 시작하여 의심을 차단하는 작업을 시작하셨기 때문입니다. 바로 여기에 중요한 비밀이 하나 숨어 있습니다. 이성적으로나 경험적으로 도대체가 믿어지지 않는 십자가상의 죽음과 부활에 근거한 구원의 진리와 삶의 길이 믿어질 때 우리는 이렇게 외치면 됩니다. "아하, 우리 안에 계신 성령이 작전을 시작하셨구나!"

고린도교회 안에 이른바 신령파라고 불리는 그룹이 있었습니다. 신령파는 방언의 은사나, 귀신을 쫓아내는 은사나, 병을 고치는 은사 같은 것을 받아야만 성령이 작용하는 것이라고 주장하면서 이런 체험이 없는 자들을 무시하곤 했습니다. 그러나 신령파들의 이런 주장은 잘못된 것입니다. 성도들이 이성으로나 경험으로 믿어지지 않는 십자가에 나타난 구원의 진리와 삶의 길을 믿는 것이 바로 기적이고 성령이 작용하고 있음을 보여주는 가장 중요한 증거입니다.

10절 후반 절은 이렇게 말합니다. "성령은 모든 것 곧 하나님의 깊은 것까지도 통달하시느니라." 이 구절은 성령에 관하여 세 가지 정보를 담고 있습니다.

첫째로, 성령은 "모든 것"에 통달하신 분입니다. 이 모든 것 안에는 사람의 마음도 포함되어 있습니다. 성령은 인간의 마음을 속속들이 알고 계십니다. 사람의 몸에 엑스레이를 쏘면 사람의 몸 안에 있는 것이 다 드러나듯이 성령은 사람의 마음속을 예리하게 간파해내는 능력을 가지고 계십니다.

둘째로, 성령은 하나님의 마음 속 깊은 곳까지도 속속들이 알고 계십니다. 성령은 하나님이 마음속에 품고 계신 구원의 계획과 방법까지도 속속들이 알고 계십니다. 성령은 사람 마음도 알고, 하나님 마음도 알고, 하나님 마음속에 있는 구원의 계획과 방법도 다 아시기 때문에 사람 마음속에 들어오셔서 구원의 진리를 믿게 하실 수 있습니다.

셋째로, 사람 마음도 알고, 하나님의 마음도 안다면 성령은 하나님이실 수밖에 없습니다. 성령은 성부 하나님과 성자 하나님과 동등한 하나님으로서 삼위일체 하나님의 제3위이십니다. 제3위라고 해서 성부나 성자보다 자질이 떨어지거나 열등한 것은 결코 아닙니다. 다만 겸손하신 성령께서 스스로 낮아 지셔서 성부와 성자를 앞세우는 것뿐입니다.

11절에서 바울은 하나님의 구원의 진리를 성령 하나님만이 제대로 알 수 있는 이유를 비유를 들어서 설명합니다. "사람의 일을 사람의 속에 있는 영외에 누가 알리요 이와 같이 하나님의 일도 하나님의 영외에는 아무도 알지 못하느니라." 이 비유는 아주 쉬운 비유입니다. 사람이 하는 일을 사람의 몸속에 있는 사람의 영혼이 잘 압니다. 이처럼 하나님의 일은 하나님의 영이신 성령만이 정확하게 알 수 있습니다. 여기서 말하는 하나님의 일은 물론 십자가에 나타난 구원사건을 뜻합니다.

바울은 12절에서 성도들이 모두 성령을 받았다고 말합니다. "우리가 세상의 영을 받지 아니하고 오직 하나님으로부터 온 영을 받았으니 이는 우리로 하여금 하나님께서 우리에게 은혜로 주신 것들을 알게 하려 하심이라." "우리"는 고린도교회 성도들 전체를 가리킵니다. 좀 더 넓게 적용하여 말한다면 예수님을 구주로 영접한 모든 성도들을 가리킵니다. 바울은 모든 고린도교회의 성도들, 나아가서는 우리 모두가 "세상의 영"을 받지 않고 "하나님의 영"을 받았다고 말합니다. 바울은 여기서 "세상의 영"은 "하나님의 영"과는 다르다는 점을 강조합니다. 이 문맥에서 세상의 영은 마귀의 영을 뜻한다기보다는 세상 사람들의 머리에서 나온 가르침을 뜻합니다. 바울이 고린도교회 성도들이 세상의 영을 받아서 성도가 된 것이 아님을 강조한 이유는 당시 철학자들 중에는 인간이 가진 어떤 능력이나 힘을 통하여 하나님의 영에 이를 수 있다고 가르치는 사람들이 많았기 때문입니다. 이들은 인간이 이성적으로 깊이 생각을 하거나 금욕생활이나 고행과 같은 영적인 훈련을 하면 초월적인 능력 같은 것이 생기고 이 능력이 생기면 하나님의 영과 하나가 될 수 있다고 생각했습니다. 그러나 바울은 인간이 가진 능력으로 하나님의 영에 이를 수 있다는 가르침을 철저하게 배격합니다. 인간은 오직 하나님의 영인 성령이 마음속에 들어오셔서 작동을 해야만 비로소 하나님에게 이를 수 있습니다.

우리가 이 본문에서 주목해야 할 구절은 "하나님으로부터 온 영을 받았으니"라는 구절입니다. "받았다"는 동사는 헬라어 시제로는 부정과거시제입니다. 부정과거시제란 과거의 어느 한 순간을 가리킵니다. 바울은 모든 성도들이 과거의 어느 한 순간에 성령을 받았다고 말합니다. 신령파와 같은 특정한 집단이 아니라 모든 고린도교회 성도들, 나아가서는 모든 성도들이 모두 과거의 어느 한 순간에 성령을 받았습니다. 이 한 순간이 언제일까요? 예수 그리스도를 구주로 영접한 순간입니다. 예수 그리스도를 구주로 영접한 순간에 받는 세례를 성령세례라고 합니다. 모든 성도들은 성령세례를 받은 자들입니다. 성령세례를 받은 그 순간부터 성령께서는 우리 안에 내주해 계시고 우리는 성령 안에 있게 됩니다. 이제 우리에게 필요한 것은 성령세례가 아니라 내주하시는 성령의 능력을 충만하게 받도록 기도하는 것입니다.

성령세례를 통하여 우리 안에 계시는 성령이 우리에게 알려 주는 하나님의 일의 내용은 "은혜로 주신 것들"이라고 본문을 말합니다. 왜 은혜로 주신 것들이라고 했을까요? 구원의 진리의 핵심은 은혜로 값없이 주어지는 것들이기 때문입니다.

13절에서 15절까지는 성령을 받으면 어떤 결과가 나타나는가를 말합니다. 13절에 한 가지 결과가 제시되어 있고, 14절에서 15절에 또 하나의 결과가 제시되어 있습니다.

먼저 13절을 읽겠습니다. "우리가 말하거니와 사람의 지혜가 가르친 말로 아니하고 오직 성령께서 가르치신 것으로 하니 영적인 일은 영적인 것으로 분별하느니라." 성령을 받은 후에는 사람의 지혜에 의지하여 생각하고 말하지 않고 성령께서 가르쳐 주신 것을 말하게 됩니다. 다음 구절은 "영적인 일은 영적인 것으로 분별하느니라"고 되어 있는데, 이 구절은 "영적인 사람들에게 영적인 것들을 설명할 때에"라고 번역하는 것이 더 잘된 번역입니다. 그러므로 이 절은 이렇게 번역할 수 있습니다. "영적인 사람들에게 영적인 것들을 설명할 때에 사람의 지혜를 말하지 않고 성령이 가르치는 것을 말하게 된다." "영적인 사람들"은 신령파와 같이 유별한 은사활동을 하는 사람들을 가리키는 것이 아니라 성령을 받은 모든 고린도교회 성도들, 나아가서는 우리 모든 성도들을 가리킵니다. "영적인 것들"도 특별한 영적 체험들을 가리키는 것이 아니라 십자가에 나타난 구원과 행동원리를 뜻합니다. 따라서 이 구절은 이렇게 해석하는 것이 가장 좋은 해석입니다. "성령세례를 받은 성도들에게 성령이 가르쳐 주신 구원의 진리를 설명해 줄 때, 인간이 말한 지혜에 의지하여 설명하지 않고 성령의 도우심을 간절히 구하면서 말하게 된다." 성령은 구원의 진리에 관한 한 독자적으로 말씀하지 않으시고 성경말씀을 통하여 말씀하시니까 성령의 도우심을 간절히 구하면서 성경말씀에 있는 것을 말하게 됩니다.

14절과 15절은 성령을 받을 때 찾아오는 또 한 가지 결과를 말합니다. 먼저 14절에서 바울은 성령을 받지 않은 사람에 대하여 말합니다. "육에 속한 사람은 하나님의 성령의 일들을 받지 아니하나니 이는 그것들이 그에게는 어리석게 보임이요, 또 그는 그것들을 알 수도 없나니 그러한 일은 영적으로 분별되기 때문이라." "육에 속한 사람"이라는 구절에서 육이라는 말은 사람의 몸을 가리키는 것이 아닙니다. "육에 속한 사람"은 말씀과 성령에 의지하지 않고 인간의 머릿속에서 구상해낸 다양한 인간적인 방법에 의지하여 생각하고 행동하는 사람을 뜻합니다. 이들의 눈에는 성령이 하시는 일들이 미련하게만 보입니다. 다른 사람을 대신하여 죽는다는 것도 미련하게 보이고 십자가에 달려 죽은 사람을 구주로 고백하는 것도 미련해 보입니다. 따라서 육에 속한 사람은 성령의 일들을 받아들이지 않습니다. 또 받아들일 수도 없는데, 그 이유는 성령에 속한 일들은 성령의 도우심이 있어야만 알 수 있기 때문입니다.

그러면 성령을 받은 자의 경우는 어떤가? 15절입니다. "신령한 자는 모든 것을 판단하나 자기는 아무에게도 판단을 받지 아니하느니라." "신령한 자"는 "성령을 받은 자"로 바꾸어 번역하는 것이 좋은 번역입니다. 모든 성도들이 신령한 자 곧 성령을 받은 자입니다. "판단한다"는 말은 세심하게 분별해낸다는 뜻입니다. 성령을 받은 신자들은 모든 것을 세심하게 분별해 낼 줄 아는 지혜를 얻게 됩니다. 이 지혜는 성령께서 주시는 지혜로서 성령을 받은 당사자만이 알 수 있는 것이고, 너무나 오묘하고 경이롭기 때문에 성령을 받지 않은 사람들은 알 수가 없습니다. 이것이 "자기는 아무에게도 판단을 받지 아니하느니라"는 구절의 의미입니다. 이 구절의 판단도 분별해낸다, 알아차린다는 뜻입니다. 성령을 받은 당사자 이 외에는 성령을 받은 당사자가 성령으로부터 얻은 지혜를 도저히 알아차릴 수가 없다는 것입니다. 그렇습니다. 성령 안에서 생각하고 계획하고 행동하는 자의 행동원리는 성령을 받지 못한 사람들은 알아낼 수가 없습니다. 반대로 성령을 받은 자들은 성령을 받지 않는 사람들이 어떤 원리에 따라서 행동하고 있는지 알아낼 수가 있습니다.

16절에서 바울은 이렇게 마무리합니다. "누가 주의 마음을 알아서 주를 가르치겠느냐 그러나 우리가 그리스도의 마음을 가졌느니라." 이 본문의 앞부분 곧 "누가 주의 마음을 알아서 주를 가르치겠느냐"는 말씀은 이사야 40장 14절을 인용한 것으로서, 이 말씀은 하나님을 모르는 사람은 하나님의 마음을 알 수가 없고, 따라서 하나님을 가르쳐 줄 수가 없다는 뜻입니다. "주를 가르친다"는 표현은 고대의 왕들이 전쟁을 하는 광경을 묘사한 것입니다. 옛날에 왕들이 전쟁을 할 때는 항상 왕 옆에 왕에게 전략을 가르쳐 주는 책사가 있었습니다. 예를 들어서 삼국지에 보면 왕인 유비 옆에 제갈공명이라는 책사가 있어서 왕에게 어떤 전략을 써야 할지를 일일이 다 가르쳐 줍니다. 대개 왕들은 지략이 모자라는 경우가 많기 때문에 책사들이 가르쳐 주는 전략에 따라서 전쟁을 수행합니다. 고대의 왕국들 간의 전쟁은 책사들의 싸움입니다. 책사는 돌아가는 전세뿐만 아니라 왕의 마음속까지도 훤하게 꿰뚫어 알고 있어야 합니다. 책사가 왕보다 지혜롭고 똑똑합니다. 그러나 하나님의 경우에는 하나님의 마음을 훤하게 꿰뚫어 알고서 하나님에게 전략을 가르쳐 줄 책사가 없다는 것입니다. 다만 성도들은 좀 다른데 어떤 점에서 다르냐 하면 성도들 안에는 성령이 계시기 때문에 하나님의 마음 특히 그리스도의 마음을 알 수 있는 특권을 받은 자들이요, 이 점에서 성령을 받지 않은 자들과 다르다는 것입니다. 물론 성도들이 성령을 받았다고 해서 하나님의 책사 역할을 할 수는 없습니다. 그러나 성령을 통하여 그리스도의 마음을 일부나마 아는 것만으로도 엄청난 특권입니다.

이제 오늘 본문이 주는 교훈을 정리하고 강의를 마무리하겠습니다. 우리는 예수 그리스도를 구주로 영접할 때 이미 성령으로 세례를 받은 자들이요, 우리는 성령 안에 있고 성령은 우리 안에 있습니다. 우리는 기도를 통하여 성령의 도우심을 받고 성령의 조명을 받으면서 성경말씀을 읽고 공부하며, 성령과 성경말씀의 빛 안에서 우리의 삶을 비추어보고 세상을 해석하는 훈련을 부단히 해야 하겠습니다. 왜냐하면 이런 훈련을 할 때 비로소 생명에 이르는 참된 구원의 길과 참된 지혜의 길이 우리 눈 앞에 환하게 열리는 반면에 성령의 조명을 받지 못하고, 성령께서 말씀하시는 통로인 성경말씀에 주목하지 않으면 참된 구원과 참된 지혜의 길이 우리 눈으로부터 가려지게 되고 우리는 향방을 모른 채 방황하게 될 것이기 때문입니다.

1 형제들아 내가 신령한 자들을 대함과 같이 너희에게 말할 수 없어서 육신에 속한 자 곧 그리스도 안에서 어린 아이들을 대함과 같이 하노라 2 내가 너희를 젖으로 먹이고 밥으로 아니하였노니 이는 너희가 감당하지 못하였음이거니와 지금도 못하리라 3 너희는 아직도 육신에 속한 자로다 너희 가운데 시기와 분쟁이 있으니 어찌 육신에 속하여 사람을 따라 행함이 아니리요 4 어떤 이는 말하되 나는 바울에게라 하고 다른 이는 나는 아볼로에게라 하니 너희가 육의 사람이 아니리요

제11강

육신에 속한 자

From
the Cross
to Agape

고전 3장
1~4절

● 　　　　그동안 우리가 공부해 온 경로를 짚어 봄으로써 현재 우리가 어느 위치에 와 있는가를 점검하고 난 후에 계속하여 본문 살피기로 들어가고자 합니다. 고린도전서 1장 1절에서 3절까지는 바울의 문안인사입니다. 문안인사를 드린 바울은 1장 4절에서 9절까지에서 자신이 고린도교회에서 사역할 때 성도들이 베풀어준 사랑에 대하여 감사하고 또 고린도교회 교인들의 아름다운 신앙생활의 모습을 칭찬합니다. 칭찬을 끝낸 바울은 계속되는 1장 10절에서 17절에서 서신을 쓰지 않을 수 없게 만든 고린도교회의 문제들 가운데 가장 급하고 큰 문제 하나를 지적합니다. 가지 많은 나무에 바람 잘 날 없는 것처럼 고린도교회의 문제들은 한두 가지가 아니었습니다. 이 문제들 가운데 바울의 마음을 가장 힘들게 했던 문제는 바울과 바울의 후계자인 아볼로의 이름이 연관된 파벌문제였습니다. 파벌의 문제는 3장에서부터 본격적으로 다루어지지만, 바울의 마음속에서 너무나 큰 비중을 차지하고 있던 문제였기 때문에 다른 문제들을 다룰 때까지 기다릴 수가 없었습니다. 따라서 1장 10절에서 17절까지에서 중요한 논점들을 급한 대로 먼저 간략하게 서술하고 3장 이하에서 상세하게 다룹니다.

　　그러면 파벌문제를 비롯한 고린도교회의 문제들이 어디에서 비롯된 것인가? 바울은 문제의 근원이 고린도교회 성도들이 바울이 전한 십자가의 가르침을 충실하게 따르지 않고 믿지 않는 고린도시민들이 추구하는 세상의 지혜를 따르고 있기 때문이라는 점을 지적하면서 세상의 지혜와 하나님의 지혜인 십자가의 지혜가 어떻게 다른가를 1장 18절에서 2장 9절까지 소상하게 설명합니다. 그리고 2장 10절에서 16절까지는 하나님의 지혜는 성령의 도움을 의지하는 사람만이 알 수 있는 것임을 밝힙니다.

오늘의 본문은 고린도전서의 구도에서 매우 중요한 전환점을 이루는 부분입니다. 1장과 2장에서는 이미 말씀드린 것처럼 1장 10절에서 17절까지 파벌의 문제를 잠깐 언급한 것을 빼고는 고린도교회의 실제문제를 다루지 않고 이 문제를 다루는데 필요한 사상적인 원리들을 다루었습니다. 세상의 지혜란 무엇이며, 하나님의 지혜는 또 무엇인가, 그리고 성령의 도움을 받는다는 것은 무엇인가 등과 같이 성도들이 신앙생활을 할 때 필요한 사상적인 원리들을 소개하고 있습니다. 바울은 3장 1절에서 4절까지에서 사상적인 원리들을 고린도교회에게 일반적으로 적용한 후에 5절부터 고린도교회의 실제 문제들을 다루기 시작합니다.

3장 1절을 읽겠습니다. "형제들아 내가 신령한 자들을 대함과 같이 너희에게 말할 수 없어서 육신에 속한 자 곧 그리스도 안에서 어린 아이들을 대함과 같이 하노라."

본문은 "형제들아"라는 호칭으로부터 시작합니다. "형제들"은 고린도교회 성도들을 가리킵니다. "형제들"이라는 호명이 등장할 때는 언제나 이전에 다루었던 것과는 다른 새로운 주제가 등장한다는 것을 뜻합니다. "내가 신령한 자들을 대함과 같이 너희에게 말할 수 없어서." "신령한 자"라는 말은 "성령에 속한 자들"이라는 뜻입니다. "성령에 속한 자들"이라는 말은 "성령의 지시와 인도함을 받는 자들" 또는 "성령 충만함을 받은 자들," "성숙한 성도들"을 뜻합니다. 바울은 고린도교회 성도들을 성령에 속한 자들로 대우할 수가 없었습니다. 왜냐하면 고린도교회 교인들은 성령에 속한 자들이 아니었기 때문입니다. 물론 바울이 한 말의 뜻은 모든 고린도교회 교인들이 다 성령에 속해 있지 않다는 뜻은 아닙니다. 고린도교회 안에서 일어나는 일들을 볼 때 많은 고린도교회 교인들이 성령에 속한 자라고 볼 수가 없다는 뜻입니다. 그러면 고린도교회 교인들의 대다수는 어떤 자들인가? "육신에 속한 자"들이라고 바울은 말합니다. "육신에 속한 자들"은 생각하는 방식이나 생활하는 태도가 자기중심적인 사람을 뜻합니다. 자기중심적으로 생각하는 것은 세상 사람들의 생각의 방식이고 생활태도입니다. 고린도교회 교인들은 성령에 속하지 않은 자들이었습니다. 동시에 이들은 자기중심적으로 생각하고 생활하는 사람들이었습니다.

그러면 바울은 고린도교회 교인들이 한 때 성도들이었다가 이제는 성도들이 아니라는 말을 하고 있는 것인가? 그렇지 않습니다. 이 사실은 바울이 "성령에 속하지 않고 자기중심적으로 생각하고 생활한다"고 꾸짖는 고린도교회 교인들을 "형제들"이라고 부르고 있다는 점에서 분명해집니다. "형제들"은 성도들을 뜻합니다. 바울은 고린도교회 교인들을 준엄하게 꾸짖으면서도 한 번도 고린도교회 교인들을 성도가 아닌 자들로 말하지 않습니다. 이 점은 매우 중요합니다. 적어도 교회 앞에서 신앙을 고백하고 세례를 받은 교인들이 비록 도덕적인 실수를 범한다 할지라도 성도가 아니라는 판단을 하는 것은 신중을 기해야 합니다.

그러면 본문이 말하는 "신령한 자," 곧 "성령에 속한 자"는 누구를 가리키는가? 우리는 예수 그리스도를 구주로 고백하면 성령세례를 받습니다. 그때부터 우리 안에는 성령께서 내주하십니다. 우리가 예수 그리스도를 하나님이자 우리의 구주로 고백할 수 있는 것은 우리 안에 성령이 내주하시기 때문입니다. 이 점을 보여주는 본문이 고린도전서 12장 3절입니다. "성령으로 아니하고는 누구든지 예수를 주시라 할 수 없느니라." 로마서 8장 9절도 같은 진리를 말합니다. "누구든지 그리스도의 영이 없으면 그리스도의 사람이 아니라." 본문이 말하는 "성령에 속한 자"는 성령세례를 받은 자를 가리키는 것이 아닙니다. 본문이 말하는 "성령에 속한 자"는 성령세례를 받은 성도가 생각하고 생활을 할 때 성령의 인도하심에 순종하여 생각하고 생활하는 것을 뜻합니다. 그런데 유감스럽게도 성령세례를 받았지만 생각이나 생활태도에 있어서는 성령의 인도하심에 순종하지 않고 자기중심적으로 사는 성도들이 있습니다. 이런 모습은 정말로 성령세례를 받은 신분에 어울리지 않는 모순된 모습입니다. 성령의 힘으로 구원을 받았다면 생각이나 생활에서도 성령의 지시와 힘에 순종하여 사는 것이 일관성 있고 바른 신앙생활입니다. 이처럼 성령세례를 받고 성도의 신분을 얻고 난 후에 자기중심적으로 사는 사람을 "육신에 속한 자"라고 말합니다. 그러니까 "육신에 속한 자"는 불신자를 가리키는 것이 아니라 신자 중에서 신자답지 못하게 생각하고 생활하는 자를 가리킵니다. 그런데 본문에 있는 "육신에 속한 자"라는 표현과 비슷한 표현이 고린도전서 2장 14절에 있습니다. "육에 속한 사람은 하나님의 성령의 일을 받지 아니하나니 이는 그것들이 그에게는 어리석게 보임이요, 또 그는 그것들을 알 수도 없나니 그러한 일은 영적으로 분별되기 때문이라." 이 본문에는 "육에 속한 자"라는 구절이 나옵니다. 두 표현이 비슷해 보이지만 원어 상으로는 다른 단어가 사용되었으며, 문맥상의 의미도 다릅니다. 2장 14절의 "육에 속한 자"는 성령의 일을 받을 수 없는 사람을 뜻하는데 이 사람은 성령세례를 받지 못한 불신자를 뜻합니다.

본문은 육신에 속한 자를 어린 아이에 비유하여 보완설명을 합니다.

어린 아이의 특징이 무엇일까요? 어린 아이의 특징은 여러 가지가 있지만 그 가운데 중요한 것 하나는 어린아이는 항상 자기중심적으로 생각한다는 것입니다. 어린 아이가 자기중심적으로 생각하고 행동하는 것은 잘못된 것이 아닙니다. 어린 아이에게는 다른 사람 중심으로 생각할 수 있는 능력이나 여유가 아직 없습니다. 어린 아이는 자기 힘으로 생존할 수 있는 능력이 없기 때문에 어린 아이가 자기중심적으로 생각하는 것은 당연합니다. 그러나 어린 아이가 점점 자라서 성숙해지면 차츰 차츰 다른 사람들을 생각하는 법을 익히게 됩니다. 어른들은 다른 사람을 생각하고 다른 사람들을 위하여 살도록 되어 있습니다. 어른이 되면 결혼을 하게 될 것이고 결혼하면 남편은 아내와 자식들을 위하여 살아야 하고, 아내도 남편과 자식들을 위하여 살아야 하고, 직장생활자는 회사를 위하여 살아야 하고, 공무원들은 국가를 위하여 살아야 합니다. 어른이 되어서도 자기중심적으로 생각하고 살아간다면 이 사람은 몸은 어른인데 정신연령은 어린아이인 것입니다. 따라서 자기중심적으로 생각하고 살아가는 성도들은 영적인 어린아이와 같다고 말할 수 있습니다. 성숙한 성도, 성령의 인도함을 받는 성도, 그리스도의 십자가를 묵상하고 본받고자 하는 성도는 자기중심적으로 살지 않습니다.

　성도님들은 간혹 이런 생각을 할지도 모릅니다. "내가 처음 예수를 믿었을 때 정말 믿음이 순수했는데... 오랫동안 신앙생활을 하다 보니까 순수한 믿음에 때가 묻었다." 그러나 이런 생각은 잘못된 생각입니다. 신앙생활을 처음 시작할 때의 믿음은 다른 사람을 생각하고 배려하는 믿음이 아닙니다. 자기 자신을 추스르는데 급급한 자기중심적인 믿음입니다. 이 믿음이 바로 어린아이와 같은 믿음입니다. 성도들이 처음에 이처럼 자기 자신을 추스르는데 관심을 집중하는 것은 당연한 일입니다. 그러나 신앙의 연류이 점점 늘어나면 다른 사람을 챙겨야 하고 다른 사람들을 위하여 신앙생활을 해야 할 때가 점점 많아집니다. 평신도로 있다가 집사가 되면 다른 사람들을 더 많이 챙겨야 하며, 집사보다는 안수집사나 권사나 장로는 훨씬 더 많이 다른 사람들을 챙겨야 합니다. 이런 요구들을 잘 받아들이고 잘 해내면 영적으로 어른이 되는 것이고, 이런 요구들을 힘들어 하고 받아들이지 않고 항상 자기를 추스르는 일에만 급급하다면 영적으로 어린아이의 단계에 여전히 머물러 있는 셈입니다.

저는 의정부 북부에 있는 남방리라는 마을에 있는 남양교회라는 작은 개척교회에서 처음 신앙생활을 시작했습니다. 5월경부터 교회에 출석하기 시작했는데, 워낙 시골교회이다 보니까 젊은이가 없어서 출석한지 2달 만에 주일학교 교사로 봉사하기 시작했습니다. 이때부터 약 100일간 새벽기도를 빠지지 않고 출석했습니다. 그러던 저에게 신학교에 가고 싶은 마음이 생기기 시작했습니다. 그런데 솔직하게 말씀드려서 제가 신학교에 가고 싶어 한 이유는 회중석에 앉아서 예배드릴 때 강단에서 설교하는 전도사님이 너무나 부러웠기 때문입니다. 전도사님이 설교할 때 성도들 전체가 고개를 숙여 순종하는 모습과 성도들이 전도사님을 지극정성으로 공궤하는 모습을 보고 너무나 부러웠습니다. 일종의 질투를 느낀 것이지요. 이런 대접을 받고 싶은 마음 때문에 신학교 문을 두드리게 된 것입니다. 물론 이 마음만은 아니지만 이 마음이 상당히 큰 비중을 차지하고 있었습니다. 자기중심적인 동기 아닙니까? 지금 돌이켜 보면 "정말로 내가 유치했구나! 똥오줌도 제대로 가리지 못했구나!"하는 생각이 떠올라서 얼마나 창피한지 모릅니다.

2절은 또 하나의 비유를 이용하여 육신에 속한 자를 설명합니다. "내가 너희를 젖으로 먹이고 밥으로 아니 하였노니 이는 너희가 감당하지 못하였음이거니와 지금도 못하리라." 바울은 고린도교회를 개척하고 나서 초기에 성도들의 믿음이 어렸기 때문에 이들에게 말씀을 가르칠 때 어린아이에게 우유를 먹이듯이 가르쳤습니다. 성도들이 처음에 이런 상태에 있는 것은 당연한 일입니다. 그런데 신앙생활의 연륜이 깊어지면 밥을 먹어야 되는데, 바울이 고린도교회를 떠난 지금도 고린도교회 교인들은 여전히 우유만 먹고 있었습니다. 본문에 "지금도 못하리라"는 표현은 고린도교회 교인들의 믿음이 세월이 지나도 성장하지 못하고 어린아이의 단계에 머무르고 있음을 보여 줍니다.

1절과 2절에서 고린도교회 교인들의 영적인 상태를 육신에 속한 자, 어린아이와 같은 상태로 추상적으로 진단한 바울은 3절과 4절에서는 고린도교인의 어떤 구체적인 행동이 이처럼 육신에 속한 모습인가를 지적합니다. 3절입니다. "너희는 아직 육신에 속한 자로다 너희 가운데 시기와 분쟁이 있으니 어찌 육신에 속하여 사람을 따라 행함이 아니리요." 바울은 고린도교회에 나타난 시기와 분쟁이 바로 "육신에 속한 자"의 구체적인 모습이라고 말합니다. 고린도교회 성도들은 자신들이 영적으로 아주 수준 높은 경지에 올라와 있다는 자부심을 가지고 있었습니다. 이들은 자기들이 영적으로 수준 높은 경지에 올라와 있는 증거를 어디에서 찾았느냐? 바로 방언의 은사와 예언의 은사와 병 고치는 은사를 받은 것을 보여 주면서 자신들이 영적으로 높은 경지에 올라와 있다고 주장했습니다. 그런데 바로 이 성도들이 시기심이 많았습니다. 사람은 언제 시기심을 가질까요? 다른 사람이 나보다 더 잘 될 때 사람은 시기심을 느낍니다. 시기심은 다른 사람의 입장을 배려하고 다른 사람을 위하여 자기를 희생하면서 섬기는 태도가 아닙니다. 시기심은 다른 사람 보다 자기가 항상 더 좋은 대접을 받기를 바라고, 더 많은 것을 소유해야 하고, 더 많은 인정을 받으려는 마음 때문에 생깁니다. 자기중심적인 마음에서 나오는 것입니다. 사람들이 왜 분쟁할까요? 자기의 이익이 침해당할 때 사람들은 분쟁합니다. 다른 사람을 배려하는 태도를 유지한다면 싸움이 일어날 수 없습니다. 바울은 방언의 은사를 받고, 예언의 은사를 받고, 병 고치는 은사를 받아서 다른 성도들이 알아들을 수 없는 말로 기도할 줄 알고, 사람의 앞날을 미리 알아낼 수 있는 신통력을 가지고 있고, 병 고치는 능력을 발휘할 줄 알아도 자기보다 더 나은 다른 사람을 시기질투하고 자기의 이익이 침해당할 때 항상 분쟁을 일으킨다면 이 사람은 육신에 속한 자이고 어른이면서도 매일 젖병만 빨고 있는 성도에 불과하다고 말합니다.

4절에서 바울은 고린도교회 교인들의 시기와 분쟁의 구체적인 사례를 지적합니다. "어떤 이는 말하되 나는 바울 에게라 하고 다른 이는 나는 아볼로 에게라 하니 너희가 육의 사람이 아니리요." 이 본문에 보면 "육의 사람"이라고 되어 있는데, "육"으로 번역되었다고 해서 이 구절이 2장 14절의 "육에 속한 사람"처럼 불신자를 뜻하는 것은 아닙니다. 이 단어는 앞에서 말한 3장 1절의 "육신에 속한 자"와는 어근은 같지만 어미가 약간 다른 단어로서 의미는 거의 같습니다. 다시 정리하면 2장 14절의 "육에 속한 사람"은 성령을 받지 못한 불신자들을 가리키고, 3장 1절의 "육신에 속한 사람"과 3장 4절의 "육에 속한 사람"은 자기중심적으로 살아가는 이기적인 성도를 가리킵니다.

고린도교회 성도들의 시기와 분쟁은 고린도교회 안에 고린도교회 설립자인 바울을 추종하는 파와 바울의 후임으로 온 아볼로를 추종하는 파로 갈라져서 싸움을 하는 것으로 나타났습니다. 교회 안에 파벌이 생겼습니다. 이것은 바울도 원하지 않았던 일이고, 아볼로도 원하지 않았던 일입니다. 물론 이 사태는 아볼로가 바울의 후임으로 가서 탁월하게 일을 잘 했기 때문에 일어난 일입니다. 고린도교회는 바울이 세운 교회이기 때문에 바울이 떠난 이후에도 바울을 좋아하는 교인들이 많았습니다. 그런데 아볼로도 성도들을 잘 지도했기 때문에 아볼로를 따르는 성도들도 생겨났습니다. 그런데 바로 이 시점에서 어린 아이 같은 고린도교회 교인들의 성숙하지 못한 모습이 드러났습니다. 두 파사이에서 교회를 누가 지도하느냐 하는 문제를 두고 양측이 다투기 시작한 것입니다. 자기편이 상대편을 누르고 이겨야 한다고 생각한 것이지요. 이들은 교회의 참된 지도자는 오직 그리스도 한 분 뿐이라는 진리를 잊어버리고, 교회의 성도들은 한 몸의 지체들로서 성령의 하나 되게 하신 띠에 의하여 하나로 연합된 자들이라는 사실을 잊어 버렸습니다. 이 같은 사태는 바울도 아볼로도 원하던 일이 아니었습니다. 고린도교회 교인들은 바울과 아볼로가 무엇을 원하는지 생각해 보지 않고 바울과 아볼로라는 이름을 이용하여 교회의 주도권을 장악하려는 자기들의 욕심을 채우려고 했습니다. 이 모습이 바로 육신에 속한 자의 모습이고 어린아이처럼 미숙한 모습이고 밥을 먹어야 할 나이에 우유가 든 젖병을 빨고 있는 모습입니다.

사랑하는 성도 여러분! 하나님을 믿지 않는 사람들을 우리는 무신론자라고 말합니다. 그런데 하나님을 믿으면서도 생각이나 생활에 있어서는 마치 하나님이 계시지 않는 것처럼 생각하고 생활하는 성도들을 실천적 무신론자라고 합니다. 바울이 말한 육신에 속한 자는 바로 실천적 무신론자들입니다.

우리는 어떤 모습인가요? 우리는 성령에 속한 자입니까? 아니면 육신에 속한 실천적 무신론자인가요? 하나님 앞에서 우리 자신의 모습을 한번 점검해 봅시다. 우리의 생각과 생활 속에 실천적 무신론자의 모습이 있다면 이제 하나님 앞에서 회개하고 진정한 성도의 모습을 회복해야 하겠습니다. 자기중심적인 생각과 생활을 해왔다면 이제부터는 다른 사람의 입장을 배려하고 다른 사람을 위하여 나 자신을 조금이라도 희생할 줄 알고, 교회를 위하여 나의 시간과 노력을 희생할 줄 아는 성도들이 되어야 하겠습니다. 젖병을 물고 다니는 어린아이의 단계를 벗어나 단단한 음식물까지도 너끈히 소화시킬 줄 아는 성숙한 성도들이 되도록 기도하고 결단해야 겠습니다.

5 그런즉 아볼로는 무엇이며 바울은 무엇이냐 그들은 주께서 각각 주신 대로 너희로 하여금 믿게 한 사역자들이니라 **6** 나는 심었고 아볼로는 물을 주었으되 오직 하나님께서 자라나게 하셨나니 **7** 그런즉 심는 이나 물 주는 이는 아무 것도 아니로되 오직 자라게 하시는 이는 하나님뿐이니라 **8** 심는 이와 물 주는 이는 한가지이나 각각 자기가 일한 대로 자기의 상을 받으리라

제12강

세 개의 비유
(상 - 밭의 비유)

From the Cross to Agape

고전 3장 5~8절

● 　　　바울이 고린도전서를 서술한 가장 중요한 이유는 파벌로 인하여 야기된 분쟁을 해결하는 데 필요한 권고를 고린도교회 교인들에게 전달하기 위함이었습니다. 고린도교회 안에는 바울파, 아볼로파, 베드로파, 그리스도파라는 네 개의 파벌이 존재했습니다. 이 파벌들은 바울이나 아볼로가 만든 것은 아닙니다. 고린도교회에서 직접 관계된 사역자들은 바울과 아볼로였고, 베드로와 그리스도는 고린도교회에서 사역한 일이 없는데 어떻게 해서 베드로파와 그리스도파가 등장했는가? 이 두 파는 고린도교회가 바울파와 아볼로파로 나누어져서 싸우는 것을 탐탁하지 않게 여긴 일부 교인들이 만든 것입니다. 물론 바울이나 아볼로는 파벌을 만들 생각을 전혀 하지 않았습니다. 다만 바울과 아볼로를 좋아하고 따르던 고린도 교회 교인들 중에는 순수한 마음으로 바울이나 아볼로를 존경하고 이들의 가르침을 따르던 자들도 있었지만, 마음이 순수하지 못한 교인들도 있었습니다. 이들은 바울이나 아볼로가 가진 명성을 이용하여 교회 안에서 지도적인 자리를 차지해 보려는 야심을 가진 자들이었습니다. 이들은 자신들이 바울이나 아볼로의 진정한 후계자들임을 강조함으로써 바울이나 아볼로가 담당하고 있었던 지도자의 자리를 차지하고 싶어 했습니다. 이들은 교회를 명예와 자리를 차지하기 위하여 싸우는 정치판으로 몰고 가려고 했습니다. 이것은 아주 심각한 문제였습니다. 바울은 1장 10절에서 17절까지 파벌의 문제를 잠깐 거론한 후 3장에 들어와서 이 문제를 본격적으로 다루

기 시작합니다. 파벌문제는 4장까지 다루어집니다.

바울은 지난번에 살펴 본 바 있는 3장 1절에서 4절부터 파벌을 조성하고 싸우는 일부 교인들을 준엄하게 책망한 후에 5절부터는 파벌의 문제를 본격적으로 분석합니다. 바울은 5절에서 파벌 문제에 대한 자신의 가르침의 핵심을 먼저 제시하고 나서 6절에서 17절까지 세 개의 비유를 이용하여 보다 자세하게 설명해 나갑니다. 첫 번째 비유는 밭의 비유로서 6절에서 9절 중간 부분까지 서술되어 있습니다. 두 번째 비유는 건물의 비유로서 9절 후반 절에서부터 15절까지 서술되어 있습니다. 셋째 비유는 성전의 비유로서 16절에서 17절까지 서술되어 있습니다. 세 개의 비유들 가운데 이 강의에서는 첫 번째 비유에 대하여 살펴보고, 두 번째와 세 번째 비유는 다음 강의에서 살피도록 하겠습니다.

바울은 파벌문제에 대한 자신의 기본입장을 어떻게 제시하고 있는가? 5절입니다. "그런즉 아볼로는 무엇이며 바울은 무엇이냐 그들은 주께서 각각 주신 대로 너희로 하여금 믿게 한 사역자들이니라." 파벌을 조성한 교인들은 마치 바울이나 아볼로가 교회의 주인이기나 한 것처럼 바울이나 아볼로를 크게 떠받들었습니다. 그러나 바울은 아볼로와 바울이 차지하고 있는 자리가 어떤 자리인지 알기나 하느냐 하고 반문한 후에 이렇게 답변합니다. "그들은 주께서 각각 주신 대로." 아볼로도, 바울도 자기가 가진 능력이나 자기가 하고 싶은 과제를 수행하는 자들이 아니라 주님이 주신 능력을 받아서 주님이 주신 과제를 수행하는 자들임을 암시합니다. 그러면 주님이 주신 과제가 무엇인가? "너희로 하여금 믿게 한." 고린도교인들이 믿음을 갖도록 하는 것이 주님이 주신 과제입니다. 그러면 누구를 믿게 만드는가? 바울 자신을 믿고 아볼로 자신을 믿도록 하는 것인가? 아닙니다! 주님을 믿도록 하는 것입니다. 바울이나 아볼로는 교인들로 하여금 자신들을 따라 오도록 가르쳐야 할 임무를 부여받은 것이 아닙니다. 주님을 믿도록 가르쳐야 할 임무를 부여받은 자들입니다. 만일 가르침을 받은 자들이 바울이나 아볼로를 믿게 되었다면 이는 잘못 가르친 것입니다.

이처럼 주님이 주시는 능력을 받아서 주님이 주시는 과제 곧 주님을 믿도록 가르쳐야 하는 사명을 수행하는 바울과 아볼로의 직책은 "사역자들"이라고 바울은 말합니다. 본문에서 말하는 사역자는 "집사"라는 뜻입니다. 바울과 아볼로는 하나님으로부터 집사의 직분을 받은 자들입니다. 집사가 무엇을 하는 직분입니까? 집사는 자기 집을 가진 자가 아닙니다. 집사는 주인의 집에서 방 한 칸 얻어 가지고 초라하게 사는 직분입니다. 집사는 자기 재산을 관리하는 직분이 아닙니다. 집사는 주인의 재산을 위탁받아 관리하는 직분입니다. 또한 집사는 자기의 일을 하는 자들이 아닙니다. 집사는 주인이 지시하는 일을 하는 자들입니다. 한마디로 말해서 집사는 주인의 종으로서 철저하게 주인을 섬겨야 하는 직분입니다.

여러분도 잘 아시는 벤허라는 영화를 보면 바울 당시의 집사가 어떤 일을 하는 직책인가를 잘 알 수 있습니다. 이 영화에 에스더라는 여주인공이 등장합니다. 에스더의 아버지가 벤허의 집에서 관리집사로 일하는데 이 관리집사가 표준적인 집사의 모습입니다. 주인공 벤허는 로마의 노예로 끌려가서 언제 돌아올지 기약을 알 수 없게 되었고, 벤허의 누이동생과 어머니는 문둥병에 걸려서 문둥병자들이 모여 사는 산굴로 옮겨가게 되었습니다. 한마디로 가정이 풍지 박산이 난 것이지요. 주인집 식구들이 전부 이렇게 뿔뿔이 흩어져 버린 것은 사망선고를 받은 것이나 마찬가지였습니다. 이제 주인의 모든 재산은 다 에스더의 아버지 것이나 다름없었습니다. 그러나 에스더의 아버지는 정말로 집사의 직분에 충실했습니다. 에스더의 아버지는 돌아올 기약조차 없는 주인이 언젠가는 반드시 돌아온다는 신념을 가지고 주인이 돌아오면 재기할 수 있도록 주인의 재산을 지혜롭고 철저하게 관리하여 증식시킵니다. 에스더의 아버지는 주인의 재산을 자기 재산처럼 다루면서도 주인의 재산에 손대지 않고 관리합니다. 그러다가 어느 날 벤허가 구사일생으로 살아 돌아 왔을 때 에스더의 아버지는 철저하고 안전하게 관리하여 증식시킨 재산을 그대로 주인에게 인계해 줍니다. 이것이 바로 표준적인 집사의 모습입니다.

바울은 5절에서 아볼로와 바울 자신이 받은 직분에 대하여 두 가지 점을 강조합니다. 첫째로, 바울과 아볼로는 주님을 섬기는 집사의 직분을 받은 것이지, 교인들의 우두머리의 직분을 받은 것이 아님을 강조했습니다. 둘째로, 그렇다고 해서 바울은 바울 자신과 아볼로가 수행하는 과제가 하찮은 것이었다고는 결코 말하지 않습니다. 교회 사역 가운데 주님을 믿게 만드는 사역만큼 중요한 사역이 또 어디 있겠습니까? 바울은 자신과 아볼로의 사역이 매우 중요한 사역이지만 어디까지나 철저하게 주님을 섬기는 겸손한 자세로 행하는 사역임을 밝혔습니다. 이 가르침은 오늘날 교회를 섬기는 교회의 사역자들도 유념해야 할 내용입니다. 교회의 사역자들은 자신들이 수행하는 업무 곧, 성도들로 하여금 주님을 더 잘 믿도록 변화시키는 업무가 세상에서 인간들이 행하는 모든 사역들 가운데 가장 중요한 사역이라는 확신과 자부심을 가져야 합니다. 그러나 교회 사역자들은 세상에서 가장 중요한 사역을 하면서도 철저하게 주님과 성도들을 섬기는 가장 낮은 자리에 있어야 한다는 사실을 동시에 유념해야 합니다. 왜 우리가 이렇게 해야 합니까? 우리 주님이 그렇게 하셨기 때문입니다. 우리 주님은 인류구원이라는 역사상 가장 중요한 일을 하시면서도 가장 비천하고 낮은 자리에 계셨습니다.

　바울은 파벌의 문제에 대한 자신의 가르침의 핵심을 말한 후에 비유를 이용하여 자세하게 설명합니다. 바울이 첫 번째로 사용하는 비유는 밭의 비유입니다. 우선 밭이 무엇을 뜻 하는가 부터 알아야겠습니다. 9절에 보면 "너희는 하나님의 밭이요"라는 말씀이 있습니다. "너희"는 고린도교회 교인들을 말합니다. 바울은 고린도교회 교인들을 하나님의 밭에 비유합니다. 그런데 이 밭은 누구의 소유물인가요? 네! 하나님의 소유물입니다. 그래서 하나님의 밭입니다. 바울의 밭이 아닙니다. 아볼로의 밭도 아닙니다. 고린도 교회는 하나님의 밭입니다. 교회는 하나님의 밭입니다.

　바울과 아볼로는 교회 곧 하나님의 밭에서 일하도록 부름을 받은 자들입니다. 따라서 9절은 "우리는 하나님의 동역자들이요"라고 말합니다. 그러면 바울과 아볼로가 한 일이 무엇인가? 6절입니다. "나는 심었고 아볼로는 물을 주었으되 오직 하나님께서 자라나게 하셨나니." 바울은 씨앗을 심는 역할을 맡았습니다. 바울은 고린도에 와서 고린도인들에게 말씀의 씨앗을 심어서 주님을 믿는 성도들로 변화시키는 일을 했습니다. 바울이 씨앗을 심는 수고를 했기 때문에 고린도교회가 설립될 수 있었습니다. 바울의 수고로 주님을 믿는 성도들이 많이 등장했습니다. 이들은 새 싹과도 같은 자들입니다. 그런데 바울은 18개월가량 고린도교회에서 사역을 하다가 고린도교회를 떠나야 했습니다. 새 싹이 막 돋아나야 할 때, 곧 이제 성도들의 믿음이 막 자라나기 시작할 때 바울은 고린도교회를 떠나야만 했습니다. 자칫하면 바울이 틔어놓은 새 싹들이 말라 죽어 버리고 말 위기에 처한 것입니다. 이때 아볼로가 등장하여 탁월한 성경지식과 유창한 언변으로 새 싹과도 같은 고린도교회 성도들을 잘 돌보아 주었습니다. 바울의 입장에서 볼 때 아볼로가 얼마나 고마운 존재입니까? 그 결과 새 싹이 무럭무럭 잘 자라날 수 있었습니다. 고린도교회 성도들의 믿음이 무럭무럭 자라날 수 있었습니다. 그런데 바울은 자신이 씨앗을 심는 일과 물을 주고 돌보아 키워내는 일을 아주 중요하게 여기면서도 그 한계를 분명히 밝힙니다. "오직 하나님께서 자라나게 하셨나니." 그렇습니다. 식물을 자라나게 하신 분은 바로 하나님이십니다. 바울과 아볼로가 한 일이 물론 매우 중요한 일이었지만 실질적으로 자라나게 하시는 하나님의 사역을 측면에서 돕는 보조사역의 역할 정도를 담당했을 뿐입니다. 하나님이 대통령이라면 바울이나 아볼로는 비서 정도의 역할을 한 것입니다. 비서는 아무리 유능해도 대통령이 될 수 없습니다. 대통령은 재임기간동안 다른 사람으로 대체할 수가 없지만 비서는 필요하면 언제든지 다른 사람으로 대체할 수 있습니다. 비서를 대통령으로 받드는 것이 잘못된 일인 것처럼 바울이나 아볼로가 마치 교회의 주인이라도 된 것처럼 생각한다면 이는 잘못된 것입니다.

그런데 이 문장에서 사용된 시제를 주의 깊게 볼 필요가 있습니다. 우리 말 번역에는 전혀 그 차이가 나타나 있지 않지만 원문에는 차이가 분명하게 나타나 있습니다. 그것이 무엇일까요? 원문에 보면 바울이 씨를 심는 행동과 아볼로가 물을 주는 행동은 모두 부정과거시제로 표현되어 있습니다. 부정과거시제란 과거의 어느 짧은 한 순간에 행하는 한 번의 행동을 가리킵니다. 부정과거시제로 표현된 행동은 순식간에 지나가 버립니다. 바울과 아볼로가 한 행위가 부정과거시제로 되어 있다는 말은 바울과 아볼로의 행위는 오래 지속되는 것이 아니라 곧 지나가 버린다는 것을 뜻합니다. 그러나 자라나게 하시는 하나님의 행위는 미완료로 되어 있습니다. 미완료란

과거 어느 순간에 시작된 행동이 현재까지 계속되어 왔고 미래에도 계속된다는 것을 뜻합니다. 따라서 자라나게 하시는 하나님의 행위는 중단 없이 장구한 기간 동안 계속됩니다. 실제 농사에서도 그렇습니다. 씨를 심는 행위는 한 번에 딱 끝납니다. 씨앗 하나를 심어 놓으면 그만입니다. 물주는 일은 여러 번 반복되긴 하지만 물주는 시간이 오래 계속되는 것은 아닙니다. 그러나 땅속에 심겨진 씨앗이 자라나는 과정은 일단 씨앗이 심겨지고 나면 단 한 순간도 중단됨이 없이 다 자라서 수명이 다하는 날까지 계속됩니다. 그렇습니다. 교회를 위하여 사람이 하는 일은 잠깐 진행되다가 끝나 버립니다. 그리고 사람은 언제든지 바뀔 수도 있습니다. 그러나 사람의 마음을 변화시키는 하나님의 사역은 단 한순간도 중단되지 않고 계속됩니다. 목사님의 사역은 일주일에 한번, 많으면 두서너 번 설교하고 가르치는 것으로 끝납니다. 그리고 목사님은 다른 목사님으로 교체될 수도 있습니다. 그러나 이와 같은 목사님의 보조사역을 이용하여 사람의 마음을 변화시키시는 하나님의 사역은 단 한순간도 중단됨이 없이 계속됩니다. 성령이 우리 안에 거하시기 시작하면 성령은 단 한 순간도 중단됨이 없이 우리의 영혼을 변화시키시는 사역을 계속하십니다. 잠깐 동안 진행되는 목사님의 보조사역과 한 순간도 우리를 떠나지 않으시고 우리 안에서 우리의 마음을 변화시키시는 하나님의 사역을 어떻게 비교할 수가 있겠습니까? 환자 옆에 24시간 붙어 앉아서 잠시도 환자에게서 눈을 떼지 않고 간병하는 가족들과 일주일에 한 번씩 문병을 와서 잠깐 들여다보고 가는 문병자를 어떻게 비교할 수가 있겠습니까? 따라서 바울은 7절에서 이렇게 말합니다. "그런즉 심는 이나 물주는 이는 아무 것도 아니로되 오직 자라게 하시는 이는 하나님뿐이니라."

그렇습니다. 하나님 나라의 일을 하는 사역자들은 우리가 하는 사역은 우리의 생명이 있는 동안, 그리고 우리의 건강이 허락하는 짧은 기간 동안 한순간도 중단하지 않고 계속하시는 하나님의 사역을 보조하는 역할을 충실하게 하는 정도에 지나지 않는다는 생각을 항상 가지고 있어야 합니다. 이런 생각을 가지고 우리는 하나님 앞에서 겸손해야 합니다. 또 이런 생각을 가질 때 우리는 자유로운 마음으로 사역을 할 수 있습니다. 왜냐하면 우리가 궁극적인 책임을 지지 않아도 되기 때문입니다. 비서는 그저 대통령이 지시하는 심부름을 충실하게 수행하면 됩니다. 비서가 대통령이 하는 일에 대한 책임까지 떠맡을 필요가 없습니다. 책임은 대통령이 집니다. 마찬가지로 하나님 나라 일을 하는 사역자들은 하나님의 말씀이 안내하는 대로 성실하게 하기만 하면 됩니다. 우리가 책임을 다 떠맡을 필요가 없습니다. 책임은 하나님이 지십니다. 한 사람의 마음이 변화되고, 주님을 믿고 믿음 안에서 인생행로를 헤쳐 나가는 일은 일생동안 계속되어야 할 일입니다. 사역자는 평생 동안 이 사람과 함께 할 수가 없습니다. 또 사람은 누구나 이곳저곳으로 장소를 이동하면서 살아가기 마련인데, 이동할 때마다 사역자가 항상 따라다닐 수가 없습니다. 이 일을 교회 사역자가 해야 한다면 정말로 피곤하고 힘들 것입니다. 일생동안 마음을 붙드시고 변화시키시는 분, 어느 곳으로 이동해도 항상 함께 하시는 분은 성령의 형태로 우리 안에 내주하시는 하나님이십니다. 사역자는 사역자와 함께 교회생활을 하는 기간 동안 성도들의 신앙이 자라날 수 있도록 하나님의 사역에 수종 드는 역할을 최선을 다하여 성심성의껏 수행하면 됩니다.

    8절에서 바울은 "심는 이와 물주는 이는 한 가지"라고 말합니다. 이 말은 씨를 심는 행위든, 물을 주어서 돌보는 행위든, 목적은 동일하다는 뜻입니다. 고린도교회를 설립하여 아무 것도 모르는 성도들에게 말씀의 씨앗을 심는 바울의 사역이나 바울의 사역을 이어받아서 양육시키는 아볼로의 사역이나 모두 성도의 믿음을 자라나게 하시려는 하나님의 사역이 잘 이루어지도록 돕기 위한 것이라는 점에서 그 목적이 같습니다. 하는 일이 다르기 때문에 각자 따로 놀아야 하는 것이 아니라 일이 다르기 때문에 더 긴밀하게 협력해야 합니다.

그런데 이 일을 충직하게 수행하고 나면 어떤 결과가 찾아오는가? "각각 자기가 일한 대로 자기의 상을 받으리라." 하나님은 마지막 날에 사역을 위하여 수고한 만큼 상을 주십니다. 단 하나님으로부터 상을 받기 위한 조건은 철저하게 낮은 자리에서 하나님과 동료 성도들을 섬기는 태도로 사역에 임해야 한다는 것입니다. 다음 강의에서 살펴보겠지만 사람들로부터 인정을 받기 위하여, 교회 안에서 주도권을 잡기 위한 목적으로, 시기와 질투 때문에 사역을 한다면 하나님으로부터 책망과 벌을 받게 될 것입니다.

사랑하는 성도 여러분! 우리는 하나님이 세우신 사역자들을 사랑하고 아끼고 존중해야 합니다. 그러나 우리는 사역자들을 중심으로 교회 안에 파벌을 형성하지 않도록 매우 주의해야 합니다. 사역자들도 교회 안에서 자기파를 만들어서는 안 됩니다. 사역자들은 자기를 따르는 제자들을 만들려고 해서는 안 되고, 가르침을 받는 자들이 주님을 사랑하고 주님의 제자들이 되도록 길을 안내해 주어야 합니다. 가르침을 받는 자들도 사역자들로부터 주님을 사랑하고 주님을 믿는 법을 배우려고 노력해야 합니다. 가르치는 사역자들, 가르침을 받는 성도들도 모두 가르치는 능력과 지혜를 주시며 또한 실질적으로 우리의 믿음을 자라나게 하시는 하나님 한 분만을 바라보고, 하나님 한분만을 의지할 때 교회는 성도들 각자가 받은 다양한 재능과 은사가 하나로 모아져서 아름답고 조화로운 공동체를 이룰 수 있게 될 것입니다. 이 공동체 안에서 우리 모두가 하나님의 신실한 집사로서, 하나님의 신실한 비서로서 우리의 한계를 인식하면서도 주어진 직무에 충성을 다하다가 마지막 날 하나님으로부터 잘했다는 칭찬과 상을 받을 수 있기를 간절히 바랍니다.

9 우리는 하나님의 동역자들이요 너희는 하나님의 밭이요 하나님의 집이니라 10 내게 주신 하나님의 은혜를 따라 내가 지혜로운 건축자와 같이 터를 닦아 두매 다른 이가 그 위에 세우나 그러나 각각 어떻게 그 위에 세울까를 조심할지니라 11 이 닦아 둔 것 외에 능히 다른 터를 닦아 둘 자가 없으니 이 터는 곧 예수 그리스도라 12 만일 누구든지 금이나 은이나 보석이나 나무나 풀이나 짚으로 이 터 위에 세우면 13 각 사람의 공적이 나타날 터인데 그 날이 공적을 밝히리니 이는 불로 나타내고 그 불이 각 사람의 공적이 어떠한 것을 시험할 것임이라 14 만일 누구든지 그 위에 세운 공적이 그대로 있으면 상을 받고 15 누구든지 그 공적이 불타면 해를 받으리니 그러나 자신은 구원을 받되 불 가운데서 받은 것 같으리라 16 너희는 너희가 하나님의 성전인 것과 하나님의 성령이 너희 안에 계시는 것을 알지 못하느냐 17 누구든지 하나님의 성전을 더럽히면 하나님이 그 사람을 멸하시리라 하나님의 성전은 거룩하니 너희도 그러하니라

제13강

세 개의 비유
(하 – 집의 비유와 성전의 비유)

From
the Cross
to Agape

고전 3장
9~17절

● 　　　　바울은 고린도전서 3장에서 고린도교회에 나타난 파벌의 문제를 다루고 있습니다. 바울은 3장 1절에서 4절까지 파벌을 만들고 싸우는 고린도교회 교인들을 준엄하게 책망합니다. 계속되는 5절에서 파벌문제에 대한 자신의 가르침의 핵심을 밝힌 다음 6절에서 17절까지 세 개의 비유를 이용하여 구체적으로 설명합니다. 세 개의 비유 가운데 첫 번째 비유는 밭의 비유인데, 이 비유에 대해서는 지난 강의에서 살펴 본 바 있습니다. 오늘은 두 번째와 세 번째 비유를 살펴보겠습니다. 두 번째 비유는 9절 후반부에서 15절까지 소개되어 있는 집의 비유이고, 세 번째 비유는 16절과 17절에 소개되어 있는 성전의 비유입니다.

　바울은 밭의 비유를 통하여 바울이나 아볼로나 모두 하나님의 밭에서 일하는 농부들이라는 점을 강조했습니다. 농부가 씨앗을 심고 물주기를 하면 씨앗이 점점 자라나는데, 씨를 심고 물을 주는 행위 그 자체가 식물을 자라나게 하는 것은 아닙니다. 씨를 자라나게 하는 분은 하나님이십니다. 농부는 식물을 자라나게 하시는 하나님의 잔심부름 몇 가지를 해주는 심부름꾼에 불과합니다. 바울은 자신은 씨앗을 심었고 아볼로는 물을 주었는데 자라게 하신 분은 하나님이셨다고 말함으로써 바울이나 아볼로는 모두 하나님의 심부름꾼에 지나지 않는다는 점을 강조했습니다. 교회에서 아무리 훌륭한 설교를 하고 기도를 많이 하고 봉사를 많이 해도 정작 죽었던 영혼을 살려내고 마음을 변화시키시는 일을 하시는 분은 하나님이십니다. 바울은 고린도교인들에게 심부름꾼에 지나지 않는 바울이나 아볼로를 주목하지 말고 하나님을 주목하라고 권고합니다.

바울은 9절 후반부에서부터는 집의 비유를 이용하여 같은 교훈을 재차 강조합니다. 바울이 다른 비유를 사용하여 같은 교훈을 강조할 때는 단순히 앞에서 말한 내용을 앵무새처럼 반복하는 것으로 그치지 않습니다. 새로운 비유를 사용하는 가운데 이전에는 미처 드러나지 않았던 새로운 가르침들이 등장하여 바울의 가르침의 내용을 더 풍부하게 합니다.

고린도교회 성도들을 하나님의 밭이라고 명명한 바울은 바로 다음 구절에서 하나님의 집이라고 말합니다. 9절입니다. "우리는 하나님의 동역자들이요 너희는 하나님의 밭이요 하나님의 집이라." 그런데 바울이 16절에서 사용하고 있는 세 번째 비유도 사실은 집의 비유입니다. "너희는 너희가 하나님의 성전인 것과 하나님의 성령이 너희 안에 계시는 것을 알지 못하느냐?" 16절에서는 고린도교회 성도들을 "성전"에 비유하고 있는데, 성전이 바로 하나님의 집 아닙니까? 그러니까 9절에 있는 하나님의 집이나 16절에 있는 성전이나 사실은 같은 것입니다. 그러나 9절과 16절은 강조점에 차이가 있습니다. 9절은 강조점이 하나님에게 있지 않고 "집"에 있습니다. 따라서 10절에서 15절까지는 집의 구조를 생각하면서 교훈을 끌어냅니다. 반면에 16절에서는 강조점이 집에 있지 않고 "하나님"에게 있습니다. 하나님에게 있다는 말은 집의 성질에 강조점이 있다는 뜻입니다. 하나님의 집의 성질이 무엇인가요? 바로 거룩함입니다.

바울은 자신이 고린도교회라는 집을 지을 때 어떤 일을 했는가를 말합니다. 10절입니다. "내게 주신 하나님의 은혜를 따라 내가 지혜로운 건축자와 같이 터를 닦아 두매 다른 이가 그 위에 세우나 그러나 각각 어떻게 그 위에 세울까를 조심할지니라." 밭의 비유에서 자신의 역할을 씨앗을 심는 것에 비유한 바울은 집의 비유에서는 집의 터를 놓았다고 말합니다. 집을 지을 때 먼저 터를 단단하고 튼튼하게 놓고 난 후에 건물을 세우는 것처럼, 바울은 고린도교회라는 하나님의 집의 터를 놓았고, 아볼로를 비롯한 다른 성도들이 에 그 위에 구조물을 세웠습니다. 바울 혼자 터도 놓고 그 위에 구조물도 세운 것이 아닙니다.

그러면 바울이 교회의 터를 놓았다는 말은 무슨 뜻일까요? 11절입니다. "이 닦아 둔 것 외에 능히 다른 터를 닦아 둘 자가 없으니 이 터는 곧 예수 그리스도라." 터는 예수 그리스도입니다. 교회라는 집은 예수 그리스도라는 터 위에 세운 집입니다. 바울 자신이 한 일은 교회라는 집을 혼자 힘으로 다 지은 것이 아니라 집의 터를 놓는 것이었습니다. 바울은 자신의 역할이 집의 터를 놓는 것 정도였다고 겸손하게 말하고 있지만 그렇다고 해서 결코 자신이 한 일이 무시해도 좋을 만큼 하찮은 것이었다고는 생각하지 않았습니다.

10절과 11절에서 바울은 고린도교회 성도들에게 두 가지 경고를 발합니다. 11절에 있는 경고를 먼저 들어야 할 것 같습니다. 바울은 바울 자신이 닦아 놓은 터 이외에 다른 터를 놓지 말라고 단호하게 경고합니다. 교회는 예수 그리스도라는 터 위에 세워진 하나님의 집입니다. 만일 예수 그리스도가 아닌 다른 터 위에 집을 세운다면 그 집은 교회가 될 수 없고 하나님의 집이 될 수 없습니다. 교회가 설 수 있는 유일한 터가 예수 그리스도라는 말은 사람이 구원받을 수 있는 길은 오직 예수 그리스도 한 분 뿐이라는 말입니다. 바울은 예수 그리스도를 믿음을 통하여 값없이 은혜로 주어지는 구원의 길이 아닌 다른 구원의 길을 가르치지 말라는 엄중한 경고를 고린도교회에 보내고 있습니다. 또 하나의 권고는 10절에 있습니다. 이 권고가 본문에 제시된 바울의 가르침의 주제입니다. 바울은 예수 그리스도라는 터 위에 집의 구조물을 세울 때 어떻게 세울까를 조심하라고 권고합니다. 바울의 말은 구조물을 세워서 집을 완성할 때 재료를 잘 선택하라는 말입니다.

바울은 계속된 12절에서 집을 세울 때 사용될 수 있는 재료들을 말합니다. "만일 누구든지 금이나 은이나 보석이나 나무나 풀이나 짚으로 이 터 위에 세우면." 이 재료들 가운데 보석은 대리석을 뜻합니다. 이 재료들은 두 가지 종류로 분류될 수 있습니다. 금과 은과 대리석은 내구성이 강해서 불이 나도 타서 없어지지 않는 성질을 지니고 있습니다. 나무와 풀과 짚은 내구성이 약해서 불이 나면 타서 없어져 버리는 성질을 지니고 있습니다.

그러면 이런 재료들은 무엇을 의미할까요? 재료들은 성도들의 생활을 의미합니다. 터 위에 어떻게 세울까를 조심하라는 말은 예수 그리스도를 통하여 구원받은 성도들은 어떻게 생활하는 것, 어떻게 사는 것, 어떻게 행동하는 것이 바른 성도의 삶인가에 대하여 관심을 기울이라는 뜻입니다. 그런데 터 위에 집의 구조물을 세울 때 사용되는 재료에 두 가지 종류가 있는 것처럼, 예수 그리스도를 구주로 영접하고 하나님의 백성이 된 성도들이 사는 삶에도 두 가지 종류가 있습니다. 하나는 하나님이 마지막 심판의 날에 어떻게 살았는가를 심판하실 때 심판을 견대내고 하나님으로부터 칭찬을 받을 수 있는 삶이고, 다른 하나는 마지막 심판의 날에 하나님의 심판을 견대내지 못하고 책망을 받는 삶입니다. 불을 견뎌낼 수 있는 건축 재료가 하나만이 아니라 금과 은과 보석처럼 다양한 형태가 있듯이, 하나님의 심판의 불을 견뎌낼 수 있는 성도의 삶에도 다양한 형태가 있습니다. 불을 견뎌낼 수 없는 건축 재료도 하나만 있는 것이 아니라 나무와 풀과 짚처럼 다양한 형태가 있듯이, 하나님의 심판을 견뎌내지 못하고 책망을 받는 성도의 삶에도 다양한 형태가 있습니다.

마지막 심판 날이 되면 성도들 한 사람 한 사람이 살아 온 행적이 적나라하게 하나님 앞에 드러나게 되고 하나님 앞에 드러난 모든 행적이 하나님의 불과 같은 심판을 받게 됩니다. 13절입니다. "각 사람의 공적이 나타날 터인데 그날이 공적을 밝히리니 이는 불로 나타내고 그 불이 각 사람의 공적이 어떠한 것을 시험할 것임이라." 성도들의 삶이 하나님의 심판에서 합격판정을 받으면 하나님으로부터 상을 받습니다. 14절입니다. "만일 누구든지 그 위에 세운 공적이 그대로 있으면 상을 받고." 성도들의 삶이 하나님의 심판에서 불합격판정을 받으면 해를 받습니다. 15절입니다. "누구든지 그 공적이 불타면 해를 받으리니 그러나 자신은 구원을 받되 불 가운데서 받은 것 같으리라." 그렇습니다. 마지막 심판의 날이 되면 우리들이 이 세상에서 사는 날 동안 행한 행동 하나하나가 모두 하나님 앞에 드러나게 될 것이며, 이 모든 행동 하나하나에 대하여 하나님이 잘한 행동인가, 잘못한 행동인가를 평가해 주실 것입니다. 이 평가에서 하나님으로부터 칭찬을 받은 사람은 하나님으로부터 상을 받고, 책망을 받은 사람들은 하나님으로부터 벌을 받을 것입니다. 그러므로 우리 성도들은 바르고 선한 삶을 살면 반드시 마지막 날에 하나님으로부터 칭찬과 상을 받는다는 희망을 가지고 힘들고 어려워도 인내하는 가운데 선한 삶을 살기 위하여 최선의 노력을 다해야 할 것입니다. 동시에 바르지 못한 악한 삶을 살면 마지막 날에 반드시 하나님으로부터 책망과 벌을 받는다는 경각심을 가지고 악에서 떠나는 삶을 살도록 최선을 다해야 할 것입니다.

그런데 15절은 하나님이 성도들을 향하여 마지막 날에 행할 심판의 성격에 대하여 매우 중요한 한 가지 정보를 알려 주고 있습니다. 바울은 이 세상에서 바르지 못한 악한 삶을 살다가 하나님 앞에서 책망과 벌을 받게 될 성도들에 대하여 "그 자신은 구원을 받되 불 가운데서 받은 것 같으리라"고 말합니다. 이 말이 무슨 뜻입니까? 이 말씀은 성도들이 마지막 날에 하나님으로부터 책망과 벌을 받는 것은 성도들을 지옥으로 보내는 것을 뜻하는 것이 아니라는 뜻입니다. 일단 예수 그리스도를 구주로 영접한 성도라면, 예수님을 구주로 영접한 이후에 비록 바르지 못한 삶을 살았다 하더라도 그것 때문에 받은 구원이 취소되고 지옥으로 떨어지는 일은 없습니다. 신자들이 바르게 살았든, 바르지 못하게 살았든, 신자들이 살아온 삶은 마지막 날에 천국에 들어가느냐, 지옥에 들어가느냐를 결정하는 근거가 되지 않습니다. 마지막 심판의 날에 우리를 천국으로 인도하는가, 아니면 지옥으로 데리고 가는가를 결정짓는 근거는 성도들이 어떤 삶을 살았는가가 아니라 예수 그리스도를 구주로 영접했는가에 있습니다. 성도들이 살아온 삶의 행적은 하나님의 칭찬과 책망의 대상은 되지만 구원의 문제를 결정짓는 근거는 될 수 없습니다. 여기에 성도들의 구원의 확실성이 있습니다.

성도들의 행실이 천국으로 가느냐, 지옥으로 가느냐를 결정짓는 근거가 될 수 없다는 점은 이미 집의 구조물을 세우는 데 사용된 재료의 특성에 반영되어 있습니다. 나무나 풀이나 짚은 집의 터의 재료로 사용되지 않습니다. 금이나 은이나 보석도 아무리 값이 비싸도 집터의 재료로는 사용되지 않습니다. 이 말이 무슨 뜻입니까? 성도들의 행실이 교회의 터이신 예수 그리스도가 하시는 역할을 대신 할 수가 없다는 뜻입니다. 성도들의 행실은 성도들을 구원하는 근거가 될 수 없습니다.

이처럼 비록 바르지 못한 악한 생활 때문에 하나님의 책망과 벌을 받는 성도들도 예수 그리스도를 향한 신앙고백이 있다면 구원을 받고 천국에 들어가는 데는 문제가 없습니다. 그런데 이 사람이 받는 구원은 "불 가운데서 받은 것 같으리라"고 바울은 말합니다. 이 말이 무슨 뜻일까요? 몇 년 전에 남대문이 불에 타서 무너지는 참사가 발생한 것을 우리 모두 알고 있습니다. 남대문은 대부분 나무를 재료로 건축했기 때문에 화재에 취약할 수밖에 없습니다. 남대문이 불에 탄 후에 남대문을 복원하는 작업이 현재 진행 중에 있습니다. 남대문을 복원하는 일에 참여하는 전문가들이 제일 먼저 한 일은 불탄 남대문 잿더미 가운데서 다 타지 않고 남아 있는 석가래나 기둥조각들을 찾아내는 것이었습니다. 비록 불에 탔어도 타고 남은 조각들이 남대문의 원형을 보존하고 있기 때문에 남은 조각들을 가능한 한 활용하여 복원작업을 하는 것입니다. 불에 다 타지 않고 남아 있는 나무 조각들 – 이것이 바로 오늘 본문이 말하는 "불 가운데 받은 것"이 뜻하는 것입니다. 바르지 못한 악한 삶을 산 성도들은 구원을 받기는 받는데 불에 타다 남은 나무 조각처럼 만신창이가 된 모습으로 구원을 받게 됩니다. 이런 성도들이 마지막 심판 날에 하나님 앞에 서게 되면, 도대체 평생 동안 하나님 나라를 위하여 한 일이 아무 것도 없다는 사실이 드러나고, 오히려 하나님 나라의 일을 방해한 기록들만 줄줄이 드러서 하나님으로부터 책망이 쏟아집니다. 천국에 들어가긴 들어가는데 하나님으로부터 한바탕 혼나고 있는 굴욕을 다 당하고 들어갑니다. 성도들이 이런 모습으로 하나님의 심판을 맞이해서는 안 될 것입니다. 하나님의 심판석 앞에 설 때 칭찬이라도 몇 마디 듣고, 상도 받고 천국에 들어가야 하지 않겠습니까? 하나님으로부터 책망만 잔뜩 받고 부끄러워서 몸 둘 바를 모르는 상태에서 천국에 들어가서는 곤란하지 않겠습니까? 물론 이런 창피함과 굴욕이 천국에 들어간 후에도 계속되는 것은 아닙니다. 하나님은 책망은 하시지만 천국에 들어가기 직전에 놀라운 하나님의 능력으로 순식간에 우리의 몸과 마음을 천국 생활을 하기에 적합한 완전하게 거룩한 모습으로 변화시켜 주신 다음에 천국에 들여보내실 테니까요. 왜냐하면 변화되지 않은 모습을 그대로 가지고는 천국 생활에 아예 적응을 하지 못할 것이기 때문입니다.

결국 바울이 고린도교회의 상황과 연결시켜서 말하고자 하는 초점은 고린도교회 교인들이 파벌로 서로 나누어져서 싸우는 생활은 금이나 은이나 보석처럼 마지막 심판의 불에도 타지 않고 살아남아서 하나님의 칭찬과 상급을 받는 생활이 아니라 하나님의 심판을 견뎌내지 못하고 하나님으로부터 책망받고 회초리를 맞을 생활이라는 것입니다. 그러므로 고린도교회 성도들은 파벌싸움을 중단해야 합니다.

바울의 세 번째 비유는 성전의 비유입니다. 16절입니다. "너희는 너희가 하나님의 성전인 것과 하나님의 성령이 너희 안에 계시는 것을 알지 못하느냐?" 이미 말씀드린 것처럼 이 비유에서는 하나님의 집의 구조가 아니라 집의 성질에 주목하여 말합니다. 성도들의 모임인 교회는 하나님의 거룩한 전입니다. 이 교회 안에 성령 하나님이 계십니다. 바울은 만일 이 성전을 더럽히면 하나님으로부터 반드시 벌이 내릴 것이라고 말합니다. 17절입니다. "누구든지 하나님의 성전을 더럽히면 하나님이 그 사람을 멸하시리라 하나님의 성전은 거룩하니 너희도 그러하니라." 바울의 결론은 고린도교회 교인들이 파벌로 나누어져 싸우는 것은 성령께서 거하시는 성전을 더럽히는 행동이요, 마지막 심판의 날에 반드시 하나님으로부터 벌을 받을 행동이니까 중단하라는 것입니다.

이제 바울의 세 가지 비유가 마무리되었습니다. 세 가지 비유를 통하여 배운 교훈을 정리하고 말씀을 맺고자 합니다. 밭의 비유를 통하여 바울이 가르쳐 주신 것처럼 우리는 하나님의 심부름꾼에 불과한 사람에게 우리의 눈을 두지 말고 교회와 신자들을 영적으로 자라게 하시는 하나님을 바라보고 하나님의 뜻에 순종하고 하나님께 영광을 돌리며 하나님을 기쁘시게 하는 삶을 살아야 하겠습니다. 우리는 하나님의 심부름꾼에 불과하지만 우리에게 맡겨진 심부름을 신실하게 잘 수행해내면 마지막 날에 우리에게 하나님의 칭찬과 상이 주어질 것이라는 소망을 가지고 충성을 다해야 하겠습니다. 또한 우리는 집의 비유가 가르쳐 주고 있는 것처럼 마지막 심판 날에도 불타 없어지지 않는, 바르고 선한 행실을 함으로써 하나님으로부터 칭찬과 상을 받는 성도들이 되어야 하겠습니다. 교회 안에서 서로 미워하고 갈등을 일으키고 파벌로 나뉘어져서 싸우는 행위, 이런 행위뿐만 아니라 하나님 앞에서 바르지 못한 악한 행실은 하나님의 성전을 더럽히는 행위로서 마지막 날에 하나님으로부터 책망과 벌을 받는 행위라는 사실을 기억하고 조심해야 하겠습니다.

18 아무도 자신을 속이지 말라 너희 중에 누구든지 이 세상에서 지혜 있는 줄로 생각하거든 어리석은 자가 되라 그리하여야 지혜로운 자가 되리라 19 이 세상 지혜는 하나님께 어리석은 것이니 기록된 바 하나님은 지혜 있는 자들로 하여금 자기 꾀에 빠지게 하시는 이라 하였고 20 또 주께서 지혜 있는 자들의 생각을 헛것으로 아신다 하셨느니라 21 그런즉 누구든지 사람을 자랑하지 말라 만물이 다 너희 것임이라 22 바울이나 아볼로나 게바나 세계나 생명이나 사망이나 지금 것이나 장래 것이나 다 너희의 것이요 23 너희는 그리스도의 것이요 그리스도는 하나님의 것이니라

제14강

모든 것이
다 너희의 것

· From
the Cross
to Agape

고전 3장
18~23절

● 　　　　고린도전서 3장은 전 장이 고린도교회에 나타난 파벌의 문제를 다루고 있고, 오늘 우리가 읽은 본문도 그 연장선상에 있습니다. 바울은 파벌의 문제를 반복하여 길게 다루고 있는데, 그렇다고 해서 똑같은 가르침을 앵무새처럼 되풀이하는 것은 아닙니다. 바울은 다양한 각도에서 파벌의 문제를 분석하고 조명합니다. 바울이 이 한 가지 문제를 이처럼 다양한 각도에서 다루는 이유는 다른 각도에서 문제를 다룰 때 그리스도인과 교회의 생활에 유익한 지침이 되는 새로운 교훈들을 제시할 수 있기 때문입니다. 이런 방식으로 바울은 그리스도인과 교회의 삶에 관한 이야기를 한층 더 풍부하게 만들어 갑니다.

18절에서 바울은 "아무도 자신을 속이지 말라"는 경고로부터 시작합니다. 이 경고는 고린도교회 교인들 전체를 향한 권고이지만 일차적으로는 특별히 아볼로파를 향한 경고라고 볼 수 있습니다. 아볼로를 지지하는 파벌은 어떤 특징이 있었을까요? 고린도교회 안에 있었던 4개의 파벌들 - 아볼로파, 바울파, 베드로파, 그리스도파 - 중에서 아마도 아볼로파가 지적 수준이 가장 높은 파벌이었을 가능성이 있습니다. 왜냐하면 위의 네 사람들 가운데 아볼로의 학문적인 배경이 가장 좋았기 때문입니다. 그리스도는 아예 학교라는 곳을 다녀 본 일이 없습니다. 베드로도 학교를 다녀 본 일이 없습니다. 바울은 다소 시에서 랍비학교를 다니긴 했지만, 랍비학교는 유대인들 사이에서나 인정받는 학교이지 이방인들 사이에서는 별로 주목받지 못한 학교입니다. 바울이 자라난 다소라는 도시도 이름 없는 지중해 연안의 도시였을 뿐입니다. 그러나 아볼로의 출신지인 알렉산드리아는 격이 다른 도시입니다. 알렉산드리아는 세계에서 가장 큰 국제도시로서 정치, 경제, 문화의 중심지였습니다. 이곳에 있던 필로학파라는 철학의 학파는 국제적으로 명성이 자자한 대학파입니다. 아볼로는 출신지와 학벌의 면에서 네 사람 중에서 군계일학이었습니다. 아볼로는 출신과 학벌이 좋았을 뿐만 아니라 구약성경뿐만 아니라 헬라 철학에도 능통하고 언변도 탁월했습니다. 따라서 아볼로파에게는 고린도교회의 지성인들이 많이 몰려들었을 것이며, 이들 중에는 자신들이 추종하는 아볼로가 탁월한 세상적인 지식을 가지고 있다는 사실을 자랑했을 것입니다. 아볼로파는 아볼로가 출신이나 학벌이 가장 좋다는 점을 내세우면서 출신도 학벌도 별 볼 일이 없는 다른 지도자들과 추종자들을 무시했습니다. 이 점이 계속되는 18절의 본문에 암시되어 있습니다. "너희 중에 누구든지 이 세상에서 지혜 있는 줄로 생각하거든." 이 본문은 고린도교회 교인들 가운데 세상적인 지식을 많이 알고 있다는 점을 자랑하면서 자기들이 지혜자임을 자랑하는 사람들이 있었음을 암시합니다. 이 사람들은 분명히 아볼로파였을 것입니다. 아볼로파는 자신들의 지적인 수준이 다른 파벌보다 더 낫다는 사실을 내세우면서 다른 파벌들을 무시했던 것 같습니다. 이들은 세상적으로 지혜자로 인정을 받으면 하나님으로부터도 지혜자로 인정을 받는다고 생각했습니다. 사실 일반 사회에서는 학벌과 출신 배경을 보고 사람을 평가하는 관행이 보편화되어 있습니다. 이런 관행이 일반 사회에서 뿐만 아니라 교회 안에도 들어와 있습니다. 이 본문을 잘 보면 이들의 문제점이 무엇인가를 읽어 낼 수 있습니다. "너희 중에"라는 표현은 "교회 안에서"라는 뜻입니다. "이 세상에서"라는 말은 교회 밖의 세상을 말합니다. 이들은 교회 밖의 세상에서 지혜로 통하는 것들을 교회 안에 그대로 끌고 들어 온 것입니다. 이들은 학식을 자랑함으로써 교회는 세상과는 구별된 공동체이고 또 구별된 공동체가 되어야 한다는 사실을 잊어버리고 교회를 세상과 똑같은 곳으로 변질시켜 놓고 있었던 것입니다.

바울은 세상지식을 자랑하면서 지적 교만에 빠져 있는 아볼로파를 향하여 이렇게 권고합니다. "어리석은 자가 되라 그리하여야 지혜로운 자가 되리라." 바울은 하나님 앞에서 지혜자가 되기 위해서는 세상적인 관점에서 보았을 때 정말 미련하다는 평가를 받을 수 있어야 한다고 말함으로써 세상 사람들이 지혜라고 생각하는 것과 하나님이 지혜라고 생각하는 것이 정반대가 된다는 점을 분명합니다. 따라서 세상적인 관점에서 출신이나 학벌이 좋은 것을 자랑하고 우월감을 가지고 다른 사람들을 무시하는 행동은 세상에서는 통하는 행동이지만, 교회와 하나님의 나라에서는 통하지 않는 행동이 될 수밖에 없습니다.

진정한 지혜자가 되기 위하여 세상 사람들로부터 지혜자라는 평가를 받지 않고 어리석은 자라는 평가를 받아야 하는 이유가 무엇인가? 바울은 이 질문에 대하여 19절과 20절에서 답변합니다. "이 세상 지혜는 하나님께 어리석은 것이니." 세상의 지혜는 하나님이 보셨을 때는 어리석은 것인데, 그 이유는 두 가지입니다. 첫 번째 이유는 19절에 기록되어 있습니다. "기록된바 하나님은 지혜 있는 자들로 하여금 자기 꾀에 빠지게 하시는 이라 하였고." 이 말씀은 욥기 5장 12절과 13절에서 엘리바스가 욥에게 한 말을 요약하여 인용한 것입니다. 물론 엘리바스는 욥에게 이 교훈을 잘못 적용했습니다. 엘리바스는 욥이 고난을 당한 것은 꾀를 부리다가 자기 꾀에 빠진 것이라고 비판했지만, 욥은 꾀를 부리다가 자기 꾀에 빠져서 고난을 당하는 것이 아니었습니다. 이 교훈이 욥에게는 해당되지 않지만, 일반적으로는 맞는 말입니다. 세상의 지혜가 하나님이 보실 때 왜 어리석은가? 그 이유는 하나님이 세상 사람들이 머리를 짜내어 치밀하고 그럴듯한 계략을 수립하고 행동해도 그 계략 안에 있는 약점 그리고 행동의 실수 때문에 자기들이 짜 놓은 계략에 자기들이 걸려들어 가도록 만들어 놓으셨기 때문입니다. 아마도 우리 성도님들 가운데 인생 경험이 많으신 분들은 이 말이 무슨 뜻인지 어렴풋이나마 아실 것입니다. 인생을 살다 보면 자기 꾀에 자기가 빠지고, 다른 사람을 골탕 먹이려고 자기가 파 놓은 함정에 자기가 빠져서 허우적대는 일이 비일비재합니다.

두 번째 이유는 20절에 기록되어 있습니다. "또 주께서 지혜 있는 자들의 생각을 헛것으로 아신다 하셨느니라." 이 말씀은 시편 94편 11절을 약간 표현을 바꾸어서 인용한 것입니다. 본문에서 "지혜 있는 자들"은 진정한 의미에서 지혜를 갖춘 사람들을 가리키는 것이 아니라 세상적인 관점에서 지혜자라고 불리는 사람들을 뜻합니다. 헛것이라는 말은 텅 비어 있다는 뜻입니다. 하나님은 세상의 관점에서 지혜자라고 자부하는 자들이 자신들의 경험과 많은 생각을 거쳐서 구상한 일들이 내용이 없는 빈 깡통과 같다는 사실을 잘 알고 계십니다. 자기 꾀에 자기가 빠지고, 내용이 빈 깡통과 같이 소리만 요란하고 내용은 텅 빈 것이 세상 지혜라면, 이런 세상 지혜를 자랑하는 것이 얼마나 어리석은 일입니까? 그러므로 바울은 21절에서 이렇게 권고합니다. "그런즉 누구든지 자랑하지 말라."

21절 후반 절 에서부터 23절까지 바울은 파벌문제에 대한 마무리권고를 합니다. "만물이 다 너희 것임이라 바울이나 아볼로나 게바나 세계나 생명이나 사망이나 지금 것이나 장래 것이나 다 너희의 것이요 너희는 그리스도의 것이요 그리스도는 하나님의 것이니라." 이 말씀은 파벌문제의 핵심을 정확하게 짚어 내면서도 파벌문제를 극복하는 가장 적합한 비결을 동시에 제시하는 절묘하고 놀라운 말씀입니다. 이 말씀은 파벌문제에 대한 분석과 극복방법 뿐만 아니라 신자와 교회의 생활을 하나님의 뜻에 합당하게 영위하고자 할 때 필요한 중요한 방법까지도 담고 있습니다. 그것이 무엇일까요?

첫째로, 21절은 만물이 다 고린도교회 교인들의 것이라는 어마어마한 선언을 합니다. 이 선언은 우주적인 엄청난 선언입니다. 이 말이 얼마나 놀라운 선언인가는 23절과 연관하여 생각할 때 보다 더 분명해집니다. 그런데 이 말은 우주적인 큰 의미를 지니기에 앞서서 고린도교회의 파당문제에 대한 분석이면서 동시에 극복하는 방법이라는 사실은 22절과 연관시켜 읽어 보면 분명해집니다. 22절은 "모든 것"의 내용물을 구체적으로 제시합니다. 이 내용물들 가운데 고린도교회의 파벌문제와 직접 관련이 있는 것은 앞에 등장한 세 단어입니다. 그 세 단어는 "바울이나 아볼로나 게바"입니다. 다시 말해서 바울이나 아볼로나 게바가 모두 고린도교회 성도들의 것이라는 말입니다. 이 말이 어떻게 하여 파벌문제에 대한 분석과 처방이 될 수 있을까요?

이 말에는 두 가지 의미가 있습니다. 첫째로, 이 본문은 고린도교회 성도들이 아볼로와 바울과 베드로의 것이 아니라 아볼로와 바울과 베드로가 고린도교회 성도들의 것이라고 말하고 있습니다. 이 점에서 파벌싸움에 휘말린 고린도교회 성도들은 중대한 오해를 하고 있습니다. 아볼로파에 속한 성도들은 아볼로가 주인이고 자기들이 주인인 아볼로에게 소속된 아볼로의 부하들이라고 생각했습니다. 바울파에 속한 성도들도, 베드로파에 속한 성도들도 마찬가지입니다. 부하인 성도들이 아볼로와 바울과 베드로를 위하여 존재한다고 생각한 것입니다. 이것이 잘못된 생각입니다. 고린도교회 성도들이 아볼로와 바울과 베드로의 것이 아니라 아볼로와 바울과 베드로가 고린도교회 성도들의 것입니다. 이 말은 고린도교회 성도들이 주인이고 아볼로와 바울과 베드로는 성도들의 부하들이라는 뜻입니다. 그렇습니다. 교회의 주인은 성도들입니다. 아볼로, 바울, 베드로는 성도들을 섬기라는 소명을 받고 교회에 파송된 사역자들입니다.

둘째로, 하나님은 고린도교회 성도들에게 아볼로와 바울과 베드로를 모두 선물로 주셨습니다. 아볼로와 바울과 베드로가 모두 고린도교회 성도들의 것입니다. 따라서 고린도교회 성도들은 아볼로와 바울과 베드로를 모두 이용할 권리가 있습니다. 그런데 만일 성도들이 나는 아볼로파라고 주장하면서 아볼로만 이용하고 바울과 베드로를 이용하지 않는다면 얼마나 어리석은 일일까요? 아볼로로부터만 가르침을 받고 바울과 베드로라는 위대한 사도들로부터 가르침을 받지 않는다면 얼마나 어리석은 일입니까? 성도들은 하나님이 선물로 보내신 사역자들을 골고루 빼놓지 않고 다 이용해야 합니다. 한 교회에 교역자가 여러 사람이 있을 경우에 마음에 드는 어느 한 사람만 이용하지 말고 모든 교역자들로부터 얻을 것을 얻고 도움 받을 것을 다 받아야 합니다. 왜냐하면 교역자들은 모두 다 성도들의 것이기 때문입니다.

아볼로와 바울과 베드로가 모두 성도들을 것이요, 성도들은 이 위대한 사도들의 주인이라는 말은 엄청난 말입니다. 엄청남은 여기서 머무르지 않습니다. 바울은 "세계"가 다 성도들의 것이라고 말합니다. 생명도 성도들의 것이고, 사망도 성도들의 것이고, 현재에 속한 것도 성도들의 것이고, 미래도 성도들의 것이라고 말합니다. 이 우주만물이 모두 성도들의 것이라고 말합니다. 여러분, 이 말이 수수께끼처럼 들리지 않나요? 내용이 없는 허풍처럼 들리지 않나요? 이 말의 의미는 23절에 "너희는 그리스도의 것이라"는 말씀과 관련하여 이해되어야 합니다.

우리가 그리스도의 것이라는 말은 그리스도가 우리의 주인이라는 뜻이고, 우리가 보스로 섬기고 순종하고 따라야 할 분은 그리스도라는 뜻입니다. 그리스도는 하나님의 것이니까, 그리스도에게 순종하고 그리스도를 따르면 그것은 곧 하나님께 순종하고 하나님을 따르는 것입니다. 어떤 사람이 우리의 주인이라는 말은 우리가 그 사람의 종 곧 노예가 된다는 뜻입니다. 노예에게는 자유함이 없습니다. 노예는 주인이 시키는 일만 하면 됩니다. 본문에서 바울은 그리스도 한 분만 우리의 주인이 되고, 우리는 그의 노예가 되는 것이라고 말하고 있습니다. 따라서 그리스도가 아닌 어떤 존재도 우리의 주인이 될 수 없습니다. 그리스도인들은 그리스도 한 분에게만 노예처럼 순종하고 그리스도를 제외한 어떤 것에 대해서도 노예처럼 굴복할 필요가 없습니다. 그리스도를 제외한 모든 피조물은 우리의 것이므로 우리는 이 피조물들을 이용해야지, 그것들 앞에서 노예처럼 순종하고 섬겨서는 안 됩니다. 바울은 그리스도를 제외한 모든 피조물로부터 인간을 해방시켜 자유인으로 세워주고 있습니다. 그렇습니다. 신자들은 어떤 피조물도 섬길 필요가 없습니다. 그런 의미에서 이 말씀은 자유의 대헌장이라고 부를 수 있는 것입니다. 성도들은 아볼로를 노예처럼 따를 필요가 없습니다. 바울도 베드로도 노예처럼 따를 필요가 없습니다. 왜냐하면 이것들은 성도들의 주인이 아니기 때문입니다. 이 세계 안에 있는 무엇에 대해서도

- 그것이 생명이든 사망이든, 현재 일어나는 무서운 일이든, 아니면 미래에 일어날지도 모르는 무서운 일이든 - 성도들은 노예처럼 따를 필요가 없습니다. 왜냐하면 이것들은 우리들의 주인이 아니고 하나님이 우리들을 이 모든 것들로부터 해방시켜 주셨기 때문입니다. 우리는 진정한 자유인입니다.

우리가 노예처럼 순종할 대상은 딱 한 분, 그리스도뿐입니다. 우리들 가운데는 그리스도에게 노예처럼 순종하는 것은 또 하나의 속박이 아닌가 하는 의문을 가지신 분들도 있을지 모르겠습니다. 그러나 그것조차도 조금만 생각해 보면 그렇지 않다는 것을 알 수 있습니다. 고대 희랍사회는 사회계층이 자유인과 노예로 구분되어 있었고, 노예라는 신분이 매우 수치스러운 신분으로 인식되었습니다. 그러나 고대 유대인들의 사회에서는 노예라는 말이 자랑스럽고 보람 있는 직분이었습니다. 일단 어느 집에 들어가서 노예로 일하기 시작하면 가족의 일원으로 대우받았고, 특히 주인으로부터 그 가정의 모든 재산을 관리할 수 있는 권한을 부여받았습니다. 여기서 청지기정신이 나온 것입니다. 그렇습니다. 우리가 그리스도의 노예가 되면 그리스도의 말씀에 순종할 의무만 우리에게 주어지는 것이 아닙니다. 그리스도가 소유하고 계신 모든 것을 맡아서 관리하고 사용할 수 있는 권한도 아울러 같이 부여받게 됩니다. 우주만물이 그리스도의 것이니까 우리가 그리스도의 것이 되면 그리스도가 가지고 계신 만물에 대한 관리권이 우리에게 주어집니다. 얼마나 영광스러운 일인가요?

이제 오늘 강의의 요점을 정리하고 마무리하고자 합니다.

우리 성도들은 세상이 출신과 학벌을 따져서 파벌을 만드는 것을 흉내 내어 교회 안에서도 출신과 학벌을 따지는 일이 없도록 매우 주의하지 않으면 안 됩니다. 그것은 교회 공동체를 깨뜨리는 일입니다.

성도들은 세상 사람들처럼 자기 자신의 지혜를 의지하다가 자기 꾀에 자기가 빠지는 어리석음을 범하지 않도록 주의하고, 세상의 간교한 지혜의 영역에서는 미련하고 어리석은 자가 되고 오직 하나님이 주신 명령과 뜻에 단순한 마음으로 순종하는 삶을 살아야 하겠습니다.

성도들은 오직 그리스도 한분에게만 철저하게 순종하고 온 몸을 바쳐 헌신하고 그리스도가 아닌 어떤 것에 대해서도 노예처럼 섬기지 않도록 주의해야 하겠습니다. 성도들은 그리스도에게 노예와 같이 철저하게 순종할 때 그리스도 안에 있는 놀라운 축복에도 참여한다는 기대를 잃지 않아야 하겠습니다. 교회 안에서 성도들은 오직 그리스도 한 분만을 주로 섬기면서 하나님이 선물로 보내신 모든 교역자들을 동등하게 대하고 이 모든 교역자들로부터 지도와 가르침을 받음으로써 균형 잡힌 영적 성장을 도모해야 하겠습니다.

1 사람이 마땅히 우리를 그리스도의 일꾼이요 하나님의 비밀을 맡은 자로 여길지어다 2 그리고 맡은 자들에게 구할 것은 충성이니라 3 너희에게나 다른 사람에게나 판단 받는 것이 내게는 매우 작은 일이라 나도 나를 판단하지 아니하노니 4 내가 자책할 아무 것도 깨닫지 못하나 이로 말미암아 의롭다 함을 얻지 못하노라 다만 나를 심판하실 이는 주시니라 5 그러므로 때가 이르기 전 곧 주께서 오시기까지 아무 것도 판단하지 말라 그가 어둠에 감추인 것들을 드러내고 마음의 뜻을 나타내시리니 그 때에 각 사람에게 하나님으로부터 칭찬이 있으리라

제15강

직분자의 마음가짐

From
the Cross
to Agape

고전 4장
1~5절

● 　　　　오늘 우리가 읽은 본문에는 하나님이 세우신 직분자들은 어떤 자들이며, 어떤 태도로 직분을 감당해야 하며, 어떤 마음가짐을 가져야 하는가에 대하여 바울이 주는 중요한 교훈들이 담겨 있습니다.

먼저 1절에서 바울은 성도들이 직분자들을 어떤 자로 보아야 하는가를 말합니다. "사람이 마땅히 우리를 그리스도의 일꾼이요 하나님의 비밀을 맡은 자로 여길지어다." 본문이 말하는 "우리"는 고린도교회 성도들이 여러 파로 나뉘어져서 싸울 때 각 파벌들이 자신들의 지도자로 내세웠던 인물들 곧, 바울, 아볼로, 베드로를 가리킵니다. 바울과 아볼로와 베드로는 하나님이 교회를 위하여 세우신 직분자들입니다. 본문은 하나님이 세우신 직분자들을 두 개의 단어를 통하여 정의하고 있습니다. 하나는 그리스도의 일꾼입니다. 다른 하나는 하나님의 비밀을 맡은 자입니다.

첫째로, 직분자들은 그리스도의 일꾼입니다. "일꾼"으로 번역된 헬라어 휘페레타스는 하인 또는 조수를 뜻합니다. 휘페레타스는 주인을 위하여 온갖 허드렛일을 맡아서 처리하는 역할을 하는 사람입니다. 옛날에는 집 안에서 일하는 종이나 하인을 뜻했습니다. 오늘날에는 군대에서 고급장교를 보좌하는 보좌관이나, 대학병원에서 의사를 보좌하는 인턴이나 레지던트, 그리고 법조계에서 변호사를 보좌하는 사무장 등을 연상해 보면 됩니다. 보좌관, 인턴이나 레지던트, 사무장의 직무를 맡은 사람들은 온갖 힘들고 궂은 일은 혼자 다 하지만 자신들의 이름은 하나도 빛나지 않고 파묻혀 버리는 사람들입니다. 그리스도의 일꾼 곧 그리스도의 휘페레타스가 하는 일이 바로 그것입니다. 주인이신 그리스도를 위하여 온갖 힘들고 궂은 일을 다 하지만 오직 그리스도만을 드러낼 뿐, 자기 자신은 이름 없이 파묻혀 버리는 자들이 그리스도의 일꾼들입니다. 이것이 바울이나 베드로나 아볼로가 하는 일이었습니다. 바울이나 베드로나 아볼로는 모두 주님을 위하여 온갖 힘들고 궂은 일들을 다 수행하지만 자기 자신들은 파묻혀 버리고 오직 예수 그리스도 만을 드러내도록 직분을 부여받은 자들입니다. 그러므로 고린도교회 성도들이 바울을 내세우고, 아볼로를 내세우고, 베드로를 내세우는 일은 아주 잘못된 일입니다.

둘째로, 직분자들은 하나님의 비밀을 맡은 자들입니다. "맡은 자"라는 단어는 헬라어로 오이코노모스입니다. 이 단어는 앞에 소개한 일꾼이라는 단어와는 다른 관점에서 직분자의 일이 어떤 일인가를 보여 줍니다. 오이코노모스라는 말을 잘 들어 보면 우리에게 익숙한 한 단어가 여기서 유래했다는 사실을 알 수 있습니다. 오이코노모스라는 말에서 이코노미라는 현대 영어가 나왔습니다. 이코노미는 경제라는 뜻입니다. 경제란 한 국가나 기업이나 가정의 재정을 총괄하는 일을 말합니다. 그렇습니다. 오이코노모스를 정확하게 번역하면 "저택 경영인"으로 번역할 수가 있습니다. 옛날 바울 시대에 큰 저택을 가지고 있는 귀족가정에서는 하인들 가운데 한 사람을 임명하여 가정의 재정운영을 맡겼습니다. 저택경영인에게는 막강한 권한이 주어졌습니다. 가정 운영에 필요한 회계를 맡는 것은 물론, 예산을 수립하여 집행하고, 빌려 준 돈을 받아 오고 집을 비롯하여 가정의 기물들을 판매하고 사들이는 일들을 저택 경영인이 모두 맡아서 했습니다. 단 조건이 있었습니다. 어디까지나 주인이 정해 놓은 지침에 따라서만 이 일들을 행했습니다. 큰 권한이 주어졌지만 그렇다고 해서 주인의 자리에 올라설 수는 없었고, 철저하게 종의 자리에 머물러야만 했습니다. 그것은 마치 약사가 약을 조제할 때 철저하게 의사가 내린 처방전에 따라서만 조제하는 것과 비슷했습니다. 오이코노모스는 오늘날로 말하자면 고용사장에 비견할 수 있습니다. 고용된 사장은 회사 운영 전반을 책임지지만 어디까지나 실제 소유주의 지침에 따라서만 회사를 운영할 수 있습니다.

그러면 하나님의 오이코노모스에게는 무엇을 관리하도록 위탁되어 있을까요? 본문은 "하나님의 비밀"이라고 말합니다. 바울 당시의 오이코노모스에게 가정의 재정운영이 맡겨졌고, 오늘날의 고용사장에게는 기업의 경영이 맡겨진 것처럼, 하나님의 오이코노모스에게는 "하나님의 비밀"을 관리하고 경영하는 일이 맡겨졌습니다. 하나님의 비밀은 하나님의 구원의 계획을 뜻합니다. 비밀이라는 말은 보이지 않게 보자기로 감싸 두었다가 때가 되어서 보자기를 거두어 보여주는 것을 뜻합니다. 보자기에 감싸서 보이지 않기 때문에 비밀이라고 합니다. 그러면 하나님의 구원계획이 왜 비밀일까요? 하나님의 구원계획의 실체는 예수님이 이 세상에 오셔서 십자가 위에서 죽으셨다가 다시 살아나신 십자가 사건입니다. 그런데 십자가 사건이 구약시대 전 기간 동안에는 상징이라는 형태로 가려져 있었습니다. 예를 들면 구약시대에 헤아릴 수 없이 많이 드렸던 동물제사들이 십자가 사건을 상징합니다. 구약의 성막의 핵심인 속죄소도 십자가 사건을 상징합니다. 그 밖에도 구약에는 예수님의 십자가 사건을 상징하는 많은 예언이나 상징들이 있습니다. 이처럼 하나님의 구원계획이 상징이라는 형태로 가려져 있었기 때문에 하나님의 구원계획을 비밀이라고 말하는 것입니다. 예수님이 이 땅에 오셔서 십자가 위에서 죽으셨다가 다시 살아나심으로써 보자기가 벗겨지고 구원계획의 실체가 드러났습니다. 바울이나 베드로나 아볼로는 하나님의 구원계획을 잘 운영하도록 위탁받은 오이코노모스들입니다. 바울이나 베드로나 아볼로는 하나님의 구원계획을 잘 익히고 바르게 해석하고 바르게 전할 직무를 위임받은 자들입니다.

계속되는 2절은 오이코노모스가 어떤 태도로 직무를 수행해야 하는가를 말합니다. "그리고 맡은 자들에게 구할 것은 충성이니라." 이 구절에서 "맡은 자"은 1절에서 말하는 "맡은 자"와 똑같이 오이코노모스입니다. 오이코노모스 곧 맡은 자는 어떤 태도로 직무를 수행해야 하는가? "충성"스럽게 직무를 수행해야 합니다. "충성"이라는 단어는 헬라어 "피스티스"를 번역한 것인데, 우리 성도님들이 많이 듣는 "믿음"도 헬라어 원어가 피스티스입니다. 그러니까 믿음이나 충성이 모두 같은 단어를 번역한 것입니다.

원래 믿음으로 번역된 피스티스는 두 가지 의미가 있습니다. 하나는 어떤 사람의 말을 의심하지 않고 진실로 받아들이는 태도를 가리킵니다. 예를 들어서 예수님이 우리의 죄를 대신 짊어지시고 십자가 위에서 죽으셨다는 사실을 진실로 받아들이는 태도가 믿음입니다. 하나님이 천지를 창조하셨다는 사실을 진실로 받아들이는 태도가 믿음입니다. 다른 하나는 변함없이 신실한 태도로 어떤 일을 일관성 있게 해내는 태도를 가리킵니다. 변덕을 부리지 않고 한결같은 마음으로 어떤 일을 해내는 태도가 바로 믿음입니다. 본문에서 충성으로 번역된 피스티스는 두 번째 의미의 믿음입니다. 속된 말로 하면 꾀를 부리지 말고, 잔머리를 굴리지 말고 우직한 태도로 주어진 직무를 수행하라는 것입니다. 오이코노모스에게는 잔머리를 굴릴 기회가 많이 주어집니다. 저택의 경영권이 주어져 있으니까 머리만 잘 쓰면 적당히 게으름을 피울 수도 있고, 적당히 재정을 조정하여 횡령할 수도 있습니다.

그러면서도 겉으로는 주인에게 잘 보일 수가 있습니다. 이런 잔머리를 굴리지 말고 단순한 마음으로 주어진 일을 감당하라는 것이지요.

직분자들은 하나님이 맡기신 일을 수행하는 자들입니다. 사람이 맡긴 일을 행하는 자들이 아닙니다. 따라서 하나님의 직분자들은 사람들로부터 칭찬을 받으려는 생각을 가지고 일을 해서는 안 됩니다. 동시에 사람들로부터 부당한 비난을 받을 때도 이런 비난에 연연해서도 안 됩니다. 3절입니다. "너희에게나 다른 사람에게나 판단 받는 것이 내게는 매우 작은 일이라 나도 나를 판단하지 아니하노니." 고린도교회에는 바울을 존경하고 따른 사람들도 많이 있었지만 바울에 대하여 의심하고 비방하는 사람들도 있었습니다. 어떤 사람들은 바울이 정통 사도가 아니라고 주장하면서 비방하기도 했습니다. 다른 사도들은 모두 예수님과 함께 3년간 생활을 했는데 바울에게는 그런 경험이 없었기 때문입니다. 어떤 사람들은 바울이 예수 믿기 전에 교회를 가혹하게 핍박한 전력을 문제 삼기도 했습니다. 또 어떤 사람은 국제적으로 가장 크고 유명한 도시인 알렉산드리아 출신으로서 국제적으로 저명한 필로학파 출신이었던 아볼로에 비교해 볼 때 국제적으로 인정받지 못했던 다소라는 소도시 출신에다가 유대인들 사이에서나 겨우 인정받던 랍비학교에서 공부한 것이 전부인 바울이 출신이나 학력에서 딸린다고 비난하는 사람들도 있었습니다.

그러나 바울은 사람들로부터 칭찬을 듣는 일에도 관심을 두지 않았지만 자신에 대한 비방에 대해서도 관심을 두지 않았습니다. "너희에게나 다른 사람에게나 판단 받는 것이 내게는 매우 작은 일이라." 본문은 바울이 두 부류에 의하여 판단 받는 것처럼 되어 있습니다. 하나는 "너희"이고, 다른 하나는 "다른 사람"입니다. 본문은 마치 "너희"와 "다른 사람"이 각각 다른 부류의 사람들을 가리키는 듯한 인상을 줍니다. 그러나 그것은 잘못된 해석입니다. "다른 사람"이라는 표현은 "너희"를 부연설명을 한 것이지요. 그런데 "너희"를 "다른 사람"이라고 한 번 더 말해 봐야 뭐 그렇게 크게 의미가 달라지는 것이 없지 않느냐라는 의문이 들 수도 있을 것입니다. 그런데 "다른 사람"이라는 표현은 헬라어의 뜻을 잘 반영하지 못한 번역입니다. "다른 사람"으로 번역된 헬라어는 문자 그대로 번역하면 "인간의 날들"입니다. 인간의 날들은 사람들의 판단이 전면에 드러나는 날들을 말하는 표현으로서, 하나님의 판단 곧 하나님의 심판이 전면에 드러나는 역사의 마지막 날인 세상 종말의 날에 대조되는 종말 이전의 역사 안의 시간을 뜻합니다. 종말이 오기 전, 역사 안의 날에는 온통 사람들의 판단과 평가가 천하를 뒤덮고 있습니다. 사람들의 판단과 평가를 담은 책들이 수천만권, 수억 권 세상에 돌아다니고 인터넷상으로도 온통 사람들의 생각과 판단으로 뒤덮여 있습니다. 반면에 하나님의 판단은 눈에 보이지 않습니다! 바울은 일부 고린도교회 성도들의 비방을 대수롭지 않게 여기고 무시해 버렸습니다. 바울은 마지막 종말의 날에 하나님이 최종적인 판단을 하실 때는 철저하게 관심을 가지고 귀를 기울이겠지만 그 이전 역사 안에서 사람들이 자기를 어떻게 판단할 것인가에 대해서는 마음을 두지 않겠다는 뜻입니다.

뿐만 아니라 바울은 자기 자신이 한 일에 대해서 자기 자신도 판단하지 않겠다고 말합니다. 이 말은 바울이 어떤 일을 할 때 깊이 생각해 보지 않고 일을 하겠다는 뜻은 아닙니다. 일을 시작할 때나 일을 할 때는 어떻게 하는 것이 바른 길인가를 최대한 신중하게 많이 생각하고 판단해야 합니다. 그러나 일단 최선을 다하여 일을 하고 난 후에는 이미 한 일에 대해서는 잊어버리고 새롭게 주어지는 일을 해내는 데 관심을 집중해야 한다는 것입니다. 4절에서 바울은 이렇게 보완설명을 합니다. "내가 자책할 아무 것도 깨닫지 못하나 이로 말미암아 의롭다 함을 얻지 못하노라 다만 나를 심판하실 이는 주시니라." 바울은 일부 고린도교회 성도들이 자신을 비판했지만, 이들이 비판하는 내용을 한번 들어 본 후에 근거가 없는 비판이라는 사실을 확신했습니다. 그러나 바울은 자기 자신이 한 일이 하나님 앞에서도 전적으로 의롭다고도 생각하지도 않았습니다. 바울은 최종적인 판단을 주님께 맡겼습니다.

마침내 바울은 고린도교회 성도들에게 이렇게 경고합니다. "그러므로 때가 이르기 전 곧 주께서 오시기까지 아무 것도 판단하지 말라 그가 어둠에 감추인 것들을 드러내고 마음의 뜻을 나타내시리니 그 때에 각 사람에게 하나님으로부터 칭찬이 있으리라." 바울은 성도들에게 주님이 재림하시는 날까지는 아무 것도 판단하지 말라고 준엄하게 경고합니다. 바울의 경고는 어떤 일을 하기 전이나 할 때 신중하고 사려 깊게 생각하지 말라는 뜻은 아닙니다. 바울의 경고는 어떤 사람이 이미 한 일에 대하여 최종적으로 단정적인 판단을 내리지 말라는 것입니다. 바울이 성도들에게 최종적인 판단을 금지시킨 이유는 피조물인 인간이 지닌 근본적인 한계 때문입니다. 첫째로, 사람에게는 다른 사람이 마음속에 어떤 동기를 가지고 일을 했는가를 알 수 있는 능력이 없습니다. 사람은 다른 사람의 마음속을 들여다 볼 수가 없습니다. 둘째로, 사람은 어떤 사람이 일을 할 때 그 일과 관련된 모든 상황을 종합적으로 파악할 수 있는 능력이 없습니다. 사람에게는 다만 외적으로 드러나는 행동을 단편적으로 파악할 수 있는 정도의 능력 밖에는 없습니다. 마음속으로 어떤 동기를 가지고 그 일을 했는지도 모르고, 그 일을 할 때의 종합적인 상황도 다 알지 못한 상태에서 그 일을 잘했는지 잘못했는지 단정한다면 이 판단은 경솔한 판단이 될 우려가 있습니다. 물론 바울은 우리 자신이나 다른 사람들이 하는 일에 대하여 잠정적으로 옳고 그름을 판단하지 말라고 말하는 것은 아닙니다. 우리는 우리 자신이나 다른 사람이 하는 일을 보고 언제나 옳은 일인가, 그릇된 일인가에 대하여 생각을 해야만 합니다. 다만 바울은 최종적이고 단정적인 판단을 하는 것은 조심하라는 것입니다. 왜냐하면 그런 판단은 역사의 마지막 날, 예수님이 다시 오시는 날에 사람들이 은밀하게 행동한 것들을 샅샅이 아시고 인간의 마음속에 품은 생각까지도 샅샅이 아시는 하나님만이 정확하게 하실 수 있는 것이기 때문입니다.

　이제 오늘의 본문이 우리에게 주는 교훈을 정리하고 강의를 마무리하겠습니다. 바울과 베드로와 아볼로에게 직분을 맡기신 하나님은 오늘 우리 성도들에게도 각자에게 적합한 직분을 맡겨 주셨습니다. 우리가 하나님으로부터 위탁받은 직분이 무엇인가를 생각해 봅시다. 우리는 힘을 다하여 온갖 힘들고 궂은 일들을 기꺼이 감당하면서도 우리 자신은 철저하게 파묻혀 버린다는 태도로 하나님이 맡기신 직분을 수행하고 있나요? 아니면 직분을 통하여 우리 자신을 사람들에게 어떻게 해서든지 인식시키려고 발버둥치고 있지는 않나요? 우리는 하나님의 오이코노모스로서 잔머리를 굴리지 않고 우직하고 신실한 태도로 하나님이 맡기신 직무를 수행하고 있나요?

　우리는 직분을 수행할 때 사람들의 평가에 너무 예민하게 반응하는 것은 아닌가요? 칭찬을 해주면 칭찬에 마음이 빼앗겨서 흐뭇해하고, 비방을 하거나 잘못을 지적하면 또 너무 의기소침해지는 것은 아닌가요? 자기가 한 일에 대한 반성이 지나쳐서 자기가 잘한 부분에 심취하거나 잘못한 부분을 생각하면서 머리를 쥐어뜯으면서 괴로워한 일은 없나요? 우리는 다른 사람이 처한 모든 상황을 종합적으로 다 알 수 없고 다른 사람의 마음속도 알 수 없는 우리의 한계를 겸손하게 인정하고 다른 사람들이 한 행동에 대한 최종적이고 단정적인 판단을 우리 자신이 하지 않고 하나님께 넘겨 드렸나요?

이 질문들을 마음속에 간직하고 주님이 주시는 직분을 보다 더 바르게 감당하는 성도들이 되어 주시기를 간절히 바랍니다.

6 형제들아 내가 너희를 위하여 이 일에 나와 아볼로를 들어서 본을 보였으니 이는 너희로 하여금 기록된 말씀 밖으로 넘어가지 말라 한 것을 우리에게서 배워 서로 대적하여 교만한 마음을 가지지 말게 하려 함이라 7 누가 너를 남달리 구별하였느냐 네게 있는 것 중에 받지 아니한 것이 무엇이냐 네가 받았은즉 어찌하여 받지 아니한 것 같이 자랑하느냐 8 너희가 이미 배 부르며 이미 풍성하며 우리 없이도 왕이 되었도다 우리가 너희와 함께 왕 노릇 하기 위하여 참으로 너희가 왕이 되기를 원하노라 9 내가 생각하건대 하나님이 사도인 우리를 죽이기로 작정된 자 같이 끄트머리에 두셨으매 우리는 세계 곧 천사와 사람에게 구경거리가 되었노라 10 우리는 그리스도 때문에 어리석으나 너희는 그리스도 안에서 지혜롭고 우리는 약하나 너희는 강하고 너희는 존귀하나 우리는 비천하여 11 바로 이 시각까지 우리가 주리고 목마르며 헐벗고 매맞으며 정처가 없고 12 또 수고하여 친히 손으로 일을 하며 모욕을 당한즉 축복하고 박해를 받은즉 참고 13 비방을 받은즉 권면하니 우리가 지금까지 세상의 더러운 것과 만물의 찌꺼기 같이 되었도다

제16강

죽이기로
작정된 자 같이

**· From
the Cross
to Agape**

고전 4장
6~13절

우리는 지금 고린도교회 안에서 일어난 파벌의 문제에 대하여 바울이 주는 가르침을 연속하여 살펴보는 중에 있습니다. 상당히 길게 계속된 파벌문제에 대한 가르침은 4장 21절에 이르러서 끝나는데, 오늘 우리가 다루는 본문이 4장 6절에서 13절까지이니까 이제 막바지 단계에 접어들었습니다. 다음 달에 14절에서 21절까지 살펴보면 파벌문제에 대한 가르침은 마무리됩니다.

파벌문제에 대하여 바울이 제시한 가르침들의 핵심은 성도들을 구원해 주신 주체나 교회운영의 주체는 바울이나 아볼로나 베드로가 아니라 하나님 자신이라는 것입니다. 바울이나 아볼로나 베드로는 하나님이 맡겨 주시는 일들을 충성스럽게 감당하는 하나님의 노예들에 지나지 않습니다. 그러므로 성도들은 바울이나 아볼로나 베드로를 지도자로 내세우면서 이들을 따르려고 해서는 안 되고 하나님을 바라보고 하나님을 내세우고 하나님께 순종해야 합니다. 그러면 고린도교회 성도들이 순종하고 따라야 할 하나님은 어디에 어떤 모습으로 자기 자신을 나타내셨는가? 바로 십자가 위에서 성도들을 위하여 죽으시는 모습으로 자기 자신을 드러내셨습니다. 십자가 위에 달리신 그리스도 안에 성도들이 구원받는 길도 있고, 또한 성도들이 본받아야 할 삶도 있습니다.

6절에서 바울은 "형제들아"라는 호명과 함께 문장을 시작하는데, 바울서신에서 "형제들아"라는 호칭이 나오면 새로운 주제가 등장합니다.

바울은 고린도교회 성도들에게 십자가에 달리신 그리스도를 본받는 삶을 살도록 권고하고 있는데, 그런 삶을 살도록 성도들에게 권고하기에 앞서서 자기 자신 스스로가 모범을 보이는 삶을 살았음을 상기시킵니다. "형제들아 내가 너희를 위하여 이 일에 나와 아볼로를 들어서 본을 보였으니." 이 문장에서 우리가 우선 주목해야 할 내용은 바울과 아볼로가 "성도들에게 본을 보였다"는 것입니다. 바울이 성도들에게 일관성 있게 권고하는 삶은 십자가에 달리신 그리스도의 모습을 본받아 "자기 십자가를 지고 주를 따르는 삶"입니다. 이 삶은 정말로 하나님의 은혜를 아는 사람들의 관점에서는 기쁘고 감사한 마음으로 갈 수 있는 길이지만 세상 사람들의 눈에는 매우 힘들고 어렵고 험난하고 좁은 길입니다. 바울은 성도들에게는 이 길을 가도록 가르치고 자기 자신은 그 길을 가지 않는 그런 사람이 아니었습니다. 바울은 먼저 그 원리를 자기 자신에게 적용하여 친히 그 길을 감으로써 성도들에게 모범을 보여 주는 사람이었습니다.

그러면 고린도교회 성도들은 바울로부터 무엇을 배워야 했을까요? 다음 절이 계속하여 말합니다. "이는 너희로 하여금 기록된 말씀 밖으로 넘어가지 말라 한 것을 우리에게 배워." 고린도교회 성도들이 바울과 아볼로로부터 배워야 할 것은 "기록된 말씀 밖으로 넘어가지 않는" 삶의 자세입니다. 사실 이 본문은 고린도전서 안에서 해석하기가 가장 어려운 본문 가운데 하나입니다. 해석이 어려운 부분은 "기록된 말씀"이라는 표현입니다. 이 표현이 무엇을 가리키는가에 대하여 여러 가지 해석들이 있는데, 그 해석들 가운데 가장 무난한 해석은 이렇게 해석하는 것입니다. 우선 바울이 "기록된 말씀"이라고 말할 때는 일단 구약성경을 염두에 두고 말하는 것으로 볼 수 있습니다. 다음으로는 바울이 구체적인 내용을 밝히지 않은 채 "기록된 말씀"이라고 바로 말하는 것으로 볼 때 오늘의 본문 앞의 고린도전서 본문에서 이미 인용된 구약성경의 내용을 염두에 두고 바울이 이 표현을 사용했을 것이라고 생각해 볼 수 있습니다. 그러면 앞에서 구약성경을 인용한 본문이 있을까요? 네! 있습니다. 세군데 있는데 첫째가 1장 29절입니다. "이는 아무 육체도 하나님 앞에서 자랑하지 못하게 하려 하심이라." 이 본문은 구약성경 예레미야 9장 23절을 인용한 것입니다. 둘째는 1장 31절입니다. "기록된 바 자랑하는 자는 주 안에서 자랑하라 함과 같게 하려 함이라." 이 본문은 예레미야 9장 24절을 인용한 것입니다. 그런데 고린도전서 1장 29절과 31절 중간에 끼워져 있는 30절은 31절에서 말하는 "주"가 그리스도 예수임을 밝히고 있습니다. 이 인용문들을 종합하면 사람이 자기 자신을 자랑해서는 안 되고 예수 그리스도만을 자랑해야 한다는 결론을 얻을 수 있습니다. 또 한군데의 인용문인 고린도전서 3장 19절에서 20절은 이 결론을 한층 더 강화시켜 줍니다. "이 세상 지혜는 하나님께 어리석은 것이니 기록 된 바 하나님은 지혜 있는 자들로 하여금 자기 꾀에 빠지게 하시는 이라 하였고 또 주께서 지혜 있는 자들의 생각을 헛것으로 아신다 하셨느니라." 이 본문은 욥기 5장 13절과 시편 94편 11절을 인용한 것입니다. 사람의 눈으로 보기에 지혜가 있다고 하는 자들의 계략이 하나님이 보시기에는 헛된 것에 지나지 않는다는 것이 이 본문들이 말하고자 하는 것입니다. 그렇다면 세상의 지혜를 어떻게 해야 할까요? 21절이 결론을 말합니다. "그런즉 누구든지 사람을 자랑하지 말라." 구약인용문의 요지는 "사람을 자랑하지 말고 자랑하려거든 하나님 곧 그리스도만을 자랑하라"는 것입니다. 이 내용은 바울이 고린도전서에서 지금까지 강조해 온 바로 그 내용입니다. 이처럼 바울은 자신이 제시한 교훈 곧 사람을 내세우지 말고 하나님을 내세우라는 가르침이 구약성경에 근거한 가르침임을 강조합니다. 사람을 자랑하지 않고 그리스도만을 자랑할 때 자연스럽게 나타나는 실천적 결과는 무엇일까요? 본문은 계속하여 말합니다. "서로 대적하여 교만한 마음을 가지지 말게 하려 함이라." 모든 성도들이 사람을 자랑하지 않고 하나님 곧 그리스도만을 자랑하게 되면 당장에 파벌이 없어집니다. 파벌은 바울이나 아볼로와 같은 사람을 자랑할 때 나타나는 태도입니다. 아무리 훌륭한 사람이라도 사람이 중심이 되면 파벌이 등장합니다. 그러나 성도들이 그리스도만을 자랑하게 되면 파벌이 없어집니다. 이처럼 사람을 자랑하지 않고 그리스도만을 자랑하는 태도가 교만하지 않은 태도 곧 겸손한 태도라고 본문은 말합니다.

7절에서 바울은 성도들이 사람을 자랑해서는 안 되는 또 하나의 중요한 이유를 제시합니다. 7절은 세 개의 질문들을 속사포처럼 쏟아 붓는 형식으로 되어 있습니다.

첫 번째 질문은 "누가 너를 남달리 구별하였느냐?"라는 것입니다. 이 질문을 조금 더 구체화하면 "누가 너를 구원하여 하나님의 백성이 되게 했느냐? 누가 너에게 교회 직분을 맡겼느냐?"라는 것입니다. 이 질문에 대한 답변이 무엇인가는 너무나 자명한 것이었기 때문에 바울은 답변을 하지 않고 바로 다음 질문으로 넘어 갑니다. 첫째 질문에 대한 답변은 이것입니다. "사람이 – 바울이든, 아볼로든 – 너를 구원한 것이 아니고, 사람이 너에게 교회의 직분을 맡긴 것도 아니다! 하나님이 은혜로 너를 구원하여 성도로 만들었고, 하나님이 너에게 교회의 직분을 맡기셨다!"

두 번째 질문은 "네게 있는 것 중에 받지 아니한 것이 무엇이냐?" "네게 있는 것"에는 고린도교회 성도들이 받은 구원, 교회 직분, 성령의 은사들

등이 모두 포함됩니다. 이 모든 것을 누구에게서 받았을까요? 바울에게서? 아닙니다! 아볼로에게서? 아닙니다! 그러면 누구로부터입니까? 하나님으로부터입니다. 이 모든 것을 하나님으로부터 선물로 받았습니다.

세 번째 질문은 책망이자 결론입니다. "이 모든 것을 네가 받았은즉 어찌하여 받지 아니한 것 같이 자랑하느냐?" 하나님께로부터 구원도 받고, 교회 직분도 받고, 성령의 은사도 받았다면 당연히 누구에게 감사하고 누구를 찬양하고 누구를 자랑해야 할까요? 바로 그리스도입니다. 그러나 고린도교회 성도들은 사람을 자랑하고 있었습니다. 사람을 자랑하는 태도는 모든 것을 하나님으로부터 받은 사람에게서 나타날 수가 없는 태도이고, 정말로 어울리지 않는 태도인데, 고린도교회 성도들이 이런 태도를 버젓이 보여주고 있다는 것입니다. 고린도교회 성도들의 경우에는 신앙과 생활이 일치되지 않았습니다. 신앙과 생활이 따로따로 놀고 있었습니다. 우리의 생활은 우리가 가진 신앙과 논리적으로 부합해야 합니다. 하나님을 향한 신앙은 그 신앙에 어울리는 생활을 할 것을 요구합니다. 하나님께 예배드리고 하나님께 기도했다면 예배와 기도와 논리적으로 모순되지 않는 생활이 뒤따라야 합니다.

고린도교회 성도들에 대한 책망은 8절에서 계속됩니다. "너희가 이미 배부르며 이미 풍성하며 우리 없이도 왕이 되었도다. 우리가 너희와 함께 왕 노릇 하기 위하여 참으로 너희가 왕이 되기를 원하노라." 바울은 고린도교회 성도들이 "이미 배가 불렀다"고 말합니다. 본문에서 배가 불렀다는 말은 영적으로 배가 불렀다는 뜻입니다. 물론 이 말은 바울이 풍자어법으로 한 말입니다. 고린도교회 성도들이 실제로 영적으로 배가 부른 것은 아닙니다. 실상은 영적으로 아주 가난한 상태에 있는데, 자신들이 영적으로 아주 배부른 상태에 있다고 오해하고 있는 것뿐입니다. "이미 풍성하며"도 같은 뜻입니다. 고린도교회 성도들은 자신들이 영적으로 높은 수준에 올라가 있다고 착각하고 있었습니다. 파벌로 나뉘어져서 싸우는 모습 자체가 영적으로 너무나 가난한 모습인데, 이들은 파벌로 나뉘어져서 싸울 때 자신들이 가장 옳고 영적으로도 최고 수준에 올라와 있다고 착각하고 있었습니다. 스스로가 영적으로 가장 수준이 높다고 생각하니까 다른 사람의 도움을 받을 필요도 없었습니다. 바울은 고린도교회 성도들이 왕처럼 행동하고 있다고 비꼬는 어조로 책망합니다. 왕이 되면 왕보다 높은 지위가 없기 때문에 왕이 하고 싶은 대로 할 수가 있습니다. 고린도교회 성도들은 자신들의 스승인 바울을 무시해 버리고 바울이 없는 고린도교회에서 자신들이 주인이라고 생각하고는 자기들의 뜻대로 교회를 운영하려고 했습니다. 물론 이들은 실제로 왕처럼 고린도교회를 운영하지 못했습니다. 고린도교회의 왕이 되었다면 고린도교회 성도들 전체를 다 장악했어야 하는데 장악 하기는 커녕 성도들이 말을 듣지 않았습니다. 다른 파벌을 형성했다는 말은 왕에 대하여 반역하는 것이 아니고 무엇이겠습니다. 성도들이 자기 스스로를 왕이라고 생각한다면 사도들은 무엇이 될까요? 사도들은 왕의 노예가 되어서 왕이 다스릴 때 옆에서 시중을 들어 주는 자들이 되고 맙니다. 이것이 "너희와 함께 왕 노릇 하기 위하여 참으로 너희가 왕이 되기를 원하노라"는 말의 뜻입니다.

 8절이 말하고자 하는 요지는 고린도교회 성도들이 영적으로 이미 완전한 단계에 올라가 있다는 영적인 교만에 사로잡혀 있다는 것입니다. 이들의 생각은 중대한 오해입니다. 인간은 이 세상에 사는 동안에는 결코 영적으로 완전한 단계에 도달할 수가 없습니다. 물론 신앙생활을 열심히 하다

보면 부분적으로 영적인 진보를 맛볼 수 있습니다. 그러나 결코 완전해질 수는 없습니다. 스스로를 영적으로 완전하다고 생각한다면 실제로는 영적으로 가장 가난하고 형편없는 단계에 있다고 보면 틀림이 없습니다. 정말로 영적으로 부요한 사람들은 자신들이 영적으로 가난하다고 생각합니다.

　마침내 9절에서부터 바울은 하나님은 사도들이 어떤 삶을 살도록 하셨는가를 말합니다. 바울은 당시 고린도시에서 유행했던 한 가지 관습을 예로 들어 설명합니다. "내가 생각하건대 하나님이 사도인 우리를 죽이기로 작정된 자 같이 끄트머리에 두셨으매 우리는 세계 곧 천사와 사람에게 구경거리가 되었노라." 이 말씀은 당시에 고린도시에서 자주 열렸던 검투사들의 결투 장면을 염두에 둔 것입니다. 당시 고린도시 안에 있는 원형 경기장에는 무시무시한 도박판이 벌어졌습니다. 수만 명의 시민들이 로마에 있는 콜롯세움과 같은 원형 경기장에 빼곡하게 들어찹니다. 가장 좋은 로얄석에는 황제가 자리를 잡고 앉아서 경기를 관람합니다. 경기장이 관중들로 가득차면 무거운 칼과 방패와 갑옷으로 무장한 전문 검투사들이 입장합니다. 이들은 싸움의 달인들입니다. 검투사들이 등장하면 이어서 감옥에 붙잡혀 있던 죄수들이 끌려 나옵니다. 이 죄수들을 한명씩 경기장 안에 풀어 놓으면 중무장한 검투사와 결투를 시작합니다. 만일 이 결투에서 이기면 석방시켜 줍니다. 만일 이 결투에서 지면 검투사의 칼에 난도질당하여 그 자리에서 죽습니다. 이 싸움에서 살아 나가는 죄수는 없습니다. 이 잔인한 싸움이 벌어지면 왕을 비롯한 관중들은 소리를 지르면서 이 장면을 즐깁니다. 죄수들은 수많은 관중들 앞에서 목숨을 담보로 하여 구경거리가 됩니다. 아무도 죄수들을 도와주는 사람이 없습니다.

　바울은 사도들이 이 세상에서 살아내야 할 삶의 모습을 원형 경기장 안에서 검투사와 결투를 벌여야 하는 죄수들의 처지와 같은 것으로 비유하고 있습니다. "하나님이 사도인 우리를 죽이기로 작정된 자 같이." "죽이기로 작정된 자"는 사도들을 가리키는데, 사도들은 검투사와 결투를 벌이는 죄수와 처지가 같다는 말입니다. 죽이기로 작정하고 죄수들을 경기장으로 끌어내는 것처럼 사도들도 죽이기로 작정된 상태에서 세상이라는 경기장 안에 끌려 나온 자들입니다. "끄트머리에 두셨다"고 했는데, 끄트머리는 최종 결승전을 뜻합니다. 최종 결승전에는 검투사들 중에서도 가장 잔인하고 싸움을 잘하는 검투사가 출전합니다. 사도들은 아주 악랄한 마음을 가진 자들 앞에서 괴롭힘과 핍박과 고통을 당해야 합니다. 그리고 관중석에는 믿지 않는 사람들과 천사들이 앉아서 관람하고 있습니다. 그런데 유감스럽게도 고린도교회 성도들도 바로 이 관람석에 앉아 있었던 것입니다! 마치 왕처럼 로얄석에 앉아서 바울이 잔인한 검투사와 같은 사람들에게 괴롭힘을 당하는 모습을 관람하고 있었던 것입니다! 바울은 사도들이 세상에서 살아내야 할 삶이 바로 이런 삶이라고 말합니다. 고린도교회 성도들이 생각하는 것처럼 왕 노릇하고 세상에서 출세하고 하는 것들과는 너무나 거리가 먼 모습들입니다. 그런데 이런 삶을 누가 먼저 사셨는가? 그리스도께서 이 세상에 계실 때 바로 이 원형 경기장 안에 끌려 나온 죄수처럼 사셨고, 이제 그리스도께서 사도들에게도 같은 길을 가도록 명령하고 계십니다.

10절에서 13절까지는 원형 경기장 안에서 냄새나고 누추한 걸레 같은 누더기를 걸치고 서 있는 죄수와도 같은 사도들의 모습을 적나라하게 묘사합니다. 사도들은 "그리스도 때문에 어리석은" 자들이 되었습니다. 그러나 고린도교회 성도들은 그리스도의 이름을 말하면서 스스로 지혜롭다는 자신감에 찬 모습으로 사도들과 거리를 두고 사도들의 고난을 관람하고 있습니다. 사도들은 "약했습니다." 그러나 관람석에 앉아 있는 고린도교회 성도들은 강한 모습이었습니다. 사도들은 "비천했습니다." 그러나 관람석에 앉아 있는 고린도교회 성도들은 존귀했습니다. 로얄석에 앉아 있으니 존귀할 수밖에 없습니다. 사도들은 먹을 것이 없어서 주리고 있었고, 마실 물도 없어서 목이 마른 상태였으며, 입을 것이 없어서 헐벗은 상태였으며, 매를 맞아 온 몸이 상처투성이가 되었으며, 잠잘 곳이 없어서 배회하고 있었습니다. 사도들은 세상 사람들의 구원을 위하여 헌신적으로 일하면서도 자기 자신들의 생활비를 벌기 위하여 온 몸이 파김치가 될 정도로 노동을 해야 했습니다. 특히 바울은 천막을 만드는 손노동을 해야 했는데, 이 일은 굉장히 고되고 동물들의 가죽을 다루므로 냄새도 많이 나는 일이어서 천박하게 여겨졌고 경멸의 대상이었습니다. 바울은 고린도교회에서 영적인 스승으로 일하면서도 설교한 대가로 돈을 받아 챙길 수 있었던 순회설교자의 대접도 받지 못했던 것입니다. 바울은 고린도교회 성도들로부터 자신들의 사역에 대한 재정적인 후원을 얻는 것을 기대하지 않았습니다. 하나님이 사도들을 두신 삶의 자리가 바로 이런 것이었습니다.

그런데 하나님의 요구는 여기서 머무르지 않았습니다. 사도들은 모욕을 당했지만 당한 모욕에 대하여 보복하지 않았고 오히려 축복해 주어야 했습니다. 사도들은 박해를 받았으나 참아야 했습니다. 비방을 받았으나 권면 곧 위로하는 말을 해야 했습니다. 사도들은 "세상의 더러운 것과 만물의 찌꺼기 같이 되어야 했습니다." 13절이 말하는 더러운 것은 그릇을 닦을 때 나오는 때를 말하고, 찌꺼기는 신발에 묻은 오물을 뜻합니다. 사도들은 극단적인 상황 속에서도 끝까지 보복하지 않고 원수까지도 사랑으로 감싸 안는 삶을 살아야 했습니다. 바로 이것이 하나님으로부터 엄청난 사명을 부여받은 사도들이 살아내야 하는 삶이었습니다.

바울을 비롯한 사도들이 고린도교회 성도들에게 가르쳐 주려고 했던 삶, 바울 스스로가 모범을 보여준 삶의 모습은 바로 이런 삶이었습니다. 이 삶은 그리스도께서 명령하신 "자기 십자가를 지고 주를 따르는 삶"이었습니다. 바울은 이 명령에 순종하여 자신에게 주어진 십자가를 거부하지 않고 십자가를 지고 따르는 삶을 살았습니다.

사랑하는 성도 여러분! 하나님이 우리를 초청하는 삶의 모습이 바로 이런 삶입니다. 이런 말을 들으니까 주님을 철저하게 따르고 바울을 철저하게 본받는 삶을 살아내기가 조금 주저되지요? 그 삶에 발을 선뜻 들여놓기가 겁이 나지요? 이런 말을 들으니 마음이 가벼워지는 것이 아니라 마음에 큰 부담이 찾아오지요? 그것은 저도 마찬가지입니다. 그러나 우리는 이 부담을 피하려고 해서는 안 됩니다. 이 부담은 거룩한 부담입니다. 이 거룩한 부담이 우리 마음속에 항상 있어야 현재 우리에게 주어진 삶의 모습이 얼마나 편안하고 행복한 것인가를 알게 되고 하나님께 감사할 수 있습니다.

그런데 우리가 한 가지 기억할 것이 있습니다. "자기 십자가를 지고 나를 따르라"는 명령을 항상 기억하고 있지 않으면 우리의 신앙생활 자체가 불가능하다는 것입니다. 왜 그렇습니까? "자기 십자가"는 바울처럼 주님을 위하여 힘들고 고된 전도사역을 하는 사람에게만 오는 것이 아니라 언젠가는 우리 모두에게 찾아오기 때문입니다. 무슨 뜻일까요? 아무리 건강하고 행복하고 유복한 삶을 살고 있는 사람이라 할지라도 세월 앞에 장사가 없습니다. 나이가 들면 경제력이 가장 먼저 현저하게 줄어듭니다. 일정한 때가 되면 아예 돈을 벌 수 없는 상태에 들어가게 됩니다. 몸도 점차 약해집니다. 팔다리를 내 마음대로 움직일 수가 없게 됩니다. 몸에 병이라도 있으면 상황은 한층 더 악화됩니다. 몸이 약해지고 질병이 찾아오면 정신력도 약해집니다. 돈도 없고, 몸은 약해지고, 질병은 찾아와서 괴롭히고, 정신도 약해진 상태에서 신앙생활을 해낸다는 것이 바로 우리에게 반드시 찾아오게 될 "자기 십자가"가 아니겠습니까?

그러므로 우리 모두는 그리스도께서 사셨던 공생애 3년간의 삶이 어떤 삶이었는가를 묵상하고, 사도 바울이 모범을 보여준 삶이 어떤 삶이었는가를 묵상하면서, 어떤 형태로든 자기 십자가가 주어질 때 그것을 피하지 않고 기꺼운 마음으로 받아들이고, 자기 십자가를 지고 가면서도 한결같은 마음으로 주님을 사랑하고 이웃을 사랑하는 경건의 연습을 게을리 하지 않는 성도들이 되어야 하겠습니다.

14 내가 너희를 부끄럽게 하려고 이것을 쓰는 것이 아니라 오직 너희를 내 사랑하는 자녀 같이 권하려 하는 것이라 **15** 그리스도 안에서 일만 스승이 있으되 아버지는 많지 아니하니 그리스도 예수 안에서 내가 복음으로써 너희를 낳았음이라 **16** 그러므로 내가 너희에게 권하노니 너희는 나를 본받는 자가 되라 **17** 이로 말미암아 내가 주 안에서 내 사랑하고 신실한 아들 디모데를 너희에게 보내었으니 그가 너희로 하여금 그리스도 예수 안에서 나의 행사 곧 내가 각처 각 교회에서 가르치는 것을 생각나게 하리라 **18** 어떤 이들은 내가 너희에게 나아가지 아니할 것 같이 스스로 교만하여졌으나 **19** 주께서 허락하시면 내가 너희에게 속히 나아가서 교만한 자들의 말이 아니라 오직 그 능력을 알아보겠으니 **20** 하나님의 나라는 말에 있지 아니하고 오직 능력에 있음이라 **21** 너희가 무엇을 원하느냐 내가 매를 가지고 너희에게 나아가랴 사랑과 온유한 마음으로 나아가랴

제17강

영적 아버지의 권고

From
the Cross
to Agape

고전 4장
14~21절

● 　　　　고린도교회가 아볼로파, 바울파, 베드로파, 그리스도파로 나뉘어져서 싸웠고, 이 문제를 해결하기 위하여 바울이 고린도전서를 쓰게 되었다는 점은 그동안 여러 번 반복해서 말씀드렸기 때문에 우리 성도님들이 잘 알고 있는 사실입니다. 파벌문제는 교회를 분열시키고 성도들의 신앙에 심각한 상처를 안겨줄 수 있는 문제였기 때문에 바울은 많은 지면을 할애하여 이 문제를 다각도로 분석해 왔고 해결책을 제시했습니다. 그동안 길게 다루어 왔던 파벌문제는 오늘 우리가 읽은 본문 4장 14절에서 21절에서 끝이 납니다. 원래 바울이 쓰려고 했던 고린도전서는 4장 21절에서 끝나도록 되어 있었습니다. 그런데 바울이 이 편지를 보내기 전에 고린도교회에서 몇 명의 성도들이 바울에게 찾아 왔습니다. 고린도전서 16장 17절을 읽겠습니다. "내가 스데바나와 브드나도와 아가이고가 온 것을 기뻐하노니." 스데바나, 브드나도, 아가이고가 에베소에 있는 바울을 찾아 온 것입니다. 이들은 그냥 온 것이 아니고 고린도교회가 보낸 편지를 한 통 가지고 왔는데, 이 편지에 새로운 문제들이 제시되었고, 이 문제들에 대한 바울의 답변을 요청했습니다. 결혼문제, 독신문제, 우상에게 바쳤던 고기를 먹는 문제, 성찬의 문제, 성령의 은사 문제, 부활의 문제 등이 새롭게 제시되었습니다. 바울은 이 문제들도 매우 중요한 문제들이라고 판단하고 이 문제들에 대하여 답변하는 내용을 편지에 추가하기로 했습니다. 그 결과 원래 4장으로 끝나기로 되어 있던 편지가 16장으로 늘어나게 된 것입니다. 따라서

5장부터는 지금까지 다룬 내용과는 다른 새로운 주제가 등장합니다.

지금까지 바울이 고린도교회 성도들에게 말한 내용들은 거의 대부분 칭찬하는 내용 보다는 책망하고 질책하는 내용들이 대부분입니다. 새로운 주제가 다루어지는 5장부터 16장까지도 이 어조는 계속됩니다. 책망하고 질책하는 바울의 마음이 편할 리가 없습니다. 바울도 마음이 매우 아팠습니다. 바울은 고린도교회 성도들을 정말로 많이 사랑했습니다. 파벌문제로 싸우는 고린도교회 성도들에 대한 책망을 마무리한 바울은 고린도교회 성도들이 미워서 책망한 것이 아니라 고린도교회 성도들을 사랑하기 때문에 책망을 하지 않을 수 없었음을 알려주고 싶었습니다. 바울은 14절과 15절에서 자신이 어떤 마음가짐으로 고린도교회 성도들을 책망했는가를 말합니다.

먼저 14절을 읽겠습니다. "내가 너희를 부끄럽게 하려고 이것을 쓰는 것이 아니라 오직 너희를 내 사랑하는 자녀같이 권하려 하는 것이라." 바울은 자신의 책망이 고린도교회 성도들을 부끄럽게 만들려는데 목적이 있는 것이 아니라는 점을 강조합니다. 고린도교회 성도들 대부분은 노예, 퇴역군인들처럼 사회적 신분이 낮은 계층에 속했다가 치열한 경쟁을 겪으면서 상류층의 신분으로 올라온 사람들이었습니다. 이런 사람들은 공개적으로 체면에 손상을 당하면 견디지 못합니다. 사실 신앙을 갖게 되면 이런 단계를 극복했어야 하는데 유감스럽게도 고린도교회 성도들 가운데 상당수는 이 단계를 극복하지 못했습니다. 바울은 이런 성향을 가진 고린도교회 성도들을 대놓고 직설적으로 비판하지 않았습니다. 바울은 고린도교회 성도들의 체면을 크게 손상시키지 않으면서도 무슨 말을 하는지 알아들을 수 있도록 세심하게 배려하면서 가르침을 주었습니다. 예를 들어 봅시다. 고린도전서 1장 31절에 보면 바울이 이런 가르침을 주고 있습니다. "기록된 바 자랑하는 자는 주 안에서 자랑하라 함과 같게 하려 함이라." 바울의 가르침을 잘 읽어 보면 상대방을 매우 세심하게 배려하는 어조를 사용하고 있음을 알 수 있습니다. 고린도교회 성도들의 가장 심각한 죄는 자기의 지식과 재산과 사회적 지위를 자랑하는 교만에 빠져 있는 것이었습니다. 바울은 이런 교만한 고린도교회 성도들에게 "너희들은 교만하기 이를 데 없구나. 인간의 지혜를 자랑하는 것은 죄악이다. 너는 회개해야 한다!"라고 직설적으로 비판하지 않았습니다. 바울은 사람은 누구든지 자랑하고 싶어하는 마음을 가지고 있다는 점을 너그럽게 이해하면서 다만 자랑을 하되 인간의 지혜를 자랑하지 말고 주님 안에서 자랑하는 것이 더 나은 길임을 보여줌으로써 우회적으로 잘못을 지적했습니다. 바울이 잘못을 지적하는 목적은 잘못을 드러내서 공개하려는데 있었던 것이 아니라 자랑을 하되 인간이 아닌 주님을 자랑하도록 하려는데 있었습니다. 바울은 깨뜨리기 위하여 책망을 한 것이 아니라 세워주기 위하여 잘못을 지적했습니다.

이 점은 우리 성도들이 동료 성도들이나 가족의 식구들이나 기타 이웃 사람들과 대화할 때 유념해야 할 중요한 태도입니다. 이웃과 대화하다 보면 이웃의 잘못을 지적해야 할 때가 있습니다. 이때 잘못을 지적하는 것이 필요하다 하더라도 직설적으로 대놓고 지적하기 보다는 바울처럼 상대방의 체면이나 입장에 상처를 주지 않으면서도 상대방이 알아들을 수 있는 어법을 사용해야 할 때가 있습니다. 이처럼 잘못을 범한 상대방을 꾸짖을 때도 상대방의 입장을 배려하는 마음가짐을 잃지 않도록 노력하는 것이 기독교인다운 삶의 태도입니다. 우리는 상대방을 파괴시키기 위하여서가 아니라 넘어져 있는 상대방을 일으켜 세워주기 위하여 잘못을 지적한다는 점을 잊지 않도록 유념해야 합니다.

더욱이 바울이 고린도교회 성도들의 잘못을 책망하는 일을 주저하지 않고 편안하게 할 수 있었던 이유는 바울이 고린도교회 성도들을 사랑하는 자식처럼 생각했기 때문입니다. 좋은 아버지는 자식에 대한 사랑을 어떻게 표현할까요? 좋은 아버지는 자식을 권위로써 무작정 억누르지 않습니다. 그러나 좋은 아버지는 자식을 마냥 예뻐만 하지도 않습니다. 좋은 아버지는 자식을 사랑으로 대해 주지만 잘못된 행동을 하면 준엄하게 책망을 합니다.

바울은 15절에서 자신이 고린도교회 성도들을 자식처럼 대하는 이유가 무엇인가를 말합니다. "그리스도 안에서 일만 스승이 있으되 아버지는 많지 아니하니 그리스도 예수 안에서 내가 복음으로써 너희를 낳았음이라." 바울은 바울 자신과 고린도교회 성도들은 각별한 관계에 있기 때문에 고린도교회 성도들이 잘못을 범하는 경우에는 주저함이 없이 책망을 할 수 밖에 없음을 밝힙니다. 이 본문에 보면 바울이 "일반 스승"과 "아버지"를 비교하면서 바울 자신은 스승이 아니라 아버지임을 강조하고 있습니다.

"스승"이 무엇을 뜻하는가는 설명이 필요합니다. 스승은 오늘날 우리들이 생각하는 선생님과는 다른 직책을 가진 사람입니다. 스승으로 번역된 파이다고고스는 "감독하는 후견자" 정도로 번역될 수 있는 용어입니다. 감독하는 후견자는 여기에 해당하는 직책이 우리 주변에는 없기 때문에 번역하기가 아주 어렵습니다. 바울 당시의 귀족의 집에서는 아이가 태어나면 노예들 가운데 신실한 한 사람을 골라서 아이를 돌보는 역할을 맡깁니다. 그리고 일정한 수고비를 지불합니다. 이 노예는 아이가 가는 곳마다 따라 다니면서 보호를 합니다. 아이는 이 노예의 명령을 들어야 합니다. 노예는 아이가 학교를 갈 때는 항상 따라 다닙니다. 일종의 경호를 하는 것이지요. 그러나 감독하는 후견자는 아이에게 도덕이나 지식을 가르칠 권한은 없습니다. 그러니까 엄밀하게 말하면 선생님이나 스승은 아닙니다.

감독하는 후견자와 비슷한 수준에서 성도들을 도와 줄 수 있는 사람들은 많이 있을 수 있다는 것이 바울이 말하고자 하는 것입니다. 그러나 바울은 고린도교회 성도들에게 감독하는 후견자 정도의 비중을 가진 사람이 아닙니다. 바울은 자신이 고린도교회 성도들을 예수 그리스도 안에서 복음을 통하여 낳은 영적인 아버지인데, 이런 특별한 관계는 아주 드물다고 말합니다. 고린도 교회는 바울이 개척한 교회입니다. 여자가 산고의 고통을 다 겪은 후에 아기를 낳듯이, 고린도교회 성도들은 모두 바울이 눈물과 피땀이 어린 기도와 말씀을 통하여 영적으로 낳은 영적인 자식들입니다. 돈을 받고 위험에 빠지지 않도록 보호해 주는 역할에만 머무르는 감독하는 후견자와는 비교조차 되지 않을 만큼 친밀한 관계 안에 있습니다. 고린도교회 성도들에게 이런 아버지는 바울 하나뿐입니다.

자신이 고린도교회 성도들을 낳은 아버지임을 말한 바울은 또 하나의 중요한 가르침을 제시합니다. 16절입니다. "그러므로 내가 너희에게 권하노니 너희는 나를 본받는 자 되라." 바울은 영적인 아버지의 입장에서 당당하게 고린도교회 성도들에게 자기의 삶을 본받으라고 권고합니다. 바울은 말로 바른 성도의 길을 가르치는 것에 머물렀던 영적 아버지가 아니라 삶과 행동을 통하여 모범을 보여 주면서 바른 성도의 길을 가르친 영적인 아버지였습니다. 바울은 바울 자신을 본받는 삶을 실제로 영위하고 있는 살아 있는 모델로서 디모데를 추천합니다. 17절입니다. "이로 말미암아 내가 주 안에서 내 사랑하고 신실한 디모데를 너희에게 보내었으니 그가 너희로 하여금 그리스도 예수 안에서 나의 행사 곧 내가 각처 각 교회에서 가르치는 것을 생각나게 하리라." 바울은 이 내용을 쓰기 직전에 디모데를 고린도 교회로 보냈습니다. 디모데가 어떤 마음가짐을 가지고 있고, 어떻게 행동 하는가를 잘 보면 바울 자신을 본받는 삶이 어떤 것인지 생생하게 알 수 있다는 것입니다.

디모데가 고린도교회 성도들에게 보여주는 것은 바울이 "그리스도 예수 안에서 나의 행사 곧 내가 각처 각 교회에서 가르치는 것"입니다. 이 본문을 잘 보면 두 구절로 이루어져 있음을 알 수 있습니다. 하나는 "그리스도 예수 안에서 나의 행사"입니다. 다른 하나는 "각처 각 교회에서 가르치는 것"입니다. 여기서 우리가 알 수 있는 것은 바울의 "행사"는 곧 바울의 "가르치는 것"이라는 점입니다. 수학적인 공식을 빌려서 표현하면 "행사"는 곧 "가르치는 것"입니다. 행사라는 말은 원래 "길"이라는 뜻인데, 길은 생활방식을 의미합니다. 행사는 생활방식입니다. 한마디로 말해서 바울은 말과 생활이 일치했다는 것입니다. 말이 말로만 끝나는 것은 비눗방울에 비유할 수 있습니다. 비눗방울은 아주 아름답게 보입니다. 그런데 너무 아름다워서 한번 만져 보려고 하면 퍽 하고 터져서 없어져 버립니다. 허망합니다. 반면에 말에 생활이 뒷받침되는 것은 속이 꽉 찬 열매와도 같습니다.

바울이 삶이 뒷받침된 가르침을 주었다면 고린도교회 성도들 가운데 파벌싸움을 주도하면서 바울이 담당했던 지도자의 자리를 꿰차고 성도들을 가르치려고 하는 사람들은 말은 번지르르하게 하지만 생활이 뒤따르지 않는 자들이었습니다. 이런 사람들에 대한 바울의 묘사와 경고가 18절에서 21절까지 제시되어 있습니다. 우선 18절을 보겠습니다. "어떤 이들은 내가 너희에게 나아가지 아니할 것같이 스스로 교만하여졌으나." 이 사람들은 바울이 고린도교회로부터 쫓겨 나갔기 때문에 다시 돌아오지 못할 것이라고 생각했습니다. 그리고 교만해졌습니다. "교만하다"는 말은 가스나 공기로 가득차서 부풀어 있는 풍선 비슷한 것을 묘사할 때 사용하는 용어입니다. 바람이 팽팽하게 들어가 있는 풍선에 무시무시한 괴물 모양을 그려 놓으면 무섭게 보입니다. 그러나 이 풍선은 아무런 힘이 없습니다. 아무 일도 할 수가 없습니다. 한마디로 말해서 이 사람들은 말은 그럴 듯하게 하는데 말을 생활 속에서 실행할 수 있는 힘이 없었습니다.

19절과 20절에서 바울은 이렇게 말합니다. "주께서 허락하시면 내가 너희에게 속히 나아가서 교만한 자들의 말이 아니라 그 능력을 알아보겠으니 하나님의 나라는 말에 있지 아니하고 오직 능력에 있음이라." 바울은 하나님이 허락하시면 고린도교회에 가서 이 사람들이 정말로 자기들이 하는 말을 생활 속에서 실천하고 있는가를 알아보겠다고 경고합니다. 동시에 바울은 하나님의 나라는 말에 있지 않고 능력에 있다고 말합니다. 이 말의 의미를 좀 더 알아보려면 고린도전서 2장 1절과 4절을 읽으면 됩니다. 고린도전서 2장 1절은 말은 곧 인간의 말과 지혜를 뜻하고 있음을 보여 줍니다. "형제들아 내가 너희에게 나아가 하나님의 증거를 전할 때에 말과 지혜의 아름다운 것으로 아니하였나니." 2장 4절은 능력이 성령의 힘을 뜻하고 있음을 보여 줍니다. "내 말과 내 전도함이 설득력 있는 지혜의 말로 하지 아니하고 다만 성령의 나타나심과 능력으로 하여."

결론적으로 바울은 고린도교회 성도들에게 두 가지 길 가운데 하나를 선택하라고 경고합니다. 21절입니다. "너희가 무엇을 원하느냐 내가 매를 가지고 너희에게 나아가랴 사랑과 온유한 마음을 나아가랴."

바울이 16절에서 나를 본받으라고 명령했는데, 유감스럽게도 고린도교회 성도들은 바울을 본받는 삶을 살지 않았습니다. 왜 그랬을까요? 바울이 본받으라고 명령하고 있는 생활방식이 어떤 것이기에 고린도교회 성도들이 본받기를 주저했을까요? 그 삶은 바울이 바로 앞 단락인 고린도전서 4장 9절에서 13절까지 묘사한 삶이었기 때문입니다. 9절입니다. "내가 생각건대 하나님이 사도인 우리를 죽이기로 작정된 자 같이 끄트머리에 두셨으매 우리는 세계 곧 천사와 사람에게 구경거리가 되었노라." 바울의 삶은 피에 굶주린 도박꾼들이 가득 들어차 있는 원형 경기장 안에 끌려 나와 그 누구의 도움도 받지 못한 채 살인을 전문으로 하는 숙달된 검투사와 싸워야 하는 죄수와 같은 삶이었습니다. 이 죄수는 이 싸움에서 살아남을 길이 사실상 없습니다. 이 삶은 10절에서 13절까지의 본문이 계속하여 설명하는 것처럼 "약하고 비천한 삶이며, 주리고 목마르고 헐벗고 매 맞으며 정처가 없고, 수고하여 친히 손으로 일을 하며, 모욕을 당한즉 축복하고 박해를 받은 즉 참고 비방을 받은 즉 권면하며 세상의 더러운 것과 만물의 찌끼같이 되는" 삶입니다. 한마디로 말해서 십자가를 지신 주님을 본받아 주님이 주시는 십자가를 지고 가야 하는 삶입니다. 돈과 사회적 지위와 권력에 대한 집착을 끝끝내 버릴 수 없었던 고린도교회 성도들은 바울이 살아 왔던 고달픈 삶의 과정을 닮고 싶지 않았던 것입니다.

　이제 오늘의 말씀이 주는 교훈을 정리하고 강의를 마무리하겠습니다.

　첫째로, 우리 성도들은 동료 성도들이나 가족들이나 직장 동료들이나 기타 우리의 이웃과 대화할 때 상대방의 입장과 처지를 세심하게 배려하는 어조로 말하도록 유의해야 하겠습니다. 특별히 상대방의 잘못을 지적하거나 책망해야 할 때 직설적인 용어를 사용하는 것을 자제하고 우회적으로 표현하는 어법을 사용하도록 노력해야 하겠습니다. 또한 상대방을 책망할 때 파괴시키는 데 목적을 두지 않고 상대방을 세우는 데 목적을 두어야 하겠습니다. 책망하고 질책을 해야 할 때도 상대방을 배려하는 마음, 상대방을 사랑하는 마음을 잃지 않는 것이 바른 기독교인의 삶의 모습임을 잊어서는 안 되겠습니다.

둘째로, 성도들과 교역자와의 관계는 영적인 아버지와 자식과의 관계라는 사실을 우리는 항상 기억해야 하겠습니다. 성도들은 하나님이 세우신 교역자를 영적인 아버지로 존중하고 순종해야 하며 교역자가 때로는 성도들을 책망할 때도 성도들 자신을 위한 아버지의 따뜻한 마음에서 나오는 권고임을 알고 기꺼운 마음으로 받아들일 수 있어야 하겠습니다. 반면에 교역자들은 성도들을 영적으로 낳은 자식처럼 아끼고 사랑하고 위하여 기도할 수 있어야 하겠습니다. 이런 아름다운 관계를 잘 가꾸어 감으로써 모든 인간관계가 점점 더 냉랭하고 삭막해져 가는 세상에서 모든 사람들이 부러워하는 진정한 아름다운 인간관계를 엮어갈 수 있어야 하겠습니다.

셋째로, 우리는 나를 본받으라고 하신 바울의 명령이 고린도교회 성도들뿐만 아니라 우리 모두에게 주어진 명령임을 유념해야 하겠습니다. 우리는 고린도교회 성도들처럼 이 명령을 의도적으로 외면하지 말아야 하겠습니다. 우리는 바울처럼 주님이 나의 어깨에 짊어 주신 나의 십자가를 기꺼이 지고 가는 성도들이 되어야 하겠습니다.

1 너희 중에 심지어 음행이 있다 함을 들으니 그런 음행은 이방인 중에서도 없는 것이라 누가 그 아버지의 아내를 취하였다 하는도다 2 그리하고도 너희가 오히려 교만하여져서 어찌하여 통한히 여기지 아니하고 그 일 행한 자를 너희 중에서 쫓아내지 아니하였느냐 3 내가 실로 몸으로는 떠나 있으나 영으로는 함께 있어서 거기 있는 것 같이 이런 일 행한 자를 이미 판단하였노라 4 주 예수의 이름으로 너희가 내 영과 함께 모여서 우리 주 예수의 능력으로 5 이런 자를 사탄에게 내주었으니 이는 육신은 멸하고 영은 주 예수의 날에 구원을 받게 하려 함이라 6 너희가 자랑하는 것이 옳지 아니하도다 적은 누룩이 온 덩어리에 퍼지는 것을 알지 못하느냐 7 너희는 누룩 없는 자인데 새 덩어리가 되기 위하여 묵은 누룩을 내버리라 우리의 유월절 양 곧 그리스도께서 희생되셨느니라 8 이러므로 우리가 명절을 지키되 묵은 누룩으로도 말고 악하고 악의에 찬 누룩으로도 말고 누룩이 없이 오직 순전함과 진실함의 떡으로 하자

제18강

묵은 누룩을 내 버리라

From the Cross to Agape

고전 5장 1~8절

● 　　　　　바울은 1장 1절에서 9절까지에서 고린도교회 성도들에게 문안인사를 드립니다. 1장 10절에서 17절까지는 고린도교회가 직면한 가장 시급한 문제인 파벌의 문제를 급히 먼저 잠깐 맛보기로 다룬 다음에 1장 18절에서 22장 마지막 절까지는 파벌문제가 일어나게 된 근본원인이 고린도교회 성도들이 세상의 지혜를 따라가는 데 있다고 판단하고 성도들이 피해야 할 세상의 지혜가 무엇이며, 성도들이 따라야 할 십자가의 지혜가 무엇인가를 비교하여 설명합니다. 이어서 3장에서 4장까지는 1장 10절에서 17절까지에서 맛보기로 다룬 바 있는 파벌의 문제를 상세하게 다룹니다.

오늘 우리가 읽은 5장부터는 새로운 주제가 등장하기 시작합니다. 5장부터 11장까지는 고린도교회에서 제기된 몇 가지 윤리적인 문제들을 다룹니다. 우선 5장과 6장에서는 답이 명확하게 제시되는 윤리적인 문제들이 다루어집니다. 5장에서는 음행의 문제가 다루어지고 있고, 6장에서는 성도들이 세상법정에 고소하는 문제를 다루고 있습니다. 이 문제들에 대한 답변은 아주 분명합니다. 한마디로 "허용될 수 없다"는 것입니다. 반면에 7장에서 11장까지는 답을 딱 부러지게 어느 한 방향으로 단정 지을 수 없는 문제들 곧, 결혼 문제라든지, 우상에게 바친 제물을 먹는 문제라든지, 여자가 교회 예배를 드릴 때 머리에 수건을 써야 하는가 하는 문제들이 다루어집니다. 이 문제들은 상황에 맞게 신축성 있게 다루어져야 할 문제들입니다.

오늘은 음행의 문제를 다루고 있는 5장 가운데 1절에서 8절까지를 살펴보겠습니다.

먼저 1절이 고린도교회에 어떤 문제가 있는가를 보도합니다. "너희 중에 심지어 음행이 있다 함을 들으니 그런 음행은 이방인 중에서도 없는 것이라 누가 그 아버지의 아내를 취하였다 하는 도다." 바울은 고린도교회 안에 음행이 있음을 지적합니다. "너희 중에 심지어 음행이 있다 함을 들으니." 음행은 합법적인 결혼관계 밖에서 행해지는 모든 형태의 성관계를 뜻하는 일반적인 용어입니다. 원래 고린도시는 성적으로 문란한 도시로 유명했습니다. 고린도시가 성적으로 문란한 도시였음을 보여주는 증거들 가운데 하나는 고린도시에 아프로디테 여신의 신전이 있었다는 것입니다. 아프로디테는 성애와 미의 여신으로서 라틴어로는 비너스라고도 불립니다. 아프로디테 여신의 신전에는 여자 사제들이 있었는데, 여자 사제들이 신전 안에서 창녀 역할을 했고, 여사제와 성관계를 갖는 것을 신을 숭배하는 의식으로 생각했습니다. 창녀와 성관계를 갖는 것을 신을 숭배하는 행위로 간주하니까 일상적인 관계 안에서 성관계가 문란해지는 것은 자연스러운 일입니다.

이런 분위기 안에서 살다가 개종하고 기독교인이 된 고린도교회 성도들 가운데 많은 성도들이 옛날의 잘못된 관습을 버리고 바른 생활로 돌아왔습니다. 그런데 성도들 중에는 바울의 가르침을 오해하여 두 가지 잘못된 극단으로 나아간 자들이 있었습니다. 하나의 극단은 성관계 자체를 죄악시하고 심지어는 결혼생활에 대해서까지도 부정적인 생각을 가진 금욕주의자들입니다. 다른 하나의 극단은 구원은 율법을 지킨 공로를 통해서가 아니라 오직 믿음을 통해서 값없이 하나님의 은혜로 주어지는 것이니까,

이제는 율법으로부터 해방되었다고 생각하고 율법을 무시하고 마음대로 생활하는 것입니다. 그 결과 결혼관계 밖에서 성관계를 가지는 관행이 성도들 사이에서 나타났습니다.

바울은 고린도교회 안에 음행이 있다고 말한 후에 고린도교회 안에 특별하게 나타난 음행의 한 형태를 지적합니다. 그것은 "아버지의 아내를 취한" 행동이었습니다. 고린도교회 성도들 사이에서 근친상간이 나타난 것입니다.

어떤 아들이 아버지의 아내를 취하여 지속적으로 성관계를 맺고 있었습니다. 이 아내는 아들의 친어머니가 아니고 의붓어머니인 것 같습니다. 아버지가 친어머니를 두고 얻은 첩을 가리키는 것인지, 아내와 사별한 후에 재혼하여 여자를 맞아들인 것인지는 알 수 없습니다. 이렇게 하여 얻은 의붓어머니와 아버지의 아들이 정을 통하게 되었고 성관계를 지속적으로 가지는 관계로 발전했습니다.

가족 간에 성관계를 갖는 것은 구약성경이 철저하게 금지하고 있습니다. 레위기 18장 6절에서 18절 까지는 13가지 사례를 들어서 모든 형태의 가족 간의 성관계를 금지하고 있습니다. 레위기 20장 11절과 12절은 어머니와 아들이 성관계를 가지는 경우와 아버지가 며느리와 성관계를 가지는 경우에는 죽이라고 명령하고 있습니다. 그런데 오늘 본문에서 바울은 가족 간에 성관계를 가지는 행위는 이방인 중에서도 없는 악한 일임을 지적합니다. 여기서 바울이 말하는 이방인은 주로 로마 사람들을 말하는데, 사실 로마사람들은 성관계가 비교적 느슨한 사람들이었습니다. 이렇게 성관계가 느슨한 로마사람들도 가족 간의 성관계를 갖는 행위만큼은 철저하게 금지시켰습니다. 예를 들어서 로마의 철학자이자 네로 황제의 스승이기도 했던 키케로는 "장모가 사위와 결혼하는 것은 생각할 수조차 없는 일이라"고 했고, 로마의 법학자인 가이우스는 이렇게 말했습니다. "아버지나 어머니의 자매와 결혼하는 것은 불법이다. 나는 옛날에 장모, 의붓어미였던 자와 결혼할 수 없다." 이처럼 성관계가 느슨한 로마사람들도 철저하게 금기시했던 근친상간이 고린도교회 성도들 사이에서 버젓이 나타난 것입니다.

바울은 근친상간을 행하는 자를 대하는 고린도교회의 태도가 잘못되었음을 준엄하게 책망합니다. 2절입니다. "그리하고도 너희가 오히려 교만하여져서 어찌하여 통한히 여기지 아니하고 그 일 행한 자를 너희 중에서 쫓아내지 아니하였느냐?" 바울은 근친상간의 행위가 이 행위를 하는 당사자에게 심각한 영적인 해독을 끼칠 뿐만 아니라 교회 전체의 영적인 분위기에도 위기를 초래하게 될 것이라는 사실을 잘 알고 있었습니다. 이런 악행이 교회 안에서 일어나면 교회 교인들 전체가 모여서 슬퍼하면서 이런 행위를 하는 자를 교회로부터 내보내는 조치를 취했어야 했다고 바울은 말합니다. 그런데 고린도교회는 이런 문제에 대해서는 아무런 관심도 기울이지 않고 하나님 앞에서 아무런 잘못이 없는 것처럼 처신했습니다. 바울이 생각하고 있는 조치는 근친상간을 행하는 자를 교회로부터 내보내야 한다는 것입니다.

바울이 근친상간을 행하는 자를 교회로부터 내보내야 한다고 생각한 이유는 두 가지입니다. 하나는 이런 조치를 취하는 것이 당사자에게 유익하기 때문입니다. 이 점에 대해서는 3절에서 5절까지에서 설명하고 있습니다. 다른 하나는 교회 공동체에 유익하기 때문입니다. 이 점에 대해서는 6절에서 8절까지에서 설명하고 있습니다.

먼저 근친상간을 행하는 자를 교회로부터 내보내는 조치가 당사자에게 어떤 유익을 주는가를 말한 3절에서 5절을 살펴보겠습니다. "내가 실로 몸으로는 떠나 있으나 영으로는 함께 있어서 거기 있는 것같이 이런 일 행한 자를 이미 판단하였노라 주 예수의 이름으로 너희가 내 영과 함께 모여서 우리 주 예수의 능력으로 이런 자를 사탄에게 내주었으니 이는 육신은 멸하고 영은 주 예수의 날에 구원을 받게 하려 함이라." 이 본문은 사실은 긴 한 문장으로 되어 있는데, 구절들을 어디에 가져다가 붙이느냐에 따라서 의미가 달라지는 복잡한 문장입니다. 우리 성도님들의 이해를 돕기 위하여 이 문장을 세 부분으로 나누겠습니다.

첫째 부분은 "내가 실로 몸으로는 떠나 있으나 영으로는 함께 있어서 거기 있는 것같이 이런 일 행한 자를 이미 판단하였노라 주 예수의 이름으로"까지입니다. 우리 말 번역은 "주 예수의 이름으로"가 뒷 구절에 붙어 있는데, 사실은 앞 구절에 붙어야 합니다. 앞 구절에 붙여서 읽으면 이렇게 됩니다. "내가 실로 몸으로는 떠나 있으나 영으로는 함께 있어서 거기 있는 것 같이 주 예수의 이름으로 이런 일 행한 자를 이미 판단하였노라." 바울은 지금 에베소에서 고린도전서를 쓰고 있습니다. 그래서 몸으로는 떠나 있습니다. 그러나 고린도교인들과 영으로는 함께 있다고 말합니다. 이 말은 바울의 영이 훌쩍 날아가서 어떤 유령처럼 고린도교회 성도들에게 나타난다는 말은 아닙니다. 그러면 어떻게 바울의 영과 고린도교회 성도들의 영이 함께 있을 수 있을까요? 이 일이 가능한 이유는 바울과 고린도교회 성도들이 모두 "성령 아래 있기 때문입니다. 고린도교회 성도들도 성령의 지도를 받고, 바울도 같은 성령의 지도를 받는다면, 비록 몸은 떨어져 있어도 생각이 같은 방향을 향할 수 있다고 바울은 믿고 있는 것입니다. 사실 이것은 믿음을 가지고 진지하게 성경말씀에 주의하는 성도들만이 체험할 수 있는 특권입니다. 믿음 밖에 있는 사람들은 도저히 경험할 수 없는 것입니다. 바울의 영은 자기 마음대로 생각하는 영이 아니라 언제나 성령의 지도하심에 순종하고 주의하는 영이었습니다. 근친상간의 문제에 대하여 기도하는 가운데 성령의 지도하심에 주의하다 보면 어떤 조치를 취하는 것이 바른 조치인가에 대하여 같은 방향으로 생각하게 된다는 것입니다. 바울은 근친상간을 범한 자에 대하여 자신이 내린 판단에 대하여 고린도교회 성도들도 동의할 것이라는 확신을 가지고 있었습니다.

둘째 부분은 "너희가 내 영과 함께 모여서 우리 주 예수의 능력으로." 바울은 바울 자신과 고린도교회 성도들이 한자리에 모여서 근친상간을 행한 성도를 어떻게 처리해야 하느냐 하는 문제를 두고 고민하는 장면을 머릿속에 그리면서 이 내용을 쓰고 있습니다. 그런데 이 모임에는 먼저 성령이 함께 하고 있습니다. "너희가 내 영과 함께 모여서"라는 말은 앞에서 말한 것처럼 고린도교회 성도들이나 바울이 모두 성령의 지도를 받는 모습을 묘사합니다. 뿐만 아니라 "주 예수의 능력"에도 의지합니다. 바울은 성령과 주 예수의 능력에 의지하여 고린도교회 성도들과 함께 모여서 해결방법을 모색하는 장면을 머릿속에 그리고 있습니다. 고린도교회 성도들이 이 편지를 읽을 때면 바울과 똑같은 장면을 머릿속에 그리게 될 것입니다.

이처럼 고린도교회 성도들과 바울이 성령과 주 예수의 도움을 받아서 머리를 맞대고 논의한 결론이 바로 셋째 부분입니다. "이런 자를 사탄에게 내주었으니 이는 육신은 멸하고 영은 주 예수의 날에 구원을 받게 하려 함이라." 바울이 최종적으로 내린 조치가 바로 근친상간을 범한 자를 사탄에게 내주는 것인데, 이 말은 교회에서 내보내는 것을 뜻합니다. 근친상간과 같은 심각한 죄를 계속하여 범하는 자를 교회에서 내보내는 이유는 이 사람을 영원히 파멸시켜 버리려는 것이 아닙니다. 그 목적은 두 가지입니다. 하나는 "육신을 멸하려는" 것입니다. 이 본문에서 "육신을 멸한다"는 말은 "몸을 죽인다"는 뜻이 아닙니다. 여기서 "육신"이라는 단어는 "죄악 된 본성"이라는 뜻입니다. 죄악 된 본성을 죽이기 위해서 교회로부터 내보낸다는 것입니다. 죄악 된 본성을 죽이는 것은 좋은 일이 아닙니까? 이 사람을 교회로부터 내보낸다는 말은 이 사람이 더 이상 구원받은 백성이 아니라는 뜻은 아닙니다. 은혜와 사랑으로 감싸 주고 따뜻하게 대해 주는 성도들과의 관계가 끊어져 보면 아마도 정신적인 충격을 받게 될 것입니다. 그리고 깊은 외로움도 겪게 될 것입니다. 그리고 이기적이고 늑대와 같은 싸늘한 세상 사람들과 한번 지내면서 세상의 뜨거운 맛을 한번 보면 그때에야 비로소 자기가 잘못한 것을 깨닫게 될 것입니다. 이런 고생을 해 보면 마음속에 자리 잡고 있던 죄악 된 본성이 수그러들 수 있습니다. 이런 과정을 통하여 마침내는 회개하고 돌아오게 하려는 것입니다. 이 세상에 사는 동안에 돌아오지 않는다면 최소한 죽어서 주님 앞에 서는 날에는 잘못을 인정하고 주께 돌아오게 하려는 것이 또 하나의 궁극적인 목적입니다. 이것이 "주 예수의 날에 구원을 받게 하려 함이라"는 구절이 뜻하는 것입니다.

다음으로 근친상간을 범하는 자를 교회에서 내보내는 것이 교회 공동체에 주는 유익이 무엇인가를 다루는 6절에서 8절을 살펴보겠습니다. 먼저 6절을 읽겠습니다. "너희가 자랑하는 것이 옳지 아니 하도다 적은 누룩이 온 덩어리에 퍼지는 것을 알지 못하느냐?" 바울은 근친상간을 범하는 자를 적은 누룩에 비유합니다. 여기서 말하는 누룩은 오늘날 빵을 만드는데 사용하는 효소와는 다른 것입니다. 이 누룩은 작은 밀가루 반죽입니다. 이 반죽을 일주일동안 불에다가 살짝 굽습니다. 그런 뒤에 커다란 새 밀가루 반죽 덩어리에다가 이 구운 작은 반죽 덩어리를 넣어 둡니다. 그러면 새 밀가루 반죽 덩어리 안에서 발효를 시작하여 열을 가하면 새 밀가루 반죽 덩어리가 부풀어 오릅니다. 이렇게 부풀어 오른 밀가루 반죽 덩어리를 빨리 불에다가 구우면 맛있는 빵이 됩니다. 그런데 부풀어 오른 밀가루 반죽을 빨리 굽지 않고 조금이라도 지체하면 이 반죽이 급속도로 부패하여 반죽 전체가 금방 썩어 버립니다. 누룩 역할을 하는 작은 밀가루 반죽이 새 밀가루 반죽 전체를 부풀어 오르게 하고 마침내는 반죽 전체가 썩어 문드러지게 만드는 것처럼, 근친상간과 같은 성적 범죄를 범하는 자를 교회 공동체 안에 허용하면 조만간에 교회 공동체 전체가 오염되기 때문에, 교회 공동체를 보호하기 위해서 반드시 내보내야 한다는 것입니다.

바울은 누룩이야기를 유월절 사건과 연결합니다. 7절과 8절입니다. "너희는 누룩 없는 자인데 새 덩어리가 되기 위하여 묵은 누룩을 내버리라 우리의 유월절 양 곧 그리스도께서 희생 되셨느니라 이러므로 우리가 명절을 지키되 묵은 누룩으로도 말고 악하고 악의에 찬 누룩으로도 말고 누룩이 없이 오직 순전함과 진실함의 떡으로 하자." 이 본문을 이해하기 위해서는 유월절에 관련된 규정들을 이해할 필요가 있습니다. 유월절은 하나님이 이스라엘 백성들을 애굽에서 구해 내실 때 마지막 재앙으로서 애굽의 장자를 죽이실 때 어린 양의 피를 문설주에 바른 이스라엘 백성들의 장자는 죽이지 않고 넘어가신 사건을 기념하는 절기입니다. 어린 양은 십자가 위에서 우리를 위하여 죽으신 예수님을 상징합니다. 유월절에는 반드시 무교병을 먹도록 되어 있었습니다. 어린 양을 잡는 날에도 무교병을 먹도록 되어 있었고 유월절 다음 날부터 7일 동안 무교병만을 먹도록 되어 있었습니다. 무교병이란 누룩이 들어가지 않은 빵을 말합니다. 누룩은 구약시대 때는 이방백성들에게서 나타나는 악한 마음과 관습과 행동을 상징했습니다. 따라서 누룩을 제거하라는 말은 하나님의 백성이 되기 전의 악한 마음, 관습, 행동을 제거하라는 뜻입니다. 우리가 어린 양의 피의 공로에 의지하여 애굽의 압제로부터 해방되는 큰 은혜를 받았다면, 마땅히 애굽에 있을 때 빠져 있었던 악한 관습도 벗어 버려야 할 것입니다.

성도의 삶은 축제이자 잔치입니다. 교회의 삶도 축제이자 잔치입니다. 유월절 잔치는 7일 동안 계속되었습니다. 7일 동안 계속되었다는 말이 무슨 뜻일까요? 7은 완전수입니다. 7은 무한이라는 뜻을 지닙니다. 유월절 잔치를 7일 동안 계속했다는 말은 성도와 교회의 삶은 이 세상에 사는 날 동안, 이 세상의 삶이 끝나는 날까지, 그리고 그 이후에도 항상 그리고 영원히 잔칫날이요, 축제의 날이라는 뜻입니다. 성도의 삶은 죄와 사망의 세력으로부터 해방된 것을 기뻐하고 경축하며, 현재와 미래에 하나님과 함께 동행 하는 삶을 벅찬 마음으로 기대하며, 장차 슬픔도 질병도 죽음도 없는 영원한 나라에서 하나님이 예비하신 축복을 풍성하게 누릴 것을 바라보며 즐거워하는 축제와 잔치의 삶입니다.

그런데 하나 조건이 있습니다. 그것은 어디까지나 무교병의 축제이지 유교병의 축제가 아닙니다. 세상 사람들의 잔치는 항상 유교병의 축제입니다. 축제의 뒤끝에는 항상 쓸쓸함과 어두움과 죄악의 그늘이 드리워집니다. 군대에서 파티를 하면 항상 발효된 술이 동반되고, 파티가 끝나면 항상 술주정과 더불어 대판 싸움이 벌어지고 구역질하고 토하는 것으로 끝납니다. 세상의 축제가 바로 그렇습니다. 시작은 화려하게 하나 마지막은 어둡고 칙칙하게 끝납니다. 그러나 무교병의 축제는 술이 없는 축제요, 시작은 소박하나 시간이 지날수록 참된 즐거움과 기쁨과 뿌듯함과 건강함이 넘쳐

나며, 오랜 시간 동안 아름다운 여운이 떠나지 않는 진정한 아름다움이 있는 축제입니다. 이 아름다운 축제에 항상 참여하기 위해서는 죄악된 성품과 악한 관습과 행동을 벗어 버리는 노력이 있어야 합니다.

    사랑하는 성도 여러분! 우리는 모두 이 아름답고 건강한 축제와 잔치에 초대받은 자들입니다. 그것도 한번만 초대받은 자들이 아니라 적어도 매 주일 마다 이 잔치와 축제를 만끽하도록 초대받은 자들입니다. 우리는 모두 마음속에 있는 악한 성품과 악한 관습과 행동을 내버리고, 매 주일마다, 그리고 모일 때마다 이 아름다운 축제와 잔치에 넉넉하게 참여하고, 즐거워하고 경축하고 기뻐하는 성도님들이 되어야 하겠습니다.

9 내가 너희에게 쓴 편지에 음행하는 자들을 사귀지 말라 하였거니와 **10** 이 말은 이 세상의 음행하는 자들이나 탐하는 자들이나 속여 빼앗는 자들이나 우상 숭배하는 자들을 도무지 사귀지 말라 하는 것이 아니니 만일 그리하려면 너희가 세상 밖으로 나가야 할 것이라 **11** 이제 내가 너희에게 쓴 것은 만일 어떤 형제라 일컫는 자가 음행하거나 탐욕을 부리거나 우상 숭배를 하거나 모욕하거나 술 취하거나 속여 빼앗거든 사귀지도 말고 그런 자와는 함께 먹지도 말라 함이라 **12** 밖에 있는 사람들을 판단하는 것이야 내게 무슨 상관이 있으리요마는 교회 안에 있는 사람들이야 너희가 판단하지 아니하랴 **13** 밖에 있는 사람들은 하나님이 심판하시려니와 이 악한 사람은 너희 중에서 내쫓으라

제19강
성도들에 대한 판단

· From
the Cross
to Agape

고전 5장
9~13절

● 　　　고린도전서 5장 1절에서 8절까지에서 바울은 아버지가 얻은 둘째 부인과 성관계를 가진 아들을 교회에서 내보내라고 권고를 한 바 있습니다. 아버지가 어떤 이유로 둘째 부인을 얻게 되었는지는 알 수 없습니다. 첫째 부인과 사별을 하여 재혼을 했을 수도 있고, 첫째 부인과 이혼하고 새 장가를 들었을 수도 있고, 아니면 첫째 부인을 그대로 둔 채 첩을 얻었을 수도 있습니다. 어떤 경우든 둘째 부인은 첫째 부인 보다는 훨씬 나이가 어린 여자였음이 분명합니다. 나이가 어리면 둘째 부인과 이 아들과의 나이 차이도 많이 줄어들고, 또 법적으로는 어머니라도 혈연적으로는 남이나 마찬가지이기 때문에 두 사람 사이에서 연정이 싹틀 가능성이 있습니다. 이 관계도 근친상간임이 분명하고 또한 하나님이 명백히 금지한 잘못된 관행으로서 가족관계의 근간을 무너뜨리며, 교회를 부패시키는 것이기 때문에 교회 안에서 이런 관행을 행하는 자는 교회로부터 내보내야 한다는 것이 바울의 가르침입니다.

　　바울은 이 문제를 고린도전서에서 처음 다룬 것이 아닙니다. 에베소에 있던 바울은 에베소에 방문차 온 고린도교회 성도들로부터 고린도교회가 파벌로 나뉘어져서 싸우고 있고, 또 근친상간과 같은 음행도 나타나고 있다는 소식을 전해 듣고 이 문제들을 어떻게 다루어야 하는가를 담은 한 통의 편지를 이미 고린도교회에 보낸 바 있습니다. 이 편지 자체는 분실되어 오늘날에는 남아 있지 않지만 고린도전후서를 잘 읽어 보면 바울이 어떤 내용을 편지에 담았는가를 추정할 수 있습니다. 지금은 분실된 이 편지에 바울이 담은 내용의 일부를 오늘 우리가 읽은 고린도전서 5장 9절에서 엿볼 수 있습니다. 9절을 읽겠습니다. "내가 너희에게 쓴 편지에 음행하는 자들을 사귀지 말라 하였거니와." 이 편지에 담긴 중요한 내용 가운데 하나가 "음행하는 자들을 사귀지 말라"는 것이었습니다. 그런데 바로 바울이 제시한 이 명령을 둘러싸고 오해가 발생했습니다. 어떤 오해일까요?

고린도교회 성도들 가운데 상당수가 바울의 명령을 이방인이든 아니면 교회식구들이든 상관없이 음행을 하는 모든 사람과 일체 관계를 가져서는 안 된다는 뜻으로 받아 들였습니다. 바울의 명령을 이렇게 이해한 성도들의 반응이 두 갈래로 나뉘어졌습니다. 한쪽에서는 바울의 명령을 음행을 멀리하고 음행을 하는 모든 이방인들과의 관계도 단절하고 심지어는 성욕 그 자체를 죄악시하고 결혼관계 그 자체를 잘못된 것으로 단정하려는 금욕주의적인 태도가 나타났습니다. 다른 한편에서는 바울의 명령을 고린도시의 현실, 나아가서는 인간의 구체적인 삶의 현실을 무시한 극단적인 태도라고 비판했습니다. 고린도교회 성도들이 먹고 살려면 고린도시의 많은 이방인들과의 인간관계를 피할 수가 없습니다. 이방인들과 상업적인 거래도 해야 하고, 관공서에 있는 이방인들과 행정적인 거래도 해야 하고, 학문적인 대화도 해야 하고, 이방인 이웃들과도 일정한 관계를 맺으면서 지내야 합니다. 그런데 이런 관계를 맺으면서 살아가야 할 이방인들 가운데 음행의 조건에 걸리는 자들이 많습니다. 이런 조건들을 다 따져서 관계를 멀리한다면 고린도시 안에서 살아갈 수가 없습니다. 따라서 이들은 바울의 명령을 비현실적인 명령이라고 비판했습니다.

바울은 자신의 명령을 이렇게 해석하는 것은 자신의 명령을 오해하는 것이라고 말합니다. 10절입니다. "이 말은 이 세상의 음행하는 자들이나 탐하는 자들이나 속여 빼앗는 자들이나 우상 숭배하는 자들을 도무지 사귀지 말라 하는 것이 아니니 만일 그리하려면 너희가 세상 밖으로 나가야 할 것이라." 이 구절에서 바울은 자신이 한 명령이 음행에 빠진 믿지 않는 사람들과의 관계를 끊으라는 뜻으로 말한 것이 아님을 분명히 합니다. 바울은 단지 성적인 관계에서 비윤리적인 행동을 하는 사람들만을 염두에 두고 한 말은 아닙니다. 바울은 성적인 관계에서 비윤리적인 행동을 하는 사람들을 포함하여 모든 형태의 비윤리적인 행동을 하는 사람들을 모두 염두에 두고 있습니다. 바울은 네 가지 유형의 비윤리적인 행동을 하는 사람들을 본문의 문장에서 열거하고 있습니다. 첫째는 음행하는 자, 둘째는 탐하는 자, 셋째는 속여 빼앗는 자, 넷째는 우상숭배 하는 자입니다. 이 목록은 비윤리적인 행동을 하는 자들의 유형을 다 모아 놓은 것은 아니고 아주 많은 유형들 중에서 바울의 머릿속에 떠오르는 대로 몇 가지 유형을 그저 무작위로 열거한 것들에 지나지 않습니다. 11절에도 비슷한 목록이 나오는데, 이 목록과 10절의 목록과는 겹치는 것도 있고 새롭게 소개되는 것들도 있습니다. 11절에 새롭게 소개된 항목은 모욕하는 자와 술 취하는 자입니다. 10절과 11절에 여섯 가지 유형들이 소개되어 있는데, 이 여섯 가지 유형들을 하나하나 살펴보면 비윤리적인 행위를 하는 사람들의 윤곽을 대강 머릿속에 그릴 수가 있습니다.

첫째로, 음행하는 자는 어떤 특정한 한 가지 성적인 잘못을 범하는 자를 가리키는 것이 아니라 모든 형태의 비윤리적인 잘못된 행위를 하는 자들을 가리키는 일반적인 용어입니다. 성적인 관계에서 잘못하는 행위들도 비윤리적인 잘못된 행위들의 목록 안에 핵심적인 한 부분으로 포함됩니다.

둘째로, 탐하는 자는 자기에게 합당하게 주어진 몫 보다 더 많이 가지려고 하는 사람을 뜻합니다. 고린도시민들은 보다 높은 사회적인 지위에 올라가기 위해, 보다 강한 권력을 얻기 위해, 보다 더 많은 재산을 소유하기 위해 혈안이 된 사람들이었습니다. 물론 우리가 성실하게 일한 결과로서 보다 더 나은 지위에 오르고, 권력을 많이 행사할 수 있게 되고, 더 많은 돈을 버는 것이 항상 잘못된 일은 아닙니다. 문제는 지위, 권력, 재산을 성실히 일한 결과로서 따라오는 것이라고 생각하지 않고, 이런 것들이 일하는 목적이 되면 본문이 말하는 탐하는 자가 됩니다.

셋째로, 속여 빼앗는 자는 상대방을 부당한 방법으로 방해하거나 속이고 상대방에게 돌아가야 할 것을 빼앗는 사람을 가리킵니다. 두 사람이 사다리를 올라갈 때 정당하게 힘을 다해 더 빨리 오르려고 하지 않고, 옆에서 같이 오르고 있는 경쟁자를 밀쳐내어 사다리 아래로 떨어뜨리고 자기 혼자 위로 올라가는 광경을 생각해 보면 속여 빼앗는 자가 어떤 일을 하는 자인가를 알 수 있습니다.

넷째로, 우상숭배 하는 자는 문자 그대로 다른 신을 섬기는 자들을 가리킵니다. 특별히 고린도시에는 비너스신과 같은 이방신을 숭배하는 종교와 신전이 있었고, 이 신들을 섬기는 사람들도 많았습니다.

다섯째로, 11절에 첨가된 모욕하는 자는 대화를 할 때 끊임없이 그리고 습관적으로 다른 사람을 나쁘게 말하고 깎아 내리는 사람을 뜻합니다. 이들은 다른 사람들을 끊임없이 깎아 내림으로써 자기가 다른 사람 보다 더 나은 사람이라는 점을 은연중에 보여주려고 합니다.

여섯째로, 11절에 첨가된 또 하나의 용어인 술 취한 자는 교제를 위한 음료로서 술잔을 주고받는 사람을 뜻하는 것이 아니라 건전한 판단을 흐릴

만큼 술을 많이 마시는 것이 습관이 된 사람들을 가리킵니다. 오늘날처럼 바울 당시의 고린도시에서도 술은 상업적인 거래를 하거나 아니면 친밀한 사회적 교제를 나누는 방편으로 이용되었습니다. 바울이 본문에서 이처럼 사회적 교제를 원활하게 하기 위한 일종의 음료로서 식사와 곁들여서 한두 잔 정도의 술잔을 나누는 사람을 술 취한 사람으로 비판한 것은 아닙니다.

이처럼 이방인들 중에는 성적으로 잘못된 관행에 빠져 있는 사람, 더 많은 사회적 지위와 권력과 재산을 얻으려고 혈안이 되어 있는 사람, 다른 사람을 속이고 자기 이익을 취하는 사람, 끊임없이 다른 사람들을 헐뜯는 사람, 우상숭배를 하는 사람, 술 취한 사람들이 대부분을 차지하고 있었습니다. 바울은 이처럼 비윤리적인 행동을 하는 사람들과의 교류를 아예 끊어 버리라고 명령하지 않았습니다. 바울은 이런 일을 하는 사람들과의 교류를 끊어 버린다면 "세상 밖으로 나가야 한다"는 점을 잘 알고 있었습니다. 세상 밖으로 나간다는 말은 죽는다는 뜻입니다. 하나님의 백성들도 이방인들과의 교류를 완전히 끊으면 이 세상에서 살아갈 수가 없습니다.

그렇습니다. 믿지 않는 사람들이 아무리 윤리적으로 문제가 많고 타락한 모습을 가진 자들이 많이 모인 곳이라 하더라도 기독교인들과 교회는 이 타락한 이방인들과의 교류를 끊고 기독교인들과 교회들만 따로 모여서 노는 은둔의 공동체로 퇴각해 들어가서는 안 됩니다. 기독교인들과 교회에게 주어진 소명은 세상의 소금과 세상의 등불이 되는 것입니다. 마태복음 5장 13절에서 16절입니다. "너희는 세상의 소금이니 소금이 만일 그 맛을 잃으면 무엇으로 짜게 하리요 후에는 아무 쓸 데 없어 다만 밖에 버려져 사람에게 밟힐 뿐이니라 너희는 세상의 빛이라 산위에 있는 동네가 숨겨지지 못할 것이요 사람이 등불을 켜서 말 아래에 두지 아니하고 등경 위에 두나니 이러므로 집 안 모든 사람에게 비치느니라 이같이 너희 빛이 사람 앞에 비치게 하여 그들로 너희 착한 행실을 보고 하늘에 계신 너희 아버지께 영광을 돌리게 하라." 소금이 제 기능을 발휘하려면 소금창고 속에 머물러 있으면 안 됩니다. 소금은 썩어 부패하기 쉬운 생선 한 가운데로 뿌려져야만 세상의 부패를 방지하는 기능을 발휘할 수 있습니다. 마태복음이 말하는 빛은 등불 빛을 뜻하는데, 등불이 제 기능을 발휘하려면 등불 창고에 모여 있기만 하면 안 됩니다. 어두움 한 가운데 놓여야 합니다. 기독교인과 교회의 삶이 어려운 이유는 부패하지 않은 자신의 정체성을 그대로 유지하면서 부패한 세상 속에서 살아야 하기 때문입니다. 부패한 세상 속에서 사는 것이 힘들고 어렵다고 해서 세상을 피해서도 안 되고, 또한 세상과 똑같이 되어서도 안 됩니다.

그러면 사도 바울의 명령의 참 뜻은 무엇인가? 11절입니다. "이제 내가 너희에게 쓴 것은 만일 어떤 형제라 일컫는 자가 음행하거나 탐욕을 부리거나 우상 숭배를 하거나 모욕하거나 술 취하거나 속여 빼앗거든 사귀지도 말고 그런 자와는 함께 먹지도 말라 함이라." 본문에 "어떤 형제라 일컫는 자"는 성도들을 말합니다. 바울의 명령은 성도들 중에서 앞에서 열거한 비윤리적인 행동들을 한다면 그런 성도들과 친밀하게 교제하지 말라는 것입니다. "함께 먹지도 말라"는 말은 교제를 멀리 하라는 뜻입니다. 오늘날도 만나서 중요하고 속 깊은 이야기를 나누려면 식사를 같이 할 때가 많습니다. 이 점은 바울 당시도 마찬가지였습니다. 바울 당시에도 식사자리는 친밀한 교제를 나누는 자리였습니다. 그런데 바울은 지금 우리가 쉽게 납득하기 어려운 생활원리를 세우고 있습니다. "비윤리적인 행동을 하는 이방인들과는 지금까지 해오던 대로 교류를 계속하라. 그러나 비윤리적인 행동을 하는 성도들과는 친밀한 교제를 단절하라." 우리의 상식과는 다른 가르침이지요? 이방인들이 잘못할 때는 아주 관대하게 대하고, 영적으로 형제자매 관계에 있는 성도들이 잘못할 때는 상당히 가혹하게 대하라는 내용이 아닙니까? 오히려 반대가 되어야 하지 않을까요? 성도들은 영적으로 한 형제자매들이니까 오히려 비윤리적인 행동이 나타나도 눈감아 주고 교제를 계속하고, 이방인들이 비윤리적인 행동을 하면 아예 멀리해 버리는 것이 옳은 일이 아닐까요? 바울이 이렇게 뜻밖의 명령을 하는 이유는 무엇일까요? 그 이유는 12절과 13절이 말하고 있습니다.

12절에서 바울은 자신의 가르침의 내용을 다시 한 번 간략히 요약하여 정리 합니다. "밖에 있는 사람들을 판단하는 것이야 내게 무슨 상관이 있으리요마는 교회 안에 있는 사람들이야 너희가 판단하지 아니하랴?" "밖에 있는 사람들"은 교회 밖에 있는 사람들 곧 이방인들을 말합니다. 바울은 이방인들이 비윤리적인 행동들을 하는 것에 대해서는 관계하거나 판단하지 않겠다고 말합니다. 이 말은 고린도교회 성도들이나 우리들에게도 그렇게 하라는 뜻입니다. 그렇습니다. 물론 우리들은 우리 사회의 도덕적 수준이 해이해지고 타락하는 것을 보고 가슴 아파 하고 슬퍼하며 염려해야 합니다. 그러나 불신자들이 행하는 악행 하나하나에 대하여 불신자들을 도덕적으로 비판하는 것은 우리들이 할 일이 아닙니다. 이들이 이렇게 악을 행한다 하더라도 이들과의 교류를 중단할 필요는 없습니다. 그러나 성도들에 대해서는 태도가 달라져야 합니다. "교회 안에 있는 사람들"은 성도들을 말합니다. 성도들에 대해서는 교회가 판단하여 시시비비를 가리고 끝까지 잘못을 시정하지 않으면 관계를 단절하라는 것입니다.

바울이 이렇게 명령하는 이유는 13절에 나타납니다. "밖에 있는 사람들은 하나님이 심판하시려니와 이 악한 사람은 너희 중에서 내쫓으라." 불신자들이 비윤리적인 행동을 할 때 성도들이 비판하지 않아도 되는 이유는 하나님이 직접 심판을 하실 것이기 때문입니다. 이 본문에서 하나님이 심판하신다는 말은 세상 마지막 날에 하나님이 하시는 심판을 뜻합니다. 불신자들은 마지막 날에 하나님의 심판을 받고 영원한 멸망에 떨어지게 될 자들입니다. 하나님이 직접 판단하시는 이상 성도들이 개입할 필요가 없습니다. 그러나 성도들이 비윤리적인 행동을 하면 교회가 판단을 해야 하고, 교회가 판단을 하여 잘못임이 발견되면 비윤리적인 행동을 하는 성도들에게 행동을 중지하도록 권고를 해야 하고, 만일 이 권고를 받아들이지 않으면 교회에서 쫓아내야 한다는 것입니다. 왜 그렇게 해야 할까요? 성도들도 마지막 날에 하나님의 심판을 받지만 이 심판에서 구원받고 하나님 나라에 들어갈 자들이기 때문입니다. 따라서 이 날이 오기 전에 성도들은 서로서로를 판단하여 마지막 하나님의 심판을 받을 때 부끄러움을 당하지 않도록 미리미리 준비해야 합니다. 불신자들은 마지막 날에 희망이 없기 때문에 구태여 잘못을 지적하는 수고를 할 필요가 없습니다. 그러나 성도들은 마지막 날에 구원받을 희망이 있기 때문에 서로서로 잔소리를 해야 합니다. 하나님 나라에 들어가서 영원히 삶을 시작하기 전에 잘못된 것들이 있으면 다 털고 가야 합니다.

비윤리적인 행동을 끝까지 고치려고 하지 않는 성도들을 교회에서 내쫓아야 하는 이유는 두 가지 입니다. 하나는 그 성도 본인을 위해서입니다. 이 성도를 교회에서 쫓아내는 이유는 성도를 영원히 내보내려는 것이 아니라 내쫓김을 당하고 사랑의 관계 안에 있던 성도들과의 관계가 끊어지는 아픔을 겪는 과정에서 비윤리적인 행위의 대가가 얼마나 쓰라린 것인가를 경험하고 궁극적으로는 회개하고 돌아오도록 하려는 것입니다. 다른 하나는 교회를 순결한 공동체로 유지시키기 위해서입니다. 나쁜 누룩이 교회 전체를 부패시키는 것을 막기 위해서입니다.

여기서 교회의 치리에 대하여 한 가지 말씀을 드리고자 합니다. 현대교회의 성도들의 문제점들 가운데 하나는 교회의 치리를 너무나 가볍게 여긴다는 것입니다. 물론 교회는 성도들이 비윤리적인 행동을 할 때 매우 신중하게 치리를 해야 합니다. 그러나 일단 교회가 신중하게 치리를 하면 성도들은 이 치리를 하나님의 뜻으로 받아들이고 무겁게 생각하고 진중하게 자신을 반성하는 기간을 가진 후에 잘못을 회개하고 자기를 치리한 교회로 다시 돌아와야 합니다. 이것이 바른 교회생활입니다. 성도들이 교회가 정당하게 치리를 할 때 하나님의 뜻으로 받지 않고 감정적으로 받아 들여서 "여기만 교회인가? 여기서 치리를 하면 아예 교회를 떠나 버리면 되지 뭐. 나를 받아주는 다른 교회에 가서 신앙생활을 하자"라고 생각하고 이 교회 저 교회를 옮겨 다니는 일이 오늘날 흔히 일어나고 있습니다. 이런 태도로 교회의 치리를 받아들이면 성도들의 영혼의 성장이 멈추어 버리거나 퇴보하게 됩니다. 그리고 마음도 강퍅해질 수 있습니다. 물론 교회의 치리는 사회법적인 구속력은 없습니다. 본인이 받아들이지 않으면 그만일 수 있습니다. 그러나 정당한 교회의 치리에는 하나님의 마음이 들어 있다는 점을 기억해야 합니다. 성도들은 어떤 비윤리적인 행동 때문에 교회에서 내쫓김을 당하는 일이 없어야겠지요. 그러나 만에 하나 치리를 받는 상황에 이른다 하더라도 교회의 정당한 치리라면 하나님의 뜻으로 받아들이고 경건한 마음으로 자숙하는 시간을 가진 후에 자기를 치리한 그 교회로 돌아오는 것이 바른 성도의 선택입니다. 그래야만 성도의 영혼이 건강하게 성장합니다.

    우리는 세상 사람들이 아무리 부패하고 타락했어도 이들과 교류하는 것을 회피하지 않고 적극적인 마음으로 세상 속에 들어가서 빛과 소금의 역할을 신실하게 담당하는 성도들이 되어야 하겠습니다. 그러나 성도들과 교회 안에서 부패하고 타락한 모습이 나타나는 경우에는 바르게 판단하고 필요할 경우에는 악행을 버리지 않는 성도들과의 교제를 단절하는 결단을 내림으로써 한편으로는 성도들이 회개하고 돌아 올 수 있게 하고, 다른 한편으로는 교회의 순결을 지켜야 하겠습니다.

1 너희 중에 누가 다른 이와 더불어 다툼이 있는데 구태여 불의한 자들 앞에서 고발하고 성도 앞에서 하지 아니하느냐 2 성도가 세상을 판단할 것을 너희가 알지 못하느냐 세상도 너희에게 판단을 받겠거든 지극히 작은 일 판단하기를 감당하지 못하겠느냐 3 우리가 천사를 판단할 것을 너희가 알지 못하느냐 그러하거든 하물며 세상 일이랴 4 그런즉 너희가 세상 사건이 있을 때에 교회에서 경히 여김을 받는 자들을 세우느냐 5 내가 너희를 부끄럽게 하려 하여 이 말을 하노니 너희 가운데 그 형제간의 일을 판단할 만한 지혜 있는 자가 이같이 하나도 없느냐 6 형제가 형제와 더불어 고발할 뿐더러 믿지 아니하는 자들 앞에서 하느냐 7 너희가 피차 고발함으로 너희 가운데 이미 뚜렷한 허물이 있나니 차라리 불의를 당하는 것이 낫지 아니하며 차라리 속는 것이 낫지 아니하냐 8 너희는 불의를 행하고 속이는구나 그는 너희 형제로다

제20강

차라리 불의를 당하라

· From
the Cross
to Agape

고전 6장
1~8절

● 　　　　　현대 한국교회가 보여 주고 있는 부끄러운 자화상들 가운데 하나는 교회나 교단 안에서 일어나는 일들을 자체 안에서 해결하지 못하고 세상법정으로 가지고 가서 믿지 않는 판사들 앞에 머리를 숙이고 해결해 주기를 기다린다는 것입니다. 교회 내부의 문제를 세상법정에 가지고 가서 다 드러내고, 믿지 않는 사람들 면전에서 성도들이 치고받으면서 싸우는 모습을 보일 때 교회와 그리스도인들이 입는 타격은 말로 다 할 수가 없습니다. 여러 가지 복합적인 문제들이 많았던 고린도교회에서도 교회 안에서 일어난 사소한 갈등을 교회 안에서 해결하지 못한 채 세상법정에 호소하는 일이 일어났습니다. 오늘 우리가 읽은 본문 1절에서 8절은 이 문제에 대한 바울의 가르침을 담고 있습니다.

1절을 읽겠습니다. "너희 중에 누가 다른 이와 더불어 다툼이 있는데 구태여 불의한 자들 앞에서 고발하고 성도 앞에서 하지 아니하느냐?" 우리말 성경에는 바울이 평범하게 말한 것처럼 되어 있는데, 원문에는 훨씬 강한 감정이 담긴 표현이 사용되고 있습니다. 원문은 "어떻게 감히"라는 표현으로 말을 시작합니다. 바울은 분노와 실망이 담긴 표현으로 말문을 엽니다. "어떻게 감히 성도들 사이에서 일어난 갈등을 동료 성도들에게 도움을 청하여 해결할 생각을 하지 않고, 불의한 자들에게 가지고 가서 해결할 생각을 하느냐?" 그러면 성도들 사이에 일어난 갈등은 무엇일까요? 또 본문이 말하는 "불의한 자들"이 누구를 가리킬까요?

이 두 가지 질문에 대한 대답을 얻기 위하여 당시 고린도시의 세상법정이 어떤 곳인가를 살펴보기로 하겠습니다. 바울 당시의 세상법정은 로마법정을 뜻하는데, 로마법정은 두 유형으로 나누어집니다. 하나는 중앙법정이었고, 다른 하나는 로마 속국들의 주요 도시들에 있었던 지방법정입니다.

중앙법정은 주로 내란죄나 살인죄 등과 같은 정치범이나 형사범들을 다루었고, 지방법정은 돈을 주고받는 일과 관련된 민사범들을 다루었습니다. 정치범과 형사범을 다루는 로마 중앙법정은 그런대로 공정했습니다. 바울은 내란죄로 로마의 지방총독들에게 끌려가서 조사를 받을 때 로마의 중앙법정에서 가이사로부터 재판을 받게 해 달라고 요청했는데, 이는 로마의 중앙법정이 어느 정도는 공정한 재판을 한다는 것을 알고 있었기 때문입니다. 바울은 성도들이 어떤 경우에도 세상법정에 호소하지 말라고 가르친 것은 아닙니다. 로마서 13장에 의하면 믿지 않는 재판관도 "하나님이 세우신 권세"로 보아야 하고 사안에 따라서는 이들에게 호소하는 것이 정당할 때도 있었습니다. 바울은 세상 사람들로부터 터무니없는 오해를 당하여 복음사역에 지장이 있겠다고 판단한 문제에 대해서는 세상법정에 호소했습니다. 바울은 또한 인간의 생명에 치명적인 위협을 가하는 폭력이나 살인과 같은 형법상의 범죄를 범했을 경우에도 세상법정에 호소하는 것이 타당하다고 보았습니다.

그러나 사람들 사이에서 어떤 거래를 하거나 매매계약을 맺었을 때 계약을 어겼거나 빌려간 돈을 제 때에 갚지 않는 것과 같은 민사상의 문제를 다루는 지방법정은 상황이 달랐습니다. 지방법정에서 민사상의 문제로 재판을 할 때는 재판이 공정하게 이루어지지 않았습니다. 대부분의 경우에 고발한 원고는 돈이 있는 사람들이었고 고발당한 피고는 가난한 하층민들일 경우가 많았습니다. 법정에 고발하여 재판을 진행하려면 많은 돈이 필요했기 때문에 부자들만이 고발을 할 수 있었습니다. 부자들은 일단 고발을 하면 어떻게 해서든지 재판에서 이겨서 재판에 들어간 비용을 건져 내야 했기 때문에 지역에서 영향력이 있는 유지들을 포함하여 정치적으로나 경제적으로 힘이 있는 인맥을 동원하여 재판관들을 매수했고, 재판관들로 하여금 자기들에게 유리한 판결을 내리게 했습니다. 재판관들은 이들로부터 돈도 받고 압력도 받으면서 가난한 피고들에게 불리한 판결을 내렸습니다. 본문에서 말하는 "불의한 자들"은 이처럼 돈에 매수되고 압력에 굴복하여 가난한 자들에게 불공정한 판결을 내리는 지방법원의 나쁜 재판관들을 뜻합니다.

고린도 교회 안에서도 성도들 간에 돈을 둘러싸고 서로 계약 또는 거래를 하거나 돈을 빌려 주었다가 상대방이 계약을 어기거나 거래대금을 제때 주지 않거나 빌려간 돈을 갚지 않는 일이 일어났고, 이로 인하여 성도들 간에 민사적인 갈등이 발생했습니다. 그러나 본문 2절에 "지극히 작은 일"이라고 말한 것으로 미루어 볼 때 그렇게 심각할 정도로 큰 돈이 오고가지는 않고 그저 작고 소소한 규모의 돈들이 오고간 것 같습니다. 그런데 성도들이 이 갈등을 교회 자체 안에서 해결하지 못하고 고린도시의 세속적인 지방법정으로 가지고 갔습니다. 그리고는 세상 사람들이 하는 것과 똑같은 방법으로 재판관에게 뇌물을 주고, 인맥을 동원하여 압력을 행사하여 유리한 판결을 받아 내고, 가난한 동료 성도를 궁지에 몰아넣는 일이 발생한 것입니다. 이런 일이 발생하면 교회분열과 교회 내부의 싸움이 더 커지고, 성도들이 세상 사람들과 똑같아지는 심각한 사태가 발생하게 됩니다. 집안싸움은 집안싸움으로 끝내고 집안에서 해결해야 하는데, 집안싸움을 집 밖으로 확대시켜 버린 것입니다.

고린도교회 성도들이 교회 안에서 일어난 작은 민사적인 문제들을 자체적으로 해결하지 못하고 세상법정으로 가지고 간 것에 대하여 강한 분노와 실망을 표현한 바울은 2절과 3절에서는 성도들이 이런 문제들을 세상법정으로 가지고 가서는 안 되는 성경적인 이유를 두 가지 제시합니다.

첫 번째 이유가 2절에 나타나 있습니다. "성도가 세상을 판단할 것을 너희가 알지 못하느냐 세상도 너희에게 판단을 받겠거든 지극히 작은 일 판단하기를 감당하지 못하겠느냐?" 바울이 제시하는 첫 번째 성경적인 이유는 "성도는 세상으로부터 재판을 받는 자들이 아니라 거꾸로 세상을 재판해야 하는 자들이라"는 점에 있습니다. "세상"은 헬라어 원문에는 코스모스라고 되어 있는데, 코스모스는 두 가지 뜻이 있습니다. 하나는 질서가 잡혀 있는 우주이고, 다른 하나는 죄인들이 모여 사는 타락한 인간세상입니다. 본문에서는 두 번째 의미 곧 죄인들이 모여 사는 타락한 인간세상이라는 뜻으로 사용되었습니다. "성도가 세상을 판단 한다"는 말은 주님이 재림하셔서 온 세상 사람들을 심판하실 때 주님과 함께 배석하여 심판에 참여한다는 뜻입니다. 주님이 세상을 심판하실 때 성도들도 주님과 함께 심판하는 일에 참여한다는 진리는 성경 여러 곳이 말하고 있습니다. 다니엘서 7장 27절에 "나라와 권세와 온 천하 나라들의 위세가 지극히 높으신 이의 거룩한 백성에게 붙인 바 되리니"라는 말씀이 있는데, 이 말씀에서 "나라와 권세와 온 천하 나라들의 위세가...거룩한 백성에게 붙인 바 된다"는 말은 성도들이 온 세상을 심판하는 일에 참여한다는 뜻입니다. 마태복음 19장 28절은 이렇게 말합니다. "예수께서 이르시되 내가 진실로 너희에게 이르노니 세상이 새롭게 되어 인자가 자기 영광의 보좌에 앉을 때에 나를 따르는 너희도 열두 보좌에 앉아 이스라엘 열두 지파를 심판하리라."이스라엘의 열 두 지파라 하더라도 예수를 믿지 않으면 성도들로부터 심판의 대상이 된다는 것입니다. "이기는 자와 끝까지 내 일을 지키는 그에게 만국을 다스리는 권세를 주리니"라고 말하고 있는 요한계시록 2장 26절이나 특히 "또 내가 보좌들을 보니 거기에 앉은 자들이 있어 심판하는 권세를 받았더라"는 말씀은 성도들이 세상을 심판한다는 점을 분명히 하고 있습니다. 마지막 심판 날에 많은 보좌들이 주님 곁에 준비되고, 이 보좌들에 성도들이 앉아서 주님과 함께 세상심판에 참여합니다. 이처럼 성도들은 장차 세상 전체를 심판하는 어마어마한 특권을 받은 자들입니다. 고린도시의 지방법정의 이방 재판관들도 마지막 날에 성도들 앞에서 재판을 받아야 할 자들입니다. 온 세상을 심판하는 어마어마한 자리에 있어야 할 자들이 일상생활에서 일어나는 작은 문제 하나 스스로 해결하지 못하고 장차 자신들이 심판할 지방법정의 재판관들 앞에서 서로 헐뜯고 싸우면서 판결을 기다리고 있는 모습이 얼마나 꼴불견입니까?

두 번째 이유는 3절에 있습니다. "우리가 천사를 판단할 것을 너희가 알지 못하느냐 그러하거든 하물며 세상일이랴?" 바울이 제시하는 두 번째 이유는 "성도들이 천사를 판단 한다"는 데 있습니다. 성도들은 세상 사람들만을 심판하는 것이 아닙니다. 마지막 심판의 날에 성도들은 천사들까지도 심판합니다. 여기서 말하는 천사는 선한 천사들을 가리키는 것이 아니라 타락한 천사들을 가리킵니다. 베드로후서 2장 4절과 유다서 6절을 읽어 보면 하나님께서 타락한 천사들을 지옥의 어두운 구덩이에 던져 가두어 놓았다고 말씀하셨는데, 바로 이 천사들을 마지막 날에 주님이 심판하실 때 성도들도 심판에 참여한다는 것입니다. 천사까지도 심판할 엄청난 특권을 받은 자들이 사소한 생활문제로 인한 갈등 때문에 지방법정의 심판을 받는다는 것이 자존심 상하는 일이 아니겠습니까? 그것은 마치 나라 전체를 통치하는 대통령이 동사무소 직원 앞에서 굽실거리면서 혼나고 있는 것처럼 꼴사나운 일이 아니겠습니까? 본문이 말하는 세상 일로 번역된 헬라어 원어는 비오티카라는 말인데, 이 말은 육체적 생명에 관련된 일들을 뜻합니다. 비오라는 말이 육체적 생명을 뜻합니다. 생물학을 영어로 바이올로지라고 하는데, 바이라는 말이 바로 본문이 말하는 비오입니다. 육체적 생명에 관련된 일들이란 이 세상에서 먹고 사는 일에 관련된 일들이라는 뜻입니다.

성도들이 일상생활의 관계에서 일어나는 사소한 문제들을 세상법정에 가지고 가지 말아야 할 성경적인 이유들을 제시한 바울은 여전히 마음이 풀리지 않았습니다. 바울은 마음을 사로잡고 있는 분노와 실망, 그리고 답답한 마음을 4,5,6절에서 계속하여 말합니다. 4절입니다. "그런즉 너희가 세상 사건이 있을 때에 교회에서 경히 여김을 받는 자들을 세우느냐?" 본문에서 세상 사건이라는 말이 나오는데, 이 말도 3절에서 말하는 비오티카의 번역어이므로 육체적 생명 곧 먹고 사는 것과 관련된 사소한 일들을 가리킵니다. 고린도교회가 이런 일들로 다툼이 생길 때 교회 안에 있는 성도들에게 중재를 요청하는 시도를 전혀 하지 않은 것은 아닙니다. 고린도교회 성도들도 어떤 문제들은 동료 성도들에게 중재를 요청하여 해결한 일이 있었습니다. 바울은 고린도교회 성도들에게 이 일을 상기시키면서 그때 어떤 사람에게 도움을 청했느냐라고 묻고 직접 답을 말합니다. 이럴 경우에 고린도교회 성도들은 교회 안에서 평판이 좋지 않은 사람에게는 중재를 요청하지 않았습니다. 신뢰할 만한 사람에게 중재를 요청했습니다. "너희가 평판이 나쁜 사람에게 중재를 요청한 적이 있었느냐?"라는 것입니다. 당연히 그런 일이 없지요. 여기서 바울이 진짜 하고 싶은 말이 무엇일까요? 지금 바울은 교회 안에서 중재를 부탁할 때도 평판을 따지는 너희들이 어째서 지방법정의 재판관들에게 나아가서 중재를 요청할 때는 재판관들의 평판에 대해서는 생각하지 않느냐는 것입니다. 지방법원의 재판관들이 뇌물을 좋아하고 압력에 굴복하여 엉터리로 판결하는 불의한 재판관이라는 사실은 이미 잘 알려져 있고 너희도 이미 알고 있으면서 어떻게 이런 사람들에게 나아가서 중재를 청하느냐? 그게 앞뒤가 안 맞지 않느냐 라는 것입니다.

5절에서 바울은 이렇게 말합니다. "내가 너희를 부끄럽게 하려 하여 이 말을 하노니 너희 가운데 그 형제간의 일을 판단할 만한 지혜 있는 자가 이같이 하나도 없느냐?" 바울은 성도들 사이에서 일어나는 사소한 생활상의 갈등 정도는 중재하여 해결해 줄 수 있는 성도가 고린도교회 안에 분명히 있다고 확신했습니다. 그러니까 앞으로 사소한 생활상의 갈등이 생기면 세상법정으로 가져가지 말고 지혜로운 성도들에게 중재를 부탁하여 교회 안에서 해결하라는 것입니다. 바울은 6절에서 사소한 생활상의 갈등을 지방법정으로 가져가는 행동을 다시 한 번 책망합니다. "형제가 형제와 더불어 고발할 뿐더러 믿지 아니하는 자들 앞에서 하느냐?"

그러면 사소한 생활상의 갈등을 교회 안에서 해결하려고 노력해도 해결이 안 되고 마침내 어느 한 쪽이 억울하게 손해를 봐야 하는 사태가 벌어지면 어떻게 해야 하는가? 이 질문에 답변하는 과정에서 바울은 아주 중요한 기독교인의 생활원리를 말합니다. 7절입니다. "너희가 피차 고발함으로 너희 가운데 이미 뚜렷한 허물이 있나니 차라리 불의를 당하는 것이 낫지 아니하며 차라리 속는 것이 낫지 아니하냐?"

바울은 성도들이 세상법정에 고발하는 순간 이미 "패배한 것"이라고 말합니다. "허물"로 번역된 헬라어 원어 헤테마는 "패배"를 뜻합니다. "허물이 있다"는 말은 이미 게임에서 진 것이라는 뜻입니다. 세상 법정에 고발하여 재판에서 이겨 상대방을 누르고 빌려갔던 돈을 다시 받아도 그것은 "상처뿐인 영광"이고, 득보다는 실이 너무나 큽니다. 한번 재판정에 발을 들여놓기 시작하는 순간 고발당한 성도와의 관계는 깨질 수밖에 없습니다. 서로 거래를 하고 계약을 하고 돈을 빌려 줄 정도라면 두 사람 사이가 각별히 가까웠다는 뜻이 아닙니까? 그렇게 가까웠던 관계가 법정에 들어가기 시작하는 순간 처참하게 깨져 버리고 다시는 회복되지 않습니다. 돈 몇 푼 얻는 것과 그리스도 안에서 사랑으로 맺어진 한 성도 중에 어느 편이 더 소중한 것인가? 당연히 후자가 비교할 수조차 더 소중합니다. 그러므로 돈 몇 푼 얻고, 사랑으로 맺어진 성도를 잃는다면 그것은 패배한 것입니다. 더욱이 재판에서 진 성도의 마음에는 씻기 어려운 깊은 상처가 남습니다.

패배는 여기에서 끝나지 않습니다. 세상법정으로 간 성도는 하나님 앞에서 도덕적으로도 심각한 죄를 범한 것입니다. 정당한 방법으로 재판을 해서 이겨도 벌써 패배한 것인데, 지금 고린도교회 성도가 지방법정에 호소한 사건은 정당한 방법으로 진행된 것이 아닙니다. 고발한 성도는 재판관에게 뇌물을 주고, 인맥을 동원하여 압력을 넣어서 불공정하게 재판결과가 나타나도록 뒤에서 조작했습니다. 8절이 말하는 것처럼 이 성도는 형제에 대하여 불의를 행하고 속이는 죄를 저지른 것입니다.

세상법정에서 이겨도 패배하는 것이라면 어떻게 하는 것이 가장 지혜로운 결정일까요? 7절 후반 절이 말하는 것처럼 "차라리 불의를 당해 주고, 차라리 속아 주는 것"이 가장 지혜로운 길입니다. 동료 성도와의 갈등이 해결되지 않아서 내가 물질적으로 손해를 봐야만 하는 상황이 되면 세상법정으로 가져가지 말고 그냥 손해를 보는 편을 택하라는 것입니다. 상대방이 나에게 악을 행하지만 나는 악을 악으로 갚지 않고 참아 내고 오히려 상대방을 그리스도의 사랑으로 끝까지 사랑하는 것이 최선의 방책이라는 것입니다. 이것이 바로 성도들의 생활원리이며, 성도들의 생활방식이 세상 사람들과의 생활방식과는 차이가 나는 분기점입니다. 우리는 여기서 사도 바울이 예수님이 마태복음 5장 38절에서 44절에서 가르치신 생활원리를 그대로 따르고 있음을 알 수 있습니다. "눈은 눈으로, 이는 이로 갚으라 하였다는 것을 너희가 들었으나 나는 너희에게 이르노니 악한 자를 대적하지 말라 누구든지 네 오른편 뺨을 치거든 왼편도 돌려 대며 또 너를 고발하여 속옷을 가지고자 하는 자에게 겉옷까지도 가지게 하며 또 누구든지 너로 억지로 오리를 가게 하거든 그 사람과 십리를 동행하고 네게 구하는 자에게 주며 네게 꾸고자 하는 자에게 거절하지 말라 또 네 이웃을 사랑하고 네 원수를 미워하라 하였다는 것을 너희가 들었으나 나는 너희에게 이르노니 너희 원수를 사랑하며 너희를 박해하는 자를 위하여 기도하라."

바울은 그 자체가 아무리 옳고 정의로운 일이라 할지라도 그 일을 밀어붙이면 파괴적인 결과가 찾아올 것이 분명한 경우에는 일을 무리하게 밀어붙이지 않았습니다. 예를 들어서 바울은 우상에게 바쳐졌던 고기라도 고기 그 자체는 하나님이 만드신 것이므로 감사한 마음으로 먹으면 아무런 문제가 없다고 생각했습니다. 그러나 동료 신자들 가운데 아직 믿음이 약하여 우상에게 바쳐졌던 고기를 먹는 모습을 보고 질겁하면서 마음이 불편한 성도들과 함께 있을 때에는 우상에게 바쳐졌던 고기를 먹지 않았습니다. 왜 그랬을까요? 바울은 고기 먹는 일이 정당한 일이라도 고기를 먹다가 믿음이 연약한 신자를 잃는다면 득보다 실이 너무나 크다고 생각한 것입니다.

바울은 고기를 먹는 것을 절제하고 동료 신자와의 사랑의 관계를 유지하고 동료 신자를 잃지 않는 것이 실 보다는 득이 훨씬 크다고 생각했습니다. 바울은 고린도교회 성도들에게 작은 물질적인 이익을 얻는 일에 집착하다가 소중한 동료 성도를 원수로 만들어 떠나 보냄으로써 더 큰 것을 잃어버리는 어리석음을 범하지 말라고 경고하고 있습니다. 그것은 소탐대실의 우를 범하는 것이기 때문입니다. 바울은 물질 보다 사람이 더 중요하다는 것을 고린도교회 성도들이 깨닫기를 바라고 있는 것입니다. 기독교인의 삶은 법적 차원에서 정당하다는 것으로 만족하는 삶이 아닙니다. 기독교인의 삶은 법적 차원을 넘어서서 사람 그 자체가 소중하다는 관점을 가지고, 사람을 잃는 것 보다는 차라리 물질의 손해를 감수하겠다는 결의를 가지고 살아내는 삶입니다.

이제 오늘의 강의를 정리하겠습니다. 우리는 하나님이 우리를 얼마나 영광스럽고 높은 지위에 두셨는지를 항상 생각하며, 우리가 차지하고 있는 영광스러운 자리에 어울리지 않는 일을 하지 않도록 유의해야 할 것입니다. 우리는 마지막 날 주님이 재림하실 때 주님과 함께 보좌에 앉아서 온 세상을 심판하고, 심지어 천사들까지도 심판할 어마어마한 일을 할 하나님의 백성들입니다. 대통령에 당선되어 대통령직을 맡을 사람이라면 거기에 어울리는 방식으로 살아야 하는 것처럼 우리는 우리의 영광스러운 신분에 어울리는 삶을 살아야 할 것입니다. 우리의 이 높은 신분을 생각할 때, 성도들 사이에서 일어나는 사소한 이권문제를 가지고 세상법정에 찾아가서 하나님 나라에 대하여 아무 것도 모르는 세상 재판관들 앞에서 싸우고 그의 판결을 기다리는 모습은 정말로 우리의 신분에 어울리지 않는 모습입니다. 우리의 형제가 우리에게 약간의 불의와 손해를 끼쳤다 하더라도 차라리 불의와 손해를 그냥 당함으로써 우리의 고결하고 높은 신분을 손상시키지 않고 동료 성도들과의 사랑의 관계를 잃지 않는 자들이 되어야 하겠습니다.

9 불의한 자가 하나님의 나라를 유업으로 받지 못할 줄을 알지 못하느냐 미혹을 받지 말라 음행하는 자나 우상 숭배하는 자나 간음하는 자나 탐색하는 자나 남색하는 자나 10 도적이나 탐욕을 부리는 자나 술 취하는 자나 모욕하는 자나 속여 빼앗는 자들은 하나님의 나라를 유업으로 받지 못하리라 11 너희 중에 이와 같은 자들이 있더니 주 예수 그리스도의 이름과 우리 하나님의 성령 안에서 씻음과 거룩함과 의롭다 하심을 받았느니라

제21강

하나님의 나라

From
the Cross
to Agape

고전 6장
9~11절

● 　　　　한국의 TV 드라마에서 극적인 효과를 높이기 위하여 가장 많이 사용하는 소재들 가운데 하나는 출생의 비밀입니다. 출생의 비밀은 다양한 모양으로 나타납니다. 두 사람이 연인으로 서로 사랑을 했는데 알고 보니 남매지간이라는 사실이 밝혀지고 이 때문에 사랑의 전선에 빨간불이 켜지면서 독자들의 마음을 안타깝게 합니다. 고아원에서 자라난 어떤 청년이 어느 회사에 말단사원으로 취직하여 고생하면서 일을 하고 있는데 사실은 이 청년이 그 회사의 회장이 잃어버린 친아들이었습니다. 우여곡절 끝에 신분이 밝혀지게 되고 마침내는 회사를 물려받으면서 해피엔딩으로 드라마가 끝납니다. 남매지간인데 남매지간이 아닌 것처럼 행동하는 것은 시청자들이 보기에 안타깝습니다. 회장의 아들인데, 아무런 관계가 없는 말단사원으로 고생하는 모습도 시청자들에게는 안타깝게 느껴집니다. 왜 그럴까요? 자기의 신분에 어울리지 않게 행동하고 있기 때문입니다.

고린도교회 성도들의 모습이 아마도 이와 비슷하지 않았나 생각됩니다. 고린도교회 성도들은 하나님을 믿지 않는 이방백성의 신분에 있다가 예수 그리스도를 구주로 영접하고 난 후에 하나님의 백성으로 신분이 바뀐 자들입니다. 신분이 바뀌었다면 바뀐 신분에 걸맞게 행동해야 하는데, 고린도교회 성도들 가운데 일부는 이전의 이방백성으로 있을 때 가지고 있었던 행동관습을 떨쳐 버리지 못한 채 그대로 답습하고 있었습니다. 오늘 우리가 읽은 본문은 이와 같은 고린도교회 성도들에 대한 경고를 담고 있습니다.

　9절과 10절에서 바울은 이방백성들에게서 나타나는 전형적인 생활습관이 어떤 것인가를 지적하고, 이들이 어떤 운명을 맞이할 것인가를 말합니다. 9절에서 바울은 "불의한 자가"라는 말로 운을 뗍니다. 불의하다는 말은 두 가지 의미를 가집니다. 하나는 인간관계에서 공정하지 않게 행동한다는 뜻입니다. 다른 하나는 하나님 앞에 섰을 때 의롭지 못하다는 뜻으로서, 하나님을 믿지 않는 이방백성 곧 불신자를 가리킵니다. 본문에서는 두 번째 의미 곧 하나님을 믿지 않는 이방백성이라는 뜻으로 사용되었습니다. 바울은 하나님을 믿지 않는 불신자는 하나님의 나라를 유업으로 받을 수 없다고 말합니다. "하나님의 나라를 유업으로 받지 못할 줄을 알지 못하느냐?" 그런데 어떤 일이 일어나고 있습니까? 하나님의 나라를 유업으로 받은 하나님 나라의 백성들이 하나님의 나라를 유업으로 받지 못하는 이방백성들의 행동이나 습관을 따라 하고 있다는 것입니다. 이 점에 있어서 고린도교회 성도들이나 현대 교회의 성도들이 별다른 차이가 없습니다. 현대교회의 성도들에게서도 이방백성들의 관습을 따라 하려는 습성이 나타나고 있습니다. 바울은 하나님의 백성이 되기 전에 빠져 있었던 이방백성의 관습들을 버리지 못한 채 그대로 따라 하려고 하는 고린도교회 성도들과 현대 교회 성도들을 향하여 "미혹을 받지 말라"고 경고합니다.

　경고를 하고 난 바울은 하나님의 백성들이 따라 해서는 안 될 이방백성들의 타락한 생활방식의 특징들이 어떤 것들인가를 소개합니다. 바울은 이방백성들에게서 나타나는 열 가지 타락한 행동관습을 열거합니다. 이 열 가지 항목들은 특히 고린도시에 사는 사람들이 친숙하게 만날 수 있는 것들로서 이방백성의 타락한 행동관습을 전부 다 열거한 것은 아니고 바울의 머릿속에 떠오르는 중요한 것들을 무작위로 열거한 것입니다. 물론 이 항목들 이외에도 더 많이 말할 수 있지만, 이 열 가지 항목들을 살펴보면 이 방백성들의 생활관습의 윤곽을 그릴 수 있습니다.

열 가지 항목들 중에서 가장 근원적인 항목은 두 번째로 제시되어 있는 항목인 "우상 숭배하는 자"입니다. 우상 숭배는 하나님을 바르게 믿지 않는 태도를 뜻합니다. 우상숭배란 자연세계를 보고 자연세계를 만드신 하나님을 경배하지 않고 자연만물 그 자체를 경배하는 태도를 뜻합니다. 여기서 우리는 우상숭배가 어떻게 해서 나오는 것인지를 잠깐 공부할 필요가 있습니다.

바울은 로마서 1장 19절과 20절에서 이렇게 말합니다. "이는 하나님을 알 만한 것이 그들 속에 보임이라 하나님께서 이를 그들에게 보이셨느니라 창세로부터 그의 보이지 아니하는 것들 곧 그의 영원하신 능력과 신성이 그가 만드신 만물에 분명히 보여 알려졌나니 그러므로 그들이 핑계하지 못할지니라." 이 본문은 두 가지 중요한 사실을 우리에게 말하고 있습니다. 첫째는 모든 사람들 안에 "하나님을 알만한 것"이 있다는 것입니다. 둘째는 만드신 모든 만물에 하나님의 영원한 능력과 신성이 나타나 있다는 것입니다.

하나님을 알만한 것이 있다는 말은 하나님을 알 수 있는 능력이 모든 인간에게 있다는 뜻입니다. 모든 인간들이 하나님을 100% 다 아는 것은 아니지만 하나님이 지닌 몇 가지 중요한 특징들은 알고 있습니다. 사람들은 모든 것을 다 할 수 있고, 모든 것을 다 알고, 어느 곳에나 존재하는 분을 가리켜서 하나님이라고 한다는 정도는 다 압니다. 알긴 하는데 믿지 않을 뿐입니다. 그러나 무신론자는 하나님을 모르는 자라고 보아야 하지 않을까요? 아닙니다. 무신론자도 이미 하나님이 어떤 분이신가를 아는 사람입니다. 하나님이 어떤 분이신가를 알고 있기 때문에 하나님을 믿지 않는 것입니다. 하나님이 어떤 분인지를 모르고 하나님에 관한 생각 자체가 없다면 하나님을 믿는다든가 믿지 않는다 라는 생각 자체가 머릿속에 떠오르지 않을 것입니다.

이처럼 하나님을 인식할 수 있는 능력을 가진 인간이 자연세계를 정직하게만 관찰하면 하나님이 계신다는 사실을 인정하지 않을 수 없습니다. 왜냐하면 자연세계 안에는 하나님이 계시는 증거가 명확하게 나타나 있기 때문입니다. 만물 안에 하나님의 "영원한 능력과 신성"이 나타나 있다는 말은 자연세계 안에 하나님이 존재하시는 증거가 나타나 있다는 뜻입니다. 예를 들어 봅시다. 보잉 747기와 같이 백만 개가 넘는 부품을 정교하게 짜 맞추어 만든 비행기를 보고 우리는 이 비행기가 어떻게 등장했다고 생각합니까? 인격적 존재인 인간이 머릿속에서 비행기의 구조를 설계한 후에 이 설계에 따라서 비행기를 제작했다는 사실에 대하여 아무도 의심하지 않습니다. 그렇다면 보잉 747기 보다 몇 천 만 배, 아니 거의 무한한 배수만큼 더 정교한 구조로 되어 있는 자연세계를 보고 모든 사람들은 당연히 어떻게 생각해야 할까요? 자연세계 보다 훨씬 큰 인격적 존재가 자연 세계를 머릿속에 설계한 후에 그 설계에 따라서 만들었다고 생각해야겠지요? 만일 사람들이 이것을 인정하지 않는다면 자기 자신을 속이는 것입니다. 그런데 어떤 일이 벌어졌습니까? 자연세계가 얼마나 놀라운 모습으로 만들어졌는가를 보고 놀란 사람들이 자연세계를 만드신 인격적 존재이신 하나님을 경배하지 않고 자연세계 자체를 경배하게 된 것입니다. 이것이 바로 우상숭배입니다. 그러므로 바울은 로마서 1장 21-23절에서 이렇게 말합니다. "하나님을 알되 하나님을 영화롭게도 아니하며 감사하지도 아니하고 오히려 그 생각이 허망하여지며 미련한 마음이 어두워졌나니 스스로 지혜 있다 하나 어리석게 되어 썩어지지 아니하는 하나님의 영광을 썩어질 사람과 새와 짐승과 기어 다니는 동물 모양의 우상으로 바꾸었느니라."

우상숭배는 하나님과의 관계에서 인간이 범하는 죄들 가운데 가장 크고 심각한 죄입니다. 어떤 사람이 다른 사람들에게는 아주 친절하고 예의 바르게 대해도 자기를 낳은 부모를 부모로 인정하지 않고 부인한다면 이 사람은 부모에 대해서는 용서받을 수 없는 큰 죄를 범하는 것입니다. 이와 마찬가지로 세상 사람들이 인간관계에서는 제아무리 교양에 넘치고, 친절하고, 선을 행한다 하더라도, 인간과 세계를 만드신 하나님을 믿지 않는다면 하나님 앞에서는 용서받을 수 없는 큰 죄를 범하는 것입니다.

하나님을 믿지 않고 우상을 숭배하는 종교적인 죄는 도덕적인 죄를 낳는 모판이 됩니다. 본문이 지적하고 있는 나머지 아홉 가지의 항목들은 우상숭배에 뒤따르는 도덕적인 죄의 목록들입니다. 첫 번째로 제시되어 있는 항목인 "음행하는 자"에서 음행은 "자기 몫이 아닌 것을 가지려고 하는 욕망"을 뜻합니다. 이 욕망이 남녀관계에서는 불법적인 성적 관계로 나타납니다. 음행이 일반적인 불법적인 성적 관계를 가리킨다면, 세 번째 항목인 "간음하는 자"에서 말하는 간음은 보다 구체적으로 "결혼을 한 사람"과 성적 관계를 갖는 태도를 뜻합니다. 네 번째 항목인 "탐색하는 자"와 다섯 번째 항목인 "남색 하는 자"는 모두 동성애와 관련된 것인데, "탐색하는 자"는 남자들이 동성애를 할 때 여자역할을 하는 사람을 가리키고, "남색 하는 자"는 남자역할을 하는 사람을 가리킵니다. 오늘날 우리나라에서도 동성애가 이전보다 더 많이 나타나고 있고, 심지어는 드라마에까지 등장하고 있는데, 동성애는 오늘날에만 특별히 나타난 새로운 현상은 아닙니다. 바울 당시에도 그리스나 로마 사회에 동성애가 암처럼 퍼져 있었습니다. 우리가 잘 아는 소크라테스도 동성애를 했고, 위대한 철학자 플라톤은 동성애를 칭송하기까지 했습니다. 초기의 열다섯 명의 로마 황제들 중에서 열 네 명이 동성애를 행했습니다. 특히 바울 당시의 로마 황제였던 네로 황제는 스포루스라는 소년에게서 성기를 제거해 버린 다음에 이 소년을 성대한 결혼식을 통하여 아내로 맞아 들였으며, 네로 자신이 피타고라스라는 남자와 결혼하여 자기 남편으로 맞아들이는 패륜적인 행동을 하기도 했습니다.

여섯 번째 항목인 "도적"은 좀도둑을 가리킵니다. 당시 로마에는 공중목욕탕과 체육관이 많았습니다. 이 두 곳에 좀도둑이 들끓었습니다. 좀도둑들은 운동을 하기 위하여 옷을 벗어 놓는 탈의실이나 운동을 끝낸 후에 공중목욕탕에 들어가서 목욕을 하기 위하여 옷을 벗어 놓는 탈의실에 들어가서 옷을 훔쳐 달아나곤 했습니다.

일곱 번째 항목인 "탐욕을 부리는 자"는 자기에게 합당하게 주어진 몫보다 더 많이 가지려고 하는 사람을 뜻하며, 여덟 번째 항목인 "술 취하는 자"는 술에 만취된 사람을 가리키며, 아홉 번째 항목인 "모욕하는 자"는 대화를 할 때 그 자리에 없는 어떤 사람을 끊임없이 그리고 습관적으로 깎아 내리는 사람을 뜻하며, 마지막 열 번째 항목인 "속여 빼앗는 자"는 일종의 사기꾼으로서, 상대방을 부당한 방법으로 속이고 상대방에게 돌아가야 할 것을 빼앗아 오는 사람을 뜻합니다.

바울은 이런 타락한 생활패턴 속에 빠져 있는 이방인들은 "하나님의 나라를 유업으로 받지 못하리라"고 다시 한 번 10절에서 강조합니다.

이방백성들의 타락한 생활관습을 묘사한 바울은 11절에서는 고린도교회 성도들에 대하여 말하기 시작합니다. "너희 중에 이와 같은 자들이 있더니." 이 말이 무슨 뜻일까요? 이방인에게서 나타나는 이런 관습을 여전히 행하는 사람들이 고린도교회 성도들 가운데도 있다는 것입니다. 특히 본문에 사용된 "있더니"라는 표현은 헬라어 시제로 보면 "미완료형"으로 되어 있습니다. 미완료형이란 오래 전의 과거에 시작한 어떤 행동을 지금 현재에도 계속 하고 있는 모습을 묘사한 것입니다. 그렇습니다. 고린도교회 성도들 가운데 예수님을 믿기 전에 앞에서 열거한 것과 같은 타락한 이방의 생활관습을 버리지 못하고 성도가 된 후에도 계속하는 자들이 있었던 것입니다. 이 성도들을 향하여 바울은 이런 타락한 생활관습은 하나님의 나라를 유업으로 받지 못하는 이방인들이나 행하는 관습인데, 어떻게 하나님의 나라를 유업으로 이미 받은 하나님의 백성들이 행할 수 있느냐 라고 질타하고 있습니다. 바울은 고린도교회 성도들이 하나님으로부터 어떤 유업을 받았는가를 상기시킵니다. "주 예수 그리스도의 이름과 우리 하나님의 성령 안에서 씻음과 거룩함과 의롭다 하심을 받았느니라." 고린도교회 성도들은 주님의 이름과 성령 안에서 씻음과 거룩함과 의롭다 하심이라는 엄청난 영적인 유업을 받은 자들입니다. 성도들은 회개하고 예수 그리스도를 구주로 영접함으로써 죄를 용서받고 깨끗케 함을 받은 자들입니다. 성도들은 예수 그리스도의 거룩함을 옷 입고 하나님 앞에서 거룩한 사람 곧 성도들이 된 자들입니다. 성도들은 또한 예수 그리스도께서 십자가 위에서 이루신 의를 옷 입고 하나님 앞에 의인이 된 자들입니다. 성도들은 예수 그리스도와 성령의 능력에 힘입어 순결함과 거룩함과 의로움이라는 하나님 나라의 유업을 받은 자들입니다. 순결함, 거룩함, 의로움 이라는 유업은 음행, 우상숭배, 간음, 동성애, 도둑질, 탐욕, 중상모략, 술 취함, 사기행각과 같은 생활관습과는 한 지붕 밑에서 함께 살 수가 없습니다. 회장의 아들이 말단사원처럼 생활하는 것은 정말로 신분에 어울리지 않는 것처럼, 하나님 나라의 유업을 받은 자들이 타락한 이방관습 속에서 뒹굴면서 살아가는 것은 정말로 그 신분에 어울리지 않는 것입니다. 하나님 나라의 유업의 상속자가 되었다면, 이제는 이방세계의 타락한 생활관습은 벗어 버려야 하는 것입니다.

　우리 성도님들 중에는 불신자의 상태에 있다가 성도들이 되신 분들도 있고, 모태신앙으로 태어날 때부터 성도로서 출발하신 분들도 있을 것입니다. 우리는 하나님 나라의 유업을 상속받는 하나님 나라의 백성의 신분을 얻었어도 끊임없이 불신자들의 타락한 생활관습을 따라 가고자 하는 유혹을 받고 있습니다. 불신자의 상태에 있다가 하나님 나라의 유업을 상속받은 성도들은 지난 날 불신자 시절에 익숙했던 생활관습으로 돌아가려는 유혹에 노출되어 있습니다. 모태신앙으로 태어난 성도들도 평생 동안 불신자들과 함께 어울리면서 불신자들과 함께 살아가야 하기 때문에 언제나 불신자들의 생활관습을 따라 가려는 유혹으로부터 자유롭지 못합니다. 불신자들의 타락한 생활관습을 단호히 끊어 버리기 위하여 불신자들과의 관계를 아예 끊어 버리면 이 세상에서 살아갈 수가 없고, 불신자들과 긴밀하게 교류하면서 살아가려니 불신자들의 타락한 생활관습을 따라 가고자 하는 유혹이 강하게 다가올 것입니다. 따라서 바른 성도의 길을 가는 것이 참 어려운 것입니다. 이 길이 아무리 힘들어도 우리는 불신자들과 함께 적절한 관계를 맺고 생활하면서도 불신자들의 타락한 생활관습은 단호하게 거부하면서 나아갈 수 있도록 하나님께 지혜를 구하고 성령의 인도하심을 간구해야 하겠습니다.

12 모든 것이 내게 가하나 다 유익한 것이 아니요 모든 것이 내게 가하나 내가 무엇에든지 얽매이지 아니하리라 **13** 음식은 배를 위하여 있고 배는 음식을 위하여 있으나 하나님은 이것 저것을 다 폐하시리라 몸은 음란을 위하여 있지 않고 오직 주를 위하여 있으며 주는 몸을 위하여 계시느니라 **14** 하나님이 주를 다시 살리셨고 또한 그의 권능으로 우리를 다시 살리시리라

제22강

주와 합하는 자(상)

From
the Cross
to Agape

고전 6장
12~14절

● 　　　　지금까지 우리가 공부한 고린도전서 6장 11절까지의 내용에 나타난 고린도교회의 문제는 크게 세 가지로 정리될 수 있습니다. 하나는 파벌의 문제였습니다. 바울이 목회하던 곳에 아볼로라는 또 다른 탁월한 사역자가 나타남으로써 성도들 사이에 혼란과 갈등이 일어난 것입니다. 다른 하나는 세상법정에 호소하는 문제였습니다. 성도들 사이에서 작은 돈 거래를 둘러싸고 소소한 민사상의 문제가 발생했는데, 고린도교회 성도들이 문제를 타락한 지방법정에 고발하여 해결하려고 한 것입니다. 또 다른 하나는 음행의 문제였습니다. 고린도시는 그리스어로 아프로디테 여신, 라틴어로 비너스 여신의 신전이 있는 도시로서 성적으로 매우 문란한 곳이었습니다. 특별히 고린도교회 성도들 가운데는 아버지가 둘째 부인으로 맞아들인 여자와 아버지의 첫째 부인의 아들이 성관계를 갖는 근친상간과 같은 성적인 타락이 나타나기도 했습니다. 바울은 오늘 우리가 읽은 본문을 통하여 근친상간을 포함하여 결혼관계 밖에서 성관계를 가지는 것을 아무렇지도 않은 일로 생각하는 일부 고린도교회 성도들의 태도를 비판하면서, 결혼관계 밖에서 성관계를 가져서는 안 되는 중요한 이유들을 말하고 있습니다.

　먼저 12절을 읽겠습니다. "모든 것이 내게 가하나 다 유익한 것이 아니요 모든 것이 내게 가하나 내가 무엇에든지 얽매이지 아니하리라." 자, 이 말이 무슨 뜻일까요? 이 본문은 무슨 뜻인지 알 것도 같은데, 그 뜻을 딱 잡으려면 미꾸라지처럼 빠져 나가 버려서 도대체 정확한 뜻을 알기가 어려운 본문입니다. "모든 것이 내게 가하나 다 유익한 것이 아니요" – 이 말은 대충 알 것 같지요? 그런데 "모든 것이 내게 가하나 내가 무엇에든지 얽매이지 아니하리라" – 이 말은 무슨 말인지 종잡을 수가 없습니다. 무슨 선문답을 하는 것 같습니다. 그렇습니다. 이 짧은 구절의 뒤에는 당시의 시대적 배경이 깔려 있고 이 배경을 이해하지 못하면 이 짧은 구절을 이해하기가 여간 어려운 것이 아닙니다. 오늘 우리가 읽은 본문은 성경 본문들 중에서 가장 이해하기가 어려운 본문들 가운데 하나입니다.

"모든 것이 가하나"라는 구절부터 생각해 보겠습니다. 이 말을 좀 더 알기 쉽게 풀어서 설명하면 이런 말입니다. "너희들 곧, 고린도교회 성도들 중의 일부가 '모든 것이 가하다'고 주장하고 다니는데, 그러나 나 곧 바울은 그렇게 생각하지 않는다."

바울은 고린도교회로부터 인편으로 또는 고린도교회가 바울에게 보낸 편지를 통하여 고린도교회 교인들 가운데 일부가 "모든 것이 가하다"라는 슬로건을 주장하고 다닌다는 말을 들었습니다. "모든 것이 가하다"는 구절은 당시 고린도교회 안에서 통용되던 경구였습니다. 이 경구는 두 가지 사상적 배경으로부터 나온 것입니다.

첫째는, 고린도시의 시민들뿐만 아니라 당시의 지중해 세계에 살고 있는 사람들의 생각에 깊은 영향을 끼친 스토아학파와 견유학파의 철학사상입니다. 이 두 학파에서는 인간의 절대적 자유를 강조했습니다. 이 두 학파에서는 자기 주변에서 무슨 일이 일어나든지, 예를 들어서 다른 사람들이 굶어 죽어 가거나 심각한 고통을 당해도 아랑곳하지 않고 자기가 하고 싶어 하는 일을 자유롭게 하는 사람을 선하고 지혜로운 사람이라고 생각했습니다. 둘째는, 바울이 전한 복음입니다. 바울은 구원은 오직 믿음으로만 받는 것이요, 모세의 율법을 행한 업적에 근거하여 받는 것이 아니기 때문에 신자들은 모세의 율법으로부터 벗어났다고 가르쳤습니다. 이 말은 하나님으로부터 의롭다 함을 받고 하나님의 자녀가 될 때 율법을 지킬 필요가 없다는 뜻이었고, 결코 신자들이 이 세상에서 살아갈 때 율법을 지키지 않아도 된다는 뜻은 아니었습니다. 그런데 고린도교회 일부 성도들은 예수님을 믿고 그리스도인이 되면 그 이후부터는 더 이상 율법에 매이지 않고 자유롭게 살아도 된다는 뜻으로 바울의 말을 잘못 받아 들였습니다. 이들은 잘못 이해한 바울의 말을 스토아학파와 견유학파의 말과 연결시켰습니다. 그리스도인이 되어 율법으로부터 해방되어 자유롭게 사는 것이 바로 스토아학파와 견유학파가 강조한 "자기가 하고 싶은 대로 자유롭게 할 수 있는 사람"의 경지에 도달하는 것이라고 해석한 것입니다. 이처럼 고린도교회의 일부 성도들은 그리스도인은 무엇이든지 자기가 하고 싶은 대로 할 수 있는 자유를 얻은 자들이라고 주장하고 다녔습니다. 바로 이 원리에 근거하여 일부 성도들이 결혼관계 밖에서의 성관계를 가지는 것도 자유롭게 해도 되는 일이라고 주장한 것입니다.

바울도 이 경구가 부분적으로 옳다는 점을 인정합니다. 여하튼 그리스도인은 하나님 앞에서 서서 의롭다 함을 받고자 할 때 율법을 지킬 필요가 없다는 의미에서 자유를 얻은 것은 사실입니다. 뿐만 아니라 모세의 율법들 중에서 십계명과 같은 도덕법 조항들을 제외한 종교적인 규례들이나 실정법적인 조항들은 신약 시대에는 문자 그대로 지킬 필요가 없게 되었습니다. 그러나 바울은 그리스도인에게 주어진 자유에는 중요한 한계가 있음을 분명히 합니다. 바울은 우선 12절에서 그리스도인에게 주어진 자유를 제한

하는 두 가지 중요한 한계를 설정합니다.

첫 번째 한계는 "다 유익한 것이 아니요"라는 구절에 있습니다. 이 말은 "모든 것이 가하다"는 경구에 대한 바울 자신의 입장을 밝힌 것입니다. 이 말은 그리스도인이 자유롭게 행한 행위 중에서 유익을 주지 않는 행위는 죄라는 것입니다. 그러면 유익의 기준은 무엇일까요? 자기 자신일까요? 자기 자신에게 유익이 되면 바른 행위가 될까요? 아닙니다. 유익의 기준은 다른 사람들입니다. 곧 이웃입니다. 이웃에게 유익을 주지 못하고 오히려 해를 끼치는 행위는 죄이며, 따라서 자제해야 합니다. 그리스도인은 나의 행동이 다른 사람에게 유익을 주는 행동인가를 항상 생각하면서 살아야 할 의무가 있습니다. 그리스도인은 자기 자신의 유익과 만족을 위하여, 자기가 하고 싶은 대로 하고 사는 사람들이 아닙니다. 그런데 여기서 다른 사람의 유익이라고 했는데, 이 다른 사람의 범위에는 동료 성도들만 들어가는 것이 아닙니다. 여기에는 하나님이 포함됩니다. 여기에는 그리스도가 포함됩니다. 그리스도인은 자기 자신의 행동이 하나님의 유익을 위하는 것인가의 여부를 항상 생각하면서 행동하고 살아야 합니다. 오늘 우리가 읽은 본문에서는 하나님의 유익을 생각해야 한다는 점에 더 큰 초점을 맞추고 있으며, 왜 하나님의 유익을 생각해야 하는가는 본문을 살펴갈수록 분명히 드러납니다.

두 번째 한계는 12절 후반 절에 있습니다. "모든 것이 내게 가하나 내가 무엇에든지 얽매이지 아니하리라." 바울은 "모든 것이 가하다"는 고린도 교회에 돌아다니는 경구를 다시 한 번 말한 뒤에 이 경구에 대한 또 하나의 자기 입장을 말함으로써 이 경구에 제한을 가합니다. "내가 무엇에든지 얽매이지 아니하리라." 언뜻 보면 이 말도 "모든 것이 가하다"는 말과 같은 말

같습니다. 무엇에든지 얽매이지 않는다는 말이나 얽매이지 않으니까 내가 하고 싶은 대로 다 할 수 있다는 말이나 같은 말 아닌가요? 이 말이 이렇게 아리송하게 들리는 이유는 바울이 많은 설명을 빼버리고 결론만 딱 말했기 때문입니다. 이 말은 이런 뜻입니다. 어떤 사람이 자기가 하고 싶은 대로 자유롭게 행동합니다. 이 사람이 이렇게 행동하는 이유는 절대적인 자유를 얻기를 원하기 때문입니다. 그런데 어떻습니까? 자기가 하고 싶은 대로 하는 사람이 자기를 희생하고 타인의 유익을 위하여 행동하는 일은 거의 없습니다. 내가 하고 싶은 대로 행동한다는 말은 나의 욕심이 시키는 대로 행동한다는 뜻입니다. 이렇게 행동하면 어떤 결과가 나옵니까? 내가 나의 욕심의 노예가 되어 버립니다. 사람은 일단 욕심에 사로잡히면 좀처럼 헤어 나오지 못하고 끌려 다니기 마련입니다. 돈 욕심에 사로잡혀 주식이나 도박에 손을 대기 시작하면 쫄딱 망하기 전에는 헤어 나오지 못합니다. 권력의 욕심에 눈이 멀어서 돈으로 사람을 매수하는 것과 같은 부당한 방법까지 동원하기 시작하면 쇠고랑을 차고 권력의 자리에서 쫓겨나기까지 헤어 나오지 못합니다. 자기가 하고 싶은 대로 행동하는 자유를 찾는 사람이 자유를 잃고 악한 욕심의 노예로 전락하고 만다는 역설은 만고불변의 진리입니다. 이것이 바로 "내가 무엇에든지 얽매이지 아니하리라"는 바울의 말이 전달하고자 하는 내용입니다. 무엇에든지 얽매이지 않겠다는 말은 욕심의 노예가 되지 않겠다는 뜻입니다. 욕심의 노예가 되지 않으려면 어떻게 해야 할까요? 자기가 하고 싶은 것을 자유롭게 하면서 살아서는 안 됩니다. 그렇게 살면 욕심에 얽매이게 되니까요. 그러니까 바울의 이 말은 바울 자신은 결코 자기 자신이 하고 싶어 하는 것을 자유롭게 행하면서 살지 않겠다는 뜻입니다. 그러면 바울은 누가 하고 싶어 하는 것을 행하면서 살고 싶어 할까요? 네, 하나님입니다. 왜 그런가는 계속되는 본문이 답을 줍니다.

13절 말씀을 읽겠습니다. "음식을 배를 위하여 있고 배는 음식을 위하여 있으나 하나님은 이것저것을 다 폐하시리라 몸은 음란을 위하여 있지 않고 주를 위하여 있으며 주는 몸을 위하여 계시느니라." 13절 말씀도 12절 말씀과 마찬가지로 매우 이해하기 어려운 본문입니다. 이 본문에는 고린도교회 안에서 문제를 일으키고 있는 성도들 사이에서 통용되던 또 하나의 슬로건 곧 경구가 등장합니다. 그 슬로건은 "음식은 배를 위하여 있고 배는 음식을 위하여 있으나 하나님이 이것저것도 폐하시리라"는 것입니다. 이 경구는 고린도교회 교인들이 당시 유행했던 영지주의자들이 하고 다니던 말을 주워들어서 써먹은 것입니다. 13절 전반절을 좀 더 상세히 설명하면 이렇습니다. "너희들 가운데 일부가 '음식을 배를 위하여 있고 배는 음식을 위하여 있으나 하나님은 이것저것을 다 폐하시리라'는 말을 하면서 이 말을 구실로 삼아 결혼 밖의 성관계를 마음대로 하고 돌아다닌다." 일부 고린도교회 성도들이 인용한 경구 자체는 맞는 말입니다. 음식은 소화기관인 배 안에 들어가 소화되기 위하여 존재합니다. 소화기관인 배는 음식을 위하여 존재합니다. 소화기관도 배도 영혼에 아무런 영향을 주지 않는 물질입니다. 하나님이 이것음식이나 저것소화기관인 배을 모두 폐하신다는 말은 인간이 죽을 때 소화기관인 배나 배 안에 들어 있는 음식도 모두 해체되어 없어져 버린다는 뜻입니다.

음식과 관련해서 생각할 때 이 경구 자체가 틀린 말은 아닙니다. 그런데 일부 고린도교회 교인들이 성관계도 음식과 똑같이 생각한 데서 문제가 발생한 것입니다. 음식이 뱃속에 들어가 소화되는 것이 생리적인 현상에 지나지 않는 것처럼 인간이 성관계를 갖는 성기의 작용도 그저 생리적인 현상에 지나지 않는 것이고, 인간이 죽을 때 해체되어 버릴 것이고, 영혼에 아무런 영향도 주지 않는다고 생각하고는 결혼관계 밖의 성관계를 자유롭게 했습니다.

이와 같은 일부 고린도교회 성도들의 태도에 대하여 바울은 자기 입장을 밝힙니다. 본문에는 '폐하시리라'는 단어 다음에 바로 '몸은'이라는 말로 시작하는데 원문에는 '그러나'라는 접속사가 있습니다. 바울은 '그러나'라는 접속사를 사용함으로써 자신의 생각이 일부 고린도교회 교인들의 생각과는 다르다는 점을 분명히 합니다. "몸은 음란을 위하여 있지 않고." 여기에 몸이라는 중요한 말이 등장합니다. 얼핏 보면 몸이라는 말이나 앞에서 말하는 배라는 말이나 다 같이 인간의 신체를 가리키는 단어처럼 보입니다. 왜냐하면 몸의 중요한 일부분이 배이기 때문입니다. 그러나 여기서 말하는 몸이라는 단어는 앞에서 말하는 배라는 말과 같은 차원에서 이해해서는 안 됩니다. 몸이라는 단어는 몸을 통하여 표현되는 모든 행동과 생활 전체를 가리키며 이 모든 행동과 생활을 지도하는 영혼까지도 포함하는 전인적인 단어입니다. 예를 들어서 여러분이 지금 저를 보실 때 저의 무엇을 보십니까? 저의 몸을 보십니다. 그러나 여러분은 단순히 저를 생물학적이고 생리적인 작용이 이루어지는 물질로만 보지는 않지요? 몸을 통하여 표현되는 저의 행동과 생활 전체를 보시며, 또한 제 몸 속에 있는 저의 영혼과 정신세계까지 다 포함하여 저를 보십니다. 저도 여러분을 볼 때 같은 관점에서 봅니다.

바울이 몸과 음란을 연결시키고 있다는 말은 성관계는 단지 성기의 생리적인 작용으로 끝나는 것이 아니라 내면적으로는 영혼 전체, 그리고 외면적으로는 생활 전체에 깊은 영향을 주는 매우 중요한 행위라는 뜻을 담고 있습니다. 음식을 먹는 것과 성관계를 갖는 것은 생리적인 작용이라는 공통점이 있는 것은 사실이지만 그 행위가 끼치는 영향력은 판이하게 다릅니다. 결혼관계 안에서 아름답게 이루어진 성관계는 단지 생리적인 작용에만 그치지 않고 마음도 편안하고 행복하게 해 주고 나아가서는 생활 전체에 건강한 활력을 불어 넣어 주는 작용을 합니다. 그러나 결혼관계 밖에서 행해지는 성관계는 생리적으로는 약간의 만족을 줄 수 있지만 마음을 불안하게 하고 불행하게 하고 분노하게 만들며 생활 전체의 리듬을 깨뜨려서 생활 자체를 하지 못하게 망가뜨릴 수 있습니다. 그러므로 성관계는 생각할 때는 단순히 성기에서 나타나는 생리작용의 관점에서만 다루면 안 되고, 몸과 마음과 생활 전체를 포함하는 전인의 관점에서 다루어져야 합니다.

"몸은 음란을 위하여 있지 않고." 이 본문이 말하는 음란은 결혼관계 밖에서 행해지는 모든 성관계를 뜻합니다. 그러면 인간의 몸과 마음과 생활 전체는 결혼 밖의 성관계를 하기 위하여 존재할까요? 바울은 인간의 몸과 마음과 생활 전체는 결혼 밖의 성관계를 하기 위하여 존재하는 것이 아니요, 결혼 밖의 성관계가 몸과 영혼과 생활의 목적이 되어서는 안 된다고 말합니다. 왜 그럴까요? 이미 말씀드린 것처럼 결혼 밖의 성관계는 몸과 마음과 생활 전체에 심각한 피해를 줄 수 있기 때문이기도 하지만 이보다 더 중요한 이유는 몸과 영혼과 생활 전체가 주님을 위하여 존재하기 때문입니다. "오직 주를 위하여 있으며." 주님을 위하여 존재하는 몸과 영혼과 생활 전체가 결혼관계 밖의 성관계에 빠져 들어가서는 안 되는 이유는 앞으로 계속되는 본문의 말씀에 소개되므로 그 본문을 다룰 때 말씀드리고자 합니다.

자, 지금 저는 계속하여 몇 번에 걸쳐서 뒤에 다룰 내용을 변죽만 울리고 있습니다. 앞에서 저는 왜 우리가 하나님의 유익을 생각하면서 행동해야 되는가라는 질문을 한 후에 그 이유는 본문을 살펴갈수록 분명히 드러난다고 말했습니다. 또 바울이 자기 자신이 하고 싶어 하는 것을 하지 않고 하나님이 하고 싶어 하시는 일을 하려고 하는데 그 이유가 무엇인지도 계속되는 본문이 답을 준다고 말함으로써 답을 미루어 왔습니다. 여기서 다시 한 번 몸과 영혼과 생활 전체가 결혼 밖의 성관계에 빠져 들어가서는 안 되는 이유도 나중으로 미루어 두고 다음 구절을 살피고자 합니다. "주는 몸을 위하여 계시느니라." 그리스도인들만 주님을 위하는 것이 아니라 주님도 우리의 몸과 영혼과 생활을 위하십니다.

음식물은 배를 위하여 있고 배는 음식물을 위하여 있는데 음식물도 소화기관인 배도 인간이 세상을 떠나는 날에 해체되어 없어져 버릴 것이라는 슬로건을 외치던 사람들은 하나님은 이처럼 허무하게 없어져 버릴 육체에는 관심이 없고 영혼에만 관심을 가지고 계시기 때문에 뭐 덧없는 육체는 잘 다루든 못 다루든 문제될 것이 없다고 생각했습니다. 이들은 결혼관계 안에서 성관계를 갖든 결혼관계 밖에서 성관계를 갖든 상관이 없다고 하면서 자유롭게 성관계를 가졌습니다.

그러나 바울은 그렇게 생각하지 않았습니다. 바울은 하나님이 단지 영혼에만 관심을 가지신다고 생각하지 않았습니다. 하나님은 물론 영혼을 위하시지만 몸도 위하시고 생활도 위하신다고 바울은 생각했습니다. 그 증거가 무엇입니까? 14절입니다. "하나님이 주를 살리셨고 또한 그의 권능으로 우리를 다시 살리시리라." 이 본문에 보면 "우리"라는 말이 등장하지요? 우리는 몸과 영혼과 생활 전체를 포함한 전인을 가리키는 표현입니다. 13절에서 "몸"으로 표현한 말을 14절에서는 "우리"로 바꾸어 썼다는 말은 몸이 곧 우리라는 뜻입니다. 몸이 단순히 신체만이 아니라 영혼과 생활을 포함하는 전인을 가리키는 용어라는 뜻이지요.

하나님이 우리를 살리신다는 말 안에는 하나님이 영혼뿐만 아니라 몸도 살리신다는 뜻이 들어 있습니다. 하나님은 영혼에만 관심을 가지시는 분이 아니라 영혼이 자기를 표현하는 몸에도 똑같은 깊은 관심을 가지시고 돌보아 주십니다. 하나님에게는 몸이 매우 중요하기 때문에 몸도 다시 살려내십니다. 우리의 천국생활은 영혼만 들어가서 사는 생활이 아닙니다. 물론 주님이 재림하실 때까지 우리는 한시적으로 영혼으로만 존재하지만 주님이 재림하실 때 영혼은 영원히 썩지 않을 신령한 새 몸을 입을 것이며, 천국생활은 지금 우리가 생활하는 것처럼 몸을 입고 살아가는 생활이 될 것입니다. 우리의 몸까지도 살리실만큼 몸을 중요시하시는 하나님은 지금 우리가 몸으로 표현하는 생활에도 큰 관심을 가지고 계십니다.

그런데 본문은 하나님이 주를 살리신 것처럼 우리도 살리신다고 되어 있습니다. 이 말은 주님에게 일어난 일이 우리에게도 똑같이 일어난다는 뜻입니다. 왜 주님에게 일어나는 일이 우리에게도 일어날까요? 그 답변을 포함하여 지금까지 미루어 왔던 답변이 마침내 15절에서 드러나게 됩니다. 이 답변에 대해서는 다음 시간에 살펴보기로 하고 오늘 14절까지 공부한 내용을 한번 정리하고 강의를 마무리하고자 합니다.

첫째로, 우리 모두는 어떤 행동을 할 때 내가 한 행동이 이웃에게 그리고 하나님에게 과연 유익을 끼치는 행동인가를 항상 생각하면서 행동해야 하겠습니다.

둘째로, 우리 모두는 자기가 하고 싶어 하는 대로 사는 삶은 결국 자기의 욕심에 노예가 되어 마침내는 파멸에 이르는 삶이라는 사실을 잊지 않고 하나님이 하고 싶어 하시는 일이 무엇인가를 살피면서 살아야 하겠습니다.

셋째로, 우리 모두는 하나님은 우리의 영혼의 안녕 뿐만 아니라 우리의 몸과 몸을 통하여 표현되는 구체적인 생활을 어떻게 살아 내느냐에 대해서도 깊은 관심을 가지고 계신다는 사실을 기억하고 몸의 생활을 바르게 살아내는 일에 관심을 기울여야 하겠습니다.

15 너희 몸이 그리스도의 지체인 줄을 알지 못하느냐 내가 그리스도의 지체를 가지고 창녀의 지체를 만들겠느냐 결코 그럴 수 없느니라 16 창녀와 합하는 자는 그와 한 몸인 줄을 알지 못하느냐 일렀으되 둘이 한 육체가 된다 하셨나니 17 주와 합하는 자는 한 영이니라 18 음행을 피하라 사람이 범하는 죄마다 몸 밖에 있거니와 음행하는 자는 자기 몸에 죄를 범하느니라 19 너희 몸은 너희가 하나님께로부터 받은 바 너희 가운데 계신 성령의 전인 줄을 알지 못하느냐 너희는 너희 자신의 것이 아니라 20 값으로 산 것이 되었으니 그런즉 너희 몸으로 하나님께 영광을 돌리라

제23강

주와 합하는 자(하)

From
the Cross
to Agape

고전 6장
15~20절

● 　　　　고린도교회 성도들은 당시 이방세계를 지배하던 세속철학사상으로부터 기원한 잘못된 생활원리들을 따라서 행동함으로써 교회를 어지럽히고 있었습니다. 첫째로, 고린도교회 성도들은 "모든 것이 가하다"라는 원리를 따르면서 자기가 하고 싶은 대로 다 하려고 했습니다. 그 중에는 결혼관계 밖에서 성관계를 가지는 행위도 포함되어 있었습니다. 바울은 이 원리가 잘못되었음을 지적하면서 성도들은 자기가 하고 싶은 대로 다 할 수 있는 존재가 아니라 동료 성도들과 하나님의 유익을 생각하면서 행동해야 하며, 하나님이 하고 싶어 하시는 일을 해야 하는 존재들임을 강조했습니다. 둘째로, 고린도교회 성도들은 "음식은 배를 위하여 있고 배는 음식을 위하여 있으나 하나님은 이것저것을 다 폐하시리라"는 원리를 따르면서 음식도 소화기관인 배도 마지막 날에는 다 없어져 버릴 것들이니까 무엇을 먹든, 무엇을 마시든 문제될 것이 없는 것처럼 남녀 사이에서 이루어지는 성행위도 단지 육체적인 접촉에 지나지 않는 것이므로 누구와 갖든 문제될 것이 없다고 주장했습니다. 이에 대하여 바울은 음식을 먹는 것과 성관계를 갖는 것은 다른 문제라는 점을 강조했습니다. 음식은 아무 것이나 먹어도 영혼이나 생활 전체에 도덕적인 영향을 주지 않지만 성관계는 영혼과 생활 전체와 깊이 관련되어 있고 끼치는 영향도 매우 크다는 점을 알아야 하며, 특히 성도의 신체뿐만 아니라 영혼과 생활 전체는 난잡한 성관계를 위하여 존재하는 것이 아니라 주님을 위하여 존재한다는 점을 강조

했습니다. 이어서 바울은 주님의 몸을 살려내신 하나님이 마지막 날에 성도들의 몸도 살려내실 것이라고 말합니다. 주님에게 일어난 일이 성도들에게도 똑같이 일어난다는 것입니다.

그러면 우리가 하나님이 하고 싶어 하는 일을 해야만 하는 이유는 무엇일까요? 우리의 몸과 영혼과 생활이 주님을 위하여 존재하는 이유가 무엇일까요? 주님에게 일어나는 일이 왜 우리 성도들에게도 그대로 일어날까요? 이 질문들에 대하여 바울은 15절에서부터 답변하기 시작합니다.

첫 번째 이유는 성도들의 몸은 그리스도의 지체이기 때문입니다. 15절에서 17절입니다. "너희 몸이 그리스도의 지체인 줄을 알지 못하느냐 내가 그리스도의 지체를 가지고 창녀의 지체를 만들겠느냐 결코 그럴 수 없느니라 창녀와 합하는 자는 그와 한 몸인 줄을 알지 못하느냐 일렀으되 둘이 한 육체가 된다 하셨느니라 주와 합하는 자는 한 영이니라." "너희 몸"은 단순히 생물학적인 몸만을 가리키는 것이 아니라 영혼까지를 포함한 전인 곧 인간 자체를 뜻합니다. "지체"는 팔과 다리를 뜻합니다. 에베소서 5장 23절에 "그리스도께서 교회의 머리됨"이라고 한 것으로 볼 때 바울은 그리스도를 머리로 비유하고 성도들을 머리에 연결되어 있는 팔과 다리로 비유하고 있음이 분명합니다. 머리이신 그리스도와 팔과 다리인 성도들과의 관계는 여러 가지 관점에서 설명할 수 있습니다. 본문에서는 이 관계의 어떤 특징을 강조하고 있는지 살펴볼까요?

첫째로, 17절에 보면 성도들이 "주와 합했다"고 말하고 있는데, 이 본문에서 사용된 "합한다"라는 동사는 용접을 통하여 두 금속을 하나로 붙이는 것을 뜻합니다. 일단 용접을 하여 붙여 버리면 하나로 연결되어 버립니다. 이처럼 성도들은 예수 그리스도를 구주로 영접하는 순간 두 금속이 용접하여 하나로 연결되듯이 하나로 딱 붙어 버렸습니다. 우리는 모두 그리스도에게 용접되어 딱 붙어 버린 팔과 다리들입니다.

둘째로, 그러면 그리스도와 성도들이 신체적으로 붙어 버렸는가? 그것은 아닙니다. 17절에 보니까 "한 영이니라"고 되어 있습니다. 그리스도와 성도들이 붙은 것은 신체적으로 붙은 것이 아니라 영적으로 붙었다는 뜻입니다. 영적으로 붙었으니 우리의 영혼이 하나님의 영혼과 뒤섞여 버렸다는 뜻일까요? 그런 뜻도 아닙니다. 본문에서 말하는 영은 "성령"을 가리킵니다. "한 영이라"는 구절의 보다 정확한 해석은 우리의 몸과 영혼을 포함한 전인이 성령 안에서 그리스도에게 딱 붙어 있다는 뜻입니다.

셋째로, 이처럼 성령 안에서 그리스도에게 딱 붙은 이후부터 성도들은 "그리스도의 지체"가 됩니다. 그리스도의 지체라는 말은 그리스도의 소유물이라는 뜻입니다. 그리스도의 소유물이 된 이후에는 철저하게 그리스도의 명령에 순종하여 움직여야 하며 그리스도가 하고 싶어 하는 일을 해야 합니다. 동물의 몸에서 팔과 다리는 머리에 종속되어 있습니다. 팔과 다리는 머리가 지시하는 것을 하도록 되어 있습니다. 간혹 머리와는 상관없이 팔 다리가 제멋대로 움직이는 경우가 있는데, 이 경우는 심각한 난치병에 걸렸다는 뜻입니다. 이처럼 성도들이 머리이자 주인이신 그리스도의 뜻을 따르지 않고 자기 하고 싶은 대로 행동한다면 영적으로 난치병에 걸린 셈입니다.

창녀와 성관계를 갖는 것은 그리스도에게 속한 팔과 다리인 성도들이 해도 되는 일일까요? 15절과 16절에서 그 답을 알아보겠습니다. 15절에 보면 "내가 그리스도의 지체를 가지고 창녀의 지체를 만들겠느냐"라는 구절이 있습니다. 이 본문에서 "가지고"라는 단어가 사용되었는데, 이 단어는 그냥 얌전히 가져가는 것을 뜻하는 것이 아니라 "억지로 비틀어서 떼어 낸다"는 뜻입니다. 성도들이 창녀와 성관계를 가지려면 머리되신 그리스도로부터 자기 자신을 억지로 비틀어서 떼어 내야만 합니다. 왜 그렇습니까? 그리스도께서 그것을 원하지 않으시기 때문입니다. 만일 그리스도께서 원하신다면 그리스도에게 붙어 있는 상태에서 행해도 아무런 문제가 없고, 오히려 그리스도께서 같이 가 주십니다. 성령도 함께 동행해 주십니다. 그러나 창녀와 성관계를 가지려고 하면 그리스도도 성령도 외면하십니다. 그러면 성도들의 성관계에 대하여 그리스도께서 원하시는 것은 무엇일까요? 마태복음 5장 27절과 28절입니다. "또 간음하지 말라 하였다는 것을 너희가 들었으나 나는 너희에게 이르노니 음욕을 품고 여자를 보는 자마다 마음에 이미 간음하였느니라." 그리스도께서는 결혼관계 밖에서 성관계를 가지는 것을 원하시지 않을 뿐만 아니라 마음속으로 결혼하지 않은 이성에 대하여 음욕을 품는 것조차도 싫어하십니다. 그러므로 성도들이 창녀와 성관계를 가지려면 그리스도로부터 자기 자신을 억지로 비틀어서 떨어져 나와야 합니다. 그런데 이 일이 가능할까요? 한번 그리스도에게 용접되면 떨어져 나올 수가 없습니다. 그러므로 성도들은 창녀와 성관계를 가져서는 안 됩니다.

16절은 성도들이 창녀와 성관계를 가져서는 안 되는 또 하나의 이유를 제시합니다. "창녀와 합하는 자는 그와 한 몸인 줄을 알지 못하느냐." 이 본문에 나오는 "합한다"는 단어도 17절에 나오는 합한다와 똑같이 용접한다는 뜻입니다. 놀랍게도 바울은 성도들이 그리스도와 하나로 붙을 때 쓰는 강력한 단어를 성도들이 창녀와 성관계를 가질 때도 그대로 사용하고 있습니다. 이 어법은 무엇을 뜻할까요? 창녀와 성관계를 갖는 행위는 그리스도에게 용접된 성도가 그리스도께 마음과 몸을 드리는 것과 같은 수준으로 창녀에게 몸과 마음을 주는 행위라는 것입니다. 그리스도에게 몸과 마음을 주면서 같은 마음을 창녀에게 주는 일은 불가능합니다. 이 불가능한 일을 한다면 심각한 죄가 됩니다. 성도가 창녀와 성관계를 갖는 것은 그리스도에 붙어 있는 신분의 성격상 전혀 어울리지 않는 행위입니다. 금속 조각을 어느 한 쪽에 용접하여 붙이면 이제 그 금속 조각은 어떤 다른 쪽에도 붙일 수가 없는 것처럼, 한번 그리스도에게 용접된 사람은 다른 어떤 대상에게도 용접될 수가 없고 용접되어서도 안 됩니다.

계속되는 18절과 19절 일부에서 바울은 음행이 어떤 성격을 지닌 죄인가를 말한 다음 성도들이 어떤 신분에 있는가를 앞에서 말한 것과는 또 다른 각도에서 말함으로써 음행을 해서는 안 되는 근거를 제시합니다.

18절에서 바울은 먼저 "음행을 피하라"고 명령한 후에 음행이 어떤 성격의 죄인가를 말합니다. 음행은 제가 여러 차례 말씀드렸던 것처럼 합법적인 결혼관계 밖에서 행하는 모든 성관계를 모두 가리킵니다. "사람이 범하는 죄마다 몸 밖에 있거니와 음행하는 자는 자기 몸에 죄를 범하느니라." 이 구절도 해석하기가 매우 어려운 구절들 가운데 하나입니다. 언뜻 읽어 보면 음행이 아닌 다른 죄들은 몸 밖에서 범하는 죄들인 반면에 음행이라는 죄 하나만은 몸 안에서 범하는 죄라는 말을 하는 것처럼 보입니다. 그러나 이런 해석은 그럴 듯하지만 잠깐만 생각해 보면 문제가 있는 해석이라는 사실이 드러납니다. 예를 들어서 자살이라는 죄는 몸 밖에 범하는 죄일까요, 아니면 몸 안에 범하는 죄일까요? 또 음주는 몸 밖에 범하는 죄일까요, 아니면 몸 안에 범하는 죄일까요? 당연히 이 두 가지 죄들도 몸 안에 범하는 죄입니다. 또 "사람이 범하는 죄마다 몸 밖에 있다"는 구절은 분명히 모든 죄를 다 가리키고 있습니다. 이 안에는 음행도 포함되어 있습니다. 음행을 뺀 다른 죄들을 가리키는 본문이라면 "사람이 범하는 다른 죄마다"라고 해야 하는데 이런 표현이 본문에는 없습니다. 이 말은 "음행을 포함한 모든 죄는 다 몸 밖에 있다"는 뜻입니다. 그러면 다음 절에 "음행하는 자는 자기 몸에 죄를 범한다"는 말은 또 뭔가? 앞에서는 음행을 포함한 모든 죄가 몸 밖에 범하는 것이라고 해 놓고, 뒤에서는 음행만 따로 떼어서 몸 안에 범하는 죄라고 하면 앞뒤가 맞지 않는 것이 아닌가? 이런 의문이 들 수 있습니다.

제가 12절에 있는 "모든 것이 가하다"라는 말이 고린도교회 성도들 사이에서 떠돌아다니던 잘못된 경구라고 말씀드린 바 있지요? 또 13절에 "음식을 배를 위하여 있고 배는 음식을 위하여 있으나 하나님은 이것저것을 다 폐하신다"는 구절도 역시 고린도교회 성도들 사이에 퍼져 있던 잘못된 경구라고 말씀드린 바 있지요? "사람이 범하는 죄마다 몸 밖에 있다"는 말도 역시 고린도교회 성도들 사이에서 떠돌아다니던 잘못된 경구를 바울이 인용한 것입니다. 그러니까 이 말을 좀 더 쉽게 번역하면 이렇게 번역할 수 있습니다. "너희들 사이에 사람이 범하는 죄마다 몸 밖에 있다고 떠벌리고 다니는 사람들이 있는데, 그러나 나는 생각이 다르다." 몸은 몸을 통하여 표현되는 일상생활 전체를 뜻합니다. 이 말은 죄와 일상생활은 관계가 없다는 뜻입니다. 죄를 범해도 자기의 일상생활을 해 나가는 데는 아무런 지장이 없다는 것입니다. 사실 오늘날 많은 사람들이 죄를 범하면서도 아무런 일도 없었다는 듯이 일상생활을 잘 해나가고 있습니다. 죄를 범한 것 때문에 힘들어 하고 아파하고 회개하는 마음을 아예 가지려고 하지를 않습니다. 죄에 대하여 생각하기조차 싫어합니다. 죄는 죄고 생활은 생활이라는 것입니다. 바울은 그렇게 생각하지 않았습니다. 바울은 죄를 범하면 몸을 통하여 표현되는 일상생활이 큰 영향을 받는다고 생각했습니다. 모든 죄가 다 일상생활에 나쁜 영향을 주어서 일상생활을 망가뜨립니다. 그 중에서도 음행은 더 심하게 일상생활을 망가뜨리기 때문에 바울은 "그러나 음행하는 자는 자기 몸에 죄를 범하느니라"라고 말하는 것입니다.

19절에서 바울은 음행에 빠져서는 안 되는 또 하나의 이유를 말합니다. "너희 몸은 너희가 하나님께로부터 받은바 너희 가운데 계신 성령의 전인 줄을 알지 못하느냐." 바울은 성도들의 몸이 성령이 거하시는 전임을 강조합니다. 성도들이 성령이 거하시는 전이라는 말은 고린도전서 3장 16절에도 나옵니다. "너희는 너희가 하나님의 성전인 것과 하나님의 성령이 너희 안에 계시는 것을 알지 못하느냐?" 두 본문의 차이는 고린도전서 3장 16절에서는 성도들의 모임인 교회 전체가 성령의 전임을 말하고 있다면, 오늘의 본문에서는 성도들 개개인이 각각 성령의 전으로 소개되고 있습니다. 교회도 성령의 전이요, 성도들 개인도 성령의 전입니다.

당시 고린도시에는 이방신전이 많았습니다. 이방신전 안에는 신상이 자리 잡고 있었고, 신상의 위엄이 신전 전체를 지배하고 있었습니다. 따라서 일단 신전에 들어가면 함부로 말을 해서는 안 되었고, 행동도 함부로 해서는 안 되었고, 신들의 눈치를 살피고 신들의 뜻이 무엇인가를 생각하면서 신전을 더럽히는 일이 없도록 각별히 조심해야만 했습니다. 신전 안에서 소란을 피우고 신상을 모독하는 행위를 했다가는 당장 체포되어 감옥에 갇혔고 죽임을 당하는 경우가 많았습니다. 제가 교수들과 함께 베트남을 방문한 일이 있었습니다. 베트남의 수도 호치민 시의 중심부에는 베트남 국민들이 국부로 추앙하는 호치민의 시신이 박제처리가 되어 안치되어 있는 궁전이 있었습니다. 일단 이 궁전에 들어서면 외부 방문객도 함부로 행동하는 것은 물론 소리조차 내서는 안 되었습니다. 조금이라도 이상한 낌새를 느끼면 곧바로 헌병들이 다가와 경고를 주었습니다. 북한 김일성과 김정일의 시신이 안치되어 있는 금수산 궁전은 이보다 더할 것입니다. 이 방의 일개 신상을 모신 신전이나 인간 정치가의 시신을 모신 전 안에서도 이토록 조심해야 한다면 삼위일체 하나님이 성령으로 거주하시는 곳이 바로 우리의 몸이요, 몸을 통하여 표현되는 우리의 일상생활이라면, 우리는 얼마나 더 우리의 몸을 조심해야 하며, 우리의 일상생활을 두렵고 떨리는 마음으로 조심하여 살아야 하겠습니까? 하물며 이토록 거룩한 몸을 가지고 난잡한 성생활에 빠져 든다는 것은 심하게 어울리지 않는 일이 아니겠습니까?

19절 후반절과 20절 전반절에서 바울은 음행을 하지 말아야 하는 또 하나의 이유를 제시합니다. "너희는 너희 자신의 것이 아니라 값으로 산 것이 되었으니." 불신자들은 자기 몸이 자기 것이라고 생각합니다. 불신자들이 예수님을 믿으려고 하지 않는 이유들 가운데 하나는 예수님을 믿으면 예수님에게 꼼짝없이 얽매이는 반면에 예수님을 믿지 않으면 어디에도 매이지 않고 자유인으로서 살 수 있다고 믿기 때문입니다. 이들은 비록 죽어서 어떻게 될지는 모르겠지만 이 세상에 사는 날 동안만이라도 자유인으로 살고 싶다는 생각을 가지고 있습니다. 그러나 이것은 큰 착각입니다. 성경이 보는 관점에 의하면 인간은 진정한 자유인이 될 수 없습니다. 인간은 언제나 노예입니다. 누구의 노예인가가 문제일 뿐입니다. 예수님을 믿지 않을 때는 사탄과 죽음과 죄의 노예상태에 있습니다. 예수님을 믿으면 예수님의 노예로 주인이 바뀌는 것뿐입니다. 그런데 어떻게 사탄의 노예가 예수님의 노예가 되었는가? 예수님이 비싼 값을 치루고 사서 예수님 자신의 노예로 데리고 오신 것입니다. 그러므로 우리의 소유주는 누구인가요? 바로 예수님입니다. 예수님이 우리가 영원히 짊어지고 가야 할 무거운 죄의 짐을 십자가 위에서 우리를 대신하여 모두 짊어지시는 엄청난 값을 치루시고 우리를 사탄과 죽음과 죄의 속박으로부터 끌어내 오셔서 예수님 자신의 노예로 살게 하셨습니다. 우리가 예수님의 노예가 되었다면 이제 우리는 누구를 위하여, 누가 하고 싶어 하는 것을 하면서 살아야 할까요? 바로 하나님입니다. 그러므로 20절 마지막 절에서 바울은 이렇게 결론을 내립니다. "그런즉 너희 몸으로 하나님께 영광을 돌리라."

이제 오늘 설교의 중요한 요점들을 정리하고 강의를 마무리하겠습니다.

첫째로, 우리는 금속조각을 본체에 용접하여 단단히 붙이듯이 머리이신 그리스도에게 단단히 붙어 있는 팔과 다리로서, 성령 안에서 하나로 연합된 자들입니다. 일단 그리스도에게 용접되어 붙어 있는 자들은 다른 그 어떤 것에도 다시 용접되어 붙을 수가 없습니다. 창녀와 성관계를 갖는 것은 창녀에게 용접되어 단단히 붙는 것인데, 성도들은 이미 그리스도께 붙어 버렸기 때문에 창녀와 성관계를 가짐으로써 창녀에게 붙어서도 안 되고 붙을 수도 없습니다. 그것은 너무나 어울리지 않는 모습입니다.

둘째로, 모든 죄는 우리의 몸을 통하여 표현되는 일상생활 속에 깊숙이 아주 나쁜 영향을 주는 것이므로 피해야 하는데, 특히 결혼관계 밖에서 성관계를 맺는 행위는 더더욱 우리의 일상생활에 심각한 영향을 주는 것이므로 성도들은 이 행위를 해서는 안 됩니다. 더욱이 우리의 몸은 성령께서 거하시는 거룩한 전이므로 더더욱 우리는 우리의 몸과 일상생활이 난잡한 성생활에 빠지지 않도록 하면서 성령의 뜻에 따라서 영위할 수 있어야 하겠습니다.

 넷째로, 우리의 몸은 우리가 자유롭게 다룰 수 있는 우리 자신의 소유물이 아니라 예수님이 십자가 위에서 값을 주고 사신 예수님의 소유물이요 우리는 예수님의 노예들입니다. 그러므로 이제 우리는 우리 자신의 유익을 위하여, 우리 자신이 하고 싶은 대로 살아서는 안 되고, 우리 주인 되시는 주님의 유익을 위하여, 우리 주님이 하고 싶어 하시는 일을 하면서 살아야 할 의무가 있음을 항상 기억해야 하겠습니다.

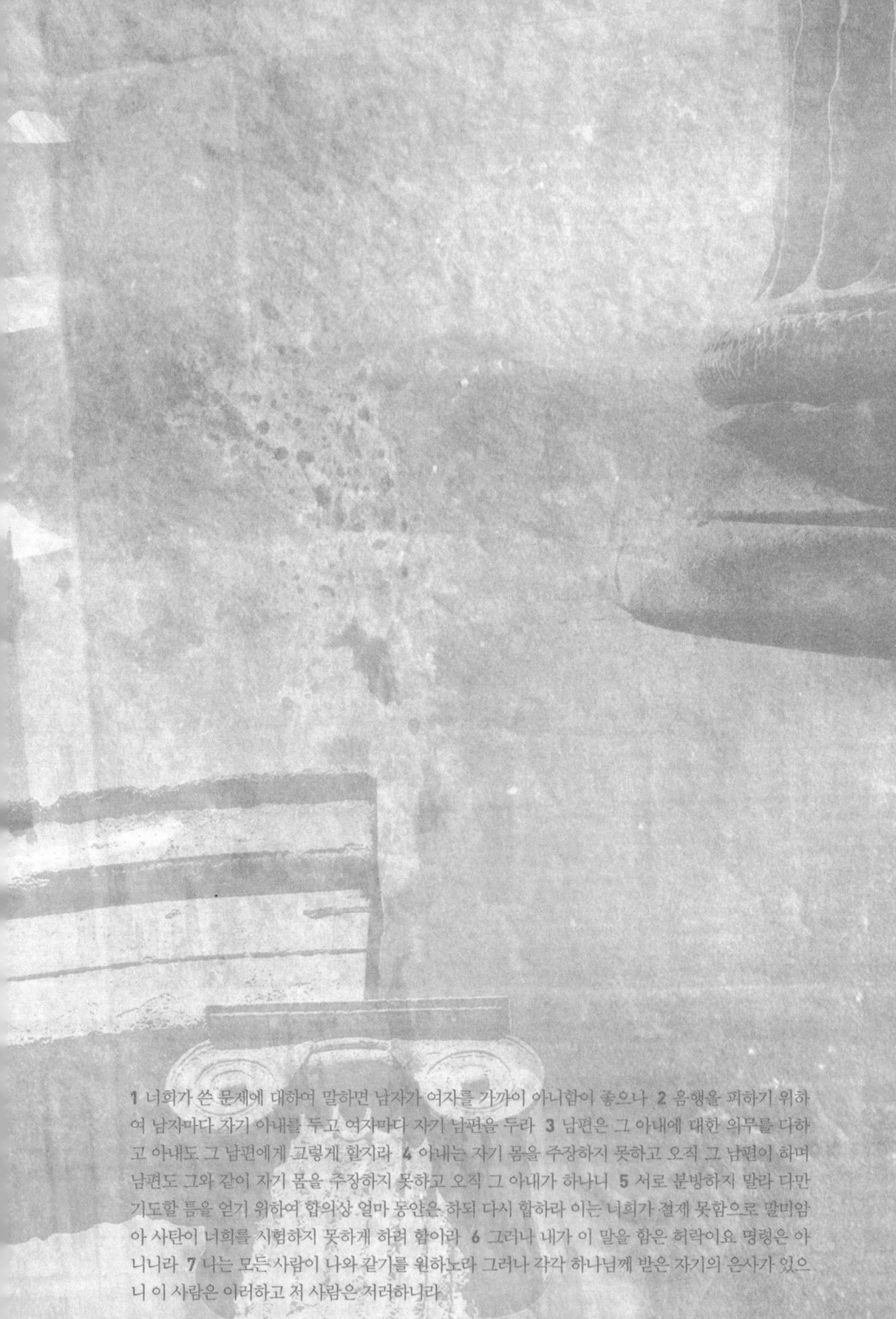

1 너희가 쓴 문제에 대하여 말하면 남자가 여자를 가까이 아니함이 좋으나 2 음행을 피하기 위하여 남자마다 자기 아내를 두고 여자마다 자기 남편을 두라 3 남편은 그 아내에 대한 의무를 다하고 아내도 그 남편에게 그렇게 할지라 4 아내는 자기 몸을 주장하지 못하고 오직 그 남편이 하며 남편도 그와 같이 자기 몸을 주장하지 못하고 오직 그 아내가 하나니 5 서로 분방하지 말라 다만 기도할 틈을 얻기 위하여 합의상 얼마 동안은 하되 다시 합하라 이는 너희가 절제 못함으로 말미암아 사탄이 너희를 시험하지 못하게 하려 함이라 6 그러나 내가 이 말을 함은 허락이요 명령은 아니니라 7 나는 모든 사람이 나와 같기를 원하노라 그러나 각각 하나님께 받은 자기의 은사가 있으니 이 사람은 이러하고 저 사람은 저러하니라

제24강

부부생활의 원리

· From
the Cross
to Agape

고전 7장
1~7절

● 　　　　7장에서 바울은 결혼관계를 둘러싸고 제기되는 여러 가지 문제들 곧 결혼, 이혼, 재혼, 독신생활 등에 대한 가르침을 제시하고 있습니다. 특별히 오늘 우리가 살펴 볼 본문은 결혼과 독신의 문제를 성적 욕구와 관련하여 다루고 있습니다. 그런데 7장에서 바울이 제시하는 가르침은 1장에서 6장까지에서 바울이 제시한 가르침과는 논조가 확 달라졌습니다. 파벌과 음행의 문제를 다룰 때는 아주 엄격하고 단호하게, 조금도 타협하거나 사정을 봐 주지 않고 이런 일들은 결코 해서는 안 된다는 점을 분명하게 말합니다. 그러나 7장에서 남녀관계의 문제를 다룰 때나 8장과 10장에서 우상제물에게 바친 고기를 먹느냐 하는 문제를 다룰 때는 "반드시 이렇게 해야 한다"고 단정적으로 말하지 않고 "나는 이렇게 하는 것이 좋다고 생각하는데 이렇게 하지 않아도 문제가 되는 것은 아니다. 최종적인 선택은 너희가 하면 된다"라는 방식으로 권고하는 입장에서 가르침을 줍니다. 왜냐하면 여기서 다루는 문제들은 모든 사람들이 예외 없이 모두 어느 한 방향을 절대적으로 선택해야 하는 그런 성격의 문제들이 아니기 때문입니다. 각 사람이 처한 상황에 따라서 어느 쪽이든 선택할 수가 있습니다.

　　7장 1절을 읽겠습니다. "너희가 쓴 문제에 대하여 말하면 남자가 여자를 가까이 아니함이 좋으나." 우리 말 번역에는 나와 있지 않으나 원문에는 "그러나"라는 접속사가 있습니다. 이 접속사는 이전의 내용과는 다른 새로운 내용을 다루기 시작할 때 사용되는 접속사입니다. 7절부터는 새로운 내용을 담고 있을 뿐만 아니라 새로운 방식으로 가르침이 주어집니다.

그런데 많은 독자들이 1절을 읽고 바울에 대한 잘못된 선입견을 가지게 되었습니다. 이 본문에서 남자가 여자를 "가까이 아니함이 좋다"고 했는데, "가까이 한다"는 말은 "접촉한다," "살과 살이 맞닿는다"는 뜻으로서 남자와 여자가 결혼을 통해 부부가 된 남녀가 성관계를 갖는 것을 완곡하게 돌려서 말한 것입니다. 이 말을 읽으면 마치 바울이 여성에 대하여, 결혼에 대하여, 결혼 관계 안에서 이루어지는 성관계에 대하여 아주 좋지 않는 편견을 가지고 있고, 그래서 독신을 강조하는 듯한 인상을 줍니다. 물론 이것은 바울에 대한 중대한 오해입니다.

1절은 "너희가 쓴 문제에 대하여 말하면"이라는 구절로 시작합니다. "너희가 쓴 문제라고 말하는 것으로 볼 때 고린도교회 성도들이 에베소에 머물고 있는 바울에게 편지를 보냈음이 분명합니다. 우리말에는 "문제"라고 단수로 되어 있으나 원문에는 "문제들"이라는 복수형으로 되어 있어서 편지를 통하여 제기된 문제들이 하나가 아니라 여러 가지 임을 알 수 있습니다. 그런데 이 편지 안에 고린도교회 성도들 사이에서 떠돌던 표어가 하나 있었고, 성도들은 이 표어를 믿고 이 표어대로 따라 하고 있었습니다. 이 사람들 때문에 교회 안에 혼란이 일어나 문제가 되었습니다. 그 표어 내용이 그 다음 구절에 들어 있는데 어떤 표어냐 하면, "남자가 여자를 가까이 하지 않는 것이 좋다"는 것입니다. 이 말은 바울이 한 말이 아닙니다. 바울이 동의하지 않는 말입니다. 그러니까 이 구절을 좀 더 쉽게 풀어서 말하면 "너희 중에 '남자가 여자를 가까이 하지 않는 것이 좋다'고 주장하면서 돌아다니는 사람들이 있는데, 그러나 나는 그렇게 생각하지 않는다"는 뜻입니다. 이 표어는 결혼을 하지 않는 것이 좋다는 내용입니다. 그런데 모든 결혼을 다 하지 말라는 말은 아닙니다. 성관계가 뒤따르는 결혼생활을 하지 말라는 말입니다. 그러나 모든 성관계를 다 부정하는 것도 아닙니다. 아이를 낳기 위하여 하는 성관계는 상관이 없는데, 부부가 서로 즐거움을 맛보기 위하여 성관계를 가지면 안 된다는 것입니다. 그러므로 이 표어의 뜻은 "단순히 즐거움을 만끽하기 위하여 성관계가 뒤따르는 결혼은 하면 안 된다"는 것입니다. 고린도시는 로마의 도시입니다. 당시 일부 로마의 사상가들은 부부라 할지라도 아이를 낳기 위해서가 아니라 단지 즐거움을 누리기 위하여 성관계를 가지는 것은 잘못된 것이라고 가르쳤습니다. 당시에는 결혼의 목적이 자녀출산에만 있었습니다. 이들은 남편과 아내는 의무감으로 같이 사는 것에 지나지 않는 관계이니까 단순히 즐기기 위하여 성관계를 가져서는 안 된다고 주장했습니다. 뿐만 아니라 결혼의 목적은 가문의 이름, 재산, 전통의식을 상속 받아서 유지시키는 데 필요한 후손을 낳는 것이라고 가르쳤습니다. 로마의 사상가들의 영향을 받은 고린도교회 성도들 사이에서도 즐거움을 누리기 위한 성관계가 뒤따르는 결혼을 비판하는 금욕주의자들이 있었습니다.

바울은 당시의 로마의 사상가들이나 금욕주의자들의 입장이 잘못되었음을 분명히 합니다. 2절입니다. "음행을 피하기 위하여 남자마다 자기 아내를 두고 여자마다 자기 남편을 두라." "남자마다 자기 아내를 두고 여자마다 자기 남편을 두라"는 말은 결혼을 하라는 뜻입니다. 그런데 결혼을 하는 여러 가지 목적들 가운데 하나가 음행을 피하기 위한 것입니다. 음행이란 결혼 관계 밖에서 성관계를 갖는 것을 뜻합니다. 이 말은 성관계를 결혼 관계 밖에서 갖지 말고 결혼 관계 안에서 하라는 뜻입니다. 사람들이 결혼 관계 밖에서 성관계를 가지는 목적은 즐기기 위한 것입니다. 거리의 여자들의 집에 들어가서 성관계를 가지는 것이 아이를 낳기 위한 것입니까? 아닙니다. 청소년이나 청년들이 혼전성교를 하는 이유가 아이를 낳기 위한 것입니까? 아닙니다. 단순히 즐기기 위한 것입니다. 그런데 즐기는 성관계를 부부 사이에 하라는 것입니다. 그러면 아무런 문제가 되지 않는다는 것입니다. 당시의 로마의 사상가들이나 금욕주의자들은 부부라 할지라도 단순히 즐기기 위하여 성관계를 가지는 것을 죄로 보았습니다. 그러나 바울은 정반대로 부부관계 밖에서 즐기는 성관계를 하는 것은 죄이지만 합법적인 부부 사이에서 즐기는 성관계를 가지는 것은 정당한 것이라고 가르쳤습니다. 이처럼 바울의 가르침은 성관계에 관한 당시의 사상과 비교해 보면 아주 혁신적인 것이었습니다.

바울은 3절과 4절에서 부부 사이에서 이루어지는 성관계의 특징을 말하면서 동시에 남편과 아내의 바른 관계가 어떤 것인가를 말합니다. 먼저 3절입니다. "남편은 그 아내에 대한 의무를 다하고 아내도 그 남편에게 그렇게 할지라." 로마의 사상가들은 부부 사이에서 즐거움을 만끽하기 위하여 성관계를 가지는 것을 죄라고 보았지만 바울은 남편과 아내가 서로에게 해 주어야 마땅한 의무라고 보았습니다. 관점이 완전히 다릅니다. 서로가 즐거움을 누리기 위하여 성관계를 갖기를 원하면 특별한 사정이 없는 한 응해야 합니다. 4절입니다. "아내는 자기 몸을 주장하지 못하고 오직 그 남편이 하며 남편도 그와 같이 자기 몸을 주장하지 못하고 오직 그 아내가 하나니." 성관계를 가질 때 남자의 몸을 다루는 것은 여자가 하고, 여자의 몸을 다루는 것은 남자가 하는 것이 정상입니다. 만일 자기가 자기 몸을 다루면 자위행위가 되고, 이는 정상적인 성관계라고 볼 수 없습니다. 남자와 여자가 서로의 몸을 다루면서 성관계를 할 때 어떻게 해야 즐거움을 만끽할 수가 있을까요? "상대방의 몸을 이용하여 내가 즐거움을 누려야지"하는 생각을 가지고 상대방의 입장을 전혀 생각하지 않고 성관계를 가진다면 성관계를 통하여 맛볼 수 있는 즐거움을 누릴 수가 없습니다. 그렇게 되면 부부 사이에서 성폭행을 하는 것과 같은 결과가 나타날 수 있습니다. 남자는 어떻게 하면 여자가 즐거움을 맛볼 수가 있을까를 생각하면서 여자의 몸을 다루고, 여자는 어떻게 하면 남자가 즐거움을 맛볼 수 있을까를 생각하면서 남자의 몸을 다루어서 서로 조화를 이룰 때 비로소 두 사람이 모두 즐거움을 누릴 수가 있습니다. 성관계를 통하여 누리는 즐거움은 헛되고 수고로운 일들로 가득 찬 우리의 인생행로에서 우리가 누릴 수 있는 가장 큰 즐거움이자 행복 가운데 하나입니다. 전도서 9장 9절이 말하는 행복이 바로 이것입니다. "네 헛된 평생의 모든 날에 네가 사랑하는 아내와 함께 즐겁게 살찌어다. 그것이 네가 평생에 해 아래에서 수고하고 얻은 네 몫이니라." 이 즐거움을 만끽하려면 자기의 유익을 구하지 않고 상대방의 유익을 구하는 마음가짐이 필요합니다. 이 마음가짐이 바로 고린도전서 13장이 말하는 사랑 곧 아가페입니다. 부부간의 성관계가 제대로 이루지려면 아가페 사랑의 마음가짐이 있어야 합니다. 부부간의 성관계는 아가페 사랑을 실천해야 할 첫 번째 실천현장입니다. 이처럼 성관계는 부부의 관계를 아가페 사랑으로 원활하게 연결시켜 주는 중요한 도구입니다.

그런데 부부생활에서 원하면 언제든지 성관계를 해야 하는 것은 아닙니다. 부부생활에서 성관계를 유보해야 할 때가 있다는 사실을 바울은 잘 알고 있었습니다. 바울이 예로 드는 것은 기도에 전념하는 경우입니다. 5절입니다. "서로 분방하지 말라 다만 기도할 틈을 얻기 위하여 합의 상 얼마 동안은 하되 다시 합하라 이는 너희가 절제 못함으로 말미암아 사탄이 너희를 시험하지 못하게 하려 함이라." 부부가 생활하는 중에 일정한 시간 동안 기도에 집중해야 할 필요가 생기면 성관계, 좀 더 넓은 뜻으로 말해서 잠자리를 같이 하는 것을 유보해도 된다는 것이 바울의 가르침입니다. 그러나 이때도 조건이 있습니다. 두 사람이 서로 합의를 보아야 합니다. 기도를 하기 위하여 시간을 별도로 내고 싶어도 상대방이 흔쾌하게 동의하지 않으면 추진해서는 안 됩니다. 여기서 우리는 바울이 부부생활을 얼마나 중요하게 생각하는가를 알 수 있습니다. 기도하는 일은 자타가 공인하는 영적인 일들 가운데 중심입니다. 그런데 기도조차도 부부생활을 원활하게 유지해야 한다는 명분 앞에서는 양보해야 한다는 것이 바울의 입장입니다. 당시 고린도교회의 금욕주의자들은 기도하는 것과 같은 영적인 일들은 부부생활과 같은 물질적인 일들보다 절대적으로 더 중요하기 때문에 기도를 위해서라면 심지어 부부생활 까지도 깨뜨려 버릴 수 있다고 생각했습니다. 그러나 바울은 이 견해에 동의하지 않았습니다. 기도라 할지라도 부부간에 합의하는 것이 우선이라는 것이지요.

총신대학교 신학대학원에 들어오고자 하는 수험생들을 대상으로 면접을 실시하고 있습니다. 그런데 간혹 이런 수험생이 옵니다. 이 수험생은 결혼을 했었던 사람입니다. 이 수험생이 목회자가 되기로 결심하고 직장생활을 다 포기하고 신학대학원에 진학을 하려고 결심했습니다. 그런데 이 수험생의 아내가 자기 남편이 목사가 되는 것을 반대합니다. 아내의 반대는 꺾이지 않고 신학대학원에는 가야 하겠고...마침내 두 사람은 의견의 차이를 좁히지 못하고 이혼합니다. 이런 수험생을 만나면 학교는 입학을 허가해 주지 않습니다. 왜냐하면 목회자가 되어서 하나님의 소명을 이루는 것보다 가정을 지키는 것이 더 중요하기 때문입니다.

또 한 가지 조건이 있습니다. 기도를 하기 위한 시간만 딱 잠자리를 달리 하고 기도가 끝나면 반드시 다시 잠자리를 함께 해야 합니다. 부부가 잠자리를 달리 하는 시간이 길어지고 빈번해지면 배우자로부터 충족 받지 못하는 성적인 욕구를 다른 곳에서 해결하려고 하게 되고, 마침내는 시험에 들기 때문입니다.

물론 바울이 기도의 경우를 예로 든 것은 기도하는 시간 이외에는 어떤 경우에도 잠자리를 달리 해야 한다는 뜻은 아닙니다. 바울은 그냥 여러 가지 사유들 가운데 하나를 머리에 떠오르는 대로 제시한 것뿐입니다. 기도하는 경우 이외에도 비상한 다른 특별한 경우들도 있을 수 있습니다. 예를 들어서 본인이나 배우자가 몸이 많이 아픈 경우에 성관계를 가질 수 없습니다. 남편이나 아내가 직장 때문에 떨어져 지내야 하는 경우도 불가피하게 잠자리를 달리 할 수밖에 없습니다. 그러나 이와 같은 비상한 경우가 아닌 한, 부부는 잠자리를 달리 해서는 안 됩니다.

지금까지 바울은 성관계가 뒤따르는 결혼생활을 하는 것이 하나님이 정해 주신 바른 삶의 질서임을 강조했습니다. 그러나 결혼을 하는 것이 성도들이 반드시 해야 할 의무조항은 아닙니다. 결혼은 당사자의 자유로운 결정에 달린 일이기 때문에 해도 좋지만 하지 않아도 도덕적으로 문제되는 것은 아닙니다. 결혼을 하든 안하든 그것은 당사자가 자유롭게 결정해야 할 문제입니다. 따라서 바울은 자신이 결혼문제에 대하여 주는 가르침은 권고사항이지 의무사항은 아님을 분명히 했습니다. 6절입니다. "그러나 내가 이 말을 함은 허락이요 명령은 아니니라." 허락이라는 말은 양보한다는 뜻인데, 바울은 결혼을 하지 않겠다는 사람이 등장하여 정당한 이유를 대면 양보하겠다는 것입니다.

결혼이 강제로 해야 할 의무조항이 아닌 것처럼, 결혼하지 않는 것도 강제로 해야 할 의무조항이 아닙니다. 7절입니다. "나는 모든 사람이 나와 같기를 원하노라 그러나 각각 하나님께 받은 자기의 은사가 있으니 이 사람은 이러하고 저 사람은 저러하니라." 바울은 자기 자신을 예로 들면서 모든 사람이 바울 자신처럼 결혼을 하지 않기를 원했습니다. 여기서 바울은 결혼을 하지 않은 사람인가 하는 의문이 떠오를 수 있습니다. 바울이 결혼을 하지 않은 총각이었을 가능성은 거의 없다고 보아야 합니다. 바울은 정통 유대교 랍비였고, 산헤드린 공의회원이었는데, 이런 자리에 있는 사람들은 모두 결혼을 했습니다. 결혼하지 않은 유대교 랍비는 상상할 수가 없습니다. 그러나 성경에 정확한 기록이 없기 때문에 자세한 것은 알 수 없습니다. 다만 추측해 볼 수 있는 것은 바울이 개종할 때 부인은 바울을 따라서 개종하는 것을 원하지 않았을 가능성이 있습니다. 종교의 차이 때문에 바울은 아마도 부인과 이혼할 수밖에 없었던 것 같습니다. 이혼한 후에 바울은 재혼할 생각을 하지 않았던 것으로 생각됩니다. 특히 바울이 7장 15절에서 배우자가 하나님을 믿지 않고 같이 살기를 원하지 않을 경우에 이혼해도 무방하다고 말하는 것은 자기 자신의 경험에서 나온 말인 것 같습니다.

바울은 모든 사람이 자신처럼 결혼하지 말고 독신으로 지낼 것을 권고합니다. 그러나 바울은 이 요구를 의무조항으로 강요하지 않고 하나님으로부터 독신의 은사를 받은 사람에게 권고할 뿐입니다. 바울이 말하는 독신의 은사는 성적인 욕구를 잘 통제할 뿐만 아니라 성욕에 들어가는 몸의 에너지를 좋은 방향으로 승화시켜서 복음사역에 집중할 수 있는 능력을 뜻합니다. 이 능력을 선천적으로 받은 사람도 간혹 있을 수 있습니다. 제가 아는 어떤 정신과 의사는 장가를 일부러 안 갔는데, 그 이유는 이 사람은 여자를 보고도 아무런 감흥도 못 느끼고 여자 대신에 다른 일들을 하는 것에서 삶의 보람과 만족을 느끼기 때문입니다. 이런 경우는 선천적으로 독신의 은사를 받은 것입니다. 그러나 많은 경우에 독신의 은사는 경건훈련과 노력을 통해서 후천적으로 갖추어지기 마련입니다. 아마도 바울의 경우는 경건훈련과 노력을 통해서 독신의 은사를 받게 된 것으로 추측됩니다. 바울이 이방인의 사도로 부름을 받았습니다. 하나님으로부터 받은 선교의 소명을 이룩하려면 몇 천 킬로미터나 되는 길을 육로로 걸어서 이동하는 고달프고 위험한 길을 걸어가야 하는데 이런 위험한 길에는 아내와 함께 다닐 수가 없었습니다.

이제 강의를 마무리하겠습니다.

우리는 금욕주의자들처럼 우리에게 주어진 성욕과 성관계를 금기시하고 죄악시해서는 안 됩니다. 성욕과 성관계는 인생들에게 하나님이 주신 선물들 중에서 가장 큰 즐거움과 행복을 가져다주는 값진 선물입니다. 우리는 이 소중한 선물을 우리들에게 주셔서 누리게 하신 하나님께 감사하면서 너무나 소중한 이 선물을 함부로 내돌리지 않고 그것이 있어야 할 바른 자리를 찾아 주어야 하겠습니다.

우리 성도들은 우리의 신체의 기능이 허락하는 한 결혼관계 안에서 성관계를 자유롭게 누리되, 어떻게 하면 상대방의 유익을 구할 수 있을까 하는 아가페 사랑의 마음가짐으로 누릴 수 있기를 바랍니다. 기도하는 일을 포함하여 특별한 경우가 아닌 한 결코 잠자리를 따로 하지 않는 성도들이 되시기를 바랍니다.

결혼도 소중한 선물이지만, 독신의 은사를 받아서 하나님의 일이나 어떤 전문적인 일에 헌신하는 것도 소중한 일이므로, 이 은사를 받은 성도님들도 소중한 은사를 주신 하나님께 감사하면서 이 은사를 최선을 다하여 활용하여 열매를 맺는 은혜가 있어야 하겠습니다.

8 내가 결혼하지 아니한 자들과 과부들에게 이르노니 나와 같이 그냥 지내는 것이 좋으니라 9 만일 절제할 수 없거든 결혼하라 정욕이 불 같이 타는 것보다 결혼하는 것이 나으니라 10 결혼한 자들에게 내가 명하노니 (명하는 자는 내가 아니요 주시라) 여자는 남편에게서 갈라서지 말고 11 (만일 갈라섰으면 그대로 지내든지 다시 그 남편과 화합하든지 하라) 남편도 아내를 버리지 말라 12 그 나머지 사람들에게 내가 말하노니 (이는 주의 명령이 아니라) 만일 어떤 형제에게 믿지 아니하는 아내가 있어 남편과 함께 살기를 좋아하거든 그를 버리지 말며 13 어떤 여자에게 믿지 아니하는 남편이 있어 아내와 함께 살기를 좋아하거든 그 남편을 버리지 말라 14 믿지 아니하는 남편이 아내로 말미암아 거룩하게 되고 믿지 아니하는 아내가 남편으로 말미암아 거룩하게 되나니 그렇지 아니하면 너희 자녀도 깨끗하지 못하니라 그러나 이제 거룩하니라 15 혹 믿지 아니하는 자가 갈리거든 갈리게 하라 형제나 자매나 이런 일에 구애될 것이 없느니라 그러나 하나님은 화평 중에서 너희를 부르셨느니라 16 아내 된 자여 네가 남편을 구원할는지 어찌 알 수 있으며 남편 된 자여 네가 네 아내를 구원할는지 어찌 알 수 있으리요

제25강

결혼와 이혼

· From
the Cross
to Agape

고전 7장
8~16절

● 바울은 고린도전서 7장에서 다양한 사례들을 예로 들면서 성도들의 바른 결혼생활, 독신생활, 이혼과 재혼의 문제들에 관련된 가르침을 주고 있습니다. 오늘 우리가 읽은 본문도 이 문제와 관련된 몇 가지 사례들을 다루고 있습니다.

첫째로, 8절과 9절에서는 배우자와 사별한 후에 홀로 남은 성도들이 재혼을 해도 되는가 하는 문제를 다룹니다. 8절 앞부분을 읽겠습니다. "내가 결혼하지 아니한 자들과 과부들에게 이르노니." "결혼하지 아니한 자들"은 남자들을 가리키는데, 특히 아내와 사별하고 혼자 사는 남자를 가리킵니다. 과부는 당연히 남자와 사별하여 혼자 사는 여자를 가리키겠지요. 사별로써 배우자를 잃은 성도들은 두 길 가운데 어느 한 길을 선택해야 합니다. "재혼을 하든가, 아니면 혼자 살든가." 바울은 이 의무조항으로 말하지 않습니다. 일정한 조건 아래에서 재혼을 할 수도 있고, 아니면 혼자 살 수도 있다고 말합니다. 8절 후반절과 9절을 읽겠습니다. "나와 같이 그냥 지내는 것이 좋으니라 만일 절제할 수 없거든 결혼하라 정욕이 불같이 타는 것보다 결혼하는 것이 나으니라." 이 본문에 제시된 바울의 해결책은 두 개입니다. 하나는 결혼하지 않고 홀로 지내는 것이고, 다른 하나는 결혼 곧 재혼을 하는 것입니다. 바울은 재혼하지 않고 홀로 지내는 것을 훨씬 더 좋은 방법으로 권장 하지만 그렇다고 해서 재혼하는 것을 잘못된 행동으로 비판하지도 않습니다. 여기서 혼자 지내는 편을 택할 것인가, 아니면 재혼하는 편을 택할 것인가를 결정짓는 기준은 "정욕을 절제할 수 있느냐" 하는 것입니다. 정욕을 절제할 수 있거든 절제하고, 정욕이 불같이 일어나는 것을 절제하기가 힘들거든 재혼을 하라는 것이 바울의 가르침의 요지입니다.

바울의 가르침은 마치 재혼을 불같이 타오르는 정욕을 발산하는 수단으로 소개하고 있는 것처럼 보입니다. 바울의 가르침은 정욕을 절제하는 영적인 사람들은 계속하여 홀로 지내고, 정욕을 절제하지 못한 채 끌려 다니는 사람은 재혼을 하라는 말처럼 들립니다. 이런 시각으로 바울의 가르침을 받아들이면 홀로 지내는 것이 재혼하는 것보다 도덕적으로 훨씬 고결한 것처럼 보입니다. 그러나 이런 해석은 바울의 가르침을 오해한 것입니다.

바울이 홀로 살 것인가, 아니면 재혼을 할 것인가를 결정할 때 정욕을 절제할 수 있는가를 생각해 보라고 권고한 것은 하나님으로부터 정욕을 절제할 수 있는 은사를 받았는가를 확인해 보라는 뜻입니다. 정욕을 절제할 수 있는 은사는 두 가지 경로를 통하여 주어집니다. 첫째로, 모든 사람들이 다 정욕을 가지고 있지만, 이 정욕을 조절하는데 사람에 따라서 약간의 편차가 있을 수 있습니다. 어떤 사람은 그다지 큰 어려움을 느끼지 않고 정욕을 조절하면서 다른 일에 쉽게 몰두하는 반면에, 어떤 사람은 솟아오르는 정욕을 잘 조절하지 못한 채 다른 일에 집중하지 못합니다. 선천적으로 정욕을 잘 통제하는 것도 하나님이 주신 은사입니다. 둘째로, 하나님이 특별한 하나님의 사역을 맡기실 때, 정욕에 흔들리지 않고 사역을 수행할 수 있도록 후천적으로 특별하게 은사를 주실 때가 있습니다. 바울은 하나님으로부터 이방인 전도 사역에 전념하라는 소명을 받았는데, 이 소명을 잘 수행하도록 하기 위하여 하나님으로부터 정욕을 조절하는 능력을 은사로서 받았습니다. 바울은 총각이 아니었습니다. 바울은 개종하기 전에 결혼을 했었는데, 아마도 유대교 신자였던 부인이 기독교를 받아들이기를 거부하면서 갈라서기를 원했던 것 같습니다. 바울은 홀아비가 된 셈이지요. 바울이 "나와 같이" 그냥 지내는 것이 좋다고 했는데, 이 말은 바울처럼 정욕을 절제하는 은사를 받았다면 재혼하지 말고 혼자 지내라는 말입니다. 만일 이 은사를 받지 않았다면 주저하지 말고 재혼을 하여 결혼관계 안에서 성관계를 가지라는 것입니다. 왜냐하면 불타오르는 정욕을 조절하지 못하면 자칫 혼외정사를 하거나 창녀촌 같은 곳을 드나드는 죄를 범할 수 있기 때문입니다. 정욕을 조절하는 은사를 받지 못해 재혼을 한다고 해서 혼자 지내는 생활 보다 도덕적으로 열등할 생활을 하는 것은 결코 아닙니다. 사실상 바울과 같이 정욕을 조절할 수 있는 은사를 받은 사람들 보다는 이 은사를 특별하게 받지 않은 사람들이 훨씬 더 많습니다. 배우자가 사별하여 홀로 되었을 때 재혼을 하는 것은 도덕적으로 전혀 잘못된 것이 아닙니다. 배우자가 죽으면 죽음으로써 이 세상에서의 결혼관계가 끝나고 결혼의 속박으로부터 해방되는 것이기 때문에 그 후에는 새로운 결혼관계에 들어갑니다.

둘째로, 10절과 11절에서는 믿음이 있는 성도들이 결혼을 하여 부부가 된 상태에서 이혼을 해도 되는가 하는 문제를 다룹니다. 10절 앞부분을 읽겠습니다. "결혼한 자들에게 내가 명하노니." 여기서 말하는 결혼한 자는 남편과 아내가 모두 신앙을 가지고 있는 경우입니다. 이 경우는 결혼생활을 계속 유지하는 것과 이혼을 하는 두 길이 제시되지 않고 오직 단호하게 한 길만을 제시합니다. 그 한 길은 이혼은 절대로 안 된다는 것입니다. 이 명령을 할 때 바울은 "명하는 자는 내가 아니요 주시라"는 표현을 통하여 자신의 개인 생각이 아니라 주님의 명령이라는 점을 특히 강조합니다. 10절 후반부와 11절입니다. "여자는 남편에게서 갈라서지 말고 만일 갈라섰으면 그대로 지내든지 다시 그 남편과 화합하든지 하라 남편도 아내를 버리지 말라." 바울은 딱 잘라서 "갈라서지 말라," "버리지 말라"고 명령합니다. 다른 선택의 여지가 없습니다. 바울이 생각하고 있는 주님의 명령은 마가복음 10장 11절과 12절입니다. "이르시되 누구든지 그 아내를 버리고 다른 데에 장가드는 자는 본처에게 간음을 행함이요 또 아내가 남편을 버리고 다른 데로 시집가면 간음을 행함이니라." 이혼하고 다른 사람과 재혼을 하는 것은 간음죄를 범하는 것입니다. 바울이 고린도전서를 쓸 무렵에는 사복음서 중에서 마가복음만 완성된 시기였기 때문에 바울의 가르침에는 마가복음에 기록된 예수님의 말씀이 반영되어 있습니다. 그런데 같은 예수님의 말씀을 기록한 마태복음에는 마가복음에는 미처 기록되지 않는 새로운 내용이 첨가되어 있습니다. 마태복음 19장 9절입니다. "내가 너희에게 말하노니 누구든지 음행한 이유 외에 아내를 버리고 다른 데 장가드는 자는 간음함이니라." 마가복음에는 아내와 이혼하고 재혼을 하면 간음을 범하는 죄가 된다고 딱 잘라서 말하고 있는 반면에, 마태복음은 배우자가 음행을 한 경우에는 예외적으로 이혼과 재혼이 허용되고 있습니다. 따라서 마가복음만을 접했던 바울은 음행에 대하여 말하지 않았습니다. 그렇다고 해서 마태복음과 마가복음이 전혀 다른 입장을 취한 것은 아닙니다. 마가복음에서 일단 음행의 경우를 말하지 않은 이유는 배우자가 음행을 한 경우에는 이혼해도 되고 이혼하지 않아도 되는 경우였기 때문입니다. 배우자가 음행을 한 경우에 이혼을 해도 도덕적으로나 법적으로 아무런 문제가 없습니다. 그러나 하나님은 결혼관계를 합법적으로 파기시킬 수 있을 만큼 큰 죄인 음행을 범했다 하더라도 배우자를 용서하고 사랑으로 받아 들여서 결혼관계를 깨뜨리지 않고 살아가는 것을 더 원하셨습니다. 결혼은 하나님이 세우신 질서인 반면에 이혼은 인간이 세운 질서입니다. 이처럼 음행의 경우는 단정적으로 말할 수 없었기 때문에 마가복음에서는 일단 기록하지 않은 것입니다.

바울이 성도들이 이혼하지 말 것을 특별히 강조한 이유는 당시 고린도교회 성도들 사이에서도 쉽게 이혼을 하는 경우가 많았기 때문입니다. 고린도교회 성도들이 이혼을 쉽게 한 이유로서는 두 가지를 들 수 있습니다.

첫째로, 당시 로마 사회에서는 이혼과 재혼을 쉽게 하는 것이 관행이 되어 있었습니다. 특별히 로마의 여인들은 이혼을 하고도 부끄러워하지 않았으며, 심지어는 자신들이 함께 살았던 남편들의 숫자가 많은 것을 자랑하기도 했습니다. 로마의 여인들 사이에서는 "결혼하기 위하여 집을 떠나고 이혼하기 위하여 결혼한다"는 말이 유행할 정도였습니다. 유대인들 사이에서도 이혼이 성행했습니다. 유대인들이 믿고 있던 유대교 안에는 두 개의 학파가 있었습니다. 하나는 샴마이 학파였고, 다른 하나는 힐렐 학파였습니다. 샴마이 학파는 아주 보수적이고 엄격한 학파여서 이혼 조건을 아주 엄격하게 견지한 반면에, 힐렐 학파는 특히 남자들이 이혼할 수 있는 문을 넓게 열어 놓았습니다. 힐렐 학파에 따르면 여자가 남자의 밥그릇을 더럽게 해 놓은 것만으로도 여자를 내 보낼 수 있었습니다. 오늘날로 말하자면 설거지를 깨끗하게 해 놓지 않으면 이혼사유감이 되는 것과 같습니다. 고린도교회 교인들 중에는 이런 사회적 풍조를 버리지 못하고 따라간 사람들이 있었습니다.

둘째로, 고린도교회 안에는 지나친 금욕주의적인 성향을 가진 사람들이 있었습니다. 이들은 부부관계라 할지라도 성관계를 가지는 것은 사람을 영적으로 더럽히는 행위라고 생각했습니다. 이들은 영적인 순결을 유지하고 하나님의 뜻을 보다 더 잘 따르기 위해서는 결혼관계를 벗어나야 한다고 생각하고 이혼을 요구했습니다.

바울은 쌍방이 다 믿음을 가진 성도들이 이혼하고 재혼하는 행위를 단호하게 딱 잘라서 거부해 버림으로써, 한편으로는 이혼을 쉽게 허용하는 사회적 분위기에 휩쓸려서 쉽게 이혼을 하고자 하는 교인들에 대해서 경종을 울리고, 다른 한편에서는 주님을 더 잘 지킨다는 명목으로 이혼을 하고자 하는 교인들에 대해서도 동시에 경종을 울렸습니다. 바울의 가르침은 이혼이 성행하는 현대 사회 안에서 살아가면서 쉽게 이혼을 하고자 하는 유혹을 받고 있는 현대교인들에게도 경종을 울리고 있습니다.

셋째로, 12절에서 16절까지는 배우자 중 한 쪽이 신앙이 있고, 다른 한 쪽은 신앙이 없는 경우를 다루고 있습니다. 이 부부는 모두 예수님을 모르고 있다가 한 쪽이 예수님을 믿게 된 반면에, 다른 한 쪽은 예수님을 믿기를 거부하는 경우입니다.

이 경우는 다시 또 다른 두 경우로 나누어집니다. 하나는 믿지 않는 배우자가 복음을 받아들이지 않고 같이 살기를 원하지 않는 경우입니다. 이 경우에 대해서는 15절이 다루고 있습니다. "혹 믿지 아니하는 자가 갈리거든 갈리게 하라 형제나 자매나 이런 일에 구애될 것이 없느니라 그러나 하나님은 화평 중에 너희를 부르셨느니라." 믿지 않는 배우자가 끝까지 신앙을 받아들이지 않고 심지어는 같이 사는 것조차 싫어하여 이혼을 요구한다면 이혼할 수 있습니다. 신앙의 차이 때문에 서로 싸우고 상대방이 이혼을 요구하는 상황에서는 이혼을 허용하여 싸움을 중단하고 하나님이 주신 평화를 회복하고 맛보면서 생활하는 편을 선택하는 것이 불가피합니다. 왜냐하면 하나님은 우리를 싸움으로 부르신 것이 아니라 화평으로 부르셨기 때문입니다.

다른 하나는 배우자가 신앙을 받아들이지 않지만 신앙이 있는 배우자를 사랑하여 같이 살고 싶어 하는 경우로서, 12절, 13절, 14절, 16절에서 다루고 있습니다. 12절과 13절을 읽겠습니다. "그 나머지 사람들에게 내가 말하노니 이는 주의 명령이 아니라 만일 어떤 형제에게 믿지 아니하는 아내가 있어 남편과 함께 살기를 좋아하거든 그를 버리지 말며 어떤 여자에게 믿지 아니하는 남편이 있어 아내와 함께 살기를 좋아 하거든 그 남편을 버리지 말라." 바울은 신앙을 가진 남편과 아내에게 모두 이혼하지 말고 같이 살 것을 명령합니다. 하나님이 세우신 결혼의 질서는 너무나 중요하기 때문에 심지어 배우자가 불신앙을 버리지 않아도 그 배우자를 평생 사랑하면서 데리고 살아야 할 정도입니다. 그러나 바울의 가르침은 두 배우자가 예수를 믿기 전에 결혼한 후에 한 쪽이 예수를 믿게 되고 다른 한 쪽은 예수를 믿지 않는 경우에 적용되는 것일 뿐, 믿는 사람이 믿지 않는 사람과 자유롭게 결혼해도 된다는 뜻은 아닙니다.

바로 여기서 결혼생활의 비밀이 드러납니다. 14절을 읽겠습니다. "믿지 아니하는 남편이 아내로 말미암아 거룩하게 되고 믿지 아니하는 아내가 남편으로 말미암아 거룩하게 되나니 그렇지 아니하면 너희 자녀도 깨끗하지 못하니라 그러나 이제 거룩하니라." 믿는 배우자와 믿지 않는 배우자가 함께 가정을 이루고 살면 믿지 않는 배우자가 거룩하게 된다는 것입니다. 이것이 놀라운 비밀입니다. 그러나 이런 놀라운 일이 일어나려면 한 가지 조건이 있습니다. 그것은 믿지 않는 배우자가 신앙은 달라도 믿는 배우자를 사랑해서 같이 살고 싶어 해야 한다는 것입니다. 믿지 않는 배우자가 신앙의 차이 때문에 믿는 배우자를 미워해서 싸우고 같이 살고 싶어 하지 않는 경우에는 이런 축복이 찾아오지 않습니다. 믿지 않는 배우자가 믿는 배우자를 사랑하는 마음으로 같이 살면 어떤 일이 일어나느냐? 믿지 않는 배우자가 가진 불신앙의 힘이 믿는 배우자에게 영향을 줄 것입니다. 반면에 믿는 배우자에게는 신앙의 힘이 있습니다. 이 신앙의 힘이 이번에는 믿지 않는 자에게 영향을 줄 것입니다. 결국 이 두 힘이 대결하게 되는데, 이 싸움에서 누가 이기겠습니까? 바로 신앙의 힘이 이긴다는 것입니다. 믿는 배우자가 가진 신앙의 힘이 믿지 않는 배우자의 불신앙의 힘보다 강해서 믿지 않는 배우자에게 경건한 영향을 끼칩니다. 아마도 성도님들께서도 경험을 통해서 제가 말하는 내용이 무엇을 의미하는지 짐작하실 것입니다. 예를 들어서 어떤 여 성도가 정말로 착하고 모범적인 태도로 신앙생활을 잘 합니다. 이 여성도의 남편은 신앙은 없지만 아내인 여 성도를 사랑합니다. 이런 가정이 우리 주위에 많지 않습니까? 이 가정을 잘 들여다보면 아직 남편이 신앙을 가지지는 않고 있어도 여성도의 신앙의 힘이 가정 구석구석에 영향을 미치는 것을 볼 수 있습니다. 믿지 않는 남편은 자기도 모르는 사이에 아내에게 영향을 받습니다. 이 남편은 아내가 열심히 신앙생활을 하는 교회 주변을 빙빙 돕니다. 아내를 차에 태워 교회에 보내주고, 예배 끝나면 데리러 오기도 합니다. 남편이 이런 모습을 보여 준다는 것은 아내의 신앙의 힘에 자기도 모르게 영향을 받아서 조금씩 사람이 변하고 있다는 뜻입니다. 그러다가 어떤 일이 일어납니까? 16절이 말하고 있는 일이 일어나는 수가 있습니다. "아내 된 자여 네가 남편을 구원할른지 어찌 알 수 있으며 남편 된 자여 네가 네 아내를 구원할른지 어찌 알 수 있으리요." 100% 확실하게 단정 지을 수는 없지만 믿지 않는 배우자가 신앙을 갖고 구원받는 일이 발생할 수도 있습니다.

이것은 매우 놀라운 일입니다. 이것은 평범한 일 같지만 결코 평범한 일이 아닙니다. 왜 그렇습니까? 일반적으로 인간관계에서는 선한 힘은 퍼져 나가기가 아주아주 힘들고, 악한 힘은 급속도로 빨리 퍼져 나가기 마련이기 때문입니다. 좋은 일을 했다는 소식은 신문지상에 잠깐 등장했다가 별로 큰 주목을 받지 못하고 사라지지만, 스캔들은 한번 신문지상에 등장하면 순식간에 엄청난 속도와 힘으로 퍼져갑니다. 그것이 세상이치인데, 믿는 배우자가 있는 가정에서는 정반대의 일이 일어나는 것입니다. 믿는 배우자가 복의 근원 곧, 만나는 사람들에게 축복을 전달하는 도구가 되는 것입니다. 배우자만 복을 받는 것이 아니라 자녀들도 복을 받습니다. 자녀들은 더욱 더 확실하게 복을 받습니다. 쌍방이 다 믿음을 가진 부모님 밑에서 태어난 자녀는 말할 것도 없고, 비록 한 쪽만이 믿음을 가진 부모 밑에서 태어난 자녀도 부모의 이름으로 유아세례를 받으면 바로 구원을 받고 하나님의 백성들의 반열에 들어오게 되는 것입니다.

사랑하는 성도 여러분! 이제 강의를 마무리하겠습니다.

첫째로, 우리는 하나님이 결혼이라는 아름다운 질서를 우리에게 주셔서 우리가 가진 정욕이 쓰라리고 비참한 열매를 거두는 곳에서 발산되지 않고 행복과 즐거움을 맛볼 뿐만 아니라 자녀라는 소중한 열매를 거두면서 자유롭게 발산할 수 있도록 해주신 하나님께 감사드리며, 하나님께서 우리에게 주신 가정을 소중하게 지켜야 하겠습니다.

둘째로, 결혼은 하나님이 세우신 창조질서로서, 심지어는 교회질서보다 더 근원적인 질서라는 사실을 인식하고, 우리의 성격의 차이나 경제적인 어려움이나 가족환경의 차이와 같은 사소한 인간적인 문제들 때문에 소중한 결혼의 질서를 깨뜨리는 일이 없어야 하겠습니다. 세상 사람들이 쉽게 결혼질서를 깨뜨린다 해도, 우리는 이 풍조를 과감히 거슬러서 하나님이 주신 결혼의 질서를 견실하게 유지하는 성도들이 되어야 하겠습니다.

셋째로, 우리가 믿음을 바르고 견실하게 견지하면 우리가 만나는 모든 인간관계에서 우리가 복의 근원이 될 뿐만 아니라 특히 결혼질서에서 만난 배우자와 자녀들에게는 세상에서는 볼 수 없는 신비스러운 방법으로 복의 근원이 된다는 사실을 잊어서는 안 되겠습니다.

17 오직 주께서 각 사람에게 나눠 주신 대로 하나님이 각 사람을 부르신 그대로 행하라 내가 모든 교회에서 이와 같이 명하노라 18 할례자로서 부르심을 받은 자가 있느냐 무할례자가 되지 말며 무할례자로 부르심을 받은 자가 있느냐 할례를 받지 말라 19 할례 받는 것도 아무 것도 아니요 할례 받지 아니하는 것도 아무 것도 아니로되 오직 하나님의 계명을 지킬 따름이니라 20 각 사람은 부르심을 받은 그 부르심 그대로 지내라 21 네가 종으로 있을 때에 부르심을 받았느냐 염려하지 말라 그러나 네가 자유롭게 될 수 있거든 그것을 이용하라 22 주 안에서 부르심을 받은 자는 종이라도 주께 속한 자유인이요 또 그와 같이 자유인으로 있을 때에 부르심을 받은 자는 그리스도의 종이니라 23 너희는 값으로 사신 것이니 사람들의 종이 되지 말라 24 형제들아 너희는 각각 부르심을 받은 그대로 하나님과 함께 거하라

제26강

부르심 그대로

· From
the Cross
to Agape

고전 7장
17~24절

● 　　　　독생자를 죽음에 내어 줄 정도로 큰 희생을 치루시면서까지 우리를 사랑하시고, 날마다 우리의 삶을 인도해 주시는 우리의 하나님을 좀 더 가까이 하고, 좀 더 잘 섬기고 싶어 하는 마음이 저와 우리 성도님들에게 있습니다. 그러면 우리가 이전보다 하나님을 더 가까이 하고, 더 잘 섬기고 있는지의 여부를 어떻게 확인할 수 있을까요? 이 질문에 대해서 우리 성도님들 중에는 세상에서 우리가 차지하는 신분이 상승하는 것과 같은 변동이 일어나면 우리가 하나님을 더 가까이 하고 더 잘 섬길 수 있을 것이라고 생각하는 경우가 많습니다. 저도 이런 생각을 할 때가 자주 있습니다. 세상에서의 신분이 올라가면 하나님을 가까이 하고 더 잘 섬기는 길에 들어서는 것이고 세상에서의 신분이 잘 올라가지 않거나 아니면 떨어지면 하나님도 멀어지고 하나님을 제대로 섬기지 못하는 것이 아닌가 걱정합니다. 예를 들어서 직장에서 대리로 근무하다가 전무로 승진하면 하나님을 더 가까이 하고 더 잘 섬길 수 있을 것이라고 생각합니다. 승진이 안 되고 대리로 머물러 있으면 하나님과의 거리도 가까워지지 않고 더 잘 섬기지 못한다고 생각합니다. 집사로 있을 때 보다는 권사나 장로가 되면 하나님을 더 가까이 하고 더 잘 섬길 수 있는데, 그렇지 않으면 하나님을 더 가까이 하지 못하고 더 잘 섬기지 못한다고 생각합니다.

　이런 생각을 가진 성도들을 염두에 두고 서술한 본문이 오늘 우리가 읽은 본문입니다. 본문은 두 문단으로 구성됩니다. 17절에서 19절까지가 한 문단이고, 20절에서 24절까지가 또 하나의 문단입니다. 각각의 문단을 다시 분석해 보면 첫 번째 문단은 17절에서 일반적인 원리를 선언하고 18절과 19절에서 예를 들어 설명합니다. 여기서 드는 예는 할례자와 무할례자입니다. 두 번째 문단은 20절에서 일반적인 원리를 선언하고 21절에서 24절까지 예를 들어 설명합니다. 여기서 드는 예는 노예와 자유자입니다.

그러면 먼저 첫 번째 문단을 살펴보겠습니다. 바울은 17절에서 일반적인 원리를 선언합니다. "오직 주께서 각 사람에게 나눠 주신 대로 하나님이 각 사람을 부르신 그대로 행하라 내가 모든 교회에게 이같이 명하노라." 우선 바울은 17절 후반부에서 "내가 모든 교회에게 이같이 명하노라"고 말함으로써 자신이 17절에서 제시하는 가르침이 고린도교회 성도들뿐만 아니라 모든 성도들이 다 들어야 할 보편적인 원리임을 밝힙니다. 그 원리가 무엇이냐? 먼저 가르침의 뒷부분부터 살펴보겠습니다. 바울은 "행하라"고 명령하고 있는데, "행하라"는 말은 "생활하라," "살아라"는 뜻입니다. 그러면 어떻게 살라는 말인가? 두 가지 조건을 명심하면서 살라는 것입니다.

첫째는 "주께서 각 사람에 나눠 주신 대로" 살라는 것입니다. 주께서 각 사람에게 나눠 주신 것은 현재 우리의 일상생활 속에서 우리가 차지하고 있는 자리를 뜻합니다. 예를 들어서 어떤 사람에게는 집에서는 남편과 아버지의 자리가 주어져 있고, 직장에서는 대리라는 자리가 주어져 있고, 교회에서는 집사라는 자리가 주어져 있습니다. 이 자리들이 모두 주님이 우리에게 주신 자리들입니다. 둘째는, "각 사람을 부르신 그대로" 살라는 것입니다. 이 구절에서 말하는 부르심은 예수님을 믿고 기독교인이 되는 것을 말합니다. 이 말은 하나님이 값없이 은혜로 너희를 죄와 사망의 권세로부터 구원하여 하나님의 백성이 되게 해 주셨으니 이제는 하나님의 백성의 신분에 합당한 모습으로 살라는 것입니다. 이 두 조건을 합하면 기독교인이 될 때 주어져 있던 바로 그 자리에서 구원받은 하나님의 백성으로서 합당한 삶을 살라는 뜻이 됩니다.

삶의 자리가 바뀌거나 더 좋은 자리로 올라가는 변화가 있어야만 하나님을 더 가까이 할 수 있고 더 잘 섬길 수 있다고 생각하지 말고, 그 자리에 그대로 머물러 있으라는 것입니다. 왜냐하면 그 자리가 이미 주님이 주신 자리이기 때문입니다. 바울의 권고는 열심히 노력해서 더 좋은 자리로 올라가고자 하는 노력을 하지 말라는 뜻은 결코 아닙니다. 우리는 열심히 노력해서 더 좋은 자리로 올라가도록 노력해야 합니다. 그러나 더 좋은 자리로 올라가는 것과 신앙생활을 잘 하는 것은 아무런 상관이 없습니다. 세상에서 더 좋은 자리가 주어진다고 해서 더 나은 신앙생활을 할 수 있는 것은 아닙니다. "대리에서 전무가 되면 그때 잘하자! 집사에서 장로로 올라가면 그때 잘하자!"라고 생각해서는 안 됩니다. 대리의 자리에서 나중에 후회하지 않을 만큼, 오늘이 주님을 섬기는 마지막 날이라는 각오로 최선을 다하여 하나님을 섬겨야 합니다. 대리의 자리에 있을 때나 전무의 자리에 있을 때나, 집사의 자리에 있을 때나 장로의 자리에 있을 때나, 변함없이 마음과 몸과 힘을 다하여 하나님을 섬겨야 합니다. 전무가 될 때까지, 장로가 될 때까지 미루는 사람이 나중에 전무가 되고 장로가 되면 신앙생활을 더 잘하게 된다는 것은 보장되지 않습니다.

여기서 출애굽사건을 한번 생각해 보겠습니다. 하나님은 열 가지 재앙과 홍해 바다를 가르는 엄청난 기적을 통하여 이스라엘 백성들을 이방인들의 삶의 무대인 애굽으로부터 끌어내셨습니다. 하나님이 애굽으로부터 끌어낸 이스라엘 백성들을 들여보낼 땅은 젖과 꿀이 흐르는 가나안 땅인데,

가나안땅이 어떤 곳입니까? 가나안땅도 블레셋인이라고 불리우는 이방인들이 터 잡고 살고 있는 무대입니다. 출애굽 전이나 출애굽 후나 사실 이스라엘 백성들의 삶의 자리는 이방인들의 삶의 무대라는 점에서 차이가 없습니다. 하나님이 요구하신 것은 동일한 삶의 무대에서 살아가는 방식을 바꾸라는 것입니다. 출애굽 이전에는 이방인의 관습을 따라서 살았다면 이제는 이방인의 관습을 따르지 말고 하나님의 명령에 순종하는 삶을 살라는 것입니다. 우리가 예수님을 구주로 영접하면 하늘나라로 올라가 있는 것이 아니라 예수님을 믿기 전의 바로 그 자리에 그대로 있습니다. 똑같은 자리이지만 이제는 다른 마음가짐으로 살아야 합니다.

17절에서 모든 성도들이 들어야 할 일반적인 원리를 제시한 바울은 18절과 19절에서는 할례의 예를 들어서 설명합니다. 18절입니다. "할례자로서 부르심을 받은 자가 있느냐 무할례자가 되지 말며 무할례자로 부르심을 받은 자가 있느냐 할례를 받지 말라." 우리 성도님들이 잘 아시는 것처럼 유대인들은 모세의 율법의 가르침을 따라서 모두 할례를 받았습니다. 유대인들 중에서 예수님을 믿고 개종한 사람들은 할례를 받은 상태에서 기독교인이 되었습니다. 바울은 이들에게 무할례자가 되지 말라고 권고합니다. 할례 받은 유대인이 무할례자가 된다는 말이 무슨 뜻인가? "무할례자가 된다"는 구절에 해당하는 원문은 헬라어로 "에피스타오마이"인데, 이 단어는 의학용어로서 "껍질을 덮는다"는 뜻입니다. 당시 이방사회에서는 남자가 포경수술을 하는 것을 수치스러운 일이라고 생각했습니다. 로마사회에서는 운동을 할 때 체육관에서 옷을 다 벗고 벌거벗은 상태에서 했습니다. 이때 포경수술을 한 모습이 드러나면 조롱의 대상이 되었고 로마사회에서 신분이 올라가는 데 방해가 되었습니다. 따라서 유대인들 중에는 포경수술을 하여 벗겨낸 껍질을 다시 덮어주는 수술을 받는 사람들이 있었습니다. 이 방인들에게 조롱받지 않기 위해서나 출세를 위해서 덮는 수술을 받는다면 그것은 본인들이 알아서 할 일이지만, 하나님을 더 잘 섬기려는 목적이라면 할 필요가 없다는 것입니다. 왜냐하면 덮는 수술을 받는 것은 하나님을 잘 섬기는 것과는 아무런 상관이 없기 때문입니다. 반면에 이방인들은 할례를 받지 않은 상태에서 기독교인이 되었습니다. 이들이 남성성기의 건강을 위해서나 유대인처럼 되고 싶은 개인적인 바람 때문에 포경수술을 받는다면 그것은 본인이 알아서 할 일이지만 하나님을 잘 섬기려는 목적으로는 포경수술을 받을 필요가 없습니다. 왜냐하면 포경수술은 하나님을 잘 섬기는 것과 상관이 없기 때문입니다. 예수님을 믿을 때 할례를 받은 상태라면 그 상태 그대로, 할례를 받지 않은 상태라면 또 그 상태를 구태여 바꾸지 않고도 얼마든지 하나님을 섬길 수 있다는 것입니다. 왜냐하면 할례나 무할례는 하나님을 잘 믿고 섬기는 것과 무관하기 때문입니다.

그러면 할례자와 무할례자가 다같이 관심을 기울여야 할 일은 무엇인가? 19절입니다. "할례 받는 것도 아무 것도 아니요 할례 받지 않는 것도 아무 것도 아니로되 오직 하나님의 계명을 지킬 따름이니라." "할례를 받는 것이 아무 것도 아니요 할례 받지 않는 것도 아무 것도 아니라"는 말은 할례를 받느냐 마느냐는 것은 하나님을 잘 섬기는 것과는 아무런 관계가 없다는 것입니다. 그러면 할례자와 무할례자를 막론하고 성도들이 관심을 가져야 할 일은 무엇인가? 하나님의 계명을 지키는 삶을 사는 것입니다.

여기서 할례도 모세의 율법에 있는 명령인데 왜 하나님의 계명을 지키라고 하면서 할례명령을 지키지 않아도 된다고 말하고 있는가 하는 의문이 생길 수 있습니다. 모세의 율법 세 가지 유형으로 분류할 수 있습니다. 하나는 의식법입니다. 의식법은 제사법이나 절기법이나 정결법 처럼 종교적 의식에 관한 법인데, 예수님이 세상에 오심으로써 의식법의 모든 조항들을 성취하셨기 때문에 신약시대에는 더 이상 지킬 필요가 없는 법입니다. 할례는 이 법에 속해 있습니다. 다른 하나는 시민법으로서 희년제도라든지 안식년제도, 토지법, 70인평의회와 십부장, 오십부장, 백부장에 관한 규정들처럼 이스라엘국가를 운영하는데 필요한 법률들입니다. 이 법률들은 이스라엘 국가를 위하여 준비된 법률이기 때문에 이스라엘 국가 밖에서는 지키지 않아도 됩니다. 또 다른 하나는 사랑의 대강령이나 십계명이나 동성애 금지규정들과 같은 도덕법입니다. 도덕법은 시대와 장소를 초월하여 모든 시대, 모든 곳에 살고 있는 기독교인들이 지켜야 하는 보편적인 법입니다. 이 도덕법을 계명이라고 합니다. 하나님을 잘 섬기려면 사랑의 대강령이나 황금률이나 십계명과 같은 도덕법을 생활 속에서 열심히 지켜야 합니다.

두 번째 문단의 일반적인 원리는 20절에 있습니다. "각 사람은 부르심을 받은 그 부르심 그대로 지내라." 17절에서 말하는 부르심이 예수님을 믿고 기독교인이 되도록 초청하는 부르심이라면, 20절에서 말하는 부르심은 우리의 일상생활 속에서 하나님이 주신 자리를 말합니다. 20절은 두 번째 사례를 말하기 전에 17절에서 말한 일반적인 원리를 재차 상기시킵니다.

21절에서 24절까지는 이 일반적인 원리를 적용할 또 하나의 사례를 말합니다. 이번에는 노예와 자유자의 경우입니다. 21절입니다. "네가 종으로 있을 때에 부르심을 받았느냐 염려하지 말라 그러나 네가 자유롭게 될 수 있거든 그것을 이용하라."

고린도교회 성도들 중에는 종 곧 노예 상태에서 부름을 받은 자들이 있었습니다. 이들 중에는 기독교인이 된 후에도 여전히 노예로 있는 자들이 있었습니다. 이들은 자신들이 노예상태로 계속 있게 되면 하나님을 잘 섬기지 못하는 것이 아닌가 걱정했습니다. 이런 자들을 향하여 바울은 노예상태에 있는가의 여부는 하나님을 잘 섬기는 것과 관련이 없으므로 하나님을 섬기는 문제와 관련해서는 염려하지 않아도 된다고 말합니다.

이 구절의 의미를 이해하기 위해서는 당시의 노예제도에 대하여 알 필요가 있습니다. 당시의 노예들은 부모가 노예인 가정에서 태어난 자들, 빚을 갚기 위하여 자기 몸을 돈 대신 판 자들, 납치되어 온 어린이와 성인들, 전쟁포로 등으로 구성되어 있었습니다. 당시 노예는 인격체로 취급받지 못했고 주인이 소유한 물건으로 취급되었습니다. 이 때문에 악한 노예 주인들은 노예를 학대하고 고문하고 체벌하는 경우가 있었고, 특히 여자 노예는 귀족들의 성적 욕구충족의 대상이 되었습니다. 그러나 많은 노예 소유주들이 일을 잘하는 충성스러운 노예들을 잘 대해 주었고, 노예에게 자유를 주는 것을 명예롭게 생각했습니다. 노예들 중에는 농사일과 같은 육체노동을 하는 자들도 있었지만 귀족의 가정 경영에 참여하는 노예들도 있었습니다. 같은 노예라도 어떤 일을 하느냐, 어떤 주인을 만나느냐에 따라서 대우가 달랐습니다. 육체노동을 하거나 못된 주인을 만나면 노예의 위치가 그만큼 낮고 힘들어지고, 귀족의 가정 경영 등에 참여하거나 부유하고 좋은 주인을 만나면 대우를 잘 받았습니다. 노예들은 일정한 기간이 지나면 자유를 얻을 수 있었고 평생을 노예로만 지내는 경우는 극히 드물었습니다. 활동 전성기가 지나서 일을 할 수 없게 된 늙은 노예는 자유인이 되어 나가봐야 먹고 살 길이 막막했는데, 귀족들은 이런 늙은 노예들을 내보내지 않고 집에 데리고 와서 보호해주고 여생을 편하게 보낼 수 있도록 배려해 주었습니다. 자유인이 되어 나간 노예는 노예상태로 있을 때 보다 경제적으로 더 힘든 경우도 있었습니다. 보통 7년 정도 일하면 자유를 얻을 수 있었으며, 대체로 30대가 되면 자유를 얻었습니다. 노예들은 노예로 일하면서 벌어들인 돈을 모아서 돈을 지불하고 자유를 얻었습니다.

고린도교회 성도들 중에는 미처 돈을 마련하지 못하여 자유인이 되지 못하고 노예 신분에 계속하여 머물러 있는 자들이 있었습니다. 이런 자들은 획기적인 변화가 없이 계속하여 노예상태에 있게 되자 하나님을 제대로 섬기지 못하는 것이 아닌가 하는 불안을 느꼈습니다. 바울은 이런 성도들을 향하여 무리하게 노예상태로부터 벗어나려고 할 필요는 없다고 안심시킵니다. 그렇다고 해서 노예상태를 벗어나지 말고 평생 노예로 머물러 있으라는 뜻은 아닙니다. 돈이 제대로 잘 마련되어서 자유를 얻을 수만 있으면 얻어야 합니다. 따라서 바울이 21절에서 "그러나 네가 자유롭게 될 수 있거든 그것을 이용하라"고 덧붙입니다.

22절에서 바울은 노예 신분에 있다 해도 신앙생활에 아무런 문제가 없는 이유를 말합니다. "주 안에서 부름을 받은 자는 종이라도 주께 속한 자유인이요 또 그와 같이 자유인으로 있을 때에 부르심을 받은 자는 그리스도의 종이니라." 바울은 비록 사회적인 신분으로는 노예라 할지라도 주님을 믿고 기독교인이 되면 그때부터 영적으로는 자유인이 되었다고 말합니다. 그는 죄와 사망의 권세로부터 해방되어 자유함을 누리기 시작했고, 그 때부터 주님의 사랑과 보호를 받을 수 있었습니다. 노예라는 사회적 속박이 그에게서 영적인 자유함을 빼앗아 가지 못하며, 일단 영적인 자유함을 얻으면 노예생활에 뒤따르는 어려움도 얼마든지 넉넉하게 이겨낼 수 있는 힘을 얻습니다. 거꾸로 사회적으로 자유인이 된 상태에서 기독교인이 된 자들은 영적으로는 그리스도의 노예가 된 자들이라고 바울은 말합니다. 그리스도의 노예가 되었다는 말은 그리스도의 명령에 철저하게 순종해야 하는 자리에 들어가게 되었다는 뜻입니다. 물론 노예상태에서 기독교인이 된 자들이나 자유인의 상태에서 기독교인이 된 자들이나 모두 영적으로 죄와 사망의 권세로부터 자유함을 얻은 자들인 동시에 그리스도의 명령에 철저하게 순종해야 할 의무를 부여받은 자들입니다. 다만 노예 신분의 기독교인들은 자신들에게 영적 자유함이 주어져 있다는 사실을 좀 더 많이 생각하면서 위로를 받고, 자유인의 신분에 있는 자들은 자신들이 그리스도의 명령에 철저하게 순종해야 하는 의무를 가진 그리스도의 노예라는 사실을 좀 더 많이 생각하면서 결심을 새롭게 하라는 것입니다.

바울은 23절에서 노예 신분의 성도들이건, 자유인 신분의 성도들이건 모든 성도들이 함께 유념해야 할 교훈을 제시합니다. "너희는 값으로 사신 것이니 사람들의 종이 되지 말라." 바울은 성도들은 주님이 값을 지불하고 사셨기 때문에 빼도 박도 못하게 주님의 노예가 된 자들임을 상기시킵니다. 주님의 노예가 되었기 때문에 이제 더 이상 사람의 노예가 되어서는 안 됩니다. 사람의 노예가 되지 말라는 말은 노예라는 사회적 신분에 들어가지 말라는 뜻이 아닙니다. 당시의 사회적 상황에서 큰 빚을 졌는데 도저히 갚을 길이 없으면 아무리 기독교인이라 하더라도 노예로라도 들어가서 빚을 해결해야만 합니다. 사람의 노예가 되지 말라는 말은 자기 자신의 이기적인 목적을 이루는 데 집착하는 삶을 살지 말라는 뜻입니다.

바울은 24절에서 17절과 20절에서 제시한 일반적인 원리를 다시 한 번 선언함으로써 문단을 마무리합니다. "형제들아 너희는 각각 부르심을 받은 그대로 하나님께 함께 거하라."

이제 오늘의 본문이 주는 교훈을 정리하고 강의를 마치겠습니다.

우리는 정당한 방법으로 얻을 수 있는 것이라면 사회 안에서 더 나은 자리를 맡을 수 있도록 열심히 그리고 성실하게 일을 해야 합니다. 그러나 이런 노력과 더불어 우리는 두 가지 점에 유의해야 하겠습니다.

첫째로, 이런 노력이 주님을 기쁘시게 하기 보다는 나 자신의 이기적인 목적의 성취에 집착하는 일은 아닌지 살펴보아야 합니다.

둘째로, 더 나은 자리를 얻기까지 주님을 보다 잘 섬기려는 노력을 미루어서는 안 됩니다. 현재 나에게 주어진 자리도 주님께서 주신 소중한 자리라고 생각하고 현재의 기회가 주님을 섬기는 마지막 시간이 될른지도 모른다는 마음으로 최선을 다하여, 최고의 방법으로, 주님을 섬겨야 합니다. 실제로 우리가 주님을 더 이상 섬기고 싶어도 섬길 수 없는 날이 생각보다 빨리 우리에게 찾아 올 지도 모릅니다. 비록 세상적으로 더 나은 자리에는 오르지 못했다 하더라도 현재 나에게 주어진 자리에서 힘을 다하여 주님을 섬기는 삶을 살았다면 그 사람은 그 누구보다도 성공적인 인생을 산 사람입니다.

25 처녀에 대하여는 내가 주께 받은 계명이 없으되 주의 자비하심을 받아서 충성스러운 자가 된 내가 의견을 말하노니 26 내 생각에는 이것이 좋으니 곧 임박한 환난으로 말미암아 사람이 그냥 지내는 것이 좋으니라 27 네가 아내에게 매였느냐 놓이기를 구하지 말며 아내에게서 놓였느냐 아내를 구하지 말라 28 그러나 장가 가도 죄 짓는 것이 아니요 처녀가 시집 가도 죄 짓는 것이 아니로되 이런 이들은 육신에 고난이 있으리니 나는 너희를 아끼노라 29 형제들아 내가 이 말을 하노니 그 때가 단축하여진 고로 이 후부터 아내 있는 자들은 없는 자 같이 하며 30 우는 자들은 울지 않는 자 같이 하며 기쁜 자들은 기쁘지 않은 자 같이 하며 매매하는 자들은 없는 자 같이 하며 31 세상 물건을 쓰는 자들은 다 쓰지 못하는 자 같이 하라 이 세상의 외형은 지나감이니라

제27강

아내 있는 자들은 없는 자 같이

From the Cross to Agape

고전 7장 25~31절

● 　　　오늘 우리가 읽은 본문은 두 부류의 교인들에 대한 바울의 가르침을 담고 있습니다. 하나의 부류는 아직 결혼을 하지 않은 사람들입니다. 아직 결혼을 하지 않은 사람들은 총각과 처녀를 가리킵니다. 결혼을 앞 둔 총각과 처녀에 대한 바울의 가르침이 25절에서 38절까지 제시되어 있습니다. 또 하나의 부류는 현재 결혼관계 안에 있지 않은 사람들로서 남편과 사별한 과부를 가리킵니다. 과부에 대한 가르침은 39절에서 40절까지에 있습니다. 오늘의 본문은 바울이 쓴 많은 글들 중에서 가장 해석이 어려운 부분들 가운데 하나입니다. 오늘의 본문을 한 번의 강의를 통하여 다 다루기에는 내용이 너무 많기 때문에 두 차례에 나누어서 강의를 진행하고자 합니다. 오늘은 25절에서 31절까지를 살펴보고, 다음 강의에서 32절에서 40절까지를 공부하기로 하겠습니다.

먼저 25절을 읽겠습니다. "처녀에 대하여는 내가 주께 받은 계명이 없으되 주의 자비하심을 받아서 충성스러운 자가 된 내가 의견을 말하노니." 바울은 본문에서 제시하게 될 내용이 예수님이 주신 명령이 아니라 바울 자신의 개인적인 의견이라는 점을 먼저 밝힙니다. 이 말은 두 가지 의미를 가지고 있습니다. 첫째로, 바울은 정 반대 되는 두 가지 길 가운데 어느 길을 선택해도 하나님의 뜻에 어긋나지 않는 경우에 주님이 주신 명령이 아니라 자기 자신의 개인적인 의견이라고 밝히고 가르침을 제시합니다. 둘째로, 바울이 주님의 명령이 아니라 자기 자신의 개인 의견이라고 밝혔다고 해서 바울의 가르침이 하나님의 말씀이 아니라는 말은 결코 아닙니다. 바울이 한 모든 말은 성령으로 영감을 받은 하나님의 말씀입니다. 하나님의 말씀 가운데 어느 한 길을 선택하도록 명령하는 말씀이 있고, 또 반대되는 두 길 가운데 어느 길이든지 자유롭게 선택할 수 있도록 여지를 주는 말씀이 있을 뿐입니다.

바울이 제시하는 의견은 처녀의 결혼문제에 관한 것입니다. 처녀라고 번역되어 있는 원어인 파르테논은 "처녀와 총각"이라고 번역하는 것이 더 좋은 번역입니다. 세 가지 이유 때문에 파르테논을 "처녀와 총각"이라고 번역해야 합니다. 첫째는, 이 단어 자체가 처녀라는 뜻도 있고 총각이라는 뜻도 있습니다. 둘째는, 이 단어는 복수형으로 사용되었습니다. 모든 헬라어 단어에는 단수로 사용될 때 남성의 경우에는 남성 관사가 단어 앞에 붙어 있고, 여성의 경우에는 여성 관사가 단어 앞에 붙기 마련인데, 복수가 되면 남성과 여성이 모두 같은 관사를 가집니다. 본문에는 복수로 사용되었기 때문에 관사만 가지고는 남성인지 여성인지 알 수가 없습니다. 그럴 때는 단어의 어미를 보고 남성인지 여성인지를 구분하는데 복수 소유격의 경우는 어미도 남성과 여성이 동일합니다. 게다가 파르테논은 처녀를 가리킬 때나 총각을 가리킬 때나 동일하게 어미가 남성형으로 되어 있습니다. 셋째는, 26절부터 나오는 내용은 단지 처녀들만을 대상으로 하지 않고 처녀와 총각을 모두 대상으로 하고 있습니다. 이런 이유들 때문에 파르테논은 "총각과 처녀"로 번역하는 것이 더 좋습니다. 그러니까 바울의 가르침은 처녀에게만 주는 가르침이 아니라 처녀와 총각 모두에게 주는 가르침이라고 보면 됩니다.

26절부터 등장하는 내용을 이해하기 위해서는 당시 고린도교회의 교인들에게 영향을 끼친 두 가지 결혼관을 먼저 알고 있어야 합니다. 하나는 헬라 철학자들 가운데 일부가 가지고 있었던 결혼관입니다. 이 결혼관은 시민으로서 의무를 감당하려면 결혼을 반드시 해야 한다고 주장하면서 결혼하지 않은 사람은 시민의 자격이 없다고 압박을 가했습니다. 다른 하나는 고린도교회 안에도 들어 와 있었던 금욕주의자들과 신령파들의 결혼관으로서, 이들은 결혼생활은 악이며, 영적인 생활을 혼란시키기만 할 뿐이므로 진정한 영적 생활을 하기 위해서는 독신생활을 해야 한다고 주장했습니다. 이 두 가지 입장이 모두 극단적인 관점들입니다. 바울의 결혼관은 이 두 가지 극단을 모두 피하면서 균형 잡힌 관점을 제시하고 있습니다.

26절을 읽겠습니다. "내 생각에는 이것이 좋으니 곧 임박한 환난으로 말미암아 사람이 그냥 지내는 것이 좋으니라." 바울은 결혼을 하지 않은 사람은 시민으로서의 자격이 없다고 주장하는 견해를 반대하면서 총각이나 처녀는 오히려 결혼하지 않고 그냥 사는 것이 더 나은 삶이라고 말합니다. 바울은 독신생활을 결혼생활보다 더 좋은 생활방식으로 강력히 추천하고 있습니다. 그런데 우리는 바울이 이처럼 독신생활을 강력히 추천하는 데는 특별한 상황이 전제되어 있다는 사실을 고려해야 합니다. 그 특별한 상황이 본문에 나와 있습니다. 본문에 보면 "임박한 환난"이 독신생활을 추천하는 이유로 제시되어 있습니다. 환란이 임박해 있는 특별한 상황에서는 독신생활을 하는 것이 결혼생활을 하는 것보다 더 좋다는 것이지요. 바울이 "임박한 환난"을 말했다는 말은 바울이 당시의 상황을 편안한 상황으로 보지 않고 곧 위기가 다가올 비상한 상황으로 파악하고 있었다는 뜻입니다. 바울이 고린도서를 쓰기 이전에 유대인들에 대한 로마정부의 박해가 시작되어 로마에 거주하던 모든 유대인들이 로마 밖으로 추방당하는 사건이 있었습니다. 바울은 로마 정부가 유대인들을 박해하는 모습을 보고 기독교에 대해서도 박해를 시작하는 것은 시간문제라는 사실과 한번 박해가 시작되면 아주 가혹한 방식으로 오랜 기간 동안 계속될 것이라는 점을 직감합니다. 실제로 바울이 고린도전서를 쓰던 무렵은 로마 황제의 박해가 시작되기 직전이었습니다. 바울에게는 성도들이 로마정부에 끌려가서 모진 고문과 박해를 받는 모습이 머리에서 떠나지 않았습니다. 성도들이 예수를 믿는다는 이유로 로마당국에 끌려가서 고문을 당할 때, 만일 결혼을 하여 아내와 가족들이 있다면 얼마나 마음이 무겁겠습니까? 자기가 고통 받는 일은 어떻게 해서라도 견딘다 해도 자기 때문에 가족들이 거리에 나 앉고 체포되고 고통을 당하는 모습을 보는 것은 너무 힘들 것입니다. 그러면 마음이 약해질 것은 분명합니다. 그러나 독신상태로 있으면 가족 걱정에 매이지 않고 좀 더 홀가분하고 의연한 모습으로 박해를 맞이할 수 있을 것입니다. 이처럼 독신생활을 추천하는 바울의 가르침 안에는 박해를 맞이하게 될 성도들의 안위를 염려하는 마음이 자리 잡고 있습니다.

　바울은 곧 다가올 박해라는 비상한 상황을 고려하여 독신생활을 장려하면서도, 금욕주의자들과 신령파가 바른 영적 생활을 하기 위해서는 결혼을 해서는 안 되고, 결혼한 사람이라도 결혼관계를 끊어야 한다는 주장에 반대하여 결혼의 중요성을 강조하기를 소홀히 하지 않습니다. 27절입니다. "네가 아내에게 매였느냐 놓이기를 구하지 말며 아내에게서 놓였느냐 아내를 구하지 말라." 바울은 아직 결혼하지 않은 총각과 처녀들에게는 독신으로 지내기를 권장했지만, 이미 결혼하여 가정을 이루고 있는 기혼자들에게는 결혼관계를 깨뜨리지 말고 유지할 것을 명령합니다. 여기서 우리가 주목할 사실은 26절의 독신생활 권장은 독자들이 자유롭게 선택할 수 있는 권장사항으로만 제시된 반면에, 결혼관계를 깨뜨리지 말라는 말은 반드시 지켜야 할 명령으로 제시 되었다는 점입니다. 왜냐하면 결혼은 하나님이 제정하신 질서이기 때문입니다. 박해는 결혼관계를 깨뜨릴 사유가 될 수 없습니다. 그러나 교인들 가운데 어떤 이유로든지 이미 결혼관계가 깨진 교인들이 있을 수 있습니다. 이런 교인들은 다른 여자를 만나서 재혼하지 말라고 바울은 말합니다. 이것도 역시 반드시 지켜야 할 명령입니다. 어떤 이유로 이혼을 했든 간에 이혼한 상대방이 생존해 있는 경우에는 다른 남자나 여자를 만나서 재혼해서는 안 된다는 것이 성경의 가르침입니다. 재혼이 허용되는 경우는 배우자와 사별한 경우에 한해서입니다.

바울은 28절에서는 총각과 처녀가 결혼하는 것이 잘못된 결정이 아니라는 점을 강조합니다. "그러나 장가가도 죄 짓는 것이 아니요 처녀가 시집가도 죄 짓는 것이 아니로되 이런 이들은 육신에 고난이 있으리니 나는 너희를 아끼노라." 바울은 총각이 장가가는 것은 죄가 아니고, 또 처녀가 시집가는 것도 죄가 아니라고 말합니다. 그러나 바울은 결혼하는 총각과 처녀는 결혼에 뒤따르는 대가를 치를 각오를 하고 결혼관계에 들어가야 한다는 점을 강조합니다. 바울은 결혼한 총각과 처녀들이 치러야 할 대가를 "육신에 찾아오는 고난"으로 제시합니다. 그러면 "육신에 찾아오는 고난"은 무엇을 뜻하는가?

결혼하는 자가 육신에 찾아오는 고난을 짊어지고 가야 할 각오를 해야 한다는 말은 짧은 말이지만 이 안에 기독교인의 결혼관의 핵심이 담겨 있습니다. 이 말은 기독교인의 결혼생활이 결코 감정적으로 서로 좋아하는 마음만 가지고 행할 수 있는 것이 아니라는 뜻을 담고 있습니다. 물론 결혼은 감정적으로 서로 좋아하는 마음에서 시작됩니다. 그러나 서로 좋아하는 관계를 유지하기 위해서는 서로가 지고 가야 할 십자가 곧 고난이 있습니다. "육신에 찾아오는 고난"이라고 말할 때 육신은 일상의 삶을 뜻합니다. 일상의 삶 속에서 부부가 서로 지고 가야 할 고난이 있습니다. 이 고난은 매우 넓은 의미를 가집니다. 가정을 꾸리면 우선 남자는 생계를 유지하기 위하여 일을 해야 하고 여자는 가정살림을 꾸려가야 합니다. 이것도 벌써 육신에 찾아오는 고난입니다. 남자가 생계유지를 위하여 일을 하지 않고 여자가 살림을 하지 않으면 결혼관계가 유지될 수 없습니다. 뿐만 아닙니다. 결혼을 해서 두 사람만이 오붓하게 생활할 수 있는 경우가 거의 없습니다. 결혼을 하면 필연적으로 시댁과 처가의 식구들과 관계를 맺지 않을 수 없게 됩니다. 바울 당시에 결혼을 하면 양가에 딸려 있는 가족들을 돌보고 먹여 살리는 의무가 따라 왔습니다. 오늘날에는 그 정도까지는 아니지만 일단 결혼을 하면 여자의 경우는 시댁 식구들과의 관계, 그리고 남자는 처갓집 식구들과의 관계를 원활하게 잘 맺어 가야 할 의무가 부과됩니다. 시댁의 어른들에 대하여 예의를 갖추는 일, 처가의 어른들에 대하여 예의를 갖추는 일, 시댁과 처가의 다른 가족들과도 원만하게 지내는 일 등과 같은 의무들이 부여되는 데, 이 일들도 육신에 찾아오는 고난입니다. 더욱이 배우자가 어려운 일을 당하거나 몸이 아플 때 끝까지 사랑으로 돌보고 간병하는 일을 외면해서는 안 됩니다. 이것도 육신에 찾아오는 고난입니다. 여기에 앞에서 말한 "임박한 환난"을 맞이하여 배우자가 박해를 당하게 되면 어려움을 함께 지고 가야 합니다. 결혼관계에 들어서는 처녀와 총각은 육신에 찾아오는 이 모든 고난과 십자가를 짊어지고 갈 각오를 해야 합니다. 이와 같은 육신에 찾아오는 고난을 짊어질 각오를 하지 않는다면 차라리 독신생활을 하는 것이 더 낫다는 것입니다.

바울의 가르침은 29절에서 31절에서 보다 깊고 넓은 차원으로 들어갑니다. 총각과 처녀가 결혼을 하느냐 하지 않느냐 하는 문제도 물론 중요한 문제입니다. 그러나 기독교인들은 이보다 넓고 깊은 성경적 세계관의 관점에서 결혼문제를 포함하여 현실 속에서 일어나는 모든 문제들을 바라보고 해석하면서 임하는 태도를 가져야 합니다.

이 세계관이 29절의 "그 때가 단축하여진 고로"라는 어구와 31절의 "이 세상의 형적은 지나감이니라"는 어구에 담겨 있습니다.

먼저 "그 때가 단축하여졌다"는 말이 무슨 말일까요? 이 어구는 짧은 구절이지만 엄청난 내용을 담고 있습니다. 이 구절 안에는 역사를 보는 관점이 담겨 있습니다. 원래 고대 그리스와 로마사람들은 순환사관이라는 역사관을 통하여 역사를 바라보았습니다. 순환사관이란 인류의 역사는 시작도 없고 끝도 없이 계속된다는 역사관을 뜻합니다. 순환사관은 자연에서 일어나는 현상을 보고 비슷한 현상이 인류 역사 안에서도 일어난다고 생각합니다. 자연 안에서 봄, 여름, 가을, 겨울이 매년 반복되는 것처럼 인류 역사 안에서는 문명이 시작되어 번성하다가 일정한 시간이 지나면 쇠퇴해 가고 마침내는 멸망하는 패턴이 끝없이 반복된다는 것입니다. 순환사관에 의하면 인류 역사는 무한한 시간동안 진행됩니다. 이에 반하여 성경은 직선사관을 말합니다. 직선사관이란 역사는 시작이 있고 끝이 있다는 것입니다. 직선사관에 의하면 인류 역사는 하나님이 세상을 창조하실 때 시작되어서 직선적인 시간의 흐름과 함께 진행되다가 예수님이 재림하시는 날 끝납니다. 무한하게 계속된다고 생각하던 역사가 예수님이 재림하시는 특정한 시간에 끝나 버리니까 역사의 시간이 급격하게 짧아져 버렸지요? 급격하게 단축되어 버리지 않았습니까? 그렇습니다. 기독교인들은 현재의 때가 무한하게 계속된다고 역사를 해석하지 않습니다. 기독교인들은 재림의 때가 되면 현재의 역사는 끝나고 새로운 때와 새로운 세계가 시작된다는 역사관을 가진 사람들입니다. 이처럼 재림 때에 끝나고 없어져 버릴 현재의 세계의 특징을 31절은 "이 세상의 형적은 지나간다"고 표현합니다. "이 세상의 형적"은 정치와 경제를 포함하는 눈에 보이는 모든 세상일들을 가리킵니다. 지나간다는 말은 연극배우가 무대에 등장하여 자기가 맡은 배역을 잠깐 연기하다가 연기가 끝나면 무대 뒤로 사라져 버리는 광경을 묘사한 말입니다. "이 세상의 형적이 지나간다"는 말은 이 세상일들은 잠시 잠깐 후면 안개처럼 사라져 없어져 버리는 덧없는 것들이라는 말입니다. 기독교인들은 하나님의 명령을 받고 가나안으로 갔지만 가나안땅에 소망을 두지 않고 하늘에 있는 영원한 본향을 사모했던 아브라함처럼 이 세상의 일들에 궁극적인 소망을 두지 않고 하늘에 소망을 두고 사는 사람들이 되어야 합니다.

기독교인들이 잠시 잠깐 후면 지나가 버릴 세상에 소망을 두지 않고 영원한 하늘의 본향에 소망을 둘 때 어떤 삶의 모습이 나타날까요? 이 삶의 모습이 29절에서 30절까지 묘사되어 있습니다.

"아내 있는 자들은 없는 자 같이 하며." 이 말이 무슨 말일까요? 아내를 안중에 두지 말고 마음대로 살라는 뜻일까요? 아닙니다. 일단 결혼생활에 들어갔다면 아내를 아끼고 사랑하되 아내에게 궁극적인 소망을 두지 말라는 것입니다. 그것은 거꾸로 남편에 대해서도 마찬가지입니다. 결혼을 했다고 해서 너무 우쭐대지 말고 독신생활을 한다고 해서 주눅 들지 말라는 것입니다. 왜냐하면 잠시 잠깐 후면 결혼생활도 지나가 버리고 독신생활도 지나가 버릴 것이기 때문입니다.

"우는 자들은 울지 않는 자 같이 하며." 세상에서 슬픈 일을 당했다고 해서 너무 슬퍼하지 말고 담담한 마음으로 슬픔을 이겨내라는 것입니다. 왜냐하면 슬픈 일도 잠시 잠깐 후면 지나가 버리기 때문입니다.

"기쁜 자들은 기쁘지 않은 자 같이 하며." 기쁜 일을 만났다고 해서 또 너무 들뜨지 말고 담담하게 맞이하라는 것입니다. 왜냐하면 기쁜 일도 잠깐 뿐이고 곧 지나가 없어져 버릴 것이기 때문입니다.

"매매하는 자들은 없는 자 같이 하며." 매매한다는 말은 물건을 사 들이는 것을 말합니다. 좋은 물건을 구입했다고 해서 거기 집착하고 너무 좋아하지 말라는 것입니다. 물건을 사놓고 써 보려고 마음을 먹기 시작할 때 하나님이 신속하게 불러 가시는 수가 있기 때문입니다.

"세상 물건을 쓰는 자들은 다 쓰지 못하는 자 같이 하라." 세상 물건을 쓸 때 마치 그 물건을 영원히 쓸 것처럼 생각하고 거기에 집착하지 말라는 것입니다. 세상 물건을 쓰기 시작하려고 할 때 하나님이 신속하게 불러 가시는 수가 있기 때문입니다.

지난 주간 주요 뉴스로 보도될 만큼 크고 심각한 두 건의 고속도로 교통사고가 연 이어 발생했는데, 이 두 건의 교통사고 희생자들이 모두 우리 가정과 아주 가까운 지인들에게 일어난 사고들이었습니다. 그 가운데 지난 금요일에 있었던 교통사고는 경부고속도로에서 일어난 15중 충돌사고였는데, 제가 수 십 년 동안 교제 해온 대학동창의 어머니와 여동생에게 일어난 사고였습니다. 이 두 사람이 시골에서 김장을 담그고 김장김치를 아반떼 승용차에 싣고 올라오던 중에 졸음운전을 한 고속버스에 들이 받쳐서 차는 차 바닥 빼고는 아예 형체가 날아가 버렸고 두 사람은 현장에서 즉사했습니다. 어제 이 친구의 장례식에 다녀왔습니다. 친구 어머니는 오랜 세월동안 병든 남편을 간병하다가 남편을 요양원에 입소시키고 "그동안 너무 고생만 했으니 이제부터는 내가 하고 싶은 일을 하면서 행복하고 의미 있는 시간을 보내야 겠다"는 꿈을 가지고 생활하기 시작한 지 딱 2주 만에 사고를 당했다는 것입니다. 최근에도 몇 차례에 걸쳐서 이와 비슷한 실화를 들은 기억이 생생합니다.

바울의 가르침과 이런 일련의 사건들이 주는 교훈이 무엇일까요? 우리는 우리에게 주어진 현세의 삶을 성실하게 살되, 결코 현세의 삶에 집착하거나 궁극적인 소망을 두지 말고 오직 하나님과 하나님이 예비하신 영원한 본향에 궁극적인 소망을 두어야 한다는 것입니다.

이제 강의를 마무리하겠습니다. 결혼을 아직 하지 않은 총각과 처녀들은 적절한 배우자를 만날 때 마음에 주저함이 없이 적극적으로 결혼에 임하되, 독신의 은사를 받아서 주의 일에 전념하기를 원하는 경우에는 독신생활을 하는 것도 권장할 만한 일입니다. 어느 방향을 선택하든지 목표는 하나님을 기쁘시게 하고 하나님의 말씀에 순종하는 데 있어야 합니다. 이미 결혼을 한 기혼자들은 하나님이 허락하신 결혼관계를 깨뜨리지 말고 끝까지 지켜 나가되 사랑하는 아내와 가족들을 위하여 "육신에 찾아 오는 고난"을 기꺼운 마음으로 담당하는 책임 있는 결혼생활을 해야 할 것입니다. 동시에 우리는 오직 하나님과 영원한 본향에만 궁극적인 소망을 두고 현세에서의 생활에 열심히 임하되 현세에서 얻은 물질, 즐거움, 슬픔 등에 집착하지 않고 담담하게 받아들이는 성도들이 되어야 할 것입니다.

32 너희가 염려 없기를 원하노라 장가 가지 않은 자는 주의 일을 염려하여 어찌하여야 주를 기쁘시게 할까 하되 33 장가 간 자는 세상 일을 염려하여 어찌하여야 아내를 기쁘게 할까 하여 34 마음이 갈라지며 시집 가지 않은 자와 처녀는 주의 일을 염려하여 몸과 영을 다 거룩하게 하려 하되 시집 간 자는 세상 일을 염려하여 어찌하여야 남편을 기쁘게 할까 하느니라 35 내가 이것을 말함은 너희의 유익을 위함이요 너희에게 올무를 놓으려 함이 아니니 오직 너희로 하여금 이치에 합당하게 하여 흐트러짐이 없이 주를 섬기게 하려 함이라 36 그러므로 만일 누가 자기의 약혼녀에 대한 행동이 합당하지 못한 줄로 생각할 때에 그 약혼녀의 혼기도 지나고 그같이 할 필요가 있거든 원하는 대로 하라 그것은 죄 짓는 것이 아니니 그들로 결혼하게 하라 37 그러나 그가 마음을 정하고 또 부득이한 일도 없고 자기 뜻대로 할 권리가 있어서 그 약혼녀를 그대로 두기로 하여도 잘하는 것이니라 38 그러므로 결혼하는 자도 잘하거니와 결혼하지 아니하는 자는 더 잘하는 것이니라 39 아내는 그 남편이 살아 있는 동안에 매여 있다가 남편이 죽으면 자유로워 자기 뜻대로 시집 갈 것이나 주 안에서만 할 것이니라 40 그러나 내 뜻에는 그냥 지내는 것이 더욱 복이 있으리로다 나도 또한 하나님의 영을 받은 줄로 생각하노라

제28강

좋은 것과
더 좋은 것

From the Cross to Agape

고전 7장 32~40절

● 　　　　고린도전서 7장은 결혼, 이혼, 재혼, 독신생활 등과 같은 그리스도인의 성윤리에 관련된 바울의 가르침을 다루는 장입니다. 특별히 25절에서 40절까지는 총각과 처녀 그리고 남편과 사별한 과부가 결혼생활을 하는 것이 좋은가, 아니면 독신생활을 하는 것이 좋은가 하는 문제를 집중적으로 다루고 있습니다. 25절에서 31절까지에서 바울은 총각과 처녀에게는 두 가지 길이 다 열려 있다고 말합니다. 총각과 처녀는 적절한 배우자를 만나면 주저하지 말고 결혼하되, 특별히 독신의 은사를 받고 주의 일에 전념하고자 하는 총각이나 처녀는 독신생활을 하는 것도 권장할 만한 일입니다. 총각이나 처녀의 경우에는 결혼생활과 독신생활 중에서 어느 편을 선택하는 것이 좋을지를 생각해 볼 수 있지만 기왕에 결혼을 했다면 이런 선택의 여지는 없어집니다. 결혼관계는 하나님이 맺어주신 관계이므로 결코 깨뜨려서는 안 되며, 아무리 힘들어도 결혼관계를 유지하면서 아내와 자녀들에 대한 부양의 책임을 기꺼이 담당해 나가야 합니다.

　오늘 우리가 읽은 본문은 이 가르침의 연장선상에 있습니다. 오늘의 본문은 세 가지 주제를 다룹니다. 32절에서 35절까지는 일반론으로서 총각과 처녀 그리고 과부 모두를 대상으로 결혼생활과 독신생활의 원리를 말합니다. 36절에서 38절까지는 약혼관계에 있는 총각과 처녀를 대상으로 어떤 때 결혼을 하는 것이 좋으며 어떤 때 독신생활을 하는 것이 좋은가에 대하여 말합니다. 39절에서 40절까지는 남편과 사별한 과부를 대상으로 재혼하여 결혼관계에 들어가는 것이 좋은가, 아니면 독신으로 혼자 지내는 것이 좋은가 하는 문제를 다룹니다.

먼저 32절에서 35절까지를 살펴보겠습니다. 32절과 33절에 있는 "장가가지 않은 자"와 "장가 간 자"는 결혼하지 않은 남자 – 사별 등의 이유로 혼자 남았을 수도 있고 총각일 수도 있습니다 – 가 대상으로 되어 있습니다. 반면에 34절에 나오는 "시집가지 않은 자"와 처녀는 모두 여자입니다. "시집가지 않은 자"는 사별 등의 이유로 혼자 남은 여자를 가리킵니다. 따라서 32절에서 35절은 아직 결혼을 하지 않았거나 결혼한 후에 사별 등의 이유로 배우자와 헤어져 혼자 된 모든 남자와 여자를 대상으로 한 본문입니다.

32절에서 바울은 장가가지 않은 남자가 생활하는 모습을 묘사합니다. "너희가 염려 없기를 원하노라 장가가지 않은 자는 주의 일을 염려하여 어찌하여야 주를 기쁘시게 할까 하되." 34절 중간에 보면 시집가지 않은 자와 처녀가 생활하는 모습도 소개됩니다. "시집가지 않은 자와 처녀는 주의 일을 염려하여 몸과 영을 다 거룩하게 하려 하되." 이 본문은 독신생활을 하는 성도들의 특징을 몇 가지로 정리하여 제시하고 있습니다.

첫째로, 이들은 "염려"로부터 자유로울 수 있습니다. 결혼생활을 시작하면 아내와 자녀들의 마음을 살피고 또 부양하기 위하여 많은 염려를 해야 하지만 결혼하지 않은 자는 이 엄청난 부담을 지지 않아도 됩니다. "너희가 염려 없기를 원하노라"는 바울의 말은 결혼하지 않은 자만이 경험할 수 있는 "가족부양의 부담으로부터의 자유" 그 자체는 좋은 것이라는 뜻을 담고 있습니다. 결혼하지 않은 자에게 주어진 이 자유는 매우 소중한 특권이자 축복입니다. 바울이 이 자유를 특히 강조한 것은 여러 가지 이유로 인하여 결혼을 하지 못하고 혼자 지내야 하는 형편에 있는 고린도교회 성도들을 격려하기 위한 것입니다. 이들은 자신들이 처한 상황이 불행하고 희망이 없는 상태라고 생각하고 실의와 좌절에 빠져 지냈습니다. 바울은 이런 사람들에게 혼자 지내는 생활도 잘 살펴보면 좋은 점이 있다는 사실을 일깨워줌으로써 이들에게 희망을 주려고 하고 있는 것입니다.

둘째로, 혼자 지내는 자들은 가족부양이라는 부담으로부터 자유하기 때문에 흩어지지 않는 집중된 마음으로 주님의 일을 하고 주님을 기쁘시게 할 수 있습니다.

셋째로, 주님의 일에 집중하다 보면 "몸과 영"이 모두 거룩하게 되는 축복을 받습니다. 몸은 외면적인 사회생활을 뜻하고 영은 내면생활을 뜻합니다. 주님의 일에 집중하다 보면 내면생활뿐만 아니라 사회생활에 이르기까지 세상 사람들로부터 구별된 모습을 갖출 수 있습니다.

그렇다고 해서 독신생활을 하는 모든 사람들이 자동적으로 가족부양의 염려로부터 자유로워지고 주의 일에 집중하고 내면생활과 사회생활이 다 거룩해진다는 뜻은 아닙니다. 독신으로 살지만 아내나 남편이 아닌 가족들을 부양하는 염려를 해야 하는 사람들도 있을 수 있고, 주님의 일에 헌신하지 않는 사람들도 있을 수 있고, 더 방탕한 생활을 하는 사람들도 있습니다. 바울이 말하고자 하는 것은 독신생활에는 단점만 있는 것이 아니라 결혼생활을 하는 사람들의 경우보다 가족부양의 염려로부터 자유로워질 수 있는 기회가 훨씬 더 많이 주어질 수 있고, 이 기회를 잘 선용하면 주님의 일에 더 집중적으로 헌신할 수 있고 또 내면생활과 사회생활이 더 거룩해질 수 있는 축복의 가능성도 열려 있다는 것입니다. 이처럼 독신생활을 주님을 일에 헌신하고 자신을 거룩하게 하는 기회로 활용하면 독신생활은 결혼생활 보다 훨씬 더 좋은 생활이 될 수 있다는 것이 바울의 가르침입니다.

33절과 34절 앞 구절까지는 장가 간 남자의 생활의 특징을 소개합니다. "장가 간 자는 세상일을 염려하여 어찌하여야 아내를 기쁘게 할까 하여 마음이 갈라지며." 34절 후반부에서는 시집간 여자의 생활의 특징을 또한 소개합니다. "시집 간 자는 세상 일을 염려하여 어찌하여야 남편을 기쁘게 할까 하느니라." 결혼생활을 하는 사람의 특징은 "마음이 갈라진다"는 것입니다. 독신생활을 하는 자들은 마음을 하나로 집중하여 주님을 섬길 수 있습니다. 그러나 결혼생활을 시작하면 이 마음상태를 유지할 수가 없습니다. 왜냐하면 마음이 크게 두 방향으로 갈라져야 하기 때문입니다. 하나의 마음은 주님의 일을 하고 주님을 기쁘시게 하는 마음입니다. 주님의 일과 주님을 기쁘시게 하는 일은 독신생활을 하는 성도들만 해야 하는 일이 아닙니다. 결혼생활을 하는 사람들도 당연히 주님의 일을 해야 하고 주님을 기쁘시게 해야 합니다. 그런데 결혼생활을 하는 성도들에게는 또 다른 하나의 일이 주어집니다. 그것은 배우자와 아이들의 마음을 살피고 부양하는 일입니다. 28절에서 바울은 이 부담을 "육신의 고난"이라고 표현한 바 있습니다. 육신의 고난이라는 말은 아내와 아이들의 마음을 살피고 부양하는 일이 힘든 일임을 시사합니다. 결혼생활을 하는 성도들은 주님의 일과 가족을 부양하는 일을 모두 해내야 합니다. 그래서 마음이 갈라집니다.

결혼생활을 해 오신 성도님들은 마음이 갈라지는 경험을 모두 하셨을 것입니다. 저도 바울의 말을 100% 공감하는 순간을 경험했습니다. 저는 특별히 신학의 길을 걷기로 한 사람이니까 이 경험이 좀 더 분명히 찾아 왔습니다. 결혼하기 전에는 저의 마음이 주님의 일과 관련된 일에 날카롭게 집중되어 있었습니다. 결혼을 하고 난 후 어느 순간 아내의 마음을 살피고 가족을 부양해야 한다는 생각이 크게 몰려오면서 제 마음의 절반을 차지했고 그 결과 갑자기 주님과 관련된 일에 날카롭게 집중되어 있던 마음이 상당부분 누그러지는 경험을 실제로 했습니다. 그 날카로웠던 마음이 꺾이는 것이 한편으로는 많이 안타까웠고 돌아 올 수 없는 다리를 건너는 것 같았습니다. 꺾이고 누그러진 마음은 그 이후에는 다시는 그 이전 상태로는 돌아가지 않은 채 지금까지 그대로 유지되고 있습니다. 세월이 지나고 자녀들을 낳아 키우면서 마음은 한층 더 누그러졌습니다.

그런데 우리는 바울이 이처럼 결혼한 이후에 마음이 갈라져서 아내를 기쁘게 하고 남편을 기쁘게 하는 일을 위하여 염려하는 것을 잘못된 일로 말하고 있는 것이 아니라는 점을 유념해야 합니다. 이 본문에서 바울은 결혼생활의 특징을 말하는 것이지, 이런 결혼생활의 특징이 잘못되었다고 말하는 것은 아닙니다. 결혼을 하면 당연히 배우자를 비롯한 가족들의 마음을 살펴야 하고 이들의 마음을 기쁘게 하기 위하여 애써야 하고 가족들에 대한 부양의 책임을 담당해야 합니다. 바울은 독신생활과 결혼생활이라는 두 길이 모두 성도들 앞에 열려 있는 바른 길임을 말하면서 바른 독신생활은 무엇이며, 바른 결혼생활은 무엇인가를 제시하고 있는 것입니다. 독신생활이나 결혼생활이나 모두 다 성도들이 선택할 수 있는 길이지만, 주님을 집중하여 섬길 수 있다는 점과 교회와 성도들에 대한 심각한 핍박과 박해가 기다리고 있다는 점을 고려해 본다면 독신생활이 더 좋다고 할 수 있다는 것이 바울이 말하고자 하는 핵심입니다.

바울은 35절에서 이 가르침을 마무리합니다. "내가 이것을 말함은 너희의 유익을 위함이요 너희에게 올무를 놓으려 함이 아니니 오직 너희로 하여금 이치에 합당하게 하여 흐트러짐이 없이 주를 섬기게 하려 함이라." 여기서 바울은 자신이 독신생활을 추천하는 것은 금욕주의자들이 독신생활을 주장하는 것과는 다르다는 점을 강조합니다. 금욕주의자들은 성행위 자체가 악한 것이기 때문에 결혼생활은 사람을 타락시키는 죄이며, 따라서 결혼생활을 하는 사람들은 구원받을 수 없다고 주장하면서 독신생활을 강조했습니다. 이런 가르침은 결혼생활을 하고 있는 사람들이나 결혼을 하고 싶어 하는 사람들을 난감한 처지에 빠뜨립니다. 본문에 "올무"를 놓는다는 말은 금욕주의자들의 가르침을 뜻합니다. 올무는 동물을 잡기 위하여 위에서 내려뜨리는 올가미를 말하는데, 올가미에 걸린 동물은 옴짝달싹하지 못합니다. 금욕주의자들의 가르침은 결혼생활을 하는 자들과 결혼을 하고 싶어 하는 자들을 옴짝달싹 못하게 만들었습니다. 그러나 바울은 독신생활을 선택하느냐, 결혼생활을 선택하느냐 하는 문제를 전적으로 성도들의 자유로운 판단에 맡겼습니다. 다만 독신생활을 선택할 경우는 한 가지 조건이 있습니다. 성생활이 악한 것이기 때문에 독신생활을 선택한다면 그것은 잘못된 것입니다. 하나님으로부터 은사를 받아서 하나님을 섬기는 일에 집중하고 싶은 마음이 강해서 독신생활을 선택한다면 그것은 바른 선택입니다. 일단 독신생활을 선택했다면 하나님을 섬기는 일에 집중해야 합니다. 독신생활을 선택한 사람은 "이치에 합당하게" 그리고 "흐트러짐이 없이" 주님을 섬겨야 합니다. "이치에 합당하게"라는 구절의 의미는 "앉아 있어야 할 자리에 앉아서 주어진 일에 집중하는 태도로"라는 뜻입니다. 예를 들어서 대통령 옆에는 수행비서가 그림자처럼 자리를 지키고 있습니다. 대통령 수행비서는 대통령 옆자리에서 대통령에게 온통 신경을 집중하여 대통령을 섬겨야 합니다. 수행비서에게는 다른 생각을 할 여지가 없습니다. 이처럼 독신생활을 하는 자는 철저하게 주님의 수행비서가 되어서 흐트러짐이 없이 주님에게 집중하고 주님이 기뻐하시는 일이 무엇인가를 빈틈없이 살피는 생활을 해야 합니다. 이런 생활을 하고 싶어 하고 할 자신이 있다면 독신생활을 선택해도 됩니다. 그러나 이 은사를 받지 않았다면 될 수 있으면 결혼생활을 해야 합니다.

36절에서 38절까지는 새로운 주제가 소개됩니다. 이 본문에서는 약혼을 하고 결혼을 기다리는 두 남자의 경우를 다루고 있습니다. 바울은 한 남자에게는 36절에서 결혼할 것을 권면하고 있고, 다른 한 남자의 경우는 결혼하지 말 것을 권면합니다. 그리고 38절에서는 두 경우에 대하여 평가를 내립니다.

결혼을 권면하는 남자의 경우를 다루는 36절을 살펴보겠습니다. "그러므로 만일 누가 자기의 약혼녀에 대한 행동이 합당하지 못한 줄로 생각할 때에 그 약혼녀의 혼기도 지나고 그같이 할 필요가 있거든 원하는 대로 하라 그것은 죄 짓는 것이 아니니 그들로 결혼하게 하라." 이 구절은 아주 해석하기가 어려운 난해한 본문들 가운데 하나입니다. 본문에 등장하는 "누가"를 약혼녀의 아버지로 해석할 수도 있고 약혼녀와 약혼한 약혼남으로 해석할 수도 있습니다. 또 "그 약혼녀의 혼기도 지나고"라는 구절도 "정도를 넘어선 성적 욕망에 사로잡혀 있어서"라고도 해석될 수 있습니다. "누가"를 약혼녀의 아버지로 해석하는 것은 "그들로 결혼하게 하라"는 표현 때문에 문제가 있는 해석입니다. 아버지와 딸을 결혼시킬 수 없기 때문입니다. 따라서 본문의 "누가"는 약혼남을 가리킨다고 보는 것이 타당합니다. 약혼남이 약혼녀에 대하여 합당하지 못한 행동을 했다고 본문이 말하고 있지요? 이 행동이 무엇일까요? 이 질문에 대한 답변의 실마리가 "그 약혼녀의 혼기도 지나고"에 있습니다. 이 구절은 이렇게도 번역될 수 있지만 "정도를 넘어선 성적 욕망에 사로잡혀서"라고 번역될 수 있고, 본문에서는 이렇게 번역하는 것이 앞뒤 문맥에 들어맞습니다. 약혼한 남자가 강한 성적 욕망을 이기지 못해서 그만 약혼녀와 성관계를 가졌던 것 같습니다. 속도 위반을 한 것이지요. 그래서 임신을 했던지 하는 일이 벌어진 것 같습니다. 이럴 때 어떻게 해야 하느냐? 두 사람으로 하여금 빨리 결혼시키라는 것입니다.

또 다른 경우가 37절에 등장합니다. "그러나 그가 마음을 정하고 또 부득이한 일도 없고 자기 뜻대로 할 권리가 있어서 그 약혼녀를 그대로 두기로 하여도 잘 하는 것이니라." 약혼한 남자와 약혼한 여자가 약혼을 하긴 했는데, 유감스럽게도 약혼한 기간 중에 남자에게 심경의 변화가 생겼습니다. 이 심경의 변화는 아마도 약혼한 기간 중에 신앙을 갖게 되었고, 기도하는 가운데 하나님으로부터 은사를 받아서 결혼생활을 하는 것 보다는 주의 일에 집중하는데 더 마음이 기울어진 것 같습니다. 그래서 고민이 시작되었습니다. 이런 상태에서 결혼을 강행해야 하는가, 아니면 약혼은 했지만 결혼을 포기하고 주님께 헌신해야 하는가? 이때 이 약혼남이 약혼녀와 상의하여 결혼을 포기하고 독신생활을 하기로 결정해도 무방하다는 것입니다.

38절은 두 경우에 대한 바울의 결론입니다. "그러므로 결혼하는 자도 잘하거니와 결혼하지 아니하는 자는 더 잘하는 것이니라."

39절에서 40절까지는 사별로 남편을 잃고 혼자 된 여성도의 경우를 다룹니다. 이 여 성도에게는 두 가지 선택의 기회가 주어집니다. 하나는 재혼하는 것입니다. 39절입니다. "아내는 그 남편이 살아 있는 동안에 매여 있다가 남편이 죽으면 자유로워 자기 뜻대로 시집갈 것이나 주 안에서만 할 것이니라." 바울은 남편이 살아 있는 동안에 아내는 남편에게 매여 있지만 남편이 죽으면 매임에서 자유롭게 된다고 말합니다. 결혼의 매임에서 풀려나기 때문에 자유롭게 재혼할 수 있는 권리를 얻게 됩니다. 그러나 바울은 한 가지 조건을 붙입니다. 어디까지나 "주 안에서" 재혼하라는 것입니다. 다시 말해서 믿는 남자와만 재혼하라는 것입니다. 물론 이 원리는 아내를 사별로 잃고 혼자 살게 된 남자성도에게도 적용됩니다.

또 하나의 선택의 기회는 독신으로 생활하는 것입니다. 40절입니다. "그러나 내 뜻에는 그냥 지내는 것이 더욱 복이 있으리로다 나도 또한 하나님의 영을 받은 줄로 생각하노라." 바울은 사별로 남편을 잃은 여성도의 경우에 믿는 자와 재혼해도 무방하지만 재혼하지 않고 혼자 사는 것이 더 좋은 선택이라고 말합니다. 재혼하여 새로운 남편을 맞이하여 살림을 차리면 새로운 남편과 마음을 맞추기 위하여 많은 노력을 해야 합니다. 물론 서로 사랑하면 그렇게 할 수도 있겠지만 그것 보다는 남은 여생을 기도하면서 주님을 섬기는 일에 집중하는 것이 더 좋은 선택이라는 점을 바울은 강조합니다.

마지막 구절에서 바울이 자신도 "하나님이 영을 받은 줄로 생각한다."는 말을 덧붙인 것은 고린도교회 안에 있는 신령파들을 의식한 말입니다. 신령파들은 잘못된 결혼관과 독신관을 가르치면서 자신들의 가르침이 성령이 지시한 내용이라고 주장하여 혼란을 일으켰습니다. 이들은 성생활은 악한 생활이라고 주장하면서 결혼생활을 비판했습니다. 이들은 성적 욕구를 제어할 수 있든 할 수 없든, 독신의 은사를 받았든 받지 않았든, 의무적으로 독신생활을 해야만 구원받은 하나님의 백성이라고 주장했습니다. 바울은 이런 주장에 반대하면서 자신도 성령의 지시함을 받아서 가르친다는 점을 강조한 것입니다.

이제 바울의 가르침을 정리하고 강의를 마무리하고자 합니다. 결혼생활과 독신생활은 둘 다 훌륭한 생활이며, 두 생활 중에서 어떤 생활을 선택하느냐 하는 것은 전적으로 성도들이 자유롭게 기도하면서 결정할 문제입니다. 성욕을 억제하지 못해서 결혼한다 해도 잘하는 것입니다. 억지로 성욕을 참으면서 의무적으로, 내키지 않는 마음으로 독신생활을 해서는 안 됩니다. 반면에 성욕을 억제할 능력이 있고 자원하는 마음으로 주님을 섬기는 것을 좋아하는 은사를 받았다면 독신생활을 하는 것이 의무적으로 내키지 않는 결혼생활을 하는 것보다는 훨씬 더 잘하는 것입니다.

결혼생활을 하든 독신생활을 하든 성도들에게 더 중요한 것은 어떻게 하면 힘을 다하여 주님을 섬기고 주님을 기쁘시게 할 것인가 하는 문제에 관심을 갖는 것입니다. 아직 결혼을 하지 않았거나 혼자 살게 된 성도들은 결혼관계에 있지 않다는 사실 때문에 실의나 좌절에 빠져서는 안 되고 배우자와 가족을 위하여 쏟아야 할 시간과 부담으로부터 자유로워진 시간과 힘을 주님을 섬기는 일에 더 집중해야 합니다. 이 생활이 결혼하여 마음이 두 갈래로 빼앗기는 것보다 더 좋은 생활이라는 자부심을 가져야 합니다. 반면에 결혼을 한 성도들이나 결혼을 할 성도들은 주님을 섬기는 일을 소홀히 하지 않으면서 동시에 마음을 단단히 동여매고 추가적으로 부여된 일 곧, 배우자와 가족을 섬기고 부양하는 일도 기꺼이 담당하리라는 각오를 다져야 합니다. 이것이 성도들이 견지해야 할 바른 독신관이고 또한 바른 결혼관입니다.

1 우상의 제물에 대하여는 우리가 다 지식이 있는 줄을 아나 지식은 교만하게 하며 사랑은 덕을 세우나니 2 만일 누구든지 무엇을 아는 줄로 생각하면 아직도 마땅히 알 것을 알지 못하는 것이요 3 또 누구든지 하나님을 사랑하면 그 사람은 하나님도 알아 주시느니라 4 그러므로 우상의 제물을 먹는 일에 대하여는 우리가 우상은 세상에 아무 것도 아니며 또한 하나님은 한 분밖에 없는 줄 아노라 5 비록 하늘에나 땅에나 신이라 불리는 자가 있어 많은 신과 많은 주가 있으나 6 그러나 우리에게는 한 하나님 곧 아버지가 계시니 만물이 그에게서 났고 우리도 그를 위하여 있고 또한 한 주 예수 그리스도께서 계시니 만물이 그로 말미암고 우리도 그로 말미암아 있느니라

제29강
지식은 사랑 안에서(상)

From the Cross to Agape

고전 8장
1~6절

● 　　　고린도전서 7장까지에서 바울은 주로 고린도교회 성도들의 신앙생활과 직결된 두 가지 큰 주제를 다루었습니다. 하나는 서로 편을 나누어서 싸우고 갈등을 일으키는 문제입니다. 이 문제에 대해서는 1장에서 4장까지 다루었습니다. 다른 하나는 남녀관계와 관련된 문제들 곧, 음행, 결혼, 재혼, 이혼, 독신 등의 문제들입니다. 이 문제들에 대해서는 5장에서 7장까지 다루었습니다. 이제 8장에서부터 11장 1절에는 새로운 주제가 등장합니다. 이 주제는 우상 신 숭배와 관련된 문제입니다.

　고린도시에는 이방신을 숭배하는 신전들이 많았습니다. 하늘을 지배하는 최고의 신 제우스, 미와 사랑의 여신 아프로디테, 수목의 여신 아르테미스, 술의 신 디오니소스, 바다의 신 포세이돈, 의술과 가축과 광명의 신 아폴로, 태양신 헬리오스, 모든 신들의 어머니인 펠라그리나, 의약과 의술의 신 아스클레피우스, 상업의 신 헤르메스, 전쟁의 여신 아테나 등의 신전이 있었고, 그 이외에도 다양한 신비종교를 숭배하는 신전과 심지어 로마황제를 숭배하는 신전까지 있었습니다.

　신전에 온 숭배자들은 양이나 소와 같은 가축을 잡아서 제물로 드렸습니다. 제물로 드리면 기름을 포함한 일부는 불에 태우고, 가장 좋은 부위는 사제들에게 주고, 나머지는 정부 관리들이나 숭배자들에게 주었습니다. 고기를 받은 사제들이나 정부 관리들이나 숭배자들은 고기를 집에 가져가서 먹기도 하고 또 남는 것은 시장에 내다 팔기도 했습니다. 이 당시에도 고기는 매우 비싼 음식이었기 때문에 시장에서 이 고기를 사서 먹을 수 있는 사람들은 대개 사회적으로 지위가 높고 경제사정이 넉넉한 사람들이었습니다. 사람들은 시장에서 고기를 사먹을 때 이 고기가 이방신에게 제물로 바쳐진 것이라는 사실을 알고 있었습니다.

뿐만 아니라 이 당시 신전 안에는 신전에서 나오는 고기를 재료로 하여 운영하는 고급 음식점이 붙어 있었습니다. 이 음식점은 오늘날로 말하자면 호텔 뷔페식당과 같은 곳으로서 정부의 특별한 행사나 사업상의 파트너들을 대접할 때나 재력이 있는 사람들이 생일잔치나 가족행사 등을 할 때 이용되었습니다. 이 신전 레스토랑에서 식사모임을 가질 때는 보통 초청장을 발송하는데, 이 초청장에는 레스토랑이 있는 신전의 신의 이름으로 하객을 초청하는 문구를 집어넣는 것이 관례였습니다. 예를 들어서 "아프로디테 여신의 이름으로 당신을 몇 월, 몇 시의 식사 자리에 정중히 초대 합니다"라는 문구가 들어 있었습니다. 물론 이 식사 자리는 신을 숭배하는 자리는 아닙니다. 이 문구는 그냥 관례적으로 들어간 것뿐입니다.

당연히 고린도교회 성도들 중에서 시장에서 고기를 사다가 먹는 사람들도 있었고, 신전 레스토랑의 식사자리에 초청을 받는 사람도 있었습니다. 신전 레스토랑의 식사자리에는 당연히 고기요리가 제공되었습니다. 그런데 사다 먹는 고기이든, 아니면 레스토랑에서 먹는 고기이든, 이방신에게 바쳐졌다 나온 음식이라는 점 때문에 고린도교회 안에서 심각한 논쟁과 갈등이 일어났습니다.

예를 들어서 오늘날 성도들이 굿판에 올라갔던 따끈따끈하고 맛있는 시루떡을 먹는 경우를 생각해 보면 됩니다. 굿판에 올라갔던 떡이라는 것은 알지만 떡 그 자체가 무당굿과 무슨 상관이 있느냐 라고 생각하고 아무렇지도 않게 먹는 성도들이 있는가 하면, 이 시루떡을 보면 무당과 굿이 생각나서 먹기를 부담스러워 하는 성도들이 있습니다. 또 산에 가면 절이 있는데 절에서 점심시간에 등산객들에게 밥을 제공하는 경우가 있습니다. 절밥은 대체로 산 속에서 채취한 신선한 나물들과 산에서 무공해로 재배한 식재료들을 가지고 만들기 때문에 정갈하고 맛이 있습니다. 등산객들 중에 끼어 있는 성도들 중에는 밥 그 자체는 불교와 아무런 상관이 없는 것이라고 생각하고 스스럼없이 밥을 먹는 성도들도 있지만, 절밥을 생각하기만 해도 불교관습이 생각나서 먹지 못하는 성도들도 있습니다. 이와 비슷한 일이 고린도교회에서도 일어난 것입니다. 어떤 성도들은 고기 그 자체는 이방신과 아무런 관계가 없다고 생각하고 스스럼없이 고기를 먹고 신전 레스토랑의 식사자리에도 참석했습니다. 이 성도들은 "믿음이 강한 성도들"입니다. 왜 믿음이 강하다고 하는가 하면 우상에게 바쳐졌던 찜찜한 느낌을 주는 고기를 먹으면서도 신앙양심에 아무런 가책도 느끼지 않고 믿음도 흔들리지 않는 강심장들이었기 때문입니다. 다른 성도들은 고기를 보면 이방신이 생각이 나서 도저히 고기를 먹을 수가 없었습니다. 이 성도들을 "믿음이 약한 성도들"이라고 부릅니다. 왜냐하면 이들은 자라를 보고 놀란 사람이 솥뚜껑을 보고도 가슴이 철렁 내려앉는 것처럼 고기를 먹는 모습만 봐도 신앙양심에 문제가 생기고 믿음도 흔들릴 만큼 연약했기 때문입니다. 이 두 진영 사이에서 갈등이 생긴 것입니다.

그러면 고린도교회에서 이 문제를 둘러싼 논쟁이 어떻게 전개되었고, 이에 대한 바울의 해결책은 무엇인지 알아보기로 하겠습니다. 우상제물을 먹는 문제를 둘러싼 논쟁은 8장에 집중적으로 나타나 있고, 9장과 10장은 이 문제와 관련된 다른 주제들이 소개되고 있습니다. 8장을 분석해 보면 1

절에서 6절까지는 고기를 스스럼없이 먹는 믿음이 강한 성도들에 대한 바울의 생각이 나타나 있습니다. 7절에서 9절까지는 고기를 먹지 못하는 믿음이 약한 자들에 대한 바울의 생각이 나타나 있습니다. 10절에서 13절까지는 결론적으로 믿음이 강한 자들에 대한 충고가 나타나 있습니다. 오늘은 8장 전반부에 해당하는 6절까지 나가고, 7절에서 13절은 다음 강의에서 연속하여 다루고자 합니다.

먼저 믿음이 강한 자들에 대하여 서술하고 있는 1절에서 6절까지를 살펴보겠습니다. 1절을 읽겠습니다. "우상의 제물에 대하여는 우리가 다 지식이 있는 줄을 아나 지식은 교만하게 하며 사랑은 덕을 세우나니." 1절에 믿음이 강한 자들의 주장의 핵심이 나타나 있고, 이들에 대한 바울의 평가의 방향도 나타나 있습니다.

"우상의 제물에 대하여는 우리가 다 지식이 있는 줄을 아나." 본문이 말하는 "우상의 제물"이 바로 이방신전에 바쳤다가 시장에 나온 고기를 뜻합니다. 그런데 이 말은 바울이 한 말이 아니라 우상에게 바쳤던 고기를 스스럼없이 먹었던 믿음이 강한 자들이 한 말을 바울이 인용한 것입니다. 우리말에서 다른 사람의 말을 인용할 때 따옴표를 치지 않습니까? 이 문장에서 따옴표가 어디서부터 어디까지냐 하면 "우상의 제물에 대하여는 우리가 다 지식이 있는 줄을 아"까지입니다. 물론 끄트머리의 "아"는 "안다"입니다. 여기까지는 고린도교회의 믿음이 강한 자들의 주장입니다. 마지막 한 자인 "나"는 바울의 생각입니다. "나"는 "그러나"입니다. 이 말은 이렇게 쉽게 바꾸어 표현할 수 있습니다. "믿음이 강한 너희들은 말하기를 '우리가 우상의 제물에 대해서는 정확하게 잘 알고 있다'고 주장하고 있다. 그러나 나는 너희와는 생각이 다르다." 믿음이 강한 자들이 가지고 있는 우상숭배에 관한 정확한 지식은 4절에 있기 때문에 잠시 후에 살피도록 하겠습니다.

믿음이 강한 자들의 주장에 대하여 바울이 내린 평가는 "지식은 교만하게 하며 사랑은 덕을 세운다"는 것입니다. 바울은 믿음이 강한 자들이 가진 정확한 지식이 이들을 교만하게 했다고 비판합니다. 교만하게 하다는 말은 개구리가 적을 만났을 때 자기를 크게 보이게 하려고 몸을 잔뜩 부풀리는 모습을 묘사한 표현입니다. 아니면 복어가 적이 나타나면 몸을 공처럼 부풀려서 크게 보이도록 하는 모습을 연상하면 됩니다. 또 새로운 상점을 개업할 때 개업 기념으로 기념행사를 할 때 바람을 잔뜩 불어 넣어 커 보이게 하는 풍선 허수아비를 연상해도 됩니다. 개구리나 복어나 풍선, 허수아비는 자기 자신만을 생각합니다. 이들이 몸을 부풀리는 이유는 자기 자신을 좀 더 크고 위협적으로 드러내 보이기 위한 것입니다. 지식만을 내세우는 것은 자기를 드러내고, 자기가 다른 사람보다 더 낫다는 것을 보여주며, 자기가 옳다는 것을 확인하는 행동입니다. 이것이 바로 교만입니다. 지식만을 가지고 행동하면 교만으로 귀결됩니다.

바울은 이런 지식은 참된 지식이 아니라고 생각합니다. 바울은 지식은 사랑을 실현하는 도구로 사용될 때 참된 지식이 된다고 말합니다. 사랑이 동반된다는 말은 다른 사람의 입장을 배려한다는 뜻입니다. 다른 사람의 입장을 배려하는 마음을 가지면 자기만을 위하여 지식을 생각할 때 보지 못했던 새로운 차원을 볼 수 있습니다. 지식의 지평이 넓어집니다. "사랑은 덕을 세운다"고 했는데, 원문에는 덕이라는 말이 없고 "집을 짓거나 수리하여 강화 시킨다"고 되어 있습니다. "덕을 세운다"는 말은 "집을 짓거나 수리하여 강화 시킨다"는 말이 지닌 상징적인 뜻을 풀어서 번역한 것입니다. 고린도교회에서는 교회 공동체가 집으로 비유되고 있으니까 여기서 집을 짓는다고 할 때는 교회라는 집을 짓는다고 생각하면 됩니다. 이미 지어져 있는 집을 허무는 데 동원되는 지식은 참된 지식이 아닙니다. 집이 없는 곳에 아름다운 집을 지어야 하고, 집이 망가졌을 때는 수리해서 번듯한 집으로 회복시켜 놓아야 참된 지식입니다. 그런데 유감스럽게도 믿음이 강한 자들이 가지고 있는 지식은 교회라는 집을 금이 가게 하여 허물고 있었습니다. 왜냐하면 이 지식이 불완전한 지식이었기 때문입니다. 선무당이 사람을 잡는다는 말이 있지 않습니까? 어설프게 알고 있거나, 불완전하게 알고 있으면 아무리 많은 지식을 가지고 있어도 집을 허물어뜨릴 수 있습니다.

바울은 계속되는 2절에서는 자기를 드러내는 데만 관심이 있는 교만한 지식이 지닌 문제를 설명하고 3절에서는 다른 사람의 입장을 살피는 참된 지식의 특성이 무엇인가를 설명합니다.

2절입니다. "만일 누구든지 무엇을 아는 줄로 생각하면 아직도 마땅히 알 것을 알지 못하는 것이라." 무엇을 아는 줄로 생각하는 사람은 그냥 많은 정보를 가지고 있는 것으로 만족하는 사람을 가리킵니다. 고린도교회 안에는 신학적인 정보를 많이 알고 있고, 신비스러운 영적인 체험을 많이 한 신령파들이 많이 알고 있다는 사실만을 내세우면서 교만한 태도로 다른 성도들을 업신여기는 일이 있었습니다. 바울은 이들이 "아직도 마땅히 알 것을 알지 못하고 있다"고 말합니다. 이들이 아직 모르고 있는 것이 무엇일까요? 이들은 사랑이 동반되어야 참된 지식이 된다는 사실을 모르고 있었습니다.

3절에서는 참된 지식의 특성을 말합니다. "또 누구든지 하나님을 사랑하면 그 사람은 하나님도 알아주시느니라." 바울은 여기서 하나님을 향한 지식을 예로 들면서 참된 지식의 특성을 설명합니다. 하나님을 향하여 바른 지식을 가지고 있다는 말은 무슨 뜻일까요? 하나님이 알아주시는 지식 곧 하나님이 인정해 주셔야 하나님에 관한 바른 지식이 됩니다. 그러면 하나님은 어떤 지식을 하나님에 관한 바른 지식으로 인정해 주실까요? 우리가 하나님에 관한 많은 정보를 알고 있으면 우리가 하나님을 잘 안다고 인정해 주실까요? 아닙니다. 하나님은 우리가 하나님을 사랑할 때 비로소 "너는 나를 잘 알고 있구나"하고 인정해 주십니다. 하나님에 관한 정보를 많이 아는 것도 필요합니다. 그러나 거기에 하나님에 대한 사랑이 동반되어야 하나님에 관한 참된 지식이 됩니다. 이처럼 믿음이 강한 자들이 가지고 있는 우상 제물에 관한 지식도 그 지식 그 자체만 가지고는 참된 지식이라고 할 수가 없습니다. 믿음이 약한 자들에 대한 사랑이 동반되어야 비로소 참된 지식이 될 수 있습니다. 그런데 믿음이 강한 자들에게 바로 이 사랑이 없었습니다.

그러면 이제 믿음이 강한 자들이 우상 제물에 대하여 알고 있던 지식의 내용이 무엇인가를 알아보겠습니다. 그 내용은 4절에 있습니다. "그러므로 우상의 제물을 먹는 일에 대하여는 우리가 우상은 세상에 아무 것도 아니며 또한 하나님은 한 분밖에 없는 줄 아노라."이 말도 당연히 바울이 한 말이 아니라 믿음이 강한 자들이 한 말을 바울이 인용한 것입니다.

믿음이 강한 자들이 우상 제물에 대하여 정확하게 알고 있다고 주장한 지식은 두 가지입니다.

첫째로, 우상은 세상에 아무 것도 아니라는 것입니다. 이 말은 우상은 살아 있는 신이 아니라는 뜻입니다. 맞습니다. 우상은 결코 살아 있는 신이 아닙니다. 이 생각은 이사야서 44장 9절에서 20절까지 나타난 내용에 근거한 지식입니다. 사람이 세워 놓은 우상 신상들은 전부 다 사람 손으로 조

• 401

각하거나 만들어 세운 것에 불과한 허망한 것들로서, 이 신들이 상징하는 신들은 존재하지 않습니다. 제우스 상은 있어도 제우스신은 세상에 없습니다. 아프로디테 신상이 세워져 있어도 아프로디테라는 신은 세상에 존재하지 않습니다.

둘째로, 살아 계시면서 존재하시는 하나님은 한 분뿐입니다. 맞습니다. 이것도 나무랄 데 없는 지식입니다. 이 지식은 신명기 6장 4절에 근거하고 있습니다. 이처럼 믿음이 강한 자들은 하나님은 한 분뿐이며, 우상은 하나님이 아니고 존재하는 것도 아니기 때문에 우상에게 제물을 바친다는 개념 자체가 성립되지 않는다고 주장했습니다. 그러니까 우상에게 바쳐졌던 고기라 할지라도 그저 평범한 음식과 다를 바가 없고, 또 하나님이 주신 것이니까 먹어야 한다고 생각했습니다. 믿음이 강한 자들은 자신들이 교리적으로 정확한 지식을 가지고 있다고 확신하고 고기를 먹기를 주저하는 자들을 지식이 모자란 자라고 비난하면서 자신들이 고기 먹는 일을 문제 삼지 말고 고기를 자유롭게 먹을 것을 강요했습니다.

바울은 5절과 6절에서 믿음이 강한 자들이 가지고 있는 이 지식이 가진 불완전함을 예리하게 지적해 냅니다. 먼저 5절을 읽겠습니다. "비록 하늘에나 땅에나 신이라 불리는 자가 있어 많은 신과 많은 주가 있으나." 자. 이 구절에 믿음이 강한 자들이 가지고 있는 불완전함이 어떻게 지적되고 있을까요? 이 구절은 우상에 관하여 믿음이 약한 자들이 가지고 있던 생각을 바울이 인용한 것입니다. 믿음이 약한 자들은 실제로 많은 우상 신들이 하늘과 땅에 존재한다고 생각했습니다. 자, 그러면 믿음이 강한 자들의 생각과는 아주 다르지요? 믿음이 강한 자들은 우상 신은 없다고 확신했습니다. 그러나 믿음이 약한 자들은 우상 신들이 존재한다고 생각했습니다. 그런데 바울은 지금 우상 신들이 존재한다고 주장하는 믿음이 약한 자들의 손을 들어 주고 있는 것입니다. 하나님 이외에는 어떤 신들도 존재하지 않는다는 말은 구약성경도 분명히 말하고 있는 진리인데, 바울은 어떤 근거에서 우상 신이 존재한다고 믿는 믿음이 연약한 자들의 손을 들어 주는 것일까요?

우상이 상징하는 신들은 분명히 존재하지 않습니다. 그러면 우상신 숭배가 그냥 허공을 향하여 절하는 행동에 지나지 않는 것이냐? 그렇지 않습니다. 우상이 상징하는 신은 존재하지 않지만, 우상신 숭배의 배경에는 살아 있는 사탄, 마귀, 귀신과 같은 영적인 세력이 분명히 존재하며, 우상신 숭배는 바로 이 살아 있는 귀신의 세력에 대하여 절하는 행동입니다. 귀신은 하나님은 아니지만 살아 있는 영적인 세력입니다. 구약성경 신명기 32장 16절에서 17절에 보면 이 사실이 분명히 나타나 있습니다. "그들이 다른 신으로 그의 질투를 일으키며 가증한 것으로 그의 진노를 격발 하였도다 그들은 하나님께 제사하지 아니하고 귀신들에게 하였으니 곧 그들이 알지 못하던 신들, 근래에 들어온 새로운 신들 너희의 조상들이 두려워하지 아니하던 것들이로다." 모세는 이스라엘 백성들이 우상 신들에게 절하는 행동을 살아 있는 귀신들에게 절하는 행동이라고 말하고 있습니다. 그러니까 우상 신은 존재하지 않는다는 믿음이 강한 자들의 말은 반 쪽 진리입니다.

믿음이 강한 자들의 주장이 지닌 또 한 가지 불완전함은 6절에 나타나 있습니다. "그러나 우리에게는 한 하나님 곧 아버지가 계시니 만물이 그에게서 났고 우리도 그를 위하여 있고 또한 한 주 예수 그리스도께서 계시니 만물이 그로 말미암고 우리도 그로 말미암아 있느니라." 6절에는 바울의 하나님관이 소개되어 있는데, 6절 전반부는 성부 하나님에 관하여 말하고 있고 후반부는 성자 하나님 곧 예수 그리스도에 관하여 말하고 있습니다. 성부 하나님은 인간을 이 세상에 나게 하신 분이자 인간이 영광을 돌려야 할 대상으로 소개되고 있습니다. 예수 그리스도는 우리를 이 세상에 있게 한 통로로 소개되고 있습니다. 다시 말해서 성부 하나님은 예수 그리스도를 통하여 우리를 이 세상에 있게 하셨습니다. 그러면 이 본문에 믿음이 강한 자들의 하나님관의 불완전성이 어떻게 나타나 있을까요? 믿음이 강한 자들은 6절 전반부 곧 성부 하나님에 대해서만 말하고 있을 뿐, 6절 후반부 곧 성자 하나님에 대해서는 말하지 않고 있습니다. 이것이 믿음이 강한 자들의 한계입니다. 예수 그리스도에게 주목하면 예수 그리스도께서 사랑을 몸소 실천하신 분이요, 얼마나 사랑을 강조하셨으며, 얼마나 다른 사람을 배려하셨는가를 금방 알 수가 있습니다. 물론 이들이 예수 그리스도를 믿지 않았다는 말은 아니지만 평소에 행동을 할 때 예수 그리스도를 본받는 삶을 소홀히 했다는 것을 보여 줍니다. 그리스도를 빼놓고 성부 하나님만을 말하는 것은 반쪽 진리입니다.

다음 시간에 연속해서 강의를 할 예정이지만 지금까지 말씀드린 내용에 대해서 잠정적인 결론을 내리고 강의를 마무리하는 것이 좋을 것 같습니다. 오늘은 특별히 지식의 문제를 말씀드렸습니다. 우리는 정보를 많이 아는 것, 많은 경험을 가지는 것에만 머물러 우리 자신을 드러내고, 우리 자신의 이익을 추구하고, 다른 사람을 업신여기고 비난하며, 사회와 교회 공동체를 깨뜨리고 허물어뜨리는 자가 되지 않고, 사랑이 동반된 진정한 지식을 갖춤으로써 하나님과 사람들 앞에 아직도 알아가야 할 것이 많이 남아 있다는 겸손한 마음을 가지며, 상처받은 사람의 마음을 싸매어 주며,

사회와 교회를 세우는 진정한 지식의 소유자가 되도록 우리 자신을 살피고 또 기도해야 하겠습니다.

7 그러나 이 지식은 모든 사람에게 있는 것은 아니므로 어떤 이들은 지금까지 우상에 대한 습관이 있어 우상의 제물로 알고 먹는 고로 그들의 양심이 약하여지고 더러워지느니라 8 음식은 우리를 하나님 앞에 내세우지 못하나니 우리가 먹지 않는다고 해서 더 못사는 것도 아니고 먹는다고 해서 더 잘사는 것도 아니니라 9 그런즉 너희의 자유가 믿음이 약한 자들에게 걸려 넘어지게 하는 것이 되지 않도록 조심하라 10 지식 있는 네가 우상의 집에 앉아 먹는 것을 누구든지 보면 그 믿음이 약한 자들의 양심이 담력을 얻어 우상의 제물을 먹게 되지 않겠느냐 11 그러면 네 지식으로 그 믿음이 약한 자가 멸망하나니 그는 그리스도께서 위하여 죽으신 형제라 12 이같이 너희가 형제에게 죄를 지어 그 약한 양심을 상하게 하는 것이 곧 그리스도에게 죄를 짓는 것이니라 13 그러므로 만일 음식이 내 형제를 실족하게 한다면 나는 영원히 고기를 먹지 아니하여 내 형제를 실족하지 않게 하리라

제30강

지식은 사랑 안에서(하)

· From
the Cross
to Agape

고전 8장
7~13절

● 　　　　　지난 시간에는 우상에 대하여 믿음이 강한 고린도교회 성도들의 입장과 이 입장의 문제점을 알아보았습니다. 우상에 대하여 믿음이 강한 자들이 가지고 있었던 지식은 두 가지 문제점을 안고 있었습니다.

첫째로, 이들이 가진 지식에는 상대방의 입장을 배려하는 사랑이 결여되어 있었습니다. 지식은 상대방에게 흠집을 내는 지식이 되어서는 안 되고, 상대방을 싸매어 주고 세워주는 지식이 되어야 하며, 공동체를 무너뜨리는 지식이 되어서는 안 되고, 무너진 공동체를 세워 주고 결함이 있는 공동체를 수리하여 온전한 모습으로 회복시켜 주는 지식이 되어야 합니다.

둘째로, 이들이 가진 지식 그 자체에도 약점이 있었습니다. 우상은 결코 신이 아니며 존재하지 않는다는 말 그 자체는 맞는 말입니다. 그러나 믿음이 강한 자들은 우상 배후에 강력한 영적인 힘을 가진 사탄과 귀신의 세력이 도사리고 있다는 사실을 보지 못했습니다.

이제 7절에서 9절까지는 믿음이 약한 자들의 입장에 대한 바울의 생각이 나타나 있습니다. 먼저 7절을 읽겠습니다. "그러나 이 지식은 모든 사람에게 있는 것은 아니므로 어떤 이들은 지금까지 우상에 대한 습관이 있어 우상의 제물로 알고 먹는 고로 그들의 양심이 약하여지고 더러워지느니라." 본문이 말하는 "이 지식"은 믿음이 강한 자들이 가지고 있었던 우상에 대한 지식을 말합니다. 믿음이 강한 자들은 우상은 실제로 존재하는 것이 아니기 때문에 우상을 숭배한다는 것은 아예 있을 수가 없으며, 따라서 우상에게 바쳤던 고기를 먹는다고 해서 우상숭배에 연루되는 것은 아니라고 생각했습니다. 이들에게 있어서 고기는 그저 고기일 뿐이었습니다. 고기는 하나님이 주신 음식물이니까 감사한 마음으로 먹으면 그만이라고 생각했습니다. 이 말은 맞는 말입니다. 그리스도인들은 비록 우상에게 바쳐졌던 음식이라 할지라도 음식은 우상숭배에 빠지는 것이 아닌가 하는 두려움을 갖지 않고 자유롭게 음식을 먹을 수 있을 만큼 강한 심장을 가진 성도들이 되어야 합니다.

그러나 고린도교회에는 이와 같은 담대한 믿음의 단계에 이르지 못한 성도들이 많았습니다. 이 사람들은 "우상에 대한 습관"이 몸에 여전히 배어 있는 성도들이었습니다. 이 성도들은 오랫동안 이방신 숭배관습에 빠져 있다가 기독교로 개종한 지 얼마 되지 않는 사람들이었습니다. 이들은 이방신들이 실제로 살아 있다고 믿었습니다. 개종하기 전에는 살아 있는 이방신 제사에 참여했습니다. 이방신 제사의식 가운데는 신전에 바쳤던 고기를 먹는 희생 제사식사도 있었습니다. 이들은 바울의 설교를 듣고 개종했지만 하나님을 믿는 신앙의 눈으로 모든 일들을 새롭게 판단하고 행동하는 단계에는 아직 이르지 못한 자들입니다. 이들이 수 십 년 동안 익숙해 있었던 옛날의 습관을 짧은 시간 안에 완전히 떨쳐 버리는 것은 매우 힘든 일이었습니다. 이들은 생각으로는 옛날 습관이 잘못된 것을 알고 있었지만 이 습관은 이들의 생각뿐만 아니라 온 몸에 배어 있었습니다. 생각으로는 부정해도 몸이 옛날 습관을 기억하고 있었습니다. 이들은 믿음이 강한 성도들이 우상에게 바쳤던 고기를 스스럼없이 먹는 모습을 보고 충격을 받았습니다. 왜냐하면 이들은 믿음이 강한 자들이 고기를 먹는 모습을 보았을 때 우상숭배의식 가운데 하나인 희생 제사식사가 떠올랐기 때문입니다. 믿음이 약한 자들이 믿음이 강한 자들이 고기 먹는 것을 이상하게 여기면서 "왜 우상에게 바친 고기를 먹느냐"고 물어보면, 믿음이 강한 자들은 고기를 먹어도 되는 이유를 설명해 줍니다. 믿음이 강한 자들은 고기 그 자체는 우상과는 관련이 없고, 더욱이 우상은 존재하지 않는다고 설명을 해 줍니다. 그러나 믿음이 약한 자들은 이 말이 잘 납득이 되지 않습니다. 희생 제사식사를 하던 습관이 온 몸에 배어 있어서 고기를 먹는 것을 보는 순간 우상제사의 식이 자꾸만 마음속에 떠오르는 것을 막을 수가 없었기 때문입니다.

믿음이 약한 자들은 고기를 먹으면 양심에 문제가 생겼습니다. 믿음이 약한 자들은 고기를 먹거나 먹는 모습을 보면 양심이 약해지고 더러워졌습니다. 양심은 옳고 그름을 판단하는 마음의 능력을 뜻합니다. 양심이 약해진다는 말은 양심이 혼란에 빠져서 옳고 그름을 분명하게 판단하기가 어려운 상태에 빠지게 된다는 뜻입니다. 믿음이 약한 자들은 개종한 후에 우상제물을 먹어서는 안 된다고 생각해 왔는데, 믿음이 강한 사람들이 우상제물을 자유롭게 먹으니까 도대체 어느 것이 옳은 일인지 헷갈리기 시작합니다. 믿음이 약한 자들의 양심은 헷갈리는 차원을 넘어서서 죄의식에 시달리기까지 합니다. 왜냐하면 이들은 여전히 고기를 먹는 것은 우상을 숭배하는 것과 같은 것이라는 생각을 떨쳐 버리지 못했기 때문입니다.

결론적으로 말해서 믿음이 강한 자들이 믿음이 약한 자들 앞에서 고기를 스스럼없이 먹으면서 자기들의 입장이 옳다고 주장하고 자기들과 똑같이 행동하라고 말하면 결과적으로는 믿음이 약한 자들을 혼란과 시험에 빠뜨리게 됩니다.

8절에서 바울은 믿음이 강한 자들의 주장을 인용하면서 비판합니다. "음식은 우리를 하나님 앞에 내세우지 못하나니 우리가 먹지 않는다고 해서 더 못하는 것도 아니고 먹는다고 해서 더 잘사는 것도 아니니라." "음식은 우리를 하나님 앞에 내세우지 못 한다"는 말은 믿음이 강한 자들이 내세우던 주장을 바울이 인용한 것으로서, 그 내용은 믿음이 약한 자들의 관점을 비판한 것입니다. 믿음이 약한 자들은 고기를 먹느냐 먹지 않느냐 하는 문제가 하나님을 바르게 섬기는가의 여부를 결정한다고 생각했습니다. 이들은 고기를 먹으면 이방신을 숭배하는 죄를 범하게 된다고 생각한 것이지요. 고기를 먹으면 하나님 앞에 고개를 들고 떳떳하게 설 수 없다는 말입니다. 그러나 믿음이 강한 자들은 고기를 먹는다 하더라도 하나님 앞에서 죄를 범하는 것은 아니라고 생각했습니다. 믿음이 강한 자들에게 있어서는 고기를 먹느냐의 여부는 어떤 사람을 하나님 앞에 의인으로 세우느냐 세우지 않느냐 하는 문제와는 아무런 관련이 없었습니다.

믿음이 강한 자들은 한걸음 더 나아가서 고기를 먹지 않는 것 보다는 먹는 것이 더 나은 신앙생활이라고까지 주장했습니다. 믿음이 강한 자들은 고기를 먹지 않는 생활과 고기를 먹는 생활에 대하여 연속하여 평가합니다.

고기를 먹지 않는 생활에 대한 믿음이 강한 자들의 평가는 "우리가 먹지 않는다고 해서 더 못사는 것도 아니고"라는 문장 안에 있습니다. 바울은 "우리가 먹지 않으면 더 못 산다"는 믿음이 강한 자들의 주장을 인용한 후에 "그건 아니다"라고 비판하고 있습니다. 그러므로 이 문장을 쉽게 번역하면 이렇게 됩니다. "믿음이 강한 너희들은 우리가 만일 고기를 먹지 않는다면 더 못사는 것이라고 주장하는데, 내 생각에 그건 아니다." 이 문장에서 고기를 먹지 않는 사람들은 믿음이 약한 자들을 가리킵니다. 이들은 고기를 먹는 행동이 우상숭배행위라고 생각하여 고기를 먹지 않았습니다. 그런데 믿음이 강한 자들은 고기를 먹지 않으면 더 못 사는 것이라고 주장했습니다. 우리말로 읽으니까 무슨 말인지 뜻이 잘 안 통하지요? "못 산다"는 말은 "결함이 있다, 부족하다"는 뜻입니다. 고기를 먹지 않는 자들은 하나님에 대한 지식이 결함이 있다, 또는 부족하다는 것입니다. 믿음이 강한 자들은 고기를 먹지 않는 자들을 하나님에 대한 지식이 모자란 사람들이라고 은연중에 비판했습니다. 바울은 믿음이 강한 자들의 이 주장이 틀린 말이라고 비판합니다.

고기를 먹는 생활에 대한 평가는 "먹는다고 해서 더 잘사는 것도 아니니라"라는 문장 안에 있습니다. 이 문장 안에 "먹는 자들은 더 잘 사는 것이다"라는 믿음이 강한 자들의 주장이 인용되고 있고, 이 주장에 대해서 바울이 "그건 아니다"라고 비판하고 있습니다. 그러니까 이 문장을 쉽게 풀어서 설명하면 이렇게 됩니다. "믿음이 강한 너희들은 고기를 먹는 자들이 더 잘 산다고 주장하는데, 내 생각에 그건 아니다." 고기를 먹는 자들은 당연히 믿음이 강한 자신들을 가리킵니다. "잘 산다"는 말은 "풍부하다, 넉넉하다"는 뜻입니다. 다시 말해서 고기를 자유롭게 먹는 자신들은 하나님에 대한 지식을 풍부하고 넉넉하게 가지고 있다는 말입니다. 이 말 안에는 믿음이 강한 자들의 교만이 배여 있습니다. 이런 주장에 대하여 바울은 "그건 아니다"라고 비판합니다.

이 두 가지 평가를 종합하면 믿음이 강한 자들은 하나님에 대한 지식을 풍부하고 넉넉히 가지고 있는 성숙한 자들인 반면에, 믿음이 약한 자들은 하나님에 대한 지식에 있어서 부족하고 결함이 있고 아직 성숙하지 못한 자들이 됩니다. 바울은 이 두 가지 평가가 모두 틀렸다고 말합니다. 믿음이 강한 자들의 평가가 잘못되었다는 사실은 두 가지 점에서 확인할 수 있습니다.

첫째로, 믿음이 약한 자들은 우상이 살아 있는 신이라고 믿었습니다. 믿음이 강한 자들은 이런 생각을 하나님에 대하여 아직 잘 모르는 유치한 신관으로 조롱했습니다. 믿음이 강한 자들은 우상이 나타내는 신들은 존재하지 않는다고 생각하는 것이 성숙하고 어른다운 하나님 지식이라고 생각했습니다. 우상이 나타내는 신이 존재하지 않는다는 말 그 자체는 틀린 말이 아닙니다. 그러나 믿음이 강한 자들은 우상숭배 뒤에 귀신의 세력이 존재한다는 사실을 보지 못했습니다. 반면에 믿음이 약한 자들은 우상이 나타내는 신이 실제로 존재한다고 잘못 알고 있었지만, 이 생각이 전적으로 틀린 말만은 아니었는데, 그 이유는 우상 배후에 귀신의 세력이 실제로 자리잡고 있었기 때문입니다. 오히려 믿음이 약한 자들이 영적인 세계에 대하여 믿음이 강한 자들보다 더 잘 알고 있는 점도 있지 않습니까? 따라서 믿음이 강한 자들이 믿음이 약한 자들을 하나님에 대하여 자신들보다 더 유치하고 결함이 있는 지식을 가지고 있다고 비난할 자격이 없습니다.

둘째로, 믿음이 약한 자들이 고기를 먹을 때 죄를 범한다는 느낌을 떨쳐 버릴 수 없다면, 고기를 먹는 것 보다는 먹지 않기로 결정하는 것이 올바른 것입니다. 그런데 지금 믿음이 강한 자들은 고기를 먹을 때마다 죄의식을 떨쳐 버릴 수 없는 성도들에게 고기를 안 먹는다고 윽박지르고 있습니다. 믿음이 강한 자들은 고기를 먹으면서 죄의식을 느끼는 상황에 처했을 때 어떻게 대처해야 하는가를 잘 모르고 있습니다. 한마디로 지식이 부족한 것입니다. 그렇다면 믿음이 강한 자들이 충분한 지식을 가지고 있다고 볼 수 없지 않겠습니까?

바울은 9절에서 믿음이 강한 자들에게 직접적으로 경고합니다. "그런즉 너희의 자유가 믿음이 약한 자들에게 걸려 넘어지게 하는 것이 되지 않도록 조심하라." 일단 본문은 "너희의 자유"를 인정합니다. 너희는 믿음이 강한 자들을 뜻합니다. 믿음이 강한 자들에게는 자유가 있습니다. 어떤 자유냐? 양심에 거리낌을 느끼지 않고 고기를 자유롭게 먹을 수 있는 자유입니다. 그런데 이 자유에는 중요한 조건이 하나 붙어 있습니다. 그 조건은 "믿음이 강한 자들만 있는 자리에서"입니다. 믿음이 강한 자들만 있는 자리라면 고기를 자유롭게 먹어도 좋을 것입니다. 그러나 현실은 그렇지 않습니다. 고린도교회에는 믿음이 약한 자들이 많았습니다. 고기를 자유롭게 먹는 행동 그 자체는 문제가 없는 행동이라 할지라도 이 행동이 믿음이 약한 자들이 있는 곳에서 이들의 신앙생활에 걸림돌로 작용한다면 이 행동을 자제하는 것이 옳은 선택입니다. 바울은 믿음이 강한 자들에게 고기를 먹는 행동을 완전히 중단하라고 명령하지는 않습니다. 바울은 다만 이 행동을 적절하게 절제할 것을 권고하고 있을 뿐입니다.

바울은 10절에서 믿음이 강한 자들이 무절제하게 고기를 먹는 행동이 믿음이 약한 자들의 신앙생활을 어떻게 망가뜨릴 수 있는지를 예를 들어서 보여 줍니다. "지식 있는 네가 우상의 집에 앉아 먹는 것을 누구든지 보면 그 믿음이 약한 자들의 양심이 담력을 얻어 우상의 제물을 먹게 되지 않겠느냐." 바울은 7절에서 믿음이 강한 자들이 자유롭게 고기를 먹는 행동이 믿음이 약한 자들의 양심을 "약하게 하고, 더럽히는" 나쁜 결과를 초래할 수 있음을 지적한 바 있습니다. 양심이 약해져서 옳고 그름을 분별할 수 있는 능력이 떨어지고, 양심이 부당한 죄의식으로 얼룩지는 것까지는 혼란스럽기는 해도 성도의 본분을 벗어나는 것은 아닙니다. 그런데 믿음이 약한 자들의 혼란은 여기서 멈추지 않고 마침내 성도들이 넘어가서는 안 될 선을 넘어갈 수 있습니다. 본문은 이것을 "양심이 담력을 얻어 우상 제물을 먹게 되지 않겠느냐"라고 말로 표현합니다. "지식 있는 네가"에서 "지식 있는 너"는 믿음이 강한 자들을 가리킵니다. "우상의 집에 앉아 먹는 것을 누구든지 보면." 여기서 우상의 집에 앉아 먹는 것이란 이방신을 섬기는 신전 안에 있는 레스토랑에서 고기를 먹는 광경을 묘사한 것입니다. 당시의 사회적 관습상 사업상 특별한 외부 손님이 방문했거나 정부에서 행하는 특별한 행사가 있어서 초청을 받았을 때 신전 레스토랑에서 식사를 하는 것은 불가피한 일이었고 이런 경우는 믿음이 약한 자들도 이해했을 것으로 판단됩니다. 이런 광경을 보고 믿음이 약한 자들이 시험에 들지는 않았습니다. 그러나 믿음이 강한 자들 중에는 평상시에도 신전 레스토랑을 빈번히 드나들면서 고기를 즐겨 먹는 자들이 있었습니다. 믿음이 약한 자들 중에는 이 광경을 자주 보고는 "믿음이 강한 자들도 신전 레스토랑에 들어가서 고기를 즐기는데 우리라고 그렇게 해서는 안 될 이유는 없지 않느냐"라고 생각하고 같이 따라 들어가서 고기를 즐기는 사람들도 있었습니다. 신전 레스토랑에 들어가서 식사로서 고기를 먹는 것 정도에서 그친다면 문제가 될 이유가 없습니다. 그런데 이 정도에서 그치지 않았다는 데 문제가 있습니다. 신전 레스토랑 옆에는 이방신전이 바로 붙어 있었는데, 이 신전은 믿음이 약한 성도들이 개종하기 전에 우상을 숭배하면서 희생제사 식사를 늘 하던 바로 그 장소입니다. 이들이 신전에 가면 신전사제들은 이미 잘 알고 있던 사람들이고 신전에 제사 드리러 오는 숭배자들도 이미 잘 아는 사람들입니다. 이들이 반갑게 인사하면서 "여보게, 교회 잘 다니는 사람들도 신전 레스토랑에 자주 드나들면서 자주 고기를 먹더구만, 거기서 고기 먹으나 신전 안에서 고기 먹으나 무슨 차이가 있는가? 옛날처럼 같이 신전 안의 희생제사에 참석해서 같이 식사하고 회포나 풉시다."하고 권고하면 우상숭배를 해서는 안 된다고 다짐해 오던 마음의 빗장이 스르르 풀리면서 자연스럽게 같이 어울려 신전 안의 희생제사 식사를 하게 됩니다. 믿음이 약한 자들에게는 이 유혹을 뿌리칠 만한 신앙훈련이 아직 되어 있지 않았습니다. 그러면 바로 올가미에 걸려드는 것입니다. 신전 레스토랑에서 식사하는 것과 신전 안의 희생제사 식사를 하는 것은 아주 다릅니다. 신전 안의 희생제사 식사는 우상숭배의식이기 때문에 이 식사를 하고 나오면 우상숭배의 죄를 범하는 것이나 마찬가지이고 따라서 수습을 하기가 굉장히 어려워집니다. 이웃집이 굿을 한 후에 집집마다 선물로 돌린 떡을 먹는 행위와 굿판에 들어가서 절을 하면서 그 자리에서 떡을 먹는 행위는 근본적으로 다르지 않습니까? 결국 믿음이 강한 자들의 무절제한 행동이 믿음이 약한 자들을 종교혼합주의의 함정에 빠뜨리는 길을 열어 준 꼴이 되어 버렸습니다. 이 죄가 얼마나 심각한 죄인가를 바울은 11절과 12절에서 이렇게 말합니다. "그러면 네 지식으로 그 믿음이 약한 자가 멸망하나니 그는 그리스도께서 위해서 죽으신 형제라 이같이 너희가 형제에게 죄를 지어 그 약한 양심을 상하게 하는 것이 곧 그리스도에게 죄를 짓는 것이니라." 이 행동은 그리스도께서 피를 흘려 구원하신 귀한 형제를 멸망시키는 행동일 뿐만 아니라 나아가서는 그리스도에게까지도 죄를 짓는 행동이 됩니다.

바울은 마지막으로 자기 자신이 이런 상황에 처했다면 어떻게 처신했을까를 밝히는 것으로 논의를 마무리 짓습니다. 13절입니다. "그러므로 만일 음식이 내 형제를 실족하게 한다면 나는 영원히 고기를 먹지 아니하여 내 형제를 실족하지 않게 하리라." 바울은 고기를 먹는 일이 동료 성도들에게 시험거리를 안겨 준다면, 차라리 영원토록 고기를 먹지 않겠다는 결심을 밝힙니다. 바울은 여기에서도 고기를 먹지 말라고 명령하지 않습니다. 다만 바울은 자기 자신의 확고한 결의를 보여 줌으로써 믿음이 강한 자들에게 어떤 방향으로 나아가는 길이 옳은 선택인가를 강하게 암시합니다.

바울은 음식을 통하여 약간의 육체적인 영양분을 얻고 동료 성도들을 잃어버리는 길과 약간의 육체적인 영양분을 잃고 동료 성도들을 얻는 두 갈림길에서 단호하게 두 번째 길을 선택하는 것이 성도의 바른 길임을 보여 줍니다. 물론 고기를 먹느냐의 여부는 고린도교회와는 다른 오늘날의 교회의 상황에서는 신앙생활에 아무런 문제가 되지 않습니다. 그러나 우상에게 바쳐졌던 고기를 먹는 문제를 다루는 방법으로서 바울이 제시한 원리 곧, 물질 보다 성도들, 사람들이 소중하다는 원리는 오늘날에도 유효합니다.

사랑하는 성도 여러분! 우리가 믿음이 강한 자의 입장에 있다면 교회 안에서 우리는 우리가 하는 행동이 믿음이 약한 자들의 신앙생활에 어떤 영향을 줄까를 늘 생각하고 믿음이 약한 자들의 입장을 배려하면서 처신하는 성도들이 되어야 하겠습니다. 믿음이 약한 자들은 약한 믿음의 단계에 안주하지 않고 강한 믿음의 단계에까지 성장해 가야 하겠습니다. 우리는 성도들 한 사람 한 사람이 그리스도께서 피 값을 치루고 구원하신 소중한 자들임을 유념하면서 필요할 때는 이들을 위하여 언제든지 약간의 물질적 이익을 누리기를 포기할 줄 아는 성도들이 되어야 하겠습니다.

1 내가 자유인이 아니냐 사도가 아니냐 예수 우리 주를 보지 못하였느냐 주 안에서 행한 나의 일이 너희가 아니냐 2 다른 사람들에게는 내가 사도가 아닐지라도 너희에게는 사도이니 나의 사도 됨을 주 안에서 인친 것이 너희라 3 나를 비판하는 자들에게 변명할 것이 이것이니 4 우리가 먹고 마실 권리가 없겠느냐 5 우리가 다른 사도들과 주의 형제들과 게바와 같이 믿음의 자매 된 아내를 데리고 다닐 권리가 없겠느냐 6 어찌 나와 바나바만 일하지 아니할 권리가 없겠느냐 7 누가 자기 비용으로 군 복무를 하겠느냐 누가 포도를 심고 그 열매를 먹지 않겠느냐 누가 양 떼를 기르고 그 양 떼의 젖을 먹지 않겠느냐 8 내가 사람의 예대로 이것을 말하느냐 율법도 이것을 말하지 아니하느냐 9 모세의 율법에 곡식을 밟아 떠는 소에게 망을 씌우지 말라 기록하였으니 하나님께서 어찌 소들을 위하여 염려하심이냐 10 오로지 우리를 위하여 말씀하심이 아니냐 과연 우리를 위하여 기록된 것이니 밭 가는 자는 소망을 가지고 갈며 곡식 떠는 자는 함께 얻을 소망을 가지고 떠는 것이라 11 우리가 너희에게 신령한 것을 뿌렸은즉 너희의 육적인 것을 거두기로 과하다 하겠느냐 12 다른 이들도 너희에게 이런 권리를 가졌거든 하물며 우리일까보냐 그러나 우리가 이 권리를 쓰지 아니하고 범사에 참는 것은 그리스도의 복음에 아무 장애가 없게 하려 함이로다 13 성전의 일을 하는 이들은 성전에서 나는 것을 먹으며 제단에서 섬기는 이들은 제단과 함께 나누는 것을 너희가 알지 못하느냐 14 이와 같이 주께서도 복음 전하는 자들이 복음으로 말미암아 살리라 명하셨느니라 15 그러나 내가 이것을 하나도 쓰지 아니하였고 또 이 말을 쓰는 것은 내게 이같이 하여 달라는 것이 아니라 내가 차라리 죽을지언정 누구든지 내 자랑하는 것을 헛된 데로 돌리지 못하게 하리라 16 내가 복음을 전할지라도 자랑할 것이 없음은 내가 부득불 할 일임이라 만일 복음을 전하지 아니하면 내게 화가 있을 것이로다 17 내가 내 자의로 이것을 행하면 상을 얻으려니와 내가 자의로 아니한다 할지라도 나는 사명을 받았노라 18 그런즉 내 상이 무엇이냐 내가 복음을 전할 때에 값없이 전하고 복음으로 말미암아 내게 있는 권리를 다 쓰지 아니하는 이것이로다

제31강

자유의 절제

From the Cross to Agape

고전 9장
1~18절

● 　　　　고린도전서 8장에서 10장까지는 우상숭배와 관련된 바울의 가르침를 다루는 장들입니다. 8장에서 바울은 우상에게 바쳐졌다가 시장에 나온 고기를 먹는 문제를 다룹니다. 바울은 고린도교회의 믿음이 강한 신자들은 자유로운 마음으로 우상에게 바쳤던 고기를 먹을 권리가 있음을 인정합니다. 그러나 바울은 고기를 먹거나 먹는 것을 보면 우상숭배가 머리에 떠올라서 신앙생활에 지장을 받는 믿음이 약한 성도들이 교회 안에 있다면, 이들의 입장을 배려하여 고기를 먹는 일을 자제하라고 믿음이 강한 자들에게 권고합니다. 바울은 정당한 권리라 하더라도 이웃에게 해를 끼칠 수 있는 경우에는 권리행사를 자제하는 것이 그리스도인이 살아내야 할 중요한 삶의 방식 가운데 하나임을 밝힙니다.

　바울은 9장에서 바울 자신도 사도로서 많은 권리들을 가지고 있지만 교회와 복음전도를 위하여 인내하면서 권리행사를 자제했다는 사실을 예로 들면서 이웃을 위하여 정당한 권리행사를 자제하는 것이 그리스도인이 지켜야 할 생활원리라는 점을 재차 강조합니다.

　1절에서 3절까지 바울은 자신이 사도라는 점을 상기시킵니다. 4절에서 6절까지는 사도인 자신에게 주어진 정당한 권리가 어떤 것들인가를 말합니다. 7절에서 14절까지는 인간적인 차원과 성경적인 차원에서 몇 가지 예를 들면서 바울이 가진 권리가 정당한 권리임을 논증합니다. 15절에서 18절까지는 이처럼 정당한 권리임에도 불구하고 자신이 권리를 행사하기를 자제했다는 점을 밝히면서 권리 행사를 자제한 이유를 말합니다.

먼저 바울이 사도임을 밝히고 있는 1절에서 3절까지의 내용을 살펴 보겠습니다. 1절입니다. "내가 자유인이 아니냐 사도가 아니냐 예수 우리 주를 보지 못하였느냐 주 안에서 행한 나의 일이 너희가 아니냐?" 첫 번째 어구인 "내가 자유인이 아니냐"라는 말에서 자유인은 우상에게 바쳐졌다가 나온 고기를 자유롭게 먹을 수 있는 믿음이 강한 자를 뜻합니다. 바울은 자기 자신도 믿음이 강한 자라고 말합니다. "나도 너희들처럼 믿음이 강한 자가 아니냐?" 바울은 믿음이 강한 자의 입장에서 동료들인 믿음이 강한 자들에게 권고를 합니다. 바울의 권고는 바울 자신을 향한 권고이자 다짐이기도 합니다. 바울은 자신이 사도임을 분명히 합니다. "내가 사도가 아니냐?" 바울은 자신이 사도인 증거로서 자신이 주님을 보았다는 점을 강조합니다. "내가 우리 주를 보지 못하였느냐?" 이 말은 바울이 주님을 보았다는 말입니다. 바울은 성도들을 핍박하기 위하여 다메섹으로 내려가던 중에 부활하신 예수님을 만났습니다. 바울이 자신이 사도임을 보여주는 또 하나의 증거로 제시한 것은 바로 고린도교회 자체입니다. 원래 고린도시에는 교회가 없었습니다. 그런데 바울이 고린도에 가서 전도하여 사람들을 모으고 모은 사람들을 말씀으로 가르쳐서 고린도교회를 설립했습니다. 고린도교회 성도들은 바울이 고린도에서 사역하는 모습을 보고 이런 사람이라면 사도임이 틀림없다고 신뢰하고 바울의 가르침을 받아 들였고, 그 결과로서 교회가 설립되었습니다. 그러므로 고린도교회 자체가 바울이 사도임을 증명하는 것입니다. "주 안에서 행한 나의 일이 너희가 아니냐?"는 말은 바로 이런 뜻입니다.

바울은 2절에서 이 점을 좀 더 자세하게 말합니다. "다른 사람들에게는 내가 사도가 아닐지라도." "다른 사람들"은 바울의 사도권을 의심하는 일부 유대교 출신의 신자들을 가리킵니다. 예를 들면 예루살렘 교회의 일부 유대교 출신 신자들 중에는 바울의 사도권을 의심하는 자들이 있었고, 이들이 바울이 가는 곳마다 따라와서 바울을 사도로 볼 수 없다는 소문을 퍼뜨리고 다녔습니다. 예루살렘 교회는 바울이 사역하여 세운 교회가 아닙니다. 따라서 바울이 사역하는 모습이나 생활하는 모습을 볼 수가 없었습니다. 게다가 개종하기 전에 바울이 얼마나 악한 일을 했는가를 잘 알고 있는 사람들이므로 바울의 사도권을 의심할 수도 있습니다. 그러나 고린도교회는 다릅니다. 고린도교회는 처음부터 끝까지 100% 바울의 사역으로 설립된 교회였고, 고린도교회 성도들은 바울이 어떻게 사역했는지, 바울이 어떻게 생활했는지를 두 눈으로 다 본 사람들입니다. 그러므로 예루살렘 교회 성도들과는 달리 고린도교회 성도들은 바울이 의심할 여지없이 사도일 수밖에 없습니다. 이것이 "너희에게는 사도이니"라는 구절의 뜻입니다. "나의 사도됨을 주 안에서 인친 것이 너희라." 고린도교회 성도들의 존재 자체가 바울이 사도임을 증명하는 인증 샷과 같은 것이었습니다.

바울은 자신이 사도임을 확실히 하고 난 이후에 4절에서 6절까지에서 사도인 자신에게 주어져 있지만 자신이 행사하지 않았던 세 가지 권리들을 말합니다.

첫 번째 권리는 믿음이 강한 자로서 우상에게 바쳤던 고기를 먹을 권리입니다. 4절입니다. "우리가 먹고 마실 권리가 없겠느냐?" 그러나 바울은 이 권리를 행사하지 않았습니다.

두 번째 권리는 결혼할 권리입니다. 5절입니다. "우리가 다른 사도들과 주의 형제들과 게바와 같이 믿음의 자매 된 아내를 데리고 다닐 권리가 없겠느냐?" 바울에게는 믿는 여성과 결혼하여 아내와 함께 선교사역을 할 권리가 있었지만 바울은 이 권리도 행사하지 않고 독신으로 지냈습니다. 열두 사도들 중에는 결혼을 한 사도들이 있었는데, 특히 예수님이 가버나움에서 베드로의 장모의 집에 들어가 묵으셨다는 기록이 있는 것으로 볼 때 게바 곧 베드로는 예수님을 만나기 전에 이미 결혼을 했음을 알 수 있습니다. "주의 형제들"은 예수님의 혈육동생들을 가리키는 것이 아니라 열두 사도는 아니지만 사도들과 함께 선교사역을 했던 바나바, 실라, 디모데 등과 같은 준사도의 위치에 있는 자들을 뜻합니다.

　세 번째 권리는 교회로부터 사례금을 받아 생계를 유지할 권리입니다. 6절입니다. "어찌 나와 바나바만 일하지 아니할 권리가 없겠느냐" 바울의 1차 선교여행을 동행했던 바나바와 바울에게는 일하지 않을 권리 곧, 교회로부터 재정지원을 받아서 생계를 유지할 권리가 있었습니다. 그러나 바울과 바나바는 교회의 재정지원에 의지하지 않고 손수 일하여 생계를 충당했습니다.

　바울은 자기에게 주어진 이 세 가지 권리들, 그 중에서도 특히 교회로부터 재정지원을 받을 권리가 인간적으로 보거나 아니면 성경적으로 보거나 정당한 권리임을 몇 가지 예를 들어서 논증합니다. 바울은 7절에서 세 가지 인간적인 예를 듭니다. 인간적인 예라는 것은 믿는 사람이든 믿지 않는 사람이든 상관없이 모든 사람들이 이해할 수 있는 상식적인 내용이라는 뜻입니다.

　첫째는, 군인의 경우입니다. "누가 자기 비용으로 군 복무를 하겠느냐?" 군인으로 징집 받은 자는 먹을 것, 입을 것, 무기 등을 비롯하여 생활에 필요한 모든 것을 자기 돈으로 준비하지 않고 국가로부터 100% 공급받습니다.

둘째는, 포도를 재배하는 농부의 경우입니다. "누가 포도를 심고 그 열매를 먹지 않겠느냐" 포도를 심은 농부에게는 포도 열매를 수확할 권리가 있습니다. 셋째는, 목축업자의 경우입니다. "누가 양 떼를 기르고 그 양 떼의 젖을 먹지 않겠느냐" 양을 기르는 목축업자에게는 양의 젖을 먹을 권리가 있습니다. 이 권리에는 물론 양의 젖을 가지고 치즈를 만들어 먹을 권리도 포함되어 있습니다. 이런 예들은 믿는 사람이든 믿지 않는 사람이든 모두 쉽게 수긍할 수 있는 예들입니다.

바울은 8절에서 인간적인 사례들만이 자신의 권리를 뒷받침해 주는 것이 아니라 성경말씀도 자신의 권리를 뒷받침해 주고 있다고 말합니다. 8절입니다. "내가 사람의 예대로 이것을 말하느냐 율법도 이것을 말하지 아니하느냐" 바울이 말하는 율법은 단지 모세의 율법만을 가리키는 것이 아니라 성경말씀 전체를 포괄적으로 가리키는 용어입니다. 바울은 하나님의 일을 하는 자가 이 일로부터 혜택을 받는 자들로부터 생활비를 받는 것이 정당하다는 점을 성경적인 근거들을 제시하면서 논증합니다.

우선 바울은 밭가는 소의 경우를 말한 본문을 인용하여 논증을 시작합니다. 9절을 읽겠습니다. "모세의 율법에 곡식을 밟아 떠는 소에게 망을 씌우지 말라 기록하였으니 하나님께서 어찌 소들을 위하여 염려하심이냐?" 이 본문은 구약성경 신명기 25장 4절을 인용한 것입니다. 곡식을 밟아 떠는 소에게 망을 씌우지 말라는 말은 소가 풀을 먹는 것을 말리지 말라는 뜻입니다. 입에 망을 씌우면 풀을 먹을 수가 없습니다. 소가 열심히 일하는 이유는 일을 하면 풀을 먹는 혜택이 돌아온다는 것을 알기 때문입니다. 이것이 동물들의 특성입니다. 예를 들어서 동물원에서 물개나 돌고래를 훈련시키는 광경을 잘 보면, 조련사가 요구하는 기술을 익히면 항상 먹이를 주는 것을 볼 수 있습니다. 동물들은 먹이를 얻어먹을 요량으로 조련사가 시키는 일을 합니다. 소도 마찬가지입니다. 그런데 아무래도 일을 하던 도중에 자꾸만 먹이에 한 눈을 팔면 일이 늦어지지 않겠습니까? 따라서 마음이 차가운 주인은 일을 빨리 끝내게 할 목적으로 소의 입에 망을 씌워서 풀을 먹지 못하게 합니다. 하나님은 그렇게 하지 말라고 명령합니다. 왜냐하면 소는 오매불망 맛있는 풀을 먹으려는 목적으로 일을 하는데, 풀을 못 먹게 한다는 것은 너무 매정한 태도일 뿐만 아니라 자연 질서에도 어긋나는 일이기 때문입니다. 그런데 하나님이 소 자체가 불쌍해서 이런 명령을 주신 것은 아니라고 바울은 말합니다. 이 명령은 사람을 위하여 주어진 것이라는 것입니다.

10절에서 소개된 밭 가는 농부와 곡식을 밟아 떠는 농부의 비유도 같은 강조점을 가지고 있습니다. "오로지 우리를 위하여 말씀하심이 아니냐 과연 우리를 위하여 기록된 것이니 밭 가는 자는 소망을 가지고 갈며 곡식 떠는 자는 함께 얻을 소망을 가지고 떠는 것이라." 밭을 갈거나 곡식을 떠는 자는 어떤 소망을 품고 이 일들을 할까요? 밭을 갈고 곡식을 떠는 목적은 반드시 곡물을 수확할 것이라는 소망 때문입니다.

이 말을 하는 하나님의 마음속에는 성전을 위하여 일하는 레위인들이 있었습니다. 13절입니다. "성전의 일을 하는 이들은 성전에서 나는 것을 먹으며 제단에서 섬기는 이들은 제단과 함께 나누는 것을 너희가 알지 못하느냐" "성전의 일을 하는 이들"은 레위인들입니다. 이들은 "성전에서 나는 것"을 먹고 "제단과 함께 나눈다"고 했습니다. 이 말은 레위인들은 제사를 드리고 난 고기나 곡물들을 가지고 생활한다는 말입니다. 그러면 이 제물들은 어디서 난 것일까요? 이스라엘의 다른 열한지파가 드린 것들입니다.

열한지파는 레위인의 생활비를 책임져야 합니다. 이때 소의 입에 망을 씌우는 소 주인처럼 냉혹한 마음으로 인색하게 레위인들을 대해서는 안 된다는 것입니다.

예수님도 구약의 가르침에 근거하여 이렇게 말씀하셨습니다. 14절입니다. "이와 같이 주께서도 복음 전하는 자들이 복음으로 말미암아 살리라 명하셨느니라." 바울은 마태복음 10장 10절과 누가복음 10장 7절의 말씀에 근거하여 예수님이 복음 전하는 자들이 복음으로 말미암아 살도록 하셨다고 말합니다. 복음으로 살라는 말은 복음을 전한 후에 전도 받고 하나님의 백성이 된 성도들이 주는 경제적 도움을 받아서 살라는 뜻입니다.

바울은 마침내 이 원리를 자신에게 적용합니다. 11절입니다. "우리가 너희에게 신령한 것을 뿌렸은즉 너희의 육적인 것을 거두기로 과하다 하겠느냐" 바울은 고린도교회 성도들에게 혼신의 힘을 다하여 이들을 죄와 사망의 권세로부터 해방시켰고, 영적으로 성장하도록 일을 했기 때문에 성도들로부터 생활비를 요구하여 받을 권리가 있다고 말합니다.

그러나 바울은 이 권리를 쓰지 않았습니다. 바울은 교회를 위하여 일을 하면서도 자기 생활비는 세상일을 한 댓가로 돈을 벌어 충당했습니다. 충당했습니다. 바울이 그렇게 한 이유는 무엇일까요? 12절입니다. "다른 이들도 너희에게 이런 권리를 가졌거든 하물며 우리일까 보냐 그러나 우리가 이 권리를 쓰지 아니하고 범사에 참는 것은 그리스도의 복음에 아무 장애가 없게 하려 함이로다." 바울이 스스로 일을 하여 생활비를 충당한 이유는 복음을 전하는 일에 방해받는 것을 원하지 않았기 때문입니다. 바울은 15절에서 새삼스럽게 자신에게 성도들로부터 생활비를 받을 권리가 있다는 말을 하는 이유는 이제라도 생활비를 소급해서 달라는 뜻이 결코 아니니까 오해하지 말라고 말합니다. "그러나 내가 이것을 하나도 쓰지 아니하였고." 바울은 자신에게 있는 정당한 권리를 하나도 쓰지 않았음을 재차 강조합니다. "또 이 말을 쓰는 것은 내게 이같이 하여 달라는 것이 아니라 내가 차라리 죽을지언정 누구든지 내 자랑하는 것을 헛된 데로 돌리지 못하게 하리라." 바울은 이제 와서 다시 생활비를 요구하면 자신이 "자랑해 온 일"이 헛일이 될 것이라는 사실을 알고 있었습니다. 바울은 이렇게 되는 것을 원하지 않았습니다. 여기서 바울이 말하는 "자랑하는 것"이 무엇일까 라는 궁금증이 생깁니다. 이 궁금증은 18절에서 풀립니다.

16절에는 바울이 사역을 할 때 가지고 있었던 사역자로서의 마음가짐 하나를 밝힙니다. "내가 복음을 전할지라도 자랑할 것이 없음은 내가 부득불 할 일임이니라 만일 복음을 전하지 아니하면 내게 화가 있을 것이로다." 15절에서는 "자랑하는 것"이 있다고 했지만 16절에서는 자랑할 것이 없다고 정반대의 말을 합니다. 이 본문은 바울이 자기 자신을 주님의 종으로 간주하고 있음을 보여 줍니다. 바울은 주의 종 곧 주의 하인이자 노예의 입장에서 일을 해 왔습니다. 바울은 누가복음 17장 7절에서 10절에서 예수님이 주신 가르침을 반영하고 있습니다. 예수님은 주인을 섬기는 종이 어떻게 처신하는 것이 옳은가를 말씀하십니다. 종은 하루 종일 밭에서 일하거나 하루 종일 양을 치는 일을 끝내고 집에 돌아 와도 주인의 식구들이 모여 앉아서 식사하는 자리에 끼여 앉아 함께 식사할 권리가 없습니다. 하루 종일 일을 했지만 집에 돌아와서는 계속하여 주인의 식구들이 먹고 마실 것을 준비해야 하고 수발을 들어야 합니다. 그런 후에야 비로소 먹을 수 있습니다. 또 주인이 명령한 대로 다 행했다고 해서 주인이 종에게 감사하다는 말을 하는 일도 없습니다. 종은 이 힘든 일들을 다 하고서도 그저 마땅히 해야 할 일을 했다고 생각해야 합니다. 이처럼 바울도 생활비를 받지 않고 일을 하여 생활비를 충당하면서까지 고생하면서 교회를 섬겼지만 주님의 종으로서 마땅히 해야 할 일을 한 것뿐이라고 생각했습니다. 바울은 교인들로부터 생활비를 받으려고 복음을 전한 것이 아니라 이 일을 하지 않으면 자신에게 "화"가 찾아 올까봐 무서워서 복음을 전했습니다. 바울이 말하는 이 화는 무엇일까요? 이 "화"는 15절이 말하는 "자랑하는 것이 헛된 데로 돌아가는 것"과 같은 것으로서 18절에서 무엇인지 밝혀집니다.

17절은 바울이 사역에 임하는 또 하나의 마음가짐을 밝힙니다. "내가 내 자의로 이것을 행하면 상을 얻으려니와 내가 자의로 아니한다 할지라도 나는 사명을 받았노라." 바울은 복음전하는 일을 자의로, 곧 자원하는 마음으로 행했습니다. 종의 입장에서 마땅히 해야 할 일을 하되, 억지로 마지못해 하는 것이 아니라 자발적으로 흔쾌하게 즐거운 마음으로, 신이 나서 복음사역을 행한다는 것입니다. 종의 입장에서 행할 때는 상 받기를 기대할 수 없지만, 자원하는 마음으로 행할 때는 상 받기를 기대할 수 있습니다. 이 상은 바울이 15절에서 헛된 데로 돌리지 않으려고 했던 "자랑하는 것"이고, 16절에서 바울이 화를 당하지 않는 일입니다. 이 질문에 대한 답변은 18절에 있습니다. "그런즉 내 상이 무엇이냐 내가 복음을 전할 때에 값없이 전하고 복음으로 말미암아 내게 있는 권리를 다 쓰지 아니하는 이것이로다." 바울이 자랑하는 것, 화를 당하지 않는 것, 상으로 간주한 것은 두 가지입니다. 첫째는 아무런 대가도 받지 않고 복음을 전하는 것이고, 둘째는 바울 자신이 가진 권리를 다 쓰지 않는 것이었습니다.

첫째로, 아무런 대가도 받지 않고 복음을 전하는 것이 어떻게 상급이 될까요? 이 말은 복음 전하는 일 그 자체가 바로 상급이라는 뜻입니다. 이

것이 무슨 말일까요? 복음을 전하여 죄와 사망의 권세에 사로잡혀 있던 사람이 돌아오는 모습을 보면 마음이 굉장히 기쁘지 않을까요? 또 말씀을 열심히 가르친 결과 가르침 받은 사람들의 신앙이 막 자라나는 모습을 보면 마음이 기쁘지 않을까요? 바울은 이 마음의 기쁨을 잃어서는 안 될 소중한 상이라고 생각한 것입니다. 대가를 받으면 오히려 이 마음의 기쁨이 손상되어 버릴 수 있습니다. 바울은 이런 사태가 벌어지는 것을 원하지 않았던 것입니다. 사랑하는 상대방을 위하여 정말로 즐거운 마음으로 봉사를 해 주었는데, 상대방이 시간당 얼마로 계산하여 돈을 주면 오히려 마음이 불쾌해집니다. 일 자체가 즐겁고 기뻐서 일하는 사람과, 많은 대가와 보상을 목표로 의무적으로 일하는 사람 중에서 누가 더 행복할까요?

둘째로, 바울은 자신에게 부여된 권리를 다 쓰지 않는 것을 놓쳐서는 안 될 소중한 상으로 여겼습니다. 우리에게 주어진 권리를 남김없이 다 쓰는 사람에게 자유함이 있는 것이 아니라, 우리에게 주어진 권리를 꼭 써야 할 때 쓰고 가능한 한 쓰지 않고 남겨 두는 사람에게 자유함이 있습니다. 예를 들어서 돈이 그렇지 않습니까? 내가 100만원을 수중에 가지고 있다고 해서 100만원을 남김없이 다 써 버리는 사람에게는 자유함이 없습니다. 이 사람은 항상 불안합니다. 항상 없는 돈을 만들어 내야 하는 부담을 안고 살아야 합니다. 그러나 100만원을 수중에 가지고 있지만 최대한 절약하여 20만원 안에서 예산을 짜서 생활하면 자유함이 있습니다. 다 쓰고 나도 80만원이 남아 있으니까 없는 돈을 쥐어짜내야 한다는 부담을 느끼지 않아도 되고, 돈이 다 떨어지기 훨씬 전에 다음 돈이 또 들어오기 때문입니다. 중학생이 중학교 수학문제를 다 안다고 해서 다른 학생들에게 가르치면 항상 불안합니다. 자기가 아는 지식을 100% 써야 하기 때문입니다. 배운 것 이

외의 문제가 하나라도 나오면 막혀 버리고 맙니다. 그래서 항상 불안합니다. 그러나 대학교에서 고급수학까지 다 배운 대학졸업생이 중학생에게 수학을 가르칠 때는 자유로움과 편안함이 있습니다. 자기가 배운 것 가운데 20% 정도만 쓰면 되기 때문입니다. 혹시 돌발적인 어려운 문제가 나와도 해결할 저력을 갖추고 있기 때문에 걱정하지 않아도 됩니다.

사랑하는 성도 여러분! 우리는 일상의 생활 속에서나 교회 생활 속에서 종의 마음가짐으로 하나님이 우리에게 맡기시는 일들을 마땅히 해야 할 일로 알고 행하되, 흔쾌하게 자원하는 마음으로 행함으로써 즐거움과 기쁨과 보람을 느끼는 성도들이 되어야 하겠습니다. 동시에 우리의 이웃을 늘 배려하면서 우리에게 주어지는 권리를 다 쓰지 않는 성도들이 되고, 권리를 다 쓰지 않을 때 뒤따라오는 놀라운 자유함과 여유로움과 편안함을 만끽하는 성도들이 되어야 하겠습니다.

19 내가 모든 사람에게서 자유로우나 스스로 모든 사람에게 종이 된 것은 더 많은 사람을 얻고자 함이라 **20** 유대인들에게 내가 유대인과 같이 된 것은 유대인들을 얻고자 함이요 율법 아래에 있는 자들에게는 내가 율법 아래에 있지 아니하나 율법 아래에 있는 자 같이 된 것은 율법 아래에 있는 자들을 얻고자 함이요 **21** 율법 없는 자에게는 내가 하나님께는 율법 없는 자가 아니요 도리어 그리스도의 율법 아래에 있는 자이나 율법 없는 자와 같이 된 것은 율법 없는 자들을 얻고자 함이라 **22** 약한 자들에게 내가 약한 자와 같이 된 것은 약한 자들을 얻고자 함이요 내가 여러 사람에게 여러 모습이 된 것은 아무쪼록 몇 사람이라도 구원하고자 함이니 **23** 내가 복음을 위하여 모든 것을 행함은 복음에 참여하고자 함이라

제32강

모든 일에 절제하라

From the Cross to Agape

고전 9장
19~23절

● 바울은 고린도전서 8장에서 10장까지에서 우상제물을 먹는 문제와 관련하여 제기되는 윤리적인 문제들을 분석하면서 성도들이 어떤 태도로 처신해야 하는가를 말합니다. 문제의 핵심은 우상에게 바쳐졌다가 시장에 나온 고기를 먹어도 되는가 하는 것이었습니다. 성도들 중에는 비록 우상에게 바쳐졌던 고기라 하더라도 고기와 우상숭배를 엄격하게 구분하여 우상숭배를 떠 올리지 않으면서 고기를 맛있게 먹을 수 있는 강한 믿음을 가진 사람이 있는 반면, 고기와 우상숭배가 잘 구분되지 않아서 고기만 보면 우상 숭배하던 일이 생각나 마음이 편하지 않은 여린 믿음의 소유자도 있었습니다. 이런 상황에서 믿음이 강한 자들과 믿음이 약한 자들 사이에서 갈등이 일어났습니다. 이 갈등을 해결하기 위한 방법으로 바울은 믿음이 강한 자들에게, 비록 고기를 먹을 수 있는 권한을 가지고 있다 하더라도 믿음이 약한 자들을 배려하여 이 권한을 자제해 줄 것을 요청합니다. 이 권고는 오늘 우리가 읽은 본문에서도 계속됩니다.

오늘의 본문은 크게 두 부분으로 나눌 수가 있습니다. 바울은 19절에서 23절까지에서 믿음이 강한 자들이 권한 행사를 자제해야 하는 이유가 무엇인가를 말한 후에 24절에서 27절까지 에서는 당시 고린도시에서 유행했던 운동경기를 예로 들면서 보완설명을 합니다. 19절에서 23절까지의 내용을 정확하게 이해하는 일이 쉽지 않기 때문에 오늘은 23절까지 공부하고 24절에서 27절까지는 다음 시간에 공부하기로 하겠습니다.

19절을 읽겠습니다. "내가 모든 사람에게서 자유로우나 스스로 모든 사람에게 종이 된 것은 더 많은 사람을 얻고자 함이라." 바울은 먼저 자기 자신을 "모든 사람으로부터 자유로운 자"라고 말합니다.

첫째로, 바울은 하나님 앞에서 의롭다 함을 받고 구원받음에 있어서 전적으로 사람들로부터 자유로웠습니다. 바울은 오직 그리스도의 전가된 의에만 근거하여 의롭다함을 받고 구원을 받았을 뿐, 어떤 사람의 공로에 의지하여 구원받지 않았습니다.

둘째로, 바울은 소명을 받을 때 철저하게 다메섹 도상의 예수님으로부터만 소명을 받았을 뿐, 사람으로부터 소명을 받지 않았습니다. 예루살렘에 권위 있는 열두 사도 단이 있었지만 바울은 소명을 받는 과정에서 이 사도단과 아무런 협의도 하지 않았고 아무런 도움도 받지 않았습니다.

셋째로, 바울은 재정적으로도 다른 사람의 도움을 받지 않고 자신의 생활비를 자기 힘으로 벌어서 충당하면서 선교사역을 수행했습니다. 따라서 바울은 모든 면에서 사람에게 얽매일 필요가 없는 자유로운 사람이었습니다.

이처럼 바울은 어떤 사람에게도 얽매이지 않는 자유자였음에도 불구하고 자신에게 주어진 자유를 누리거나 행사하기를 자제하고 "모든 사람에게 종이 되는" 편을 선택했습니다. 모든 사람에게 종이 되었다는 말은 항상 다른 사람들의 입장을 우선적으로 고려하고, 다른 사람들을 배려하고, 다른 사람들을 섬기는 태도로 행동하는 사람이 되었다는 뜻입니다. 바울이 이렇게 행동한 이유는 무엇일까요? "더 많은 사람들을 얻기 위함"이었습니다. 바울은 세 부류의 사람들과의 관계에서 "모든 사람에게 종이 된다"는 원리를 어떻게 구체적으로 실천에 옮겼는가를 보여 줍니다. 첫 번째 부류의 사람들은 유대인들이고, 두 번째 부류의 사람들은 이방인들이고, 세 번째 부류의 사람들은 교회 안에 있는 약한 자들입니다.

첫 번째 부류인 유대인들에 대한 바울의 태도는 20절에 제시되어 있습니다. "유대인들에게 내가 유대인과 같이 된 것은 유대인들을 얻고자 함이요 율법 아래에 있는 자들에게는 내가 율법 아래에 있지 아니하나 율법 아래에 있는 자 같이 된 것은 율법 아래에 있는 자들을 얻고자 함이요." 이 본문에서는 같은 내용을 표현을 달리하여 두 번 반복하여 말하고 있습니다. 앞 절에서는 유대인들에게 유대인과 같이 되었다고 말하면서 그 목적은 유대인들을 얻고자 함이라고 밝힙니다. 물론 유대인들을 얻는다는 말은 유대인들을 구원한다는 뜻입니다. 뒷 절에서는 유대인을 "율법 아래에 있는 자"라고 설명하면서 같은 내용을 한 번 더 말합니다. 바울은 율법 아래에 있는 자들에게는 자신이 율법 아래 있지 아니하나 율법 아래에 있는 자 같이 되었다고 말합니다. 그 목적은 율법 아래에 있는 자들을 얻고자 곧, 구원하고자 하기 위함이었습니다.

이 구절에서 바울은 자기 자신은 "율법 아래 있지 않다"고 소개하고, 유대인들은 "율법 아래 있다"고 소개합니다. 바울 자신은 율법 아래 있지 않지만, 율법 아래 있는 유대인들을 구원하기 위하여 "율법 아래 있는 자 같이" 되었습니다. 이 구절에 세 가지 표현이 나옵니다: "율법 아래 있는 자," "율법 아래 있지 않은 자," "율법 아래 있는 자 같이 된 자."

"율법 아래 있다"는 말은 율법을 지킴으로써 구원을 받는다고 주장하는 행위구원론의 종교체계 곧 유대교 체계 안에 있다는 뜻입니다. "율법 아래 있지 않다"는 말은 율법을 지킴으로써 구원을 받는다고 주장하는 행위구원론의 체계 안에 있지 않다는 뜻입니다. 바울은 율법을 지켜야만 구원을 받는다고 생각하지 않았습니다. 구원은 오직 예수 그리스도를 믿을 때 값없이 주어진다고 생각했습니다. 여기서 우리가 주목해야 할 점은 바울이 유대인을 얻기 위하여 유대인들이 생각하는 것처럼 율법을 지켜야만 구원을 얻는다는 종교체계 안에 들어가지 않았다는 점입니다. 다시 말해서 바울은 율법 아래 있을 생각이 없었습니다. 바울은 "율법 아래 있는 것 같이 되었을 뿐"입니다. "율법 아래 있는 것"과 "율법 아래 있는 것 같이 되는 것"은 다릅니다. 그러면 "율법 아래 있는 것같이 되는 것"이 무슨 뜻일까요?

기독교인은 구원받기 위하여 율법을 지킬 필요가 없습니다. 기독교인은 "율법 아래 있을" 필요가 없습니다. 그러면 구원받은 기독교인은 율법을 지키지 않아도 되는가? 그렇지 않습니다. 구원받은 후에 이 세상에서 구원받은 기독교인의 신분에 합당하게 살아야 하는데 그러기 위해서는 율법을 지켜야 합니다. 그런데 기독교인들이 지켜야 할 율법에는 문자 그대로 받아 들여서 지켜야 할 율법이 있고 문자 그대로 지켜서는 안 되는 율법이 있습니다. 율법에는 세 가지 종류가 있습니다. 하나는 도덕법입니다. 도덕법은 사랑의 대 강령, 황금률, 십계명과 같이 양심에 호소하는 보편적인 도덕법칙으로서 시대와 장소를 불문하고 모든 기독교인들이 문자 그대로 지켜야 하는 율법입니다. 다른 하나는 시민법입니다. 시민법은 유대인들을 위한 정치경제적 법률을 말하는데, 이 법률은 성경시대의 유대인들은 문자적으로 지켜야 했지만 비유대인들은 문자적으로 지킬 필요가 없었습니다. 또 다른 하나는 의식법인데, 의식법은 종교의식과 관련된 규정으로서, 구약시대에는 문자적으로 지켜야 했지만 신약시대에는 문자적으로 지킬 필요가 없게 된 규정입니다. 유대인들은 의식법을 문자 그대로 지켜야 한다고 생각했으나 바울은 그럴 필요가 없다고 생각했습니다. 그러나 바울은 유대인들에게 전도할 때는 유대인들의 마음을 얻기 위해서 지킬 의무가 없는 의식법을 문자 그대로 지키는 모습을 보여 주었습니다. 이것이 "율법 아래 있는 자 같이 된 것"입니다. 의식법을 문자 그대로 지키지는 하지만 구원을 얻으려는 목적으로 지킨 것은 아니기 때문에 율법 아래로 들어간 것은 아닙니다.

예를 들어 보겠습니다. 사도행전 16장 3절에 보면 바울이 디모데를 선교여행에 데리고 가는 장면이 나옵니다. 이때 바울은 디모데에게 할례를 받게 합니다. 할례는 의식법입니다. 유대인들은 할례 받는 것은 중요한 구원의 조건으로 생각하고 철저하게 할례를 받았습니다. 할례 받지 않은 사람은 하나님의 백성이 아니라고 생각했습니다. 할례는 의식법으로서 신약시대의 신자들은 받을 필요가 없는 예식입니다. 그러나 바울은 일부러 디모데로 하여금 할례를 받게 합니다. 바울은 디모데를 구원하기 위하여 할례 받게 한 것이 아닙니다. 그러면 왜 그랬을까요? 바울은 선교지에 가면 항상 유대인들을 상대로 하여 먼저 복음을 전하는데, 이때 할례 받지 않은 디모데가 유대인들에게 약점을 잡히지 않고, 논란거리가 되지 않도록 하기 위한 것이었습니다. 전도를 시작하려고 할 때 이런 문제로 약점이 잡혀서 논란거리가 되면 전도사역 자체를 시작할 수 없게 됩니다.

또 하나의 사례는 사도행전 21장 17절에서 26절에 기록되어 있습니다. 바울이 3차 선교여행을 마치고 예루살렘에 올라갔을 때 예루살렘 교회 성도들은 바울 때문에 유대교인들이 소동을 일으킬 것을 염려했습니다. 왜냐하면 예루살렘의 유대교인들 사이에는 바울이 율법을 무시한다는 나쁜 소문이 퍼져 있었기 때문입니다. 마침 이때는 의식법의 하나인 나실인의 서약이라는 예식을 지키는 시기였습니다. 예루살렘 교회 성도들은 유대교인들에게 심겨져 있는 나쁜 인상을 완화시키기 위하여 바울에게 나실인의 서약을 지키기 위하여 성전에 올라가는 네 사람의 머리 깎는 비용을 대신 내주고, 그들과 같이 성전에 올라가서 예식에 참여하는 것이 어떻겠느냐고 제안합니다. 바울은 나실인의 서약은 지킬 필요가 없는 예식이었지만 이 제안을 흔쾌히 받아들여 그대로 행했습니다. 왜 그랬습니까? 복음전도가 방해받지 않도록 하기 위해서였습니다. 이처럼 바울은 사람의 생명을 구원하기 위해서라면 강하게 주장하기를 자제하고 양보했습니다.

두 번째 부류인 이방인에 대한 태도는 21절에 기록되어 있습니다. "율법 없는 자에게는 내가 하나님께는 율법 없는 자가 아니요 도리어 그리스도의 율법 아래에 있는 자이나 율법 없는 자와 같이 된 것은 율법 없는 자들을 얻고자 함이라." 여기서도 20절에 등장한 것과는 내용은 다르지만 형식이 같은 또 한 세트의 세 가지 다른 표현이 나옵니다: "율법 없는 자," "그리스도의 율법 아래 있는 자," "율법 없는 자와 같이 된 것."

"율법 없는 자"는 이방인을 가리킵니다. 여기서 말하는 율법은 모세의 율법을 말합니다. 이방인들에게는 모세의 율법이 없었습니다.

바울은 자신은 이방인과는 달리 율법 없는 자가 아니라고 말합니다. 바울 자신도 율법 아래에 있습니다. 어떤 율법 아래에 있는가? "그리스도의 율법 아래" 있다고 말합니다. 그러면 그리스도의 율법 아래 있다는 말은 무슨 뜻인가? 그리스도의 율법은 모세의 율법과는 다른 것인가? 그렇지 않습니다. 그리스도의 율법 아래에 있다는 말은 그리스도 안에서 새롭게 해석된 모세의 율법 아래에 있다는 뜻입니다. 당시에는 모세의 율법에 대한 해석에는 두 가지 방법이 있었습니다. 하나는 바리새인들의 율법해석이고, 다른 하나는 그리스도의 율법해석입니다. 이 두 해석은 어떻게 다른가? 예를 들어서 모세의 율법 안에 있는 "살인하지 말라"는 계명을 한번 생각해 보겠습니다. 바리새인들은 행동으로 사람을 죽이지만 않으면 이 계명을 지킨 것이라고 생각했습니다. 그러나 예수님은 마음속으로 형제에 대하여 화를 내고 바보라고 조롱하고 미련하다고 흉을 보는 마음도 이미 살인하지 말라는 계명을 범한 것이라고 해석했습니다. 행동으로 살인을 행하지 않을 뿐만 아니라 마음속으로 형제를 미워하는 마음을 품지 않기까지 해야만 "살인하지 말라"는 계명을 제대로 지킨 것이라는 말입니다. 그러므로 그리스도의 율법은 모세의 율법을 약화시키는 것이 아니라 한층 더 강화시키는 것입니다. 이방인들은 모세의 율법을 모르고 지킬 생각을 하지 않고 있었지만 바울은 모세의 율법을 마음의 차원까지 심화시켜 적용하는 그리스도의 율법를 지켜야 하는 사람이었습니다. 그러면 이방인들을 구원하기 위하여 바울이 한 일이 무엇일까요? "율법 없는 자와 같이 된 것"입니다. 당연히 "율법 없는 자와 같이 되었다"는 말은 "율법 없는 자가 되는 것"과는 다릅니다. "율법 없는 자가 된다"는 것은 모세의 율법을 지키는 삶을 살지 않는다는 뜻입니다. 그러나 "율법 없는 자와 같이 된다"는 말은 이런 뜻은 아닙니다. 이 말의 의미를 이해하기 위해서는 모세의 율법에는 도덕법, 시민법, 의식법으로 구성되어 있다는 점을 다시 생각해야 합니다. 바울은 유대인들을 구원하기 위하여 유대인들이 있는 곳에서는 유대인들의 마음에 불필요한 부담을 주지 않기 위하여 의식법을 지키는 일에 동참했습니다. 그러나 이방인들이 있는 곳에서는 이방인들에게 불필요한 부담을 주지 않기 위하여 의식법을 지킬 것을 요구하지 않았습니다. 이것이 바로 "율법 없는 자와 같이 된다"는 말의 뜻입니다.

예를 들어 보겠습니다. 의식법 가운데 할례법이 있습니다. 유대인들에게 전도할 때는 디모데로 하여금 할례를 받게 했던 바울이 이방인들에게는 할례를 요구하지 않았습니다. 왜냐하면 이방인들은 할례 받는 것을 수치스러운 일이라고 여겼기 때문입니다. 당시 로마 사회에서는 오늘날의 올림픽과 같은 운동경기가 정기적으로 있었는데, 이 운동경기는 옷을 전부 벗고 나체로 하는 경기였습니다. 이 경기에서 할례를 받는 모습이 드러나면 경멸의 대상이 되었습니다. 당시 이방인들 중에는 유대교에 대하여 호감을 가진 사람들이 많았는데, 이들이 유대교에 선뜻 발을 들여 놓지 못한 이유도 바로 이 할례 때문이었습니다. 따라서 바울은 이방인들을 구원하는 데 장애물이 될 수 있는 할례의식을 이방인출신 신자들에게 요구하지 않았던 것입니다.

세 번째 부류는 교회 안에 있는 약한 자들입니다. 22절입니다. "약한 자들에게는 내가 약한 자가 된 것은 약한 자들을 얻고자 함이요." 바울은 약한 자들과 함께 있을 때에는 이들을 "얻기" 위하여 약한 자들이 되었다고 말합니다. 바울은 이전의 두 부류를 대할 때와 같은 전략을 구사하고 있지만 약간의 전략적 수정도 엿보입니다. 차이점은 두 군데에서 발견됩니다.

첫째 차이점은 앞에 나온 유대인이나 이방인의 경우에는 바울이 "유대인이 된 것"이 아니고, "이방인이 된 것"도 아니고 다만 "유대인과 같이 되었고," "이방인과 같이 되었습니다." 그러나 여기서는 "약한 자와 같이 되었다"고 하지 않고 "약한 자가 되었다"고 말합니다. 개역성경에는 "약한 자와 같이 되었다"고 번역되었는데, 이 번역은 중대한 실수입니다. 본문에는 "같이"를 뜻하는 "호스"라는 헬라어가 없습니다. 왜 이런 차이가 있을까요? 유대인이나 이방인은 아직 구원받지 못한 사람들이기 때문입니다. 아무리 선교전략상 필요하더라도 구원받지 못한 사람들에게 나타나는 나쁜 관습을 그대로 따라할 수는 없는 일입니다. 유대인의 경우에 할례를 비롯한 의식법을 지켜야만 구원받는다고 생각하고 의식법을 지켰는데, 이 관행은 기독교인으로서는 따라가서는 안 되는 것입니다. 이방인들은 모세의 율법 중에 도덕법조차도 지키지 않으려고 했는데, 이 관행도 기독교인으로서 따라서는 안 되는 것입니다. 바울은 율법 아래 있는 자가 된 것이 아니며 또한 율법 없는 자가 되지도 않았습니다. 다만 신약시대에는 지켜도 되고 지키지 않아도 되는 의식법의 경우에는 선교전략상 필요할 경우에는 지키는 편을 선택하기도 하고 지키지 않는 편을 선택하기로 한 것입니다. 바울은 율법 아래 있는 자 같이 된 것뿐이며, 율법 없는 자 같이 된 것뿐입니다.

그러나 이 구절에 등장하는 약한 자들은 이미 구원받은 하나님의 백성들입니다. 약한 자들의 문제인 우상제물을 먹느냐 안 먹느냐 하는 문제는 구원여부와 관련이 있는 문제도 아니었고, 도덕법과 관련된 문제도 아니었습니다. 이 문제는 의식법의 문제로서, 의식법을 지키지 않는 것이 신앙생활을 하는 과정에서 잠시 동안 마음에 부담이 되는 것이 문제였습니다. 따라서 이 경우에 바울은 "약한 자와 같이 된 것이 아니라" "약한 자가 되어서" 약한 자들과 똑같이 믿음이 강한 자들이 될 때까지 우상에게 바친 고기를 먹지 않았습니다.

두 번째 차이점은 본문에는 나타나 있지 않지만 문맥상으로 추론해 볼 수 있는 것입니다. 유대인이나 이방인들의 경우에는 "얻는다"는 말이 "구원한다"는 뜻을 담고 있습니다. 그러나 약한 자들의 경우에는 "얻는다"는 말이 "구원한다"는 뜻일 수가 없습니다. 왜냐하면 약한 자들은 이미 구원받은 자들이기 때문입니다. 따라서 이 구절에서 "얻는다"는 말은 "갈라서지 않고 한 교회 안에서 화목하게 잘 지낸다"는 뜻입니다. 믿음이 강한 자들과 약한 자들이 서로 싸우기 시작하면 한 쪽은 기독교인으로 남고 다른 한 쪽은 비기독교인으로 전락하는 것이 아니라, 두 진영 다 기독교인으로서 갈라져서 기독교인들끼리 서로 미워하면서 지내는 것이 됩니다.

바울은 세 부류의 사람들에 대하여 어떻게 대했는가를 서술한 다음에 이렇게 결론을 내립니다. 22절 후반 절입니다. "내가 여러 사람에게 여러 모습이 된 것은 아무쪼록 몇 사람이라도 구원하고자 함이니." 바울은 사람을 구원하기 위해서라면 진리 문제에 위배되지 않는 한 자기 입장을 무리하게 주장하지 않고 상대방의 입장을 배려하고 존중하고 양보하는 태도를 보여 주었습니다. 23절은 바울이 이같이 처신을 해 온 또 하나의 목적이 무엇인가를 보여 줍니다. "내가 복음을 위하여 모든 것을 행함은 복음에 참여하고자 함이라." "내가 복음을 위하여 모든 것을 행한다"는 말은 바울 자신이 복음을 위하여 자신을 헌신하고 내어 주는 것을 말합니다. 다음 구절인 "복음에 참여한다"는 말은 바울이 복음이 가지고 있는 축복을 받는다는 뜻입니다. 복음을 위하여 헌신하는 사람에게는 희생만이 있는 것이 아닙니다. 복음이 주는 엄청난 축복에도 참여하여 그 축복을 만끽하는 기쁨과 즐거움도 뒤따릅니다.

사랑하는 성도 여러분! 19절에서 23절까지의 내용을 중간 정리하고 오늘의 강의를 마무리하겠습니다. 바울은 복음의 스파이와 같은 삶을 살았습니다. 스파이는 어떤 사람입니까? 스파이는 항상 머릿속에 적국의 정보를 얻어내야 한다는 생각을 가지고 기회만 주어지면 정보를 캐내려고 노력하는 사람입니다. 이처럼 바울은 항상 어떻게 하면 한 사람이라도 더 구원할 수 있을까, 어떻게 하면 교회 성도들이 서로 다투지 않고 화목하게 교회생활을 하게 할 수 있을까 하는 생각을 가지고 사역에 임했습니다. 이와 같은 바울의 태도를 본받아서 우리들도 복음의 스파이가 되어 한 사람이라도 더 구원하기 위하여, 그리고 구원받은 교회 성도들이 화목하게 서로 사랑하고 아끼면서 잘 지낼 수 있도록 하기 위하여 호시탐탐 기회를 엿보면서 할 수 있는 모든 일을 하는 성도들이 되어야 하겠습니다. 또한 이 목적을 이루기 위하여 진리를 깨뜨리지 않는 한 자기 입장을 강요하지 않고, 최대한 상대방의 입장을 배려하면서 상대방의 입장에 서서 생각하고 행동하려고 노력하는 사람들이 될 수 있어야 하겠습니다. 우리가 이런 삶을 살아갈 때 우리에게 희생만 있는 것이 아니라 복음이 지닌 풍성한 축복에도 참여하는 즐거움과 기쁨도 있습니다.

24 운동장에서 달음질하는 자들이 다 달릴지라도 오직 상을 받는 사람은 한 사람인 줄을 너희가 알지 못하느냐 너희도 상을 받도록 이와 같이 달음질하라 25 이기기를 다투는 자마다 모든 일에 절제하나니 그들은 썩을 승리자의 관을 얻고자 하되 우리는 썩지 아니할 것을 얻고자 하노라 26 그러므로 나는 달음질하기를 향방 없는 것 같이 아니하고 싸우기를 허공을 치는 것 같이 아니하며 27 내가 내 몸을 쳐 복종하게 함은 내가 남에게 전파한 후에 자신이 도리어 버림을 당할까 두려워함이로다

제33강

달리기 선수와 권투 선수처럼

· From the Cross to Agape

고전 9장
24~27절

- 바울은 24절에서 27절까지는 시야를 그리스도인의 삶 전체로 넓히면서 그리스도인의 삶의 본질이 절제에 있다는 점을 운동선수의 비유를 활용하여 설명합니다. 24절에서 25절 전반절에서는 육상선수를 예로 들면서 설명하고, 26절 후반 절에서는 권투선수의 예를 추가로 들면서 설명한 후에, 27절에서 자신의 결심을 밝히는 것으로 마무리합니다.

먼저 육상선수를 예로 들어서 설명하는 24절과 25절을 살펴보겠습니다. 24절을 읽겠습니다. "운동장에서 달음질하는 자들이 다 달릴지라도 오직 상을 받는 사람은 한 사람인 줄을 너희가 알지 못하느냐 너희도 상을 받도록 이와 같이 달음질하라." 고대 그리스와 로마사회에서는 "건강한 육체에 건강한 정신이 깃든다"는 사상이 지배하고 있었습니다. 그리스와 로마시대는 철학이 융성했던 시대였습니다. 철학을 하려면 복잡한 문제를 이성을 이용하여 논리적으로 생각하는 것이 필요했고, 이 일을 하려면 엄청난 체력이 뒷받침되어야 했습니다. 신체가 건강하지 않으면 철학을 할 수가 없었습니다. 따라서 그리스와 로마 사회에서는 정기적으로 운동경기를 개최하여 시민들의 체력을 강화시키고자 했습니다. 특히 네 가지 종류의 운동경기가 열렸습니다. 올림픽 경기, 이스트미안 경기, 델피 경기, 네메아 경기가 그 네 가지입니다. 고린도시에서도 정기적으로 운동경기가 개최되었는데, 특히 고린도시에서 유명했던 경기는 이스트미안 경기였습니다. 이 경기는 올림픽 다음으로 큰 규모의 경기로서 2년마다 한 번씩 개최되었습니다. 경기종목은 달리기, 복싱, 레슬링, 무기를 가지고 싸우는 격투기가 있었고, 이와 함께 노래를 부르고 시를 낭송하는 모임도 있었습니다. 이스트미안 경기는 단지 운동시합과 가무를 즐기는 것으로만 그치지 않았습니다. 이 경기가 열리는 날은 거대한 축제의 날이었습니다. 많은 관광객들이 몰려들어 장사판이 벌어졌으며, 사람들이 많이 모여 든 기회를 이용하여 활발한 무역거래도 이루어졌고, 이 과정에서 거두는 세금은 고린도시의 중요한 재정 수입원도 되었습니다.

바울은 이 경기들 중에서 두 가지 종목에 주목했습니다. 하나는 24절이 말하고 있는 달리기입니다. 달리기에 참여하는 선수들은 1등을 목표로 하여 사력을 다하여 질주합니다. 바울은 달리기 선수처럼 성도들에게 상을 받고자 하는 목표를 세우고 이 목표를 이루기 위하여 사력을 다하여 달리라고 주문합니다. 이 상은 하나님이 재림하셔서 세상 모든 사람들을 심판하실 때 주시기로 되어 있는 상을 뜻합니다. 그런데 바울이 말한 상은 어떤 상일까요? 이 상이 천국에 들어가는 것을 허용하는 상장 또는 티켓을 말하는 걸까요? 바울은 지금 현세 안에서 사력을 다하여 열심히 질주하는 사람, 열심히 하나님의 뜻대로 바르게 사는 사람들에게 천국행 티켓을 주겠다고 말하는 것일까요? 그렇게 해석하면 두 가지 문제가 대두됩니다. 첫째는, 이 본문이 행위구원론을 말하고 있다는 뜻이 됩니다. 현세에서 얼마나 열심히 살았는가에 근거하여 천국행 티켓이 주어진다는 말이 되기 때문입니다. 이것은 복음의 가르침과 어긋납니다. 복음은 천국은 오직 예수 그리스도의 공로에만 의지하여 값없이 은혜로 가는 곳이라고 가르치고 있습니다. 둘째는, 천국에 들어갈 수 있는 사람들의 숫자가 극히 제한됩니다. 달리기에서 1등을 한 사람에게만 상이 주어지니까 천국에 들어갈 수 있는 사람들의 숫자가 극히 제한됩니다. 마치 어떤 이단 종파에서 어린 양의 인침을 받고 속량함을 받은 자가 14만4천명이라는 요한계시록 7장 4절, 14장 1절과 3절을 문자적으로 해석하여 마지막 날에 최종적으로 천국에 들어가 영생을 누릴 수 있는 사람들의 숫자가 14만4천명으로 제한되어 있다고 주장하는 것과 같은 말을 바울이 하고 있다는 뜻이 됩니다. 이것도 성경의 가르침과 어긋납니다.

그러면 바울이 말하는 상은 무엇을 뜻할까요? 우리는 이 가르침이 고린도 교회 성도들을 대상으로 주어졌다는 점을 전제해야 합니다. 고린도교회의 성도들은 이미 구원받은 하나님의 백성들입니다. 마지막 심판의 날에 이루어지는 최종적인 구원도 오직 예수 그리스도의 공로에만 의지하여 값없이 은혜로 주어질 것입니다. 따라서 이 상은 천국행 티켓은 아닙니다. 이 상은 천국행 티켓 과는 별도로 현세에서 성도들이 살아 온 삶을 샅샅이 검사해 보신 하나님이 사력을 다하여 하나님의 뜻대로 열심히 살아 온 성도들에게 주시는 상을 뜻합니다. 이 상이 구체적으로 어떤 것인지는 성경이 명확하게 밝히지는 않고 있지만 분명히 천국행 티켓이 아닌 별도의 상이 준비되어 있는 것은 분명합니다. 바울은 성도들에게 바로 이 상을 받기를 사모하고, 이 상을 받아야 한다는 뚜렷한 목표를 세우고 사력을 다하여 질주할 것을 명령하고 있습니다.

그러면 이 상은 마지막 날에 1등한 한 사람에게만 주어질까요? 1등이라는 말을 문자적으로만 해석해서는 안 되고, 다만 별도의 상을 받는 사람들의 숫자가 극소수라는 말을 하고 있을 뿐입니다. 강조점은 1등에 있는 것이 아니라 1등을 차지하기 위하여 사력을 다하여 질주하는 데 있습니다. 하나님이 보셨을 때 주어진 여건 안에서 사력을 다하여 질주한 사람들은 숫자와 상관없이 별도의 상을 받을 것이고 사력을 다하여 질주하지 않은 사람은 역시 숫자와 상관없이 별도의 상을 받지 못할 것입니다. 이 점을 이해하는데 마태복음 25장 14절에서 30절에 기록되어 있는 달란트 비유가 도움이 됩니다. 이 비유에 보면 다섯 달란트 받은 사람, 두 달란트 받은 사람, 한 달란트 받은 사람이 등장합니다. 이 가운데 한 달란트 받은 사람은 달란트를 땅에 안전하게 묻어 두고는 아무 일도 하지 않고 있다가 주인이 돌아오자 땅을 파고 묻어 두었던 한 달란트를 고스란히 주인에게 돌려주었습니다. 이 종은 악하고 게으른 종으로 책망을 받았습니다. 주인에게 칭찬을 받은 종은 다섯 달란트 맡은 종과 두 달란트 맡은 종입니다. 다섯 달란트 맡은 종은 열심히 장사하여 다섯 달란트를 남겼고, 두 달란트 받은 종도 열심히 장사하여 두 달란트를 남겼습니다. 주인이 이 두 종을 칭찬하면서 상을 내리는 데, 그 상의 내용이 글자 한 자도 틀리지 않고 똑같습니다. "그 주인이 이르되 잘하였도다 착하고 충성된 종아 네가 적은 일에 충성하였으매 내가 많은 것을 네게 맡기리니 네 주인의 즐거움에 참여할지어다." 사력을 다하여 충성하고 열심히 하나님의 뜻대로 살기 위하여 힘쓴 사람은 숫자에 상관없이, 어느 정도의 업적을 남겼는가와 상관없이 모두 별도의 상을 받습니다.

계속되는 25절은 마지막 날에 상을 받기 위하여 사력을 다하여 질주하기 위해서 성도들이 해야 할 준비가 무엇인가를 말합니다. "이기기를 다투는 자마다 모든 일에 절제하나니 그들은 썩을 승리의 관을 얻고자 하되 우리는 썩지 아니할 것을 얻고자 하노라." "이기기를 다투는 자"는 당연히 달리기 시합을 하는 선수들을 가리킵니다. 그런데 달리기 선수들이 잘 달리기 위하여 반드시 해야 할 일은 "모든 일에 절제하는 것"입니다. 운동선수들이 큰 시합에 나가서 경기를 잘 하기 위하여 반드시 필요한 것이 바로 절제입니다. 운동시합을 앞 둔 선수는 아무리 술을 마시고 싶어도 절대로 술을 마시면 안 됩니다. 음식도 적절하게 절제하여 일정한 체중을 유지해야 합니다. 특히 체조경기나 피겨 스케이팅 경기에 출전하는 선수들은 가혹할 만큼 먹는 것을 절제해야 합니다. 정기적으로 좋든 싫든 혹독한 신체 단련도 해야 합니다. 운동선수들이 먹을 것 다 먹고, 술도 진탕 마셔대고, 피곤하다고 자고 싶은 대로 잠을 퍼 자게 되면, 운동경기에서 좋은 성적을 거둘 수가 없습니다. 운동선수들은 일단 운동경기일정에 들어가면 "모든 일" 곧, 생활 전반에 걸쳐서 철저하게 절제하는 훈련에 들어가야 합니다. 운동선수들이 잠시라도 절제하는 일에 실패하면 실제 시합에서는 치명적인 패배를 당할 수 있습니다. 운동선수들이 이렇게 절제하는 목적은 단 한가지입니다. 운동경기에서 승리하여 상을 받기 위한 것입니다. 그리스와 로마시대에는 운동경기에서 승리하는 사람에게 종려나무로 면류관을 엮어서 씌워 주었습니다. 이 면류관은 잠깐 쓰고 나면 썩어 버립니다. 썩어 버리는 면류관처럼 운동경기에서 얻은 승리의 상도 잠깐 기쁨을 안겨 주고는 사라지고 맙니다. 운동선수들은 잠깐의 기쁨을 안겨 주는 승리의 기쁨을 맛보기 위하여 혹독한 절제의 생활을 감당해 냅니다.

바울은 그리스도인의 삶을 승리의 관을 얻기 위하여 혹독하게 절제하는 삶을 사는 운동선수의 삶에 비유합니다. 운동선수들과 그리스도인의 삶에 차이가 있다면 운동선수들이 얻게 될 면류관은 잠깐 동안의 기쁨을 안겨 주고는 사라져 버리지만 그리스도인이 얻게 될 면류관은 썩지 않고 영원히 지속된다는 점입니다. 운동선수들이 잠깐 동안의 기쁨을 만끽하기 위하여 그토록 철저하게 모든 일에 절제하는 삶을 산다면, 썩지 않고 영원히 지속되는 상을 받는 것을 목표로 하는 그리스도인들은 한층 더 모든 일에 절제하는 삶을 살아야 하지 않느냐고 바울은 말합니다. 믿음이 강한 자들이 믿음이 약한 자들을 위하여 절제하는 것은 마지막 날에 하나님이 주실 별도의 상을 얻기 위하여 모든 일에 절제해야 하는 그리스도인의 삶의 작은 한 부분에 불과합니다. 모든 그리스도인들은 마지막 날에 하나님으로부터 칭찬과 상을 받아야겠다는 뚜렷한 목표를 설정하고, 이 목표에 이르기 위하여 모든 일에 절제하면서 사력을 다하여 질주해야 합니다.

26절에서 바울은 달음질하는 운동선수의 비유를 계속 사용하고 여기에다가 권투선수의 비유를 추가하여 사용하면서 자신은 목표가 없는 삶을 살지 않았음을 밝힙니다. "그러므로 나는 달음질하기를 향방 없는 것같이 아니하고 싸우기를 허공을 치는 것같이 아니하며." 바울은 자신의 달음질이 향방 없는 것 같이 하는 달음질이 아니라고 말합니다. 향방 없는 달음질이란 목표가 무엇인지 모른 채 무작정 달리는 것을 뜻합니다. 바울은 목표가 없이 무작정 달리지 않는다고 말합니다. 바울은 자신의 논지를 강화하기 위하여 권투선수의 비유를 추가합니다. 싸운다는 말은 권투선수를 생각하면서 한 말입니다. "허공을 치는 권투선수"는 이른 바 '섀도복싱'을 하는 권투선수를 묘사한 것입니다. '섀도복싱'이란 권투선수가 시합에 들어가기 전에 싸울 상대가 눈앞에는 없지만 눈앞에 있는 것처럼 가정하고 허공을 향해 주먹을 휘두르면서 상대방을 공격하는 연습을 해보는 것을 말합니다. 바울은 지금 '섀도복싱'을 하는 것이 아니라는 것입니다. 달리기 선수가 반드시 입상하여 많은 사람들의 박수갈채를 받자는 확고한 목표를 가지고 달리듯이, 또한 권투선수가 분명한 타격 목표를 눈앞에 두고 주먹을 힘껏 휘두르는 것처럼, 바울은 하나님으로부터 상을 받는다는 확실한 목표를 가지고 사역에 임하고 있습니다.

　운동시합이나 시험을 앞에 둔 아이들이나 학생들의 경우를 한 번 생각해 보겠습니다. 운동시합이나 시험에서 반드시 좋은 성적을 거두겠다는 목표를 설정하고 악바리처럼 열심히 준비하는 아이들과 학생들이 예쁠까요, 아니면 시합이나 시험을 앞두고도 긴장도 하지 않고 준비도 하지 않고 성의 없이 대충대충 때우는 아이들이나 학생들이 예쁠까요? 당연히 악바리처럼 열심히 준비하는 아이들이나 학생들이 예쁘고 대견하지 않습니까? 하나님이 우리를 보실 때도 마찬가지입니다. 하나님은 하나님이 주신 일이나 하나님이 주신 삶을 긴장감이 없이, 성의도 없이, 진정한 마음을 담지도 않고 대충대충 해 버리는 성도들을 아주 싫어하십니다. 하나님은 하나님으로부터 칭찬을 받아야겠다는 뚜렷한 목표를 가지고 긴장감을 늦추지 않고 마음과 힘을 기울여서 악바리처럼 해내는 성도들을 기뻐하십니다.

　27절에서 바울은 사역에 임하는 자신의 결의를 밝히는 것으로 서술을 마무리 짓습니다. "내가 내 몸을 쳐 복종하게 함은 내가 남에게 전파한 후에 자신이 도리어 버림을 당할까 두려워함이라." 본문이 말하는 "몸"이라는 말은 몸을 가지고 이루어지는 일상생활 전체를 말합니다. "친다"는 말은 "눈을 부릅뜨고 감독 한다"는 뜻입니다. 따라서 "몸을 친다"는 말은 생활 전체를 눈을 부릅뜨고 늘 감독하고 점검하는 것을 뜻합니다. "복종하게 한다."는 말은 통제한다는 뜻입니다. 바울은 자신의 생활 전체를 눈을 부릅뜨고 감독하면서 통제하는 일에 힘썼습니다. 바울은 지금 고린도교회 안에 있는 믿음이 강한 자들에게 믿음이 약한 자들을 위하여 절제하라고 권고하고 있습니다. 그러나 이 권고를 하기에 앞서서 바울은 자신이 먼저 다른 어떤 사람들보다도 더 철저하게 절제하는 모범을 보여 주었습니다. 바울은 자기 자신이 먼저 모범을 보이고 나서 다른 사람들에게 절제하는 삶을 살라는 명령을 주었습니다. 바울은 다른 사람들을 가르치는 선생들이 빠지기 쉬운 함정을 잘 알고 있었습니다. 우리가 어떤 다른 사람들에게 무엇인가를 가르칠 때 그 가르치는 내용은 생활 속에서 실천하기가 매우 어려운 것들일 경우가 대부분입니다. 선생이 가르치는 내용은 가르치는 사람 자신도 실천하기가 어려운 일들입니다. 쉽게 실천할 수 있는 일이라면 구태여 가르칠 필요가 없고, 선생도 필요하지 않습니다. 실천하기가 어려우니까 선생의 도움을 받는 것입니다. 그런데 선생의 자리가 참 미묘해서 자기도 실천하기가 어려운 일들을 가르쳐야 할 때가 많고, 자기도 실천을 하지 않으면서 다른 사람들을 가르치게 되는 때가 많습니다. 저도 참 그런 경험이 많습니다. 저의 아버님이 수학선생이셔서 그런지 선생의 기질이 제 몸 속에 있는 것을 종종 느낍니다. 선생의 기질이라는 게 뭐냐 하면, 나는 하지 않으면서 다른 사람에게는 하라고 가르치려고 달려드는 것입니다. 저는 중학교 때와 고등학교 때도 친구들과 만나면 수학공부를 잘하는 비결이나 영어공부를 잘하는 비결을 늘 친구들에게 가르쳐 주었습니다. 그리고 나서는 저 자신은 공부하지 않았습니다. 지금도 학교 강의를 끝내고 나서 돌아보면 제가 말하는 내용의 7-80%는 실천하기에 앞서서 서둘러서 가르친 것들이 아닌가 생각됩니다. 성도들을 가르치는 자의 입장에 있는 바울은 선생에게 따라오는 이 함정을 잘 알고 있었습니다. 이 함정에 빠지면 어떤 결과가 찾아올까요? 여기서 바울이 두려워한 것도 역시 마지막 날 하나님이 내리시는 평가였습니다. 바울은 마지막 날 하나님으로부터 평가를 받을 때 다른 성도들은 바울 자신의 가르침을 받아서 깨닫고 실천하여 하나님으로부터 상을 받는데 정작 바울 자신은 실천을 하지 않음으로써 상을 받는 자리에 아예 끼지도 못하게 되는 상황이 벌어질까봐 두려워한 것입니다. 27절에 "버림을 당한다"는 말은 천국에 들어가지 못하고 지옥에 떨어진다는 뜻이 아니라 상을 받는 자리에서 밀려난다는 뜻입니다. 바울처럼 성도들은 하나님으로부터 상을 받기를 사모해야 할 뿐만 아니라 상을 받는 자리로부터 밀려나는 것을 두려워해야 합니다. 하나님이 상을 주셔도 그저 시큰둥하고, 하나님이 상을 주시는 자리에서 밀려나도 그게 뭐 대수냐? 라고 생각하고, 그저 천국에만 들어가면 되는 것 아니냐? 라고 안일하게 생각해서는 안 됩니다. 그러면 악하고 게으른 종이 되는 것입니다. 바울처럼 다른 사람들은 다 상을 받는데 나만 상 받는 자리에서 밀려나면 어떻게 하나 하고 노심초사하면서 자기의 생활을 절제하는 것이 기독교인이 살아내야 할 바른 삶의 모습입니다.

이제 말씀을 정리하겠습니다.

첫째로, 우리 성도들은 마지막 하나님의 심판 자리에서 그리스도의 공로에 의지하여 천국에 들어가는 것으로 만족해서는 안 되고 하나님으로부터 별도의 상을 꼭 받아야겠다는 목표를 분명히 설정하고 살아야 합니다.

둘째로, 우리 성도들은 이 목표를 이루기 위하여 사력을 다해서 하나님이 주신 일들을 해내고 하나님이 주신 삶을 살아내야 합니다.

셋째로, 우리 성도들은 하나님이 주신 일과 삶을 성공적으로 수행해내기 위하여 모든 일에 절제해야 합니다. 특히 우리 성도들은 마지막 날 하나님이 상을 주시는 자리에서 밀려나지 않을까 하는 두려움을 가지고 생활 전체를 항상 돌아보면서 불필요한 일에 시간과 재정과 힘을 허비하는 일이 없도록 자제해야 합니다.

그리스도인의 삶을 한마디로 정의하면 하나님과 이웃을 위하여 절제하는 삶입니다. 우리는 절제를 하면 자유를 잃어버릴 것이라고 생각합니다. 그러나 정반대입니다. 절제하지 않고 마음 내키는 대로 하고 싶은 것 다하고 살려고 하면 물질의 노예가 되어 버리고 사람을 잃어버리게 됩니다. 그러나 할 수 있는 일도 하나님과 이웃을 위하여 최대한 절제하는 삶이 습관화가 되면 오히려 '자유함'을 누릴 수 있게 되고, 사람을 얻을 수 있습니다. 주머니에 10만원이 있을 때 10만원을 하나도 남김없이 다 써 버리거나 10만원 이상의 일을 하려고 하는 사람은 항상 돈이 모자라고 쪼들리고 불안한 시간을 보내야 합니다. 그러나 주머니에 10만원이 있어도 절제하여 3만원을 가지고 만족하면서 사는 데 훈련이 된 사람은 7만원을 여유 돈으로 가지고 편안한 마음으로 살아갈 수 있고, 심지어는 다른 사람들을 도와주면서 살 수 있습니다. 돈이 많은 사람이 다른 사람을 돕는 것이 아니라 돈이 많지 않아도 절제하는 사람이 다른 사람을 도우며 사는 자유를 누릴 수 있는 것입니다. 우리 성도님들이 이와 같은 절제의 비밀을 체험할 수 있기를 바랍니다.

1 형제들아 나는 너희가 알지 못하기를 원하지 아니하노니 우리 조상들이 다 구름 아래에 있고 바다 가운데로 지나며 **2** 모세에게 속하여 다 구름과 바다에서 세례를 받고 **3** 다 같은 신령한 음식을 먹으며 **4** 다 같은 신령한 음료를 마셨으니 이는 그들을 따르는 신령한 반석으로부터 마셨으매 그 반석은 곧 그리스도시라 **5** 그러나 그들의 다수를 하나님이 기뻐하지 아니하셨으므로 그들이 광야에서 멸망을 받았느니라 **6** 이러한 일은 우리의 본보기가 되어 우리로 하여금 그들이 악을 즐겨 한 것 같이 즐겨 하는 자가 되지 않게 하려 함이니 **7** 그들 가운데 어떤 사람들과 같이 너희는 우상 숭배하는 자가 되지 말라 기록된 바 백성이 앉아서 먹고 마시며 일어나서 뛰논다 함과 같으니라 **8** 그들 중의 어떤 사람들이 음행하다가 하루에 이만 삼천 명이 죽었나니 우리는 그들과 같이 음행하지 말자 **9** 그들 가운데 어떤 사람들이 주를 시험하다가 뱀에게 멸망하였나니 우리는 그들과 같이 시험하지 말자 **10** 그들 가운데 어떤 사람들이 원망하다가 멸망시키는 자에게 멸망하였나니 너희는 그들과 같이 원망하지 말라 **11** 그들에게 일어난 이런 일은 본보기가 되고 또한 말세를 만난 우리를 깨우치기 위하여 기록되었느니라 **12** 그런즉 선 줄로 생각하는 자는 넘어질까 조심하라 **13** 사람이 감당할 시험 밖에는 너희가 당한 것이 없나니 오직 하나님은 미쁘사 너희가 감당하지 못할 시험 당함을 허락하지 아니하시고 시험 당할 즈음에 또한 피할 길을 내사 너희로 능히 감당하게 하시느니라

제34강

감당할 시험밖에는(상)

From
the Cross
to Agape

고전 10장
1~13절

● 　　　　　바울은 8장부터 고린도교회 성도들이 우상에게 바쳤던 제물을 먹는 것이 정당한가 하는 문제를 다루어 왔습니다. 이 일이 문제가 되었던 이유는 우상에게 바쳤던 제물을 먹는 것이 바로 우상을 숭배하는 행동이 아니냐 하는 질문을 믿음이 약한 자들이 제기했기 때문입니다. 이 문제에 대한 바울의 입장은 두 가지로 요약됩니다. 첫째로, 바울은 우상에게 바쳤던 음식이라 할지라도 음식 그 자체가 우상은 아니므로 이 음식을 먹었다고 해서 우상을 숭배했음을 뜻하는 것은 아니라고 말합니다. 이 말은 바울이 믿음이 강한 자들의 입장을 인정해 준다는 뜻입니다. 둘째로, 바울은 믿음이 강한 자들이라도 우상에게 바쳤던 음식을 먹는 것을 보고 우상숭배를 떠 올리는 믿음이 약한 자들과 함께 생활할 때는 우상에게 바쳤던 음식을 먹는 일을 절제함으로써 믿음이 약한 자들을 시험에 빠뜨리는 죄를 범해서는 안 된다고 말합니다.

　그러나 고린도교회 안에서 믿음이 강하다고 자부하는 성도들 중에는 바울의 권고를 듣지 않고 우상에게 바쳤던 제물을 먹기를 고집하는 사람들이 있었습니다. 이들은 자신들은 믿음이 강하기 때문에 우상 제물을 먹어도 우상숭배에 빠져들지 않는다는 자신감을 가지고 있었습니다. 이들 때문에 고린도교회 안에서 갈등이 계속되었습니다. 그런데 이들 중에는 이방신에게 바쳤던 음식을 먹는 데 머무르지 않고, 대담하게 한 걸음 더 나아가서 신전 제사의식의 일부인 식사자리에도 함께 하고, 또 신전 안에 있는 성전 창녀들과 성관계를 가지는 의식에도 참여했습니다. 이 단계까지 나아가면 이제 우상에게 바쳤던 음식을 먹는 것이 옳은 일이냐, 그른 일이냐의 차원을 넘어서서 우상숭배로 들어가게 됩니다. 따라서 바울은 10장에서 우상숭배의 문제를 다루지 않을 수 없었습니다.

고린도교회에서 있었던 사태와 비슷한 사태가 최근에 우리나라의 중고등학교에서 일어나고 있습니다. 많은 중고등학교에서 학생들에게 인성훈련이라는 명목으로 불교에서 실시하는 템플 스테이에 참여하도록 독려하는 일이 빈번하게 일어나고 있습니다. 템플 스테이 프로그램은 학생들에게 새벽과 저녁 예불에 참여할 것, 부처상 앞에서 절할 것, 그리고 승려들과의 대화를 통한 불교 교리강론을 들을 것을 요구합니다. 그러다 보니 믿는 중고등학생들의 고민이 깊어지고 있습니다. 절에서 나온 음식을 먹는 일이 우상숭배가 아닌 것처럼, 마음으로는 부처를 숭배하지 않지만 학교에서 강제로 요구를 하니까 어쩔 수 없이 참여하는 것은 우상숭배가 아니지 않은가? 이 질문에 대해서 저는 어떤 글에서 절에서 나온 음식을 먹는 것은 우상숭배가 아니지만 템플 스테이에 참여하는 것은 우상숭배에 참여하는 것이 분명하다고 답변한 일이 있습니다.

바울은 먼저 1절에서 13절까지에서 출애굽 하는 시점부터 시작하여 40년간 광야를 여행하던 기간 중에 이스라엘 백성들에게 일어난 일들과 고린도교회에 일어난 일들을 비교합니다. 바울은 먼저 1절에서 4절까지에서 이스라엘 백성들이 하나님으로부터 받은 네 가지 은혜를 말합니다. 5절에서 10절 까지 에서는 이스라엘 백성들이 하나님으로부터 받은 은혜를 배반하고 범한 죄들을 다섯 가지로 정리하여 제시하고, 그때마다 얼마나 무서운 벌을 받았는가를 지적하면서 비슷한 죄를 고린도교회 성도들 – 특히 믿음이 강한 자들 – 이 범하지 말라고 경고합니다. 11절과 12절에서는 결론적인 교훈으로 마무리합니다. 이번 강의에서는 출애굽 한 이스라엘 백성들이 하나님으로부터 받은 네 가지 은혜를 정리한 1절에서 4절까지의 내용을 살펴보겠습니다.

네 가지 은혜 가운데 두 가지 은혜가 1절과 2절에 있습니다. "형제들아 나는 너희가 알지 못하기를 원하지 아니하노니 우리 조상들이 다 구름 아래에 있고 바다 가운데로 지나며 모세에게 속하여 다 구름과 바다에서 세례를 받고." 첫 번째 은혜는 구름 아래에 있는 것입니다. 2절은 좀 더 구체적으로 구름 안에서 세례를 받았다고 부연하여 설명 합니다. 그러면 구름 아래에 있었다, 구름 안에서 세례를 받았다는 말은 무슨 뜻일까요? 바울의 이 말은 출애굽기 13장 21절과 14장 19절에서 20절에 있는 사건을 생각하면서 한 말입니다. 이스라엘 백성이 애굽에서 나오기 시작할 때 하나님이 이스라엘 진영의 앞에 낮에는 구름 기둥을 보내셔서 이스라엘 백성들을 인도하셨고 밤에는 불기둥을 비추셔서 인도하셨습니다. 이스라엘 백성들이 홍해 바다 안에 들어간 후에는 구름기둥이 이스라엘 진영의 뒤로 이동하여 바로와의 군대가 이스라엘을 쫓아오지 못하게 막아 주셨습니다. 바울은 이 사건을 구름 아래 있다, 구름 안에서 세례를 받았다고 표현합니다. 바울이 세례라는 용어를 사용한 것은 세례라는 용어가 지닌 의미가 구름 기둥이 한 일을 잘 설명해 줄 수 있기 때문입니다. 세례는 죄와 사탄의 세력으로부터 보호하고 건져낸다는 것을 뜻합니다. 하나님이 구름 기둥을 보내셔서 이스라엘 백성들을 구원의 길로 인도하시고 바로의 군대가 손대지 못하도록 지켜 주셨습니다.

두 번째 은혜는 바다 가운데로 지나는 것입니다. 2절은 좀 더 구체적으로 바다 안에서 세례를 받았다고 부연설명을 합니다. 이 말은 바울이 출애굽기 14장 21절과 22절을 생각하고 한 말입니다. "모세가 바다 위로 손을 내밀매 여호와께서 큰 동풍이 밤새도록 바닷물을 물러가게 하시니 물이 갈라져 바다가 마른 땅이 된지라 이스라엘 자손이 바다 가운데를 육지로 걸어가고 물은 그들의 좌우에 벽이 되니." 이스라엘 백성들이 바닷물이 좌우로 갈라지고 바다 한 가운데 난 길로 걸어간 것은 애굽의 압제로부터 완전히 구원받는 것을 뜻합니다. 바울은 이 사건을 바다 가운데로 지난다, 바다 안에서 세례를 받는다고 표현합니다.

세 번째 은혜는 3절에 있습니다. "다 같은 신령한 음식을 먹으며." 홍해 바다를 건넌 후에 이스라엘 백성들은 모두 똑 같은 신령한 음식을 먹었습니다. 이 음식이 무엇일까요? 여러분이 잘 알고 계시는 만나입니다. 그런데 왜 만나를 "신령한 음식"이라고 했을까요? 신령이라는 말을 들으면 동양에서는 산에 사는 신령님을 생각나게 하는 표현이라서 의미가 잘 와 닿지 않습니다. "신령한"이라는 단어는 "영적인"으로 번역하는 것이 더 자연스럽습니다. "영적인"이라는 단어에서 영은 하나님의 영을 가리킵니다. "영적인 음식"이라는 말은 영이신 하나님이 기적적인 방법으로 직접 주신 음식이라는 뜻입니다. 그렇습니다. 만나는 영이신 하나님이 직접 주신 음식입니다. 출애굽기 16장 4절이 이 점을 잘 보여줍니다. "그때에 여호와께서 모세에게 이르시되 보라 내가 너희를 위하여 하늘에서 양식을 비같이 내리리니." 이스라엘 백성들은 전혀 음식을 구할 수 없는 광야에서 하나님이 직접 내려 주시는 음식인 만나를 먹고 굶지 않고 생명을 유지하는 은혜를 받았습니다.

네 번째 은혜는 4절에 있습니다. "다 같은 신령한 음료를 마셨으니 이는 그들을 따르는 신령한 반석으로부터 마셨으매 그 반석은 곧 그리스도라." 네 번째 은혜는 신령한 음료, 곧 하나님이 직접 주시는 물을 마신 것입니다. 바울은 출애굽기 17장 6절과 민수기 20장 7절에서 13절에 기록된 두 사건을 생각하면서 이 말을 하고 있습니다. 하나님은 모세가 반석을 쳤을 때 기적적으로 물을 나오게 하여 이스라엘 백성들로 하여금 마시게 했습니다. 이스라엘 백성들은 물을 전혀 구할 수 없는 광야에서 하나님이 기적적으로 주시는 물을 마심으로써 갈등을 해소했습니다.

그런데 이 본문은 사실은 조금 어려운 본문입니다. 본문에 보면 이해하기가 쉽지 않은 표현이 등장합니다. "그들을 따르는 신령한 반석"이 바로 그 어려운 표현입니다. 반석은 바위를 말하는데 문자 그대로 하면 이스라엘 백성이 40년 동안 광야를 행군할 때 바위 덩어리가 이스라엘 백성을 계속하여 따라 왔다는 것입니다. 이스라엘 백성이 행군할 때 집채만 한 바윗덩어리가 같이 굴러서 따라 다녔을까요? 이스라엘 백성들이 목마를 때마다 따라 다니는 바위를 툭툭 치면 물이 솟아 나왔을까요? 실제로 유대교의 랍비들은 그렇게 생각했습니다. 그러나 성경에는 그런 말이 전혀 없습니다. 그러면 도대체 이 말은 무슨 뜻일까요? 이 말에는 영적으로 깊은 바울의 해석이 반영되어 있습니다. 바울은 모세가 반석을 쳐서 물이 흘러나오게 한 사건을 읽으면서 이 사건 배후에 보이지는 않지만 예수 그리스도께서 일하고 계시는 광경을 영적인 안목을 통하여 보고 있는 것입니다. 바울은 모세가 반석을 치는 그 순간에 그 자리에 영으로 임재하여 계시던 예수님이 기적을 일으켜서 반석으로부터 물이 콸콸 솟아 나오도록 해 주시는 광경을 머릿속에 생생하게 그리면서 그 다음 구절에서 이 반석은 곧 그리스도라고 말합니다. 모세가 실제로 쳤던 바위는 움직이지 않았습니다. 그

바위가 떨어져 나와서 이스라엘 백성들과 함께 데굴데굴 굴러 다녔던 것이 아닙니다. 그 대신 모세가 친 반석으로부터 물이 나오게 하신 영이신 예수님이 영적인 반석이 되어서 이스라엘 백성들이 가는 곳마다 항상 함께 하시고 함께 따라 다니셨던 것입니다. 이것이 바로 "그들을 따른 신령한 반석"이 뜻하는 것입니다. 구름기둥과 불기둥을 작동시키신 분도 그 배후에 계신 영이신 예수님이셨습니다. 바다를 갈라지게 한 것도 영이신 예수님이셨습니다. 만나를 내리시는 일의 배후에도 영이신 예수님이 계셨습니다. 반석에서 물이 나올 때도 영이신 예수님이 영적인 반석으로 배후에 계셨습니다. 성경에는 모세가 반석을 쳐서 물을 낸 사건이 두 번만 기록되어 있지만 아마도 모세는 훨씬 더 많은 횟수를 반석을 쳐서 이스라엘 백성들에게 물을 마시게 했을 것입니다. 하나님이 40년 동안 계속하여 날마다 쉬지 않고 기적적으로 만나를 내리신 것처럼, 모세는 무수히 반석을 쳐야 했을 것입니다. 그때마다 이스라엘 백성들과 함께 하셨던 예수님이 물이 나오게 하셨습니다. 모세의 지팡이가 마치 마법의 지팡이처럼 어떤 신비스러운 힘을 가지고 있어서 물이 나오게 한 것이 아닙니다. 모세가 반석을 칠 때 예수님이 물이 나오게 하셨기 때문에 물이 나온 것입니다.

하나님은 이스라엘 백성을 애굽에서 구원해내셨을 뿐만 아니라 광야를 여행하는 동안 영이신 예수님이 이들과 항상 함께 동행 하시면서 기적적으로 만나와 물을 보내셔서 살게 하셨습니다. 바로 이 하나님이 오늘날 우리도 죄와 사망의 권세로부터 구원하셨고, 구원하신 다음에는 우리가 광야와도 같은 험한 이 세상을 여행할 때 영이신 예수님으로 하여금 우리와 항상 동행하게 하셔서 기적적으로 우리를 먹이시고 입히시는 은혜를 주십니다.

그런데 안타까운 일이 일어나고 말았습니다. 이스라엘 백성들에게 이 풍성한 은혜를 부어 주셨던 하나님이 이스라엘 백성들에게 크게 실망하신 나머지 이들 가운데 절대 다수를 광야에서 멸망당하게 하신 것입니다. 5절입니다. "그러나 그들의 다수를 하나님이 기뻐하지 아니하셨으므로 그들이 광야에서 멸망을 받았느니라." 본문은 이스라엘 백성들 가운데 다수를 하나님이 기뻐하시지 않으셔서 다수가 광야에서 멸망당했다고 했습니다. 그런데 이 다수는 사실은 여호수아와 갈렙 두 사람을 뺀 나머지 모두를 가리킵니다. 애굽에서 태어난 사람들 가운데 여호수아와 갈렙을 제외한 모든 이스라엘 백성들이 모두 가나안 땅에 들어가지 못한 채 광야에서 죽었습니다.

하나님이 이스라엘 백성의 다수를 기뻐하지 않으신 것으로 미루어 볼 때, 이스라엘 백성들이 하나님을 분노하게 하는 악행을 행한 것이 분명합니다. 그러면 이스라엘 백성들은 어떤 악행을 했을까요? 그리고 어떤 벌을 받았을까요? 6절에서 10절은 이스라엘 백성들이 저지른 악행을 다섯 가지로 정리하여 제시합니다. 6절은 모든 악행의 근원이자 출발점이 되는 마음속의 악을 말하고 있고 7절에서 10절에서는 악행들과 이로 인하여 찾아 온 형벌이 구체적으로 제시되어 있습니다. 7절에서 10절에 있는 구체적인 악행들을 설명하는 데는 상당한 분량이 필요하고 결론에 해당하는 11절에서 13절까지의 내용도 매우 깊은 의미를 가진 내용들이기 때문에 오늘은 6절까지 말씀드리고 7절에서 13절까지는 다음 시간에 말씀드리고자 합니다.

첫 번째 악행은 6절에 기록되어 있습니다. 6절은 모든 악행의 근원이 되는 마음의 악을 지적합니다. "이러한 일은 우리의 본보기가 되어 우리로 하여금 그들이 악을 즐겨 한 것같이 즐겨 하는 자가 되지 않게 하려 함이니." "이러한 일"은 바울이 7절에서 10절에서 제시하게 될 네 가지 구체적인 악행의 목록들을 말합니다. "우리의 본보기가 되어." 바울은 고린도교회 성도들에게 경고를 위한 본보기로서 이스라엘 백성들이 행한 악행들을 소개하려고 합니다. 바울은 이스라엘 백성들의 악행을 한마디로 요약하여 "악을 즐겨했다"고 말합니다. "악을 즐겨했다"는 말은 "탐심을 품었다"고 번역하는 것이 좋습니다.

탐심이라는 말은 방향을 잘못 잡은 욕망을 뜻합니다. 탐심이라는 말의 뜻을 이해하기 위하여 먼저 욕망이 무슨 뜻인가를 알아보고, 욕망이 방향을 잘못 잡았다는 말이 무슨 뜻인지 알아보겠습니다.

욕망이란 어떤 대상에 대하여 집착하는 마음을 뜻합니다. 욕망은 생각보다 한 단계 깊이 들어간 마음 상태입니다. 어떤 조사결과에 따르면 사람의 마음속에는 하루에도 수만 가지의 생각의 단편들이 떠올랐다가 사라진다고 합니다. 이 많은 생각의 단편들 중에는 어떤 것을 가지거나 성취하고자 하는 생각들도 있을 것입니다. 이런 생각들은 아직 욕망은 아닙니다. 이런 생각들이 떠올랐을 때 그냥 지나가도록 내버려 두지 않고 이 생각들을 딱 붙잡고 계속하여 집중하여 확대 발전시키면 욕망이 됩니다. 생각이 떠올랐다가 사라져 버리는 경우는 새가 하늘을 날다가 나뭇가지에 앉아서 잠시 숨을 돌리다가 다시 날아가는 것과도 같습니다. 욕망은 나뭇가지에 앉아 쉬던 새가 나무가 너무나 마음에 들어서 나무를 요리조리 살피다가 아예 나무에 둥지를 틀고 들어앉는 것에 비유될 수 있습니다.

욕망 그 자체가 나쁜 것은 아닙니다. 욕망 그 자체는 하나님이 주신 선한 본성입니다. 문제는 무엇을 향하여 욕망을 가지는가 하는 것입니다. 선한 일에 대하여 욕망을 가지고 소유하려고 하고 성취하려고 하는 것은 좋은 일입니다. 우리는 선한 일에 대하여 욕망을 가져야 합니다. 우리는 선한 일에 대한 욕망을 가지고 하나님이 우리에게 주신 시간들을 부지런히 활용해야 합니다. 선한 일에 대하여 욕망이 없는 사람은 게으르고 무책임한 사람일 가능성이 있습니다. 며칠 전 텔레비전을 통하여 도박이나 알코올에 중독되었던 사람들을 치유하는 과정을 보여주는 프로그램이 있었습니다. 이 프로그램에서 단-도박 치유기관을 운영하는 지도자가 이런 말을 했습니다. "중독은 중독으로만 치유된다." 그렇습니다. 도박중독이나 알코올 중독을 치료하려면 다른 선한 어떤 일에 중독이 되어야 합니다. 예를 들어서 알코올을 끊고 가만히 있는 것으로는 알코올 중독을 치유할 수 없습니다. 알코올을 끊은 다음에는 텃밭 가꾸기와 같은 일에 중독되어야 알코올 중독을 치유할 수 있습니다. 우리는 기도하는 가운데 하나님이 나에게 주신 재능이 무엇인가를 찾아내고 이 재능을 나에게 맞고 하나님이 기뻐하시는 선한 일에 중독이 될 정도로 치열하게 집중적으로 추구하는 삶을 살아야 합니다. 이처럼 선한 일에 대하여 욕망을 가지는 것은 본문이 말하는 탐심이 아닙니다.

본문이 말하는 탐심은 방향을 잘못 잡은 욕망 곧, 악한 일에 집착하고 그 일을 발전시키고 확대시키는 마음의 상태를 뜻합니다. 본문이 말하는 탐심이 바로 십계명 가운데 열 번째 계명이 "탐내지 말라"고 했을 때의 탐심과 같은 것입니다. 그런데 탐심이 지닌 중요한 특징이 하나 있습니다. 탐심은 반드시 행동화된다는 것입니다. 일단 탐심을 품으면 행동으로 나타나는 것은 시간문제입니다. 따라서 구약성경에서는 탐낸다는 말이 거의 대부분 행동과 연결되어 나타납니다. 예를 들어서 여호수아 7장 21절에 보면 아간은 여리고성을 정복한 후에 전리품을 탐냈는데, 이 탐심은 곧 취하는 행동으로 나타났기 때문에 성경에는 "탐내어 취한다."라고 되어 있습니다.

미가서 2장 2절에도 "밭을 탐내어 빼앗고"라는 구절이 있습니다. 그러므로 예수님은 탐심을 품는 것은 실제로 행동한 것이나 다름없다고 말씀하십니다. 예수님의 산상수훈에 보면 마음속으로 형제를 향하여 미워하는 마음을 품으면 곧 그 형제를 죽이는 행동을 한 것이나 다름없다고 되어 있고, 여인을 보고 음욕을 품으면 그 여인과 더불어 간음행위를 한 것이나 다름없다고 되어 있습니다.

광야를 여행하는 이스라엘 백성들에게 바로 이 탐심이 있었습니다. 하나님은 광야를 여행하는 이스라엘 백성들에게 만나와 메추라기를 내려 주시고, 물을 주시고, 낮에는 구름기둥으로 덮어서 열기로부터 보호해 주시고, 밤에는 불기둥으로 추위로부터 보호해 주셨지만, 이스라엘 백성들은 하나님으로부터 받은 은혜를 묵상하고 감사하기 보다는 정착하여 살아가고 있는 주변의 이방백성들의 생활과 자기 자신들의 생활을 비교해 보고는 이방백성들의 생활을 부러워하고 탐내기 시작했습니다. 이 탐심은 곧 행동으로 나타나서 이스라엘 백성들은 7절에서 10절까지에 소개되는 악행을 끊임없이 범하게 된 것입니다.

이제 중간 결론을 간단히 맺고 설교를 마무리하겠습니다.

우리는 죄와 사망의 세력으로부터 우리를 구원해 주신 하나님께 감사해야 하겠습니다. 또한 우리를 구원하신 후에는 예수님으로 하여금 영으로 우리와 항상 동행하게 하시고 광야 같은 세상을 살아가는 동안 우리를 먹이시고 입혀 주시는 하나님께 감사해야 하겠습니다. 광야 같은 세상을 살다 보면 우리보다 더 잘 사는 사람들이 많이 있습니다. 이때 우리는 우리의 생활과 우리보다 더 잘 사는 사람들의 생활을 비교하고 부러워하지 않도록 주의해야 합니다. 비교하면 우리는 반드시 탈선하고 악행을 범하게 됩니다. 이것은 하나의 수학공식과도 같습니다. 그러므로 우리는 하나님이 지난 날 나를 먹여 주시고 입혀 주신 은혜만을 생각하고 감사하면서 나에게 주어진 시간을 선한 일에 대하여 욕망을 가지고 치열하게 살아가는 자들이 되어야 하겠습니다.

1 형제들아 나는 너희가 알지 못하기를 원하지 아니하노니 우리 조상들이 다 구름 아래에 있고 바다 가운데로 지나며 **2** 모세에게 속하여 다 구름과 바다에서 세례를 받고 **3** 다 같은 신령한 음식을 먹으며 **4** 다 같은 신령한 음료를 마셨으니 이는 그들을 따르는 신령한 반석으로부터 마셨으매 그 반석은 곧 그리스도시라 **5** 그러나 그들의 다수를 하나님이 기뻐하지 아니하셨으므로 그들이 광야에서 멸망을 받았느니라 **6** 이러한 일은 우리의 본보기가 되어 우리로 하여금 그들이 악을 즐겨 한 것 같이 즐겨 하는 자가 되지 않게 하려 함이니 **7** 그들 가운데 어떤 사람들과 같이 너희는 우상 숭배하는 자가 되지 말라 기록된 바 백성이 앉아서 먹고 마시며 일어나서 뛰논다 함과 같으니라 **8** 그들 중의 어떤 사람들이 음행하다가 하루에 이만 삼천 명이 죽었나니 우리는 그들과 같이 음행하지 말자 **9** 그들 가운데 어떤 사람들이 주를 시험하다가 뱀에게 멸망하였나니 우리는 그들과 같이 시험하지 말자 **10** 그들 가운데 어떤 사람들이 원망하다가 멸망시키는 자에게 멸망하였나니 너희는 그들과 같이 원망하지 말라 **11** 그들에게 일어난 이런 일은 본보기가 되고 또한 말세를 만난 우리를 깨우치기 위하여 기록되었느니라 **12** 그런즉 선 줄로 생각하는 자는 넘어질까 조심하라 **13** 사람이 감당할 시험 밖에는 너희가 당한 것이 없나니 오직 하나님은 미쁘사 너희가 감당하지 못할 시험 당함을 허락하지 아니하시고 시험 당할 즈음에 또한 피할 길을 내사 너희로 능히 감당하게 하시느니라

제35강

감당할 시험밖에는(하)

From the Cross to Agape

고전 10장
1~13절

● 　　　바울은 10장에서 우상숭배문제를 다루고 있습니다. 특히 10장 1절에서 13절까지는 우상숭배를 하다가 멸망한 이스라엘 백성들의 이야기를 소개하면서 성도들로 하여금 우상숭배에 빠지지 않도록 권고하고 있습니다. 바울은 먼저 1절에서 4절까지에서 이스라엘 백성들이 하나님으로부터 받은 은혜를 말합니다. 이스라엘 백성들은 하나님이 보내신 구름기둥에 의하여 애굽 군대로부터 보호를 받았고, 홍해바다를 안전하게 건널 수 있었습니다. 홍해바다를 건넌 후에는 하나님이 내려 주시는 영의 양식인 만나를 먹고 영적인 반석이신 그리스도를 상징하는 반석으로부터 나오는 물을 마시면서 안전하게 광야를 여행했습니다.

　그러나 안타깝게도 이스라엘 백성들은 하나님으로부터 기적적인 은혜를 받고도 여호수아와 갈렙을 제외한 나머지 백성들이 가나안 땅에 들어가지 못한 채 광야에서 멸망했다고 5절이 말하고 있습니다. 이스라엘 백성들이 광야에서 멸망당한 이유는 이들이 악을 행하다가 하나님의 노여움을 샀기 때문입니다. 이스라엘 백성들이 행한 악이 어떤 것인가가 6절에서 10절까지 소개되고 있습니다. 먼저 6절은 구체적인 악행들을 열거하기 전에 이스라엘 백성들의 마음상태가 어떠했는가를 말합니다. 6절은 이스라엘 백성들이 "악을 즐겨 했다"고 되어 있는데, "악을 즐겨 했다"는 말은 "탐심을 품었다"는 뜻입니다. 이스라엘 백성들은 하나님으로부터 받은 은혜를 기억하고 감사하는 생활을 한 것이 아니라 주변에 있는 이방나라들의 생활과 자신들의 생활을 비교하면서 고달프게 광야를 여행하는 자신들과는 달리 정착하여 안정된 삶을 누리고 있는 이방백성들의 관습을 부러워하고 탐내는 마음을 품었던 것입니다. 지난 강의에서는 이 부분까지 말씀드렸습니다. 오늘은 7절부터 말씀드리겠습니다.

7절에서 10절까지는 이스라엘 백성들이 범한 구체적인 악행들은 어떤 것들이며, 이 악행들에 대하여 하나님이 어떤 벌을 내리셨는가가 기록되어 있습니다.

7절을 읽겠습니다. "그들 가운데 어떤 사람들과 같이 너희는 우상 숭배하는 자가 되지 말라 기록 된 바 백성이 앉아서 먹고 마시며 일어나서 뛰논다 함과 같으니라." 바울은 여기서 출애굽기 32장 6절을 인용하고 있습니다. 출애굽기 32장 1절에서 6절에는 모세가 시내 산 위로 올라간 후에 내려오지 않자 이스라엘 백성들이 금송아지 상을 만들고 축제를 벌이는 사건이 기록되어 있습니다. 이스라엘 백성들은 먼저 먹고 마시는 파티를 연 후에 분위기가 무르익으면 머리를 풀어 헤치고 춤을 추었는데, 이 춤은 금송아지를 숭배하는 예식 가운데 하나였습니다. 춤을 추고 난 후에는 성적으로 문란한 행동으로 연결되었습니다.

바울이 이 사건을 인용한 이유는 고린도교회 성도들 가운데도 이와 비슷한 행동을 하는 사람들이 있었기 때문입니다. 고린도시에는 의술과 치료의 신으로 알려진 아스클레피우스 신을 숭배하는 신전이 있었습니다. 이 신전 안에서는 신을 숭배하는 의식의 일부로서 식사순서가 있었습니다. 이 식사는 신전 경내를 지나가다가 경내 안에 있는 일반인을 위한 식당에서 식사를 하는 것과는 다른 식사였습니다. 신전 경내에 있는 일반인을 위한 식당에서 식사하는 것은 신을 숭배하는 행동은 아니었습니다. 그러나 신전 안에서 숭배의식의 일부로서 마련된 식사자리에 참여하는 것은 명백히 아스클레피우스신을 숭배하는 의식이었습니다. 그런데 고린도교회 성도들 가운데 믿음이 강하다고 자부하는 자들이 이 식사자리에 참여하여 긴 소파 위에 비스듬히 누워서 식사하곤 했습니다. 바울은 고린도교회 성도들의 이런 행동이 광야에서 금송아지를 세워놓고 먹고 마시고 춤추는 행동과 다를 바 없다고 생각했습니다. 바울은 이런 행위를 하지 말자고 권고하고 있습니다.

8절을 읽겠습니다. "그들 중의 어떤 사람들이 음행하다가 하루에 이만 삼천 명이 죽었나니 우리는 그들과 같이 음행하지 말자." 본문에 소개된 사건은 민수기 25장 1절에서 9절에 기록된 사건을 뜻합니다. 이스라엘 백성들이 광야를 여행하던 도중에 싯딤이라는 곳에 머물러 있었습니다. 이 지역에는 모압인들이 살고 있었습니다. 모압인들은 바알브올 신을 숭배하고 있었습니다. 모압인들은 바알브올 신을 숭배하는 자리에 이스라엘 백성들을 초청했습니다. 이스라엘 백성들은 초청을 받고 바알브올 신을 숭배하는 예식에 참여했고, 예식에 속한 순서들 가운데 하나인 음행을 행하는 순서에도 참여했습니다. 이스라엘 백성들의 악행에 진노하신 하나님은 염병을 보내어 이스라엘 백성들 가운데 이만 사천 명을 죽이셨습니다. 그런데 본문에는 고린도전서에는 이만 삼천 명으로 되어 있어서 구약성경의 기록과 차이가 납니다. 이와 같은 기록상의 차이는 염병으로 죽은 시점이 다르기 때문이 아닌가 판단됩니다. 바울은 염병이 발병한 초기에 죽은 사람의 숫자에 주목했던 것 같습니다. 이때 죽은 사람들의 숫자는 이만 삼천 명이었다는 것이지요. 이때 천 명은 염병에 걸렸지만 아직 죽지 않고 살아 있었을 것입니다. 반면에 민수기는 상황이 다 끝난 후에 앓다가 결국은 죽음을 맞이한 숫자까지 모두 합한 숫자를 기록한 것 같습니다.

그런데 고린도교회 성도들 중에도 이와 비슷한 행동을 한 사람들이 있었습니다. 고린도시에는 우리에게는 비너스신으로 알려진 아프로디테신을 숭배하는 신전도 있었습니다. 아프로디테신전에는 성전 창녀가 있었습니다. 성전 창녀와 성관계를 가지는 것이 아프로디테 신을 숭배하는 의식 가운데 하나였는데, 고린도교회 성도들 중에 바로 이 의식에 참여하는 사람들이 있었던 것입니다.

9절을 읽겠습니다. "그들 가운데 어떤 사람들이 주를 시험하다가 뱀에게 멸망하였나니 우리는 그들과 같이 시험하지 말자." 이 본문은 민수기 21장 4절에서 9절에 기록된 사건을 가리킵니다. 이스라엘 백성들은 호르 산을 출발하여 에돔 땅을 우회하는 길로 접어들었는데, 그 길이 백성들의 마음에 들지 않았습니다. 가나안 땅에 빨리 들어가고자 하는 열망을 가지고 있었던 이스라엘 백성들은 에돔땅 왼쪽으로 가야 가나안 땅에 빨리 들어갈 수가 있는데, 이 길로 가지 않고 에돔 땅을 오른편으로 돌아가는 길로 접어들자 마음이 상했습니다. 왜냐하면 에돔땅 오른 편으로 돌아가는 길은 가나안 땅으로부터 멀어지는 길이었기 때문입니다. 마음이 상한 이스라엘 백성들은 하나님과 모세를 원망하기 시작했습니다. 민수기 21장 5절입니다. "백성이 하나님과 모세를 향하여 원망하되 어찌하여 우리를 애굽에서 인도해 내어 이 광야에서 죽게 하는가 이곳에는 먹을 것도 없고 물도 없도다 우리 마음이 이 하찮은 음식을 싫어하노라 하매." 하나님은 기적적인 방법으로 이스라엘 백성에게 물도 주셔서 갈증을 채워 주셨고, 만나를 주셔서 굶지 않게 해 주셨습니다. 그럼에도 불구하고 이스라엘 백성들은 "먹을 것도 없고 물도 없다"고 말하고 있습니다. 이 말은 거짓말입니다. 뿐만 아니라 하나님이 하신 일을 아무 가치도 없는 일로 깎아 내리면서 하나님을 무시하는 악한 말입니다. 한걸음 더 나아가 이스라엘 백성들은 하나님이 주신 만나를 "이 하찮은 음식"이라고 노골적으로 깎아 내렸습니다. 이 말도 역시 하나님의 사역을 조롱하는 말입니다. 이 일에 진노하신 하나님은 불 뱀을 이스라엘 백성들에게 보내어 백성들을 물게 하셨고, 많은 백성들이 불 뱀에 물려 죽었습니다.

10절을 읽겠습니다. "그들 가운데 어떤 사람들이 원망하다가 멸망시키는 자에게 멸망하였나니 너희는 그들과 같이 원망하지 말라." 이 본문은 민수기 14장 2절에서 4절에 기록된 가데스바네아 정탐사건을 가리킵니다. 열두 정탐꾼이 가데스바네아를 정탐하고 돌아 온 후에 열 명의 정탐꾼이 가데스바네아에 살고 있는 거인족들을 보고 가데스바네아를 정복하는 것은 어렵겠다는 보고를 하자 이스라엘 백성들은 애굽에서 나온 것 자체를 후회하는 극단적인 반응을 보였습니다. 이들은 지도자를 따로 세우고 아예 애굽으로 돌아가려고 했습니다. 이 행위는 하나님의 구속사역 그 자체를 거부하는 악한 행위였습니다. 부부간에 때로는 싸움이 일어날 수가 있고, 싸움이 일어나면 극단적인 욕까지도 서로에게 하게 됩니다. 그러나 아무리 상대방이 미워도 넘어서는 안 될 선이 있습니다. 이 선을 넘으면 돌이킬 수 없는 상황에 이르게 됩니다. 그 선은 "당신과 결혼한 것을 후회한다"는 말입니다. 이 말만은 결코 해서는 안 됩니다. 그런데 이스라엘 백성들이 출애굽 자체를 후회하고 있다는 말은 하나님의 백성이 되는 것 자체를 거부하는 말이므로 넘어서는 안 될 선을 넘는 것입니다. 게다가 이스라엘 백성들은 이 원망과 불평을 끊임없이 계속했습니다. 이 사실은 민수기 14장 27절에서 하나님이 하신 말씀을 통하여 알 수 있습니다. "나를 원망하는 이 악한 회중에게 내가 어느 때까지 참으랴 이스라엘 자손이 나를 향하여 원망하는 바 그 원망하는 말을 내가 들었노라." 마침내 이스라엘 백성들은 여호수아와 갈렙 두 사람을 제외하고는 그토록 열망하던 가나안 땅에 들어가지 못한 채 광야에서 죽어야 했습니다. 본문에 "멸망시키는 자"는 하나님이 보내신 사자를 뜻합니다.

바울이 이처럼 이스라엘 백성들이 이방신 숭배나 하나님을 시험하는 행위나 끊임없이 원망하는 말을 했다가 하나님의 진노를 일으켜서 멸망당했다는 이야기를 하는 이유는 고린도교회 성도들과 신약시대의 성도들이 이 사건을 반면교사로 삼아서 동일할 잘못을 범하지 않기를 원했기 때문이었습니다. 11절입니다. "그들에게 일어난 이런 일은 본보기가 되고 또한 말세를 만난 우리를 깨우치기 위하여 기록되었느니라." "말세를 만난 우리"는 고린도교회 성도들을 포함하여 모든 신약시대의 성도들을 가리킵니다. 성경은 예수님이 재림하신 이후의 모든 시간을 말세라고 부릅니다.

이스라엘 백성들이 받은 은혜와 이들이 하나님 앞에서 범한 죄 그리고 이들이 그 결과로서 받았던 형벌이 무엇인가를 서술한 바울은 이제 고린도교회 성도들, 나아가서는 우리를 대상으로 하여 이 사건들이 주는 교훈을 결론적으로 정리합니다.

12절입니다. "그런 즉 선 줄로 생각하는 자는 넘어질까 조심하라." 이 구절은 우리가 여러 번 들어서 숙지하고 있는 유명한 경구입니다. "선 줄로 생각하는 자"가 누구인가? 성도들 중에 하나님으로부터 은혜와 축복을 많이 받은 자들이 있습니다. 하나님 앞에 기도를 해서 방언의 은사를 받은 사람도 있고, 귀신을 쫓아내는 은사를 받은 사람도 있고, 말씀의 은사를 받고 목회자가 된 사람도 있고, 좋은 직장을 얻고 많은 재물을 얻은 사람들도 있습니다. 이처럼 하나님으로부터 많은 축복을 받은 사람들은 자신들이 하나님의 큰 축복을 받았기 때문에 특별히 노력하지 않아도 자연스럽게 그리고 당연히 하나님이 기뻐하시는 삶을 살게 될 것이고, 자신들은 결코 하나님의 뜻을 거스르는 삶을 살지 않을 것이라고 생각하는 경우가 많습니다. 바울은 이런 생각이 위험한 생각이라는 점을 이 경구를 통해서 일깨워 주려고 하고 있습니다. 하나님으로부터 축복을 받았다고 해서 가만히 있으면 자동적으로 하나님의 뜻에 순종하는 생활을 하게 되는 것은 아니라는 것입니다. 이 사실은 이스라엘 백성들에게서 확인할 수 있습니다. 이 세상에 존재하는 백성들 중에서 이스라엘 백성들만큼 하나님의 기적적인 놀라운 보호하심과 축복을 받은 백성은 없습니다. 이들은 하나님이 보내신 구름기둥과 불기둥의 체험을 했고, 바다가 두 쪽으로 갈라지는 것을 현장에서 보았고, 하늘에서 만나가 내려오고 반석에서 물이 나오는 엄청난 경험을 했습니다. 이 정도의 기적적인 체험을 하고 은혜를 받았다면 당연히 하나님의 말씀에 순종하는 삶을 살 법 하지 않습니까? 그런데 이스라엘 백성들은 40년 광야생활을 하는 동안 하나님의 말씀에 순종 하기는 커녕 끊임없이 하나님을 원망하고 우상숭배하고 이방여인들과 간음을 범하는 극단적인 악을 행했습니다. 이 점은 인간사회도 비슷한 것 같습니다. 돈이 많은 부모 밑에서 부모로부터 넉넉하고 풍요로운 지원을 받으면서 성장한 자녀는 당연히 부모에게 더 감사하고 잘 대할 것 같은데, 그렇지 않습니다. 오히려 부모에게 못되게 대하는 자녀들이 많습니다. 오히려 부모가 힘이 없고 가난해서 부모로부터 제대로 도움을 받지 못하고 성장한 자녀들이 오히려 부모를 더 사랑하고 아끼고 힘이 없는 부모님을 정성껏 돌보아 드리는 경우가 많습니다. 어쨌든 이스라엘 백성들의 배은망덕은 은혜를 많이 받은 자들에게 중요한 타산지석이 됩니다. 은혜를 많이 받은 사람은 재빨리 이렇게 생각해야 합니다. "바짝 조심하지 않으면 하나님으로부터 큰 은혜를 받은 내가 하나님을 배반하는 악랄한 행동을 할 수가 있어!" 바울의 표현대로 하면 은혜를 받은 사람은 "넘어질까 조심해야" 한다는 것입니다. 은혜 받은 사람이 재빨리 이런 생각을 딱 하고 경각심을 가지고 마음을 다잡지 않으면 하나님을 배반하게 됩니다. 은혜 받은 사람은 자기가 받은 은혜에 취해 있으면 안 됩니다. 은혜는 결코 자동적으로 순종으로 연결되지 않습니다. 은혜 받은 사람은 받은 은혜를 배반하는 삶을 살지 않기 위하여 바짝 긴장하고 기도하면서 의지를 굳게 세워서 하나님의 말씀대로 살아가려는 치열한 노력을 해야만 합니다. 그래도 될까 말까 합니다. 그렇게 하지 않으면 이스라엘 백성들 꼴이 날 수 있습니다.

13절에서 바울은 우리에게 잘 알려진 매우 유명한 경구를 제시하고 있습니다. "사람이 감당할 시험밖에는 너희가 당한 것이 없나니 오직 하나님은 미쁘사 너희가 감당하지 못할 시험 당함을 허락하지 아니하시고 시험당할 즈음에 또한 피할 길을 내사 너희로 능히 감당하게 하시느니라." 이 경구의 뜻을 바르게 이해하기 위해서는 다시 이스라엘 백성들의 광야생활로 돌아갈 필요가 있습니다. 이스라엘 백성들은 하나님의 기적의 역사를 통하여 홍해 바다를 무사하게 건넜습니다. 홍해 바다가 갈라지고 바다 가운데로 길이 난 사건은 엄청난 사건입니다. 이 정도의 기적을 경험한 하나님의 백성이라면 당연히 그 다음에 또 하나님이 얼마나 크고 놀라운 일을 행하실까 하는 설레는 기대감을 갖게 됩니다. 그런데 이런 벅찬 기대감을 가지고 홍해 바다를 무사히 건넌 이스라엘 백성들을 기다리고 있는 것은 도저히 사람이 살 수 있을 것 같지 않은 황량하기 그지없는 사막이었습니다. 비도 오지 않고, 농사도 지을 수 없고, 낮에는 40도에서 50도를 오르내리는 뜨거운 열기 속을 가야하고, 밤에는 영하로까지 내려가는 추위에 떨어야 하는 막막하기 이를 데 없는 길입니다. 이스라엘 백성들은 어안이 벙벙했을 것이며 아마도 속았다는 느낌도 받았을 것입니다. "이게 뭔가? 아니 이 삭막한 땅으로 들어가려고 홍해를 건넜다는 말인가?" 이스라엘 백성들은 너무나 기가 막혀서 홍해바다를 건넌 직후부터 애굽을 떠난 것을 후회하기 시작했고 사막 길로 접어들면 모두 죽어 버릴 것 같아서 다시 애굽으로 돌아가려고 시도했습니다. 한마디로 엄청난 시험을 만난 것입니다. 이 시험은 이스라엘 백성의 잘못 때문에 만난 시험은 아닙니다. 그냥 하나님이 주시는 시험입니다. 이스라엘 백성들을 좀 더 강한 백성으로 훈련시키시려고 하나님이 주신 시험입니다.

이스라엘 백성들이 광야생활을 한 2년 정도 했을 때 하나님은 이 정도면 됐다고 생각하시고 마지막으로 이스라엘 백성들에게 마음의 준비를 시키기 위하여 가데스바네아에 열두 정탐꾼을 파견하도록 하셨습니다. 그러나 이 사건에서 이스라엘 백성들은 하나님 앞에 죄를 범했고, 그 죄의 결과로서 이후에 38년 동안 광야에서 배회해야만 했습니다. 마침내 여호수아와 갈렙을 제외하고는 한 사람도 가나안 땅에 들어가지 못하는 가혹한 벌을 받았습니다. 홍해바다를 건넌 직후 보다 더 가혹한 시험을 만난 것입니다. 차이는 홍해바다를 건넌 직후에 만난 시험은 범죄의 대가로 주어진 것이 아닌 반면에 가데스바네아에서 만난 시험은 범죄에 대한 형벌로 주어진 것이라는 점입니다. 성격은 다르지만 두 가지가 모두 이스라엘 백성들에게는 가혹한 시험이었습니다.

자, 우리 성도님들 중에서 40년 동안 안정된 집도 없고, 먹을 것도 눈에 보이지 않고 마실 것도 눈에 보이지 않고, 할 수 있는 일도 없이 그저 행군해 나가야만 하는 이스라엘 백성들보다 더 큰 시련을 만난 성도들 있습니까? 그래도 여러분은 사막의 이스라엘 백성들보다는 나은 삶을 살고 있지 않습니까? 이스라엘 백성들은 사람이 만날 수 있는 시련 가운데 가장 견디기 어려운 시련을 만나고 있다고 해도 과언이 아닙니다.

그런데 바울의 해석이 무엇입니까? 이스라엘 백성들이 감당해야 했던 40년간의 광야생활은 견딜 만하기 때문에 하나님이 주신 시험들이라는 것입니다. 그렇습니다. 하나님이 주시는 모든 시험은 그저 우리가 견딜 만하기 때문에 주시는 것들입니다. 뿐만 아니라 하나님은 시험을 당하려는 시점이 다가 오면 우리가 시험을 피할 수 있는 길이 어느 길인가를 살짝 보여 주시기까지 합니다. 이스라엘 백성들이 걸어가야 했던 광야 길은 인간적으로 보기에는 도저히 견뎌낼 수 없을 것 같은 길처럼 보입니다. 그러나 다른 시각에서 보면 사실 놀고먹는 길입니다. 이스라엘 백성들은 광야에서 힘든 농사를 지을 필요가 없었습니다. 가축을 키울 필요도 없었습니다. 그렇다고 장사를 할 필요도 없었습니다. 이스라엘 백성이 해야 하는 일은 딱 한가지였습니다. 그저 터벅터벅 앞으로 걸어가기만 하면 됩니다. 전후좌우 풍경구경 하면서 그저 걸어가기만 하면 됩니다. 그것도 24시간 걷는 것도 아니고 낮에는 걷고 밤에는 쉬면 됩니다. 또 어린아이들, 여자들, 노인들, 병자들, 온갖 짐들과 가축들과 함께 가기 때문에 빨리 걸을 수도 없습니다. 천천히 걸으면 됩니다. 게다가 낮에는 구름으로 덮어서 햇빛을 가려 주시고, 밤에는 불기둥으로 따뜻하게 보호해 주시고, 배고플 때는 만나와 메추라기를 보내 주시고, 목마를 때는 반석에서 물이 나오게 하여 먹여 주셨습니다. 하나님이 모든 것을 다 거저 주시고 이스라엘 백성이 할 일은 그저 천천히 걸으면 됩니다. 세상에 이렇게 팔자 편한 길이 어디에 또 있습니까? 감당할 만하지 않습니까?

그렇습니다. 우리 성도들이 세상에서 만나는 모든 시험은 다 감당할 만하기 때문에 하나님이 허락하시는 것입니다. 세상 사람들이 보기에는 아주 힘들고 어려운 것 같이 보입니다. 그러나 실제로 그 시험 속에 들어가면 그렇게 어렵지 않습니다. 할 만 합니다. 막다른 골목에 다다른 것 같을 때도 있지만 잘 찾아보면 하나님이 마련해 놓으신 빠져나갈 구멍이 반드시 있습니다.

이제 오늘의 강의가 주는 교훈을 정리하고 마무리하겠습니다.

첫째로, 우리는 이스라엘 백성들이 우상숭배에 빠져 들어갔다가 하나님의 진노를 촉발시켜 중벌을 받았다는 사실을 기억하면서 하나님이 아닌 다른 것을 하나님처럼 받들고 높이는 생활을 하지 않도록 매우 주의해야 하겠습니다.

둘째로, 우리는 이스라엘 백성들이 하나님으로부터 많은 은혜를 받았음에도 불구하고 끊임없이 원망을 하다가 하나님의 진노를 촉발시켜 중벌을 받았다는 사실을 기억하면서 원망하는 말을 우리의 입에 담는 일이 없도록 매우 주의해야 하겠습니다. 우리의 입에는 원망의 말을 담지 말고 오직 감사의 말을 담는 훈련을 해야 하겠습니다.

셋째로, 하나님으로부터 은혜와 축복을 받은 사람은 자신도 여차하면 하나님을 배반하는 행동을 할 수 있다는 점을 기억하고 긴장하면서, 그리고 기도하면서 의지를 바르게 세워서 하나님의 말씀에 철저하게 순종하는 훈련을 해야 하겠습니다.

넷째로, 시험을 만난 성도들은 시험을 주신 하나님을 원망하지 말고 하나님이 주신 시험은 감당할 만 한 것이라는 확신을 가지고 시험을 흔쾌하게 받아들이는 훈련을 해야 하겠습니다. 출구가 보이지 않는 것 같은 어려운 순간을 만나도 하나님이 마련하신 하나의 출구는 반드시 있다는 사실을 기억하고 희망을 잃지 않는 성도들이 되어야 하겠습니다.

14 그런즉 내 사랑하는 자들아 우상 숭배하는 일을 피하라 15 나는 지혜 있는 자들에게 말함과 같이 하노니 너희는 내가 이르는 말을 스스로 판단하라 16 우리가 축복하는 바 축복의 잔은 그리스도의 피에 참여함이 아니며 우리가 떼는 떡은 그리스도의 몸에 참여함이 아니냐 17 떡이 하나요 많은 우리가 한 몸이니 이는 우리가 다 한 떡에 참여함이라 18 육신을 따라 난 이스라엘을 보라 제물을 먹는 자들이 제단에 참여하는 자들이 아니냐 19 그런즉 내가 무엇을 말하느냐 우상의 제물은 무엇이며 우상은 무엇이냐 20 무릇 이방인이 제사하는 것은 귀신에게 하는 것이요 하나님께 제사하는 것이 아니니 나는 너희가 귀신과 교제하는 자가 되기를 원하지 아니하노라 21 너희가 주의 잔과 귀신의 잔을 겸하여 마시지 못하고 주의 식탁과 귀신의 식탁에 겸하여 참여하지 못하리라 22 그러면 우리가 주를 노여워하시게 하겠느냐 우리가 주보다 강한 자냐

제36강

주의 잔과 귀신의 잔

From the Cross to Agape

고전 10장 14~22절

● 지난달에 우리는 믿음이 강한 자들이 이방신에게 바쳐졌던 고기를 식사용으로 자유롭게 먹는 관행에만 머무르지 않고, 이방신을 숭배하는 식사예식에 참여하고 그것도 모자라서 성전 창녀들과 성관계를 갖는 행동까지 자행한 것을 알게 되었습니다. 이 사실을 전해들은 바울은 신전제사의 식사예식에 참여하는 것은 이스라엘 백성들이 광야에서 금송아지 우상을 세워 놓고 잔치자리를 벌인 것과 똑같은 우상숭배행위이며, 성전 창녀들과 성관계를 갖는 행동은 이스라엘 백성들이 모압 사람들의 초청을 받고 바알신전에서 성전간음을 행한 것과 같은 우상숭배행위라고 준엄하게 비판했습니다. 오늘 우리가 읽은 본문은 고린도교회 성도들이 이와 같은 우상숭배 행위를 해서는 안 되는 신학적인 이유를 제시하고 있습니다.

바울은 우상숭배행위를 피할 것을 단호하게 명령합니다. 14절입니다. "그런즉 내 사랑하는 자들아 우상 숭배하는 일을 피하라." "그런즉 내 사랑하는 자들아"라는 어구는 새로운 내용이 시작됨을 알리는 연결어구입니다. 앞 문단에서는 신전식사에 참여하고 성전 창녀들과 성관계를 가지는 행위가 우상을 숭배하는 행위임을 지적했는데, 이제부터는 왜 이와 같은 우상숭배행위를 해서는 안 되는가를 말합니다.

바울은 우상 숭배행위를 "피하라"고 권고합니다. "피하라"는 말은 꾸물거리지 말고 전속력을 다하여 즉시 행동할 것을 촉구하는 명령입니다. 이

용어는 골짜기에 갇힌 상태에서 적군이 공격해 올 때 황급하게 도망가는 장면을 묘사한 용어입니다. 오늘날의 상황으로 말한다면 이런 비유를 들 수 있겠습니다. 인도네시아와 후쿠시마를 덮쳤던 것과 같은 쓰나미가 몰려오는 모습이 멀리 보이면 어떻게 해야 할까요? 이것저것 잴 것도 없이 젖먹던 힘을 다 짜내어서 전 속력으로 높은 지대를 향하여 뛰어야 합니다. 우리가 행하는 어떤 행위가 우상숭배다 싶으면 바로 이런 태도로 황급히 피해야 합니다. 우물쭈물하면 안 됩니다.

그러면 성도들이 우상숭배를 해서는 안 되는 이유는 무엇일까요? 바울은 자신이 고린도교회에서 사역할 때 빈번히 집례 했던 성찬식을 예로 들어서 설명을 시작합니다. 바울이 성찬식을 비유로 든 것은 고린도교회 성도들이 성찬식에 자주 참여하여 성찬식에 대하여 잘 알고 있었기 때문입니다. 먼저 15절을 읽겠습니다. "나는 지혜 있는 자들에게 말함과 같이 하노니 너희는 내가 이르는 말을 스스로 판단하라." 바울은 지혜 있는 자들에게 말함과 같이 말한다고 운을 뗍니다. 지혜 있는 자들이란 분별력이 있는 자들을 말합니다. 고린도교회 성도들이 많은 문제를 일으켰고 바울을 힘들게 했던 성도들이었지만 바울은 끝까지 이들을 분별력이 있는 자들로서 인격적으로 존중하는 태도를 잃지 않았습니다. "내가 이르는 말"은 다음 절에서부터 바울이 하는 말을 가리키는데, 이 말은 주로 성찬과 관련된 말들입니다. "스스로 판단하라"고 했는데, 바울은 성찬은 고린도교회 성도들이 잘 알고 있는 주제이기 때문에 스스로 판단할 수 있을 것이라고 생각했습니다. 성찬에 관한 가르침은 16절과 17절에 있습니다.

먼저 16절을 읽겠습니다. "우리가 축복하는 바 축복의 잔은 그리스도의 피에 참여함이 아니며 우리가 떼는 떡은 그리스도의 몸에 참여함이 아니냐." 성찬식에서는 포도주를 나누어 마십니다. 포도주는 그리스도의 피를 상징합니다. 포도주를 나누어 마시는 것은 그리스도의 피에 참여함을 뜻합니다. 성찬식에서는 또한 떡을 나누어 먹습니다. 떡은 그리스도의 몸을 상징합니다. 떡을 나누어 먹는 것은 그리스도의 몸에 참여함을 뜻합니다. 그러면 이처럼 성도들이 그리스도의 피와 몸에 참여한다는 것은 어떤 의미가 있을까요?

첫째로, 성도들이 성찬식에서 포도주 잔을 마시고 떡을 먹을 때 성도들은 그리스도와 맺은 관계를 재확인합니다. 우리가 예수 그리스도를 믿음으로 받아들일 때 그리스도께서는 자신이 십자가 위에서 흘리신 피와 십자가 위에서 수난 받으신 몸을 담보로 하여 성도들의 하나님이 되어 주셨고, 우리는 하나님의 백성이 되었습니다. 성찬식에서 떡을 떼고 포도주를 마실 때 바로 이 사실을 재확인합니다. 그런데 성찬식의 의미는 여기서 끝나지 않습니다. 성도들은 떡을 떼고 포도주를 마실 때마다 자신들이 그리스도와 한 몸으로 연합되었음을 확인합니다. 성찬식은 기독교예배의식의 핵심입니다. 기독교에서 예배를 드릴 때마다 항상 재확인하는 중요한 사실이 바로 성도들과 그리스도가 한 몸으로 연합되어 있다는 진리입니다.

둘째로, 그리스도의 피와 몸에 참여한다는 것은 그리스도의 피와 몸에 나타난 그리스도의 생활원리에도 동참하여 그 원리를 본받아 행한다는 것을 뜻합니다. 그리스도의 피와 몸에는 어떤 생활원리가 담겨 있을까요? 자기희생의 원리가 담겨 있습니다. 그리스도께서 십자가 위에서 피를 흘리시고 몸으로 수난을 받으신 것은 자기만족을 위해서가 아니라 철저하게 타인 곧 인류를 위한 것이었습니다. 성찬식은 철저하게 그리스도께서 인류를 위하여 자기를 희생하셨음을 기념하는 예식입니다. 따라서 그리스도의 피와 몸에 참여하는 성도들은 성찬에 나타난 그리스도의 생활방식을 본받아서 자신을 희생하고 타인을 배려하는 생활을 실천해야 합니다. 더욱이 믿음이 강한 자들이 자신들의 믿음이 강하다는 자만에 빠져서 신전식사에 참여하여 만찬을 즐기고 성전 창녀들과 성관계를 즐김으로써 자기만족을 꾀하고 믿음이 약한 자들을 시험에 빠뜨리고 이들을 배려하지 않는 이기적인 태도는 성찬의 정신과는 전혀 조화될 수 없는 생활태도입니다.

17절을 읽겠습니다. "떡이 하나요 많은 우리가 한 몸이니 이는 우리가 다 한 떡에 참여함이라." 16절에서는 포도주와 떡 두 가지를 말했는데, 17절에서는 떡 하나만을 말합니다. 이것은 포도주가 중요하지 않아서가 아니라 편의상 대표로 떡을 말한 것뿐입니다. 떡은 그리스도를 뜻합니다. "떡은 하나요"라는 말은 "떡은 하나이기 때문에"라고 번역할 수 있습니다. 맨 뒤 절이 이 말을 보완 설명 합니다. "이는 우리가 다 한 떡에 참여함이라." 이 구절은 "이는 우리가 다 한 떡을 먹기 때문에"라고 번역할 수 있습니다. 참여한다는 말은 먹는다는 뜻도 가지고 있습니다. "떡이 하나이고 이 하나의 떡을 우리가 나누어 먹기 때문에." 여기서 말하는 떡은 그리스도를 뜻합니다. 따라서 본문은 "그리스도는 한 분이시고, 이 한 분에게 우리가 다 연합되어 있기 때문에"라는 뜻입니다. 그러면 우리가 한 분 그리스도께 연합되어 있을 때 나타나는 결과는 무엇일까요? "많은 우리가 한 몸이라"는 것입니다. 우리들의 숫자가 아무리 많아도 우리는 한 분 그리스도에게 연합되어 있기 때문에 한 몸이라는 것입니다. "많은 우리"는 교회를 뜻합니다. 본문에는 교회의 두 가지 특징이 암시되어 있습니다.

첫째로, 교회는 단순히 사람들의 회합에 불과한 집단이 아닙니다. 한 개인 개인이 그리스도와 연합되어 있을 뿐만 아니라 교회 공동체 전체가 그리스도와 하나로 연합되어 있는 신비로운 공동체입니다. 이것이 교회가 지닌 수직적인 차원입니다. 수직적인 차원이란 하나님과 관련이 있다는 뜻입니다.

둘째로, 본문은 교회를 "많은 우리"라고 표현하고 있는데, "많은 우리"라는 말은 구성인원이 획일적인 것이 아님을 시사하고 있습니다. 교회의 구성원들은 성향이나 자라온 배경이나 인종이나 성별이나 연령이나 빈부의 정도나 학력이나 – 이 모든 점들에 있어서 천차만별입니다. 고린도교회도 예외가 아닙니다. 문제가 되고 있는 "믿음이 강한 자들"과 "믿음이 약한 자들"이 벌써 서로 다른 자들이 아닙니까? 수평적인 차원에서의 교회는 – 수평적이라는 말은 인간적이라는 뜻입니다 – 다양성을 지니고 있습니다. 그러나 수직적인 차원에서는 그리스도 안에서 하나의 몸입니다.

성찬에 참여할 때 그리스도인들은 이중적인 연합을 경험하게 됩니다. 먼저 성도 개개인이 그리스도와 한 몸으로 연합됩니다. 다음으로는 모든 성도들이 동일한 그리스도 안에서 연합되어 있기 때문에 이번에는 동일한 그리스도를 품은 성도들 서로서로가 한 몸으로 연합됩니다.

성찬에 대하여 말한 바울은 이 원리를 구약시대에 제사에 참여하는 행위를 예로 들면서 한 번 더 설명합니다. 18절입니다. "육신을 따라 난 이스라엘을 보라 제물을 먹는 자들이 제단에 참여하는 자들이 아니냐." "육신을 따라 난 이스라엘"은 구약시대의 이스라엘 민족을 뜻합니다. 이스라엘 백성들은 구약시대 때 제사를 드렸습니다. 그런데 제사를 드리는 일을 구경하는 것과 제사를 드리는 것은 다릅니다. 제사 드리는 일을 구경하면 구경하는 사람에게는 특별한 일이 일어나지 않습니다. 예를 들어서 중국, 일본, 대만, 태국 등지로 관광여행을 가면 유명한 사찰을 구경하게 됩니다. 이때 사찰을 둘러본다고 해서 구경하는 사람에게 무슨 특별한 일이 일어나지 않습니다. 그러나 제사를 드리면 제사 드리는 사람에게 중대한 일이 일어납니다. 우선 제사의식에 참여하는 사람은 "제물을 먹습니다." 구약시대 때 제사에 참여하는 제사장들은 제물로 바친 고기의 일부를 사례금으로 받아먹었고, 일반 백성들도 제물로 준비한 요리를 먹었습니다. 이렇게 하여 제사를 드린 후에 이어서 제물을 먹으면 "제단에 참여하는 일"이 실제로 일어납니다. 여기서 참여한다는 말은 하나로 연합한다는 것과 실질적으로 같은 뜻입니다. 제단에 참여한다는 말은 제단이 상징하는 하나님과 연합한다는 뜻입니다. 그렇습니다. 구약시대 때 이스라엘 백성들은 제사에 참여하고 제단에 바쳤던 고기를 먹음으로써 하나님과 교제하고 연합하는 경험을 했습니다. 구약시대의 제사는 구약시대의 성찬식에 해당하는 예식이었습니다.

바울은 성찬과 제사에 나타난 원리와 같은 원리가 우상숭배행위에도 나타난다고 말합니다. 19절을 읽겠습니다. "그런즉 내가 무엇을 말하느냐 우상의 제물은 무엇이며 우상은 무엇이냐." 바울은 우상 그 자체는 존재하지 않는다고 생각했습니다. 그리스인들이 믿었던 제우스신이나 비너스신이나 가나안 사람들이 믿었던 바알 신 그 자체는 존재하지 않습니다. 또한 우상제물 그 자체가 악한 것이라고도 생각하지 않았습니다. 감사한 마음으로 식사용으로 먹으면 문제될 것이 없다고 생각했습니다. 그러면 우상은 정말로 아무 것도 아니며 우상제물은 그야말로 먹는 음식에 불과한 것인가? 그렇지는 않습니다. 20절입니다. "무릇 이방인이 제사하는 것은 귀신에게 하는 것이요 하나님께 제사하는 것이 아니니 나는 너희가 귀신과 교제하는 자가 되기를 원하지 아니하노라." 우상이나 우상제물의 배후에는 귀신의 세력이 실제로 존재한다는 데 문제가 있습니다. 따라서 우상에게 제사를 드리게 되면 실질적으로 귀신에게 제사를 드리는 일이 일어나게 되고, 신전 식사에 참여하여 제물을 먹으면 귀신과 하나로 연합되는 일이 일어납니다. 우상에게 제사를 드리면 귀신에게 제사를 드리게 된다는 사상은 바울이 처음 발견한 생각이 아니고 이미 구약성경 신명기 32장에 나타나 있는 사상입니다. 하나님은 이스라엘 백성들이 금송아지 상을 숭배하는 것을 보고 신명기 32장 17절에서 이렇게 말합니다. "그들은 하나님께 제사하지 아니하고 귀신들에게 하였으니 곧 그들이 알지 못하던 신들, 근래에 들어온 새로운 신들 너희의 조상들이 두려워하지 아니하던 것들이로다."

결론적으로 바울은 하나님과 귀신을 동시에 섬길 수 없다고 말합니다. 21절입니다. "너희가 주의 잔과 귀신의 잔을 겸하여 마시지 못하고 주의 식탁과 귀신의 식탁에 겸하여 참여하지 못하리라." 왜 주의 잔과 귀신의 잔, 주의 식탁과 귀신의 식탁에 동시에 참여해서는 안 될까요? 두 경우 모두 하나로 연합하는 일이 일어나기 때문입니다. 주의 잔과 주의 식탁에 참여하면 하나님과 연합하게 됩니다. 귀신의 잔과 귀신의 식탁에 참여하면 귀신과 연합하게 됩니다. 하나님과 연합하면 귀신과의 연합을 버리든지, 귀신과 연합하면 하나님과의 연합을 버리든지 양자택일해야 합니다. 성도들에게는 두 연합에 양다리를 걸쳐 놓을 수 있는 길은 없습니다. 왜 그렇습니까? 이 길은 하나님의 불같은 분노를 촉발하기 때문입니다. 22절입니다. "그러면 우리가 주를 노여워하시게 하겠느냐 우리가 주보다 강한 자냐." 하나님이 진노하실 것이라는 사실을 뻔히 알면서도 귀신의 잔과 식탁에 참여한다면 자기 자신이 하나님보다 강해서 하나님이 퍼 부으시는 진노를 견뎌낼 수 있다는 뜻인데, 이것은 너무나 무모한 생각이라고 바울은 말합니다.

우리는 이렇게 생각할 수 있습니다. 이스라엘 백성들도 그렇게 생각했습니다. 하나님을 아예 떠나 귀신과 어울리는 것 보다는 그래도 하나님을 완전히 버리지는 않고 하나님을 섬기면서 귀신도 조금씩 섬기는 것이 그래도 낫지 않을까? 이런 생각을 가지고 이스라엘 백성들은 하나님을 섬기면서 우상에 대한 미련도 끊지 못하는 어정쩡한 생활을 했습니다. 그러나 이것은 아주 잘못된 생각입니다. 이 행동은 솔직하게 하나님을 깨끗하게 떠나는 행동보다 더 악한 행동입니다. 바로 이런 어정쩡한 생활이 하나님을 한층 더 분노하게 만들었습니다.

주의 잔과 주의 식탁에 참여하는 것과 귀신의 잔과 귀신의 식탁에 참여하는 것을 동시에 할 수 없는 또 하나의 이유는 이 두 예식이 그 성격이 판이하게 달라서 도저히 어울릴 수 없는 예식들이기 때문입니다. 주의 잔과 주의 식탁은 그리스도께서 자기 몸과 피를 성도들에게 주시는 자기희생의 예식입니다. 그러나 귀신의 잔과 귀신의 식탁은 귀신이 무언가를 주는 자리가 아닙니다. 귀신이 사람들로부터 받아먹는 자리입니다. 사람들이 귀신에게 제사를 드리는 이유는 골이 잔뜩 나서 기회만 있으면 사람들에게 액운을 가져다주고 해를 끼치려고 벼르고 있는 귀신들의 마음을 달래 주기 위해서입니다. 귀신은 사람들이 바치는 제물의 수준을 보고 액운을 내릴지 말지를 결정합니다. 따라서 귀신의 잔과 귀신의 식탁은 철저하게 이기적인 예식입니다. 자기희생은 그리스도의 잔과 식탁이 우리에게 보여주는 생활방식인 반면에 이기주의는 귀신의 잔과 식탁이 우리에게 보여주는 생활방식입니다. 따라서 주의 잔과 식탁은 귀신의 잔과 식탁과 한 자리에 베풀 수가 없습니다.

이제 오늘의 본문이 주는 교훈을 정리하고 강의를 마무리하겠습니다.

첫째로, 우리는 성도의 신분이 얼마나 놀랍고 경이로운 신분인가를 잊고 지낼 때가 많습니다. 우리는 이 우주와 이 우주 안에 있는 모든 것들을 창조하시고 이 우주보다 크신 엄청난 분과 하나로 연합된 자들입니다. 성부와 성자와 성령 하나님이 우리 안에 계십니다. 그리고 우리는 성부와 성자와 성령 하나님 안에 안겨 있습니다. 이것은 신비요, 기적입니다. 그리스도인들 한 사람 한 사람이 곧 어마어마한 기적입니다. 우주를 창조하신 삼위일체 하나님이 우리 안에 계신다는 사실 그 자체가 어마어마한 축복입니다.

이토록 어마어마한 축복에는 어마어마한 의무가 뒤따릅니다. 그 의무는 하나님 한 분만을 섬기고 하나님이 아닌 어떤 다른 대상에게도 숭배하고자 하는 목적으로는 눈동자조차 돌리지 말라는 것입니다. 우상숭배다 싶으면 머뭇거리지 말고 전속력을 다하여 도망쳐 버려야 합니다. 그렇게 하지 않으면 바로 하나님의 질투와 분노가 촉발됩니다.

둘째로, 하나님과의 연합은 평범하게 이루어진 것이 아닙니다. 왜냐하면 우리는 극히 높으신 하나님에게는 접근조차 할 수 없는 흉악한 죄인들이기 때문입니다. 어떻게 흉악한 죄인인 우리들이 하나님과 연합될 수 있었는가? 우리를 대신하여 그리스도께서 십자가 위에서 피를 흘리시고 몸이 찔리셨기 때문에 이 어마어마한 축복의 주어질 수 있었습니다.

그리스도의 몸과 피를 먹고 마심으로써 하나님과 연합한 우리에게는 성찬에 나타난 그리스도의 생활방식과도 연합하여 그 생활방식대로 살아야 할 의무가 주어집니다. 우리에게는 그리스도께서 십자가 위에서 인류를 위하여 철저하게 자기를 희생하신 것처럼, 자기중심적인 삶의 모습으로부터 자기를 희생하고 타인을 배려하는 삶의 모습으로 우리의 삶을 점진적으로 변화시켜 가야 할 의무가 주어져 있습니다.

    셋째로, 우리는 그리스도와 하나로 연합된 자들일 뿐만 아니라 교회의 모든 성도들과 그리스도 안에서 하나로 연합된 한 몸의 지체들임을 항상 유념해야 하겠습니다. 우리는 모두 이미 그리스도 안에서 원리적으로 하나가 되었습니다. 그러나 우리의 구체적인 삶 속에서는 아직 완전히 하나가 되지 못했습니다. 우리는 동료 성도들이 한 몸의 지체들이라는 인식을 가지고 지체들을 돌아보고 지체들을 위하여 기도하며 자기희생적인 생각과 삶의 방식을 통하여 그리스도 안에서의 하나 됨을 실현해 가는 성도들이 되어야 하겠습니다.

23 모든 것이 가하나 모든 것이 유익한 것은 아니요 모든 것이 가하나 모든 것이 덕을 세우는 것은 아니니 24 누구든지 자기의 유익을 구하지 말고 남의 유익을 구하라 25 무릇 시장에서 파는 것은 양심을 위하여 묻지 말고 먹으라 26 이는 땅과 거기 충만한 것이 주의 것임이라 27 불신자 중 누가 너희를 청할 때에 너희가 가고자 하거든 너희 앞에 차려 놓은 것은 무엇이든지 양심을 위하여 묻지 말고 먹으라 28 누가 너희에게 이것이 제물이라 말하거든 알게 한 자와 그 양심을 위하여 먹지 말라 29 내가 말한 양심은 너희의 것이 아니요 남의 것이니 어찌하여 내 자유가 남의 양심으로 말미암아 판단을 받으리요 30 만일 내가 감사함으로 참여하면 어찌하여 내가 감사하는 것에 대하여 비방을 받으리요 31 그런즉 너희가 먹든지 마시든지 무엇을 하든지 다 하나님의 영광을 위하여 하라 32 유대인에게나 헬라인에게나 하나님의 교회에나 거치는 자가 되지 말고 33 나와 같이 모든 일에 모든 사람을 기쁘게 하여 자신의 유익을 구하지 아니하고 많은 사람의 유익을 구하여 그들로 구원을 받게 하라 1 내가 그리스도를 본받는 자가 된 것 같이 너희는 나를 본받는 자가 되라

제37강

자유의 참된 의미

· From
the Cross
to Agape

고전 10장
23~11장 1a절

● 　　　　8장 1절에서 시작된 우상 제물에 관한 바울의 가르침은 오늘의 본문 고린도전서 10장 23절부터 11장 1절 전반절까지에 이르러서 결론을 맺고 마무리됩니다. 바울은 8장에서 10장까지에서 단지 우상제물을 먹어야 하느냐 먹지 말아야 하느냐 하는 한 가지 질문에 대한 답변을 제시하는 것으로 만족하지 않고, 이 질문과 관련된 보다 근원적인 성도의 삶의 원리를 밝히는 데 주력해 왔습니다.

오늘 본문에서 바울은 8장 1절에서 10장 22절까지 다룬 내용들을 마지막으로 요약하여 정리하고 있습니다. 그러나 바울은 앞에서 말한 내용을 앵무새처럼 되풀이하는 것으로 끝내지 않습니다. 같은 내용을 다시 한 번 반복해서 말하는데 잘 살펴 보면 이 안에 이미 새로운 관점이 들어 있습니다.

먼저 오늘의 본문이 어떻게 구성되어 있는가를 살펴보겠습니다. 23절에서 28절까지는 8장에서 10장 22절에서 바울이 고린도교회 성도들에게 제시한 가르침을 요약정리하고 있습니다. 29절에서 30절에서는 바울이 제시한 가르침이 성도의 자유를 억압하는 가르침이 아니라 자유가 무엇인가를 알고 즐기는 성도만이 실천할 수 있는 가르침이라는 점을 강조합니다. 이 점이 바로 오늘의 본문이 제시하는 새로운 관점입니다. 31절로부터 33절까지는 우상제물을 먹는 일을 포함하여 모든 그리스도인의 삶에 적용되는 일반적인 생활원리를 제시합니다. 마지막으로 11장 1절 전반절에서 자신이 그리스도를 본받은 것처럼 자신을 본받으라고 권면함으로써 우상 제물에 관한 가르침을 종결짓습니다.

　그러면 앞에서 말한 내용을 요약정리하고 있는 23절에서 28절까지를 살펴보겠습니다. 이 문단은 다시 두 부분으로 나누어집니다. 23절과 24절에서는 이전에 이미 강조한 행동원리를 재차 소개합니다. 25절에서 28절까지는 우상제물을 먹는 문제에 대한 아주 구체적인 행동지침을 줍니다.

　그러면 우상제물을 먹는 문제를 다룰 때 필요한 행동원리를 소개하고 있는 23절과 24절을 살펴보겠습니다. 23절입니다. 바울은 23절에서 부정적이고 소극적인 원리를 말한 뒤에 24절에서는 긍정적이고 적극적인 원리를 말합니다.

　먼저 부정적이고 소극적인 원리를 말한 23절을 읽겠습니다. "모든 것이 가하나 모든 것이 유익한 것이 아니요 모든 것이 가하나 모든 것이 덕을 세우는 것이 아니니." 이 구절에서 전반부는 이미 6장 12절에서 말한 내용을 반복하고 있습니다. 후반부는 여기 새롭게 첨가된 것입니다. "모든 것이 가하다"는 말은 당시 고린도교회 성도들 가운데 일부 성도들이 외치고 다닌 슬로건이었습니다. 이 슬로건은 두 가지 사상적인 배경에서 나온 것입니다. 하나는 스토아학파와 견유학파의 사상입니다. 이 두 학파에서는 다른 사람들에게 무슨 일이 일어나든 간에 상관없이 자기가 하고 싶은 일을 자유롭게 할 수 있는 사람이 행복한 사람이라고 주장했습니다. 다른 하나는 바울이 전한 복음을 오해한 사상입니다. 바울은 인간이 구원을 받을 때는 예수 그리스도께서 십자가 위에서 이룩하신 공로에 의해서만 구원을 받을 뿐, 율법을 지킨 업적을 가지고 구원받는 것은 아니라고 가르쳤습니다. 바울은 구원을 받는 과정에서 율법을 지킬 의무가 없다고 가르친 것인데, 고린도교회의 일부 교인들은 이 가르침을 기독교인의 삶을 영위할 때 율법을 지킬 의무가 없다는 뜻으로 오해했습니다. 생활 속에서 율법을 지킬 필요가 없다는 말은 다른 사람이야 어떻든 자기가 하고 싶은 대로 살아도 된다는 뜻입니다. 이 두 가지 사상의 영향을 받은 일부 고린도교회 성도들이 그리스도인은 자기가 하고 싶은 일은 자유롭게 다 하면서 살아도 된다고 주장하고 다녔습니다. 바울은 이 주장이 잘못된 주장이라고 말합니다. "모든 것이 유익한 것이 아니요." 그리스도인이 자유롭게 행하는 행동들 중에는 유익하지 않은 것들이 있습니다. 누구에게 유익하지 않은가? "이웃에게!" "모든 것이 유익한 것이 아니라"는 바울의 말 안에는 자기가 하고 싶은 대로 하는 행동 중에서 이웃에게 유익을 주지 않는 행동은 죄가 된다는 뜻이 함축되어 있습니다. 여기까지는 6장 12절에서 가르친 내용을 한 번 더 말한 것입니다. 바울은 다음 구절에서 "덕을 세우는 것이 아니다"라는 구절을 새롭게 첨가합니다. "덕을 세운다"는 말은 "집을 짓는다"는 뜻을 담고 있습니다. 덕을 세우지 못한다는 말은 집을 짓지 못한다는 뜻입니다. 그러면 무슨 집을 짓지 못한다는 말일까요? 본문에서는 "교회"라는 집을 짓지 못한다는 뜻입니다. 앞 구절에서 자기가 하고 싶은 대로 하는 행동이 넓은 의미의 이웃에게 유익한 것이 아니라고 말한 바울은 다음 구절에서는 이웃의 범위를 좁혀 교회에 적용합니다.

23절에서 성도들이 따르지 말아야 원리를 말한 바울은 24절에서는 성도들이 따라야 할 긍정적이고 적극적인 원리를 밝힙니다. "누구든지 자기의 유익을 구하지 말고 남의 유익을 구하라." 성도들은 자기의 유익을 추구하는 자들이 되어서는 안 되고 타인의 유익을 추구하는 자들이 되어야 합니다. 이것이 바로 아가페 사랑의 중요한 의미 가운데 하나입니다. 이 가르침을 제시할 때 바울의 머릿속에는 이미 아가페 사랑이 성도의 중요한 생활원리라는 생각이 자리 잡고 있었습니다. 바울은 벌써 유명한 사랑의 장인 고린도전서 13장을 향하여 나아가고 있는 중입니다. 나중에 바울은 고린도전서 13장에서 "사랑은...자기의 유익을 구하지 아니하며"라고 사랑의 의미를 밝힙니다. 로마서 14장 7절에서는 성도들 중에는 자기를 위하여 사는 자가 없어야 하고 자기를 위하여 죽는 자도 없어야 한다고 밝히고 있습니다. 로마서 15장 2절에서는 성도들이 이웃을 기쁘게 하는 삶을 살아야 함을 또한 밝히고 있습니다.

23절과 24절에서 우상제물을 먹어야 하느냐, 말아야 하느냐 하는 문제를 판단할 때 필요한 부정적이고 소극적인 원리와 긍정적이고 적극적인 원리를 말한 바울은 25절에서 28절에서는 우상제물 문제에 대하여 직접적인 행동지침을 제시합니다. 이 행동지침은 새로운 내용은 아니고 8장에서 10장 22절까지 상세하게 서술한 내용의 핵심을 요약한 것입니다. 바울은 두 경우를 위한 행동지침을 제시합니다.

첫 번째는 시장의 정육점에서 파는 고기를 사다 먹는 경우입니다. 25절입니다. "무릇 시장에서 파는 것은 양심을 위하여 묻지 말고 먹으라." 당시 시장의 정육점에 나온 고기가 100% 우상제물에게 바쳐졌다가 나온 고기라는 견해도 있고, 아니면 일부는 정육점에서 직접 사다가 도축하여 팔고 일부가 우상제물에게 바쳐졌다가 나온 고기라는 견해도 있습니다. 여하튼 시장의 정육점에서 파는 고기 가운데 이방신전에 바쳐졌다가 나온 고기가 있었던 것만은 분명합니다. 당시 이방신전에 바쳐졌던 고기는 신전의 사제들 몫으로 돌아갔습니다. 사제들에게는 제물용과 사제들 자신들이 먹는데 필요한 분량 보다 더 많은 분량이 주어졌기 때문에 사제들은 쓰고 남은 고기들을 돈을 받고 정육점에 공급했습니다. 바울은 시장의 정육점에 나온 고기가 어떤 목적으로 나온 것인가를 중요하게 생각했습니다. 일반 식사용으로 나온 것인가? 아니면 신전제사용으로 나온 것인가? 시장의 정육점에 나온 고기는 일반 식사용으로 나온 것입니다. 그렇다면 이 고기가 어디서 온 것인가를 따지지 말고 자유롭게 사서 먹으라고 바울은 권고합니다. 시장의 정육점에서 도축한 고기라면 당연히 먹을 수 있습니다. 설사 신전에서 나온 고기라도 일반 식사용으로 진열된 것이라면 먹어도 아무런 문제가 없다는 것입니다. 이때 고기를 먹으면서 "죄를 범하는 것이 아닌가?" 하는 양심의 가책을 받을 필요가 없습니다.

26절은 그렇게 해도 되는 이유가 무엇인가를 말하고 있습니다. "이는 땅과 거기 충만한 것이 주의 것임이라." 이 말씀은 구약성경 시편 24편 1절을 인용한 것입니다. 이방신에게 바쳐졌던 고기도 이방신의 것이 아니라 하나님의 것입니다. 이것은 매우 중요한 관점입니다. 이방신을 숭배하는 사람들은 자기들이 바친 고기가 이방신의 것이라고 생각합니다. 그러나 그것은 틀린 생각입니다. 이 고기들도 하나님의 것입니다. 제가 대학시절에 지리산으로 졸업여행을 갔었습니다. 지리산 속에서 야영을 한 후에 내려오는 길에 절이 관리하는 우물에 이르렀습니다. 우물에서 물을 길어서 마시려고 하자 스님이 오더니 절의 소유인 우물을 왜 허락도 받지 않고 길어서 마시냐고 불평을 했습니다. 그때 제가 스님에게 "무슨 소리냐, 이 물도 하나님의 것인데 왜 못 마시게 하느냐?"라고 따지고 들었다가 큰 논쟁이 벌어진 일이 있었습니다. 그렇습니다. 일반 식사용으로 제공된 고기라면 비록 신전에서 공급된 것이라 하더라도 하나님께 감사한 마음으로 맛있게 먹으면 됩니다.

또 하나의 경우는 이방인들이 초대한 잔치자리에 초대를 받아서 식사를 하는 경우입니다. 이 경우를 위하여 바울은 두 가지 지침을 제시합니다. 첫 번째 지침이 27절에 있고 첫 번째 지침을 보완해 주는 두 번째 지침이 28절에 있습니다. 27절을 읽겠습니다. "불신자 중 누가 너희를 청할 때에 너희가 가고자 하거든 너희 앞에 차려 놓은 것은 무엇이든지 양심을 위하여 묻지 말고 먹으라." 이방인들이 마련한 식사자리에 나오는 고기에는 물론 시장의 정육점에서 직접 도축한 고기들도 있을 수 있지만, 신전에서 공급된 고기를 사용할 가능성이 훨씬 많다고 볼 수 있습니다. 당시 고기들 가운데 질이 좋은 상품은 신전에서 제사용으로 사용했고, 질이 떨어지는 하품이 아마도 시장의 정육점에서 직접 도축되었을 것입니다. 손님들을 초대하여 마련한 식사자리에서는 상품의 고기들을 쓰는 것이 통례였습니다. 고기의 출처가 어디였든지 간에 이런 식사자리는 신전제사를 드리는 자리가 아니라 먹고 마시고 사회적인 교제를 나누는 자리입니다. 이런 자리라면 고기가 어디서 온 것이든 따지지 말고, 또 "만일 신전에서 공급된 고기라면 먹을 경우에 죄를 범하는 것이 아닌가" 하는 양심의 가책을 받지 말고 먹어도 무방합니다. 고기뿐만 아니라 모든 음식을 다 먹어도 무방합니다.

그런데 이 자리에서 돌발사태가 일어날 수 있습니다. 28절입니다. "누가 너희에게 이것이 제물이라 말하거든 알게 한 자와 그 양심을 위하여 먹지 말라." 돌발 사태는 식사자리에 함께 참여했던 믿음이 약한 자들에 의하여 발생합니다. 믿음이 약한 자들이 식사자리에 제공된 고기가 신전에서 공급된 고기라는 정보를 입수하고 믿음이 강한 자에게 정보를 전달한 것입니다. 이런 경우에는 어떻게 해야 하는가?

우선은 믿음이 강한 자가 믿음이 약한 자에게 신전에서 공급된 고기를 먹어도 되는 이유를 차근차근 설명하여 이해시킨 다음에 함께 고기를 먹는 방법이 있습니다. 그러나 이것은 현실적으로 적절한 방법이 아닙니다. 신전에서 나온 고기를 먹는 일에 마음에 강한 부담을 가진 믿음이 약한 자에게 이런 설명을 해서 설득시키려면 상당한 시간과 노력이 필요합니다. 이런 설명은 바로 고기가 식탁에 나오고 파티순서에 같이 참여해야 하고 바로 음식물을 먹어야 하는 긴박한 상황에서는 할 수가 없습니다. 그렇다고 해서 아무런 설명도 없이 자기의 양심에 문제가 없다고 해서 믿음이 약한 자들 앞에서 고기를 자유롭게 먹으면 믿음이 약한 자들이 마음에 부담을 크게 느끼고 시험에 들지 않겠습니까? 따라서 이 경우에는 믿음이 약한 자들의 양심이 다치지 않도록 고기를 먹지 않는 것이 좋은 결정이라는 것입니다. 파티에 나오는 음식은 종류가 많을 테니까 주인이 눈치 채지 않도록 고기를 빼고 다른 음식들을 맛있게 먹으면 되지 않겠습니까?

오늘날 성도들이 사회생활을 하다 보면 불신자들과 함께 술자리에 어울려야 할 때가 있습니다. 어떤 성도들은 술자리에 분위기를 맞추어 준다는 핑계를 대고 함께 술을 거리낌 없이 마시는 경우가 있습니다. 그러나 그것은 좋은 전략이 아닙니다. 반드시 함께 술을 마셔야만 회식자리에 어울릴 수 있는 것은 아닙니다. 콜라나 사이다 같은 음료를 주문하여 건배할 때 같이 건배하면서 얼마든지 분위기에 맞추어서 어울릴 수 있습니다.

일단 현장에서는 믿음이 약한 자들을 배려하는 마음으로 고기를 먹는 것을 중단하고, 나중에 시간을 가지고 이야기할 수 있을 때 차근차근 설명하면 믿음이 약한 자들도 이해할 때가 올 것입니다. 그때까지 인내심을 가지고 기다려 주라는 것입니다.

이제 마침내 바울은 해석하기가 매우 어렵지만 또한 매우 중요한 원리를 29절과 30절에서 제시합니다. 우상제물을 먹느냐 마느냐 하는 문제는 성도들의 자유의 문제와 밀접한 관련이 있습니다. 왜냐하면 믿음이 강한 자들은 믿음이 약한 자들 때문에 고기를 자유롭게 먹을 수 있는 자유를 통제당하고 있다고 생각했기 때문입니다. 따라서 이런 질문이 제기될 수 있습니다. "왜 우리가 누릴 수 있는 자유를 통제받아야 하는가?" 이 질문에 대한 답변이 29절과 30절에 있습니다. 29절을 읽겠습니다. "내가 말한 양심은 너희의 것이 아니요 남의 것이니 어찌하여 내 자유가 남의 양심으로 말미암아 판단을 받으리요." 바울이 믿음이 강한 자들에게 우상제물을 먹는 일을 자제하라고 권고하는 이유는 그 행위가 믿음이 강한 자들 자신의 양심에 문제를 일으키기 때문이 아닙니다. 바울은 "남의 양심" 곧 믿음이 약한 자들의 양심이 고통을 겪지 않도록 하기 위하여 이 권고를 제시하고 있습니다. 그러자 믿음이 강한 자들이 이렇게 항의합니다. "어찌하여 내 자유가 남의 양심으로 말미암아 판단을 받으리요?" 이 질문 자체는 믿음이 강한 자들이 한 말을 바울이 그대로 인용한 것입니다. 이 질문은 이런 뜻입니다. "아니, 내가 도대체 무엇 때문에 나 자신의 양심이 아닌 다른 사람의 양심을 챙기면서 그 사람의 양심에 따라서 나의 자유를 빼앗겨야 합니까? 그것은 부당한 일이 아닙니까?" 30절은 같은 내용을 표현을 달리 하여 좀 더 구체적으로 제시합니다. "만일 내가 감사함으로 참여하면 어찌하여 내가 감사하는 것에 대하여 비방을 받으리요?" 이 말도 믿음이 강한 자들이 한 말을 바울이 그대로 인용한 것입니다. 이 말은 이런 뜻입니다. "나는 신전에서 공급된 고기도 하나님의 것인 줄을 알기 때문에 하나님께 감사하는 마음으로 먹고 있는데 도대체 내 행동이 뭐가 잘못되었다는 말입니까? 이렇게 정당한 행동을 왜 내가 해서는 안 됩니까?" 한마디로 말해서 믿음이 강한 자들은 자신들에게 주어진 자유가 억울하게 통제되고 있다고 항변하는 것입니다. 그러면 본문에서 바울은 믿음이 강한 자들의 항의를 인정해 주는 것일까요?

여기서 우리는 바울의 어법에 주목해야 합니다. 바울이 믿음이 강한 자들의 말을 인용했는데 이 인용은 믿음이 강한 자들의 입장을 옳은 것으로 받아들인 것이 아닙니다. 어떤 학생이 시험을 치루었습니다. 이 학생을 가르치는 선생님이 채점을 해 보니까 시험을 너무 못 보았습니다. 선생님이 시미치를 뚝 떼고 학생에게 묻습니다. "시험을 잘 보았느냐?" 그러자 학생이 대답합니다. "네! 시험을 아주 잘 보았습니다." 그 말을 듣고 선생님이 학생의 말을 그대로 받아서 말끝을 살짝 올리면서 이렇게 반문합니다. "아하, 시험을 아주 잘 보았다?" 선생님의 말은 학생의 말을 인정해 주는 것일까요? 아닙니다! 학생의 말이 틀렸다는 것을 암시하는 것입니다. 바울도 같은 방법으로 이런 반문을 하는 것입니다. 바울은 믿음이 강한 자들의 말을 그대로 받되 말끝을 살짝 올리면서 반문하는 것입니다. 그러므로 바울이 하는 말이 무슨 뜻일까요? 믿음이 강한 자들이 믿음이 약한 자들을 위하여 행동을 절제하는 것은 자유를 잃는 것이 결코 아니라는 말입니다.

그렇습니다. 우리가 이웃을 위하여 우리의 행동을 스스로 조심하고 절제하는 것은 우리의 자유를 억압당하는 것이 아니라 우리의 자유를 행사하는 것입니다. 우리는 어쩔 수 없이 떠밀려서 절제하는 것이 아니라 우리에게 주어진 자유를 이용하여 이웃을 위하여 절제하기로 스스로 선택하는 것입니다. 자유는 하나님이 주신 선물입니다. 우리는 우리에게 주어진 자유를 나쁜 목적을 위하여 사용할 수도 있고, 좋은 목적을 위하여 사용할 수도 있습니다. 우리는 우리 자신의 이기적인 목적을 위하여 자유를 사용할 수도 있고, 이웃의 이익을 증진시키는 일에 사용할 수도 있습니다. 내가 스스로 이웃을 위하여 절제하기로 자유롭게 선택했다면, 그것은 자유가 통제당하는 것이 아니라 오히려 자유를 행사하는 것입니다. 자유는 이웃의 유익을 위하여 행사되어야 한다는 것이 바울의 가르침입니다.

우상제물 문제 그 자체에 대한 바울의 가르침은 이제 끝난 것이나 마찬가지입니다. 그러나 바울은 여기에 만족하지 않고 31절과 33절에서 우상제물을 먹는 문제를 포함하여 모든 성도들의 삶에 적용되어야 하는 일반적인 원리를 제시합니다. 31절입니다. "그런즉 너희가 먹든지 마시든지 무엇을 하든지 다 하나님의 영광을 위하여 하라." 우리는 하나님의 영광을 위하여 모든 일을 해야 합니다. 32-33절입니다. "유대인에게나 헬라인에게나 하나님의 교회에게나 거치는 자가 되지 말고 나와 같이 모든 일에 모든 사람을 기쁘게 하여 자신의 유익을 구하지 아니하고 많은 사람의 유익을 구하여 그들로 구원받게 하라." "유대인이에게나 헬라인에게나 하나님의 교회에게나"라는 표현은 성도들과 불신자들을 포함하는 모든 인류를 뜻합니다. 우리는 우리 자신의 유익을 구하기 위해서가 아니라 성도들과 모든 불신자들을 포함하는 이웃을 기쁘게 하고 이웃의 유익을 구하기 위하여 살아야 합니다. 이 구절 들 안에 사랑의 대강령이 들어 있습니다. 하나님을 사랑하고 이웃을 사랑하라는 원리에 따라서 살라는 말입니다. 특히 바울은 자신이 그리스도를 본받아서 자기의 유익을 구하는 삶을 살지 않고 이웃의 유익을 위하는 살았음을 상기시키면서 자신을 본받으라는 권면으로써 우상 제물에 관한 긴 가르침을 마무리합니다. 33절 전반 절입니다. "내가 그리스도를 본받는 자가 된 것같이 너희는 나를 본받는 자가 되라."

사랑하는 성도 여러분! 하나님께서는 우리에게 자유라는 선물을 주셨습니다. 하나님은 하나님의 영광을 위하여, 그리고 이웃의 유익과 기쁨을 위하여 사용하도록 자유라는 선물을 우리에게 주셨습니다. 이와 같은 하나님의 뜻을 항상 마음속에 기억하고 우리에게 주어진 자유를 이웃을 배려하고 이웃의 유익을 도모하기 위하여 활용하는 성도들이 될 수 있기를 간절히 기도드립니다. 우리가 하나님을 위하여, 그리고 이웃을 세심하게 배려하는 마음으로 우리 자신을 스스로 절제하기로 자유롭게 선택할 때 오히려 우리는 하나님이 주신 참된 자유와 평안과 기쁨과 축복을 누릴 수 있게 될 것입니다.

2 너희가 모든 일에 나를 기억하고 또 내가 너희에게 전하여 준 대로 그 전통을 너희가 지키므로 너희를 칭찬하노라 3 그러나 나는 너희가 알기를 원하노니 각 남자의 머리는 그리스도요 여자의 머리는 남자요 그리스도의 머리는 하나님이시라 4 무릇 남자로서 머리에 무엇을 쓰고 기도나 예언을 하는 자는 그 머리를 욕되게 하는 것이요 5 무릇 여자로서 머리에 쓴 것을 벗고 기도나 예언을 하는 자는 그 머리를 욕되게 하는 것이니 이는 머리를 민 것과 다름이 없음이라 6 만일 여자가 머리를 가리지 않거든 깎을 것이요 만일 깎거나 미는 것이 여자에게 부끄러움이 되거든 가릴지니라 7 남자는 하나님의 형상과 영광이니 그 머리를 마땅히 가리지 않거니와 여자는 남자의 영광이니라 8 남자가 여자에게서 난 것이 아니요 여자가 남자에게서 났으며 9 또 남자가 여자를 위하여 지음을 받지 아니하고 여자가 남자를 위하여 지음을 받은 것이니 10 그러므로 여자는 천사들로 말미암아 권세 아래에 있는 표를 그 머리 위에 둘지니라 11 그러나 주 안에는 남자 없이 여자만 있지 않고 여자 없이 남자만 있지 아니하니라 12 이는 여자가 남자에게서 난 것 같이 남자도 여자로 말미암아 났음이라 그리고 모든 것은 하나님에게서 났느니라 13 너희는 스스로 판단하라 여자가 머리를 가리지 않고 하나님께 기도하는 것이 마땅하냐 14 만일 남자에게 긴 머리가 있으면 자기에게 부끄러움이 되는 것을 본성이 너희에게 가르치지 아니하느냐 15 만일 여자가 긴 머리가 있으면 자기에게 영광이 되나니 긴 머리는 가리는 것을 대신하여 주셨기 때문이니라 16 논쟁하려는 생각을 가진 자가 있을지라도 우리에게나 하나님의 모든 교회에는 이런 관례가 없느니라

제38강

여자의 머리는 남자

From
the Cross
to Agape

고전 11장
2~16절

● 　　　지금까지 우리는 여러 차례에 걸쳐서 우상숭배에 바쳐졌던 제물과 관련되어 제기되는 문제들에 대한 바울의 가르침을 살펴보았습니다. 이제 11장 2절부터는 새로운 문제들로 넘어 갑니다. 오늘 우리가 읽은 본문 11장 2절에서 16절에 새로운 문제 하나가 등장합니다. 본문에서 다루는 문제는 예배 시에 남자와 여자가 머리를 어떻게 처리하고 참여해야 하느냐 하는 문제입니다.

본문의 구조를 살펴보면 2절에서 바울은 고린도교회 성도들이 바울이 전하여 준 전통을 잘 지키고 있음을 칭찬함으로써 말문을 연 뒤에 3절에서 하나님이 제정하신 보편적인 남자와 여자 사이의 질서를 소개합니다. 이 보편적인 질서의 핵심은 남자가 여자의 머리라는 것입니다. 이 관계의 창조질서상의 근거는 7절에서 9절, 그리고 11절에서 12절에 제시됩니다.

이처럼 보편적인 남자와 여자의 질서를 밝히면서 바울은 이 질서에 근거하여 고린도교회 안에서 제기된 문제 곧, 공예배시에 기도를 드리거나 말씀을 증거 할 때 남자와 여자가 머리를 어떻게 하고 참여해야 하는가 하는 문제를 분석하고 답변을 제시합니다. 우선 남자가 머리를 어떻게 하고 예배에 참여해야 하는가 하는 문제에 대해서는 4절과 14절에서 말하고 있고, 여자가 머리를 어떻게 하고 예배에 참여해야 하는가 하는 문제에 대해서는 5-6절, 10절, 13절, 15절에서 말하고 있습니다. 16절에서는 마무리하는 말이 등장합니다.

먼저 바울이 고린도교회 성도들을 칭찬하는 2절을 읽겠습니다. "너희가 모든 일에 나를 기억하고 또 내가 너희에게 전하여 준 대로 그 전통을 너희가 지키므로 너희를 칭찬하노라." 바울은 고린도교회 성도들이 바울 자신이 전해 준 전통을 지키고 있다는 사실을 상기시키면서 칭찬합니다. 여기서 말하는 전통은 바울이 고린도교회 성도들에게 전한 복음을 말합니다. 이 복음 안에는 성도들을 구원하는 원리가 담겨 있을 뿐만 아니라 가정생활을 어떻게 해야 하며, 교회생활은 또 어떻게 해야 하는가 하는 문제들에 대한 지침들도 포함되어 있습니다. 고린도교회 성도들이 바울의 전통, 곧 바울이 전한 복음을 잘 지키고 있다는 사실을 먼저 상기시킨 것은 3절에서 소개하는 보편적인 남자와 여자 사이의 질서에 대한 가르침이 이미 바울이 고린도교회에 있을 때 가르친 내용임을 암시해 줍니다.

그러면 바울이 가르친 남자와 여자 사이의 보편적 질서는 어떤 것인가? 3절입니다. "그러나 나는 너희가 알기를 원하노니 각 남자의 머리는 그리스도요 여자의 머리는 남자요 그리스도의 머리는 하나님이시라." 이 본문에는 다루고자 하는 관계는 남자와 여자의 관계인데, 이 관계는 "남자는 여자의 머리다"라고 정리됩니다. 바울은 이 관계의 성격을 밝히기 위하여 이 관계와 같은 특징을 가진 두 가지 다른 관계를 소개합니다. 하나는 "그리스도는 남자의 머리다"라는 것이고, 다른 하나는 "성부 하나님은 그리스도의 머리다"라는 것입니다. 이 세 관계에 어떤 공통된 특징이 있습니다.

"남자가 여자의 머리다"라는 말을 이해하기 위해서는 "성부 하나님이 성자 하나님의 머리다"라고 말할 때 무슨 뜻이 담겨 있는가를 알아야 합니다. 우리의 신체구조에서 머리는 일종의 지휘부 역할을 합니다. 다른 신체 기관들은 일사불란하게 머리의 지시에 따라서 움직입니다. 만일 신체 기관들이 머리의 지시를 받지 않고 제멋대로 움직이거나 머리가 지시를 한 그대로 움직이지 않는다면 심각한 질병에 걸린 것입니다. 이 특징이 성부 하나님과 성자 하나님 사이에도 나타납니다. 성부 하나님과 성자 하나님은 하나님이라는 점에 있어서는 동등합니다. 따라서 우리가 하나님을 부를 때는 한 하나님이라고 부릅니다. 그러나 성자 하나님은 인류구원의 사역이라는 기능적인 역할을 수행하실 때에는 자발적으로 철저하게 성부 하나님의 뜻에 순종하셨습니다. 빌립보서 2장 6절에서 8절입니다. "그는 근본 하나님의 본체시나 하나님과 동등됨을 취할 것으로 여기지 아니하시고 오히려 자기를 비워 종의 형체를 가지사 사람들과 같이 되셨고 사람의 모양으로 나타나사 자기를 낮추시고 죽기까지 복종하셨으니 곧 십자가에 죽으심이라." 하나님이라는 본질에 있어서 성부 하나님과 동등함에도 불구하고 기능적인 역할수행에 있어서는 성부 하나님께 철저하게 순종하신 성자 하나님의 태도가 바로 "성부 하나님이 그리스도의 머리다"라는 진리에 담겨 있는 태도입니다. 이 태도를 본받아서 남자는 역할수행을 할 때 그리스도께 철저하게 순종해야 합니다. 물론 성자와 성부와의 관계가 예외 없이 모두 남자와 그리스도와의 관계에 적용되는 것은 아닙니다. 성부와 성자는 모두 본질이 동일한 하나님이지만 남자는 피조물로서 본질 자체가 그리스도와 다르기 때문에 남자는 역할뿐만 아니라 모든 부분에서 철저하게 그리스도에게 순종하는 태도를 견지해야 한다는 점을 잊어서는 안 됩니다. 이처럼 성자 하나님이 역할을 수행할 때 성부 하나님께 철저하게 순종하고, 남자가 역할을 수행할 때 그리스도에게 철저하게 순종하는 것처럼, 여자도 역할을 수행할 때 남자에게 순종해야 합니다. 이것이 바로 하나님이 세우신 질서입니다.

"남자가 여자의 머리이므로 여자는 남자에게 순종해야 한다."는 질서는 인간 창조 이야기에 의하여 지원을 받습니다. 8절에서 9절입니다. "남자가 여자에게서 난 것이 아니요 여자가 남자에게서 났으며 또 남자가 여자를 위하여 지음을 받지 아니하고 여자가 남자를 위하여 지음을 받은 것이니." 바울은 남자가 머리가 되어야 하는 이유를 두 가지 제시합니다. 하나의 이유는 여자가 남자에게서 났다는 것입니다. 우리가 잘 아는 것처럼 하나님은 남자인 아담을 먼저 창조하신 후에 아담에게서 갈빗대 하나를 뽑은 다음 이 갈빗대를 가지고 나중에 여자를 지으셨습니다. 다른 하나의 이유는 여자를 위하여 남자를 지은 것이 아니라 남자를 돕는 배필로서 여자를 지으셨다는 사실입니다. 이 두 가지 창조사실이 남자가 여자의 머리가 되어야 하는 창조신학적 근거가 된다고 바울은 말합니다.

그런데 아담에게서 하와가 창조된 이야기는 인간이 타락하기 전 에덴동산에서 일어난 사건입니다. 만일 아담과 하와가 타락하지 않고 에덴동산에 계속하여 머물러 있을 수 있었다면 남자가 여자의 머리이고 여자가 남자에게 순종해야 한다는 원리가 일방적으로 적용되었을 것입니다. 그러나 아담과 하와가 타락하여 에덴동산으로부터 추방된 이후에는 사정이 달라졌습니다. 아담과 하와 이후에 인류가 세상에 태어나는 방식이 달라진 것입니다. 11절과 12절이 이 달라진 방식을 소개합니다. "그러나 주 안에는 남자 없이 여자만 있지 않고 여자 없이 남자만 있지 아니하니라 이는 여자가 남자에게서 난 것같이 남자도 여자로 말미암아 났음이라 그리고 모든 것은 하나님에게서 났느니라." 에덴동산에서 나온 이후에는 인간이 세상에 태어나는 방식이 달라졌습니다. 아담과 하와 이후에 태어난 모든 인간은 - 당연히 남자를 포함하여 - 여자에게서 태어나도록 순서가 바뀌었습니다.

그렇지요? 타락한 이 세상에서는 여성의 자궁으로부터 사람이 탄생합니다. 자궁이 먼저이고 그 다음이 사람입니다. 이것을 남자와 여자의 관계에 적용하여 말한다면 여자가 먼저이고 여자의 자궁에서 여성으로부터 모든 자양분을 공급받으면서 남자가 나중에 태어납니다. 그러니 이제는 두 가지 말을 다 해야 합니다. 아담의 갈빗대로부터 여자가 태어났으니까 분명히 남자에게서 여자가 났습니다. 이 일이 없었으면 우리가 세상에 존재하지 않았을 것입니다. 그러나 여자의 자궁이 없었다면 남자가 세상에 존재할 수가 없습니다. 그러므로 남자가 여자에게서 났습니다. 이 원리에 따르면 여자가 남자를 돕기 위하여 태어난 것이 사실이지만, 남자도 여자를 돕기 위하여 태어난 것도 또한 사실입니다.

그러면 이제 남자와 여자가 서로 피장파장이 되었으니 여자가 남자에게 순종해야 하는 것과 똑같은 방식으로 남자도 여자에게 순종해야 한다고 말해야 할까요? 그렇지 않습니다. 에덴동산에서의 인간 창조사건과 에덴동산 밖에서의 아담의 후손들의 인간 창조사건은 질적으로 차이가 있습니다. 아담의 갈빗대를 가지고 하와를 창조하신 사건은 하나님이 홀로 직접 행하신 사역입니다. 그러나 여자의 자궁으로부터 인간을 태어나게 하시는 사건은 주로 인간이 주체가 되어 행하고 하나님은 인간을 통하여 간접적으로 행하신 사역입니다. 남자의 갈빗대를 가지고 여자를 만드신 것은 하나님이 하신 일이므로 궁극적으로는 여자는 하나님에게서 난 것입니다. 여자의 자궁에서 남자를 나게 한 것도 간접적이지만 하나님이 하신 일이므로 남자도 하나님에게서 난 것입니다. 그러나 두 창조사건은 하나는 하나님이 홀로 직접 행하신 사역이고 다른 하나는 인간을 통하여 간접적으로 행하신 사역이라는 점에서 분명히 질적으로 차이가 있습니다. 7절도 두 창조사건 사이에 질적인 차이가 있음을 보여 줍니다. "남자는 하나님의 형상과 영광이니 그 머리를 마땅히 가리지 않거니와 여자는 남자의 영광이니라." 바울은 에덴동산 안에서 아담과 하와를 창조한 사건에 근거하여 말할 때는 남자가 하나님의 형상과 영광이라고 말하는 반면에, 에덴동산 밖에서 여성의 자궁을 통한 인간탄생을 말할 때는 여자는 남자의 영광이라고 말하는데, 여기에 보면 형상이 빠져 있습니다. 그러므로 여자가 남자에게 순종한 것과 똑같은 방식으로 남자도 여자에게 순종해야 한다고는 말할 수 없습니다. 남자가 여자를 대하는 방식과 여자가 남자를 대하는 방식이 다를 수밖에 없습니다. 여자는 남자에게 순종하고 존경하는 태도로 대하고 남자는 아내를 양육하고 보호하는 태도로 서로에 대한 사랑을 표현할 것을 에베소서 5장 22절, 24절, 29절, 33절이 명령합니다.

바울은 이제 이와 같은 보편적인 원리에 근거하여 고린도교회가 당면한 문제를 풀어 갑니다. 문제가 된 것은 공예배시에 머리를 어떻게 하고 예배에 참여해야 하는가 하는 문제입니다. 먼저 남자의 경우를 생각해 보겠습니다. 남자의 경우에 대해서는 4절과 14절이 말하고 있습니다. 4절을 읽겠습니다. "무릇 남자로서 머리에 무엇을 쓰고 기도나 예언을 하는 자는 그 머리를 욕되게 하는 것이요." 본문에 "기도나 예언을 한다"는 구절이 나오는데, 이 표현은 한마디로 말해서 예배를 드린다는 뜻입니다. 기도는 오늘날로 말하자면 대표기도를 하는 것을 뜻하고 예언을 한다는 것은 사사롭게 누구의 앞일을 알아맞추는 것을 뜻하는 것이 아니라 복음을 설교한다는 뜻입니다. 바울 당시에는 복음을 전하는 것을 예언을 한다고 표현했습니다. 왜냐하면 복음은 믿는 사람이 미래에 구원받을 것을 미리 알려주는 것이고, 예수님이 재림하신다는 소식은 세상의 미래를 미리 알려주는 것이기 때문입니다. 이처럼 예배를 드릴 때 일부 남자 성도들이 머리에 무엇을 쓰고 예배에 참여했습니다. 당시에 남성들이 머리에 무엇을 쓰는 관행은 두 가지로 나타났습니다.

하나는 유대교 회당에서는 남자들이 머리에 모자 같은 것을 쓰고 예배에 참석했습니다. 유대교에서는 오늘날도 여러 가지 형태의 모자를 쓰고 예배를 드리곤 합니다. 둥근 모자도 쓰고 검은 중절모 비슷한 모자도 씁니다. 이 모자는 사회적 신분을 상징하는 것이었습니다. 모자를 쓰는 것은 자기 자신의 사회적 신분을 과시하기 위한 것이었습니다. 모자를 쓰고 기도하거나 예언하게 되면 기도자나 말씀 증거자 자신도 그리스도 보다는 자기의 신분에 대한 생각으로 관심이 분산될 수밖에 없고, 또 회중들도 모자 쓴 것을 보면 마음이 분산되어 기도의 내용이나 전하는 말씀의 내용에 집중하지 못하게 됩니다. 이처럼 머리이신 그리스도께 철저하게 순종해야 할 남자 성도가 자기신분을 과시하는 증표를 머리에 얹고 예배에 참석하는 것은 예배를 드리는 바른 태도가 될 수 없습니다.

다른 하나는 남자들이 머리를 깎지 않고 길게 늘어뜨린 다음에 긴 머리에 밴드 같은 것으로 묶은 모습을 하고 예배에 참석하는 것입니다. 당시에 이런 모습은 여성들이 주로 하고 있는 머리치장이었는데 남성 동성애자들이 이런 치장을 하고 다녔고, 여성성을 강하게 드러내고 싶어 하는 남성들도 이런 치장을 하고 다녔습니다. 이런 치장은 남자와 여자의 성적 차이를 분명히 강조하는 하나님의 질서를 거스르는 관습으로서 그리스도를 상징하는 남자의 머리를 욕보이는 행태였습니다. 따라서 공예배에 참석하여 기도와 말씀을 증거 하는 자는 이런 머리치장을 해서는 안 되는 것입니다.

이 가르침은 14절에서 다시 한 번 강조됩니다. "만일 남자에게 긴 머리가 있으면 자기에게 부끄러움이 되는 것을 본성이 너희에게 가르치지 아니하느냐" 본문이 말하는 "본성이 너희에게 가르치지 아니하느냐"라는 말씀은 "상식적으로 알 수 있는 일이 아니냐"라는 뜻입니다. 본문이 말하는 긴 머리는 밴드로 묶은 여성형 긴 머리를 말합니다. 이 머리를 하고 나타나면 누구든지 어렵지 않게 그가 동성애자든지 아니면 남자와 여자의 성적 차이를 가볍게 여기는 사람이라는 사실을 알 수 있지 않느냐라는 것입니다.

남은 구절들은 여자의 머리치장에 대해서 말합니다. 5절입니다. "무릇 여자로서 머리에 쓴 것을 벗고 기도나 예언을 하는 자는 그 머리를 욕되게 하는 것이니 이는 머리를 민 것이나 다름이 없음이라." 당시 고린도교회 안에는 신령파 여 성도들이 있었는데, 이들이 머리에 아무 것도 쓰지 않은 채 머리를 풀어서 늘어뜨리고 기도하고 예언활동을 했습니다.

당시 여인들이 머리를 풀어서 늘어뜨린 모습은 성적으로 자기를 드러내고 남자들을 유혹한다는 의미가 있었습니다. 당시 고린도시에서는 두 부류가 머리를 풀어서 늘어뜨린 모습으로 다녔습니다. 한 부류는 창녀들이었고, 다른 한 부류는 상류층 여주인들이었습니다. 두 부류 모두 성적으로 절제를 잘 하지 못하거나 일부러 하지 않는 여성들이었습니다. 이런 사정이 있었기 때문에 당시의 여성들은 머플러 같은 것으로 머리를 두르거나 긴 머리를 밴드로 묶는 치장을 했습니다. 이런 치장을 하는 것은 자신이 성적으로 절제하는 정숙한 여인임을 다른 사람들에게 알려주는 표식이었습니다. 그리고 이 표식은 법적으로 여인들을 보호하는 장치의 역할도 했습니다. 이런 머리치장을 하고 다니는 여성들을 잘못 건드리면 처벌받을 수 있었습니다. 이런 건전한 의미가 있었기 때문에 바울은 예배에 참석하는 여 성도들이 이런 머리치장을 반드시 하도록 권장했습니다.

그런데 교회 안에 있는 신령파 여 성도들이 주 안에서는 남자와 여자가 모두 평등하다는 생각을 극단적으로 밀고 나갔습니다. 이들은 남성들에게는 요구하지 않으면서 여성들에게만 번거로운 제재를 가하는 것은 부당하다고 항의했습니다. 그들은 항의의 표시로서 자신들도 남성들처럼 머리에 머플러를 두르거나 밴드로 묶는 것을 일부러 하지 않고 풀어 헤친 채 예배에 참석하여 기도하고 말씀을 전했습니다. 이들의 행동은 사람을 남자와 여자로 창조하시고 여자가 남자에게 순종하도록 한 하나님의 질서를 정면으로 거스르는 행동입니다. 따라서 바울은 이들의 행동이 머리를 욕되게 하는 행동이라고 비판합니다. 이들의 행동은 여자가 머리를 미는 것이나 다름없다는 것입니다. 왜냐하면 당시에 여성의 머리를 미는 것은 여성으로서의 특성을 완전히 무시해 버리는 수치스러운 머리치장으로서 하나님의 창조질서를 정면으로 어기는 관행이었기 때문입니다. 따라서 노예나 간음을 범한 여성들이 머리를 미는 벌을 받았습니다.

6절입니다. "만일 여자가 머리를 가리지 않거든 깎을 것이요 만일 깎거나 미는 것이 여자에게 부끄러움이 되거든 가릴지니라." 바울은 머리를 가리지 않는 여성들에게 머리를 깎으라고 말합니다. 이 말씀은 뉘앙스를 잘 이해하지 않으면 바울이 앞뒤가 맞지 않는 말을 하는 것처럼 오해될 수 있습니다. 당시에 여성이 여성성을 거부하는 머리치장으로는 깎는 것과 미는 것이 있었습니다. 머리를 미는 것은 여성성을 완전히 박탈해 버리는 것이고, 깎는 것은 미는 것처럼 극단적인 것은 아니지만 여성의 특성을 가볍게 여기는 행위임에는 큰 차이가 없습니다. 머리를 민 여성은 노예나 간음을 범한 여성이었고, 머리를 깎은 여성은 독신주의자나 성적으로 무관심한 무성적인 사람이었습니다. 긴 머리는 여성의 특성을 보여주는 것인데, 바울은 왜 머리를 깎으라고 하는가? 이 말은 반어법이라고 보면 됩니다. 이 말은 이런 뜻입니다. "아하, 너희가 머리를 가리고 싶지 않단 말이지? 그러러면 차라리 깎고 오지 그래?" 그렇습니다. 깎으라는 말이 아닙니다. 하도 기가 차서 하는 탄식입니다. 그 다음 구절은 이런 뜻입니다. "자, 깎고 다니거나 밀고 다니자니 그건 너무 창피해서 못하겠지? 그러니까 좋은 말로 할 때 가리고 다니라 이 말이야." 결국 바울은 머리를 가리고 다니라고 말하는 셈입니다.

10절입니다. "그러므로 여자는 천사들로 말미암아 권세 아래 있는 표를 그 머리에 둘지니라." "권세 아래 있는 표"는 엑수시아라는 헬라어로서, 권세 또는 가리개를 뜻합니다. 여자가 머리를 가리거나 밴드로 묶는 것은 자신이 여성으로서의 특성을 지닌 존재로서 남성에게 순종하라는 창조질서를 받아들이겠다는 뜻입니다. 그런데 이 행동이 천사들과 관련되어 있습니다. "천사들로 말미암아"라는 말은 천사들 때문에 라는 뜻입니다. 왜 갑자기 천사들이 등장할까요? 여자들이 이처럼 자기 자신에게 주어진 신분을 겸손하게 받아들이는 태도는 하늘에 거하는 모든 천사들에게 귀감이 된다는 뜻입니다. 무슨 뜻일까요? 하늘에는 선한 천사들도 있고 타락한 천사들도 있습니다. 그런데 천사들에게 찾아 왔던 비극이 무엇인가요? 인간보다 앞서서 창조된 천사들이 하나님께 겸손히 순종해야 하는 피조물의 자리를 지키지 못하고 하나님의 자리를 넘보다가 타락하여 하나님으로부터 벌을 받아 사탄과 귀신들이 되지 않았습니까? 여자가 머리를 가리는 행위는 이같은 쓰라린 경험을 가진 천사들에게 하나님이 정해 주신 자기 자리를 지키는 것이 피조물이 마땅히 해야 할 본분임을 증거 하는 것입니다.

동시에 이 표는 권세 아래 있는 표인 동시에 권세의 표도 됩니다. 어떤 권세인가? 예배에 참석하여 기도하고 말씀을 증거 할 수 있는 권세의 표입니다. 왜냐하면 여성들은 머리를 가리면 예배에 참석하여 기도도 할 수 있고 말씀증거를 할 수 있었기 때문입니다. 당시 유대교의 회당에서 여성은 아예 막으로 가린 상태로 남자들과 격리되어 있었을 뿐만 아니라 예배의식에 전혀 참여할 수 없었습니다. 바울은 이들에게 예배의식에 참여할 수 있는 권한을 주고 있는 것입니다. 바울은 한편으로는 극단적인 여권주의적 평등사상을 비판하는 동시에 다른 한편으로는 예배 시에 여성을 차별하는 관행도 비판하고 있는 것입니다.

13절입니다. "너희는 스스로 판단하라 여자가 머리를 가리지 않고 하나님께 기도하는 것이 마땅하냐." 바울은 여자가 머리를 가리고 예배에 참여해야 하는 이유를 충분히 설명했다고 생각하고 고린도교회 성도들에게 "이런데도 여자가 머리를 가리지 않고 하나님께 기도하는 것이 마땅한가"라고 묻습니다. 당연히 마땅하지 않다는 답변을 기대하고 묻는 질문입니다. 15절입니다. "만일 여자가 긴 머리가 있으면 자기에게 영광이 되나니 긴 머리는 가리는 것을 대신하여 주기 때문이니라." 본문이 말하는 긴 머리는 풀어서 늘어뜨린 머리가 아니라 밴드로 묶은 긴 머리를 말합니다. 밴드로 묶은 긴 머리는 머리를 가리는 것과 같은 효과가 있다는 말입니다.

16절에서 바울은 고린도교회 성도들이 이런 가르침을 잘 알고 있을 것이라는 사실을 다시 한 번 상기시키고 글을 마무리합니다. "논쟁하려는 생각을 가진 자가 있을지라도 우리에게나 하나님의 모든 교회에는 이런 관례가 없느니라." 이런 관례는 여자가 머리를 풀어서 늘어뜨리고 기도하거나 예언하는 행위를 말합니다. 물론 일부는 이런 일도 가능하다는 궤변을 늘어놓을 수도 있겠지만, 이 관례는 교회에서는 없었던 일이라는 것입니다.

이제 강의를 마무리하겠습니다. 머리 치장문화는 바울 당시와 오늘날이 서로 다를 수 있습니다. 오늘날 남자가 긴 머리를 하고 등장하거나 간혹 머리를 묶고 등장해도 동성애자로 보거나 여성화되었다고 보지는 않습니다. 또 오늘날은 여성들이 머리를 빡빡 밀고 다니는 경우는 거의 없지만 대부분 머리를 짧게 단발로 자르고 다닙니다. 머리를 단발로 자르고 다닌다고 해서 여성성이 없다고 말하는 일은 없습니다.

이처럼 머리치장이라는 구체적인 스타일에 대한 문화적 관습은 달라졌어도 여자와 남자가 모두 동등하게 하나님의 형상으로 창조되었고, 주 안에서 동등한 하나님의 백성이라는 점에서는 평등하지만 가정이나 교회에서 역할을 수행함에 있어서는 자발적인 마음으로 남자에게 여자가 순종하고 남자는 여자를 경제적으로 먹여 살리고 보호하는 것이 기본적인 하나님의 창조질서이며, 이 창조질서가 유지될 때 가정과 교회와 사회가 하나님 앞에서 건강하게 유지될 수 있다는 사실을 잊어서는 안 되겠습니다. 특히 교회 안에서는 남성은 남성으로서의 적절한 옷차림과 품위와 역할을 유지하고 여성은 여성으로서의 적절한 옷차림과 품위와 역할을 유지함으로써 건강하고 밝은 교회 공동체가 되도록 해야 하겠습니다.

17 내가 명하는 이 일에 너희를 칭찬하지 아니하나니 이는 너희의 모임이 유익이 못되고 도리어 해로움이라 18 먼저 너희가 교회에 모일 때에 너희 중에 분쟁이 있다 함을 듣고 어느 정도 믿거니와 19 너희 중에 파당이 있어야 너희 중에 옳다 인정함을 받은 자들이 나타나게 되리라 20 그런즉 너희가 함께 모여서 주의 만찬을 먹을 수 없으니 21 이는 먹을 때에 각각 자기의 만찬을 먼저 갖다 먹으므로 어떤 사람은 시장하고 어떤 사람은 취함이라 22 너희가 먹고 마실 집이 없느냐 너희가 하나님의 교회를 업신여기고 빈궁한 자들을 부끄럽게 하느냐 내가 너희에게 무슨 말을 하랴 너희를 칭찬하랴 이것으로 칭찬하지 않노라

제39강

주의 몸을 분별하라(상)

· From
the Cross
to Agape

고전 11장
17~22절

● 　　　　한국교회에 정착되어 있는 관행들 가운데 하나는 주일 낮 예배 후에 간소하게 점심식사를 준비하여 모든 성도들이 함께 나누면서 따뜻하게 교제하는 것입니다. 만나서 대화만 하고 헤어지는 것 보다는 차라도 한 잔 마시면서 대화를 할 때 더 깊은 교제를 나눌 수 있고, 차 한 잔 마시는 것 보다는 식사를 함께 하면 한층 더 깊은 교제를 할 수 있을 것입니다. 교회에서 나누는 식사는 간소하지만 여러 명이 함께 먹으니까 다른 곳에서 먹는 것 보다 훨씬 맛도 있고 소화도 잘 됩니다.

　고린도교회에서도 성도들이 모여서 애찬을 나누는 식사시간이 있었습니다. 이 식사시간이 처음에는 예배에 참석하는 사람들에게 식사를 제공함으로써 보다 나은 교제를 도모한다는 좋은 취지에서 시작되었는데, 바울이 고린도교회를 떠난 후에 이 취지가 변질되었고, 급기야는 교회 갈등의 원인이 되었습니다. 그렇지 않아도 고린도교회는 1장 12절이 잘 보여주고 있는 것처럼 바울파, 아볼로파, 게바파, 그리스도파 등으로 나누어져서 갈등을 겪고 있는 교회인데 식사문제로 인하여 또 다른 방향에서 갈등을 겪어야 했습니다. 바울이 이 문제를 얼마나 심각하게 생각하고 있었는가는 11장 17절 전반절에서 아예 처음 말을 시작할 때 "내가 명하는 이 일에 너희를 칭찬하지 아니하노니"라고 불편한 마음을 밝히는 것에서도 알 수 있습니다. "내가 명하는 이 일"은 바울이 앞으로 다루려고 하는 일 곧 식사문제를 가리킵니다. 이 같은 어조는 앞 문단에서 여자가 머리에 아무 것도 두르지 않고 예배에 참여하는 문제를 다룰 때는 11장 2절에서 말을 시작하기 전에 그래도 고린도교회 성도들이 바울이 전한 전통 곧 복음을 잘 지키고 있다는 사실을 칭찬하고 시작한 것과 좋은 대조가 됩니다.

오늘 본문의 구조를 먼저 살펴보면 17절에서 22절까지는 고린도교회에서 발생한 식사문제가 어떤 문제인가를 소개하고 있습니다. 23절에서 26절까지는 식사문제가 발생한 이유는 고린도교회 성도들이 주의 만찬의 의미를 제대로 알지 못하기 때문이라고 보고 주의 만찬의 의미가 무엇인가를 설명합니다. 27절에서 34절까지는 식사 문제에 대한 두 가지 실제적인 해결책을 제시합니다. 하나는 27절에서 32절까지에서 다루고 있는 해결책인데, 이 해결책의 핵심은 29절에 있는 "주의 몸을 분별하라"는 것입니다. 이 해결책은 원리적인 해결책입니다. 다른 하나는 33절과 34절에서 다루고 있는 해결책으로서 33절이 말하는 "먹으러 모일 때에 서로 기다리라"는 것입니다. 이 해결책은 29절이 말하는 원리적인 해결책을 식사문제에 실천적으로 적용한 것입니다. 이 본문을 바르게 이해하려면 한 번의 강의로는 부족하기 때문에 두 번에 나누어서 진행하려고 합니다. 오늘은 바울이 고린도교회에서 일어난 식사문제를 설명하고 책망하는 부분인 17절에서 22절까지 다루고 23절에서 34절까지는 다음 강의에서 말씀드리겠습니다.

그러면 도대체 고린도교회에서 일어난 식사문제라는 것이 어떤 문제인지, 17절에서 22절을 검토하면서 알아보겠습니다. 17절 후반 절입니다. "이는 너희의 모임이 유익이 못되고 도리어 해로움이라." 본문이 말하는 모임은 예배를 드리기 위하여 모이는 모임을 뜻합니다. 그런데 이 모임이 성도들에게 유익이 되지 못하고 도리어 해가 되고 있다고 바울은 지적합니다. 그 이유가 무엇인가? 18절입니다. "먼저 너희가 교회에 모일 때에 너희 중에 분쟁이 있다 함을 듣고 어느 정도 믿거니와."

"먼저"라는 말은 "첫째로"라는 뜻입니다. 첫째라는 표현을 사용한 것을 볼 때 식사 문제와 관련하여 바울의 머릿속에 떠 오른 문제들이 17절에서 34절까지에서 다루는 문제들 말고도 몇 가지 더 있었음을 알 수 있습니다. 그런데 34절 끝까지 읽어도 둘째, 셋째 문제들은 등장하지 않습니다. 말하자면 둘째 이상의 다른 문제들은 실종되어 버린 것입니다. 다만 바울은 이 문제를 다루는 마지막 절인 34절에서 "그 밖의 일들은 내가 언제든지 갈 때에 바로잡으리라"라고 마무리함으로써 다른 일들을 다루는 것을 생략합니다. 바울은 우선 큰 꼭지의 문제를 다루어 놓으면 나머지 부수적인 문제들은 직접 가서 해결해도 된다고 생각한 것입니다.

모임이 유익이 되지 못하는 이유는 모임이 분쟁의 원인이 되고 있기 때문입니다. 물론 이 분쟁은 식사문제를 둘러싸고 벌어진 분쟁입니다. "어느 정도 믿는다"는 말은 반신반의한다는 뜻입니다. 바울은 식사문제를 둘러싸고 분쟁이 일어났다는 말을 듣고 처음에는 너무나 기가 막혀서 "어떻게 그런 일이 있을 수 있는가?"하고 반문을 제기했는데, 사정을 알고 나니까 "그럴 수도 있겠다"는 생각을 가지게 된 것입니다.

그런데 이런 분쟁이 일어나는 현실에 대하여 고린도교회 성도들이 보여 준 태도 가운데 바울을 안타깝게 하는 일이 또 하나 있었습니다. 19절입니다. "너희 중에 파당이 있어야 너희 중에 옳다 인정함을 받은 자들이 나타나게 되리라." 이 본문은 얼핏 들으면 납득이 잘 안 되는 본문이기도 합니다. 왜냐하면 앞 절에서 말한 내용과 다른 내용을 말하는 것처럼 보이기 때문입니다. 앞 절에서는 고린도 교회에 분쟁이 있다는 소식을 듣고 바울이 걱정을 하고 있습니다. 그런데 여기서는 "파당"이 있어야 한다고 정 반대되는 말을 하고 있는 것 같습니다. 그러나 바울이 모순되는 말을 하는 것은 아닙니다. 18절이 말하는 분쟁과 19절이 말하는 파당은 우리 말 표현 상으로도 다른 단어이지만 원문 상으로도 다른 단어로서 그 의미도 다릅니다. 18절이 말하는 분쟁은 헬라어로 스키즈마타라는 단어인데, 이는 나쁜 의미에서 분열하는 것을 가리킵니다. 그러나 19절이 말하는 파당이라는 말은 헬라어로 하이레세이스로서 바르지 못한 일이 일어날 때 그 일이 잘못된 일이라고 지적하는 사람들이 등장하여 견해가 갈라지는 것을 뜻합니다. 이 단어는 좋은 의미를 지니고 있습니다. 만일 부정적이고 잘못된 일이 일어난다면 이 일이 잘못되었다고 지적하는 사람이 있어야 하지 않겠습니까? 그래야 어느 공동체든지 건강하게 발전하지 않겠습니까? 이처럼 어떤 중요한 사안에 대하여 견해 차이가 생김으로써 편이 나누어지는 것, 특히 잘못된 일이 벌어졌을 때 그것을 지적하는 사람들이 등장하여 편이 나누어지는 것은 분열과는 다른 것으로서 교회나 기타 공동체를 건강하게 유지하는 데 꼭 필요합니다. 그런데 고린도교회에는 식사문제와 관련하여 문제를 일으키는 자들과 이 때문에 피해를 보는 자들이 나누어지는 일은 있었는데, 이 문제를 잘못되었다고 지적하는 사람들이 등장하여 견해가 갈라지는 일은 없었습니다. 분열은 있었지만 파당은 없었습니다. 바울은 이 점을 안타까워하고 있는 것입니다. 그래서 바울은 "너희 중에 파당이 있어야 한다"고 말하는 것입니다. 왜 파당이 있어야 합니까? 파당이 있어야 "너희 중에 옳다 인정함을 받은 자들이 나타나게 되기 때문입니다. 다시 말해서 옳고 그름이 분명해질 수 있기 때문입니다. 공동체가 건강하게 발전하기 위해서는 옳고 그름이 분명하게 드러나야 합니다.

20절과 21절에서 바울은 식사문제가 어떤 것인지를 구체적으로 지적합니다. "그런즉 너희가 함께 모여서 주의 만찬을 먹을 수 없으니 이는 먹을 때에 각각 자기의 만찬을 먼저 갖다 먹으므로 어떤 사람은 시장하고 어떤 사람은 취함이라."

고린도교회에서는 저녁에 예배를 드릴 때 예배가 끝나면 함께 모여서 식사를 했습니다. 식사를 하는 목적은 두 가지였습니다.

하나는 이 식사는 "사랑의 식사"라고 불리는 식사모임으로서 교제를 좀 더 친근하게 하려는 목적도 있었지만 일종의 구제의 성격도 지니고 있었습니다. 물론 이 식사는 성도들 각자가 음식을 자유롭게 준비하여 펼쳐 놓고 나누어 먹는 공동식사자리였습니다. 그런데 고린도교회에는 부유한 귀족들도 있었고 노예나 노동자들과 같은 가난한 계층들도 있었습니다. 두 계층이 함께 음식을 가져다가 나누어 먹었습니다. 부유한 귀족들은 자신들이 평소에 먹던 대로 좋은 음식들을 넉넉하게 가져와서 진열한 반면에 가난한 계층은 별로 좋은 음식을 준비할 수 없었기 때문에 음식의 질도 낮았고 양도 많지 않았으며 심지어 일부는 아예 음식을 가져오지 못했습니다. 두 계층이 가져 온 음식을 한 자리에 펼쳐 놓고 함께 먹으면 자연스럽게 부유한 계층이 준비해 온 음식을 가지고 가난한 계층의 식사문제를 해결해 주게 됩니다.

그러나 이 사랑의 식사는 또 하나의 중요한 목적을 가지고 있었습니다. 이 식사는 모여서 단지 배고픔을 해결하기 위한 모임만은 아니었습니다. 당시의 식사에서는 빵과 포도주가 주식이었습니다. 당시 포도주를 마신 것은 오늘날 술을 마시는 것과는 개념이 다릅니다. 물이 귀한 팔레스타인 지역에서는 포도주를 식음료로 마시는 것이 음식문화였습니다. 빵과 포도주는 예수님이 성찬을 제정하실 때 사용하셨던 것들이었기 때문에 빵과 포도

주를 나누는 식사시간에 성찬식을 겸하여 행하였습니다.

그런데 당시 고린도시의 이방인들이 손님을 초대하여 식사모임을 가질 때 나타났던 좋지 않은 관습이 성찬식과 사랑의 식사가 함께 진행되는 교회의 공동식사모임에 슬그머니 들어오기 시작했습니다. 당시 고린도시에서는 넓은 집을 가진 귀족들이 손님들을 초대하여 식사자리를 가졌습니다. 그런데 이 식사자리는 사회계급에 따른 사회적 차별이 분명하게 드러나는 자리였습니다. 귀족들의 저택 안에는 방이 몇 개가 있었습니다. 가장 중앙에 위치한 방은 트리클리니움triclinium이라는 이름의 방으로서 이 방에는 큰 탁자와 비스듬이 누워서 식사를 할 수 있는 고급 소파가 갖추어져 있었습니다. 가장자리에는 아트리움atrium이라는 이름의 방들이 있었는데, 이 방들은 탁자와 소파가 없이 단지 중앙에 물을 담는 큰 그릇만 준비되어 있는 방이었습니다. 손님들이 오면 집주인과 신분이 높은 남자들은 트리클리니움으로 들어와서 식사를 했습니다. 틀리클리니움 안에는 당시 귀족 남자들이 입고 있던 정장인 토가 비릴리스toga virilis라는 특별한 의복을 입은 사람들과 이들이 특히 아끼는 남자 어린이들이 우선적으로 들어갈 수 있었습니다. 그 밖에 가난한 평민들이나 노예들은 아트리움에 들어가서 서서 식사를 했습니다. 식사하는 장소만 달랐던 것이 아니고 먹는 음식도 달랐습니다. 트리클리니움에서 식사하는 귀족들에게는 상품의 요리가 나왔고 아트리움에서 식사하는 평민이나 노예들에게는 음식 부스러기들이 나왔습니다. 포도주도 세 종류로 나누어서 최상품은 트리클리니움에 있는 귀족들에게 내놓았고, 아트리움에는 질이 떨어지는 포도주가 제공되었습니다. 이방인들의 식사자리에서는 이런 계급에 따른 차별이 철저하게 유지되었습니다.

이와 같은 이방인의 식사모임에서와는 달리 고린도교회의 식사자리에서는 이런 차별을 철폐하고 귀족들이 가져온 음식과 가난한 사람들이 가져온 음식을 다 섞어 놓고 자유롭게 나누어 먹었습니다. 이로써 교회는 모든 성도들이 하나님 앞에서 평등한 공동체임을 보여 주었습니다.

바울이 고린도교회에서 사역할 때는 사랑의 식사모임이 잘 이루어졌던 것 같습니다. 그러나 바울이 떠나고 난 이후에 부유한 성도들의 믿음이 변질되면서 본래의 사랑의 식사의 정신에서 떠나 잘못된 생각을 갖기 시작했습니다. 이들이 옛날의 습관으로 돌아가기 시작한 것입니다. 우선 이들은 이방사회에 나가면 자신들 앞에서 꼼짝 못하고 자신들의 명령을 따르고 자신들을 감히 올려다보지도 못하는 노예들이나 비천한 사람들이 자신들과 동등한 위치에서 행동하는 것을 싫어하기 시작했습니다. 이들이 건방지다는 생각을 하게 되었고 자신들의 신분상의 체면이 말이 아니라고 생각한 것입니다. 그러다 보니 자연스럽게 음식을 나누어 먹는 것도 싫어지기 시작했습니다. 노예들이나 가난한 사람들이 가져오는 싸구려 음식을 처음에는 억지로 맛보기라도 먹었는데 믿음이 떨어지니까 먹기가 싫어진 것입니다. 또 자기가 가지고 온 좋은 음식을 가난한 사람들이 먹는 것도 싫어졌습니다. 좋은 음식을 빼앗기는 것이 아까운 마음도 들었습니다.

대개 부유한 귀족들은 시간적인 여유가 많아서 일찍 식사자리에 도착했습니다. 그러나 다른 주인들 밑에서 시간에 매인 상태에서 일을 해야 하는 노예들이나 가난한 자들은 시간을 내기가 매우 어려웠습니다. 따라서 이들은 식사자리에 늦게 오는 일이 많았고, 돈도 없는데다가 시간도 여의치 않아서 먹을 것을 미처 준비하지 못한 채 빈 손으로 오는 때도 많았습니다. 그래도 가난한 교인들은 부유한 성도들이 사랑으로 자신들을 따뜻하게 감싸 주고 맛있는 식사를 할 수 있는 것이 좋고 인간대접을 받을 수 있는 분위기가 그리워서 어떻게 해서든지 교회에 나왔습니다.

제가 처음 교회에 다니기 시작할 때 저희 집이 정말로 대책 없이 가난한데다가 온 가족이 뿔뿔이 흩어져서 지내니까 늘 배가 고프고 외로웠습니다. 그때 교회에 가면 따뜻하게 감싸 주고 이런 저런 식사자리에서 넉넉하게 먹을 수 있고 청년들과 이런 저런 일로 어울리는 것이 너무나 좋았습니다. 그래서 교회가 항상 그리웠습니다. 특히 대학 때 며칠 동안 수련회에 가는 것이 너무나 좋았습니다. 수련회에 가면 여학생들과도 한 공간에서 지낼 수 있는 것도 너무 좋았고, 식사도 해결되고, 외롭지 않았습니다. 수련회 끝나고 집에 오려면 마음이 막막하고 힘들었습니다. 아마도 고린도교회의 노예들과 가난한 성도들도 비슷한 마음이었을 것입니다.

그런데 부유한 귀족들이 이런 가난한 성도들의 마음을 잔인하게 배반하기 시작했습니다. 부유한 귀족들은 잔꾀를 내어 자신들이 조금 일찍 오는 것을 이용하기 시작했습니다. 이들은 자신들이 먼저 도착한 후에는 늦게 오는 가난한 성도들을 기다리지 않고 자신들이 가져 온 최상급 음식들을 자기들끼리 펼쳐 놓고 앉아서 먼저 먹어 버렸습니다. 본문에 "먹을 때에 각각 자기의 만찬을 먼저 갖다 먹으므로"에서 "먼저 갖다 먹는다"는 표현은 "게걸스럽게 먹어 치운다"는 뜻도 있습니다. 가난한 성도들이 헐레벌떡 교회에 도착해 보니까 어느 순간부턴가 부유한 성도들이 이미 식사를 끝내 버렸고, 먹을 것이 남아 있지 않았습니다. 부유한 성도들은 너무 많이 먹어서 취하기까지 했습니다. 최상품 포도주를 가져와서는 다 마셔 버려서 취한 것입니다. 반면에 가난한 성도들은 굶은 배를 채울 수가 없었습니다. 가난한 성도들이 얼마나 황당했겠습니까? 또 얼마나 마음에 상처를 받았겠습니까?

　이렇게 비열하고 잔인한 식사모임은 더 이상 사랑의 식사자리가 될 수가 없습니다. 부유한 성도들이 조금이나마 자신들이 손해 볼 것을 각오하고 가난한 성도들을 위하여 배려할 때 사랑의 식사가 가능한 것이지, 부유한 성도들이 철저하게 자기중심적인 마음에 갇히는 한 더 이상 사랑의 식사는 이루어질 수가 없습니다. 바울은 고린도교회 성도들이 더 이상 "주의 만찬을 먹을 수가 없게 되었다"고 단호하게 말합니다. 사랑의 식사는 주의 만찬 곧 성찬이 지닌 의미를 실천하는 자리가 되어야 하는데, 식사자리가 성찬이 지닌 의미와는 정반대되는 자리로 변질되면 성찬을 할 수가 없게 됩니다.

　마침내 바울은 22절에서 분노에 찬 어조로 고린도교회의 부유한 성도들을 책망합니다. "너희가 먹고 마실 집이 없느냐 너희가 하나님의 교회를 업신여기고 빈궁한 자들을 부끄럽게 하느냐 내가 너희에게 무슨 말을 하랴 너희를 칭찬하랴 이것으로 칭찬하지 않노라."

　우선 바울은 고린도교회의 부유한 성도들이 사랑의 식사자리가 하나님의 교훈을 생각하고 묵상하고 실천하는 자리임을 잊어버리고 단지 음식을 배불리 먹고 마시는 보통의 식사모임으로 변질시켰다고 비판합니다. 그런 모임이라면 구태여 교회에서 식사할 필요가 없습니다. 각자 자기 집에서 하면 됩니다. 물론 교회의 식사자리에서도 잘 먹는 것이 중요합니다. 그러나 교회의 식사자리는 일반 식사자리와는 구별되는 특별하고 독특한 영적 교훈을 생각하고 실천하는 자리가 되어야 합니다. 고린도교회의 부유한 성도들은 이 점을 망각한 것입니다. 특별히 어떤 영적 교훈을 되새겨야 할까요? 성찬이 지닌 의미를 되새기고 실천하는 자리가 되어야 합니다.

바울은 고린도교회의 부유한 성도들이 교회를 업신여기고 빈궁한 자들의 마음에 상처를 안겨 주었다고 비판합니다. 바울은 이들의 행동이 칭찬받을 수 없는 나쁜 행동임을 분명히 했습니다.

바울은 부유한 성도들의 문제는 성찬이 주는 교훈을 제대로 깨닫지 못한 데 있다고 보고 이제 23절에서 26절까지 성찬이 어떤 교훈을 주는가를 말합니다. 이 내용은 다음 시간에 다루도록 하겠습니다.

이 강의의 내용은 다음 강의에서 이어지기 때문에 최종적인 결론은 다음 시간에 말하게 되겠지만, 지금까지 다룬 내용에 근거해서도 중요한 교훈을 얻을 수가 있습니다.

첫째로, 우리 성도들은 무엇보다도 성경이 우리에게 가르쳐 주는 진리들을 바르고 정확하게 배우고 익히는 일에 늘 힘을 써야 합니다. 고린도교회의 부유한 성도들이 바울의 가르침을 잊지 않고 있을 때는 실수하지 않았는데 바울의 가르침을 받지 못하게 되자 바로 시험에 빠지지 않았습니까? 우리도 마찬가지입니다. 우리의 신앙생활의 서고 넘어짐은 우리가 하나님의 말씀에 얼마나 깊이 들어가 있는가에 좌우됩니다.

둘째로, 우리는 예배를 비롯하여 교회에서 행하는 모든 행사를 진행할 때 이 행사를 진행하는 목적, 곧 하나님이 이 행사를 통해 무엇을 이루기를 원하시는가를 항상 물으면서 진행해야 할 것입니다. 고린도교회의 부유한 성도들이 사랑의 식사를 하는 목적을 잊어 버렸을 때 이 식사자리는 추악하고 비열한 자리로 변질되고 말았던 것처럼, 하나님이 원하시는 목적에서 떠난 교회 행사는 추악한 행사로 전락될 수 있음을 유념해야 할 것입니다. 특히 우리 교회도 아름다운 사랑의 식사시간이 있는데, 우리가 이 식사시간을 가지는 목적이 무엇인가를 항상 분명하게 인식함으로써 이 식사자리가 아름다움을 잃지 않는 자리가 되도록 해야 할 것입니다.

마지막으로 교회 공동체는 나쁜 의미의 분열이 있어서는 안 되지만, 교회가 하나님의 뜻에 맞지 않는 일을 하려고 할 때는 이에 대하여 이의를 제기하고 견해를 달리할 수 있는 성도들이 있어야 합니다.

23 내가 너희에게 전한 것은 주께 받은 것이니 곧 주 예수께서 잡히시던 밤에 떡을 가지사 24 축사하시고 떼어 이르시되 이것은 너희를 위하는 내 몸이니 이것을 행하여 나를 기념하라 하시고 25 식후에 또한 그와 같이 잔을 가지시고 이르시되 이 잔은 내 피로 세운 새 언약이니 이것을 행하여 마실 때마다 나를 기념하라 하셨으니 26 너희가 이 떡을 먹으며 이 잔을 마실 때마다 주의 죽으심을 그가 오실 때까지 전하는 것이니라 27 그러므로 누구든지 주의 떡이나 잔을 합당하지 않게 먹고 마시는 자는 주의 몸과 피에 대하여 죄를 짓는 것이니라 28 사람이 자기를 살피고 그 후에야 이 떡을 먹고 이 잔을 마실지니 29 주의 몸을 분별하지 못하고 먹고 마시는 자는 자기의 죄를 먹고 마시는 것이니라 30 그러므로 너희 중에 약한 자와 병든 자가 많고 잠자는 자도 적지 아니하니 31 우리가 우리를 살폈으면 판단을 받지 아니하려니와 32 우리가 판단을 받는 것은 주께 징계를 받는 것이니 이는 우리로 세상과 함께 정죄함을 받지 않게 하심이라 33 그런즉 내 형제들아 먹으러 모일 때에 서로 기다리라 34 만일 누구든지 시장하거든 집에서 먹을지니 이는 너희의 모임이 판단 받는 모임이 되지 않게 하려 함이라 그밖의 일들은 내가 언제든지 갈 때에 바로잡으리라

제40강

주의 몸을 분별하라(하)

· From
the Cross
to Agape

고전 11장
23~34절

● 　　　　우리는 지난 강의에서 11장 17절에서 22절까지를 공부하는 중에 고린도교회를 분열의 위기에 빠뜨린 식사문제가 어떤 문제인가를 살펴보았습니다. 고린도교회는 저녁에 예배를 드린 다음에 "사랑의 식사"라고 불리는 식사모임을 가졌습니다. 이 식사모임은 성도들이 음식을 준비해 가지고 와서 펼쳐 놓고 나누어 먹는 공동식사 방식으로 진행되었습니다. 사랑의 식사는 두 가지 성격을 가지고 있었습니다. 첫째로, 사랑의 식사는 성찬식이었습니다. 둘째로, 사랑의 식사는 교제와 구제를 위한 모임이기도 했습니다. 음식을 준비해 올 때 부유한 성도들은 질이 좋은 음식을 넉넉하게 준비해 오고, 가난한 성도들은 질이 떨어지는 음식을 준비해 오거나 아니면 아예 준비해 오지 못했습니다. 준비해 온 음식을 내어 놓고 함께 식사를 하다 보면 자연스럽게 가난한 성도들의 식사문제를 해결해 주는 구제의 모임이 되었습니다.

그런데 바울이 떠난 후에 이 식사모임이 변질되기 시작했습니다. 부유한 성도들이 가난한 성도들과 함께 식사하는 것을 피하기 시작한 것입니다. 부유한 성도들은 가난한 성도들이 가져오는 질이 나쁜 음식을 먹는 것이 내키지 않았고, 질이 좋은 음식을 가난한 성도들에게 나누어 주는 것을 아깝다고 생각하기 시작한 것입니다. 게다가 사회적 신분이 낮은 가난한 성도들과 평등하게 어울리는 것도 탐탁하지 않았습니다. 마침내 부유한 성도들은 아주 비열한 방법을 이용하여 공동식사자리를 피하기 시작했습니다. 이들은 노예 신분에 있거나 힘든 노동현장에 있었던 가난한 성도들이 주인들이나 업주들의 눈치가 보여서 제 시간에 식사자리에 오지 못하는 것을 이용하여 이들이 식사자리에 오기 전에 자기들이 가져 온 음식을 다 먹어 버리는 방법으로 공동식사자리를 무력화시켰습니다. 나중에 식사자리에 도착한 가난한 성도들은 허탈감과 배신감을 느낄 수밖에 없었습니다. 이 때문에 고린도교회에 분열의 위기가 찾아 왔습니다.

바울은 이런 사태가 발생하게 된 원인은 고린도교회 성도들이 성찬의 의미가 무엇인가를 제대로 파악하지 못한 데 있다고 진단하고 23절에서 27절에서 성찬의 의미를 설명합니다.

우선 바울은 성찬이 바울 자신이 임의로 만들어낸 예식이 아니라 주님이 제정하신 방식 그대로 시행하는 것이고, 또 주님의 명령에 따라서 시행하는 것이라는 점을 분명히 합니다. 23절에서 25절 말씀입니다. "내가 너희에게 전한 것은 주께 받은 것이니 곧 주 예수께서 잡히시던 밤에 떡을 가지사 축사하시고 떼어 이르시되 이것은 너희를 위하는 내 몸이니 이것을 행하여 나를 기념하라 하시고 식후에 또 그와 같이 잔을 가지시고 이르시되 이 잔은 내 피로 세운 새 언약이니 이것을 행하여 마실 때마다 나를 기념하라 하셨으니." 이 말씀은 예수님이 성찬식을 시행하시면서 직접 하신 말씀을 그대로 인용한 것으로서, 마태복음 26장 26절에서 28절, 마가복음 14장 22절에서 24절, 누가복음 22장 19절에서 20절에 기록되어 있습니다.

이 명령에서 주님은 첫째로, 떡을 떼어 주시면서 떡은 "너희" 곧 성도들을 위하여 주는 자신의 몸을 뜻하는 것이라고 그 의미를 설명하셨습니다. 주님은 둘째로, 포도주가 담긴 잔을 주시면서 포도주가 담겨 있는 잔은 피로 세우는 새 언약이라고 그 의미를 설명해 주셨습니다. 셋째로, 주님은 주님이 시행하신 그대로 시행하라고 명령하셨습니다. 바울은 고린도교회에서 주님의 명령을 그대로 받들어서 시행에 옮기고 있는 것입니다.

우리는 잠깐 몸과 피에 대하여 예수님이 직접 주신 설명에 주목할 필요가 있습니다. 먼저 예수님은 떡을 떼어 주시면서 떡의 의미를 "너희를 위하는 나의 몸"이라고 말씀하셨습니다. 예수님은 "너희를 위하는"이라는 설명을 몸에 대해서만 말씀하셨지만, 피에도 똑같이 적용된다고 보는 것이 예수님의 의도를 바르게 읽는 것입니다. 예수님은 몸을 "너희" 곧 성도들을 위하여 내어 주셨을 뿐만 아니라 피도 "너희" 곧 성도들을 위하여 흘리셨습니다.

"너희를 위하여"라는 표현 안에 아주 중요한 성찬의 의미들 가운데 하나가 담겨 있습니다. 그 의미는 자기희생의 원리입니다. 예수님은 죄와 사망의 권세에 사로잡혀 있는 인류를 구원하기 위하여 철저하게 자기의 몸과 피를 죽음에 내어 주셨습니다.

다음으로 예수님은 포도주 잔을 나누어 주시면서 "내 피로 세운 새 언약이니"라고 말씀하셨습니다. 이 본문에 대해서도 같은 해석이 필요합니다. 예수님은 "새 언약이니"라는 설명을 피에 대해서만 하셨지만 몸도 이 설명에 포함시키는 것이 예수님의 의도를 바르게 읽는 것입니다. 그러므로 "내 몸과 피로 세운 새 언약이니"라고 읽어야 합니다.

언약이 무엇입니까? 언약은 간단히 말해서 서약 또는 다짐이라는 뜻입니다. 하나님이 무엇을 다짐하셨습니까? 죄와 사망의 권세에 빠져 있는 인류를 구원하시겠다고 굳게 다짐하셨습니다. 그런데 이 다짐은 이미 아담과 하와 때부터 있었습니다. 아담과 하와에게 처음으로 죄와 사망에 빠진 인류를 구원하시겠다는 다짐을 주신 후에 주기적으로 인간에게 나타나셔서 반복하여 다짐을 주셨습니다. 따라서 구약성경에는 아담 언약, 노아 언약, 아브라함 언약, 야곱언약, 다윗 언약, 예레미야 언약 등이 있게 된 것입니다. 예를 들어서 아담 언약에 하나님의 다짐이 어떻게 나타나 있는가를 알아 보겠습니다. 하나님은 아담과 하와가 선악과를 따먹고 범죄 한 후에 아담, 하와, 뱀에게 벌을 내리시면서 특히 뱀에게 이렇게 말씀하셨습니다. "여자의 후손은 네 머리를 상하게 할 것이요 너는 그의 발꿈치를 상하게 할 것이니라"창3:15. 물론 이 말씀은 뱀을 상대로 한 말씀이지만 사실상은 아담과 하와에게 주신 말씀입니다. 여자의 후손은 그리스도를 뜻합니다. 뱀은 사탄을 뜻합니다. 뱀이 여자의 후손의 발꿈치를 문다는 것은 그리스도를 십자가에 매달아 죽인다는 뜻입니다. 여자의 후손이 뱀의 머리를 상하게 한다는 말씀은 죽음을 이기고 부활한다는 뜻입니다. 그러므로 이 말씀에 부활소식이 담겨 있습니다. 그 이후에 나오는 언약들도 다양한 표현방식들을 동원하여 하나님의 구원의 다짐을 전하고 있습니다.

　예수님이 십자가 위에서 몸과 피를 희생시키신 사건도 죄와 사망의 권세로부터 인류를 구원하시고자 하는 하나님의 언약 곧, 하나님의 다짐입니다. 그런데 이 다짐은 이전에 주어졌던 언약 또는 다짐과는 차원이 다른 언약 또는 다짐이기 때문에 예수님은 "새 언약"이라고 불렀습니다. 왜 새 언약입니까? "새롭다"는 말은 다짐의 내용이 달라졌기 때문이 아닙니다. 다짐의 내용은 같은 것입니다. 달라진 것은 다짐의 정도가 비교할 수조차 없이 달라졌습니다. 이전의 다짐들은 말로만 한 다짐들이었습니다. 또 구원하는 방식이 어떤 것인지 희미하게 암시는 되었지만 실현되지 않았습니다. 그러나 예수님이 하신 다짐은 말로만 하는 다짐이 아니라 예수님이 직접 행동으로 하신 다짐이었습니다. 게다가 이제는 구원하는 방식이 확실하게 나타났고, 이 구원의 방식은 실제로 구원해내는 막강한 효력을 지니고 있는 실체입니다. 예수님은 인류가 받아야 할 형벌을 대신 받으시기 위하여 몸과 피를 죽음에 내어 주는 희생을 치르시는 행동을 하셨습니다. 예수님은 대속의 죽음이 구원의 방식임을 확실하게 보여 주셨고, 실제로 예수님의 대속의 죽음은 모든 믿는 자들을 살려내는 무시무시한 위력을 발휘하고 있습니다. 따라서 예수님이 하신 다짐은 이전의 다짐들과는 정도에 있어서 어마어마한 차이가 나는 다짐입니다. 따라서 이 다짐은 새 다짐이고 새 언약입니다.

우리는 또 예수님이 주신 명령에도 주목할 필요가 있습니다. 예수님은 몸과 피를 우리를 위하여 내어 주신 사건을 "기념하라"고 명령하셨습니다. 이 명령은 예수님의 명령이므로 우리는 마땅히 이 명령을 수행해야 합니다. "기념하라"는 명령은 단순히 회상해 보라는 뜻이 아닙니다. 이 명령은 "머리로 기억할 뿐만 아니라 너희의 삶 속에서 실현하라"는 뜻입니다. 성찬은 중요한 많은 의미들을 담고 있지만, 고린도교회의 상황에서 반드시 기억해야 할 것은 예수님이 자신의 몸과 피를 다른 사람들에게 주었다는 사실입니다. 그런데 지금 고린도교회의 부유한 성도들은 어떻게 행동하고 있습니까? 이들은 자신들이 가진 음식 곧 떡과 포도주를 다른 사람들 곧 가난한 동료 성도들에게 나누어 주기를 거부하고 있습니다. 그렇다면 고린도교회 성도들은 성찬에 나타난 예수님의 행동원리인 자기희생의 원리와는 정반대되는 행동을 함으로써 예수님이 보여주신 행동원리를 무시하고 짓밟는 행동을 하는 것 아니겠습니까?

26절에서 바울은 성찬의 의미를 이렇게 설명합니다. "너희가 이 떡을 먹으며 이 잔을 마실 때마다 주의 죽으심을 오실 때까지 전하는 것이니라."

성도들이 성찬식을 거행하는 목적은 십자가 위에서 몸과 피를 희생하여 대속의 죽음을 죽으신 예수님의 죽으심을 종말의 날까지 전하기 위한 것입니다. 주의 죽으심을 종말의 날까지 전한다는 말은 첫째로, 예수님의 대속의 죽음이 종말의 날까지 죄와 사망에 빠진 인류를 구원하는 변하지 않는 절대적인 원리임을 전하는 것을 뜻합니다. 둘째로, 이 말은 예수님의 죽으심에 나타난 행동원리인 자기희생의 원리를 종말의 날까지 전한다는 뜻입니다. 따라서 고린도교회의 성도들이 같은 교회 안에 있는 가난한 성도들에게 자기가 싸온 도시락을 나누어주기를 거부하는 인색하기 이를 데 없는 행동은 성찬의 의미와는 도대체가 맞지 않는 것이고, 이런 행동을 하면서 성찬에 참여해 가지고는 성찬의 의미를 세상을 향하여 전할 수가 없습니다. 한마디로 고린도교회의 부유한 성도들은 성찬의 의미를 전혀 모르든지, 아니면 알면서도 고의적으로 짓밟고 있는 셈입니다.

성찬의 의미를 말한 바울은 이제 해결책을 제시합니다. 바울은 두 개의 해결책을 제시합니다. 하나는 27절에서 32절까지 나와 있고, 다른 하나는 33절과 34절에 나와 있습니다.

먼저 27절에서 32절에 있는 첫 번째 해결책을 살펴보겠습니다. 첫 번째 해결책의 요점은 29절의 "주의 몸을 분별하고 우리 자신을 살피는 것"입니다.

27절을 읽겠습니다. "그러므로 누구든지 주의 떡이나 잔을 합당하지 않게 먹고 마시는 자는 주의 몸과 피에 대하여 죄를 짓는 것이니라." 바울은 성찬에 참여하면서 성찬의 의미와는 정반대되는 행동을 하는 고린도교회의 부유한 성도들의 행동이 합당한 행동이 아닐 뿐만 아니라 주님의 몸과 피를 짓밟는 심각한 죄라고 말합니다. 28절입니다. "사람이 자기를 살피고 그 후에야 이 떡을 먹고 이 잔을 마실지니." 고린도교회의 부유한 성도들은 자기가 싸 온 음식을 나누어 주기를 거부하는 자신들의 행동이 성찬에 참여하는 자로서 합당한 행동인가의 여부를 먼저 살펴보고 나서 성찬에 참여해야 합니다. 29절입니다. "주의 몸을 분별하지 못하고 먹고 마시는 자는 자기의 죄를 먹고 마시는 것이니라." "주의 몸을 분별하지 못 한다"는 구절에서 분별한다는 말은 어떤 것이 다른 것과 어떻게 다른지를 알아낸다는 뜻입니다. "주의 몸을 분별하지 못한다."는 말은 "주의 몸"에 나타난 행동원리가 세상 사람들에게 나타나는 행동원리와 어떤 점에서 다른가를 발견하지 못한다는 뜻입니다. 주의 몸에 나타난 원리는 다른 사람의 유익을 위하여 자기를 희생하는 원리이고 세상 사람들에게 나타난 원리는 다른 사람을 희생시켜서라도 자기 이익을 추구하는 원리입니다. 고린도교회 성도들이 자기들이 싸온 음식을 먹고 마시는 행동은 가난한 성도들의 마음에 끼칠 상처는 아랑곳하지 않는 이기적이고 냉혹한 마음에서 나올 수 있는 행동입니다. 이 마음은 죄입니다. 따라서 고린도교회의 부유한 성도들은 먹고 마실 때마다 죄를 먹고 마시는 것이나 다름없습니다. 이 구절에 담긴 바울의 해결책은 "주의 몸을 분별하라"는 것입니다. 이 말은 주님이 몸을 내어 주시는 행동에 나타난 독특한 행동원리인 자기희생, 자기 내어줌의 원리를 생각하라는 것입니다.

30절에서 32절에서는 주님의 몸에 나타난 자기희생의 원리를 짓밟고 성찬에 참여했을 때 나타난 무서운 결과와 이 결과에 대한 해석이 나옵니다.

먼저 자기희생의 원리를 짓밟은 부유한 성도들에게 어떤 결과가 찾아왔는가를 30절이 말합니다. "그러므로 너희 중에 약한 자와 병든 자가 많고 잠자는 자도 적지 아니하니." "그러므로"라는 말은 다음에 나오는 현상이 부유한 성도들이 성찬에 나타난 자기희생의 원리를 무시하고 자기들끼리 먹고 마시는 행동 때문에 나타난 것임을 암시합니다. 부유한 성도들에게 어떤 현상들이 나타났나요? 약한 자들이 나타났고, 병든 자들이 나타났고, 잠자는 자들도 나타났습니다. 잠자는 자들은 죽은 자들을 뜻합니다. 아주 무시무시한 결과가 찾아 왔습니다. 성찬의 의미를 무시하고 식사에 참여했던 부유한 성도들 중에 하나님으로부터 벌을 받아 약한 자들, 병든 자들, 그리고 죽는 자들이 나타난 것입니다.

이 결과에 대한 바울의 해석이 31절과 32절에 등장합니다. 먼저 31절은 이런 무서운 결과를 만나지 않기 위해서는 어떻게 해야 하는가를 말합니다. "우리가 우리를 살폈으면 판단을 받지 아니하려니와." "우리가 우리를 살핀다."는 구절에서 살핀다는 말은 우리가 어떤 점에서 다른 사람들 곧 믿지 않는 사람들과 차별화되는 사람들인지를 생각한다는 뜻입니다. 불신자들은 다른 사람들에게 해를 끼치면서도 자기이익을 추구하는 자들이지만 우리 곧 성도들은 몸과 피를 흔쾌히 주신 주님을 본받아서 자기를 희생하면서 까지라도 다른 사람들의 유익을 도모해야 하는 자들이라는 점에서 차별화되는 자들입니다. 바로 이 점을 알고 행동한다면 곧, 성찬에 참여한다면 판단을 받지 않을 것입니다. 판단을 받지 않는다는 말은 하나님으로부터 벌을 받지 않는다는 뜻입니다. 만일 고린도교회의 부유한 성도들이 자기 자신이 어떻게 행동해야 하는가를 알고 성찬에 참여했다면 하나님으로부터 벌을 받는 일은 없었을 것입니다.

32절은 성찬의 의미를 짓밟고 자기들끼리 음식을 먹어버린 성도들에게 찾아 온 결과에 대한 바울의 해석을 제시하고 있습니다. "우리가 판단을 받는 것은 주께 징계를 받는 것이니 이는 우리로 세상과 함께 정죄함을 받지 않게 하려 함이라." 물론 이 말씀은 고린도교회의 부유한 성도들을 생각하면서 쓴 것입니다. 그러나 바울은 고린도교회의 상황을 생각하면서 이들뿐만 아니라 모든 성도들에게도 적용되는 일반적인 교훈을 제시합니다. "우리가 판단을 받는 것은" – 이 말은 "우리가 하나님으로부터 벌을 받는 것은"이라는 뜻입니다. 바울은 고린도교회의 부유한 성도들이 하나님으로부터 벌을 받는 것은 하나님으로부터 "징계"를 받는 것이라고 해석합니다. 하나님은 이들을 영원히 멸망시키기 위하여 벌을 주는 것이 아닙니다. "이는 우리로 세상과 함께 정죄함을 받지 않게 하려 함이라"는 구절이 바로 이 뜻입니다. 하나님은 잘못된 생각과 행동을 하고 있는 이들을 바른 성도의 모습으로 돌아오도록 하기 위하여, 다시 말하자면 정신을 차리도록 하기 위하여 따끔한 매를 드는 것입니다. 이 매는 아프지만 사랑의 매입니다. 사랑하니까, 그리고 성도니까 매를 드는 것입니다. 사랑하지 않고 성도도 아니라면 구태여 매를 들지 않을 것입니다. 이것이 고린도교회의 부유한 성도들에게 일어난 일에 대한 바울의 해석입니다. 이 해석으로부터 우리가 끌어낼 수 있는 일반적인 원리는 우리가 하나님 앞에서 죄를 범하면 하나님을 우리를 그냥 내버려 두시지 않고 벌을 내리신다는 것입니다. 그런데 이 벌은 우리를 멸망으로 떨어뜨리기 위한 정죄가 아니라 오히려 멸망에 떨어지지 않도록 예방하는 징계입니다. 하나님의 자녀이기 때문에 징계를 받는 것입니다. 그러므로 이 징계를 받을 때 우리는 우리의 죄를 회개하면서도 하나님께 감사하면서 희망을 가질 수 있습니다.

바울의 첫 번째 해결책의 핵심은 "주의 몸과 우리를 분별하는 것"입니다. 이 말의 의미는 주의 성찬에 나타난 자기희생, 자기 내어줌의 원리를 생각하고 우리는 이 원리에 따라서 살아야 하는 사람임을 기억하고 이 원리를 실천하라는 것입니다.

바울이 제시한 두 번째 해결책은 아주 구체적인 것으로서 33절과 34절에 나타나 있습니다. 핵심은 33절에 있습니다. "그런즉 형제들아 먹으러 모일 때에 서로 기다리라." 이 말은 부유한 성도들에게 가난한 성도들이 올 때까지 기다렸다가 예전에 했던 것처럼 함께 식사를 하라는 것입니다. 34절입니다. "만일 누구든지 시장하거든 집에서 먹을지니 이는 너희의 모임이 판단 받는 모임이 되지 않게 하려 함이라 그 밖의 일들은 내가 언제든지 갈 때에 바로잡으리라." 교회에서 가지는 사랑의 식사자리는 배부르게 먹기 위하여 모인 자리가 아닙니다. 그런 목적이라면 집에서 먹으면 됩니다. 교회에서의 사랑의 식사자리는 성찬에 나타난 자기희생의 원리를 생각하면서 서로서로를 배려하고 보살피고 교제하기 위한 자리라는 점을 유념하면서 이 목적에 맞게 식사를 해야 한다는 것입니다.

식사문제와 관련하여 몇 가지 문제가 더 있었던 것 같습니다. 그러나 바울은 이 문제들은 지엽적인 문제들로서 나중에 고린도교회에 방문하게 되면 그때 다루어도 늦지 않을 것이라고 보고 식사문제에 대한 가르침을 마무리합니다.

이제 오늘 본문이 주는 교훈을 정리하고 강의를 마무리하겠습니다.

성찬식은 복음을 눈에 보이는 형태로 표현한 것입니다. 성찬에 나타난 원리는 바로 복음의 원리입니다. 성찬에는 철저하게 자기를 희생하면서 타인을 배려하고 타인의 유익을 구해야 한다는 원리가 담겨 있습니다. 이 원리는 복음의 원리이고 우리가 평생 동안 마음속에 간직해야 할 원리입니다. 물론 우리가 100% 이 원리에 따라서 살 수는 없을 것입니다. 그러나 우리는 이 원리를 기준으로 마음속에 품고서 항상 이 원리에 따라서 생각하고 행동하도록 최선의 노력을 다해야 하겠습니다.

또한 우리는 우리가 하나님 앞에 범죄 하여 하나님으로부터 징계를 받을 때 징계하시는 하나님께 감사해야 하겠습니다. 왜냐하면 이 징계는 우리가 하나님의 자녀이기 때문에 받는 징계이고, 우리가 더 큰 악에 빠지지 않고 바른 성도의 모습으로 돌아오도록 하기 위한 사랑의 매이기 때문입니다.

1 형제들아 신령한 것에 대하여 나는 너희가 알지 못하기를 원하지 아니하노니 2 너희도 알거니와 너희가 이방인으로 있을 때에 말 못하는 우상에게로 끄는 그대로 끌려 갔느니라 3 그러므로 내가 너희에게 알리노니 하나님의 영으로 말하는 자는 누구든지 예수를 저주할 자라 하지 아니하고 또 성령으로 아니하고는 누구든지 예수를 주시라 할 수 없느니라 4 은사는 여러 가지나 성령은 같고 5 직분은 여러 가지나 주는 같으며 6 또 사역은 여러 가지나 모든 것을 모든 사람 가운데서 이루시는 하나님은 같으니 7 각 사람에게 성령을 나타내심은 유익하게 하려 하심이라

제41강

성령으로 아니하고는

From the Cross to Agape

고전 12장
1~7절

● 바울은 고린도전서 12장에서부터 새로운 주제를 다루기 시작합니다. 이 주제는 성령의 은사 문제로서 14장까지 3장에 걸쳐서 매우 자세하게 논의되고 있습니다. 바울이 성령의 은사 문제를 이처럼 자세하게 다룬 이유는 성령의 은사 때문에 고린도교회 안에 문제가 발생하고 있었기 때문입니다. 여기서 우리가 유의해야 할 점은 교회 안에 문제가 발생하는 것을 나쁘게만 보아서는 안 된다는 점입니다. 가지 많은 나무에 바람 잘 날이 없다는 속담이 있습니다. 나무가 자라지 못해 가지가 뻗어 나와 있지 않으면 가지가 바람에 흔들릴 일도 없을 것입니다. 나무가 잘 자라서 가지가 많이 뻗어 있으니까 바람이 불면 시끄러운 소리가 나는 것입니다.

이처럼 교회가 성장할 때도 문제들이 발생하는 것을 피할 수 없습니다. 교회가 성장하지 않으면 발생할 문제들도 없을 것입니다. 성도들이 교회생활에 재미를 느끼고 예배에도 열심히 참석하고 기도도 열심히 하고 봉사도 열심히 하기 시작하는 과정에서 다양한 관계의 문제들이 발생하는 것을 피할 수 없습니다. 이 문제들을 해결해 나가는 과정에서 교회는 더욱 단단해지고 성숙해져 갈 수 있습니다. 그러므로 우리는 교회생활에서 문제들이 아예 일어나지 않기를 기대하기 보다는 어떤 문제가 일어나더라도 하나님이 원하시는 방향으로 문제를 풀어가는 것이 중요하다는 사실을 유념해야 합니다.

고린도교회에서 일어난 성령의 은사 문제도 결국은 성도들이 교회생활에 재미를 느끼고 기도를 열심히 하는 과정에서 자연스럽게 제기된 문제였습니다. 기도를 많이 하니까 방언과 같은 성령의 은사를 받는 것 아니겠습니까? 여기까지는 좋았습니다. 그런데 기도를 많이 하여 특별한 은사를 받은 사람들이 영적으로 교만해지기 시작했습니다. 이들을 "성령 파"라고 부릅니다. '성령 파'는 특별한 은사를 받은 자기 자신들과 자신들이 받은 것과 동일한 은사를 받지 못한 동료 성도들을 차별화하여, 자신들은 영적으로 높은 수준에 도달해 있는 반면에 그렇지 못한 성도들은 영적으로 수준이 낮은 성도들이라고 무시하기 시작한 것입니다. 이들은 한걸음 더 나아가서 자신들은 성령을 받은 반면에 다른 성도들은 성령을 받지 않는 자들이라고까지 생각했습니다. 이들은 다른 성도들의 입장은 아랑곳하지 않고 공 예배 석상에서 다른 사람들은 알아들을 수 없는 방언으로 기도함으로써 자신들이 성령에 사로잡혀 있음을 과시하면서, 예배 분위기를 어지럽게 하기도 했습니다. 바울은 이 소식을 듣고 과연 누가 성령을 받은 자인가, 하나님이 성령의 은사를 주시는 목적은 무엇이며, 과연 방언과 같은 특정한 은사만이 진정한 성령의 은사인가 등등의 문제들에 대하여 오해를 바로잡을 필요가 있음을 절감하고 12장, 13장, 14장을 서술한 것입니다.

오늘 우리가 읽은 본문 12장 1-7절은 12장에서 14장까지 전개되는 성령의 은사에 관한 논의의 총론에 해당하는 부분입니다. 이 문단에 앞으로 전개된 은사에 관한 논의의 방향의 핵심이 간결하게 요약된 형태로 제시되어 있고, 8절 이하에서부터는 이 핵심을 자세하게 풀어서 설명합니다. 먼저 1절에서 3절까지는 누가 성령을 받은 사람인가, 무엇을 보고 성령을 받은 증거를 알 수 있는가 등의 문제가 다루어집니다. 4절에서 7절까지는 모든 기독교인들에게는 다양한 형태의 은사들이 있는데, 이 은사들은 어디서 왔으며, 이 은사들이 주어진 목적은 무엇인가를 밝힙니다.

먼저 누가 성령을 받은 사람인가를 밝히고 있는 1절에서 3절까지를 살펴보겠습니다. 바울은 1절에서 이제부터는 은사의 문제를 다루겠다는 뜻을 밝힙니다. "형제들아 신령한 것에 대하여 나는 너희가 알지 못하기를 원하지 아니하노니." "형제들아"라는 호칭이 나올 때는 새로운 주제가 시작된다는 신호입니다. 우리말에는 나와 있지 않으나 헬라어 원문에는 "그러나"를 뜻하는 "데"라는 단어가 첨가되어 있는데, 이 단어도 주제의 전환을 암시합니다. "신령한 것"이라는 말은 정확히 말하면 "성령으로부터 온 선물들"이라는 뜻입니다. 이 선물들은 매우 숫자가 많기 때문에 "신령한 것"이라고 단수로 번역하는 것 보다는 복수로 번역하는 것이 더 나은 번역입니다.

바울은 고린도교회의 성령파가 성령의 은사들에 대하여 오해를 갖게 된 원인이 이들이 기독교로 개종하기 전에 몸담고 있었던 이방종교사상을 완전하게 청산하지 못했기 때문이라고 생각했습니다. 따라서 바울은 2절에서 이들이 개종하기 전에 어떤 이방종교관습에 익숙해 있었는가를 상기시킵니다. "너희도 알거니와 너희가 이방인으로 있을 때에 말 못하는 우상에게로 끄는 그대로 끌려갔느니라."

"말 못하는 우상에게로 끄는 그대로 끌려 갔느니라"는 구절은 이방종교의 축제일에 신도들이 신전에 들어갈 때까지 벌이는 행진광경을 묘사한 것입니다. 이 행진은 이렇게 진행됩니다. 행진의 선두에는 신도들이 자신들이 숭배하는 신의 신상을 메고 앞장섭니다. 그러면 신도들이 신상의 뒤를 따라 갑니다. 신도들은 우상 신상을 메고 가는 선두가 이끄는 대로 끌려갑니다. 이 행렬은 신전 안으로 들어갑니다. 신전 안으로 들어가면 신에게 제물을 바치는 제사의식을 거행합니다. 제사의식은 신전 안에 있는 사제들만이 거행할 수 있습니다. 사제들은 우상 신과 특별하게 영적으로 교통하는 능력을 가진 자들로 간주되었습니다. 일반 신도들에게는 이런 특별한 영적인 능력이 없었기 때문에 신에게 직접 나아갈 수가 없었습니다. 사제가 주관하는 제사의식이 끝나면 제단에 바쳤던 제물 가운데 일부를 따라 온 신도들에게 나누어 주었습니다.

이와 같은 이방종교의 관습에서 성령파로 하여금 성령에 대하여 오해를 하게 만든 부분은 무엇일까요? 이방종교에서 찾아 볼 수 있는 공통된 특징들 가운데 하나는 사제들과 일반 신도들이 철저하게 차별화되어 있다는 점입니다. 신과 만날 수 있는 사람은 사제들뿐이었고, 일반 신도들은 신을 만날 수 없었습니다. 왜냐하면 사제들은 신의 영을 받은 자들이었기 때문에 신들과 특별히 교통할 수 있었지만, 일반 신도들은 신의 영을 받은 자들이 아니어서 신과 교통을 할 수가 없는 것으로 간주되었기 때문입니다.

'성령 파'들은 개종한 후에도 바로 이런 생각을 떨쳐 버리지 못했습니다. 이들은 기도를 많이 하는 가운데 방언이나 병 고치는 은사와 같은 특별한 은사를 받고 나서는 자신들을 이방신전의 사제들과 같은 존재로 간주하기 시작했습니다. '성령 파'는 성령이 자신들에게만 임했다고 생각했고, 따라서 자신들은 영적인 수준이 높은 사람들이라고 생각했습니다. 반면에 이들은 자신들이 받았던 성령의 은사를 받지 못한 다른 성도들은 성령을 받지 못한 영적인 수준이 낮은 자들로 판단했습니다.

이와 같은 성령파의 생각에 대한 바울의 답변이 3절에 나타나 있습니다. "그러므로 내가 너희에게 알리노니 하나님의 영으로 말하는 자는 누구든지 예수를 저주할 자라 하지 아니하고 또 성령으로 아니하고는 누구든지 예수를 주시라 할 수 없느니라." 바울은 3절에서 성령을 받은 증거는 모두 예수님에 대하여 어떤 태도를 취하느냐와 관련되어 있음을 분명히 하고 있습니다. 이 사실은 매우 중요합니다. 어떤 사람이 성령을 받았는가의 여부를 그 사람이 특별하게 받은 어떤 은사들을 가지고 판단하려고 해서는 안 되고, 그 사람이 예수님에 대하여 보여주는 태도를 가지고 판단해야 합니다.

성령을 받지 않은 사람은 예수님을 어떤 자로 간주합니까? 본문에 하나님의 영으로 말하는 자는 누구든지 예수를 저주할 자라 하지 않는다고 했는데, 이 말은 예수를 "저주할 자"로 간주하는 것은 성령을 받지 않은 증거라는 뜻입니다. 예수를 저주할 자라고 말한다는 것은 무슨 뜻일까요? 이 표현을 이해하기 위해서는 구약성경 신명기 21장 23절과 27장 26절을 참고해야 합니다. 신명기 21장 23절에 보면 이런 말씀이 있습니다. "그 시체를 나무 위에 밤새도록 두지 말고 그 날에 장사하여 네 하나님 여호와께서 네게 기업으로 주시는 땅을 더럽히지 말라 나무에 달린 자는 하나님께 저주를 받았음이니라." 여기서 주목할 표현은 "나무에 달린 자는 하나님께 저주를 받았음이니라"는 표현입니다. 신명기 27장 26절에는 이런 말씀이 있습니다. "이 율법의 말씀을 실행하지 아니하는 자는 저주를 받을 것이라 할 것이요 모든 백성은 아멘 할지니라." 이 말씀은 저주를 받은 자가 어떤 자인가를 말하고 있습니다. 곧 하나님의 율법을 실행하지 않은 자가 바로 저주를 받은 자입니다. 이 두 구절을 연결시켜 보면 나무에 달려 저주를 받은 자는 하나님의 율법을 지키지 못한 벌로서 나무에 달려서 죽은 자라는 뜻이 됩니다. 유대인들은 나무에 달려 죽은 자는 하나님의 율법을 범한 죄인으로서 사형선고를 받고 죽은 저주받은 자로 간주했습니다. 그러므로 예수를 저주할 자라고 부른다는 말은 십자가에 달리신 예수님이 하나님의 율법을 범한 죄 때문에 죽은 범죄자로 본다는 뜻입니다. 실제로 예수님은 산헤드린 공의회에 의하여 하나님의 율법을 범한 죄 때문에 고발당했고 마침내는 십자가의 죽음으로까지 연결되었습니다. 예수님이 고발당한 죄는 무엇일까요? 감히 인간이 하나님을 사칭함으로써 하나님을 모독했다는 것입니다. 하나님을 모독한 죄는 사형을 당해야 한다는 레위기 24장 16절에 규정되어 있습니다.

이제 예수를 저주할 자라고 부르는 이유가 무엇인지가 분명해졌습니다. 만일 예수님을 하나님으로 고백한다면 예수님이 자기 자신을 하나님이라고 말해도 율법을 범한 것이 아니라고 판단할 것입니다. 그런데 예수님을 하나님으로 인정하지 않으니까 예수님이 하나님을 사칭했을 때 신성모독죄를 범한 범죄인으로 볼 수 있었던 것입니다. 그러므로 예수님을 저주할 자라고 본다는 말은 예수님을 단순한 인간으로만 보고 하나님으로 보지 않는다는 말입니다. 이처럼 예수님을 단순히 인간으로만 보고 하나님이자 하나님의 아들로 보지 않으면 그 마음 속에 성령을 받지 않은 것입니다.

그러면 성령을 받은 사람은 예수님을 어떤 자로 간주합니까? 주님으로 고백합니다. 예수님을 주님으로 고백한다는 말은 예수님이 십자가에 죽으셨다가 죽음을 이기시고 부활 승천하여 하나님의 우편에 계시면서 세상을 다스리시고 교회의 머리이자 주인이 되신 분으로 고백한다는 뜻입니다. 한 마디로 말하여 예수님을 인간이신 동시에 하나님으로 고백한다는 뜻입니다. 예수님을 주님으로 영접한 자들은 모두 성령을 받은 자들입니다. 예수님을 주님으로 고백하는 자들은 모두 성령을 받은 자들이고, 예수님을 구주로 고백하지 않는 자들은 성령을 받지 못한 자들입니다. 그러므로 어떤 특정한 은사를 받아야만 성령을 받은 자들이라는 '성령 파'들의 생각은 잘못된 것입니다. 예수님을 구주로 고백하는 모든 성도들은 다 성령을 받은 자들입니다. 모든 신자들은 성령으로 세례를 받은 자들입니다. 고린도전서 12장 13절은 모든 성도들이 한 성령으로 세례를 받아 한 몸이 되었다고 분명히 말합니다.

추가적으로 예수님을 주로 고백한다는 말이 지닌 좀 더 깊은 의미를 마음에 담아 두는 것이 유익할 것 같습니다.

첫째로, 예수님을 주로 고백한다는 말은 우리는 곧 예수님의 노예라는 고백을 하는 것이나 다름없습니다. 노예에게는 자기의 뜻이 있어서는 안 됩니다. 철저하게 주인의 뜻만을 생각해야 합니다. 따라서 예수님이 우리의 주님이라는 고백은 우리 자신의 뜻을 철저하게 버리고 오직 예수님의 뜻에만 노예처럼 순종하겠다는 결의를 다짐하는 것을 뜻합니다. 예수님 당시에 나쁜 주인들도 있었습니다. 나쁜 주인에게 걸린 노예는 참혹한 재난의 시간을 보내야 합니다. 그러나 당시에 정말로 좋은 주인도 있었습니다. 좋은 주인을 만난 노예는 먹고 사는 것을 보장받을 뿐만 아니라 평생 동안 안전하게 보호를 받으면서 행복하게 생활할 수 있습니다. 당연히 우리 주님은 너무나도 좋은 주인이십니다. 우리 주님에게 노예가 되어 철저하게 순종하면 자유를 빼앗기는 것이 아니라 오히려 넘치는 자유 함과 보호와 행복을 누릴 수 있을 것입니다.

둘째로, 예수님을 주로 고백한다는 말은 주님과 함께 고난 길에도 기꺼이 함께 하겠다는 결의를 다짐하는 것을 뜻합니다. 바울의 사역이 끝나가는 무렵에 네로가 황제의 자리에 오르면서 기독교인들에 대한 가혹한 핍박이 시작되었습니다. 바울도 네로 황제에게 순교 당했습니다. 로마 당국은 황제를 주主로 인정할 것을 요구했고, 황제가 아닌 다른 신을 주로 고백하면서 황제를 주로 인정할 것을 거부하면 가혹하게 핍박하고 사자굴 속에 집어넣거나 불에 태워 죽였습니다. 그러므로 예수님을 주님으로 고백한다는 말은 주님과 함께 불과 같은 고난 속에서도 주님과 함께 가겠다는 결의를 밝히는 것을 뜻합니다.

일단 성도들이 성령세례를 받으면 성령이 신자들 안에 들어오셔서 내주하시고 신자들은 성령 안에 거하기 시작합니다. 모든 성도들이 동일한 한 성령을 받았습니다. 그러면 성령의 은사들은 무엇인가? 은사들은 신자들 안에 거하시는 성령께서 신자들 한 사람 한 사람에게 나누어 주시는 선물들입니다. 바울은 이 선물들에 대하여 8절 이하에서 자세하게 설명하기에 앞서서 4절에서 7절까지에서 은사들이 지닌 일반적이고 핵심적인 특징을 말하면서, 이 은사들이 어디에서 오는 것이며, 이 은사들을 주시는 목적은 또 무엇인가를 밝힙니다.

4절에서 6절까지는 은사들이 누구로부터 주어지며 어떤 특징을 지니고 있는가를 설명합니다. "은사는 여러 가지나 성령은 같고 직분은 여러 가지나 주는 같으며, 또 사역은 여러 가지나 모든 것을 모든 사람 가운데 이루시는 하나님은 같으니." 이 구절은 3행으로 이루어진 정형시의 형태를 취하고 있습니다. 각 행들은 같은 내용을 표현을 바꾸어 가면서 풍부하게 표현하고 있습니다.

4절의 "은사는 여러 가지나," 5절의 "직분은 여러 가지나," 6절의 "사역은 여러 가지나"라는 표현들은 은사의 특징을 설명합니다.

5절의 은사라는 말은 "은혜로 주어진 선물들"이라는 뜻입니다. 은혜라는 말이 들어가면 주체는 당연히 하나님이 됩니다. 우리말로는 단수로 되어 있으나 헬라어 원어로는 명확하게 복수로 되어 있습니다. 하나님은 성령을 받은 신자들에게 은혜로 다양한 종류의 많은 은사들을 주십니다. 이 표현에서부터 벌써 방언과 같은 특정한 소수의 선물만을 은사로 주장하는 '성령 파'들의 주장이 편협하고 잘못된 것임이 드러나고 있습니다. 6절에는 "직분"이라는 말이 대신 들어가 있습니다. 직분이라는 단어도 헬라어 원어를 보면 복수로 되어 있습니다. 하나님이 주시는 선물들인 은사들이 다양하고 종류가 많은 것처럼 직분들도 다양하고 많습니다. 이 두 단어를 연결시키면 이 다양한 선물들은 다양한 직분들을 수행하는 것을 돕기 위하여 주어진다는 것을 알 수 있습니다. 직분 곧 디아코니아라는 말은 "섬기는 일"을 뜻합니다. 하나님은 섬기는 일을 골자로 하는 다양한 많은 직분들을 위하여 은사들을 주십니다. 6절은 사역이라는 말이 대신 들어가 있습니다. 사역이라는 단어도 역시 복수로 되어 있습니다. 사역에도 종류가 많다는 뜻입니다. 사역이라는 단어는 실제로 행동에 옮겨 열매를 거둔다는 뜻을 지니고 있습니다. 하나님은 성도들에게 교회 안에서 다양한 직분들을 주시고, 이 직분들을 수행하여 다양한 열매를 맺을 수 있도록 하기 위하여 다양한 은사들을 주십니다.

　이 사실은 "여러 가지"라는 단어를 통하여 한 번 더 강조됩니다. "여러 가지"로 번역된 헬라어 원어는 다이아이레세이스인데, 이 단어는 다양함이라는 뜻도 있지만 본문에서는 "다양하게 나누어서 할당해 줌"이라는 의미를 지닙니다. 하나님은 성도들에게 다양하고 많은 은사들을 나누어서 할당해 주셔서 서로 협력하여 사역을 효율적으로 수행하게 하시고 열매를 맺게 하십니다.

　이상에 제시된 단어들에도 이미 은사가 어디에서부터 오는가가 암시되어 있는데, 이 단어들 다음에 나오는 구절은 은사의 기원이 어디인가를 분명하게 단언합니다. 4절은 성령이 은사의 기원임을 말하고 있고, 5절은 주 곧 예수 그리스도께서 은사의 기원임을 말하고 있고, 6절은 하나님이 은사의 기원임을 말하고 있습니다. 이처럼 4,5,6절은 성부와 성자와 성령 삼위일체 하나님이 은사를 주시는 기원자임을 명확히 하고 있습니다. 이 구절들은 '아타나시우스'라는 유명한 정통신학자가 이단의 공격에 대응하여 '삼위일체 교리'를 변호할 때 중요한 근거구절로 인용될 만큼 중요한 삼위일체 교리의 근거구절입니다. 은사는 다양하고 많은 종류가 있지만 이 모든 은사들이 동일한 성령 하나님, 동일한 성자 하나님, 동일한 성부 하나님으로부터 옵니다. 따라서 각기 다른 은사를 받았다고 주장하면서 '성령 파'와 '비 성령 파'로 갈라져서 싸우거나 아볼로 파, 바울 파, 베드로 파, 그리스도파로 편 가르기를 하여 싸우는 것은 잘못된 것입니다.

특별히 6절에 보면 하나님이 모든 것을 모든 사람 가운데 이루신다고 말하고 있습니다. 모든 것은 은사들을 말하고 모든 사람은 은사를 받은 사람을 말합니다. 이 말은 은사를 통해서 일하시는 분은 하나님이라는 뜻입니다. 많은 은사를 받아서 교회에서 많은 일을 하는 경우에도 실제로 일을 이루어 주시는 분은 하나님이시고, 적은 은사를 받아서 적게 일을 하는 사람도 실제로 일을 이루어 주시는 분은 하나님이시므로 일을 많이 한다고 자랑하거나 교만할 것도 없고, 일을 적게 한다고 열등감을 느끼거나 의기소침할 필요도 없습니다.

7절은 은사를 주시는 범위와 은사의 목적을 말합니다. "각 사람에게 성령을 나타내심은 유익하게 하려 하심이라."

은사의 범위는 어느 정도입니까. 바울은 각 사람에게 성령을 나타내신다고 말합니다. "각 사람에게"라는 말은 "한 사람 도 빼놓지 않고 각자에게 모두"라는 뜻입니다. 성령님은 예수님을 구주로 고백하고 성령세례를 받은 모든 신자들 한 사람 한 사람에게 모두 예외 없이 은사를 주신다는 뜻입니다. 따라서 특정한 일부 사람에게만 성령의 은사가 주어진다고 생각하는 성령파의 생각은 틀린 것입니다.

마지막으로 7절은 은사가 주어지는 목적이 무엇인가를 말합니다. 그 목적은 "유익하게 하려 함"입니다. 무엇을 유익하게 하려 한다는 말입니까? 교회를 유익하게 하려 한다는 뜻입니다. 그렇습니다. 은사는 자기 자신의 개인적인 경건의 증진을 위하여 주어진 것이 아니라 교회를 유익하게 하고, 교회 공동체를 세우기 위하여 주어지는 것입니다.

이제 오늘 본문의 교훈을 정리하고 강의를 마무리하겠습니다.

첫째로, 우리는 예수님을 구주로 고백하는 모든 성도들이 성령으로 세례를 받은 자들이며, 따라서 성령을 받은 자들임을 기억해야 하겠습니다. 이 말은 지금 이 자리에 앉아 있는 모든 성도들이 다 성령의 세례를 받고 성령이 받은 자들이며, 성령 안에 있는 자들이라는 뜻입니다. 뿐만 아니라 우리는 예수님을 우리 주님으로 고백한다는 것이 무엇을 뜻하는가도 기억해야 하겠습니다. 이 고백은 이제는 주님의 노예가 되어 철저하게 주님의 뜻에 순종하는 삶을 살겠다는 결의를 새롭게 하며, 심지어 주님이 고난의 길로 우리를 초청할 때도 기꺼이 가겠다는 다짐을 새롭게 하는 것임을 기억해야 하겠습니다.

둘째로, 성부, 성자, 성령 하나님이 우리 각 사람에게 적절한 은사들을 주시고 이 은사들을 활용하여 교회를 섬기게 하신 것을 묵상하면서 우리에게 주어진 은사를 찾고 그 은사를 적극적으로 활용하여 교회 공동체 안에서 맡겨진 섬기는 직분을 열심히 수행하여 주님께 열매를 맺어 드려야 하겠습니다.

셋째로, 만에 하나라도 고린도교회의 성령 파에서 볼 수 있는 것처럼 자신들이 받은 은사를 잘못 해석하여 영적인 우월감에 사로잡히거나 편 가르기를 하는 잘못을 범하지 않도록 주의해야 하겠습니다.

8 어떤 사람에게는 성령으로 말미암아 지혜의 말씀을, 어떤 사람에게는 같은 성령을 따라 지식의 말씀을, **9** 다른 사람에게는 같은 성령으로 믿음을, 어떤 사람에게는 한 성령으로 병 고치는 은사를, **10** 어떤 사람에게는 능력 행함을, 어떤 사람에게는 예언함을, 어떤 사람에게는 영들 분별함을, 다른 사람에게는 각종 방언 말함을, 어떤 사람에게는 방언들 통역함을 주시나니 **11** 이 모든 일은 같은 한 성령이 행하사 그의 뜻대로 각 사람에게 나누어 주시는 것이니라

제42강

성령의 은사들

From the Cross to Agape

고전 12장
8~11절

● 　　　　오늘 설교는 우리 성도님들에게 세 가지 질문을 하고 이 질문에 대하여 성도님들로부터 확실하고 우렁찬 소리로 "아멘"이라고 외치는 신앙고백을 받아내는 것으로부터 시작하려고 합니다. 제가 묻는 세 가지 질문에 우리 성도님들이 동의하시면 확실하고 우렁찬 소리로 "아멘"이라고 대답하시기를 바랍니다. 첫째로, 여러분은 예수 그리스도를 구주로 영접하셨습니까? "아멘!" 네, 좋습니다. 둘째로, 그러면 이제 여러분 안에 성령님이 들어오셔서 내주하고 계신다는 사실도 확신하십니까? "아멘!" 네, 좋습니다. 마지막 셋째로, 여러분 안에 내주 하시는 성령님은, 설혹 여러분이 연약하여 실수하고 넘어지고 죄를 범한다 하더라도 결코 여러분을 떠나지 않으신다는 사실을 확실히 믿습니까? "아멘!" 네, 좋습니다. 이 세 가지는 여러분들이 어느 때, 누구로부터, 언제 질문이 들어 와도 확실하게 확신을 가지고 대답하셔야 합니다.

우리가 예수 그리스도를 구주로 영접하면 성령께서 우리의 속사람을 거듭 나게 하십니다. 그러나 우리의 겉 사람에는 여전히 죄의 잔재가 남아 있습니다. 속사람은 우리가 의식할 수 없는 우리 영혼의 깊은 차원, 무의식 또는 잠재의식의 차원을 가리키고, 겉 사람은 우리 영혼의 의식의 차원을 가리킵니다. 겉 사람 안에는 우리가 의식할 수 있는 세계 곧 우리의 생각, 감정, 의지, 생활 등이 모두 포함됩니다. 이제 우리 성도들이 갈급한 마음으로 성령을 간구하면 성령께서는 충만함으로 찾아 오셔서 우리의 겉 사람 안에 여전히 남아 있는 죄의 잔재를 제거하는 작업을 시작하십니다. 성령님께서 하시는 이 작업은 두 가지 방식으로 이루어지는데 하나는 성령의 열매를 주시는 방법으로 전개되고 다른 하나는 성령의 은사를 주시는 방법으로 전개됩니다. 성령의 열매는 개개인 신자들의 겉 사람 안에 남아 있는 죄의 잔재를 청산하고 겉 사람을 깨끗하고 거룩하게 변화시키기 위하여 주어집니다. 성령의 은사들은 성도들의 공동체인 교회를 죄의 세력으로부터 보호하고 아름답게 세우기 위하여 주어집니다.

성령이 충만하게 임할 때 주어지는 성령의 열매들이 어떤 것인가를 말하는 본문이 몇 군데 있는데, 그 중에 가장 중요한 본문이 갈라디아서 5장 22절에서 23절입니다. "오직 성령의 열매는 사랑과 희락과 화평과 오래 참음과 자비와 양선과 충성과 온유와 절제니 이 같은 것을 금지할 법이 없느니라." 하나님이 성령을 간구하는 자들에게 사랑, 희락, 화평, 오래 참음, 자비, 양선, 충성, 온유, 절제와 같은 열매들을 주시는 목적은 성도들의 겉 사람 안에 있는 죄의 잔재들을 몰아내고 겉 사람을 깨끗하고, 거룩하고, 아름다운 모습으로 단장하기 위해서입니다.

성령께서는 또한 성령의 충만을 간구하는 자들에게 성령의 은사들을 선물로 주셔서 교회를 죄의 세력으로부터 보호하고 거룩하면서도 사랑이 넘치는 아름다운 공동체로 세워 가십니다. 오늘 우리가 읽은 본문에는 지혜의 말씀, 지식의 말씀, 믿음, 병 고치는 은사, 능력 행함, 예언함, 영들 분별함, 각종 방언 말함, 방언들 통역함이라는 아홉 가지 은사들이 제시되어 있습니다. 이 본문 이외에도 고린도전서 12장 28절에서 31절에 아홉 가지가 또 나오고, 로마서 12장 6절에서 8절에 일곱 가지 은사가, 에베소서 4장 11절에 다섯 가지 은사가, 베드로전서 4장 11절에 두 가지 은사가 등장합니다. 이 은사의 목록들은 서로 반복되는 것들도 있고, 표현은 약간 다르지만 성격이 겹치는 것들도 있습니다. 이런 것들을 다 감안하면 약 20개가량의 은사들이 제시되어 있다고 볼 수 있습니다. 이 은사들 중에는 자연적인 은사들도 있고 초자연적인 은사들도 있습니다. 그러면 이 20개가 신약시대에 등장한 은사들을 전부 모은 것일까요? 그렇지 않습니다. 바울은 하나님이 교회를 위하여 주시는 훨씬 더 풍부하고 많은 은사들의 보따리로부터 바울 자신이 경험한 은사들을 생각이 나는 대로 몇 개를 끄집어내어 열거한 것뿐입니다. 신약성경에 제시된 은사들 이외에도 더 많은 은사들을 말할 수 있습니다. 또 신약시대에는 나타났지만 그 이후 시대에는 나타나지 않는 은사들도 있고, 신약시대에는 없었지만 오늘날에는 나타나는 은사들도 있습니다.

그러면 오늘 본문에 등장하는 은사들이 무슨 뜻을 지니고 있는가를 검토해 보겠습니다.

첫째는 지혜의 말씀입니다. 여기서 말씀이라는 단어는 그리스도의 십자가의 빛 안에서 신앙생활은 어떻게 해야 하는가, 교회생활은 어떻게 해야 하는가 등등에 대하여 설명하는 공적인 설교나 사적인 권면 같은, 말하는 행위들을 뜻합니다. 이 일들은 고린도교회에서는 바울이나 아볼로와 같은 지도자들이 주로 담당했고, 그 이외에도 성도들 가운데 지도적인 위치에 있는 자들이 담당했습니다. 그런데 설교나 가르침을 베푸는 자들 가운데 아주 지혜롭게 말을 잘하여 어렵게 꼬인 문제들을 수월하게 풀어내는 은사를 가진 자들이 있었습니다. 예를 들어서 열왕기상 3장 16절에서 28절에 기록되어 있는 솔로몬의 재판을 생각해 보면 됩니다. 두 여자가 솔로몬 앞에 나아 왔습니다. 이 두 여자가 각각 아기를 낳았는데, 한 여자가 그만 실수로 아이 위에 누웠다가 자기 아이를 죽이고 말았습니다. 그런데 자기 아이를 죽인 여자가 다른 여자가 잠든 사이에 자기의 죽은 아기를 잠든 여자 옆에 가져다 놓고 산 아이를 자기 아이로 데리고 갔습니다. 여자가 잠에서 깨어 보니까 죽은 아이가 옆에 누워 있는데 이 아이가 자기 아이가 아니었습니다. 그러나 목격자가 없어서 빼앗긴 아이가 자기 아이인가 아닌가를 증명할 길이 없었습니다. 마침내 아이를 빼앗긴 여자가 솔로몬에게 아이를 데리고 왔습니다. 두 여자가 서로 자기 아이라고 우기고 증인은 없어서 결정하기가 난감한 상황이었습니다. 갑자기 솔로몬은 칼을 가지고 오게 하여 아이를 둘로 쪼개어 두 여자에게 나누어 주라고 명령을 내렸습니다. 솔로몬은 아이의 친 엄마라면 모정 때문에 아이를 빼앗기더라도 살려달라고 애원할 것이고 친 엄마가 아니라면 명령대로 아이를 쪼개는 것을 받아들일 것이라고 판단한 것입니다. 솔로몬의 예상은 적중하여 한 여자는 황급히 말리면서 아이를 빼앗겨도 좋으니 죽이지 말고 상대 여자에게 주라고 간청했고, 다른 여자는 아이를 쪼개는 일에 동의했습니다. 이제 누가 친 엄마인가가 분명히 드러났습니다. 솔로몬은 아이를 죽이라는 명령을 거두어들인 후에 죽이는 것을 말린 여자에게 아이를 주라고 명령했습니다. 솔로몬의 지혜로운 말 한마디로 어려운 문제가 일거에 해결되어 버렸습니다. 이와 같은 솔로몬의 지혜는 솔로몬이 일천번제라는 기도를 드린 후에 성령으로부터 받은 놀라운 은사로서 "지혜의 말씀"이 어떤 것인가를 보여주는 좋은 예입니다.

둘째는 지식의 말씀입니다. 본문이 말하는 말씀도 지혜의 말씀이라고 할 때의 말씀과 같이 구두로 행하는 설교나 기타 가르침을 뜻합니다. 솔로몬의 재판에서 나타나는 것처럼 지혜가 번득이는 설교나 가르침도 있지만,

복음에 대해서나 그리스도인의 생활방식에 대해서나 기타 신앙생활에서 제기되는 여러 가지 문제들에 대하여 조리 있고 설득력 있게 잘 설명해 주는 설교나 가르침도 있습니다. 이것도 성령께서 주시는 은사입니다. 이런 가르침도 성도들을 견실하게 세워 주고 교회를 튼튼하게 해 주는 데 크게 기여합니다.

셋째로, 믿음의 은사가 있습니다. 믿음으로 번역된 '피스티스'라는 단어는 세 가지 의미가 있습니다. 하나는 구속하는 믿음입니다. 이 믿음은 신앙생활을 처음 시작할 때 가진 믿음으로서, 예수 그리스도가 하나님의 아들로서 우리 죄를 대신 짊어지시고 십자가 위에서 죽으셨다가 삼일 만에 부활하셨으며, 이 예수를 믿으면 구원을 얻고 영생을 얻는다는 사실을 믿는 믿음을 뜻합니다. 이 믿음은 모든 성도들이 공통적으로 가지고 있는 믿음입니다. 다른 하나는 하나님을 향한 신실성입니다. 신실성이란 하나님이 어떤 일을 맡기실 때 단순하고 우직하고 변함없는 마음으로 해내는 내적인 자질을 가리킵니다. 이 자질은 그리스도인이 갖추어야 할 성품인데, 모든 성도들에게 주어지는 것은 아닙니다. 또 다른 하나는 특별한 경우에 하나님이 비상한 방법으로 능력이나 긍휼을 베풀 수 있다는 강력한 확신입니다. 예를 들어서 유명한 조지 뮬러 목사님이 가진 믿음과 같은 것입니다. 어느 날 뮬러 목사님이 캐나다의 뉴펀드랜드에 있을 때 이 지역으로부터 약 600킬로미터 떨어진 지역인 퀘벡에 있는 성도와 만나기로 약속이 되어 있었고, 이 약속을 지키기 위해서는 배를 타고 출항을 해야만 했습니다. 그러나 아침에 선장이 바다를 보니까 짙은 안개가 끼어서 출항을 할 수 없었습니다. 이때 뮬러는 하나님께 기도했습니다. 뮬러가 배 안의 어느 방에서 퀘벡에 가게 해 달라고 기도하고 나서 방 밖으로 나오자 안개가 깨끗이 걷혀 있었습니다. 위기의 순간을 만났을 때 이런 믿음을 가진 성도들이 있으면 교회가 위기를 극복하고 사기를 높이는 데 큰 도움이 됩니다. 이런 믿음은 모든 성도들에게 주어지는 것은 아니고 특정한 성도들에게만 주어집니다.

넷째로, 병 고치는 은사가 있습니다. 이 은사는 의학적인 치료를 행하지 않은 상태에서 성령의 특별한 능력이 나타나서 난치병과 같은 병을 치료해 주시는 것을 뜻합니다. 사도들에게 이런 은사들이 나타났습니다. 사도행전 3장 1절에서 10절에 보면 베드로가 성전 입구에 앉아 있는 앉은뱅이를 보고 나사렛 예수 그리스도의 이름으로 일어나 걸으라고 명령을 내리자 앉은뱅이가 바로 일어나서 걸었습니다. 사도행전 9장 36절에서 43절이 보여주는 것처럼 베드로는 욥바에 있는 다비다라는 죽은 여 성도를 살려내기도 했습니다. 바울도 사도행전 20장 7절에서 12절까지에서 윗 다락 창에 걸터 앉아서 졸면서 밤늦게까지 계속되는 바울의 설교를 듣다가 죽은 유두고를 살려냈습니다. 이 은사는 오늘날에도 기도를 통하여 성령의 충만함을 받을 때 나타날 수 있습니다. 이 경우에 몇 가지 점에 유의할 필요가 있습니다.

우선, 사도들은 죽은 자까지도 살려냈는데, 이런 능력은 사도들에게만 특별히 강하고 완전하게 나타난 능력으로서 우리들에게는 나타나지 않는 능력이라고 보는 것이 바른 해석입니다.

다음으로는 성령의 특별한 능력에 의지하여 병을 고칠 만큼 강력한 믿음이 있어야만 한다는 생각에 사로잡힌 나머지 극단으로 치우쳐서 병원의 자연적인 진료나 투약을 통하여 질병을 치료하는 것을 거부해서는 안 된다는 것입니다. 의술이나 의약을 통하여 질병을 치료하는 것도 성령의 일반적인 사역의 작용이기 때문에 의술이나 약을 통하여 치료한다고 해서 믿음이 없는 것은 아닙니다. 성령의 특별한 작용으로서의 병 고침은 의술이나 약품으로 치료가 안 되거나 치료가 가능하더라도 의사나 의약품을 구하기가 어려운 비상한 상황에서 나타나는 것으로 보아야 합니다. 이와 동시에 또 다른 극단으로 나아가서 성령의 특별한 능력으로 병 고침을 받는 것은 구시대의 낡은 치료방식으로서 의술이 고도로 발달된 현 시대에는 이루어질 수 없다고 단정하는 것도 잘못된 것입니다. 오늘날 의술이 많이 발전한 것은 사실이지만 여전히 의술로서는 치유할 수 없는 질병들이 많이 있고, 새로운 형태의 난치성 질병들의 숫자도 늘어나고 있는 추세입니다. 이런 경우에 살아계신 삼위일체 하나님이 성령을 통하여 기적적인 방법으로 질병을 치유해 주실 수 있음을 부인해서는 안 됩니다.

다섯째로, 능력 행함의 은사가 있습니다. 이 은사는 귀신의 세력이나 악을 제압하는 하나님의 비상한 능력을 뜻합니다. 사도행전 5장 1절에서 11절까지는 베드로가 아나니아와 삽비라가 자기의 전 재산을 팔지 않고도 다 팔았다고 거짓말을 하는 것을 알아차리고 추궁하여 죽음에 이르게 한 일도 악에 대하여 나타난 무시무시한 성령의 권능입니다. 또 사도행전 13장 11절에 보면 바울이 박수무당이던 엘루마의 눈을 멀게 해버린 일이 기록되어 있는데 이것도 능력 행함의 실례입니다.

여섯째로, 예언함의 은사가 있습니다. 여기서 말하는 예언이란 사도들이나 선지자들이 행했던 복음 설교로서, 청중들에게 회개를 촉구하고 교회를 세워서 구원에 이르게 하는 것을 뜻합니다. 이 은사에 대해서는 두 가지를 유념할 필요가 있습니다. 하나는 사도들이 한 복음 설교 곧 예언은 그대로 모두 성경이 되었습니다. 성경은 완결되었기 때문에 성경본문과 대등한 권위가 있는 영감 받은 예언은 더 이상 존재하지 않습니다. 다른 하나는 사도와 함께 선지자들이 있었는데, 선지자들도 사도들처럼 복음 설교를 했습니다. 선지자들 중에는 사도들과 어깨를 나란히 할 만한 인물들이 있었습니다. 아볼로나 바나바가 바로 그런 인물들입니다. 그러나 선지자들 중에는 사도들과 같은 정도의 권위를 가지지 못한 자들이 있었고, 이들이 준 가르침에는 문제가 있는 경우도 있었습니다. 따라서 어떤 사람이 예언을 한다고 할 때는 고린도전서 14장 29절이 말하고 있는 것처럼 바른 예언인지의 여부를 분별할 필요가 있었습니다. 물론 당시의 예언에는 선지자 아가보가 흉년이 올 것을 알아 맞춘다든가 바울이 예루살렘에 가면 체포될 것을 알아 맞추는 것처럼 미래의 일을 미리 알려주는 예언도 있었습니다. 또 하나님이 원하시면 이런 예언도 충분히 나타날 수 있습니다. 그러나 이 예언은 오늘날의 성도들이 적극적으로 추구해도 좋은 은사는 아닙니다. 왜냐하면 구약성경은 길흉을 점치는 행위 곧 미래의 일을 미리 알아보는 행위를 철저하게 금지시켰고 이런 행동을 한 사람에 대해서는 사형을 선고하기까지 했기 때문입니다. 미래는 오직 하나님에게만 속한 일이기 때문에 인간이 알아내려고 해서는 안 됩니다.

일곱째, 영들을 분별하는 은사가 있습니다. 영들에는 성령도 있고, 악한 귀신의 영들도 있고, 인간의 영들도 있습니다. 성령의 작용에 의하여 나타나는 일들도 있고, 귀신의 영들의 작용에 의하여 나타나는 일들도 있고, 인간의 영들의 작용으로 나타나는 일들도 있습니다. 경우에 따라서는 이 세 영들에 의하여 나타나는 일들이 비슷비슷해서 혼동되는 경우가 있습니다. 예를 들어서 어떤 사람의 질병이 치유되었는데, 성령이 특별하게 작용한 결과로서 질병이 치유되는 경우도 있지만, 무당에게 복비를 바치고 굿을 해서 병을 치료받는 경우도 있습니다. 이 경우는 귀신의 힘에 의하여 병이 치유된 것입니다. 또 최면효과나 단전호흡을 통하여 정신의 힘을 집중시키거나 명상을 통하여 질병을 치료하는 경우가 있습니다. 이 경우는 인간의 정신의 힘으로 질병을 치료하는 경우입니다. 이때 질병이 치유된 것이 성령의 작용인지, 귀신의 작용인지, 인간의 영의 작용인지 혼동될 우려가 있습니다. 교회 안에서 이런 혼동이 지속되면 교회가 시험에 들 수가 있습니다. 따라서 성도들 중에 이 경우에 성령의 작용인지, 귀신의 작용인지, 인간의 영의 작용인지 분별하는 은사를 받으면 혼란을 가라앉히고 교회를 안정시키는 데 도움이 됩니다.

영들을 분별하는 기준으로는 세 가지를 말할 수 있습니다. 하나는 고린도전서 12장 3절에 근거하여 예수 그리스도에 대한 태도가 어떤가를 살피는 것입니다. 예수 그리스도를 높이지 않고 저주받을 자로 간주하는 등, 예수 그리스도를 깎아 내리려고 한다면 바른 은사가 아니라고 할 수 있습니다. 다른 하나는 고린도전서 13장이 잘 보여주는 것처럼 사랑이 동기가 되어 행하는 것인가 하는 것입니다. 아무리 기적적인 일이라도 사람을 긍휼히 여기고 사랑하는 동기로써 행해지지 않는다면 의심해 보아야 합니다. 예수님께서 행하신 모든 이적들이 100% 사람을 긍휼히 여기고 사람을 위기로부터 건져내시기 위하여 행하셨다는 사실을 참고하면 판단에 도움이 됩니다. 또 다른 하나는 고린도전서 12장 7절과 특히 14장 4절 등이 강조하는 것처럼 교회의 덕을 세우는가의 여부입니다. 아무리 놀라운 일이라도 교회의 덕을 세우지 못하고 교회를 분열시키고 교회를 깨뜨린다면 성령의 은사라고 볼 수 없습니다.

여덟째, 각종 방언을 말하는 은사가 있습니다. 사도행전 2장에 기록된 오순절성령강림 사건 때 예수님의 120명의 제자들이 성령의 충만함을 받고 방언으로 말했는데, 이때 방언은 본문이 분명히 보여주는 것처럼 외국어를 뜻합니다. 다시 말해서 지중해 전역에 흩어져서 각기 다른 나라 국적을 가지고 있고 다른 언어들을 사용하는 청중들에게 긴급하게 복음을 전해야 하는 필요성 때문에 성령께서 제자들에게 한 번도 배워 본 일이 없는 외국어로 복음을 말하도록 하셨습니다. 그러나 고린도전서가 말하는 방언은 외국어를 뜻하지 않습니다. 또한 고린도전서가 말하는 방언은 이방종교들이 주장하는 천사들이 사용하는 언어도 아닙니다. 또한 고린도전서가 말하는 방언은 이방종교의 제사의식에서 사용되는 운율이 있는 주문과 같은 어구들도 아니며, 황홀경에 들어가서 자기도 모르게 하는 특별한 중얼거림도 아닙니다.

그러면 고린도전서가 말하는 방언은 어떤 것인가? 성도들이 기도를 깊이 하다 보면 자기 마음 깊은 곳 - 이것을 현대 심리학에서는 무의식 혹은 잠재의식이라고 부르기도 합니다 - 에 있는 생각까지 하나님께 드리고 싶어 하게 됩니다. 그러나 인간의 언어가 지닌 한계, 인간의 기억력이 지닌 한계, 생각하는 능력의 한계 때문에 그 마음을 표현하지 못하여 답답함을 느낄 때가 있습니다. 로마서 8장 26절과 27절에 보면 신자들이 바로 이런 답답한 상황에 처해 있을 때 성령께서도 신자들의 답답함을 아시고 신자들이 기도하고는 싶지만 어떻게 기도해야 할지를 알지 못하는 사정을 아시고 말할 수 없는 탄식으로 성도들과 함께 하십니다. 이때 성령이 신자들을 대신하여 간구하시고, 성령께서 특별한 은혜로써 성도들이 자기의 마음 속에 있는 것을 자유롭게 하나님을 향하여 털어 놓을 수 있는 특별한 소통 방법을 주십니다. 이른바 하늘의 언어입니다. 이것이 고린도전서가 말하는 방언입니다. 방언을 받으면 자기의 마음 깊은 곳에 있는 것을 자유롭게 말할 수 있기 때문에 영적으로 놀라운 자유로움과 시원함을 맛볼 수 있고, 이런 경험은 기도하는 성도에게는 아주 큰 유익이 있습니다. 그러나 방언 그 자체는 교회 안에 있는 다른 성도들에게는 주는 유익이 없습니다. 왜냐하면 방언은 하나님과 성도 개인과의 사이에서만 유효한 것이기 때문입니다. 따라서 방언이 교회를 유익하게 하려면 그 내용을 다른 사람들에게 통역해 줄 수 있어야 합니다. 이 통역은 방언을 하는 사람 자신이 할 수도 있고, 다른 사람이 할 수도 있습니다. 따라서 마지막 아홉 번째로, 방언이 교회에 유익이 되기 위해서는 반드시 방언의 내용을 통역하여 다른 성도들에게 전달해 주는 은사도 받아야 한다는 것입니다.

어떻습니까? 고린도전서 12장 8절에서 10절까지만 보아도 성령이 충만하게 임할 때 얼마나 풍성하고 다양한 은사들이 주어지는지 놀랍지 않습니까? 이렇게 놀랍고 흥미 있고 다양한 은사들 가운데 한 두 개라도 받아서 누리면서 우리의 신앙생활을 풍성하게 하고 싶지 않으신가요? 바라기는 성도들이 열심히 기도하여 성령의 충만함을 받고 개인적으로는 풍성하고 주옥과 같은 성령의 열매를 받아서 자기 자신의 개인적인 신앙생활을 살찌우고, 성령의 은사를 받아 교회도 풍성하게 살찌우는 자들이 될 수 있기를 간절히 기도드립니다.

12 몸은 하나인데 많은 지체가 있고 몸의 지체가 많으나 한 몸임과 같이 그리스도도 그러하니라 13 우리가 유대인이나 헬라인이나 종이나 자유인이나 다 한 성령으로 세례를 받아 한 몸이 되었고 또 다 한 성령을 마시게 하셨느니라 14 몸은 한 지체뿐만 아니요 여럿이니 15 만일 발이 이르되 나는 손이 아니니 몸에 붙지 아니하였다 할지라도 이로써 몸에 붙지 아니한 것이 아니요 16 또 귀가 이르되 나는 눈이 아니니 몸에 붙지 아니하였다 할지라도 이로써 몸에 붙지 아니한 것이 아니니 17 만일 온 몸이 눈이면 듣는 곳은 어디며 온 몸이 듣는 곳이면 냄새 맡는 곳은 어디냐 18 그러나 이제 하나님이 그 원하시는 대로 지체를 각각 몸에 두셨으니 19 만일 다 한 지체뿐이면 몸은 어디냐 20 이제 지체는 많으나 몸은 하나라 21 눈이 손더러 내가 너를 쓸 데가 없다 하거나 또한 머리가 발더러 내가 너를 쓸 데가 없다 하지 못하리라

제43강

몸은 하나, 많은 지체

From the Cross to Agape

고전 12장
12~21절

● 교회는 성령으로 세례를 받고 예수 그리스도를 구주로 고백하는 사람들이 모여서 예배를 드리고 교제를 나누는 공동체입니다. 교회에 속한 성도들은 하나님으로부터 각자에게 적합한 은사들을 받습니다. 그리고 이 은사를 활용하여 교회를 세워 갑니다.

은사는 교회를 아름답게 세워가기 위하여 하나님이 주신 선물인데, 고린도교회에서는 일부 교인들이 은사를 잘못 이해하고 잘못 활용하여 오히려 교회를 파괴시키는 결과를 낳았습니다. 특히 고린도교회에서 방언의 은사를 받은 사람들이 교회에 분란을 일으켰습니다. 바울은 고린도전서 12장에서 14장까지 긴 장을 할애하여 이 문제를 다루고 있습니다. 은사는 성령을 통하여 주어지는 것이기 때문에 바울은 먼저 12장 1-3절에서 성령을 받은 자가 누구인가를 밝히면서 논의를 시작합니다. 바울은 예수 그리스도를 구주로 영접한 모든 성도들은 다 성령으로 세례를 받은 자들이요, 그 안에 성령이 내주하시는 자들임을 밝힙니다. 모든 성도들 안에 성령이 내주하신다는 말은 모든 성도들이 성령이 주시는 은사를 받을 수 있다는 뜻입니다.

계속되는 4-7절에서는 은사는 누구에게 주어지며 은사를 주시는 목적은 무엇인가를 말합니다. 은사는 모든 성도들에게 주어지며, 은사를 주시는 목적은 교회에 유익을 주기 위함이라는 점을 밝힙니다. 이어서 8절에서 11절까지는 은사의 종류들을 생각나는 대로 9가지를 예로 제시합니다.

그런데 이 은사 목록에 제시된 은사들은 모두 중요하고 좋은 것들입니다. 다만 목록을 유의해서 보면 바울이 강조하고자 하는 점이 하나 있음을 짐작할 수 있습니다. 이 목록의 특징은 말씀을 가르치는 것과 관련된 은사 – 지혜의 말씀, 지식의 말씀 – 들이 제일 앞에 배치되어 있고, 방언의 은사와 방언 통역의 은사가 제 나중에 배치되어 있습니다. 고린도전서 12장 28절에서 30절에 보면 또 한 세트의 은사의 목록이 나오는데, 이 목록에서도 말씀과 관련된 은사 – 사도, 선지자, 교사 – 들이 제일 앞에 나오고, 방언의 은사와 방언을 통역하는 은사는 제일 마지막에 나옵니다. 이런 배치가 의미하는 바는 말씀을 가르치는 것과 관련된 은사들이 가장 중요한 은사들로서 성도들이 우선적으로 추구해야 할 것들인 반면에, 방언의 은사는 은사들 가운데 중요성이 가장 떨어지는 은사라는 점입니다. 바울은 12장에서는 이렇게 자신의 의도를 간접적으로 암시한 다음 13장과 14장에서는 직접적으로 다룹니다.

1절에서 11절까지는 방언의 문제를 다루지는 않고 이 문제를 다루기 위한 기초 작업을 했다면, 오늘 우리가 읽은 본문에서는 물론 아직 방언의 문제가 직접적으로 다루어지지는 않고 있지만 방언의 은사를 받은 자들이 일으킨 문제가 어떤 문제인가를 드러내기 시작합니다. 오늘의 본문에서는 몸의 비유를 이용하여 교회와 은사의 문제를 설명하면서 동시에 고린도교회에서 일어난 문제가 어떤 성격의 문제인가를 밝힙니다.

먼저 본문의 구도를 살펴보겠습니다.

바울은 12절에서 13절에서 교회는 많은 지체들을 가진 몸임을 밝히고 어떻게 한 몸이 되었는가를 말합니다.

계속되는 14절에서 21절까지에서 바울은 몸이 지닌 두 가지 특징을 말하면서 교회의 속성을 간접적으로 설명합니다. 먼저 바울은 14절과 20절에서 몸은 하나이지만 몸을 구성하는 지체들은 많다고 말합니다. 이것이 몸의 구조입니다. 그런 다음에 15절, 16절, 21절에서는 많은 지체들이 한 몸임을 강조합니다. 17절에서 19절까지는 지체들은 하나가 아니고 각각 다르다는 점을 밝힙니다. 오늘 강의는 21절까지 다룰 예정입니다. 다음 강의에서 다루게 될 22절에서 26절까지는 성도들이 자기가 가진 것과는 다른 은사들을 가진 성도들을 대하는 방법을 소개합니다. 이어서 28절에서 30절에서는 새로운 은사의 목록을 소개한 다음에 31절에서 결론을 내립니다.

그러면 먼저 교회는 많은 지체를 가진 몸이라는 사실을 밝히고 있는 12절과 13절을 검토해 보겠습니다.

12절을 읽겠습니다. "몸은 하나인데 많은 지체가 있고 몸의 지체가 많으나 한 몸임과 같이 그리스도도 그러하니라."

바울이 사용한 몸의 비유는 몇 가지 특징을 지니고 있습니다.

첫째로, 몸의 비유는 바울 당시에 희랍 및 로마사회에서 많이 사용되어 오던 비유였습니다. 그런데 이방사회에서는 이 비유가 지배계층인 귀족들이 자신들의 기득권을 지키기 위한 이념적인 방편으로 사용되었습니다. 유명한 철학자인 플라톤, 전쟁이야기로 유명한 플루타르크 등이 국가권력을 공고히 하기 위하여 이 비유를 사용했습니다. 예를 들어서 메네니우스 아그립 바라는 정치가가 파업을 한 노예 노동자들을 설득하여 일자리로 돌아오게 하기 위하여 행한 연설에 이 같은 시도가 잘 나타나 있습니다. 아마도 노예노동자들이 귀족들의 식량을 운송해 주는 일을 하고 있었던 것 같습니다. 그런데 노예노동자들이 파업을 해 버리니까 귀족들이 식사를 할 수 없게 되었습니다. 아그립 바는 도시를 몸에 비유하고 노예노동자들을 몸의 지체에 비유하면서 노동자들과 귀족들이 모두 한 몸의 지체들인데 다른 지체들을 굶어 죽게 하는 것은 도리가 아니지 않느냐고 책망했습니다. 이처럼 이방사회에서는 귀족과 노예의 계급질서를 그대로 둔 채 귀족의 이익을 위하여 몸의 비유를 이용했습니다.

그러나 바울은 본문에서 똑같은 비유를 전혀 다른 목적으로 사용합니다. 바울은 교회 안에서 높은 지위에 올라가고자 하는 사람을 지원하기 위하여 비유를 사용한 것이 아니라 낮은 지위에 있는 사람을 보호하고 높여주려는 목적으로 동일한 비유를 활용합니다.

두 번째로, 우리는 지체라는 단어를 생각할 때 어떤 클럽의 회원이나 협회의 회원 정도를 연상하기 쉬운데 이런 정도의 생각을 가지고는 바울이 사용하는 몸의 비유를 이해할 수가 없습니다. 12절은 몸은 하나지만 많은 지체가 있고, 많은 지체가 있지만 몸은 하나라고 말합니다. 바울이 생각하는 몸과 지체는 생물학적인 몸입니다. 생물학적인 몸의 지체가 되었다는 것은 클럽이나 협회의 회원과는 본질이 다릅니다. 클럽이나 협회의 회원은 회원 하나에게 문제가 생겨도 전체 모임에 큰 영향은 별로 없습니다. 그런데 생물학적인 몸의 지체들은 사정이 다릅니다. 몸의 지체들은 혈관, 신경망, 림프관 등으로 긴밀하게 연결되어 있어서 지체 하나에 문제가 생기면 몸 전체가 아주 심각한 영향을 받게 되어 있습니다. 그것은 마치 다리를 잘라내는 것과도 같습니다. 다리 하나가 잘라져 나가면 온 몸이 심각한 타격을 받습니다. 교회가 그렇다는 말입니다. 클럽이나 협회의 회원과는 달리 교회의 경우는 한 지체에 문제가 생기면 교회 전체가 심각한 타격을 받게 됩니다. 따라서 어느 신학자는 바울이 사용한 몸의 비유에서 지체라는 말로는 바울의 의도를 제대로 전달하지 못한다고 보고 지체라는 말 대신에

"사지와 장기들"이라는 용어를 사용하기도 합니다. 이것이 바울이 사용하는 몸의 비유입니다. 동료 성도들을 한 몸의 사지나 장기처럼 여기라는 것입니다. 이렇게 하는 것은 오른편 뺨을 치는 자에게 왼편 뺨도 돌려 대라는 산상수훈의 말씀만큼 어려운 요구이고, 속옷을 가지고자 하는 자에게 겉옷까지도 가지게 하라는 말씀만큼 어려운 요구입니다. 따라서 몸의 비유는 우리에게 아주 낯설거나 이상하게 느껴지기도 하고, 때로는 부담과 공포로 다가 오기도 합니다. 그러나 우리는 우리 마음의 부담을 극복하고 항상 이 높고 어려운 요구 앞에 새롭게 서는 훈련을 해야 합니다.

세 번째로, 바울의 비유사용과 이방인의 비유사용이 결정적으로 다른 점이 또 하나 있습니다. 이방인의 비유는 몸을 통하여 인간 공동체의 특징을 설명합니다. 그러나 바울의 몸의 비유는 단지 인간 공동체만 설명하는 것이 아닙니다. 본문 12절은 몸의 비유를 설명한 다음에 바로 이를 그리스도에게 적용시킵니다. 바울은 "몸은 하나인데 많은 지체가 있고 몸의 지체가 많으나 한 몸임과 같이 교회도 그러하니라"라고 말하는 것이 아니라 "그리스도도 그러하니라"라고 말하고 있습니다. 이 말은 바울이 교회를 단순한 인간들의 모임이 아니라 바로 그리스도와 동일시하고 있음을 보여 줍니다. 바울에게 있어서 교회는 바로 그리스도였습니다. 바울이 교회를 그리스도라고 보게 된 결정적인 근거는 예수 그리스도가 그렇게 말씀하셨기 때문입니다. 바울은 개종하기 전에 교회를 핍박하는 일에 혈안이 되어 있었는데, 교회를 핍박하기 위하여 다메섹으로 내려가는 사울에게 예수님이 나타나셔서 직접 이렇게 말씀하셨습니다. "사울아 사울아 네가 어찌하여 나를 박해하느냐...나는 네가 박해하는 예수라"행9:4;22:7. 예수님이 주신 이 말씀을 직접 들은 바울은 자신이 핍박하고 있는 교회가 바로 그리스도라는 사실을 알게 된 것입니다. 그렇습니다. 우리는 교회를 바로 그리스도로 보아야 합니다. 모든 성도들을 그리스도로 대우해야 합니다.

13절에서 바울은 많은 지체들이 한 몸이 될 수 있었던 근거가 무엇인가를 밝힙니다. "우리가 유대인이나 헬라인이나 종이나 자유인이나 다 한 성령으로 세례를 받아 한 몸이 되었고 다 한 성령을 마시게 하셨느니라." 교회를 구성하는 지체들은 인종이나 사회적 신분이 천차만별입니다. 인종적으로는 유대인도 있고 헬라인도 있습니다. 사회적 신분으로는 종 곧 노예도 있고, 자유인 곧, 귀족도 있습니다. 유대인과 헬라인, 노예와 귀족이 기름과 물처럼 어울릴 수 없는 부류들입니다. 그런데 어떻게 이런 이질적인 부류가 하나가 될 수 있었는가? 바로 한 성령으로 세례를 받았고, 또 한 성령을 마셨기 때문입니다. 이 본문에서 한 성령으로 세례를 받은 것과 한 성령을 마신 것은 서로 다른 것이 아니라 동일한 것을 표현을 달리 하여 한 번 더 강조한 것뿐입니다. 이 본문에서 우리가 주목할 점은 두 가지입니다.

첫째로, 한 몸이 되었다는 말은 그리스도와 동일시되는 교회라는 몸의 지체가 되었다는 뜻이고 이는 구원을 받았다는 뜻입니다. 그런데 어떻게 구원을 받았느냐? 한 성령으로 세례를 받아서 그렇게 될 수 있었다, 또는 한 성령을 마셔서 그렇게 되었다는 것입니다. 성령으로 세례를 받았기 때문에 성도가 될 수 있었다는 말입니다. 따라서 성령세례는 예수 믿고 신앙생활을 시작할 때 받는 "시초적 경험"임을 알 수 있습니다. 게다가 "한 성령으로 세례를 받아"라는 구절이나 "한 성령을 마시게 하셨느니라."라는 구절이 모두 헬라어 시제로는 부정과거시제로 되어 있습니다. 부정과거시제는 과거의 어느 한 순간에 한 번 이루어지는 행동을 가리킬 때 사용되는 시제입니다. 이 같은 정보들을 참고할 때 성령세례는 예수 믿기 시작할 때 딱 한 번 받는 것임을 알 수 있습니다. 뿐만 아니라 본문에 보면 "우리가…다"라고 되어 있습니다. 이 말은 고린도교회 성도들 전부를 가리키며, 나아가서는 모든 신자들을 가리킵니다. 따라서 성령세례는 예수 그리스도를 구주로 고백하는 모든 신자들이 신앙생활을 시작하는 시점에 단 한 번 받는 시초적 경험입니다. 순복음 교회나 기타 이단적인 성향이 있는 교회들에서는 신앙생활을 이미 시작한 신자가 기도를 열심히 하여 방언의 은사라든가, 귀신을 쫓아내는 은사라든가, 병을 고치는 은사 같은 것을 받아야 성령세례를 받은 것이라는 주장을 펴고 있는데, 이런 주장에 흔들려서는 안 됩니다.

둘째로, "한 성령으로 세례를 받아"라는 표현과 "한 성령을 마시게 하셨느니라."라는 두 구절이 성령세례의 두 가지 특징을 잘 보여 주고 있습니다. "한 성령으로 세례를 받아"라고 했을 때 "한 성령으로"라는 구절은 원문을 그대로 직역하여 말하면 "한 성령 안에서"라는 뜻입니다. 이것은 성령세례의 외적인 측면을 강조하는 것입니다. 이 말의 의미를 정확히 알려면 바다를 항해하던 선박이 암초를 만나 넓고 깊은 바다 속에 수장되어 버리는 장면을 떠올리면 됩니다. 한 성령 안에서 세례를 받았다는 말은 선박이 바다 속에 수장되어 버리듯이 성도들이 성령세례를 받을 때 성령의 넓고 깊은 물결 안에 잠겨 버렸다는 뜻입니다. "한 성령으로 마시게 하셨느니라."라는 구절은 바다에 빠져서 푹 가라앉아 있는 배 안에 물이 콸콸콸콸 밀려들어오는 광경을 연상하시면 됩니다. 밖으로는 드넓은 성령의 바다에 잠기고, 안으로는 성령의 바다로부터 콸콸콸콸 밀려들어 와서 성령으로 가득 차게 되는 것이 바로 성령세례입니다.

12, 13절에서 성령세례를 통하여 서로 이질적인 다양한 사람들이 한 몸의 지체가 되었음을 밝힌 바울은 몸의 비유를 본격적으로 활용하여 교회의

특성을 말합니다.

우선 14절과 20절에서는 몸은 하나이지만 몸을 구성하는 지체들은 많다고 말합니다. "몸은 한 지체뿐만 아니요 여럿이니…이제 지체는 많으나 몸은 하나라." 바울은 몸은 하나지만 지체는 많다는 일반적인 교회의 속성을 말한 후에 많은 지체들과 한 몸의 관계를 어떻게 보아야 하는가를 두 관점에서 설명합니다. 첫 번째 관점은 15절, 16절, 그리고 21절에 나타나 있고, 다른 하나의 관점은 17절에서 20절까지에 반영되어 있습니다.

첫 번째 관점을 보여주고 있는 15절, 16절, 21절은 다시 두 부분으로 나누어집니다. 15절과 16절은 덜 중요한 은사를 받았다고 스스로 생각하는 성도의 생각을 말하고 있고 21절은 더 중요한 은사를 받았다고 생각하는 성도의 생각을 말하고 있습니다.

먼저 덜 중요한 은사를 받았다고 스스로 생각하는 성도의 생각을 말하고 있는 15절과 16절을 읽겠습니다. "만일 발이 이르되 나는 손이 아니니 몸에 붙지 아니하였다 할지라도 이로써 몸에 붙지 않은 것이 아니요. 또 귀가 이르되 나는 눈이 아니니 몸에 붙지 아니하였다 할지라도 이로써 몸에 붙지 아니한 것이 아니니." 바로 이 구절에 고린도교회 문제들 가운데 하나가 들어 있습니다. 고린도교회 성도들 중에는 방언이나 병 고치는 은사나 귀신을 쫓아내는 은사를 받지 못한 자들이 이런 은사들을 받은 자들에 대하여 일종의 열등감 같은 것을 느끼고 이 은사들을 받지 못했기 때문에 교회의 지체가 아닌 것처럼 생각하는 경우가 있었습니다.

15절은 발과 손의 이야기가 나옵니다. 발과 손 중에서는 누가 더 우월한 입장에 있을까요? 네! 손이 더 우월한 입장에 있습니다. 그러면 발이 어떻게 생각할까요? "나는 손보다 못한 지체이고 적어도 교회 지체가 되려면 손 정도는 되어야 하는데 손보다 못하니 나는 교회 지체가 될 자격이 없구나" 하고는 "나는 이제부터 교회 지체가 아니야"라고 말하면서 교회로부터 떠나려고 한다는 것입니다. 바울은 이런 생각과 행동이 잘못되었다는 것입니다. 발이 "나는 교회 지체가 아니야"라고 생각한다고 해서 발이 몸으로부터 떨어져 나갈 수 있는 것이 아니라는 겁니다. 발이 아무리 그렇게 생각하고 노력해도 발은 절대로 몸으로부터 떨어져 나갈 수가 없습니다. 16절에서는 귀와 눈의 이야기가 나옵니다. 귀와 눈 중에서 누가 더 우월한 지체일까요? 바로 눈입니다. 그러니까 열등감을 느낀 귀가 자기는 몸의 지체가 아니라고 말하고 몸으로부터 떠나려고 합니다. 발의 경우처럼 귀도 몸으로 떠나고 싶다고 해서 떠날 수 있는 것이 아니라는 것입니다. 한 번 해병이면 영원히 해병이라는 말이 있듯이, 한번 몸의 지체가 된 이상 절대로 몸으로부터 떨어져 나갈 수 없습니다. 떨어져 나가고 싶어도 못 나갑니다. 이처럼 성도들 중에는 다른 성도들이 가진 탁월한 은사 – 방언의 은사나 병 고치는 은사 등 – 을 가지고 있지 못하기 때문에 풀이 죽어서 자기 자신은 구원받은 백성이 아닌 것이 아닌가 하고 의심하는 자들이 등장했습니다. 물론 이렇게 생각하도록 자극한 것은 더 중요한 은사인 방언의 은사를 받았다고 자부한 성도들입니다. 바울은 어떤 은사를 받는가에 따라서 교회의 지체가 되는 여부가 결정되는 것은 아니라는 점을 분명히 합니다.

21절에는 이와는 정반대되는 입장이 등장합니다. "눈이 손더러 내가 너를 쓸 데가 없다 하거나 또한 머리가 발더러 내가 너를 쓸 떼가 없다 하지 못하리라." 자, 여기서 눈과 손 중에서 누가 더 우월할까요? 네! 눈이 손보다 더 우월합니다. 또 머리와 발 중에서 누가 우월할까요? 당연히 머리가 우월하지요. 그 사실을 알게 된 눈과 머리가 교만해진 나머지 손과 발을 향하여 이렇게 말합니다. "야, 나는 너 같이 질이 나쁜 은사는 필요 없어." 그러나 바울은 눈과 머리가 손과 발이 필요 없다고 말한다고 해서 정말로 필요 없는 것이 결코 아니라고 말합니다. 일단 몸에 들어 온 이상 모든 지체들은 하나가 되었기 때문에 서로의 도움을 필요로 합니다. 이처럼 고린도 교회에 방언의 은사와 같은 특별하고 영적인 은사를 받은 사람들이 마음이 교만해져서 그런 은사를 받지 못한 사람들을 무시하고 시험에 들게 했습니다.

두 번째 관점을 보여주는 본문은 17절에서 19절까지입니다. 이 관점은 각 지체들이 받은 은사들은 각각 다르고 달라야 한다는 것입니다. 17절입니다. "만일 온 몸이 눈이면 듣는 곳은 어디며 온 몸이 듣는 곳이면 냄새 맡는 곳은 어디냐?" 19절입니다. "만일 다 한 지체뿐이면 몸은 어디냐?" 만일 모든 지체가 다 눈이면 들을 수가 없게 되고 결과적으로 몸은 심각한 기능 장애를 겪게 됩니다. 이처럼 교회 안에서 어떤 은사가 아무리 좋아도 모든 성도들이 다 그 은사만을 추구한다면 교회는 심각한 기능장애를 겪게 됩니다. 예를 들어서 설교하는 은사가 좋다고 해서 다 설교자가 되어 버리면 설교를 듣는 사람이 없어져 버리지 않겠습니까? 그러면 교회의 점심식사는 누가 준비하고, 성가대는 누가 하겠습니까? 더욱이 모든 지체들에게 각각 다른 은사를 주셔서 서로 다르게 한 분은 하나님이십니다. 18절입니다. "그러나 이제 하나님이 그 원하시는 대로 지체를 각각 몸에 두셨으니." 사람마다 각각 다른 은사를 주신 것은 하나님이시기 때문에 더 중요한 한 은사를 받았다고 해서 덜 중요한 은사를 받은 사람을 무시하는 것은 곧 하나님을 무시하는 죄가 되는 것이며, 덜 중요한 은사를 받았다고 해서 자기가 받은 은사를 하찮은 것으로 생각하거나 열등감에 사로잡히는 것 역시 하나님을 무시하는 죄를 범하는 것입니다.

이제 오늘 본문이 주는 교훈을 정리하고 강의를 마무리하겠습니다.

첫째로, 우리는 우리가 속한 교회 공동체를 단순한 클럽이나 협회 회원처럼 가볍게 생각하는 오류에 빠지지 않도록 주의해야 합니다. 일단 성령세례를 받고 교회라는 몸의 지체가 되면 우리는 영원히 교회의 지체가 되는 것이며, 생각 내키는 대로 교회를 떠날 수 있는 것이 아니라는 사실을 명심해야 할 것입니다. 우리는 교회의 다른 지체들을 떼어내려고 해도 결코 떼어내 버릴 수 없는 한 몸의 지체로서 바라보고 지체가 아플 때 나도 아프고 지체가 기뻐할 때 나도 기뻐하는 생활을 해야 합니다.

둘째로, 우리는 교회가 곧 그리스도 자신임을 분명히 알고 교회와 동료 성도들을 그리스도를 대하듯이 대해야 할 것입니다.

셋째로, 우리는 성령세례를 받을 때 외부적으로는 성령 안에 푹 잠기게 되었을 뿐만 아니라 내부적으로는 성령을 우리 안에 깊숙이 들이 마심으로써 성령과 하나로 연합된 자들이 된 것을 생각하며 하나님께 감사하고 우리를 안팎으로 둘러싸고 있는 성령의 인도하심에 순종하는 삶을 살도록 해야 하겠습니다.

넷째로, 우리는 우리에게 주어진 은사는, 그 은사가 어떤 은사든 간에 하나님이 주신 은사라고 생각하고 감사하게 받으며, 나에게 주어진 은사를 최대한 활용하여 교회를 충성스럽게 섬기는 성도들이 되어야 하겠습니다. 우리는 우리가 다른 성도들보다 더 우월한 은사를 받았다고 해서 덜 중요한 은사를 받았다고 생각되는 성도들을 무시하는 죄를 범해서는 안 될 것이며, 다른 사람보다 덜 중요한 은사를 받았다고 해서 실의에 잠기거나 열등감에 사로잡히는 일이 없어야 하겠습니다.

22 그뿐 아니라 더 약하게 보이는 몸의 지체가 도리어 요긴하고 23 우리가 몸의 덜 귀히 여기는 그것들을 더욱 귀한 것들로 입혀 주며 우리의 아름답지 못한 지체는 더욱 아름다운 것을 얻느니라 그런즉 24 우리의 아름다운 지체는 그럴 필요가 없느니라 오직 하나님이 몸을 고르게 하여 부족한 지체에게 귀중함을 더하사 25 몸 가운데서 분쟁이 없고 오직 여러 지체가 서로 같이 돌보게 하셨느니라 26 만일 한 지체가 고통을 받으면 모든 지체가 함께 고통을 받고 한 지체가 영광을 얻으면 모든 지체가 함께 즐거워하느니라 27 너희는 그리스도의 몸이요 지체의 각 부분이라 28 하나님이 교회 중에 몇을 세우셨으니 첫째는 사도요 둘째는 선지자요 셋째는 교사요 그 다음은 능력을 행하는 자요 그 다음은 병 고치는 은사와 서로 돕는 것과 다스리는 것과 각종 방언을 말하는 것이라 29 다 사도이겠느냐 다 선지자이겠느냐 다 교사이겠느냐 다 능력을 행하는 자이겠느냐 30 다 병 고치는 은사를 가진 자이겠느냐 다 방언을 말하는 자이겠느냐 다 통역하는 자이겠느냐 31 너희는 더욱 큰 은사를 사모하라 내가 또한 가장 좋은 길을 너희에게 보이리라

제44강

약한 지체를
더 소중히

From the Cross to Agape

고전 12장
22~31절

● 　　　바울은 고린도전서 12장 전장에 걸쳐서 몸의 비유를 이용하여 교회가 어떤 공동체인가를 설명하고 있습니다. 몸의 비유는 몸을 구성하는 각각의 지체들이 모두 긴밀하게 연관되어 있기 때문에 어느 한 지체에 일어난 일이나 어느 한 지체가 한 행동은 다른 지체들에게 반드시 치명적인 영향을 줄 수 있다는 점을 강조합니다. 오늘 우리가 읽은 본문 22절에서 26절은 교회 안에서 나와는 다른 은사들을 받은 지체들 중에서 특별히 약하게 보이는 지체들을 대하는 방법을 소개하고 있습니다. 이어서 28절에서 30절까지는 8절에서 10절까지에서 와는 다른 관점에서 성령의 은사들을 소개합니다. 31절은 12장을 마무리하면서 13장과 14장으로 넘어가는 고리역할을 하는 구절로서 13장과 14장의 서론에 해당하는 구절입니다. 이 절에서는 13장과 14장에서 어떤 관점에서 은사문제를 다룰 것인가를 예고합니다.

　먼저 교회 안에 있는 약한 지체들을 대하는 법을 소개하는 22절에서 26절의 내용을 검토하겠습니다. 22절입니다. "그 뿐 아니라 더 약하게 보이는 몸의 지체가 도리어 요긴하고." "그 뿐 아니라"라는 말은 "좀 더 정확하게 말하자면"이라는 뜻입니다. "더 약하게 보이는 몸의 지체가 도리어 요긴하고." 이 구절의 뜻은 우리 몸의 구조를 보면 아주 쉽게 알 수 있습니다. 얼마 전부터 제 아내에게서 손톱이 약해져서 쉽게 깨지는 증상이 나타나기 시작했습니다. 손톱이 쉽게 깨져 나가니까 손가락 앞부분 약 1밀리미터 가량의 작은 부분이 손톱에 덮이지 않은 상황이 자주 발생했습니다. 이렇게 되니까 손가락 앞부분에 통증이 찾아와서 글씨도 쓰지 못하고 설거지도 하지 못하고 물건을 들지도 못하는 때가 자주 찾아 왔고 마침내는 일상생활 자체를 할 수 없는 지경에까지 이르게 되었습니다. 평소에는 무시하고 지내던 아주 작은 손톱 조각 한 부분이 온 몸에 이렇게 엄청난 영향을 끼칩니다. 이것이 바로 "더 약하게 보이는 몸의 지체가 도리어 요긴하고"라는 말이 뜻하는 것입니다. 이 원리가 교회 공동체에도 그대로 적용된다는 것이 바울이 말하고자 하는 것입니다. 교회 공동체에서도 약한 것처럼 보이는 지체가 아주 요긴한 역할을 담당합니다. 어떻게 교회 안에서 약한 지체들이 요긴한 역할을 담당할까요?

교회는 완전한 거룩의 경지에 도달하여 더 이상 배울 필요도, 훈련할 필요도 없는 성인들이 모여 있는 박물관이 아닙니다. 교회는 아직 완전한 성화의 단계에 이르지 못한 죄인들이 모여서 완전한 성화를 향하여 끊임없이 나아가며 훈련하는 죄인들의 학교입니다. 이 훈련과정에서 약한 지체들의 역할이 매우 중요합니다. 약한 지체들이 교회 공동체 생활에 적응할 수 있기 위해서는 강한 지체들의 관심과 돌봄을 필요로 합니다. 강한 지체들이 교회 공동체 안에서 약한 지체들의 입장에 서보려고 노력하고, 약한 지체들을 위하여 조금씩 자기를 양보하고 희생하며, 인내하는 가운데 약한 지체들을 돌보는 훈련을 끊임없이 해 나갈 때 아가페사랑과 황금률을 실천하는 연습을 할 수 있으며, 보다 거룩한 성화의 단계를 향하여 한걸음씩 나아갈 수가 있습니다. 그리고 이런 과정을 통하여 하나님 나라의 생활원리를 터득해 갑니다. 이처럼 교회 안에 있는 약한 지체들은 강한 지체들을 거룩하게 성화시키기 위하여 하나님이 주신 소중한 선물들입니다. 약한 지체들이 없이 강한 지체들만 있으면 강한 지체들은 이기적이고 교만한 성도들이 될 위험이 있습니다. 약한 지체들도 약한 지체들과만 있는 것 보다는 강한 지체들과 함께 있는 것이 영적인 면에서 자신들에게 매우 유익합니다. 약한 지체들끼리만 있으면 자극이 없어서 신앙이 자라지 않습니다. 그러나 강한 지체들이 옆에 있으면 강한 지체들을 보고 그들만큼 자라가야겠다는 동기부여가 됩니다. 그리고 실제로 강한 지체들의 적극적인 도움을 받아 실제로 신앙이 자라납니다.

이처럼 약한 지체들이 교회 공동체 안에서 없어서는 안 될 소중한 부분이라면 이 지체들을 어떻게 대해야 하는가는 어렵지 않게 알 수 있습니다. 바울은 세 개의 비유를 이용하여 교회 공동체 안에 있는 약한 지체들을 대하는 방법을 소개합니다.

첫 번째 비유는 23절과 24절 전반절에 있습니다. 먼저 24절을 읽겠습니다. "우리가 몸의 덜 귀히 여기는 그것들을 더욱 귀한 것들로 입혀 주며 우리의 아름답지 못한 지체는 더욱 아름다운 것을 얻느니라." 이 말의 의미를 이해하는 것은 아주 쉬운 일입니다. 특히 우리 여성들에게는 더욱 쉬운 일입니다. 왜냐하면 이 구절은 여성들이 외출하기 전에 화장을 하거나 옷단장을 하는 광경을 묘사한 것이기 때문입니다. 여성들이 화장을 하거나 옷단장을 할 때 어떤 방식으로 하나요? 특히 자신들의 약점이라고 생각하는 부분에 대하여 훨씬 더 큰 정성을 쏟아서 화장이나 옷단장을 하지 않습니까? 예를 들어서 얼굴의 눈가에 자글자글한 주름이나 뾰루지 같은 것들이 있으면 아이 크림 등을 이용하여 아주 세심하고 정교하게 화장을 해서 그 부분이 가려지고 예쁘게 보이도록 하지 않습니까? 또 다리에 흉터가 있거나 뱃살이 나왔거나 하면 이 부분을 가리기 위하여 아주 세심하게 신경을 써서 옷을 입지 않습니까? 이처럼 교회 공동체 안에 약한 지체들이 있을 경우에 이들을 소중히 여기고 더 신경 써서 돌보아야 한다는 것입니다. 그러나 믿음이 강한 자들에 대해서는 어떻게 해야 할까요? 24절 전반절입니다. "우리의 아름다운 지체는 그럴 필요가 없느니라." 이 구절도 역시 여성들이 화장이나 옷단장을 하는 광경을 묘사한 것입니다. 여성들이 화장이나 옷단장을 할 때 자신이 있는 부분은 별달리 꾸미지 않고 있는 그대로 드러나도록 하지 않습니까? 이처럼 교회 공동체에서도 강한 지체들은 크게 돌보지 않고 스스로 알아서 행동하도록 허용해도 문제될 것이 없다는 것입니다.

두 번째 비유는 24절 후반절과 25절에 있습니다. "오직 하나님이 몸을 고르게 하여 부족한 지체에게 귀중함을 더하사 몸 가운데서 분쟁이 없고 오직 여러 지체가 서로 같이 돌보게 하셨느니라." 이 본문은 화가가 그림을 그리는 장면을 묘사한 것입니다. "몸을 고르게 한다."는 말은 화가가 캔버스 위에 다양한 색을 칠하는 광경을 묘사한 단어입니다. 화가가 풍경화를 그릴 때 산, 하늘, 바다, 강 같은 큰 풍경은 정성을 다하여 그리고, 그 안에 자그마한 모습으로 여기저기 박혀 있는 작은 꽃, 나뭇가지, 풀잎, 어린 아이, 물고기 한 마리, 새 한 마리, 구름 한 조각 등은 대충 아무렇게나 처리하고 마는 경우는 없습니다. 오히려 큰 풍경은 굵은 붓으로 대충 그리고, 아주 작은 풍경은 세심하게 정성을 들여서 그리는 것이 통례입니다. 왜냐하면 그림의 중요한 주제나 의미가 아주 작은 풍경 하나 안에 담겨 있는 경우가 많기 때문입니다. 이렇게 해야 그림이 전체적으로 살아납니다. 흔히 하는 말 가운데 "디테일이 살아 있다"는 말이 있지 않습니까? 작은 부분들을 소홀히 하지 않고 소중하게 생각하고 살려내야 큰 부분들도 살아나고 나아가서는 전체가 함께 살아납니다. 하나님의 마음이 그림 전체를 살리기 위하여 작은 풍경 하나하나에 세심한 정성을 쏟아 그림을 그리는 화가의 마음과 같다는 것입니다.

세 번째 비유는 26절에 있습니다. "만일 한 지체가 고통을 받으면 모든 지체가 함께 고통을 받고 한 지체가 영광을 얻으면 모든 지체가 함께 즐거워하느니라." "한 지체가 고통을 받으면 모든 지체가 고통을 받는다"는 구절은 바울 당시 의료인들 사이에서 통용되던 의학상식들 가운데 하나였습니다. 예를 들어서 고대 의사로서 유명했던 히포크라테스는 특정한 장기나 사지의 고통이나 무능력은 몸 전체를 무력화시킨다고 말했습니다. '크리소스톰'은 발에 꽂힌 가시는 몸 전체의 건강에 영향을 줄 수 있다고 말했습니다. 따라서 의사들은 굵직한 신체부위에 관심을 가질 뿐만 아니라 신체의 아주 작은 부위도 소홀히 취급하지 말고 진중하게 치료해야 한다는 것입니다. 따라서 몸의 어느 한 부위가 아팠다가 치료되면 그 부위만 즐거워하는 것이 아니라 몸 전체가 즐거워하게 되어 있습니다.

어떤 사람이 달리기를 열심히 하여 1등으로 결승 테이프를 끊었다고 생각해 봅시다. 이때 사람들이 그 사람의 다리를 향하여 "축하한다"고 말하지 않습니다. 사람들은 그 사람의 전인을 향하여 축하한다고 말합니다. 왜냐하면 달리기는 다리 혼자 한 일이 아니라 온 몸의 모든 부분이 일사분란하게 함께 협력하여 한 일이기 때문입니다.

여성의 화장과 옷단장의 비유, 그림 그리는 화가의 비유, 의학상식의 비유를 통하여 바울이 제시하고자 하는 가르침이 무엇인가는 어렵지 않게 알 수 있습니다. 성도들은 자기가 받은 것과는 다른 은사들을 받은 지체들을 경쟁상대로 생각하여 이겨 먹으려고 하지 말고, 서로 뗄레야 뗄 수 없는 긴밀한 연관성 속에 있음을 알고 협력하되, 특히 믿음이 강한 자들이나 더 중요한 것처럼 보이는 은사를 받은 자들은 믿음이 약한 자들이나 덜 중요한 것처럼 보이는 은사를 받은 약한 지체들을 좀 더 세심하게 이해하고 참아주고 돌봄으로써 교회 공동체 전체를 세워가는 훈련을 하라는 것입니다.

약한 지체들을 어떻게 대해야 하는가에 관한 가르침을 마무리한 바울은 27절에서 30절에서는 다시 한 번 하나님께서 교회에 주신 다양한 은사들의 목록을 제시합니다. 바울은 27절에서 성도들은 그리스도의 몸의 지체들이라는 지금까지의 가르침의 핵심을 상기시킨 다음에 각각의 지체들에게 주어진 다양한 은사들을 제시합니다. 28절입니다. "하나님이 교회 중에 몇을 세우셨으니 첫째는 사도요 둘째는 선지자요 셋째는 교사요 그 다음은 능력을 행하는 자요 그 다음은 병 고치는 은사와 서로 돕는 것과 다스리는 것과 각종 방언을 말하는 것이라." 여기에 여덟 가지 은사들이 등장하는데, 30절 뒷부분에 "통역하는 자이겠느냐"라는 언명이 있는 것으로 보아 방언을 통역하는 은사까지 포함하여 아홉 가지 은사가 제시된 셈입니다. 역시 이 목록도 성령이 주시는 은사들을 모두 다 나열한 것이 아니라 바울의 머릿속에 떠오르는 대로 무작위로 열거한 것입니다.

이 은사목록은 두 가지 특징을 지니고 있습니다. 첫 번째 특징은 앞부분에 배치한 은사들이 뒷부분에 배치한 은사들 보다 중요한 은사들이라는 점입니다. 특히 "첫째는, 둘째는, 셋째는"으로 표시된 세 개의 은사들은 그 다음에 나오는 은사들에 비교해 볼 때 명확히 더 중요하고 핵심이 되는 은사들입니다. 동시에 방언의 은사가 맨 나중에 배치되었다는 말은 방언의 은사가 모든 은사들 가운데 중요성이 가장 낮은 은사라는 뜻입니다. 그러나 네 번째부터 여덟 번째까지 등장하는 은사들은 중요성의 정도에 따라서 배열된 것이 아니라 그냥 무작위로 배열되었습니다. 아마도 성도들은 이렇게 생각하실 것입니다. 도대체 바울의 말이 일관성이 없잖아! 중요도를 기준으로 배열을 시작했으면 일관성 있게 끝까지 그렇게 해야지, 왜 처음에는 중요도를 기준으로 말을 하다가 중간에서는 중요도라는 기준을 무시해 버리는 거야? 그러니까 헷갈리잖아! 그렇습니다. 이것이 옛날 사람들의 어법입니다. 옛날 사람들은 정확하게 논리적인 순서를 지켜서 말을 하지 않고 생각이 나는 대로 편리한 대로 자유롭게 말하는 습관이 우리보다 더 빈번했습니다. 바울은 사도, 선지자, 교사, 방언을 생각할 때는 중요성을 중시하여 말했지만, 다른 은사들을 생각할 때는 중요성을 고려하지 않았습니다. 우리는 이런 어법을 그러려니 하고 받아들이면 됩니다.

　두 번째 특징도 마찬가지입니다. 이 목록은 은사가 나타난 시간적인 순서를 고려하여 배열되었습니다. 사도의 은사가 시간적으로 제일 먼저 나타나고, 다음에 선지자, 다음에 교사가 나타난 것은 분명합니다. 사도가 된 후에 능력 행하는 것이나 병 고치는 은사 등이 나타났기 때문에 이런 은사들이 뒤에 배치되었습니다. 그러나 교사나 선지자의 은사가 병 고치는 은사보다 먼저 나타난 것은 또 아닙니다. 그러니까 여기에는 시간적인 순서가 무시되었습니다. 서로 돕는 것, 다스리는 것, 방언은 교회가 세워지고 난 후에 나타나기 시작한 은사들이므로 뒤에 배치되는 것이 자연스럽습니다. 그렇다고 해서 능력 행함이 병 고치는 은사보다 반드시 먼저 나타났다고 볼 수는 없습니다. 이 두 은사는 시간적인 순서를 고려하지 않고 배열했습니다. 또 서로 돕는 것, 다스리는 것, 방언도 시간적인 선후를 따질 수 없습니다. 여기서도 바울은 어떤 부분에서는 시간적인 순서를 중시했다가 또 어떤 부분에서는 시간적인 순서를 무시하는 서술방법을 취하고 있는데, 이

어법 역시 옛날 사람들은 이런 식으로 말을 했구나 라고 생각하고 그러려니 하고 받아들이면 됩니다.

첫째로, 사도의 은사는 두 부류로 나누어집니다. 한 부류는 예루살렘 사도라고 불리는 사람들로서, 제비뽑기를 통하여 뽑힌 맛디아를 포함한 열두 사도들로 구성된 자들입니다. 다른 한 부류는 안디옥 사도라고 불리는 사람들로서 바울, 실라, 바나바를 가리킵니다. 사도의 은사는 이 사람들에게 국한된 은사로서 이들이 주님의 부름을 받은 이후에는 종결되고 반복되어 나타나지 않는 은사들입니다.

둘째로, 선지자의 은사는 사도들로부터 직접적인 가르침을 받거나 영향을 받아서 설교를 했던 사람들을 가리키는데, 예를 들어서 고린도교회에 바울의 후계자로 갔던 아볼로와 같은 인물을 가리킵니다. 선지자는 어느 한 교회에 매이지 않고 교회들을 순방하면서 복음을 전한 사람들로서, 초대교회에만 있었고, 초대교회가 지난 다음에는 반복되지 않는 은사입니다.

셋째로, 교사의 은사는 사도들이 세운 지역교회를 맡아서 목회하면서 성도들을 지도했던 사람들을 가리킵니다. 예를 들면 디모데와 같은 사람들을 들 수 있습니다. 이들은 구약성경, 사복음서의 원본들과 사도들이 쓴 서신들, 초기 형태의 신앙고백서 등을 근거로 지역교회의 성도들을 가르쳤습니다. 교사의 은사들부터는 초대교회 이후에도 계속하여 반복하여 나타나는 은사들이라고 할 수 있습니다. 오늘날 지역교회의 담임목사들이 대표적인 교사의 은사들이라고 할 수 있고, 신학교에서 신학교육을 담당하는 사람들이나 교회학교에서 아이들을 가르치는 교회학교 선생님들이 모두 넓은 의미의 교사의 은사를 받은 자들입니다.

넷째로, 능력 행함은 10절을 설명할 때 말씀드린 것처럼 귀신을 쫓아내는 은사를 말합니다. 이 은사도 오늘날 나타날 수 있습니다.

다섯째로, 병 고치는 은사도 오늘날 나타날 수 있습니다.

여섯째로, 서로 돕는 은사에 사용된 헬라어 안티렘쎄이스는 식물을 심은 후에 쓰러지지 않고 잘 자라날 수 있도록 받쳐 주는 받침대 혹은 몸에 상처가 난 부위를 치료하고 난 후에 치료부위를 감싸 주는 붕대를 뜻합니다. 이 은사는 다음에 등장하는 다스리는 은사와 부분적으로 겹치는 부분이 있는 은사로서, 말씀을 전하고 가르치는 자들을 행정적으로 지원하는 업무를 잘 수행하는 것을 뜻합니다. 이 은사는 특히 재정과 관련된 행정지원업무를 뜻한다고 볼 수 있습니다. 예를 들어서 사도행전 6장을 보면 예루살렘 교회에서 사도들이 하는 일이 많아지자 사도들은 말씀을 전하고 기도하는 일에 전념하도록 하고 일곱 집사를 세워서 재정출납과 같은 행정적인 일들을 맡아 처리하도록 조치한 것을 생각하면 이 은사가 어떤 은사인가를 알 수 있습니다. 오늘날로 말하자면 집사들이 하는 일을 생각하면 됩니다.

일곱째로, 다스리는 은사에 사용된 퀴베르네세이스는 배를 조종하는 선장이나 조타수의 기술을 뜻하는 용어입니다. 선장이나 조타수는 배의 구조를 잘 이해할 뿐만 아니라 항해의 걸림돌이 되는 암초의 위치나 조류의 흐름이나 날씨 등을 잘 파악하여 이런 난관들을 지혜롭게 피해 가면서 항해를 해야 합니다. 이처럼 교회 공동체를 운영하기 위해서는 여러 가지 인간관계의 문제들이 많이 발생하는데, 이런 문제들의 특성을 잘 파악하고 잘 해결하면서 공동체를 원활하게 잘 운영해 나가면서 말씀사역자들을 지원하는 은사를 가진 평신도 지도자가 필요합니다. 오늘날로 말하자면 교회의 치리를 담당하는 장로에 해당하는 자들입니다.

여덟 번째와 아홉 번째 은사들인 방언과 방언통역에 대해서는 이미 지난번에 말씀드렸기 때문에 반복하지 않아도 될 것 같습니다.

이처럼 다양한 은사들을 열거한 바울은 교회를 운영하는 데는 이 모든 은사들이 골고루 필요하기 때문에 어느 한 은사가 중요하고 좋아 보인다고 해서 모든 성도들이 하나의 은사만을 추구하는 것은 잘못된 태도임을 분명히 합니다. 29절과 30절입니다. "다 사도이겠느냐 다 선지자이겠느냐 다 교사이겠느냐 다 능력을 행하는 자이겠느냐 다 병 고치는 은사를 가진 자이겠느냐 다 방언을 말하는 자이겠느냐 다 통역하는 자이겠느냐."

몸의 비유를 사용한 은사에 관한 총론적 가르침은 30절로 마무리됩니다. 총론을 마무리한 바울은 13장과 14장에서 고린도교회에서 문제가 되었던 방언의 문제를 집중적으로 다룹니다. 31절은 12장을 마무리하면서 13장과 14장에서 다루게 될 내용을 예고하는 연결고리 역할을 하고 있습니다. 31절은 두 문장으로 구성되어 있는데 각기 다른 내용을 담고 있기 때문에 따로따로 살펴 볼 필요가 있습니다.

첫 번째 문장은 "너희는 더욱 큰 은사를 사모하라"는 것입니다. 자, 무엇보다 더 큰 은사를 사모하라는 말입니까? 방언의 은사보다 더 큰 은사를 사모하라는 말입니다. 이미 바울은 두 번에 걸쳐서 제시된 은사의 목록에서 방언의 은사를 제일 나중에 배치함으로써 방언의 은사가 가장 중요한 은사가 아니라는 점을 암시한 바 있습니다. 그러면 바울이 제시한 은사목록에서 가장 중요한 은사는 무엇입니까? 첫 번째 목록을 보면 지혜의 말씀과 지식의 말씀이 1, 2번에 나와 있습니다. 두 번째 목록을 보면 사도, 선지자, 교사의 은사가 1, 2, 3번에 나와 있습니다. 이 두 목록의 특징은 모두 말씀과 관련된 은사라는 점입니다. 따라서 바울이 여기서 말하는 은사는 말씀의 은사를 뜻합니다. 다시 말해서 방언의 은사 보다는 말씀의 은사를 더 사모하라는 말입니다. 이 가르침에 대한 상세한 해설이 14장 전장입니다. 14장의 주제는 방언의 은사 보다는 예언의 은사를 사모하라는 것인데, 예언이 곧 말씀의 은사를 뜻합니다.

두 번째 문장은 "내가 또한 가장 좋은 길을 너희에게 보이리라"는 것입니다. 고린도교회 성도들은 지금 어떤 은사가 더 우월한 은사인가를 따지면서 서로 경쟁하고 상대방을 영적으로 제압하는 일에 골몰하고 있습니다. 고린도교회 성도들은 은사를 추구하고 사용하는 목적이 무엇인가를 깨닫지 못하고 있고, 어떤 마음가짐으로 은사를 추구해야 하는가도 깨닫지 못하고 있고, 은사 하나하나를 추구하고 사용하는 것보다 훨씬 더 중요한 성도의 삶의 원리가 무엇인지도 모르고 있었습니다. 그 삶의 원리가 무엇인가? 바로 아가페 사랑의 원리입니다. 아가페 사랑의 원리에 따라서 생활하면 심지어 은사를 받지 않아도 됩니다. 그러나 아가페 사랑의 원리에서 떠나면 아무리 좋은 은사를 많이 받아도 다 헛일이라는 것입니다. 이 가르침에 대한 상세한 해설이 13장입니다.

이제 오늘 본문이 주는 교훈을 정리하고 강의를 마무리하겠습니다.

우리는 교회는 성도들 상호간에 우열을 다투고 경쟁하는 곳이 아니라, 다른 성도들이 가진 다양한 은사들을 존중해 주고, 서로 힘을 합하여 협력해야만 그리스도의 몸인 교회가 제대로 작동할 수 있다는 지체의식을 가지고, 한 지체의 아픔을 나의 아픔으로 느끼고, 한 지체의 즐거움을 나의 즐거움으로 느끼는 곳임을 분명히 알아야 하겠습니다. 교회는 강한 지체들이 약한 지체들을 더 세심하게 돌보는 곳이 되어야 합니다. 바로 그것이 우리를 향한 하나님의 마음을 가장 정확히 읽어내고 실천하는 것이며, 하나님을 가장 기쁘시게 해드리는 것입니다.

이번 6.4 지방선거에서 학부모들이 대거 진보사상을 가진 교육감들을 선택한 이유가 무엇일까요? 우리 사회가 우리의 아이들을 살인적인 경쟁 속으로 몰아넣고 있고 살인적인 경쟁이 아이들의 미래를 빼앗을 뿐만 아니라 한국사회의 미래를 빼앗고 있다는 위기의식을 느꼈기 때문이 아니겠습니까? 청년들의 결혼연령이 자꾸만 늦어지고 있고, 출산율이 급격하게 줄어들고 있는 것이 바로 지나친 경쟁이 낳은 폐해가 아니겠습니까? 이런 절박한 현실 속에서 교회가 경쟁 보다는 강한 지체들이 조금씩 자기를 희생하고 양보하여 가장 약한 지체들을 따뜻하게 돌보는 공동체가 되고 이 정신을 조금씩 교회 밖으로 확산시키는 역할을 담당할 때 바로 우리 아이들과 한국 사회의 희망이 시작된다는 사실을 우리 모두가 꼭 기억해야 하겠습니다.

1 내가 사람의 방언과 천사의 말을 할지라도 사랑이 없으면 소리 나는 구리와 울리는 꽹과리가 되고 2 내가 예언하는 능력이 있어 모든 비밀과 모든 지식을 알고 또 산을 옮길 만한 모든 믿음이 있을지라도 사랑이 없으면 내가 아무 것도 아니요 3 내가 내게 있는 모든 것으로 구제하고 또 내 몸을 불사르게 내줄지라도 사랑이 없으면 내게 아무 유익이 없느니라

제45강

아가페 사랑
(상-사랑이 없으면 꽝이다)

· From the Cross to Agape

고전 13장 1~3절

● 　　　　바울은 고린도전서 12장에서 성령이 교회를 세워가기 위하여 성도들에게 주시는 은사들에 대하여 자세하게 설명한 후에 31절에서 이렇게 마무리합니다. "너희는 더욱 큰 은사를 사모하라 내가 또한 가장 좋은 길을 너희에게 보이리라." 이 마무리 글은 두 문장으로 구성되어 있습니다. 첫 번째 문장은 "너희는 더욱 큰 은사를 사모하라"는 것입니다. 무엇보다 더 큰 은사를 사모하라는 말입니까? 방언의 은사보다 더 큰 은사를 사모하라는 말입니다. 이미 바울은 12장에서 두 번 제시된 은사의 목록에서 방언의 은사를 제일 나중에 배치함으로써 방언의 은사가 모든 은사들 가운데 가장 열등한 은사임을 말한 바 있습니다. 그러면 바울이 제시한 은사목록에서 가장 중요한 은사는 무엇입니까? 첫 번째 목록을 보면 지혜의 말씀과 지식의 말씀이 1, 2번에 나와 있습니다. 두 번째 목록을 보면 사도, 선지자, 교사의 은사가 1, 2, 3번에 나와 있습니다. 이 두 목록의 특징은 모두 말씀과 관련된 은사라는 점입니다. 따라서 바울이 여기서 말하는 은사는 말씀의 은사를 뜻합니다. 다시 말해서 방언의 은사 보다는 말씀의 은사를 더 사모하라는 말입니다. 이 가르침에 대한 상세한 해설이 14장 전장입니다. 14장의 주제는 방언의 은사 보다는 예언의 은사를 사모하라는 것인데, 예언이 곧 말씀의 은사를 뜻합니다.

　　두 번째 문장은 "내가 또한 가장 좋은 길을 너희에게 보이리라."는 것입니다. 고린도교회 성도들은 지금 어떤 은사가 더 우월한 은사인가를 따지면서 서로 경쟁하고 상대방을 영적으로 제압하는 일에 골몰하고 있습니다. 고린도교회 성도들은 은사를 추구하고 사용하는 목적이 무엇인가를 깨닫지 못하고 있고, 어떤 마음가짐으로 은사를 추구해야 하는가도 깨닫지 못하고 있습니다. 다시 말해서 은사 하나하나를 추구하고 사용하는 것보다 훨씬 더 중요한 성도의 삶의 원리가 있는데, 그것이 무엇인가를 모르고 있는 것입니다. 은사 하나하나를 추구하는 것보다 훨씬 더 중요하고 근본적인 삶의 원리가 무엇인가? 가장 좋은 길이 무엇인가? 바로 아가페 사랑의 원리입니다. 아가페 사랑의 원리에 따라서 생활하면 심지어 은사를 받지 않아도 됩니다. 그러나 아가페 사랑의 원리에서 떠나면 아무리 좋은 은사를 많이 받아도 다 헛일이라는 것입니다. 이 가르침에 대한 상세한 해설이 13장에 전개되어 있습니다.

12장과 14장이 산문 형태로 되어 있는 것과는 대조적으로 13장은 시 형식으로 서술되어 있습니다. 차분하게 논리적으로 12장에서 은사론을 전개하던 바울은 성령으로부터 폭포수와도 같은 특별한 영감을 받아서 운율을 타면서 단숨에 13장을 써내려 간 것 같습니다. 그리고 다시 차분한 마음으로 돌아와서 논리적인 어조로 14장의 서술을 계속합니다.

13장은 세 부분으로 구성되어 있습니다.

첫째로, 1절에서 3절까지는 아무리 놀라운 은사를 받고, 놀라운 실천을 해도 사랑이 없으면 "꽝이다"라는 원리를 말하고 있습니다.

둘째로, 4절에서 7절까지는 사랑의 속성은 어떤 것인가를 말하고 있습니다.

셋째로, 8절에서 13절까지는 사랑은 재림 시에 하나님의 심판이 온 세상에 임하여 이 세상에 있는 모든 것들이 무너지고 급격한 변화를 겪을 때에도 무너지지 않고 살아남을 뿐만 아니라 그 이후에도 영원히 지속되는 놀라운 덕목임을 말하고 있습니다.

오늘 강의에서는 1절에서 3절까지 다룰 예정입니다.

그러면 먼저 아무리 놀라운 은사를 받고 아무리 놀라운 실천을 해도 사랑이 없으면 아무 것도 아니라는 원리를 말하고 있는 1절에서 3절까지를 살펴보겠습니다.

먼저 1절을 읽겠습니다. "내가 사람의 방언과 천사의 말을 할지라도 사랑이 없으면 소리 나는 구리와 울리는 꽹과리가 되고."

우리 모두가 일상생활에서 공통적으로 경험하는 일들 가운데 하나는 우리가 사용하는 언어로써 우리의 마음속에 있는 감정이나 생각들을 다 표현하기가 어렵다는 것입니다. 이 점은 기도할 때도 마찬가지입니다. 성도들이 기도를 깊이 하다 보면 하나님께 드리고 싶은 기도는 있는데, 말로 잘 표현이 안 될 경우가 있습니다. 이때 하나님께서 하나님을 향하여 마음속에 있는 것을 자유롭게 표현할 수 있는 특별한 능력을 주시는 데, 그것이 바로 방언입니다. 고린도전서 14장 18절에서 바울이 "내가 너희 모든 사람보다 방언을 더 말하므로 하나님께 감사하노라"라고 말한 것으로 볼 때 바울은 방언의 은사를 받았음을 알 수 있습니다.

바울은 천사들 사이에서 오고가는 특별한 언어에 대해서도 알고 있었습니다. 고린도후서 12장 4절에 보면 "그가 낙원으로 이끌려 가서 말로 표현할 수 없는 말을 들었으나 사람이 가히 이르지 못할 말이로다."라는 구절이 있습니다. 여기서 말하는 "그"는 사실상 바울이 자기 자신을 겸손하게 객관화시켜서 말한 것입니다. 바울은 개종한 직후에 아라비아 광야로 나가서 몇 개월 동안 기도에 전념하는 시간을 보내는 중에 특별한 환상을 보고 계시를 받는 체험을 했는데, 이때 낙원에서 천사들이 주고받는 대화를 들을 수 있었습니다.

방언을 통하여 하나님과 막힘이 없이 소통을 하고, 천사의 말을 터득하여 구사할 수 있다면 영적으로 아주 깊고 높은 단계에 들어간 것입니다. 그러나 이렇게 영적으로 깊고 높은 단계에 들어갔어도 사랑이 없으면 "소리나는 구리와 울리는 꽹과리"에 불과하다고 바울은 말합니다.

먼저 "사랑"으로 번역된 아가페라는 용어에 대하여 알아 볼 필요가 있습니다. 아가페는 기본적으로 두 가지 의미를 가지고 있습니다.

첫째로, 아가페는 호감을 받을 만한 조건을 갖추지 못한 어떤 사람을 호감을 받을 만한 조건을 갖춘 사람으로 대해 준다는 뜻을 가지고 있습니다. 이런 예는 인간사회에서는 거의 발견되지 않습니다. 왜냐하면 인간의 자연스러운 성품은 나에게 호감을 주는 상대방을 좋아하게끔 되어 있기 때문입니다.

둘째는, 아가페는 자기의 이익을 철저하게 희생시키고 철저하게 타인의 이익을 추구하는 태도를 의미합니다. 이런 태도도 인간사회에서는 거의 발견되지 않습니다. 왜냐하면 인간의 자연스러운 성품은 자기이익을 추구하게끔 되어 있기 때문입니다.

이 두 가지 태도가 인간사회에서 발견되는 것이 아니라면 어디서 발견될 수 있을까요? 바로 하나님에게서만 그 온전한 모습을 발견할 수 있습니다.

첫째 태도는 우리를 의롭다 하시는 하나님의 행동에 나타나 있습니다. 우리가 하나님 앞에 섰을 때 우리 안에는 하나님이 인정해 주실 만한 의로움이 전혀 없습니다. 우리는 온통 불의한 것으로 가득 차 있습니다. 그러나 예수 그리스도께서 우리 죄를 대신 지시고 십자가 위에서 죽으셨다는 사실을 믿고 예수 그리스도를 우리의 구주로 영접하자 성부 하나님께서는 예수 그리스도의 완전한 의만을 보시고 단번에 의로움이 전혀 없는 우리를 완전히 의로운 자로 인정해 주셨습니다. 하나님의 이 행동 안에 호감을 받을 만한 조건을 갖추지 못한 사람을 호감을 받을 만한 조건을 갖춘 자로 대우해 준다는 원리가 들어 있습니다. 인간들은 어떤 대상이 실제로 의로움을 지니고 있어야만 그 대상을 의롭다고 판단하기 때문에 상대방에게 실제로 의로움이 없는데도 100% 완전히 의롭다고 판단해 주는 일은 인간사회에서는 있을 수 없습니다.

둘째 태도는 예수님의 십자가의 죽음에서 나타났습니다. 예수님은 죄가 전혀 없으신 분인데도 죄인들을 구원하기 위하여 십자가 위에서 죽으셨습니다. 예수님의 십자가상의 죽으심에는 철저하게 자기를 희생하고 타인의 유익을 구하는 행동원리가 나타나 있습니다. 인간들은 자기를 철저하게 희생하면서 타인의 유익을 구하는 행동을 좀처럼 하지 않기 때문에 이 원리도 인간사회에서는 있을 수 없습니다.

인간사회에서 이런 원리들이 나타나지 않는다는 말은 이 원리들을 표현할 수 있는 용어도 인간들의 언어에는 없다는 뜻입니다. 실제로 아가페는 그리스문명의 공용어인데, 그리스 문화권에서는 거의 쓰이지 않는 단어입니다. 왜냐하면 이방문화권인 그리스 문화권에서는 이런 행동을 찾아보기 어려웠고 따라서 개념 자체가 없었기 때문입니다. 성경기자들이 하나님의 행동원리를 그리스어로 표현을 하려고 했을 때, 하나님의 행동원리를 꼭 맞게 담을 수 있는 용어가 없었습니다. 사람들은 어떤 인간의 언어도 하나님의 마음과 태도를 100% 완전하게 담을 수는 없지만 그런 가운데서도 아가페라는 단어가 아쉽지만 그래도 제일 낫다고 생각해서 이 단어를 하나님의 마음과 태도를 표현하는데 사용하기 시작했습니다. 그래서 아가페라는 단어가 형성된 것입니다. 사실상 아가페는 하나님의 태도를 표현하기 위한 목적으로 만들어낸 단어라고도 할 수 있습니다. 사실 이 단어도 하나님의 마음과 태도를 다 담기에는 역부족이지만 아쉬운 대로 그냥 쓰는 것입니다. 이런 이유 때문에 아가페는 그리스어임에도 불구하고 그리스 사회에서는 거의 등장하지 않고 신약성경과 초기 기독교문헌과 멀리는 구약성경을 그리스도어로 번역한 70인 역이라는 번역 성경에서만 등장하는 것입니다. 이처럼 아가페의 내용은 철저하게 인간을 위한 하나님의 구원행위에서 나온 것입니다.

다음으로 살펴보아야 할 표현은 "소리 나는 구리"와 "울리는 꽹과리"입니다. 소리 나는 구리라는 것은 구리로 만든 항아리인데, 이 항아리는 고대 야외극장의 무대 가장자리에 줄지어 많이 배치되어 있었습니다. 당시 수천 명이나 수만 명이 모이는 야외극장에서 연극을 하려면 아무래도 배우들의 생목소리만으로 청중들에게 극의 내용을 전달하는 것은 무리가 있었습니다. 이때 구리 항아리는 오늘날의 일종의 음향장치 곧 마이크 시스템의 역할을 했습니다. 구리 항아리들을 많이 배치해 놓으면 배우들의 목소리가 구리에 울려서 증폭되어 멀리까지 들렸습니다. "울리는 꽹과리"는 악기의 일종으로 금속으로 된 둥근 접시와 같은 것입니다. 이 금속접시에 곤봉이나 쇠막대기로 쳐서 노래의 박자를 맞추어 주는 기구였습니다. 이 금속접시를 치면 크게 울부짖는 소리가 아주 길게 퍼져 나갔습니다. 이 소리들은 아름답고 고운 소리가 아니라 듣기에 거북한 불량한 소리들이지만 어쩔 수 없어서 들어야 하는 소리들입니다.

방언이나 천사의 언어와 같이, 영적으로 깊이 있고 높은 수준의 신비스러운 언어로 기도를 한다 하더라도, 사랑이 없으면 그저 무대에 선 배우의 말을 메아리로 증폭시켜 주거나 크게 울부짖는 불량한 소리들과 같은 무의미한 소리로 전락하고 맙니다. 여기서 우리가 주목할 것은 방언이나 천사의 언어로 기도하는 것은 기도하는 사람 자신의 편의를 위한 것이고, 다른 사람의 복리에 기여하는 것이 없다는 점입니다. 반면에 사랑은 자기 자신을 위한 마음이 아니라 타인의 복리를 배려하는 마음입니다.

계속하여 2절을 읽겠습니다. "내가 예언하는 능력이 있어 모든 비밀과 모든 지식을 알고 또 산을 옮길 만한 모든 믿음이 있을지라도 사랑이 없으면 내가 아무 것도 아니요." 1절에서 말하는 방언이나 천사의 말이 철저하게 기도자 자신의 경건을 증진시키기 위한 것이라면, 2절에서 말하는 예언, 모든 비밀을 아는 것, 모든 지식을 아는 것, 산을 옮길 만한 믿음은 자기 자신을 위한 것만은 아니고, 어느 정도는 다른 사람들을 위한 은사들이기도 합니다. 예언이나 비밀을 아는 것이나 지식을 아는 것들은 모두 말씀과 관련된 은사들입니다. 하나님의 말씀을 연구하여 그 말씀에 담겨 있는 비밀들을 깨닫고 깨달은 말씀들을 전하는 일은 교회의 청중들을 세워주기 위하여 주어진 은사들입니다. 그런데 말씀을 전할 때도 철저하게 교회의 회중들을 섬기고 세워주는 목적을 위하여 하지 않고, 자기 자신의 지적 호기심을 만족시키거나, 더 많이 알고 있다는 사실을 과시하거나, 자기 자신의 권위를 세우기 위하여 말씀을 연구하고 전할 수 있습니다. 그렇게 되면 그가 아무리 풍부하고 깊은 말씀에 대한 지식을 가지고 있고, 유창하게 말씀을 증거 한다 하더라도 "아무 것도 아니다," 곧 "꽝이다"라는 것입니다. 마태복음 17장 20절이 말하는 산을 옮길만한 믿음은 특별히 하나님에 대한 믿음이 아주 강한 것을 뜻합니다. "산을 옮기는 것"은 인간의 힘으로 불가능하고 아주 어려운 일입니다. 이렇게 어려운 일을 하나님의 능력을 믿고 강력하게 기도를 함으로써 해결해 내는 기도의 사람들이 있습니다. 암에 걸렸는데 기도를 통하여 하나님의 능력을 받아 암을 치유해 버린다든지, 사업에 실패하여 부도처리가 되어서 집도 재산도 다 빼앗긴 채 알거지가 되었는데, 하나님의 능력을 믿고 기도를 통하여 일어선다든지, 아니면 몸에 많은 고통이 뒤따르는 질병이 찾아 왔는데, 하나님을 믿는 믿음으로 굳세게 이겨낸다든지 하는 것들이 바로 "산을 옮길만한 믿음"입니다. 그런데 이렇게 강력한 믿음을 가지고 있고 이 믿음에 근거하여 엄청난 체험을 하는 사람이라 할지라도 그 마음속에 자기를 희생하고 타인의 유익을 배려하는 아가페 사랑이 없으면 역시 "꽝이다"라는 것입니다.

3절을 읽겠습니다. "내가 내게 있는 모든 것으로 구제하고 또 내 몸을 불사르게 내줄지라도 사랑이 없으면 내게 아무 유익이 없느니라." 1절이 말하는 방언이나 천사의 말로 기도하는 것이 철저하게 자기 자신의 경건을 위한 것이고, 2절이 말하는 예언, 비밀이나 지식을 아는 것, 강력한 믿음을 행사하는 것의 목표가 어느 정도 자기 자신에게만 있지 않고 타인의 유익에 있어야 한다면, 3절이 말하는 "내게 있는 모든 것으로 구제하고," "내 몸을 불사르게 내 주는 것"은 그 행위 자체가 자기를 희생하고 타인의 유익을 구하는 성격을 훨씬 더 강하게 지니고 있습니다.

"내게 있는 모든 것으로 구제 한다"는 말은 재산을 이웃을 위하여 희사하는 행위를 뜻합니다. "구제 한다"는 단어는 "쪼개서 나누어 준다"는 뜻입니다. 내가 가진 모든 것을 하나도 남기지 않고 일일이 다 쪼개서 사람들에게 다 나누어 주는 행위 그 자체는 철저하게 이타적인 행위입니다. 그런데 이처럼 그 본질상 철저하게 이타적인 행위도 자기 자신을 위하여 행할 수 있다는 것입니다. 마태복음 6장 1절에서 4절을 읽어 보면 어떤 사람이 "사람에게 보이려고," 곧 "사람에게서 영광을 받으려고" 공개적으로 다 알리면서 구제를 행합니다. 이보다 한걸음 더 나아가면 구원을 받기 위한 업적을 쌓기 위하여 구제를 행할 수 있습니다. 사람에게 영광을 받으려고 하거나, 구원을 받으려고 하는 것은 이기적이고 자기중심적인 목적입니다. "내 몸을 불사르게 내줄지라도"라는 구절에서는 몸이 희생의 대상이 되고 있습니다. 고대 종교에서는 몸을 불태워서 신에 대한 헌신을 표시하는 관습이 있었습니다. 이처럼 자기 전 재산을 이웃에게 나누어 주고, 심지어 자기 몸을 불태워 바치는 행위를 한다 하더라도 자기 자신이 사람에게 영광을 받기 위해서나, 자기 자신이 구원을 받기 위해서나, 신으로부터 인정을 받으려는 동기에서 이런 행위들을 하고, 마음속에 다른 사람의 유익을 배려하는 아가페 사랑이 없다면 이런 행위들은 아무런 유익이 없습니다.

이제 오늘 본문이 주는 교훈을 중간정리하고 강의를 마무리하겠습니다. 그리스도인들은 어떤 행동에 들어가기 전에 항상 잠깐 멈추고 자기 자신이 어떤 마음의 동기를 가지고 행동을 할 것인가를 생각하고 행동에 들어가고, 어떤 행동을 한 후에는 내가 과연 어떤 동기를 가지고 행동을 했는가를 점검하는 훈련을 해야 하겠습니다. 우선 가까이 교회에서 주어진 여러 가지 봉사들을 행할 때 이 질문들을 하는 훈련을 해야 하겠습니다. 이 질문들을 하지 않고 그냥 하다 보면 나의 자연적인 본성을 자기도 모르게 따라가게 되고, 그러다 보면 자연스럽게 자기중심적인 행동으로 나아가게 되어 있고, 자기중심적인 방향으로 나아가다 보면 하나님 나라의 축복에서 멀어지고 내가 하는 수고가 모두 헛수고가 되어 버리고 오히려 내가 하는 열심 때문에 교회에 분쟁과 갈등과 다툼이 발생하게 됩니다. 수고를 열심히 했는데, 그 수고가 모두 다 "꽝"이 되어 버린다면 얼마나 비효율적이고 허무한 일입니까? 그러나 우리가 힘들어도 항상 과연 다른 사람들을 배려하는 마음가짐과 태도로 주어진 일들을 하고 있는가를 항상 물으면서 행동을 하려고 애를 쓴다면, 우리가 행하는 작은 수고조차도 하나님 나라의 영광과 축복을 맛보는 통로가 될 것이며, 나의 수고 하나하나가 의미 있는 일들로 승화될 것이며, 다른 사람들의 마음속에 기쁨과 훈훈함과 위로와 생명을 안겨주는 알찬 열매를 거두고 교회를 아름다운 공동체로 세워갈 수 있을 것입니다. 교회에서 이런 훈련을 해서 체질을 강화시킨 다음에 가정에서도 다른 사람을 배려하는 삶을 살아내고, 직장에서도 다른 사람을 배려하는 삶을 살아내게 된다면 우리의 삶 전체가 하나님 앞에서 의미 있는 삶으로 피어나게 될 것입니다.

4 사랑은 오래 참고 사랑은 온유하며 시기하지 아니하며 사랑은 자랑하지 아니하며 교만하지 아니하며 **5** 무례히 행하지 아니하며 자기의 유익을 구하지 아니하며 성내지 아니하며 악한 것을 생각하지 아니하며 **6** 불의를 기뻐하지 아니하며 진리와 함께 기뻐하고 **7** 모든 것을 참으며 모든 것을 믿으며 모든 것을 바라며 모든 것을 견디느니라

제46강

아가페 사랑
(중-사랑의 속성)

· From
the Cross
to Agape

고전 13장 4~7절

● 　　　　　지난 강의에서 우리는 아무리 놀라운 은사를 받고 놀라운 실천을 해도 사랑이 없으면 아무 것도 아니라는 교훈을 말한 13장 1절에서 3절까지의 내용을 살펴보았습니다. 오늘은 사랑의 속성이 무엇인가를 제시하고 있는 4절에서 7절까지를 살펴보고자 합니다. 바울은 본문에서 사랑의 속성으로 열다섯 가지 항목을 제시하고 있습니다.

첫 번째 속성은 "오래 참는 것"입니다. 우리는 사랑이라는 단어를 들으면 제일 먼저 로맨틱한 어떤 감정을 떠 올리기 마련이지만, 성경은 이런 감정과는 정반대되는 항목을 선두에 제시합니다. 이 항목과 비슷한 항목이 열두 번째 항목에도 나오고 모든 것을 참으며, 우리말로는 동일한 단어로 번역되었으나 헬라어로는 전혀 다른 단어입니다, 마지막 항목인 열다섯 번째 항목에도 나옵니다 모든 것을 견디느니라. 바울이 제시하고 있는 사랑의 속성들은 참는 것에서 시작하여 참는 것으로 끝납니다. 뿐만 아니라 다른 항목들도 낭만적이거나 자연적인 성품을 그대로 가지고 실천할 수 있는 내용은 하나도 없으며, 자연적인 성품을 거스르고 누르고 참아내야만 실천할 수 있는 내용들입니다. 우리는 사랑의 송가를 부를 때 눈을 지그시 감고, 우리의 낭만적인 감정을 많이 담아서, 바람 한 점 없는 날, 햇빛이 눈부시게 반짝이는 고요한 호수를 생각하면서 노래를 부릅니다. 그러나 바울이 말한 사랑의 항목들로부터는 이런 아름답고 낭만적인 풍경이 하나도 없습니다. 바울이 말한 항목들은 지나치다 싶을 정도로 냉정하고 현실적이며, 많은 문제들, 부담들, 풍파로 가득한 인생살이, 일이 뜻대로 잘 풀리지 않는 답답한 현실 속에 처해 있는 사람들을 위한 것들이며, 이런 현실을 타개해 나가기 위해서 절실하게 필요한 전략을 담고 있습니다.

　오래 참는다는 말은 첫째로, 바라는 어떤 일이 이루어질 것이라는 간절한 기대를 잃지 않고, 둘째로, 현재나 가까운 미래에 그 기대가 이루어질 것이라는 전망이 눈에 보이지 않음에도 불구하고, 셋째로, 아주 긴 기간 동안 기다리는 태도를 가리킵니다. 우리는 이 태도의 원형을 인간을 향한 하나님의 태도에서 볼 수 있습니다. 인간들을 향하여 하나님이 가지고 계시는 전략이 바로 오래 참는 것입니다. 하나님이 인간들을 향하여 오래 참으신다는 사실은 성경 전체에 풍부하게 나타나 있지만, 대표적인 본문 하나를 제시한다면 베드로후서 3장 9절을 들 수 있습니다. "주의 약속은 어떤 이들이 더디다고 생각하는 것같이 더딘 것이 아니라 오직 주께서는 너희를 대하여 오래 참으사 아무도 멸망하지 아니하고 다 회개하기에 이르기를 원하시느니라." 아담과 하와가 하나님의 명령을 어기고 범죄 하였을 때 하나님께서 범죄에 대한 형벌인 사망의 형벌을 바로 내리지 않고 살려 주시고, 그 이후 인류가 끊임없이 하나님 앞에 거듭거듭 죄를 범해 왔음에도 불구하고 멸망시키시지 않으시고 지금까지 인류 역사가 계속되어 올 수 있었던 이유는 인간들이 회개하고 하나님께로 돌아오기를 간절하게 기다리시는 하나님의 오래 참으심이 있었기 때문입니다. 성경은 인류의 역사의 의미를 모든 인류가 회개하고 하나님께로 돌아오기를 간절히 기대하시는 하나님의 오래 참으심의 표현으로 해석합니다. 인류의 역사의 이면에는 모든 인간들이 하나님께로 돌아오기를 간절하게 기대하시면서 장구한 세월동안 참고 기다리시는 하나님의 마음이 살아 움직이고 있습니다.

하나님이 오래 참으시는 것처럼 믿음의 조상들도 희망을 잃지 않고 그 희망이 이루어지기를 기대하면서 오랜 세월동안 기다리는 삶을 살았습니다. 예를 들어서 아브라함은 이미 폐경이 되어 더 이상 아이를 얻을 가능성이 전혀 없는 절망적인 상황 속에서도 남자 아이가 태어날 것이라는 기대를 잃지 않고 기약 없이 보이는 긴 세월을 기다리는 삶을 살았습니다. 긴 기간 동안 희망을 잃지 않고 희망이 이루어지기를 끝까지 기대하면서 기다리는 생활, 심지어 이 세상에서 사는 날 동안 희망을 보지 못하고 죽는다 하더라도 끝까지 희망을 잃지 않고 살아내는 생활 – 이런 생활이 바로 아가페 사랑의 삶입니다.

바울은 고린도교회에서 믿음이 약한 자들이 믿음이 강한 자들의 자리에까지 자라나리라는 희망을 마음속에 품고 기다렸습니다. 그리고 고린도교회 안에 있는 믿음이 강한 자들에게 같은 희망을 품고 참고 기다려 줄 것을 요구했습니다. 왜냐하면 그것이 바로 사랑이기 때문입니다.

자식을 키우는 부모에게도 희망을 잃지 않고 긴 세월을 기다리는 이런 마음가짐이 필요하리라고 봅니다. 자식들은 예외적인 경우를 제외하고는 부모가 기대했던 대로, 부모가 기대했던 그 시기에 철이 들지 않는 것 같습니다. 때로는 자식이 철이 들도록 하는 교육에 실패하지 않았는가 하는 걱정이 밀려들 때도 있고, 이제 희망을 접어야 하는가 하는 걱정이 찾아 들 때도 있습니다. 그러나 이런 상황 속에서도 희망과 기대를 잃지 않고 기약을 알 수 없는 긴 기간 동안 기다려 주는 것 – 그것이 부모가 자식에게 보여주는 아가페 사랑입니다.

두 번째 속성은 "온유한 것"입니다. 로마서 11장 22절에 "하나님의 인자하심"이라는 표현이 있는데, 이 구절에 있는 인자하심이 본문의 온유한 것과 원어가 같습니다. 온유함도 하나님에게서 기원한 태도입니다. 온유하다는 말은 상대방이 잘 되는 것에 대하여 순수하고 사심 없는 관심을 기울이는 태도를 뜻합니다. 이런 마음이 있어야 정말로 상대방에 대하여 친절한 태도를 보여줄 수 있습니다. 특히 경쟁관계에 있는 상대방이 잘 되는 것을 좋아하고 바라는 마음은 절대로 자연적으로 싹터 오르는 마음이 아닙니다. 다른 사람이 나보다 잘 되어 가고 있다는 말을 들으면 우리의 자연적인 성품은 견디지를 못합니다. 공연히 화가 나고 짜증이 나고 기분도 우울해집니다. 이런 마음을 우리는 눌러야 합니다. 인간의 힘으로는 안 눌러지니까 기도하는 가운데 성령의 능력을 받아서 눌러야 합니다. 따라서 갈라디아서 5장 22절은 이런 태도가 성령의 열매로서 주어진다고 말합니다. 갈라디아서의 본문에 "자비"라고 번역된 단어는 헬라어 원어로는 본문의 온유함과 같은 단어입니다.

세 번째 속성은 "시기하지 않는 것"입니다. 시기하는 것은 두 번째 속성인 "온유한 것"과 반대되는 태도로서 다른 사람이 잘 되는 것을 좋아해 주는 것이 아니라 싫어하는 것입니다.

네 번째 속성은 "자랑하지 않는 것"입니다. 자랑한다는 단어의 어근은 바람이 잔뜩 들어간 풍선을 가리킵니다. 자랑하지 않는다는 말은 바람이 잔뜩 들어간 풍선 또는 바람주머니처럼 자기를 드러내는 행동을 하지 않는다는 뜻입니다. 또한 이 말은 전시하지 않는다는 뜻도 지니고 있습니다. 또한 이 말은 퍼레이드를 하지 않는다는 뜻도 가지고 있습니다. 바람주머니나, 전시회나, 퍼레이드는 모두 자신이 가지고 있는 것을 최대한 드러내어 보여 주는 데 목적이 있습니다. 물론 전시회에서 작품을 드러내거나 퍼레이드에서 준비한 퍼포먼스를 드러내는 것 자체가 문제가 있는 것은 아닙니다. 문제는 인간관계에서 이와 같은 태도를 보여주는 것은 우위를 확인함으로써 상대방 보다 내가 더 낫다는 것을 확인시켜 주고 일종의 승리감을 맛보려는 동기에서 행하기 마련이라는 데 있습니다. 이런 태도는 상대방의 입장을 고려하지 않은 자기중심적인 행동입니다. 사람은 다른 사람이 자기보다 우월하다는 사실을 알게 되면 좌절을 겪는 법이므로 자기를 과시하는 행동은 상대방을 좌절에 빠뜨리는 행동이 됩니다.

다섯 번째 속성은 "교만하지 않는 것"입니다. 교만하다는 단어도 근본적인 뜻이 네 번 째 속성인 자랑한다는 말과 의미가 비슷합니다. 이 단어도 자기 자신의 중요성을 지나치게 강조하거나 내세우는 태도를 뜻합니다.

여섯 번째 속성은 "무례히 행하지 않는 것"입니다. 무례히 행한다는 말은 상대방에게 피해를 주는 행동을 하는 것을 뜻합니다. 고린도교회의 경우에 믿음이 강한 자들이 우상제물을 먹어도 우상을 숭배하는 행동은 아니라는 근거를 대면서 아직 이런 태도를 받아들일 준비가 되어 있지 않은 믿음이 약한 자들에게 우상제물을 먹는 행동을 강권함으로써 믿음이 약한 자들의 마음에 상처를 주었는데, 이런 태도가 무례히 행하는 것입니다. 또 사랑의 애찬에서 자신들이 가져 온 좋은 음식을 의도적으로 미리 먹어 버림으로써 조금 늦게 도착한 배고프고 가난한 성도들을 당황하게 하고 허기진 상태로 돌려보내는 행동도 무례히 행하는 것입니다. 또한 질서 있게 예배가 진행되는 도중에 즉흥적인 계시를 받았다는 이유로 예고 없이 끼어들어 시간을 독차지하고 다른 예배자들의 예배를 방해하는 행위도 무례히 행하는 것입니다.

일곱 번째 속성은 "자기의 유익을 구하지 않는 것"입니다. 자기의 유익을 구하지 않는 태도는 그리스도의 십자가상의 죽음에 나타난 태도의 핵심으로서 본문에 소개되고 있는 모든 항목들의 중심을 이루는 중요한 속성입니다.

여덟 번째 속성은 "성내지 않는 것"입니다. 자랑하거나, 교만하거나 무례히 행하는 것은 대체로 믿음이 강한 자들이나 특별한 은사를 받은 자들이나 사회적 신분이 높은 자들이나 재력이 있는 자들에게 주로 적용되는 항목이라면, 성내지 않는 것은 반대의 입장에 있는 자들에게 주로 적용되는 항목이라고 할 수 있습니다. 믿음이 약한 자들이나 특별한 은사를 받지 못했다고 자기를 비하하는 자들이나 사회적 신분이나 재력이 약한 성도들은 늘 마음속으로 화가 나 있는 상태에 있습니다. 믿음이 강한 그룹에 속한 자들에게 이웃을 배려하여 자기 자신의 행동을 절제하는 것이 필요하다면, 믿음이 약한 자들에게는 자기 자신의 마음속에 있는 화난 마음을 스스로 절제하는 태도가 필요합니다.

아홉 번째 속성은 "악한 것들을 생각하지 않는 것"입니다. 이 속성에 대해서는 설명이 필요합니다. "생각 한다"고 번역된 헬라어 원어는 로기조마이인데, 이 단어는 두 가지 뜻을 지니고 있습니다. 하나는 전가한다는 뜻입니다. 이런 의미로 사용된 대표적인 본문이 로마서 4장입니다. 로마서 4장에서는 이 단어가 10회 사용되었는데, 우리말로는 "여긴다"로 번역되었습니다. 로마서 4장에서는 아브라함이 아무런 의로움이 없는데도 불구하고 하나님께서 값없이 은혜로 의인으로 여겨 주셨다는 논증을 전개할 때 이 단어가 사용됩니다. 이 단어가 지닌 또 하나의 의미는 "회계 상으로 합계하다"는 것입니다. 이 의미로부터 "마음속에 차곡차곡 누적하여 쌓아 두다"라는 의미가 형성되었습니다. 그러면 "악한 것들을 차곡차곡 마음속에 누적하여 쌓아둔다"는 말이 무슨 뜻일까요? 이 말은 마음속에 자기 자신이 행할 악한 일들을 쌓아 둔다는 말이 아니라 다른 사람이 나에게 행한 악한 일들을 잊어버리지 않고 마음속에 차곡차곡 쌓아 둔다는 뜻입니다. 따라서 본문의 의미는 사랑은 다른 사람이 나에게 행한 악한 일들을 차곡차곡 마음속에 쌓아 두지 않고 마음속에서 내보내고 잊어버린다는 뜻입니다. 우리는 보통 우리 자신이 다른 사람에게 가한 악한 일은 쉽게 잊어버리고, 다른 사람이 자기 자신에게 끼친 손해나 나쁜 일들은 수십 년 전의 아주 사소한 일부터 시작하여 하나도 잊어버리지 않고 철저하게 기억해내는 습성이 있습니다. 그런데 우리가 잊어버리지 않고 철저하게 기억하고 있는, 다른 사람들이 내게 행한 나쁜 일들 가운데 상당한 부분은 알고 보면 그 사람이 나에게 정말로 나쁜 일을 한 것이 아니라 우리 자신의 편견 때문에 나쁜 일을 행한 것처럼 오해된 경우가 많습니다. 이런 태도를 나타내는 사람은 그 마음속에 사랑이 없는 사람입니다. 진정으로 사랑이 있는 사람은 다른 사람이 나에게 행한 나쁜 일들을 마음속에 쌓아 두지 않고 내보내 버립니다.

열 번째 속성은 "불의를 기뻐하지 않는 것"입니다. 이 말도 설명이 필요합니다. 이 말은 사람들이 불의한 일을 행하는 것을 싫어한다든지, 아니면 불의를 싫어하여 스스로 불의를 행하지 않는다는 뜻이 아닙니다. 이 말은 다른 사람이 불의 곧 악을 행한 것을 보고 기뻐하지 않는다는 뜻입니다. 이 말은 다른 사람이 불의한 일을 행한 것을 보고 고소하게 여기지 않는다는 뜻입니다. 우리는 우리 자신은 악행을 하지 않는데 다른 사람이 악행을 행하는 것을 보고 마음속으로 쾌재를 부르는 은밀한 습성이 있습니다. 왜 속으로 쾌재를 부를까요? 그 사람의 약점을 딱 잡았기 때문입니다. 이 약점을 가지고 사람들이 모인 자리에서 이야기 거리로 이용할 수 있습니다. 모든 대화들 중에서 가장 흥미진진하고 지루하지 않은 대화 소재가 바로 악행에 빠져 실수한 사람들에 관한 뒷담화입니다. 또 이 약점을 손에 꽉 쥐고 있다가 필요할 때 그 사람을 무너뜨리거나 흠집을 내는 데 이용할 수도 있습니다. 그래서 우리는 다른 사람들이 악행에 빠진 것을 보고 기뻐하는 것입니다. 사랑은 다른 사람이 악행을 행한 것을 보고 이처럼 속으로 쾌재를 부르는 비열한 행위를 하지 않습니다. 다른 사람이 행한 악행을 뒷담화의 소재로 이용하지 않으며, 이 악행을 악용하여 그 사람에게 해악을 가하는 행위를 하지 않습니다.

그러면 사랑은 무엇을 기뻐하는가? 열 한 번 째 속성으로서 "진리와 함께 기뻐합니다." 진리는 십자가의 복음을 말합니다. 사랑은 그리스도의 십자가 사건을 묵상하면서 이 사건에 나타난 그리스도의 사랑을 기뻐하며, 십자가 사건에 나타난 그리스도의 행동원리 – 자기를 철저하게 희생하고 다른 사람의 유익을 구하는 원리 –를 따르는 일을 기뻐합니다.

열두 번째 사랑의 속성은 "모든 것을 참는 것"입니다. 열두 번째, 열세 번째, 열네 번째, 열다섯 번째 속성에는 동일하게 "모든 것"이라는 말이 목적어로 되어 있습니다. 그런데 "모든 것"이라는 표현을 잘못 이해하면 기독교의 생활원리에 대한 매우 중대한 오해가 초래됩니다. 열두 번째 속성의 경우에 "모든 것을 참는다"는 말이 윤리적으로 잘된 일이든 잘못된 일이든 가리지 않고 무조건 다 참아 준다는 뜻으로 오해될 수 있습니다. 이렇게 이해되면 기독교가 마치 도덕적인 잘못 특히 권력이 있는 자들이 약한 자들에게 행한 불의 같은 일들까지도 다 덮어 줄 것을 요구하고, 진리가 아닌 거짓된 일들까지도 다 덮어 주고, 비참한 상태를 개혁하거나 이 상태로부터 벗어나는 일도 차단시켜 버릴 것을 요구하는 종교로 오해될 수 있습니다. 실제로 기독교계 안에 이런 특징들이 나타났기 때문에 마르크스는 기독교를 민중의 아편이라고 비판했고, 니체는 기독교는 강자에게 무조건 굴종할 것을 요구하는 노예근성을 가진 종교라고 비판했습니다. 그러나 이 해석은 바울의 의도를 곡해하는 것입니다.

본문에서 "모든 것"이라는 말은 "상황이 어떤 방향으로 전개되어도 한결같은 태도를 잃지 않는다"는 뜻으로 이해되어야 합니다. 본문에 등장한 참는다는 말은 우리말로는 첫 번째 속성과 똑같이 '참는다'로 번역되어 있는데, 원어 상으로는 전혀 다른 단어가 사용되었습니다. 이 구절에서 참는다는 단어는 헬라어로 '스테고'라는 단어인데, 이 단어는 "지붕으로 덮어 준다"는 기본뜻을 가지고 있는데, 이 말은 허물을 덮어 준다는 뜻이 아니고 "지원해 주다" "뒷받침해주다"라는 뜻입니다. 처음에 지원해 주기로 약속하고 지원을 시작한 이상 지원받는 사람이 어떤 상황 속에 처해도 변함없는 태도로 지원을 계속해 준다, 그 사람의 편에 계속하여 서 준다는 의미를 지니고 있습니다. 이 말은 지원받는 사람의 도덕적인 잘못을 그냥 덮어 준다는 뜻이 아닙니다. 지원받는 사람이 도덕적으로 잘못한다면 당연히 책망을 하겠지요. 그렇지만 그것을 빌미로 하여 그 사람에 대한 지원을 중단하거나 그 사람을 버리지 않는다는 말입니다. 인간의 자연적인 성품은 우리가 지원해주던 사람이 심각한 결함이 발견되거나 나에게 유익하지 않으리라는 사실이 확인되면 마음이 바뀌어서 지원을 계속할 것인지, 그 편에 계속하여 같이 서 줄 것인지를 재고하기 마련입니다. 그러나 사랑은 그렇게 하지 않는다는 것입니다.

열세 번째 항목인 "모든 것을 믿으며"도 같은 맥락에서 이해할 수 있습니다. 사랑은 상대방으로부터 의심하지 않을 수 없는 상황이 발생하면 물론 잘잘못을 가려야 하지만 그러면서도 그 사람을 끝까지 믿어 준다는 것입니다.

열네 번째 항목인 "모든 것을 바라며"도 역시 같은 맥락에서 이해할 수 있습니다. 상대방이 아무리 절망적인 상황에 처해 있어도 그 사람에 대한 기대와 희망을 포기하지 않는다는 것입니다.

마지막 열다섯 번째 항목은 "모든 것을 견디는 것"입니다. '견딘다'로 번역된 '휘포모네'라는 단어는 아주 무거운 짐을 장기간 오랫동안 들고 있는 광경을 묘사한 단어입니다. 아무리 힘들고 어려운 일이 일어나고 무거운 짐이 주어져도 그 힘들고 어려운 일이나 무거운 짐을 피하지 않고 묵묵하게 지고 간다는 것입니다.

사랑하는 성도 여러분! 기독교에서 말하는 가장 아름답고 고결한 원리인 사랑의 원리는 낭만적이고 감성적인 태도를 말하는 것이 아니고 척박하고, 온통 문젯거리들로 둘러싸여 있어서 골치가 아프고, 부과된 인생의 짐은 무거울 뿐만 아니라 장기간 계속되고, 질곡으로부터 벗어날 전망이 잘 보이지 않는 냉엄한 현실을 뚫고 나가기 위하여 마련된 하나님의 백성의 생존전략과 같은 것입니다. 절망적인 상황 속에서도 희망과 기대를 잃지 않고 장기간 기다리고, 현실이 부과하는 무거운 삶의 짐을 외면하지 않고 끝까지 지고가고, 나는 일이 잘 안 풀리는데 다른 사람을 잘 되는 것을 보고 같이 마음속으로 화를 내지 않고 축복해 주고, 끝까지 상대방을 배려해 주고, 다른 사람들보다 좋은 조건을 갖춘 것을 자랑하거나 교만한 태도로 상대방에 대한 우월감을 갖지 않고, 상대방이 나에게 악한 일을 했어도 마음에 담아 두지 않고 내보내 버리며, 상대방이 악에 빠져 있을 때 그것으로 인하여 마음속으로 쾌재를 부르지 않으며, 상대방에게 아무리 큰 결함이 발견되어도 끝까지 그 사람 편에 서주고, 믿어 주는 태도 – 이것들이 바로 사랑인데, 이런 태도들 가운데 자연적인 품성에 의지하여 실현할 수 있는 것은 하나도 없습니다. 인간의 힘으로 이룰 수 있는 것도 없습니다. 이런 모든 태도들은 성령께서 우리 마음속에 찾아 오셔서 우리의 의지를 새롭게 하시고 강하게 세워 주셔야 비로소 행할 수 있는 것들입니다. 그러므로 우리는 성령께서 우리 안에 충만하고 강력하게 역사하셔서 우리들이 이런 사랑의 속성들을 갖출 수 있도록 해달라고 간절히 기도해야 하겠습니다.

8 사랑은 언제까지나 떨어지지 아니하되 예언도 폐하고 방언도 그치고 지식도 폐하리라 9 우리는 부분적으로 알고 부분적으로 예언하니 10 온전한 것이 올 때에는 부분적으로 하던 것이 폐하리라 11 내가 어렸을 때에는 말하는 것이 어린 아이와 같고 깨닫는 것이 어린 아이와 같고 생각하는 것이 어린 아이와 같다가 장성한 사람이 되어서는 어린 아이의 일을 버렸노라 12 우리가 지금은 거울로 보는 것 같이 희미하나 그 때에는 얼굴과 얼굴을 대하여 볼 것이요 지금은 내가 부분적으로 아나 그 때에는 주께서 나를 아신 것 같이 내가 온전히 알리라 13 그런즉 믿음, 소망, 사랑, 이 세 가지는 항상 있을 것인데 그 중의 제일은 사랑이라

제47강

아가페 사랑
(하 - 사랑의 영속성)

From
the Cross
to Agape

고전 13장
8~13절

● 　　　　우리는 세 번에 걸쳐서 아가페 사랑에 대하여 공부해 오고 있습니다. 오늘은 아가페 사랑에 관한 공부를 마무리 지을 시간이 되었습니다. 물론 아가페 사랑에 관한 공부를 마무리 짓는다는 말은 고린도전서 13장에 나타난 아가페 사랑에 관한 공부를 마무리 짓는다는 말일 뿐, 성경 전체에 풍부하게 나타난 아가페 사랑에 관한 공부를 끝낸다는 말은 아닙니다.

고린도전서 13장은 세 문단으로 구성되어 있습니다. 첫 번째 문단인 1절에서 3절까지에서 바울은 아무리 놀라운 은사를 받고 놀라운 실천을 해도 사랑이 없으면 아무 것도 아니라고 말합니다. 두 번째 문단인 4절에서 7절까지는 이와 같이 탁월한 가치를 지닌 삶의 태도인 아가페 사랑은 우리 자신의 감정을 낭만적으로 만족시켜 주는 달콤한 어떤 것이 아니라, 오래 참고 인내하는 가운데 타인을 위하여 자기 자신을 희생하는 삶의 태도이며, 많은 어려움을 이겨내야 하고 무거운 삶의 짐을 지고 가야 하는 척박한 현실 속에서 하나님의 백성다운 삶을 살아 내기 위해서는 모든 그리스도인들이 반드시 갖추어야 할 절박한 생존전략과 같은 것임을 바울은 강조했습니다.

이제 바울은 마지막 문단인 8절에서 13절까지에서 아가페 사랑의 가치를 시간적으로는 영원의 차원, 그리고 공간적으로는 우주적 차원으로 확장시켜서 설명합니다. 성도들이 아무리 큰 자기희생을 치루더라도 아가페 사랑의 삶을 살아야 하는 이유는 아가페 사랑이 이른바 우주적인 영속성을 지닌 놀라운 덕목이기 때문입니다. 아가페 사랑은 예수님이 재림하셔서 온 세상을 심판하실 때 이 세상에 있는 모든 것이 무너지고 급격한 변화를 겪는 우주적인 대격변의 때에도 무너지지 않고 살아남을 뿐만 아니라 재림 이후에도 영원히 지속되는 영구적인 원리입니다.

본문의 구도를 보면 먼저 8절에서 총론을 말하고 9절에서 13절까지 구체적으로 설명합니다. 8절은 한 편에서는 사랑에 대하여 말하고 다른 한 편에서는 지식, 예언, 방언의 은사에 대하여 말하는 비교구조로 이루어져 있습니다. 이 비교구조의 한 편인 지식, 예언, 방언에 대한 내용을 구체적으로 보완 설명하는 구절이 9절에서 12절까지이고, 다른 한 편인 사랑에 대한 내용을 보완 설명하는 구절이 13절입니다.

8절을 같이 읽겠습니다. "사랑은 언제까지나 떨어지지 아니하되 예언도 폐하고 방언도 그치고 지식도 폐하리라." 바울은 이 문장에서 한 편에서는 아가페 사랑을 두고, 다른 한 편에는 하나님이 주시는 은사들 중에 대표적인 은사들인 예언, 방언, 지식을 둔 다음에 이 두 진영이 예수님이 재림하셔서 온 세상을 심판하실 때 맞이하게 될 마지막 운명이 어떻게 갈리는가를 보여 줍니다. 바울이 한 쪽 진영에 예언, 방언, 지식을 특별히 배치한 이유는 이 세 은사들이 하나님이 주신 은사들 가운데 대표적인 은사들이기 때문이지만 특히 고린도교회에서 쟁점이 되었던 은사들이기 때문이기도 합니다.

바울은 하나님이 재림 시에 온 세상을 심판하시는 때를 전제하고 두 진영의 운명을 말합니다. 한 편에 배치되어 있는 아가페 사랑은 재림 시에 하나님의 심판이 시행될 때 "언제까지나 떨어지지 않는다"고 바울은 말합니다. "언제까지나"라는 표현은 "결코, 절대로"라고 번역할 수도 있습니다. 사랑은 하나님의 심판을 받고도 결코 무너지지 않고 살아남습니다. 이 말은 두 가지 의미를 지니고 있습니다.

첫째로, 하나님이 우리가 행한 모든 행동에 대하여 재림 시에 심판하실 때 아가페 사랑으로써 행한 행동들은 하나님이 선한 행위로 인정해 주시고 칭찬과 상급을 주신다는 뜻입니다. 이때 성도들이 받은 칭찬과 상급은 성도들이 천국에서 생활하는 동안 영원히 유지될 것입니다. 그것은 마치 어떤 사람이 국가를 위하여 훌륭한 공헌을 한 후에 훈장을 받고 그 훈장을 항상 가슴에 달고 다니는 것과 같습니다. 성도들은 장차 천국에서 생활할 때 이 세상에서 아가페 사랑으로써 행한 행동들을 훈장과도 같이 가슴에 달고 영원히 계속되는 천국생활을 할 것입니다.

둘째로, 아가페 사랑의 원리는 하나님의 심판이 끝난 후에도 계속하여 하나님의 백성들이 따라야 할 천국 생활의 대 원리로서 유지될 것이라는 뜻입니다.

그러나 다른 편에 배치되어 있는 은사들은 아가페 사랑과는 완전히 다른 운명을 맞이하게 될 것입니다. 예언, 방언, 지식의 은사가 아무리 중요한 은사들이라 하더라도 재림 시의 하나님의 심판에서 살아남지 못하고 폐하여질 것이라고 바울은 말합니다. 예언이나 지식은 하나님의 말씀을 가리키고, 방언은 성도가 인간의 언어로는 표현할 수 없는 내용을 하나님에게 전달하는 특별한 소통방법을 뜻합니다. 이 모든 것들이 재림 시에 폐하여질 것입니다. 이 말의 뜻은 예언이나 방언이나 지식의 은사들이 하는 일은 재림 때까지이고, 재림과 더불어 이 은사들의 기능도 끝나게 되고, 이 은사들은 재림 이후에까지도 그 역할과 기능이 영원히 유지되는 것은 아니라는 뜻입니다.

　모든 하나님의 말씀은 예수님이 재림하셔서 온 세상을 심판하심으로써 인류의 역사를 끝내실 때 완전히 성취될 것이고, 하나님의 말씀에 담겨 있는 많은 가르침들은 예수님이 재림하실 때까지 하나님의 백성들이 어떻게 살아야 하는가, 어떻게 재림을 준비해야 하는가, 어떻게 역사를 해석하고 이해해야 하는가 등을 다루고 있는 것들이기 때문에, 예수님이 재림하시면 주어진 소임을 다하게 됩니다. 그리고는 그 기능이 정지됩니다. 그런 의미에서 예언이나 지식은 폐하여질 것입니다. 그리고 재림 이후에는 더 이상 예언이나 지식이 적용되지 않을 것입니다. 하나님의 말씀을 연구하고 설교하고 전하는 일들도 예수님의 재림과 더불어 끝나게 될 것입니다. 예수님의 재림 이후에는 이런 일들을 더 이상 하지 않게 될 것입니다.

　뿐만 아니라 능력 있게 그리고 탁월하게 하나님의 말씀을 전하고 하나님의 말씀을 깊이 연구하여 많은 지식을 얻었다 하더라도 이 일들을 아가페 사랑의 동기로써 행하지 않는다면 하나님으로부터 인정받지 못하고, 하나님으로부터 칭찬이나 상급을 받지 못할 것입니다. 오히려 이 일들을 행한 것 때문에 하나님으로부터 준엄한 책망을 받게 될 것입니다.

　재림 때가 되면 방언도 그 기능을 멈추게 될 것입니다. 재림 이후부터는 하나님과 성도들 간에 아무런 막힘이 없이 100% 완전하고도 자유롭게 의사소통을 할 수 있게 될 것이므로 더 이상 방언이라는 비상수단이 필요 없게 될 것입니다. 제가 종종 보는 TV 프로그램 중에 [극한에서 살아남기]라는 프로그램이 있습니다. 이 프로그램은 모험 전문가를 극한의 환경에 홀로 떨어 뜨려 놓고 살아남는 과정을 추적 보도하는 프로그램입니다. 어느 날 이 전문가가 사막에 홀로 남아 살아남아야 하는 과제가 주어졌습니다. 사막에서 가장 얻기 어려운 것이 물인데 물이 없으면 살아남을 수가 없습니다. 가지고 온 수통의 물이 떨어진 이 전문가는 비상수단으로 자신이 눈 오줌을 통에 받아 사막 한 가운데 놓고 증류시켜서 얻은 한 모금의 깨끗한 물을 마시면서 생존을 이어갔습니다. 사막에서는 이런 증류수도 꼭 필요할 때가 있습니다. 그러나 이 전문가가 사막에서 살아 나와 마음껏 물을 마실 수 있는 환경으로 돌아오면 그때는 더 이상 오줌을 이용하여 증류수를 만들어서 마실 필요는 없어집니다. 이처럼 하나님과의 소통이 원활하지 않은 타락한 세상에서는 방언이 필요했지만, 하나님과의 완전한 의사소통이 가능해지는 재림 이후에는 방언의 기능이 정지되는 것입니다.

뿐만 아니라 방언을 통하여 다른 사람이 할 수 없는 하나님과의 깊은 소통을 했다 하더라도 그 행동은 하나님 앞에서 심판을 받을 때 하나님으로부터 칭찬과 상급을 받아낼 수 있는 근거가 될 수 없습니다. 만일 방언을 한다 하더라도 아가페 사랑의 동기에서 하지 않고 그것 때문에 영적으로 교만해지고 다른 사람들에게 피해를 준다면 오히려 하나님의 준엄한 책망을 받는 계기가 될 수 있습니다.

바울은 9절에서 12절까지에서 세 가지 비유를 들어서 8절에서 비교구조의 한 편인 지식, 예언, 방언의 은사가 재림 때에 폐하여지는 운명을 맞이하게 된다는 가르침에 대한 보완설명을 합니다. 9절과 10절은 퍼즐 조각과 전체 모자이크 판의 비유, 11절은 어린이의 지식과 어른의 지식의 비유, 12절은 구리거울을 통하여 보는 것과 얼굴을 대면하여 보는 것의 비유가 각각 사용되고 있습니다.

먼저 퍼즐 조각과 모자이크 판의 비유를 사용하고 있는 9절과 10절을 살펴보겠습니다. 9절을 읽겠습니다. "우리는 부분적으로 알고 부분적으로 예언하니." 우리라는 말은 문맥에 따라서 바울, 베드로, 아볼로, 고린도전서의 공동저자인 소스데네 등과 같은 고린도교회 지도부를 고린도교회의 성도들로부터 구별하여 부를 때 사용하기도 하고, 고린도교회 지도부를 포함하여 고린도교회 성도들 전체를 가리킬 때 사용하기도 하는데, 본문에서는 고린도교회 성도들 전체를 가리키는 구절로 이해하는 것이 문맥에 잘 맞습니다.

안다는 말은 8절에서 말한 "지식"과 연관된 것으로서 하나님의 말씀에 대한 지식을 뜻합니다. 고린도교회 성도들이 하나님의 말씀에 관한 지식을 가지고 있었는데, 그 지식이 하나님의 말씀 전체를 포괄하는 것이 아니라 극히 부분적인 것이었습니다. 또한 고린도교회 지도부 가운데는 "예언"을 하는 사람들도 있었습니다. 예언을 한다는 말은 하나님의 말씀을 전하는 것을 뜻합니다. 이들은 하나님의 말씀을 전하지만 하나님의 말씀 전체를 알고 전하는 것이 아니라 극히 일부분만을 전할 수 있을 뿐입니다.

고린도교회에 적용된 이 말씀은 모든 교회의 성도들과 성도들을 지도하는 교역자들 모두에게 확대 적용할 수 있습니다. 우리들이 알고 있는 하나님의 말씀은 하나님의 말씀 전체가 아니며, 따라서 우리들이 전하는 하나님의 말씀도 하나님의 말씀 전체가 아닙니다. 우리들도 하나님의 말씀의 극히 일부분만을 알고 또 전할 수 있을 뿐입니다.

이 말씀은 우리가 하나님과 이 세계에 대하여 알고 있다고 생각하는 모든 지식에도 적용할 수 있습니다. 물질계를 탐구하는 과학자들이 우주 전체를 다 알고 전하는 것이 아닙니다. 여기서 조금, 저기서 조금 극히 파편화된 지식을 알고 전할 뿐입니다. 인간과 인간의 역사에 대하여 말하는 자들도 전체를 다 파악하고 전하고 말하는 것이 아니라 그저 여기서 조금, 또

저기서 조금 단편적인 지식들을 알고 있고 그것을 마치 전체인 것처럼 전할 뿐입니다. 인간에 대하여 말할 때도 우리는 한 인간 전체를 알고 말하는 것이 아니라 극히 피상적인 지식만을 알고 말할 뿐입니다.

그런데 바울이 본문을 말할 때는 일종의 모자이크 그림과 같은 것을 생각하고 있었습니다. 예를 들어서 1억 개의 퍼즐로 구성된 모자이크 판이 있다고 가정해 봅시다. 어떤 사람이 일억 개의 퍼즐로 구성된 모자이크 그림으로부터 오른 쪽 귀퉁이에서 한 개, 가운데서 한 개, 왼쪽 귀퉁이에서 한 개씩 모두 세 개를 가지고 와서 이 세 개에 담겨 있는 정보를 가지고 전체 모자이크 판의 모습을 정확하게 말할 수 있을까요? 그것은 사실상 불가능합니다. 이처럼 하나님과 세계에 대하여 알고 있는 우리의 지식이 바로 이런 수준에 머물러 있다는 것입니다.

계속되는 10절입니다. "온전한 것이 올 때에는 부분적으로 하던 것이 폐하리라." 세 개의 퍼즐조각을 가지고 모자이크 판 전체의 모양을 어떤 모양일까를 둘러싸고 끝없는 논쟁이 벌어지는 자리에 일억 개의 퍼즐이 완전히 다 맞추어진 그림판이 턱 나타나면, 세 개의 퍼즐 조각에 근거하여 추정한 잡다한 예상 그림들은 아무런 쓸모가 없어져서 폐기처분당하고 맙니다. 이처럼 우주의 창조주이시고 인류의 구원자이시며 하나님의 말씀의 저자이신 하나님이 모든 것을 전체로서 완전하게 드러내셔서 공개적으로 알려주시는 재림 때가 되면, 그 이전에 극히 부분적으로 알고 극히 부분적으로 전하던 단편적인 지식조각들은 폐기처분되어 버리고 말 것입니다.

다음으로는 어린이의 지식과 어른의 지식의 비유를 살펴보겠습니다. 11절입니다. "내가 어렸을 때에는 말하는 것이 어린 아이와 같고 깨닫는 것이 어린 아이와 같고 생각하는 것이 어린 아이와 같다가 장성한 사람이 되어서는 어린 아이의 일을 버렸노라." 어린이의 지식은 여러 가지 면에서 한계를 안고 있습니다. 도덕적인 관점에서 보면 어린이는 철저하게 자기중심적으로 생각하고 행동합니다. 어린이의 경우에는 이렇게 생각하는 것이 불가피합니다. 왜냐하면 어린이는 지식이나 신체적인 능력 등 모든 영역에서 너무 약하여 혼자 힘으로 생존할 수가 없고 어른들의 도움을 받아야 하기 때문입니다. 그러나 어른이 되면 이제는 본인이 원하든 원하지 않든 자기중심적으로만 살 수 없고 타인을 위하여 살게 됩니다. 결혼하여 가족을 꾸리면 자기 힘으로 가족들을 부양해야 하고, 회사에 들어가서는 회사의 이익을 위해서, 학교에 들어가서는 학생들을 위해서, 국가 기관에 들어가서는 국가를 위하여 일을 해야 합니다. 농부나 어부도 자기가 먹을 것만을 재배하고 자기가 먹을 고기만 잡는 것이 아닙니다. 농부는 다른 사람들이 먹을 것을 재배하고 어부는 다른 사람들이 먹을 고기를 잡습니다. 아무리 이기적인 사람이라도 어른들은 다른 사람들을 위하여 행동하도록 되어 있습니다. 그래서 원하든 원하지 않든 어른들은 어린이들보다 넓게 봅니다. 따라서 어른이 되면 자기만을 위하여 사는 생활을 버리게 됩니다.

　그 밖에도 어린아이 시절에 아주 재미있고 중요한 일들이 어른이 되면 시시해지고 별로 중요하지 않은 일들로 바뀝니다. 그래서 어른이 되면 어린이 시절의 일들을 버리게 됩니다. 어린이일 때는 다니던 초등학교가 어마어마하게 커 보입니다. 이 풍경이 머릿속에 곱게 간직되어 있습니다. 그런데 어른이 된 후에 그런 기대를 가지고 현장을 방문해 보면 초등학교가 너무 작고 초라하게 보입니다. 장소는 똑같은 장소인데 어른이 되어서 더 넓은 물에서 놀다 보니까 어린이일 때 커 보이던 것이 작아 보이는 것입니다. 그 결과 추억과 향수를 가지고 방문했던 그곳에 대한 환상을 버립니다.

이처럼 재림 때에 하나님이 완전한 지식을 보여주시면 재림 전에 가지고 있었던 파편화된 지식과 예언은 모두 폐기되고 맙니다.

마지막으로는 구리거울을 통하여 보는 것과 얼굴을 대면하는 보는 것의 비유입니다. "우리가 지금은 거울로 보는 것같이 희미하나 그때에는 얼굴과 얼굴을 대하여 볼 것이요 지금은 내가 부분적으로 아나 그때에는 주께서 나를 아신 것 같이 내가 온전히 알리라." 오늘날에는 유리거울이 발달하여 평면거울을 통하여 나의 모습을 – 비록 좌우가 바뀐 모습이긴 하지만 – 거의 100% 완전하게 볼 수 있게 되었습니다. 그러나 유리공예가 발달하지 않았던 고대사회에서는 구리로 거울을 대신했습니다. 구리 자체가 아무리 깨끗하게 평면으로 제작되어도 100% 완전한 상을 반영하지 못하는데다가 표면이 볼록해지거나 오목해지면 상이 더 왜곡됩니다. 우리가 재림 전에 가지고 있는 주님에 관한 지식은 아주 단편적이고 불확실하고 희미한 데 그것은 마치 어떤 사물의 모습을 구리거울로 희미하게 밖에 보지 못하는 것과 같습니다. 우리가 주님을 이렇게 희미하게 밖에 모를 뿐만 아니라 자기 자신에 대해서도 그 정도의 지식 밖에는 모릅니다. 그러나 재림 때가 되면 주님의 얼굴을 직접 대면하여 볼 수 있게 될 것이고, 그러면 주님이 나를 온전하게 아신 것처럼 나도 주님을 온전하게 알게 될 것입니다. 그때가 되면 그 전에 우리가 가지고 있었던 주님에 관한 불완전하고 파편화된 지식은 폐기되어 버릴 것입니다. 이처럼 우리와 주님이 서로를 온전하게 알게 되면 더 이상 방언과 같은 비상소통수단도 필요 없게 될 것입니다.

마지막 절인 13절은 아가페 사랑이 재림 때에도 폐기되지 않을 뿐만 아니라 영속적인 천국 백성의 원리로서 영구적으로 확립된다는 8절의 가르침을 보완 설명합니다. "그런즉 믿음, 소망, 사랑, 이 세 가지는 항상 있을 것인데, 그 중에 제일은 사랑이라." 이 구절에서는 지금까지 등장하지 않았던 새로운 원리들인 믿음과 소망과 비교하면서 사랑의 영속성을 말합니다. 믿음과 소망과 사랑은 바울이 기독교인의 삶의 특징을 요약하는 가장 중요한 세 가지 특징으로서 매우 중요시해 온 원리들입니다. 믿음, 소망, 사랑은 고린도전서에만 나오는 것이 아니라 데살로니가전서 1장 3절, 5장 8절, 골로새서 1장 3절에도 등장합니다. 바울은 믿음과 사랑과 소망 – 이 세 가지가 "항상 있을 것"이라고 말함으로써 이 세 가지 요소가 하나님의 백성들이 현세에서나 내세에서나 갖추어야 할 영구적인 원리들이라는 점에서 동등하며, 다른 어떤 은사들보다 더 탁월하고 중요한 덕목들임을 분명히 합니다. 바울은 이 세 가지 요소가 모두 동등하게 중요하다는 것을 강조하면서도 이 세 가지 가운데 한 가지를 고르라고 하면 사랑을 골라야 한다고 말합니다. 바울은 왜 특별히 사랑을 골랐을까요? 그 이유를 우리는 두 차원에서 생각해 볼 수 있습니다.

첫째로, 사랑은 성도들이 갖추어야 할 속성이기 이전에 하나님 자신의 속성이기도 합니다. 사랑은 하나님과 성도들이 공유할 수 있는 속성입니다. 그러나 믿음이나 소망은 하나님의 속성이 아니라 성도들이 하나님을 향하여 보여주는 태도입니다.

둘째로, 믿음이나 소망은 성도들 개인 자신을 위한 것입니다. 성경이 말하는 믿음은 세 가지 의미로 사용되는데, 하나는 예수 그리스도가 구주이심을 교리적으로 받아들이는 태도이고, 다른 하나는 하나님에 대한 신뢰이고, 또 다른 하나는 하나님의 권능에 대한 비상하고 강력한 믿음입니다. 이 믿음이 있으면 어렵고 힘든 순간에도 잘 이겨낼 수 있고, 귀신을 쫓아낼 수 있고, 병자들을 낫게 할 수도 있습니다. 이 본문에서는 주로 하나님에 대한 신뢰를 뜻하는데, 어떤 뜻으로 해석하든 모두 자기 자신을 위한 것입니다. 소망은 하나님이 목자가 되셔서 미래에도 자신의 삶을 인도하시리라는 것을 바라는 태도이며, 장차 썩을 몸이 신령한 새 몸으로 부활하리라는 것을 바라는 태도이며, 예수님의 재림을 바라는 태도입니다. 따라서 소망도 자기 자신을 위한 것입니다. 그러나 아가페 사랑은 철저하게 타인을 위한 태도입니다. 이런 점에서 세 가지가 모두 영구적으로 필요하지만 구태여 비교를 한다면 아가페 사랑이 더 탁월하다고 말할 수 있다는 것입니다.

이제 오늘 본문이 주는 교훈을 정리하고 강의를 마무리하겠습니다.

우리 성도님들은 아가페 사랑의 원리는 험난하고 고된 현실 속에서 하나님의 백성답게 살기 위하여 반드시 필요한 생존원리이기 때문에 이 원리를 필수품으로 반드시 갖추어야 하겠습니다. 그러나 우리가 아가페 사랑을 갖추어야 하는 더 큰 이유는 하나님의 심판이 임할 때 아가페 사랑이 동기가 되어 행한 행동은 반드시 하나님의 칭찬과 상급이 주어지기 때문이며, 재림 시에 지식이나 예언이나 방언 등과 같은 다른 것들은 다 폐기되어도 아가페 사랑은 폐기되지 않고 살아남아 영구적인 하나님 나라의 생활원리로서 확립될 것이기 때문입니다. 이 원리가 없으면 하나님 나라에서 살 수가 없습니다. 그러나 아가페 사랑의 원리는 타락한 이 세상에서는 인간의 노력과 힘으로는 갖출 수가 없습니다. 왜냐하면 이 원리는 인간에게서 나오는 원리가 아니라 하나님 나라의 영구적인 핵심원리이고 하나님으로부터 나오는 원리이기 때문입니다. 따라서 우리 성도님들은 아가페 사랑의 원리가 바로 나의 생활원리로 뿌리를 내릴 수 있도록 하기 위하여 성령의 도움을 받아야 하는 것입니다.

1 사랑을 추구하며 신령한 것들을 사모하되 특별히 예언을 하려고 하라 2 방언을 말하는 자는 사람에게 하지 아니하고 하나님께 하나니 이는 알아 듣는 자가 없고 영으로 비밀을 말함이라 3 그러나 예언하는 자는 사람에게 말하여 덕을 세우며 권면하며 위로하는 것이요 4 방언을 말하는 자는 자기의 덕을 세우고 예언하는 자는 교회의 덕을 세우나니 5 나는 너희가 다 방언 말하기를 원하나 특별히 예언하기를 원하노라 만일 방언을 말하는 자가 통역하여 교회의 덕을 세우지 아니하면 예언하는 자만 못하니라 6 그런즉 형제들아 내가 너희에게 나아가서 방언으로 말하고 계시나 지식이나 예언이나 가르치는 것으로 말하지 아니하면 너희에게 무엇이 유익하리요 7 혹 피리나 거문고와 같이 생명 없는 것이 소리를 낼 때에 그 음의 분별을 나타내지 아니하면 피리 부는 것인지 거문고 타는 것인지 어찌 알게 되리요 8 만일 나팔이 분명하지 못한 소리를 내면 누가 전투를 준비하리요 9 이와 같이 너희도 혀로써 알아 듣기 쉬운 말을 하지 아니하면 그 말하는 것을 어찌 알리요 이는 허공에다 말하는 것이라 10 이같이 세상에 소리의 종류가 많으나 뜻 없는 소리는 없나니 11 그러므로 내가 그 소리의 뜻을 알지 못하면 내가 말하는 자에게 외국인이 되고 말하는 자도 내게 외국인이 되리니 12 그러므로 너희도 영적인 것을 사모하는 자인즉 교회의 덕을 세우기 위하여 그것이 풍성하기를 구하라

제48강

방언과 예언(상)

From the Cross to Agape

고전 14장
1~12절

● 　　　　바울은 고린도교회에서 방언의 은사를 둘러싸고 일어난 문제를 해결하는 데 12장에서 14장까지 3장을 할애하여 다루고 있습니다. 바울은 이 문제를 다룰 때 단지 방언의 문제 하나만을 다루지 않고 성도들이 알아야 할 은사론 전체를 소개함으로써 성도들이 바른 은사관을 갖출 수 있도록 준비시킨 다음에 방언의 은사 문제를 다룹니다.

　12장에서는 은사론 전체를 다룹니다. 은사는 어떤 경로를 통하여 오는 것이며, 은사를 주신 목적은 무엇이며, 은사에는 어떤 종류가 있는가를 다룹니다. 은사는 성령을 충만하게 받을 때 성령을 통하여 주어집니다. 하나님이 은사를 주시는 목적은 교회를 세우고 교회 안에 있는 다른 성도들을 섬기기 위한 것입니다. 바울은 하나님이 주시는 극히 다양하고 풍부한 은사들 가운데 바울 당시의 교회 안에 나타난 중요한 은사들의 목록을 보여줍니다. 바울은 두 차례에 걸쳐서 은사의 목록들을 제시하는데, 하나는 고린도전서 12장 8절에서 12절에 있고, 다른 하나는 고린도전서 12장 28절에서 30절에 있습니다. 이 은사들의 목록을 보면 말씀과 관련된 은사가 제일 앞에 배치되어 있고, 방언이나 방언을 통역하는 은사는 제일 뒤에 배치되어 있습니다. 이 같은 배열방식을 통하여 바울은 모든 은사들이 하나님이 주신 은사들이라는 점에서 다 중요하고 평등한 것들이지만 기능상 말씀을 전하는 것과 관련된 은사가 중심을 차지하고 방언의 은사는 중요성에 있어서는 뒤로 밀리는 은사임을 분명히 합니다.

12장에서 은사에 관한 총론적 서술을 마무리한 바울은 12장 31절에서 은사의 활용에 관한 두 가지 중요한 원칙을 천명합니다. 하나는 성도들은 더욱 큰 은사를 사모해야 한다는 것입니다. 이 말을 조금 더 구체적으로 말하면 방언의 은사 보다는 말씀과 관련된 은사를 더 중요시하라는 뜻입니다. 그러면 왜 방언의 은사 보다는 말씀과 관련된 은사를 더 중요시해야 하는가? 이 질문에 대한 상세한 설명이 오늘부터 우리가 다루게 되는 고린도전서 14장입니다. 고린도전서 12장 31절이 천명한 또 하나의 원리는 "가장 좋은 길"을 따르라는 것입니다. 가장 좋은 길은 아가페 사랑의 길입니다. 곧 모든 은사들은 아가페 사랑이라는 동기에 의하여 활용되어야 합니다. 이 원리를 천명하고 난 이후에 사랑이란 무엇인가를 구체적으로 설명한 장이 바로 직전에 공부한 고린도전서 13장입니다.

먼저 고린도전서 14장 전체의 구조를 말씀드리겠습니다. 고린도전서 14장은 1절에서 25절까지와 26절에서 40절까지로 크게 나눌 수가 있습니다. 1절에서 25절까지는 은사는 아가페 사랑이라는 마음의 동기를 가지고 사용해야 한다는 원리를 구체적으로 설명하고 있습니다. 26절에서 40절까지는 성도들이 교회 안에서 자신이 받은 은사를 활용할 때는 질서를 존중하면서 해야 하는 이유를 설명하고 있습니다.

1절에서 25절까지를 다시 세분해 보면 1절에서 5절까지는 은사는 아가페 사랑이라는 동기로써 사용해야 한다는 원리를 다룹니다. 이 말을 좀 더 구체적으로 말하면 은사는 성도들에게 신앙적인 유익을 주기 위한 목적으로 사용되어야 한다는 뜻입니다. 이 말을 할 때 바울은 말씀의 은사와 방언의 은사를 생각하고 있었습니다. 말씀의 은사와 방언의 은사를 비교할 때 말씀의 은사가 방언의 은사에 비하여 훨씬 교회에 유익을 끼치는 은사인데, 그 결정적인 이유들 가운데 하나는 말씀의 은사는 상대방이 알아들을 수 있는 언어로 말하는 반면에, 방언의 은사는 상대방이 알아들을 수가 없는 언어로 말하기 때문입니다. 6절에서 12절까지는 알아들을 수 없는 말을 가지고는 다른 사람들에게 유익을 끼칠 수 없다는 원리를 악기에서 나는 소리의 예를 들어서 설명합니다. 13절에서 19절까지는 알아들을 수 있는 말에 대한 설명이 나오고, 20절에서 25절까지는 1절에서 19절까지의 가르침의 핵심을 정리합니다. 오늘은 1절에 12절까지 다루도록 하겠습니다.

그러면 먼저 은사는 교회 공동체의 다른 성도들을 섬기기 위하여 주어진 것임을 강조하는 1절에서 5절을 살펴보도록 하겠습니다.

먼저 1절을 읽겠습니다. "사랑을 추구하며 신령한 것들을 사모하되 특별히 예언을 하려고 하라."

본문의 첫 번째 명령은 "사랑을 추구하며 신령한 것들을 사모하라"는 것입니다. "신령한 것들"은 성령께서 주시는 은사들을 뜻합니다. 그러므로 이 구절을 보다 구체적으로 말하면 "사랑을 추구하면서 성령께서 주시는 은사들을 사모하라"는 뜻이 됩니다. 모든 은사들은 사랑이라는 동기를 마음에 품고 사용해야 합니다. 사랑이라는 동기를 품고 은사를 사용하라는 말은 교회에 속한 성도들에게 유익을 주기 위한 목적으로 모든 은사들을 사용하라는 뜻입니다.

일단 바울은 어떤 은사든지 간에 은사를 사모하는 생활을 열심히 하라고 권고합니다. 이처럼 바울은 은사를 사모하는 생활이 바른 성도의 생활방식임을 전적으로 인정해 주면서도 성도들에게 특별히 당부하는 것은 "예언을 하려고 하라"는 것입니다. 이 말은 성도들 서로서로의 앞날을 미리 알아 맞추라는 뜻은 아닙니다. 앞날을 알아 맞추는 일은 무당들이 하는 일이니까 그런 뜻으로 받아들이면 모든 성도들은 무당이 되어야 한다는 말이 됩니다. "예언을 하려고 하라"는 말은 그리스도의 복음의 말씀을 바르게 해석하여 전하고 가르치는 일에 관심을 가지라는 뜻입니다. 여기서 우리는 이 말씀이 특별히 말씀의 은사를 받은 사람들에게만 주어진 명령이 아니라는 점에 유의할 필요가 있습니다. 물론 특별히 말씀의 은사를 받아서 사도와 선지자와 목사와 교사라는 특정한 직분을 맡아 교회를 섬기는 성도들도 있습니다. 사도와 선지자는 사도시대에는 있었다가 사도시대가 끝나고 성경기록이 완성된 후에는 종결된 은사들입니다. 오늘날에도 계속되는 은사는 목사와 교사의 은사입니다. 이런 직분자들은 당연히 말씀의 은사를 더 깊이 사모해야겠지요. 그러나 말씀의 은사는 모든 성도들이 함께 사모해야 할 은사입니다. 모든 성도들이 목사나 교사 곧 교역자들이 받은 것만큼 충만한 말씀의 은사를 받을 수는 없습니다. 그러나 모든 성도들은 적어도 많은 분량은 아니라 하더라도 어느 정도의 말씀의 은사를 받아서 자신 스스로도 영적으로 성장하고 다른 교인들을 도울 수 있어야 합니다. 교역자가 아닌 평신도들이라 할지라도 자기보다 믿음이 약한 가족 식구들이나 동료들이 힘들어 할 때 세워주고 격려해 주고 위로해 주고 때로는 사랑의 책망까지도 할 수 있어야 합니다. 그러기 위해서는 평신도들도 꾸준히 성경을 공부해서 어느 정도의 실력을 갖추어야 합니다. 적어도 성도들 가까이 있는 사람들을 도울 수 있을 정도는 복음의 말씀을 숙지한 자들이 되어야 합니다. 그래서 가벼운 사안들은 스스로 해결하고 어렵고 힘든 문제는 교역자에게 위임하는 것이 바림직합니다.

자, 그런데 바울이 예언을 할 것 곧 말씀을 전하고 가르치고 말씀으로 권고를 하라고 말한 이유들 가운데 하나는 예언은 사람들이 알아들을 수 있는 말을 가지고 하는 일이기 때문입니다. 내가 무슨 뜻으로 말을 하는가를 상대방이 또렷하게 알아들을 수 있어야 그 사람에게 유익을 줄 수 있지 않겠습니까?

　2절을 읽겠습니다. "방언을 말하는 자는 사람에게 하지 아니하고 하나님께 하나니 이는 알아듣는 자가 없고 비밀을 말함이라." 2절에서는 방언의 특징을 설명하고 있습니다. 먼저 방언은 "사람에게 하는 일이 아니라 하나님에게 하는 것입니다. 일전에 이미 말씀드린 것처럼 방언은 성도들이 기도하다가 하나님께 드리고 싶은 마음은 있는데 인간의 언어와 능력의 한계 때문에 답답해 할 때 자기의 마음을 자유롭게 표현할 수 있도록 하나님이 주신 특별한 의사소통방식입니다. 따라서 방언은 그 성격상 하나님을 향한 것이고 자기 자신을 위한 것이지 다른 사람을 위한 것이 아닙니다. 따라서 방언의 내용은 하나님이 아닌 사람들은 알아들을 수가 없습니다. 바울은 방언을 통하여 하나님께 "비밀"을 말씀드린다고 합니다. 통상적으로 바울이 비밀이라는 용어를 쓸 때는 십자가의 복음을 뜻했습니다. 십자가의 복음이 왜 비밀이냐? 구약 시대 때는 가려져 있다가 신약시대에 와서 공개되었기 때문입니다. 그러나 본문이 말하는 비밀은 이런 뜻이 아니라 방언으로 기도하는 사람의 마음속에 숨어 있는 일들을 뜻합니다. 방언을 할 때는 이런 일들이 하나님께 전달됩니다. 그러나 방언은 하나님은 정확히 알아듣지만 다른 사람들은 도대체 무슨 말인지 알아들을 수가 없습니다. 제가 며칠 전 학교 새벽예배를 맡아서 성경을 읽고 간단히 말씀을 전하고 난 후에 기도를 시작했습니다. 이때 어느 원우 하나가 방언을 하는 소리를 들을 수 있었습니다. 그런데 제 귀에는 이 원우가 하는 방언이 그저 아무 뜻도 없이 "뚜뚜뚜뚜"하는 단조롭고 재미없는 소리만 들렸습니다. 여하튼 방언은 자기 자신에게는 유익하지만 알아듣지 못하는 이웃에게는 아무런 유익도 주지 못합니다.

3절은 방언과는 다른 예언의 특징이 제시되어 있습니다. "그러나 예언하는 자는 사람에게 말하여 덕을 세우며 권면하며 위로하는 것이요." 예언을 하는 사람 곧, 말씀을 설교하고 가르치고 말씀으로 권면하는 사람은 사람이 알아들을 수 있는 언어로 사람을 상대로 하여 일을 하는 것이므로 성격 자체가 다른 사람의 유익을 위하도록 되어 있습니다.

예언은 "덕을 세운다."고 했는데, 원문은 그냥 "세운다"고 되어 있습니다. 세운다는 말은 무너진 곳을 수리하고 보강하여 원래의 아름다운 모습을 회복시킨다는 뜻입니다.

권면한다는 말은 조력자가 된다는 뜻입니다. 조력자는 힘들 때 위로해 주기도 하지만 잘못할 때는 잘못을 책망하고 훈계하기도 합니다. 훈계는 사랑의 반대말이 아닙니다. 사랑의 반대말은 무관심입니다. 훈계하는 이유는 여전히 애정이 있기 때문입니다.

위로한다는 말은 어렵지 않게 이해할 수 있습니다.

방언과 예언의 특징을 비교해 본 바울은 4절에서 방언과 예언의 특징을 정리합니다. "방언을 말하는 자는 자기의 덕을 세우고 예언하는 자는 교회의 덕을 세우나니." 방언과 예언이 모두 "덕을 세운다"는 바울의 말은 바울이 이 두 은사를 모두 유익한 은사로 평가하고 있음을 뜻합니다. 방언도, 예언도 성도들의 신앙생활과 교회생활의 무너진 곳을 수리하고 보강하여 보다 완전한 모습을 갖출 수 있도록 도와줍니다. 방언은 개인적인 신앙생활이 무너진 것을 수리하고 보강해 줍니다. 기도할 때에 기도하고 싶어도 할 수 없는 상태는 신앙생활의 일부가 무너진 상태라고 할 수 있습니다. 방언은 이 상태를 보강해 줍니다. 이것이 방언이 자기의 덕을 세운다는 말의 뜻입니다. 이 말은 부정적인 말이 아닙니다. 반면에 예언은 성도들의 교회생활이 무너진 것을 수리하고 보강해 줍니다. 성도들이 한 공동체 안에서 편으로 갈라져서 서로 싸울 때, 도덕적으로나 윤리적으로 타락한 생활을 할 때, 믿음이 강한 자들이 믿음이 약한 자들을 시험에 들게 하여 교회생활이 무너질 때 예언의 말씀은 이런 것들을 수리하고 보강하여 온전한 교회생활이 이루어질 수 있도록 도와줍니다. 이것이 "교회의 덕을 세운다"는 말의 의미입니다.

바울은 개인의 신앙생활에서 방언을 사용하는 것을 반대하지 않았고 오히려 적극적으로 권장했습니다. 사실 바울은 그 어떤 고린도교회 성도들보다도 방언을 더 많이 하는 사도였습니다. 이 점은 18절에 "내가 너희 모든 사람보다 방언을 더 말하므로 하나님께 감사하노라"는 말에 잘 나타나 있습니다. 바울이 주의를 요구한 것은 여러 사람이 함께 있는 공적인 자리에서 방언을 사용하는 경우입니다. 공적인 자리에서 방언을 하게 되면 여러 가지 문제들이 발생하는데 그 가운데 하나는 방언을 하는 사람과 방언을 하지 못하는 사람 사이에 우열이 나타나는 것입니다. 방언은 하는 사람은 영적으로 높은 사람이고, 방언을 하지 않는 사람은 영적으로 낮은 사람이라는 차별화가 나타납니다. 따라서 이것이 교회갈등의 원인이 되었습니다.

따라서 바울이 5절에서 방언을 권장하면서도 특별히 예언을 할 것을 한층 더 강력하게 권장하는 것은 자연스러운 결론입니다. "나는 너희가 다 방언 말하기를 원하나 특별히 예언하기를 원하노라 만일 방언을 말하는 자가 통역하여 교회의 덕을 세우지 아니하면 예언하는 자만 못하니라." 바울은 모든 성도들이 할 수만 있으면 다 방언을 하기를 원했습니다. 왜냐하면 방언도 신앙생활에 주는 유익이 분명히 있기 때문입니다. 그러나 바울은 예언할 것을 특별히 더 권장했습니다. 이 말은 모든 성도들이 복음의 말씀을 듣고 배울 뿐만 아니라 성도들 서로서로에게 말씀으로 권면하고 위로하는 데 힘쓰라는 뜻입니다. 그러면서 바울은 여러 성도들이 함께 모여서 예배를 드리는 공적인 자리에서 방언을 하는 경우를 위한 권고를 합니다. 물론 방언은 개인기도 시간에 하는 것이 바람직합니다. 그런데 만일 공적인 자리에서 방언을 하려면 반드시 "통역하라"고 바울은 말합니다. 이 말은 공적인 자리에서 방언하는 사람이 방언을 한 다음에 자기가 하든 아니면 다른 사람이 옆에서 하든 그 내용을 통역하라는 뜻이 아닙니다. 본문에서 말하는 통역하라는 말은 정확하게 말하면 다른 사람이 또렷하게 알아들을 수 있는 언어로 말하라는 뜻입니다. 이 말이 무슨 뜻입니까? 방언은 특별한 방식으로 하나님에게 기도하는 것입니다. 그러므로 방언의 체험 자체는 아주 신비스럽고 하나님의 기적과 같은 역사가 나타나는 영광스러운 것입니다. 통역하라는 말은 방언은 개인 기도를 할 때 하고, 교회의 공적인 모임에서는 개인 기도를 할 때 방언을 받은 체험을 다른 성도들이 알아들을 수 있도록 말로 잘 설명하라는 말입니다. 말하자면 일종의 간증을 하라는 것입니다. 이런 간증을 하면 다른 성도들이 하나님이 살아 계신다는 사실을 확신하게 되고 살아계신 하나님이 성도들을 도와주신다는 사실을 확인하게 됩니다. 그러면 성도들이 큰 위로와 힘을 얻습니다.

두 번째 단원인 6절에서 12절에서는 비유를 이용하여 여러 사람이 있는 자리에서 알아들을 수 없는 말을 해서는 안 되는 이유를 말합니다.

6절입니다. "그런즉 형제들아 내가 너희에게 나아가서 방언으로 말하고 계시나 지식이나 예언이나 가르치는 것으로 말하지 아니하면 너희에게 무엇이 유익하리요?" 바울은 고린도교회의 어떤 성도들보다도 방언의 은사를 많이 받은 자기 자신이라 하더라도 공적인 자리에서 말씀을 가르치지 않고 사람들이 도대체 무슨 뜻인지 알아들을 수 없는 방언으로 떠들어 대면 교회에 주는 유익이 없다는 점을 분명히 합니다. 바울은 알아들을 수 없는 말을 하는 것이 얼마나 잘못된 것인가를 악기를 비유로 들면서 설명합니다. 7절입니다. "혹 피리나 거문고와 같이 생명 없는 것이 소리를 낼 때에 그 음의 분별을 나타내지 아니하면 피리 부는 것인지 거문고 타는 것인지 어찌 알게 되리요?" 피리는 관악기이고, 거문고는 현악기입니다. 원래 피리나 거문고 그 자체는 아무런 생명이 없는 것들입니다. 그런데 만일 피리에 바람을 너무 많이 불어 넣거나 너무 적게 불어 넣으면 아름다운 음정이 있는 소리가 나오지 않고 바람이 픽 새거나 무슨 소린지 알 수 없는 둔탁하고 째지는 소리가 납니다. 이 소리는 아름다운 악기에서 나는 음악적인 소리와는 거리가 먼 듣기 괴로운 잡음에 지나지 않고 심지어는 어떤 악기에서 나는 소리인지 조차도 구별할 수가 없습니다. 또한 현악기인 거문고의 현을 무지막지하게 잡아 당겨 버리면 음악성이 전혀 없는 둔탁하고 듣기 괴로운 소리가 납니다. 이 소리들은 '음의 분별' 곧 '음의 차이'가 없는 소리들입니다. 사람으로 말하자면 '음치의 소리'이지요. 음치들은 '도레미파솔라시도'가 다 한 음입니다. 아무리 음정이 다양한 노래를 가져다주어도 다 한 음으로 뭉개져 버립니다. 사람들이 있는 곳에서 방언을 하면 방언 소리가 이런 소리로 들린다는 것입니다. 그러나 피리에 적절한 바람을 넣어 주고, 거문고 현을 적절하게 세심하게 뜯어 주면 아주 섬세하게 높낮이와 강약 등이 차이가 나는 다양한 음들이 예쁘고 아름답게 나옵니다. 이렇게 예쁜 음들 하나하나가 선율 안에 어우러지면서 작곡가나 연주자가 전달하고자 하는 풍부하고 다양한 의미를 지니면서 음의 생명력이 살아납니다. 그러면 이 음들을 사람들이 듣고 이 음들 안에 담긴 의미를 알아차리고 깊은 감동을 받습니다. 공적인 자리에서 하는 예언의 말씀이 바로 이와 같다는 뜻입니다.

8절입니다. "만일 나팔이 분명하지 못한 소리를 내면 누가 전투를 준비하리요?" 고대 사회에서 나팔은 공동체에 특별한 상황이 일어났음을 알릴 때 사용했습니다. 그런데 상황에 따라서 나팔소리와 횟수에 섬세한 차별이 있습니다. 나팔을 한 번 불면 무슨 뜻이다, 세 번 불면 무슨 뜻이다. 낮고 짧게 불면 무슨 뜻이고, 길고 높게 불면 무슨 뜻이다 등등이 다 정해져 있고 소리마다 의미가 있습니다. 예언을 하는 것이 이와 같습니다. 그런데 바람이 너무 많이 들어가거나 너무 적게 들어가면 음악적인 가치가 전혀 없는 탁음이 나오고 맙니다. 방언이 바로 이와 같습니다.

9절입니다. "이와 같이 너희도 혀로써 알아듣기 쉬운 말을 하지 아니하면 그 말하는 것을 어찌 알리요 이는 허공에다 말하는 것이라." "혀로써 알아듣기 쉬운 말을 한다"는 것은 공적인 자리에서 예언의 말씀을 하든지 아니면 방언으로 기도한 것을 청중들이 알아듣기 쉬운 언어에 담아서 설명하라는 것입니다. 그렇지 않고 청중들이 있는 자리에서 방언을 해대면 아무도 말뜻을 알지 못하니까 청중이 없는 형국이 됩니다. 그러면 이는 허공을 향하여 말하는 것이나 다름없게 됩니다.

10절입니다. "이같이 세상에는 소리의 종류가 많으나 뜻 없는 소리는 없나니." 여기서 말하는 소리는 언어를 뜻합니다. 세상에는 수많은 종류의 언어들이 있습니다. 그런데 이 언어들은 모두 전달하고자 하는 뜻을 지니고 있습니다. 그런데 어떤 일이 일어날 수 있습니까? 11절입니다. "그러므로 내가 그 소리의 뜻을 알지 못하면 내가 말하는 자에게 외국인이 되고 말하는 자도 내게 외국인이 되리니." 사람들이 모여서 한참 재미있게 외국어를 구사합니다. 그런데 나는 그들이 하는 언어를 전혀 알아들을 수가 없습니다. 그러면 나는 바로 소외되어 버립니다. 나는 외국어를 말하는 사람들로부터 소외되고, 외국어를 말하는 사람은 나로부터 소외됩니다. 이런 모습이 교회 안에서 벌어진다면 정말로 어울리지 않는 풍경이 될 것입니다.

마지막 12절에서 바울은 고린도교회 성도들이 성령의 은사와 능력을 사모하는 것을 칭찬하면서 다만 은사활용의 목적을 교회의 무너진 곳을 수리강화하고 교회를 풍성한 공동체로 만드는 데 있음을 분명하게 인식할 필요가 있다고 말합니다. "그러므로 너희도 영적인 것을 사모하는 자인즉 교회의 덕을 세우기 위하여 그것이 풍성하기를 구하라."

이제 오늘의 본문이 주는 교훈을 정리하고 강의를 마무리하겠습니다.

첫째로, 우리들은 항상 아가페 사랑의 마음을 품고, 항상 성도들의 유익을 구하는 마음가짐과 동기를 가지고 하나님이 성령을 통하여 우리에게 주신 은사들을 최대한 활용하여 교회를 섬기며, 교회 안에서 성도들과 교제하는 일에 힘쓰는 성도들이 되어야 하겠습니다. 그러나 우리의 섬김과 봉사가 교회 안에서만 머물러서는 안 되겠습니다. 교회 안에서 사랑의 섬김과 봉사의 훈련을 철저하게 하면서 교회에서 훈련받은 생활태도가 가정과 직장에도 나타날 수 있도록 최선을 다해야 하겠습니다.

둘째로, 우리는 하나님께 우리 자신에게 주어진 사역을 감당하는데 필요한 말씀의 은사를 간구해야 하겠습니다. 어느 정도의 말씀의 은사는 우리 모든 성도들이 사모해야 하고 적극적으로 구해야 합니다. 적어도 나의 가정, 나와 관계하는 사람들, 교회에서 나에게 맡겨진 직분 정도는 말씀 안에서 그 의미를 발견하고 말씀으로 해석하고 말씀이 주시는 지혜로 해결할 수 있을 정도의 말씀의 실력은 우리 모든 성도들이 반드시 갖추어야 할 은사입니다. 우리는 이 은사를 갖추기 위하여 기도하고 설교도 열심히 듣고, 성경공부도 열심히 참석하고, 개인적인 성경읽기와 묵상을 게을리 하지 않는 착하고 충성된 종들이 되어야 하겠습니다.

13 그러므로 방언을 말하는 자는 통역하기를 기도할지니 14 내가 만일 방언으로 기도하면 나의 영이 기도하거니와 나의 마음은 열매를 맺지 못하리라 15 그러면 어떻게 할까 내가 영으로 기도하고 또 마음으로 기도하며 내가 영으로 찬송하고 또 마음으로 찬송하리라 16 그렇지 아니하면 네가 영으로 축복할 때에 알지 못하는 처지에 있는 자가 네가 무슨 말을 하는지 알지 못하고 네 감사에 어찌 아멘 하리요 17 너는 감사를 잘하였으나 그러나 다른 사람은 덕 세움을 받지 못하리라 18 내가 너희 모든 사람보다 방언을 더 말하므로 하나님께 감사하노라 19 그러나 교회에서 내가 남을 가르치기 위하여 깨달은 마음으로 다섯 마디 말을 하는 것이 일만 마디 방언으로 말하는 것보다 나으니라 20 형제들아 지혜에는 아이가 되지 말고 악에는 어린 아이가 되라 지혜에는 장성한 사람이 되라 21 율법에 기록된 바 주께서 이르시되 내가 다른 방언을 말하는 자와 다른 입술로 이 백성에게 말할지라도 그들이 여전히 듣지 아니하리라 하였으니 22 그러므로 방언은 믿는 자들을 위하지 아니하고 믿지 아니하는 자들을 위하는 표적이나 예언은 믿지 아니하는 자들을 위하지 않고 믿는 자들을 위함이니라 23 그러므로 온 교회가 함께 모여 다 방언으로 말하면 알지 못하는 자들이나 믿지 아니하는 자들이 들어와서 너희를 미쳤다 하지 아니하겠느냐 24 그러나 다 예언을 하면 믿지 아니하는 자들이나 알지 못하는 자들이 들어와서 모든 사람에게 책망을 들으며 모든 사람에게 판단을 받고 25 그 마음의 숨은 일들이 드러나게 되므로 엎드리어 하나님께 경배하며 하나님이 참으로 너희 가운데 계신다 전파하리라

제49강

방언과 예언(하)

· From the Cross to Agape

고전 14장 13~25절

● 　　　　지난 시간부터 방언과 예언을 다루는 고린도전서 14장을 살펴보는 중에 있습니다. 고린도전서 14장의 전체적인 구성을 다시 한 번 정리하겠습니다. 14장은 크게 두 부분으로 구성됩니다. 첫째 큰 문단은 1절에서 25절입니다. 이 큰 문단은 은사는 아가페 사랑의 마음으로 사용해야 한다는 원리를 방언과 예언에 적용하면서 설명합니다. 두 번째 큰 문단은 26절부터 40절입니다. 이 큰 문단은 은사는 질서 안에서 활용되어야 한다는 원리를 역시 방언과 예언에 적용하면서 구체적으로 다루고 있습니다.

　1절에서 25절은 다시 네 개의 작은 문단으로 나눌 수 있습니다. 첫 번째 작은 문단인 1절에서 5절은 은사는 아가페 사랑의 마음으로 사용해야 한다는 가르침을 제시하고 있습니다. 아가페 사랑은 자기 자신을 위한 태도가 아니라 다른 사람을 위한 태도를 특징으로 합니다. 방언은 자기 자신의 신앙을 위한 은사라는 점에서 아가페 사랑과 거리가 있는 반면에 예언은 다른 사람을 위한 것이라는 점에서 아가페 사랑의 실천방법이 될 수 있기 때문에 예언이 방언보다 우월한 은사가 됩니다. 두 번째 작은 문단인 6절에서 12절까지는 방언 그 자체는 다른 사람이 알아들을 수 없는 소리라는 점에서 단점이 있다는 사실을 불분명한 소리를 내는 악기를 비유로 들어서 설명합니다.

　세 번째 작은 문단은 13절에서 19절입니다. 이 작은 문단에서는 여러 사람이 함께 모여서 예배하는 공 예배 자리에서는 반드시 다른 사람들이 알아들을 수 있는 언어를 사용해야 한다는 점을 방언과 예언을 비교해 가면서 설명합니다. 마지막 네 번째 작은 문단인 20절에서 25절은 방언이 교회의 공 예배에 사용될 때 나타나는 또 하나의 문제점을 제시하면서 결론을 내립니다.

그러면 공 예배에서는 반드시 다른 사람들이 알아들을 수 있는 언어를 사용해야 한다는 원리를 다룬 13절에서 19절을 살펴보겠습니다. 이 문단은 방언에 대한 바울 자신의 태도와 고린도교회 성도들의 태도를 비교하는 구조로 되어 있습니다. 13절, 16절, 17절, 19절은 고린도교회 성도들의 태도를 묘사하고 있고, 14절, 15절, 18절은 바울 자신의 태도를 묘사하고 있습니다. 고린도교회 성도들의 태도를 다루는 본문을 먼저 살펴보고 이어서 바울 자신의 태도를 다루는 본문을 살펴보고자 합니다. 그런데 이 두 가지 태도를 살펴보기에 앞서서 18절을 먼저 읽을 필요가 있습니다. "내가 너희 모든 사람 보다 방언을 더 말하므로 하나님께 감사하노라." 이 말씀은 바울이 방언을 하는 고린도교회 성도들보다 방언을 더 많이 하는 사도였음을 보여 줍니다. 따라서 이 본문에서 제시하는 비교는 방언을 할 줄 아는 사람들끼리 비교하는 것입니다. 바울 자신이 고린도교회의 그 어떤 성도들보다 더 방언을 능숙하게 할 줄 아는 사도였기 때문에 바울의 가르침은 더 권위가 있습니다.

먼저 고린도교회 성도들의 태도를 묘사하고 있는 13절, 16절, 17절, 19절을 차례로 살펴보겠습니다. 13절을 읽겠습니다. "그러므로 방언을 말하는 자는 통역하기를 기도할지니." 바울은 방언을 말하는 사람은 통역하기를 기도하라고 권고하고 있습니다. 방언을 통역하라는 말이 무엇을 뜻하는가에 대해서는 이미 지난 시간에 설명을 드린 바 있습니다. 개인적으로 혼자서 기도할 때는 물론 방언으로 기도할 수 있습니다. 여러 사람이 모여서 기도하는 자리라도 따로따로 개인 기도를 하는 경우라면 옆에서 기도하는 성도들에게 방해가 되지 않는 한 방언으로 기도할 수 있습니다. 그러나 방언으로 하는 기도가 다른 사람에게 심각한 방해가 된다면 절제하는 것이 좋습니다. 여러 사람이 모여서 돌아가면서 다른 사람들도 들을 수 있도록 기도하고 다른 사람들도 그 기도에 마음으로 함께 하는 자리라면 방언으로 기도해서는 안 됩니다. 왜냐하면 다른 사람이 알아들을 수 없고 따라서 마음을 같이 할 수가 없기 때문입니다. 함께 예배를 드리는 공 예배 자리에서는 더욱 더 방언으로 기도해서는 안 됩니다. 이 자리에서 방언으로 기도한 것을 다른 사람과 나누고 싶다면 자기 자신이 방언으로 기도한 내용을 다른 사람들이 알아들을 수 있는 말로 표현할 수 있는 능력을 달라고 기도하고, 이 능력을 받아서 그 내용을 설명해야 합니다. 그러면 다른 성도들이 다 듣고 하나님의 놀라운 사역을 찬양하면서 은혜를 받게 됩니다. 그렇게 하면 방언이 교회를 세우는 일에 기여할 수가 있습니다.

16절입니다. "그렇지 않으면 네가 영으로 축복할 때에 알지 못하는 처지에 있는 자가 네가 무슨 말을 하는지 알지 못하고 네 감사에 어찌 아멘 하리요." "영으로 축복할 때"라고 했는데, 이 말이 무슨 말일까요? 이 말은 고린도교회 성도들이 방언으로 기도하는 상태를 묘사한 것입니다. 바울은 13절에서 19절까지에서 인간의 영혼을 묘사하는 말로 두 단어를 사용하고 있습니다. 하나는 영프뉴마라는 단어이고 다른 하나는 마음누스이라는 단어입니다. 그러면 이 두 단어는 어떤 관계에 있는가? 두 단어의 뜻과 두 단어의 관계를 이해하는 것이 본문을 바르게 이해하는데 중요한 열쇠 역할을 합니다. 인간의 영혼이 영과 마음으로 구성되었다는 말은 인간의 영혼은 영이라는 방과 마음이라는 방 두 개가 붙여진 구조물이라는 뜻인가? 영과 마음의 관계를 이렇게 이해하면 잘못된 이원론이 되고 맙니다. 인간의 영혼은 통전적인 하나입니다. 다시 말하자면 인간의 영혼은 하나의 방으로 구성되어 있습니다.

하나의 영혼이 사람과 관계하지 않고 자신의 방 안으로 깊이 들어가서 하나님을 생각하고 하나님과 관계할 때의 인간의 영혼의 상태를 영이라고 표현합니다. 이때는 같은 영혼이라도 중심점이 깊은 내면에 무게중심이 옮겨가 있습니다. 방언으로 기도할 때는 다른 어떤 사람하고도 관계하지 않고 자기의 내면 깊은 곳으로 들어가서 성령 하나님이 주시는 신비롭고 경이로운 능력을 받아 기도하는 시간을 가지게 됩니다. 따라서 바울은 방언으로 기도하는 시간을 "영으로 축복한다"고 표현한 것입니다. "축복한다"는 말은 "감사하고 찬양한다"는 뜻입니다. 기도를 깊이 하다 보면 기도의 내용 중에 자연스럽게 하나님께 감사하고 하나님을 찬양하는 내용이 들어가기 때문에 이런 표현이 등장한 것입니다. 동일한 영혼이 주로 사람과 관계할 때의 상태를 마음이라고 합니다. 이때 다른 사람들과 관계하려면 의사소통이 되어야 하므로 다른 사람들이 알아들을 수 있는 말을 통하여 자기 생각을 표현하고 정신기능을 총동원하여 다른 사람을 이해하려고 노력하는 쪽으로 무게중심이 옮겨 갑니다. 영으로 기도할 때와 방언으로 기도할 때 서로 다른 두 개의 영혼의 방이 따로따로 기도하는 것이 아니고 하나의 영혼이 기도하되 무게중심이 이동하는 것뿐입니다. 이런 의미에서 방언으로 기도하는 것은 영으로는 기도하지만 마음으로는 기도하는 것이 아니라고 말할 수 있는 것입니다.

"알지 못하는 처지에 있는 자"는 누구인가? 이들은 믿지 않는 이방인들을 가리키는 것은 아닙니다. 이들은 교회에 호의적인 관심을 가지고 출석을 하고는 있지만 아직 세례를 받고 정식으로 교인이 되지는 않은 초보자들을 가리킵니다. 이들은 아직 성령이 주시는 은사가 무엇인지 잘 모르는 사람들입니다.

"네가 무슨 말을 하는지 알지 못하고 네 감사에 어찌 아멘하리요?" 초보자들이 예배에 참석했습니다. 예배 인도자가 어떤 사람에게 대표기도를 하라고 했더니 그 사람이 방언으로 기도를 합니다. 그러면 어떤 일이 일어날까요? 대표기도라는 것은 모든 성도들이 마음으로 함께 하는 것을 전제로 하는 기도인데, 방언으로 기도하면 기도내용을 알아들을 수가 없으니 함께 참여할 수가 없지 않겠습니까? "아멘"이라는 말은 히브리어에서 온 말로서 "엄숙하게 동의 한다"는 뜻입니다. 그렇게 되면 초보자를 당황하게 만드는 무례한 행동이 됩니다. 상대방에게 무례하게 대하는 행동은 아가페 사랑의 동기에서 나오는 행동이 아닙니다.

17절입니다. "너는 감사를 잘 하였으나 그러나 다른 사람은 덕 세움을 받지 못하리라." 그렇습니다. 다른 사람들이 알아듣지 못하는 한 자기 자신에게는 영적인 유익이 있으나 다른 사람은 아무런 유익도 보지 못합니다.

방언으로 기도하는 고린도교회의 성도들은 영으로 기도함으로써 자기 자신의 신앙에는 유익을 얻었으나, 마음으로는 기도하지 않음으로써 다른 사람들에게 아무런 유익도 주지 못했습니다. 따라서 바울은 19절에서 이렇게 결론적인 권고를 합니다. "그러나 교회에서 네가 남을 가르치기 위하여 깨달은 마음으로 다섯 마디 말을 하는 것이 일만 마디 방언으로 말하는 것보다 나으니라." 바울은 함께 모여 예배하는 자리에서 긴 시간동안 다양한 방언으로 길게 기도하는 것 보다는 단 몇 마디라도 확실하게 깨달은 예언 곧 하나님의 말씀을 말하는 것이 더 낫다고 결론을 내립니다.

그러면 이제 방언에 대한 바울의 태도는 어떠했을까요? 14절입니다. "내가 만일 방언으로 기도하면 나의 영이 기도하거니와 나의 마음은 열매 맺지 못하리라." 그렇습니다. 바울 자신이라 하더라도 방언으로만 기도하면 영으로 기도하게 되고 바울 자신의 영혼은 유익을 얻는 것이 분명하지만 마음으로는 기도하지 못함으로써 다른 사람들과의 관계에는 아무런 유익을 주지 못합니다. 15절입니다. "그러면 어떻게 할까 내가 영으로 기도하고 또 마음으로 기도하며 내가 영으로 찬송하고 또 마음으로 찬송하리라." 바울은 혼자 기도할 때는 자기 자신의 내면의 마음 깊은 곳으로 들어가서 오직 하나님과 자신과의 관계에만 집중하면서, 필요할 때는 방언의 은사를 활용하여 기도했으나, 함께 마음을 모아서 기도할 때나 공 예배 시에는 다른 성도들의 입장을 배려하여 그들이 알아들을 수 있는 말로써 기도했습니다.

이제 방언으로 기도하는 관행이 지니는 또 하나의 문제점을 지적하면서 1절에서 19절까지 논의한 내용을 마무리하는 네 번째 작은 문단인 20절에서 25절의 말씀을 살펴보겠습니다.

20절입니다. "형제들아 지혜에는 아이가 되지 말고 악에는 어린 아이가 되라 지혜에는 장성한 사람이 되라." "형제들아"라는 호칭은 지금까지와는 다른 새로운 내용이 전개됨을 알리는 신호입니다. 바울은 계속하여 방언과 예언의 문제를 다루면서도 20절 이하에서는 지금까지와는 사뭇 다른 관점에서 이 문제를 다룹니다.

"지혜에는 아이가 되지 말고." 지혜라는 말로 번역된 헬라어 '프렌'은 "생각, 깨달음"이라는 뜻을 지니고 있습니다. 따라서 이 말은 "생각하는 방식에 있어서 아이가 되지 말라"는 뜻입니다. 여기서 말하는 아이는 갓 태어난 아이라는 뜻이 있습니다. 갓 태어난 아이에게는 다른 사람을 생각할 여지가 전혀 없습니다. 갓 태어난 아이는 본능적으로 자기 자신의 생존에만 관심이 있으며, 자신의 생존을 위하여 다른 사람의 끊임없는 관심을 요구합니다. 갓 태어난 아이는 다른 사람의 안위는 전혀 안 중에 없습니다. 엄마가 졸리거나 말거나, 엄마 젖이 나오거나 말거나, 엄마가 아프거나 말거나 막무가내로 떼를 씁니다. 배고프면 젖 달라고 울고, 어디가 아프면 봐달라고 웁니다. 함께 예배를 드리는 자리나 함께 기도하는 자리에서 방언을 하는 사람이 다른 사람을 안중에 두지 않고 제 멋대로 하는 모습이 바로 이런 아이와 같습니다. 바울은 이런 아이 같은 태도를 가진 이기적이고 자기중심적인 성도가 되지 말고 "지혜에는 장성한 사람이 되라"고 권고합니다. 장성한 사람 곧 어른의 특징은 다른 사람을 자기 이익의 달성을 위하여 이용하려고 하지 않고 다른 사람을 배려하고 다른 사람을 위하여 행동합니다. 바울은 다른 사람을 배려하는 성도가 될 것을 요구합니다.

"악에는 어린아이가 되라." 앞 구절에서는 아이가 되지 말라고 권고한 바울은 이 구절에서는 어린아이가 되라고 권고하고 있습니다. 만일 앞 구절에서 사용한 어린 아이의 특성을 이 구절에 적용하면 뜻이 안 통합니다. "악한 일에 있어서는 이기적이고 자기중심적으로 대하라"는 말이 되는데 이 문장은 이상한 문장입니다. 그러면 이 권고를 어떻게 이해해야 할까요? 우리 성도님들이 주의 깊게 보시면 앞 구절은 "아이"로 되어 있고, 이 구절은 "어린 아이"로 되어 있어서 우리말로도 다른 단어가 사용되었지요? 그렇습니다. "아이"로 번역된 '파이디온'과 "어린 아이"로 번역된 '네피아'는 단어 자체가 다릅니다. 그런데 '파이디온'에는 없고 '네피아'에만 있는 한 가지 뜻은 "무지한 자"입니다. '네피아'에는 모르는 자, 지식이 없는 자라는 뜻이 있습니다. 바로 이 뜻이 이 구절에 적합한 뜻입니다. 바울의 권고는 "악에 대해서는 모르는 자"가 되라는 말입니다. 머릿속에 악한 계획 그 자체가 아예 없는 사람이 되라는 것입니다.

그 다음에 이어서 등장하는 21절과 22절은 어려운 본문입니다. 먼저 21절을 읽겠습니다. "율법에 기록된 바 주께서 이르시되 내가 다른 방언을 말하는 자와 다른 입술로 이 백성에게 말할지라도 그들이 여전히 듣지 아니하리라 하였으니."

1) "율법에 기록된 바"에서 율법은 구약성경을 가리킵니다. 바울은 구약성경 이사야서 28장 11절과 12절을 인용하고 있습니다. 그런데 이 인용은 구약의 본문을 문자 그대로 인용한 것이 아닙니다. 히브리어로 된 맛소라 본문이나 헬라어로 번역된 70인역 어느 본문도 바울이 인용한 본문과 정확하게 일치하지 않습니다. 바울은 이 본문을 문자 그대로 정확히 인용한 것이 아니라 자신의 목적에 맞추어서 약간 변형된 형태로 인용했습니다. 바울은 하나님의 특별한 영감을 받은 성경기록자이기 때문에 이처럼 구약의 본문을 적절하게 변형시켜서 인용할 자격이 있습니다.

본문의 요지는 하나님이 다른 나라 사람들을 통하여 그들의 언어로 말을 해도 하나님의 백성들이 말을 듣지 않았다는 것입니다. 이 말을 이해하기 위해서는 당시의 역사적 배경을 알 필요가 있습니다. 이사야는 북 왕국 이스라엘의 종교지도자들에게 이스라엘이 앗수르에게 멸망당할 것이라고 경고를 주었는데, 이들은 거나하게 술에 취한 상태에서 이사야의 예언을 하찮은 잔소리로 무시해 버렸습니다. 그러나 이사야의 예언대로 앗수르가 이스라엘을 침공해 오자 이스라엘은 멸망을 향한 초읽기에 들어가게 되었습니다. 이때의 풍경을 묘사한 것이 이사야 28장 11, 12절이고 이 본문을 약간의 형태 변경을 하여 인용한 것이 고린도전서 14장 21절입니다. 이 풍경에 보면 하나님이 "다른 방언을 말하는 자와 다른 입술"을 통하여 재차 이스라엘이 멸망하리라는 경고를 주셨습니다. 본문이 말하는 다른 방언은 앗수르 어를 말하고 다른 사람이나 다른 입술은 앗수르인을 뜻합니다. 앗수르 사람이 이스라엘 땅에 와서 앗수르 나라 말로 "너희는 이제 곧 멸망할 것이다"라고 외치고 있는데, 여전히 이스라엘의 종교지도자들은 이 경고를 우습게 여기고 있다는 것입니다. 이스라엘 백성에게 나타난 이 새로운 풍경은 이스라엘 백성에게는 매우 낯설고 이상한 풍경입니다. 이스라엘 백성들이 알아들을 수 없는 앗수르 말로 무슨 내용인가를 말하는 이 풍경은 이스라엘 백성들에게는 하나님의 심판의 표였습니다.

바울은 이 인용문을 근거로 하여 22절을 말합니다. "그러므로 방언은 믿는 자들을 위하지 아니하고 믿지 아니하는 자들을 위하는 표적이나 예언은 믿지 아니하는 자들을 위하지 않고 믿는 자들을 위함이니라."

방언이 "믿는 자들을 위한 표적"이 아니라 "믿지 않는 자들을 위하는 표적"이라는 말이 무슨 말일까요? 방언은 성령의 은사를 받은 자들이 하는 것이니까 오히려 방언은 믿는 자들의 표적이 된다고 해야 맞는 말이 아닐까요? 본문은 21절에 인용된 이사야서의 상황과 연결시켜서 이해해야 그 본래의 모습이 제대로 드러납니다.

본문에서 말하는 방언과 이사야서에서 말하는 방언은 물론 다릅니다. 본문에서 말하는 방언은 성령의 은사로서 주어지는 하나님과의 특별한 소통방식인데 반하여, 이사야서에서 말하는 방언은 외국어입니다. 이렇게 내용은 다르지만 공통점이 있습니다. 그것은 알아듣지 못하는 사람들이 있다는 점입니다. 이 공통점이 있기 때문에 바울이 이 두 상황을 연결시킨 것입니다. 자 어떤 교회에서 예배를 드리는데, 사람들이 방언으로 기도하고 있습니다. 이 자리에 믿지 않는 이방인이 들어 왔습니다. 그때 이 이방인이 무슨 소린지 알 수 없는 말로 어지럽게 지껄이는 광경을 본다면 어떤 느낌이 들겠습니까? 게다가 각기 자기 방언이 더 나은 방언이라는 것을 과시하기 위하여 경쟁적으로 기괴한 소리들이 곳곳에서 더 많이 터져 나오는 장면을 이방인들이 아름답게 보겠습니까? 굉장히 낯설고 섬뜩하고 무슨 파괴적인 일이 일어나는 듯 한 느낌이 들지 않겠습니까? 이 장면이 이스라엘 백성들에게 갑자기 알아들을 수 없는 앗수르 나라 말이 심판의 표로 들려올 때와 비슷하지 않습니까? 방언으로 시끄럽게 기도하는 장면이 방언의 은사를 받은 사람들에게는 아름답게 보이겠지요. 그러나 이방인에게는 끔찍한 심판의 표적처럼 보일 뿐입니다. 이 점은 23절에 의하여 더 구체적으로 묘사되고 있습니다. "그러므로 온 교회가 함께 모여 다 방언으로 말하면 알지 못하는 자들이나 믿지 아니하는 자들이 들어와서 너희를 미쳤다 하지 아니하겠느냐." 23절은 한층 더 끔찍한 장면을 묘사합니다. 온 교회 성도들이 다 방언으로 기도하고 말하는 장면입니다. "알지 못하는 자들"은 앞에서 말씀드린 세례 받지 않은 초보자들을 뜻합니다. 이 끔찍한 광경을 보고 초보자들이나 불신자들은 미쳐서 헛소리를 지껄인다고 개탄하지 않겠습니까? 이 장면이 이들에게는 정상적인 인간이 하나님의 심판을 받아서 미쳐버리는 표적으로 인식되지 않겠습니까?

그러나 예언은 어떻습니까? 예언은 우선 예배에 참여한 믿는 자들에게 친근하고 편안한 느낌을 줍니다. 복음의 말씀이 선포되어 죽었던 생명이 살아나고, 바른 삶의 원리를 선포하면 어지러워져 있던 삶이 정리가 되니까 믿는 자들에게 얼마나 유익합니까?

그런데 예언이 주는 유익은 믿는 자들에게만 찾아오는 것이 아니라 초보자들이나 교회를 방문한 불신자들에게도 찾아옵니다. 24절입니다. "그러나 다 예언을 하면 믿지 아니하는 자들이나 알지 못하는 자들이 들어 와서 모든 사람에게 책망을 들으며 모든 사람에게 판단을 받고." "책망을 듣는다"는 말은 "밝게 깨닫게 된다"로 번역되어야 합니다. "판단을 받는다"는 말은 검사받는다는 뜻입니다. 하나님의 말씀인 예언이 알아들을 수 있는 말로 선포되면 초보자들이나 불신자들이 죄를 깨닫게 되고 자신의 마음이나 생활을 말씀에 의하여 점검받게 됩니다. 그 결과 25절이 말하는 것과 같은 상황에 이르게 됩니다. "그 마음의 숨은 일들이 드러나게 되므로 엎드리어 하나님께 경배하며 하나님이 참으로 너희 가운데 계신다 전파하리라." 히브리서 4장 12절과 13절 말씀처럼 어떤 검보다도 예리하여 혼과 영을 찔러 쪼개고 마음의 생각과 뜻을 판단하며, 만물을 벌거벗은 것처럼 드러나게 하시는 하나님의 말씀 앞에서 마음속에 숨어 있는 것들이 드러나면 두렵고 떨리는 마음으로 하나님 앞에서 엎드려 경배하면서 하나님이 교회 위에 함께 하신다는 사실을 고백하는 열매가 나타납니다. 본문에 "전파한다"는 말은 "고백한다"고도 번역할 수 있습니다. 이처럼 예언을 하면 불신자나 초보자들을 주님께로 이끌어 오는 엄청난 열매를 거두는 반면에 방언에는 이런 능력이 없습니다.

이제 오늘의 본문이 주는 교훈을 정리하고 강의를 마무리하겠습니다.

첫째로, 우리는 한편으로는 우리 영혼의 깊은 내면 속에 들어가서 하나님과 은밀히 교제하고 대화를 나누면서 기도하는 시간을 가져야 하겠습니다. 이때 필요하면 방언으로도 기도할 수 있습니다. 이와 동시에 우리는 교회 공동체에 들어 와서는 다른 사람들이 쉽게 알아들을 수 있는 말로 기도함으로써 다른 사람들을 배려하는 훈련도 아울러 해야 하겠습니다.

둘째로, 우리는 모두 어른이 되었습니다. 몸만 어른이 되고, 세상지식과 경험에 있어서만 어른이 되는 것이 아니라 우리의 믿음생활의 모습에서도 어른이 되어야 하겠습니다. 어른이 되었는데도 여전히 자기중심적으로 생각하고 행동하는 어른애가 되지 않도록 우리 자신을 점검해 보아야 하겠습니다.

셋째로, 우리가 그리스도인으로서 행하는 어떤 행동이 초보자나 불신자에게 아름다운 향기를 발하지 못하고 오히려 심판의 표로 작용하여 교회에 대하여 불쾌하고 부정적인 인상을 갖도록 하는 일이 없도록 주의해야 하겠습니다. 무엇보다도 우리 성도들은 예언의 말씀, 하나님의 말씀의 은사들을 받기도 하고 열심히 개발하여 틈나는 대로 사람들에게 전파하여 이들을 그리스도께로 이끄는 전도자들이 될 수 있어야 하겠습니다.

26 그런즉 형제들아 어찌할까 너희가 모일 때에 각각 찬송시도 있으며 가르치는 말씀도 있으며 계시도 있으며 방언도 있으며 통역함도 있나니 모든 것을 덕을 세우기 위하여 하라 27 만일 누가 방언으로 말하거든 두 사람이나 많아야 세 사람이 차례를 따라 하고 한 사람이 통역할 것이요 28 만일 통역하는 자가 없으면 교회에서는 잠잠하고 자기와 하나님께 말할 것이요 29 예언하는 자는 둘이나 셋이나 말하고 다른 이들은 분별할 것이요 30 만일 곁에 앉아 있는 다른 이에게 계시가 있으면 먼저 하던 자는 잠잠할지니라 31 너희는 다 모든 사람으로 배우게 하고 모든 사람으로 권면을 받게 하기 위하여 하나씩 하나씩 예언할 수 있느니라 32 예언하는 자들의 영은 예언하는 자들에게 제재를 받나니 33 하나님은 무질서의 하나님이 아니시요 오직 화평의 하나님이시니라 모든 성도가 교회에서 함과 같이

제50강

모든 것을
덕을 세우기 위하여

From the Cross to Agape

고전 14장
26~33a절

● 오늘 우리가 읽은 본문 고린도전서 14장 26절에서 40절은 14장을 구성하고 있는 두 개의 큰 문단들 가운데 두 번째 큰 문단으로서 계속하여 방언과 예언의 문제를 다루고 있습니다. 첫 번째 큰 문단에서 바울은 방언 보다는 예언의 은사가 더 나은 은사라는 점을 강조해 왔습니다. 방언이 예언보다 나은 이유는 방언은 자기 자신의 신앙을 증진시키는 데 유익하지만 다른 사람들이 알아들을 수 없기 때문에 통역이 따르지 않는 한 다른 사람들에게는 별 다른 유익을 주지 못하는 은사인 반면에, 예언은 알아들을 수 있는 말로 주어지며 다른 사람들의 신앙을 증진시켜 줄 목적으로 사용되는 은사이기 때문입니다. 따라서 예언이 방언 보다 자기를 희생하고 다른 사람의 유익을 구할 것을 요구하는 사랑의 원리를 실천하는 데 더 유익한 은사입니다.

두 번째 큰 문단도 다시 세 개의 작은 문단들로 나눌 수 있습니다. 하나는 26절에서 33절 전반절까지이고, 다른 하나는 33절 후반 절에서 38절까지이며, 또 다른 하나는 39절에서 40절까지입니다. 첫 번째 작은 문단인 26절에서 33절 전반절에서는 공예배시에 방언과 예언을 어떤 방법으로 해야 하는가를 다루고 있습니다. 두 번째 작은 문단인 33절 후반 절에서 38절까지는 예언 문제와 관련하여 고린도교회에서 일어난 특수한 한 가지 문제를 다룹니다. 이 문제는 여성이 공 예배 시에 말을 하는 것과 관련된 문제입니다. 세 번째 작은 문단인 39절에서 40절은 방언과 예언을 다룬 14장 전체를 마무리하는 결론적인 언명을 담고 있습니다. 오늘은 첫 번째 작은 문단인 26절에서 33절 전반절까지 공부하고 두 번째 작은 문단과 세 번째 마무리 문단은 다음 강의에서 다루도록 하겠습니다.

바울은 26절에서 33절 전반절까지 공 예배 시에 방언과 예언을 어떤 방법으로 해야 하는가를 다루고 있습니다. 바울은 26절에서 이 문제가 제기되는 상황이 어떤 상황인가를 소개하고 이어서 이 문제를 다룰 때 염두에 두어야 하는 일반적인 원리가 무엇인가를 먼저 말합니다. "그런즉 형제들아 어찌할까 너희가 모일 때에 각각 찬송시도 있으며 가르치는 말씀도 있으며 계시도 있으며 방언도 있으며 통역함도 있나니 모든 것을 덕을 세우기 위하여 하라."

"형제들아"라는 호칭은 새로운 주제가 시작됨을 알리는 호칭입니다. "그런즉 어찌할까?" - 지금까지 방언의 특성이 무엇이고, 예언의 특성이 무엇인가를 잘 들었으니까 이제 방언과 예언을 어떻게 다루어야 할런지 결론을 내려야 하지 않겠느냐? "너희가 모일 때에" - 너희가 예배를 드리기 위하여 모일 때에. 바울은 성도들이 다 함께 모여 예배를 드리는 자리, 곧 공예배를 드리는 자리를 문제의 상황으로 설정합니다. 본문에는 예배를 드릴 때 예배의 중요한 요소들로 활용되는 다섯 개의 은사들이 소개되어 있습니다. 다섯 개의 은사들은 찬송 시, 가르치는 말씀, 계시, 방언, 통역함입니다. 이 다섯 개 중에서 네 개는 12장과 14장 앞부분에서 이미 설명된 것들이기 때문에 따로 설명하지 않아도 될 것 같고, 새롭게 등장한 찬송 시에 대해서만 약간의 설명이 필요할 것 같습니다. 고린도교회는 예루살렘으로부터 멀리 떨어진 지역에 설립된 데다가 주로 이방인들로 구성된 교회였습니다. 따라서 구약성경과 만날 수 있는 기회가 많지 않았고 따라서 시편으로 이루어진 찬송집을 접할 기회도 거의 없었습니다. 아마도 시편 찬송집이 1-2권정도 있었을 가능성이 있고, 그나마도 이 찬송 집에 나온 대로 곡조에 맞추어서 부를 수 있는 사람들도 극소수였을 것입니다. 이런 상황에서 찬송을 부를 수 있는 사람은 특별한 은사를 가진 사람으로 간주되었을 가능성이 있습니다.

이처럼 다양한 은사를 가진 성도들이 공예배시에 모여서 자신들이 가진 은사들을 활용하여 예배를 돕게 되는데, 이때 어떤 원칙을 가지고 은사들을 활용해야 하는가? "모든 것을 덕을 세우기 위하여 하라"는 것이 바로 그 원칙입니다. 어떤 은사든지 "덕을 세우기 위하여" 해야 합니다. "덕을 세운다"는 단어는 "집을 세운다"는 뜻입니다. 은사들을 가진 자들은 자기가 가진 은사를 드러내고 자기가 가진 은사의 우월함을 과시하고 자기만족을 추구하고자 해서는 안 되고 자기에게 주어진 은사를 활용하여 교회라는 아름다운 집을 세워 나간다는 마음가짐을 가져야 합니다. 궁극적으로 교회라는 아름다운 공동체가 세워진 것을 보고 보람을 느끼고 기뻐하고 감사할 수 있어야 합니다. 이 점은 예배를 드릴 때도 마찬가지입니다. 찬송이든, 말씀을 가르치든, 계시를 전달하든, 방언과 방언통역을 하든, 이 하나하나의 은사들을 통하여 예배 전체가 아름답게 완성될 수 있도록 하는데 모든 신경을 집중해야 합니다.

바울은 모든 은사들은 교회를 아름답게 세우는 일에 사용되어야 한다는 점을 밝힌 다음 14장의 주제들인 방언과 예언을 예배 시에 어떻게 행해야 하는가를 구체적으로 말합니다. 먼저 27절과 28절에서는 방언을 행하는 방법을 소개합니다. 27절입니다. "만일 누가 방언으로 말하거든 두 사람이나 많아야 세 사람이 차례를 따라 하고 한 사람이 통역할 것이요" 바울은 한 번의 예배를 드릴 때 방언을 말하는 횟수를 두 세 사람 정도로 제한했습니다. 두 세 사람이 방언을 할 때 동시에 하지 말고 한 사람씩 차례차례 하도록 했습니다. 거기에다가 또 한 가지 조건이 있습니다. 방언을 하는 사람은 반드시 다른 사람들이 알아들을 수 있는 말로 방언을 통하여 기도한 내용을 말하라는 것입니다. "한 사람"은 "말을 하는 한 사람"이라는 뜻입니다. 방언을 하는 사람은 반드시 알아들을 수 있는 말로 설명하라는 것입니다. 이 말은 두 가지 경우로 해석할 수 있는데, 하나는 방언을 한 다음에 방언을 한 사람이 무슨 내용인가를 설명해 주는 것을 의미할 수도 있고, 다른 하나는 혼자 있을 때 방언으로 기도한 내용을 공예배시에 간증형식으로 소개하라는 뜻일 수도 있습니다. 두 번째 방식으로 해석하는 것이 더 좋은 해석입니다. 여하튼 방언을 공예배시에 활용하려면 반드시 알아들을 수 있는 말로 통역되어야 합니다. 계속되는 28절입니다. "만일 통역하는 자가 없으면 교회에서는 잠잠하고 자기와 하나님께 말할 것이요." 만일 방언을 통역할 수가 없으면 공 예배 석상에서는 절대로 방언을 행하지 않아야 합니다. 그렇다고 해서 통역할 수 없는 방언 그 자체가 나쁜 것은 아닙니다. 그런 방언은 혼자 기도할 때 개인적으로, 하나님과 직접 관계하면서 행하면 아무런 문제가 없습니다.

방언을 하는 자는 개인적인 신앙의 차원을 깊게 해주는 특별한 은사를 받았다는 자기중심적인 자만심을 가지고 예배에 참석해서는 안 된다는 것이 바울의 가르침입니다. 방언을 하는 자는 우선 자기가 하는 방언이 다른 사람에게 유익을 줄 것인지, 폐해를 줄 것인지를 생각해야 합니다. 또 한 가지 방언을 하는 사람이 유념해야 할 것이 있습니다. 바울은 공 예배 시에 방언을 소개하는 횟수를 2-3회 정도로 엄격히 제한했습니다. 이미 다른 두 세 사람이 방언의 내용을 소개하는 순서를 가졌다면, 방언을 하는 사람이 아무리 방언의 내용을 소개하고 싶은 간절한 마음을 가지고 있어도 그 마음을 통제하고 포기해야 합니다. 자기가 개인적으로 하고 싶은 마음보다도 더 중요한 것은 전체 성도들이 참여하는 예배가 아름답고 질서 있게 진행되는 것입니다. 한 사람의 개인적인 욕구 때문에 많은 성도들에게 피해가 가서는 안 됩니다. 아무리 신령하고 깊은 영적인 일이라도 이 일을 무리하게 진행하는 것 보다 예배 참여자들 전체의 유익을 위하여 예배의 질서에 순종하는 것이 훨씬 더 중요합니다.

계속되는 29절에서 32절까지는 공 예배 시에 예언을 행하는 방법에도 같은 원리가 적용됩니다. 29절입니다. "예언하는 자는 둘이나 셋이나 말하고 다른 이들은 분별할 것이요."

바울은 예언도 한 번의 예배를 드릴 때 두 세 번 정도로 엄격히 제한시켰습니다. 방언을 할 때와 동일한 원리가 적용되고 있습니다. 우리가 이미 잘 알고 있는 것처럼, 바울은 공 예배와 관련해서는 방언을 하는 것을 사실상 금지하고 있는 반면에 예언을 하는 일은 적극적으로 추천하고 있습니다. 그런데 이처럼 바울 자신이 적극적으로 추천하는 예언에 대해서도 방언을 할 때와 똑같은 방법으로 엄격하게 절제할 것을 주문하고 있다는 사실은 의외라고 생각됩니다. 그렇습니다. 바울은 바울 자신이 가장 좋은 은사로 간주해 온 예언조차도 예배를 아름답게 세우는 일을 위해서라면 가차 없이 제재를 받아야 한다고 생각했습니다. 왜냐하면 예배를 아름답게 세우는 일은 하나님의 영광이 걸린 문제일 뿐만 아니라 성도들 모두의 영적인 유익과 관련되어 있기 때문입니다.

예언을 오늘날의 용어로 바꾸면 설교입니다. 방언은 기도 가운데 가장 영적으로 깊은 차원이고, 설교는 하나님의 말씀을 전하는 방법 가운데 가장 핵심이 되는 것이므로 방언과 예언은 영적으로 가장 중요하고 핵심이 되고 깊이가 있는 두 요소입니다. 그런데 이렇게 중차대한 두 요소들 조차도 성도들 전체가 참여하는 예배질서 앞에서는 꼼짝 못하고 머리를 숙여야 합니다. 예배를 아름답게 세우기 위한 질서라면 깊이 있는 기도도 통제되어야 하고, 하나님의 말씀을 전하는 것도 통제되어야 합니다. 그것이 바로 사랑의 원리를 실천하는 것입니다. 간혹 기도가 중요하고 설교가 중요하다는 명분을 내세워서 예배전체의 순서와 질서를 무시해 버리는 일이 있는데 이런 태도는 잘못된 것입니다. 예배 시에 중직자가 대표기도를 맡아서는 너무나 길게 기도를 해서 예배 전체의 아름다운 질서를 흐려 놓는다면 사랑의 정신을 잊어버린 태도입니다. 설교가 아무리 중요해도 설교시간이 너무나 길어져서 예배 전체의 아름다운 질서가 흐트러진다면 이것도 역시 사랑의 정신을 잊어버린 태도입니다. 이런 태도들은 다른 성도들의 유익이나 입장을 생각하지 않고 자기 자신의 입장만을 생각하는 자기중심적인 태도이기 때문입니다. 물론 아예 "기도회"라는 이름으로 모이거나 "성경공부"라는 이름으로 모일 때는 태도가 달라질 수 있습니다. 이때는 시간적으로 조금 여유를 가지고 자유로운 마음으로 기도를 하거나 강론을 해도 됩니다.

    그런데 놀랍게도 예언을 할 때는 또 한 가지 엄격한 제한조건이 따라옵니다. 예언을 하는 성도들을 제외한 다른 사람들은 예언이 진정한 것인지의 여부를 "분별하는 일"을 하라고 명령하고 있습니다. 분별한다고 번역된 "디아크리노"라는 헬라어는 곡식을 체질하는 장면을 묘사한 단어입니다. 곡식을 체에다가 넣고 체질을 하면 쓸 만한 알곡만 체 안에 남고 불량품은 체를 빠져 나가 버립니다. 아니면 거꾸로 쓸 만한 것이 체를 빠져나가고 불량품이 체 안에 남아 있을 수도 있습니다. 여하튼 성도들 가운데 일부가 예언을 하면 남은 성도들은 그 예언이 진정한 예언인가의 여부를 체질을 하듯이 가려내야 한다는 것입니다.

예언을 한다는 것은 이미 여러 번에 걸쳐서 말씀드린 것처럼 어떤 사람의 앞날을 알아 맞추는 것을 뜻하는 것이 아니라 복음의 말씀을 전하고 가르치는 것을 뜻합니다. 오늘날로 말하자면 설교에 해당합니다. 그런데 바울 당시만 하더라도 신약성경이 아직 완전히 형성되지 않았던 시기였습니다. 예수님이 말씀하신 내용들이 열두 사도들을 통하여 구전이나 서신의 형태로 전달되고 있었고, 바울이나 베드로를 비롯한 사도들이 하나님의 영감을 받아 서신이나 구전의 형태로 하나님의 말씀을 전하고 있었고, 이들 이외에도 아볼로, 바나바, 스데반, 전도자 빌립, 아가보, 브리스길라와 아굴라 등과 같은 평신도 지도자들도 사도들로부터 가르침을 받고 있었고, 이 외에도 많은 평신도 지도자들이 복음을 전했습니다. 따라서 교회는 예배 시에 이들에게 복음을 전할 수 있는 기회를 주었습니다.

복음을 전하는 자들 중에는 사도들로부터 제대로 훈련을 받고 바른 복음을 전하는 자들도 있었지만 이들 중에는 왜곡된 복음을 전하는 자들도 많았습니다. 이런 자들을 사전에 미리 다 걸러내는 일이 쉽지 않았습니다. 따라서 성도들은 이들이 전하는 복음이 바른 복음인가, 아니면 그릇된 복음인가를 가려내야 했습니다. 바울은 지금 성도들에게 예언자를 자칭하는 자들이 예언 곧 복음을 전할 때 바른 복음인가, 아니면 왜곡된 복음인가를 가려낼 것을 주문하고 있는 것입니다.

바울 당시의 고린도교회의 사정이나 오늘날 현대교회의 사정이 별반 다르지 않습니다. 바울의 주문은 오늘날 현대교회의 성도들에게도 그대로 유효합니다. 오늘날 교회 안에는 극단적인 이단적인 내용을 전달하는 자들로부터 시작하여 학문적으로 자유주의적인 신학에 이르기까지 아주 넓고 다양하고 혼란스러울 만큼 다양한 사상이나 신학이 복음의 이름을 위장하고 전달되고 있습니다. 천주교에 큰 매력을 느끼는 개신교인들도 아주 많은데, 사실상 천주교가 전하는 복음은 아주 심각하게 왜곡되어 있습니다. 따라서 오늘날 현대교회의 성도들에게도 바른 복음과 왜곡된 복음을 가려내는 일이 필요하게 되었습니다.

평신도들이 바른 복음과 왜곡된 복음을 가려내는 일은 물론 쉬운 일은 아닙니다. 그러나 건전한 교회에 소속되어서 신실하게 신앙생활을 해 온 평신도들이라면 큰 틀에서 바른 복음과 왜곡된 복음을 가려내는 안목정도는 갖추어진다고 생각합니다.

제가 학교에서 석사학위나 박사학위 논문심사를 하면서 발견한 사실이 하나 있습니다. 박사학위논문은 몇 년 이상에 걸친 긴 연구를 거친 후에 작성되기 마련입니다. 그런데 놀랍게도 이렇게 힘들게 작성된 박사학위논문이지만 독자는 아무리 길게 잡아도 일주일 안에 그 내용을 완전히 파악할 수 있고 문제점이 무엇인가까지도 짚어낼 수가 있습니다. 어떤 사람이 몇 년에 걸쳐서 고생 고생하여 장편 소설 하나를 써냅니다. 그러나 독자는 2-3일이면 이 소설을 독파해 버릴 수 있습니다. 논문을 쓰는 사람이나 작가의 입장에서는 몇 년 또는 몇 십 년에 걸쳐서 만든 작품이 며칠 만에 독파되어 버린다는 것이 너무 약이 오르고 허망하기까지 하지만 이것은 엄연한 현실입니다. 독자의 특권이기도 하고요. 그렇습니다. 건전한 교회에서 신앙생활을 착실하게 해 온 성도들이라면 설교를 작성할 능력은 없어도 목사가 하는 설교를 듣고 제대로 준비를 한 설교인지, 복음을 바르게 전하고 있는 설교인지 가려낼 수 있는 능력은 충분히 있습니다.

제가 여러분에게 한 번 설교를 하려면 복잡한 과정을 거칩니다. 먼저 사전을 찾아 가면서 원문으로 본문을 읽고 독해하고, 이어서 영어로 된 주석 책들을 몇 권 꼼꼼하게 읽어서 바른 해석이 무엇인가를 공부하여 카드에 정리한 다음에 설교원고를 작성합니다. 이렇게 한 편의 설교를 준비하는데 적어도 이틀이라는 시간이 꼬박 소요됩니다. 이런 작업은 우리 성도님들은 할 수 없는 전문적인 작업입니다. 그러나 어떻습니까? 설교내용을 그냥 편안하게 앉아서 30분 정도 잘 경청하기만 하면 내용이 뭔지, 복음을 제대로 전하고 있는지, 준비는 성실하게 했는지 다 파악되지 않습니까? 이렇게 힘들게 준비한 것이 이렇게 쉽게 파악된다고 생각하면 저도 억울합니다. 그러나 이것이 현실입니다.

제게 딸이 셋 있는데, 저는 집에서 제 딸들을 따로 모아 놓고 꾸준히 성경을 가르치지 못했습니다. 다만 제 딸들이 자기들이 속한 교회에 다니는 것만으로 만족해야 했습니다. 마음 한편으로는 다른 사람들에게는 말씀을 가르치면서 자기 자식들에게는 가르치지 않는 것이 미안하기도 했고, 제 딸들이 제대로 복음을 분별하기는 할까 하는 조바심도 들었습니다. 그런데 어느 날 제 딸들이 이런 저런 계기로 말하는 것을 옆에서 들어 보니까 목사님들이 행하는 설교를 가려내는 안목이 잘 형성되어 있는 것을 발견하고 깜짝 놀란 일이 있었습니다. 이처럼 성도들은 설교는 하지 못하더라도 어떤 설교가 바른 복음을 전하는 설교인가는 가려낼 수 있을 만큼은 성장해야 합니다.

30절에는 예언에 대한 또 하나의 통제가 나옵니다. "만일 곁에 앉아 있는 다른 이에게 계시가 있으면 먼저 하던 자는 잠잠할지니라." 어떤 성도가 하나님의 말씀을 전하고 있는데, 다른 성도가 감동을 받아서 하나님의 말씀을 전하고 싶다는 의사를 밝히면 먼저 말씀을 전하던 성도는 무조건 전하던 말씀을 중단하고 다음 성도에게 기회를 넘기라는 것입니다. 내가 전하는 말씀은 중요한 것이니까 끝날 때까지 기다리라고 말하면서 말씀을 전하는 것을 고집하지 말라는 말입니다. 말씀을 전할 때도 다른 사람의 입장을 배려하라는 것입니다.

바울은 반드시 한 사람씩 차례를 지켜서 예언을 할 것을 권고합니다. 왜냐하면 그래야 사람들이 새로운 말씀을 배우고 권면을 받을 수 있기 때문입니다. 31절입니다. "너희는 다 모든 사람으로 배우게 하고 모든 사람으로 권면을 받게 하기 위하여 하나씩 하나씩 예언할 수 있느니라." 바울은 자신이 말하고자 하는 태도의 핵심을 32절에서 이렇게 요약합니다. "예언하는 자들의 영은 예언하는 자들에게 제재를 받나니." 바울이 말하고자 하는 것은 예언하는 자들은 자신들이 예언하는 행위를 의지를 가지고 통제할 수 있어야 한다는 것입니다. 왜 통제해야 합니까? 예배의 아름다운 질서를 확립하여 예배에 참여하는 모든 성도들이 예배를 통하여 모두 영적인 유익을 얻을 수 있도록 하기 위해서! 곧 예언하는 자가 자기의 예언을 스스로 통제하는 이유는 성도들에 대한 아가페 사랑을 실천하기 위해서입니다. 바울은 이처럼 성도들 전체의 유익을 위하여 질서에 순종해야 하는 신학적인 이유는 하나님이 질서와 평강의 하나님이시기 때문이라고 33절 전반절에서 말합니다.

이제 오늘의 본문이 주는 교훈을 정리하고 강의를 마무리하겠습니다.

성도들은 어떤 일을 하든지 자기중심적인 태도로 하지 말고 어느 정도 자기를 희생하면서 타인의 유익을 구하는 아가페 사랑의 태도로 해야 합니다. 우리는 교회의 공예배시에 은사를 활용할 때도 바로 이 같은 원리를 잃지 않아야 합니다. 방언을 다른 성도들이 알아들을 수 있는 말로 전해야 하고 아무리 하고 싶어도 정해진 순서가 아니면 통제해야 하는 이유도, 예배 시간에 기도할 때나 설교를 할 때 예배 시간 전체에 해가 되지 않도록 신경을 쓰고 질서를 지키면서 해야 하는 이유도, 모두 우리가 동료 성도들에 대한 아가페 사랑의 원리를 실천해야 하기 때문입니다.

또한 우리 성도들은 어떤 교회에서 신앙생활을 하든지 간에 적어도 강단에서 전해지는 설교가 바른 복음을 전하는 것인지, 왜곡된 복음을 전하는 것인지를 가려낼 수 있는 안목을 갖출 만큼은 성숙한 성도들이 되어야 하겠습니다.

33 하나님은 무질서의 하나님이 아니시요 오직 화평의 하나님이시니라 모든 성도가 교회에서 함과 같이 34 여자는 교회에서 잠잠하라 그들에게는 말하는 것을 허락함이 없나니 율법에 이른 것 같이 오직 복종할 것이요 35 만일 무엇을 배우려거든 집에서 자기 남편에게 물을지니 여자가 교회에서 말하는 것은 부끄러운 것이라 36 하나님의 말씀이 너희로부터 난 것이냐 또는 너희에게만 임한 것이냐 37 만일 누구든지 자기를 선지자나 혹은 신령한 자로 생각하거든 내가 너희에게 편지하는 이 글이 주의 명령인 줄 알라 38 만일 누구든지 알지 못하면 그는 알지 못한 자니라 39 그런즉 내 형제들아 예언하기를 사모하며 방언 말하기를 금하지 말라 40 모든 것을 품위 있게 하고 질서 있게 하라

제51강

여자는 잠잠하라

· From
the Cross
to Agape

고전 14장
33b~40절

● 우리는 그동안 세 번에 걸쳐서 방언과 예언을 다룬 14장을 살펴보았는데, 네 번째 시간인 오늘은 14장 살피기를 마무리하는 시간입니다. 14장은 두 개의 큰 문단으로 구성되어 있습니다. 하나는 1절에서 25절까지로서 방언 보다는 예언의 은사가 더 나은 은사임이 강조되고 있습니다. 예언이 방언보다 더 나은 은사인 이유는 방언은 자기 자신의 신앙생활을 위한 것인 반면에 예언은 다른 사람을 위한 은사이기 때문입니다. 두 번째 큰 문단은 26절에서 40절까지로서 다시 세 개의 작은 문단으로 나눌 수 있습니다. 첫 번째 작은 문단인 26절에서 33절 전반절까지는 공예배 시에 방언과 예언을 어떤 방법으로 해야 하는가를 다루고 있습니다. 방언은 개인의 신앙생활을 가장 깊은 경지에 이르게 하는 탁월한 은사이고, 예언은 다른 사람을 섬기기에 가장 탁월한 기능을 가진 은사입니다. 바울은 방언과 예언이 아무리 중요한 은사라도 예배보다 더 중요한 것은 아니며, 예배를 위해서 필요하다면 언제든지 양보하고 절제되어야 한다는 점을 강조했습니다. 오늘은 계속되는 두 번째 문단과 세 번째 문단을 살펴보겠습니다.

두 번째 문단인 33절 후반 절에서 38절까지 에서는 예언 문제와 관련하여 고린도교회에서 제기된 특수한 한 가지 문제를 다룹니다. 이 문제는 공 예배 시에 여성이 말을 하는 것과 관련된 문제입니다.

먼저 33절 후반 절에서 34절까지 읽겠습니다. "모든 성도가 교회에서 함과 같이 여자는 교회에서 잠잠 하라 그들에게는 말하는 것을 허락함이 없나니 율법에 이른 것 같이 오직 복종할 것이요." 본문의 요지는 "여자는 교회에서 잠잠 하라"는 것입니다. 우리가 쉽게 예상할 수 있는 것처럼 특히 여성들의 입장에서는 이 본문에 대하여 마음이 불편한 분들이 상당 수 있습니다. 특히 사회적으로 여성의 권리가 크게 향상되어서 심지어 여자 대통령이 나올 정도로 여성의 사회참여와 발언권이 강화된 오늘날에는 이 본문의 명령을 받아들이기가 한층 더 어려워집니다. 설상가상으로 여성의 발언권이나 권리신장에 부정적인 남성들은 자신들의 입장을 정당화하는 데 이 본문을 이용하기도 합니다. 따라서 일부 성경학자들은 이 본문은 원문에는 없던 것을 후대인들이 무리하게 끼워 넣은 것이라고 주장하기도 합니다. 그러나 정경을 확정짓던 초대 교회 시기의 정통교회 신학자들은 이 본문이 원문임을 의심하지 않았습니다. 이 본문에만 특이한 단어들이 두서너 개가 나온다는 이유로 이 본문이 원문이 아니라는 주장을 하기도 하지만 새로운 주제가 나오니까 새로운 단어들을 사용할 수 있는 것이고, 앞 뒤 본문에서 이미 사용한 단어들과 의미상 연결되는 단어들이 더 많이 나오기 때문에 새로운 단어들이 소수 나온다는 이유만으로 이 본문이 원문임을 의심할 필요는 없습니다. 또한 이 명령이 나오게 된 고린도교회의 상황을 보다 깊이 검토해 보면 이 명령이 원문에 속한다는 사실을 의심할 수 없습니다.

바울이 여자에게 교회 안에서 잠잠 하라는 명령을 할 때 문제가 된 고린도교회의 상황 곧, 14장의 논의 전체의 배경을 형성하는 상황은 성도들이 다 함께 모이는 공 예배입니다. 방언과 예언도 공 예배를 드릴 때 예배 전체 그리고 예배에 참여하는 다른 성도들에게 유익을 주는가를 따져서 예배 전체를 질서 있게 세우는 일에 도움이 되지 않으면 하지 못하도록 하거나 절제하도록 요구받고 있습니다. 같은 맥락에서 여자들이 공 예배 석상에서 말할 때 예배 전체의 질서와 아름다움을 세울 수 있느냐를 따져 보아야 한다는 것입니다. 만일 예배 전체의 질서와 아름다움을 세울 수 없다면 말을 하지 말아야 한다는 것입니다. 따라서 이 본문에서 여자에게 잠잠하라고 권고한 것은 공 예배를 제외한 다른 만남의 자리에서 여자는 아무 말도 해서는 안 된다는 뜻은 결코 아닙니다. 공 예배를 제외한 교회의 다양한 만남의 자리에서 여성이라고 해서 아무 말도 하지 않는다는 것은 사실상 불가능하고 바람직한 일도 아닙니다. 성도들이 만나면 아무리 여자라도 당연히 서로 인사하고 안부를 묻고 서로 위로하고 권면하고 때로는 살아가는 이야기도 서로 주고받아야 하지 않겠습니까?

따라서 바울의 명령은 공 예배 시에 어떤 특정한 말을 하지 못하도록 명령한 것임을 알 수 있습니다. 이것이 무엇인가는 본문에 사용된 단어들의 의미와 문맥을 잘 살피면 추정해낼 수 있습니다.

우선 "잠잠 하라"고 했으니까 말을 하지 말라는 것은 분명합니다. 그러면 무슨 말을 하지 말라는 것인가? 이 단어는 "체질하는 말을 하지 말라"는 뜻을 담고 있습니다. 체질한다는 것은 좋은 것과 나쁜 것을 분별해내는 작업입니다. 그러므로 지금 상황은 누군가가 무슨 말을 하고 있는데, 이 말을 듣고 어떤 의구심이 생겨서 말을 하는 것입니다. 35절에 바울이 주는 권고에서 "만일 무엇을 배우려거든"이라는 구절이 있는 것으로 보아서 여자는 납득이 잘 안 되는 부분이 있어서 좀 더 정확히 알아보려고 말을 하고 있습니다. 또 바울이 "집에서 자기 남편에게 물을지니"라는 구절에서 "물으라"는 말을 하고 있는 것으로 보아 이 여자는 질문형태로 말을 하고 있음을 알 수 있습니다. 이 같은 정보들을 종합하면 공 예배 시간에 여성도가 선포된 예언 곧 복음의 말씀에 대하여 잘 이해가 되지 않았거나 어떤 의구심이 생겨서 질문을 하는 것을 바울이 다루고 있다는 결론을 내릴 수 있습니다. 바울의 권고는 예언의 말씀에 대하여 의구심이 생길 때 공 예배 시간에 질문하지 말라는 것입니다.

이런 사태가 발생한 이유로는 두 가지 정도를 생각해 볼 수 있습니다.

첫째는 이때만 해도 신약시대의 교회가 막 시작되던 시기였고 따라서 일정한 예배모범 같은 것이 아직 등장하지 않았던 때였기 때문에 공 예배 시간에 무엇을 하고 무엇을 해서는 안 되는가에 대하여 혼란이 있었습니다. 그러다 보니 예언 곧 선포된 말씀에 대하여 질문을 하는 일이 일어난 것입니다. 공 예배 시간에 방언을 하는 일도 이처럼 정해진 예배모범이 없었기 때문에 일어난 혼란이라고 볼 수 있습니다.

둘째는 고린도교회 안에 스스로 영적으로 깊은 경지에 있다고 생각한 신령파 여성도들이 공 예배 시간에 예언에 대하여 질문하는 것을 주도했을 가능성이 큽니다. 이들은 자신들이 영적으로 더 우월하다는 생각을 가지고 예언하는 사람들을 우습게보고 질문들을 제기하여 예언하는 자들 곧, 복음의 말씀을 전하는 자들을 힘들게 했을 가능성이 있습니다.

고린도교회의 여성들이 공 예배 시간에 질문을 한 행동이 어떤 것인가를 이해하는데 저의 경험을 말씀 드리는 것이 도움이 될 것 같습니다. 물론 저는 남성의 입장에서 그런 말을 한 것이기 때문에 여성이 질문하는 것과 반드시 일치시켜서 생각해야 하는 것은 아닙니다. 이해를 돕는데 참고하시면 됩니다. 바로 제가 신앙생활 초기에 이런 행동을 했습니다. 저는 신앙생활을 의정부 북부의 남방리라는 곳에 있는 남양 교회라는 작은 개척교회에서 시작했습니다. 교회에 출석하기 시작한 지 두서너 달쯤 되었을 무렵 어느 날 수요저녁예배에 참석했습니다. 그날 설교는 본 교회 담임 전도사님이 하지 않고 낮으로는 철도역무원으로 근무하면서 밤으로는 성결교 야간 신학교를 다니는 교회 근방에 사시는 전도사님이 초청을 받고 하셨습니다. 이 전도사님은 현대인의 황금만능주의를 비판하는 설교를 하신 것으로 기억됩니다. 그때 저는 전도사님의 설교가 마음에 들지 않았습니다. 저는 전도사님의 설교가 끝나자마자 예배 중에 손을 번쩍 들고 "질문이 있습니다." 하고는 전도사님의 설교가 너무 일방적이라고 이의를 제기했습니다. 그리고는 저의 주장을 막 늘어놓았습니다. 당연히 전도사님은 당황하셨습니다. 담임 전도사님이 나서서 하고 싶은 이야기는 예배가 끝나고 사택에 가서 하자고 수습을 하셨습니다. 예배가 끝나고 사택에 가서 계속하여 이야기를 할 때 두 전도사님은 나무라지 않으시고 "질문을 하는 것은 좋은 것이라"고 오히려 격려를 해 주셨습니다. 사실 그때 저의 행동은 공 예배를 방해하는 큰 실수를 범한 것이었습니다. 지금 생각하면 성도들과 두 전도사님에게 너무 죄송해서 쥐구멍이라도 있으면 들어가고 싶을 정도로 창피한 행동이라서 떠 올리고 싶지 않은 일입니다.

여하튼 바울은 계속하여 특히 여성들이 "그들에게는 말하는 것을 허락함이 없나니"라고 말함으로써 여성이 공 예배 시에 질문하는 것을 재차 금지시켰습니다. 물론 바울은 여성이 설교의 내용에 대하여 질문을 하는 것 자체를 금지시킨 것이 아닙니다. 다만 이 질문을 예배 시간에 하지 말라는 것입니다. 바울이 여성이 공 예배 때 질문을 하는 것을 금지시킨 이유로는 세 가지 정도를 생각해 볼 수 있습니다.

하나는 공 예배 시간에 질문을 하는 것이 예배의 성격과 맞지 않기 때문입니다. 예배는 하나님의 말씀을 듣는 시간과 하나님께 우리 자신을 드리는 시간으로 구성됩니다. 하나님의 말씀이 선포되면 성도들은 순종하는 마음으로 들어야 합니다. 이 시간에는 인간이 이의를 제기하거나 질문을 하거나 토론을 하는 세미나 시간이 아닙니다. 설교 이외의 시간과 순서들은 모두 하나님으로부터 받은 은혜에 대하여 우리 자신을 드리는 순서들로 채워져 있습니다. 찬양도 드리는 시간이고 헌금도 드리는 시간입니다. 예배 시간에 성도들은 경배의 대상이신 하나님에 대하여 피조물의 입장에서 철저하게 무릎을 꿇을 뿐입니다. 말씀의 내용에 대하여 질문을 하고 싶으면 성경공부 시간을 별도로 마련하여 가지면 됩니다. 성경공부 시간에는 남녀노소 불문하고 자유롭게 질문을 하고 토론도 하고 이의도 제기할 수 있습니다. 그러면서 하나님의 뜻이 어디에 있는가를 알아갈 수 있습니다. 그러나 공 예배에서 행하는 설교시간에는 이런 질문을 해서는 안 됩니다. 공 예배 시에 이런 질문을 하게 되면 예배의 본질과 질서가 깨질 수 있기 때문입니다. 더욱이 고린도교회의 경우처럼 말씀을 전하는 자를 존중하지 않고 해를 끼칠 목적을 가지고 질문하는 것은 더 더욱 해서는 안 됩니다.

다른 하나의 이유는 공 예배 시에 질문을 하는 것은 예배 전체를 질서 있고 아름답게 세우는 것을 방해할 뿐만 아니라 예배에 참여하는 다른 사람의 입장을 배려하지 않고 자기의 욕구를 충족시키고자 하는 자기중심적인 태도이기 때문입니다. 질문자가 설교자를 깎아 내리려는 악의를 가지고 질문을 하는 경우에는 자기 자신의 개인적인 욕구를 충족시키기 위하여 하는 것이고, 순수하게 알고 싶어서 질문을 한다 해도 여전히 자기 자신의 개인적인 궁금증을 해소시키기 위해서 하는 것입니다. 예배 시간은 예배 참석자 전체가 함께 공유하는 시간인데, 이 시간에 공동 관심사가 아닌 자기 개인의 관심사를 내어 놓는 것은 자기를 위하여 다른 사람들에게 일방적으로 희생을 강요하는 행동이 됩니다. 이 같은 태도는 아가페 사랑의 정신에 맞지 않습니다.

또 다른 하나는 이런 질문이 남성과 여성 사이에 하나님이 두신 질서에 손상을 가할 우려가 있습니다. 물론 바울은 여성이 질문을 하는 것을 금지시키고 남성에 대해서는 아무런 언명도 하지 않고 있지만 이미 말씀드린 두 가지 이유에 근거하여 볼 때 남성도 공 예배 시간에는 질문을 하지 않아야 합니다. 그런데 특히 여성이 공 예배 시간에 질문을 하여 말씀을 증거하는 남자를 곤경에 빠뜨린다면 남성이 질문을 하는 경우와는 달리 또 하나의 문제가 생기는데 그것은 "여자의 머리는 남자라"는 하나님의 창조질서가 손상을 입게 된다는 것입니다. 이 질서가 손상을 입게 되면 이 질서가 상징하는 "남자의 머리는 그리스도"라는 원리도 손상을 입게 되고, "그리스도의 머리는 하나님이시라"는 원리도 손상을 입게 됩니다. 예배는 하나님의 질서를 배우고 순종해야 하는 최고의 시간인데, 바로 이 시간에 이 질서가 손상을 입는다는 것은 심각한 일이 아니겠습니까?

계속하여 바울은 "율법에 이른 것같이 오직 복종할 것이요"라고 권고합니다. 공 예배에 참여하는 자들에게 요구되는 태도는 하나님이 말씀을 선포하실 때 선포되는 말씀에 이의를 제기하거나 질문을 제기하지 않고 전적으로 받아들이고 순종하는 것입니다. 특히 여성의 경우에는 창세기 2장 24절이나 3장 16절 등에 선포된 남자와 여자의 관계에 두신 하나님의 질서에 순종하는 태도를 가져야 합니다.

35절에서 바울은 예언 곧 설교의 말씀에 의구심이 있는 여성들에게 구체적인 해결책을 제시합니다. "만일 무엇을 배우려거든 집에서 자기 남편에게 물을지니 여자가 교회에서 말하는 것은 부끄러운 것이라." 공 예배 시간에 설교를 듣다가 궁금한 부분이 있을 수 있습니다. 궁금한 부분이 생기는 것 자체가 잘못이 아닙니다. 문제는 이 궁금증을 해소하는 방식이 지혜로워야 하고 교회의 질서를 깨뜨리지 않아야 한다는 것입니다. 궁금한 것이 있으면 집에 돌아 와서 일차적으로 남편에게 이야기하고 상의하라는 것입니다. 그러면 남편도 같이 설교를 들었으니까 남편이 설명해 줄 수도 있지 않겠습니까? 만일 남편도 설명할 수가 없다면 남편이 말씀을 증거 한 사람에게 개인적으로 찾아 가서 "당신이 설교한 내용 중에서 이런 내용이 잘 납득이 가지 않는데 설명을 해 주실 수 있습니까?"하고 질문을 하고, 이 질문에 대하여 답변을 들으면 집으로 돌아 와서 아내에게 설명해 줄 수 있습니다. 제가 볼 때도 이 방법이 번거롭기는 하지만 매우 지혜로운 방법입니다. 공 예배 석상에서 그것도 여성이 불쑥 질문을 해서 말씀을 전하는 남자를 곤란에 빠뜨리는 것은 다른 사람들의 눈살을 찌푸리게 하고 예배 분위기도 깨뜨리고 설교자도 곤란하게 만들고 특히 하나님의 창조질서에도 금이 가게 만드는 미숙한 방법입니다.

바울은 여성이 공 예배 시간에 질문을 하는 문제를 마무리하면서 자신이 제안한 해결방법에 대하여 고린도교회의 신령파 여성도들을 중심으로 불만이 제기될 수 있음을 예상하고 36절에서 38절까지에서 자신이 제안한 해결책이 하나님의 뜻임을 분명히 합니다. 36절입니다. "하나님의 말씀이 너희로부터 난 것이냐 또는 너희에게만 임한 것이냐." "너희"는 자칭 선지자 혹은 신령파라고 주장하는 고린도교회의 일부 성도들을 뜻합니다. 이들이 공 예배 시간에 선포되는 복음의 말씀에 대하여 질문을 제기하는 이유는 자신들이 영적으로 더 바르고 깊은 지식을 가지고 있다는 교만한 생각을 가지고 있었기 때문입니다. 바울은 이들의 주장이 하나님의 말씀이 아닐 수 있음을 지적합니다. 혹시 이들 중에 하나님의 말씀을 받은 자들이 있다 해도 이들만이 하나님의 말씀을 받은 것이라고 독단적으로 주장해서는 안 된다고 말합니다. 37절입니다. "만일 누구든지 자기를 선지자나 혹은 신령한 자로 생각하거든 내가 너희에게 편지한 이 글이 주의 명령인 줄 알라." 이 말씀에서 바울은 한걸음 더 나아가 자신이 서신을 통하여 하는 말은 주님의 명령이라고 분명히 합니다. 따라서 바울은 38절에서 자신이 한 말을 무시하거나 모른다면 그는 하나님의 선지자의 자격이 없다고 단정합니다. "만일 누구든지 알지 못하면 그는 알지 못한 자니라."

마침내 방언과 예언에 관련된 모든 논의가 마무리되었습니다. 이제 바울은 그동안 다룬 내용 전체를 생각하면서 39절에서 40절에서 결론을 내립니다. 39절입니다. "그런즉 내 형제들아 예언하기를 사모하며 방언 말하기를 금하지 말라." 바울은 예언 곧 하나님의 복음의 말씀을 사모하라고 먼저 명령합니다. 그러나 방언도 좋은 은사이므로 방언을 말하는 것을 금지해서는 안 됩니다. 예언은 본질상 다른 성도들의 입장을 배려하는 은사라는 점에서 아가페 사랑의 원리를 실천하는데 훌륭한 도구가 될 수 있으므로 적극적으로 사모해야 합니다. 그러나 하나님과의 막힘없는 소통을 함으로써 자기 자신의 기도생활을 깊이 있게 하는 것도 중요한 일이므로 성도들은 할 수만 있으면 방언의 은사를 받아도 좋습니다. 40절입니다. "모든 것을 품위 있게 하고 질서 있게 하라." 그런데 방언이나 예언이라는 은사는 예배와 교회를 질서 있고 아름답게 세움으로써 모든 성도들에게 유익을 끼친다는 궁극적인 목적을 이루는 데 도구로 사용되어야 합니다.

사랑하는 성도 여러분! 우리는 모두 하나님으로부터 은사들을 받았습니다. 우리는 우리가 받은 은사들을 최대한 활용하여 주님의 몸 된 교회 특히 예배를 질서 있고 아름답게 세워 가는 일에 헌신하고 협력하여 하나님을 영화롭게 하고 동료 성도들에게는 영적인 기쁨을 안겨 주는 자들이 되어야 하겠습니다. 어떤 성도는 말씀을 증거 하는 은사를 통해서 이 일에 참여하고, 어떤 성도는 찬양하는 은사를 통하여 이 일에 참여하고, 어떤 성도는 식사준비봉사를 통하여 이 일에 참여하고, 어떤 성도는 청소를 통하여 이 일에 참여하고, 어떤 성도는 컴퓨터 운영을 통하여 이 일에 참여하고, 어떤 성도는 어려운 일을 만난 성도를 위로하고 문병하고 격려함을 통하여 이 일에 참여하는데 이 모든 은사들이 하나님 앞에서는 모두 동등하게 중요한 은사들이며, 없어서는 안 될 꼭 필요한 은사들이라는 사실을 기억하고 즐거운 마음으로 헌신해야 합니다. 어떤 은사를 받았든지 이 은사들을 통하여 아가페 사랑의 원리를 실천한다는 마음을 가지고 교회생활에 임해야 하겠습니다.

또한 우리는 예배에 임할 때 한편으로는 하나님께서 주시는 말씀을 이의 없이 받아 들여 순종하는 태도를 잃지 않음과 동시에 다른 한편으로는 하나님이 베푸신 은혜에 감사하고 헌신하는 태도를 잃지 않도록 유의해야 하겠습니다.

1 형제들아 내가 너희에게 전한 복음을 너희에게 알게 하노니 이는 너희가 받은 것이요 또 그 가운데 선 것이라 2 너희가 만일 내가 전한 그 말을 굳게 지키고 헛되이 믿지 아니하였으면 그로 말미암아 구원을 받으리라 3 내가 받은 것을 먼저 너희에게 전하였노니 이는 성경대로 그리스도께서 우리 죄를 위하여 죽으시고 4 장사 지낸 바 되셨다가 성경대로 사흘 만에 다시 살아나사

제52강

부활의 역사성

· From
the Cross
to Agape

고전 15장 1~4절

● 15장에서 우리는 고린도전서에서 다루는 마지막 큰 주제를 맞이하게 됩니다. 이 마지막 주제를 다루기 전에 그동안 고린도전서에서 우리가 다룬 큰 주제들을 다시 정리해 보겠습니다. 제일 처음 만난 주제는 고린도교회의 분파 문제였습니다. 고린도교회는 바울파, 아볼로파, 베드로파, 그리스도파 라는 네 개의 분파로 나누어져서 갈등을 겪었습니다. 1장에서 4장까지가 이 문제를 다루고 있습니다. 두 번째 큰 문제는 성윤리에 관련된 문제들입니다. 음행의 문제, 결혼과 이혼의 문제, 독신의 문제 등이 다루어졌는데, 이 문제들에 대하여 5장에서 7장까지 다루고 있습니다. 세상 법정에 호소하는 문제가 성윤리를 다루는 도중에 6장에서 다루어지기도 했습니다. 세 번째 문제는 우상숭배를 위하여 바쳐졌던 고기를 먹을 수 있느냐 하는 문제입니다. 이 문제에 대하여 8장에서 10장까지 다루어졌습니다. 11장에서 여자가 공예배시에 머리를 가리지 않고 참석하는 문제와 사랑의 애찬과 관련된 문제를 잠시 다룬 후에 12장에서 14장까지 네 번째 큰 문제인 방언의 은사를 중심으로 한 은사의 문제가 다루어졌습니다. 이 문제들을 다루는 도중에 은사문제를 근원적으로 해결해주는 원리인 사랑의 원리가 소개되었습니다.

지금까지 다룬 모든 문제들은 성도들의 교회생활과 관련된 윤리적인 문제들이었습니다. 바울은 예수 그리스도의 십자가 사건에 나타난 행동원리에 따라서 이 모든 윤리적인 문제들을 해결해 나갈 것을 줄곧 강조해 왔습니다. 예수 그리스도의 십자가 사건에 나타난 행동원리는 자기를 희생하면서 타인의 유익을 구하는 원리로서, 이 원리가 바로 고린도전서 13장에서 말하는 아가페 사랑의 원리입니다. 바울은 자기의 입장이나 이익을 조금씩이라도 희생하고 절제하면서 타인 특히 교회 공동체의 다른 성도들을 배려하는 태도로 행동할 것을 요청합니다.

그러나 15장에서는 이제까지 등장했던 문제들과는 성격이 판이하게 다른 문제가 등장합니다. 이 문제는 윤리의 문제가 아닌 교리의 문제로서, 부활이 무엇인가 하는 문제입니다. 복음은 크게 볼 때 두 부분으로 구성되어 있다고 말할 수 있습니다. 하나는 예수 그리스도의 십자가상의 죽음입니다. 다른 하나는 예수 그리스도의 부활입니다. 죽음과 부활은 복음의 두 중심이며, 복음이라는 동전 앞면과 뒷면으로서 죽음만 있고 부활이 없거나 부활만 있고 죽음이 없는 복음은 절름발이 복음입니다. 기독교는 궁극적으로는 긍정의 종교이고 희망의 종교입니다. 바울은 고린도전서 14장까지 십자가를 줄곧 강조해 왔고, 십자가에 나타난 행동원리 곧, 자기를 희생하면서 타인을 배려하는 아가페 사랑의 삶을 살 것을 역설해 왔습니다. 바울의 권고를 받아들이면 내가 하고 싶은 대로, 내가 누리고 싶은 대로 행동하면서 살 수 없게 됩니다. 바울이 성도들에게 이처럼 절제하고 참고 인내하면서 자기보다는 타인을 배려하는 삶을 살도록 자신 있게 권고하는 이유는 이런 모든 희생을 상쇄시키고도 남을 만한 보상과 선물과 축복이 약속되어 있기 때문입니다. 이 보상과 선물과 축복의 응집체가 바로 우리 몸의 부활입니다. 우리의 몸이 부활하는 것과 더불어 우리에게 주어지는 엄청난 축복은 현세 안에서 십자가를 지고 가는 힘든 삶을 넉넉하게 보상해 줄 것입니다. 로마서 8장 18절 말씀처럼 현재 우리가 만나는 고난의 정도와는 비교조차 할 수 없을 만큼 큰 영광이 부활 시에 우리에게 나타나게 될 것입니다. 만일 부활이 없다면 현세 안에서 자기를 희생하고 타인을 배려하는 삶을 살아야 할 가장 중요하고 필연적인 이유가 없어지고 말 것입니다. 따라서 바울이 부활에 관한 서술로서 윤리적인 문제들에 관한 논의를 마무리 짓는 것은 자연스러운 일입니다.

그런데 부활사건은 이성적인 관점에서나 생물학적인 관점에서나 이해될 수 있는 것이 아니기 때문에 어느 시대든지 부활에 대한 의문과 오해가 늘 있어 왔는데, 고린도교회도 예외는 아니었습니다. 고린도교회에도 부활에 대한 의문과 오해가 있었던 것 같습니다. 부활과 관련하여 고린도교회를 괴롭힌 문제는 두 유형으로 정리할 수 있습니다. 하나는 아예 몸의 부활이라는 것 자체가 있을 수 없다고 생각하는 것이었고, 다른 하나는 부활을 믿기는 믿는데 부활한 몸의 형태에 대하여 잘못된 이해를 가지는 경우였습니다. 바울은 이 두 가지 부활에 대한 잘못된 생각을 바로잡고 부활에 대한 바른 가르침을 제시하여 고린도교회 성도들이 확고한 부활신앙의 터전 위에서 신앙생활을 하도록 지도해야 할 필요를 느꼈습니다. 이것이 바울이 15장을 서술하게 된 동기입니다.

그러면 먼저 15장의 전체적인 구조를 살펴보겠습니다. 1절에서 11절은 서론에 해당하는 부분으로 부활에 관한 잘못된 견해들을 본격적으로 다루기에 앞서서 부활이 복음의 핵심적인 요소이며, 역사적으로 실제로 일어난 사건이라는 점을 분명하게 밝힙니다. 바울은 부활을 실제로 목격한 증인들을 소개함으로써 부활의 역사성을 확립합니다. 12절에서 34절까지는 몸의 부활이 없다는 주장을 다룹니다. 바울은 몸의 부활이 없을 때 어떤 결과가 나타나는가를 소개하면서 몸의 부활의 확실성을 강조합니다. 35절에서 57

절까지는 부활한 몸의 형태에 대한 오해를 비판한 후에 부활한 몸의 상태에 대한 바른 가르침을 제시합니다. 58절에서는 결론적으로 부활신앙을 가진 자들이 가져야 할 현재의 생활태도가 어떠해야 하는가를 소개함으로써 부활에 관한 서술을 마무리합니다.

1절에서 11절까지의 내용을 다시 작은 문단들로 나누어 보겠습니다.

첫 번째 문단인 1절에서 3절 전반절까지는 바울이 전한 복음은 사람을 구원하는 복음으로서 이 복음은 바울이 독창적으로 만들어낸 것이 아니라 바울 자신도 전수받은 복음을 그대로 전하는 것임을 말합니다.

두 번째 문단은 3절 중반 절부터 4절까지로서, 바울이 전수받아 전한 복음의 핵심이 무엇인가를 소개합니다. 이 내용은 나중에 사도신경으로 발전하게 될 최초의 신앙 고백문입니다.

세 번째 문단은 5절에서 7절까지로서, 부활의 증인들을 소개함으로써 부활사건이 역사적인 사실임을 분명히 합니다.

네 번째 문단도 역시 부활의 증인을 소개하는 내용이긴 하지만 이전의 증인들과는 성격이 다른 증인으로서 별도의 설명이 필요하기 때문에 길게 설명을 하고 있고 따라서 별도의 문단으로 분류하는 것이 좋습니다. 이 증인은 바로 바울 자신입니다. 바울은 앞에 소개한 증인들과 자신이 어떤 점에서 다른가를 소개하면서 하나님의 은혜가 얼마나 크고 놀라운 것인가를 전합니다. 이 내용은 8절에서 11절까지 서술되어 있습니다. 오늘은 서론 가운데 두 번째 문단에 해당하는 4절까지 공부하고 다음 시간에 연속하여 공부하겠습니다.

그러면 먼저 첫 번째 문단인 1절에서 3절 전반절까지의 내용을 살펴보겠습니다. 1절입니다. "형제들아 내가 너희에게 전한 복음을 너희에게 알게 하노니 이는 너희가 받은 것이요 또 그 가운데 선 것이라." 바울 서신에서 늘 그렇듯이 "형제들아"라는 호칭은 새로운 주제가 등장하게 될 것임을 암시합니다. 우리 말 번역에는 나타나 있지 않으나 헬라어 원문에는 가벼운 반대의 뜻을 가진 접속사 "데"가 첨가되어서 새로운 주제가 등장하리라는 사실을 더 강화시켜 줍니다. 바울은 고린도교회 성도들에게 복음을 전했고, 고린도교회 성도들은 이 복음을 받아 들였습니다. 이들은 이 복음을 받아들인 후에 이 복음을 떠나지 않고 그 복음 안에 계속 서 있었습니다. 2절입니다. "너희가 만일 내가 전한 그 말을 굳게 지키고 헛되이 믿지 아니하였으면 그로 말미암아 구원을 받으리라." 고린도교회 성도들 나아가서는 우리들이 이 복음을 진리로서 굳게 붙잡고, "헛되이 믿지 않았다면" 다시 말해서 의심하지 않았다면, 이 복음은 우리를 구원하는 수단이 됩니다. "그로 말미암아"는 "복음으로 말미암아"라는 뜻인데 이 말은 복음은 구원의 주체가 아니라 구원의 통로라는 뜻입니다. 구원의 주체는 하나님이십니다. 우리가 복음을 굳게 붙잡고 의심하지 않으면 하나님이 우리를 구원해 주십니다.

그런데 바울이 전한 복음은 어디서 온 것인가? 바울이 만들어낸 것인가? 3절 전반절은 "내가 받은 것을 먼저 너희에게 전하였노니"고 말함으로써 이 복음이 바울이 창안해낸 것이 아니라 바울 자신도 전달받은 것을 고린도교회 성도들에게 전한 것임을 밝힙니다. 바울이 누구로부터 전달받았을까요? 예루살렘에 있는 사도들로부터 전달받은 것입니다. 바울이 전달받은 복음의 내용이 3절에 있는 위의 인용문 다음 절부터 4절까지 서술되어 있습니다.

위의 인용문에 보면 "먼저"라는 부사가 등장하지요? 이 부사는 바울이 예루살렘의 사도단으로부터 전수받은 복음을 고린도교회에 가장 먼저 전했다는 말처럼 들립니다. 그러나 이렇게 이해하면 문제가 생깁니다. 왜냐하면 고린도교회는 바울이 처음으로 세운 교회가 아니기 때문입니다. 고린도교회는 바울의 2차 선교여행 중 마지막으로 세운 교회였고, 2차 선교여행 중에도 이미 베뢰아, 데살로니가, 빌립보에서 복음을 전했고, 그 전에는 1차 선교여행 중에 많은 지역에서 복음을 전하여 교회를 세웠기 때문입니다.

따라서 "먼저"라는 표현은 복음을 전한 교회의 순서의 관점에서가 아니라 바울이 전한 복음의 내용에 있어서의 우선순위와 관련하여 이해해야 합니다.

바울은 전하고 가르쳐야 할 많은 내용들을 가지고 있었습니다. 바울은 이 많은 내용들을 아무런 계획이 없이 막 풀어 놓지 않고 복음이 지닌 가장 시급하고 중요한 핵심적인 뼈대가 되는 내용에 무게를 두고 먼저 가르쳤습니다. 그리고 나서 그 뼈대에다가 천천히 살을 붙이는 방식으로 복음을 전했습니다. 바울이 우선적으로 가르친 복음의 핵심적인 뼈대가 바로 이 인용구에 이어서 4절까지 소개된 내용입니다. 이 내용 자체가 복음의 핵심중의 핵심을 간략히 축소한 복음의 미니 축소판입니다. 바울은 바로 이 복음의 미니 축소판과 같은 내용을 고린도교회 성도들에게 우선적으로 가르쳤습니다. 그러므로 "먼저"라는 부사가 포함된 이 어구는 "나는 내가 받은 것 곧 내가 곧 말할 복음의 핵심중의 핵심을 이루는 내용을 다른 세세한 내용보다 먼저 너희에게 가르쳤는데 그 내용은 다음과 같은 것이다"라는 뜻입니다.

이어서 등장하는 두 번째 문단인 3절 중반 절에서 4절까지가 바로 복음의 핵심적인 뼈대를 담은 미니 축소판을 소개하는 문단입니다. "이는 성경대로 그리스도께서 우리 죄를 위하여 죽으시고 장사 지낸 바 되셨다가 성경대로 사흘 만에 다시 살아 나사." 이 본문은 수백 년간에 걸친 보완작업을 거쳐서 장차 사도신경으로 탄생하게 될 신앙고백문의 최초의 형식으로 알려지고 있는 중요한 본문입니다. 이 본문을 원시신앙고백문이라고 부를 수 있습니다. 이 원시신앙고백문은 세 개의 기본형으로 구성되어 있습니다.

첫째는, "성경대로 그리스도께서 우리 죄를 위하여 죽으시고"입니다.

둘째는, "장사 지낸 바 되셨다가"입니다.

셋째는, "성경대로 사흘 만에 다시 살아 나사"입니다.

이 기본형을 중심축으로 두고 위로 예수님의 지상생애를 덧붙이고, 그 위에 성부 하나님을 덧붙인 다음, 아래로 예수님의 천상 생애를 덧붙이고, 그 아래에 성령 하나님을 덧붙인 형태로 확대되어 사도신경이 탄생했습니다. 그런데 이 기본형은 사도 바울이 처음 만든 것이 아니라 예루살렘의 사도들로부터 전수받은 것입니다. 그런데 사도들도 이 원시신앙고백문을 임의로 만든 것이 아닙니다. 이 원시 신앙고백문의 원형은 이미 누가복음 24장 26-27절과 44절에서 48절에 있는 예수님의 말씀에서 만날 수 있습니다. 따라서 이 원시 신앙고백문은 예수님이 주신 말씀으로부터 기본 틀을 따 온 것입니다.

고린도전서 15장의 원시신앙고백문은 앞에서 말한 세 개의 기본형에다가 5절에서 7절이 말하는 부활의 증인들의 목록까지 합하여 네 개의 기본형으로 구성되어 있다고 볼 수도 있는데, 바로 누가복음 24장에 이 네 개의 기본형이 나타나 있습니다.

누가복음 24장 26-27절은 이렇게 되어 있습니다. "그리스도가 이런 고난을 받고 자기의 영광에 들어가야 할 것이 아니냐 하시고 이에 모세와 모든 선지자의 글로 시작하여 모든 성경에 쓴 바 자기에 관한 것을 자세히 설명하시니라." 이 본문에서 예수님은 26절에서 자신이 먼저 고난을 받고 영광에 들어가야 한다는 말씀을 하신 후에 27절에 그 내용이 성경에 기록되어 있다고 말씀하셨습니다. 여기서 이런 구도가 나옵니다. "고난 -〉 영광 -〉 모두 성경에 기록됨." 이 형태가 좀 더 구체화되고 확장된 형태로 44절에서 48절에 등장합니다. "또 이르시되 내가 너희와 함께 있을 때에 너희에게 말한 바 곧 모세의 율법과 선지자의 글과 시편에 나를 가리켜 기록된 모든 것이 이루어져야 하리라 한 말이 이것이라 하시고 이에 그들의 마음을 열어 성경을 깨닫게 하시고 또 이르시되 이같이 그리스도가 고난을 받고 제 삼일에 죽은 자 가운데서 살아날 것과 또 그의 이름으로 죄 사함을 받게 하는 회개가 예루살렘에서 시작하여 모든 족속에게 전파될 것이 기록되었으니 너희는 이 모든 일의 증인이라." 이 본문의 구도를 잘 보면 44절과 45절은 성경에 기록되어 있다는 말이 나오고, 46절에 고난, 죽은 자, 삼일 만에 살아남이라는 세 개의 기본형이 등장하고, 47절과 48절에 사도들이 증인이 되어 이 소식을 전한다는 기본 틀이 담겨 있습니다. 이것을 정리하면 "첫째로, 성경대로 고난 받고 성경대로 죽어서 -〉 둘째로, 죽은 자들 속에 있다가 -〉 셋째로, 성경대로 사흘 만에 살아났고 -〉 넷째로, 사도들이 증인이 되었다"가 됩니다. 사도들은 예수님의 말씀을 네 개의 기본 틀로 정리하여 간직하고 있다가 바울을 만났을 때 전달해 주었고, 바울은 이 기본 틀을 그대로 전수받아서 고린도전서 15장 3절 중반 절에서 7절까지에 서술해 넣은 것입니다. 네 번째 틀인 증인에 관한 부분은 세 번째 문단을 살펴 볼 때 공부하기로 하고 다시 세 개의 기본 틀에 대하여 살펴보겠습니다.

첫 번째 항목은 "성경대로 그리스도께서 우리 죄를 위하여 죽으시고" 입니다. 복음의 첫 번째 항목은 그리스도께서 우리 죄를 위하여 죽으셨다는 것입니다. 바울은 고린도전서를 서술하면서 14장까지 등장하는 윤리적인 문제들을 그리스도의 십자가의 죽음의 관점에서 풀어냈습니다. 그리스도께서 우리를 위하여 십자가 위에서 죽으셨다는 사실은 그리스도께서 대속의 죽음을 죽으신 것을 뜻합니다. 그리스도께서 대속의 죽음을 죽으셨기 때문에 우리는 죄 사함을 받았고 죄와 사망의 권세로부터 해방되어 하나님의 자녀가 될 수 있었습니다. 이 사실은 이미 구약성경에 다 예고되어 있다고 바울은 말합니다. 여기서 구약성경에 예고되어 있다는 말은 어느 특정한 본문 하나만이 그리스도의 대속의 죽음을 가리키는 것이 아니라 구약성경 전체가 풍부하게 대속의 죽음을 예고하고 있다는 뜻으로 이해하는 것이 바른 이해입니다. 예를 들어서 구약시대 때 모든 제사에서 빼놓을 수 없었던 의식 가운데 하나는 양이나 소를 죽여서 제물로 드리면서 죄에 대한 용서를 구하는 것이었습니다. 이때 양이나 소는 이스라엘 백성들이 범한 죄를 대신 지고 죽임을 당하는 대속의 제물로 드려졌습니다. 이 제물은 예수 그리스도의 대속의 죽음을 예표 합니다. 구약의 본문들이 아주 많은 곳에서 예수 그리스도의 대속의 죽음을 예표하고 있지만 결정적인 본문은 고난의 노래가 있는 이사야서 53장입니다. 53장 전장이 우리의 죄를 대신 지시고 고난 받으시고 죽임을 당하시는 메시아 예수 그리스도를 묘사하고 있는데, 특히 5-6절과 11-12절이 핵심본문입니다. 이 본문 중에 핵심적인 부분을 발췌하여 읽으면 5절에 "그가 찔림은 우리의 허물 때문이요 그가 상함은 우리의 죄악 때문이라 그가 징계를 받으므로 우리는 평화를 누리고 그가 채찍에 맞으므로 우리는 나음을 받았도다...6절에...여호와께서는 우리 모두의 죄악을 그에게 담당시키셨도다...11절에....그가...많은 사람을 의롭게 하며 또 그들의 죄악을 친히 담당하리로다...12절에...그가 자기 영혼을 버려 사망에 이르게 하며 범죄자 중 하나로 헤아림을 받았음이니라 그러나 그가 많은 사람의 죄를 담당하며 범죄자를 위하여 기도하였느니라."

　두 번째 항목은 "장사 지낸 바 되셨다가"입니다. 여기서는 "성경대로"라는 어귀가 빠져 있습니다. 이 구절은 사도신경에도 그대로 들어가 있는 문구입니다. 여기서 우리는 이런 의문에 봉착하게 됩니다. 원시 신앙 고백문뿐만 아니라 사도신경도 성경 전체의 핵심을 엄선하고 또 엄선하여 모은 문구들인데, 이 짧고 축약된 문구에 죽으셨다는 표현에다가 구태여 장사 지낸 바 되었다는 표현을 넣을 필요가 있었을까? 하는 것입니다. 죽으셨다는 말로도 충분한데 왜 장사 지낸 바 되셨다는 불필요해 보이는 어구를 이 축약되고 또 축약된 고백문에 집어넣었을까요? 이 표현은 의도적으로 들어간 것입니다. 이 표현을 통하여 예수님이 죽으신 것이 의문의 여지가 없는 확실한 역사적 사실임을 강조하고자 한 것입니다. 동시에 확실하게 죽었다면 부활도 확실한 역사적 사실임이 아울러 확립됩니다. 만일 예수님이 죽으셨다는 사실에 조금이라도 의심이 남으면 기독교의 구원체계 전체가 붕괴되어 버리고 기독교가 무너져 버립니다.

　오늘날에도 죽은 사람의 몸은 법적으로나 의학적으로 죽은 것이 분명하다는 점이 확인된 다음에라야 비로소 장사지낼 수가 있습니다. 장사를 지낸다는 것은 누가 봐도 의심의 여지가 없을 만큼 죽은 것이 확실하다는 뜻입니다. 예수님 당시에도 장사지낸다는 것은 누가 봐도 의심의 여지없이 확실하게 죽었다는 뜻입니다. 이처럼 장사지냄을 강조한 것은 예수님의 죽음에 대한 의심을 불식시키기 위한 것이었습니다. 예수님이 죽으신 후에 예루살렘의 종교 지도자들은 예수님이 실제로 죽으신 것이 아니라 다만 기절하여 혼수상태에 있었다가 깨어난 것뿐이라는 나쁜 소문을 퍼뜨렸습니다. 그러나 이 소문은 몇 가지 이유 때문에 근거가 없음이 드러납니다. 첫째로, 요한복음 19장 34절에 보면 어느 군병이 예수님의 옆구리를 찌르자 피와 물이 나왔다고 보도합니다. 의학적으로 보면 심장이 작동하고 있는 경우에는 피만 나오고 심장이 정지되면 피에 압력이 없어서 물과 피가 같이 나오도록 되어 있습니다. 그러므로 피와 물이 같이 나왔다는 것은 의학적으로 확실히 죽었다는 뜻입니다. 둘째로, 백보를 양보하여 예수님의 시신에 생명이 희박하게 남아 있다 해도 3일간 아무 것도 먹지 못한 채 피와 물이 계속 흘러나오면서 돌무덤에 갇혀 있게 되면 기력이 급격히 떨어져 버리는 것이 정상이지, 갑자기 기력이 살아나 힘을 얻어서 헐크처럼 변하여 무거운 돌문을 밀고 나온다는 것은 있을 수 없습니다.

　세 번째 항목은 "성경대로 사흘 만에 다시 살아 나사"입니다. 특히 사흘 만에 살아나셨다는 것을 예고한 구약의 본문은 요나서 1장 17절과 2장 10절입니다. 이 본문에 따르면 물고기 뱃속에서 삼일 동안 있던 요나가 삼 일 만에 물고기 뱃속으로부터 나옵니다. 예수님은 바로 이 사건을 비유로 하여 자기 자신이 사흘 만에 살아날 것을 예언하셨습니다. 마태복음 12장 40절입니다. "요나가 밤낮 사흘 동안 큰 물고기 뱃속에 있었던 것같이 인자도 밤낮 사흘 동안 땅 속에 있으리라." 그런데 이 구절에서 우리가 유의할 점은 우리 말 성경에는 "다시 살아 나사"로 되어 있어서 마치 예수님이 자기의 능력으로 스스로 일어나신 것 같은 인상을 주고 있으나 원문은 "일으키심을 받았다"고 수동태로 번역되어 있습니다. 예수님은 다른 분의 힘에 의하여 일으키심을 받았습니다. 누구의 힘? 성령을 통하여 역사하시는 성부 하나님의 힘에 의하여 일으키심을 받았습니다. 로마서 8장 11절에도 "예수를 죽은 자 가운데서 살리셨다"고 했고, 사도행전 3장 15절에도 "하나님이 죽은 자 가운데서 그를 살리셨다"고 했고, 사도행전 4장 10절에도 "하나님이 죽은 자 가운데서 살리신 나사렛 예수 그리스도"라고 했고, 5장 30절에도 "너희가 나무에 달아 죽인 예수를 우리 조상의 하나님이 살리시고"라고 했습니다. 예수님을 죽은 자 가운데서 살리신 하나님이 우리도 죽은 자 가운데서 살려내실 것입니다.

오늘은 여기까지 말씀을 드리겠습니다. 최종적인 결론은 공부를 더 진행한 다음에 내릴 수 있지만 오늘까지 공부한 내용에 근거하여 중간결론을 내리고 강의를 마무리하겠습니다.

첫째로, 우리가 믿는 복음은 어떤 뛰어난 신학자나 선교사나 심지어 사도들이 만들어낸 허구적인 사상이 아니라 역사적으로 실제로 확실하게 일어난 일들로 이루어져 있다는 사실을 다시 한 번 확실히 알아야 하겠습니다. 예수님은 실제로 십자가 위에서 죽으셨고, 죽으신 후에는 모든 사람들이 확실히 죽었음을 확인한 후에 돌무덤에 장사지냄을 받으셨고, 성부 하나님의 놀랍고 경이로운 능력에 의하여 일으킴을 받고 다시 살아 나셨습니다. 이 모든 일들이 역사 안에서 실제로 일어난 사건들입니다.

둘째로, 복음의 사건들은 이처럼 역사 안에서 실제로 일어난 사건들이기 때문에 우리를 실제로 구원할 수 있는 통로가 될 수 있습니다. 우리는 역사적 진리인 복음을 확실하게 붙잡고 복음을 통하여 주어지는 구원을 받는 자들이 되어야 하겠습니다. 뿐만 아니라 평생 동안 복음의 진리와 가르침에 순종하는 삶을 살아야 하겠습니다. 그때 비로소 우리의 삶은 생명으로 충만한 의미 있는 삶이 될 수 있을 것입니다.

셋째로, 부활이 우리가 만나는 삶과 역사의 종착점이기 때문에 중간 과정에 아무리 큰 어려움이 수반된다 하더라도 성도들의 인생관은 궁극적으로는 낙관적인 인생관이며, 희망을 잃지 않는 인생관이 되어야 합니다. 우리의 마음 깊은 곳에는 항상 즐거움이 있어야 하며, 희락이 있어야 하며, 감사함이 있어야 합니다. 부활과 더불어 우리에게 찾아 올 영광은 너무나 크고 경이롭고 놀라운 것이어서 현세에서 겪었던 어떤 고난도 그 영광 앞에서는 눈 녹듯이 사라져 없어져 버릴 것입니다. 따라서 우리 성도들은 "죽으면 천국에 가면 되고, 마지막 날에는 몸까지도 부활하여 복된 영생에 들어가면 된다"는 밝은 확신을 가지고 어떤 어려움이 찾아 와도 가볍게 이겨내는 믿음의 용사들이 되어야 하겠습니다.

5 게바에게 보이시고 후에 열두 제자에게와 6 그 후에 오백여 형제에게 일시에 보이셨나니 그 중에 지금까지 대다수는 살아 있고 어떤 사람은 잠들었으며 7 그 후에 야고보에게 보이셨으며 그 후에 모든 사도에게와 8 맨 나중에 만삭되지 못하여 난 자 같은 내게도 보이셨느니라 9 나는 사도 중에 가장 작은 자라 나는 하나님의 교회를 박해하였으므로 사도라 칭함 받기를 감당하지 못할 자니라 10 그러나 내가 나 된 것은 하나님의 은혜로 된 것이니 내게 주신 그의 은혜가 헛되지 아니하여 내가 모든 사도보다 더 많이 수고하였으나 내가 한 것이 아니요 오직 나와 함께 하신 하나님의 은혜로라 11 그러므로 나나 그들이나 이같이 전파하매 너희도 이같이 믿었느니라

제53강

부활의 증인들

From
the Cross
to Agape

고전 15장
5~11절

● 　　　　바울은 고린도전서 14장까지 고린도교회에서 제기된 다양한 교회 윤리적인 문제들을 다루었습니다. 고린도교회의 최대현안인 분파문제를 다루었고, 이어서 음행의 문제, 결혼과 이혼의 문제, 독신의 문제, 교회 안에서 일어난 갈등을 세상 법정에 호소하는 문제, 우상숭배제사에 바쳐졌던 고기를 먹는 문제, 여자가 공예배시에 머리를 가리지 않고 참석하는 문제, 사랑의 애찬과 관련된 문제, 방언과 예언의 문제 등이 다루어졌습니다. 이 모든 문제들로 인하여 교회 안에 다양한 이견과 갈등들이 노출되었을 때 이 문제를 해결하는 행동의 원리로서 바울이 제시한 것은 아가페 사랑의 원리입니다. 아가페 사랑의 원리가 가진 의미들 가운데 하나는 자기의 입장이나 이익을 양보하고 타인의 입장이나 이익을 배려하는 것입니다. 이와 같은 아가페 사랑의 원리의 근원은 바로 예수 그리스도의 십자가 사건입니다. 예수님의 십자가상의 죽으심은 자기 자신을 철저하게 희생하면서 타인들 곧 인류의 구원을 위한 행동의 모범이었습니다. 예수님의 십자가상의 죽음 안에는 아가페 사랑이 행동원리로 담겨 있습니다. 따라서 바울이 고린도전서 1장 23절에서 "우리는 십자가에 못 박힌 그리스도를 전하니"라고 선언하고 2장 2절에서 "내가 너희 중에서 예수 그리스도와 그가 십자가에 못 박히신 것 외에는 아무 것도 알지 아니하기로 작정하였음이라"고 결의를 밝힌 다음에 고린도전서 13장에서 사랑의 원리를 성도들의 영구적인 생활원리로 제시한 것은 일관성 있는 태도입니다.

성도들이 바울의 권고를 받아들이면 자기가 하고 싶은 대로, 자기가 누리고 싶은 대로 누리면서 살 수가 없게 됩니다. 그러나 바울이 성도들에게 일방적으로 희생만을 강조하는 것은 아닙니다. 바울이 성도들에게 희생을 담대하게 요구하는 이유는 성도들의 희생을 상쇄시키고도 남을 만한 보상과 선물과 축복이 성도들에게 약속되어 있기 때문입니다. 바울이 말하는 보상과 선물과 축복은 몸의 부활에 집약되어 있습니다. 따라서 바울은 15장에서 부활의 문제를 다룹니다.

지난 강의에서 살펴 본 15장 1절에서 4절을 포함하여 1절에서 11절까지는 15장 전장에서 다루게 될 부활에 관한 논의의 서론에 해당하는 부분으로서 부활에 관한 잘못된 견해들을 다루기에 앞서서 부활이 복음의 핵심적인 요소이며, 역사적으로 실제로 일어난 사건이라는 점을 분명히 합니다. 1절에서 11절까지는 세 부분으로 구성되어 있습니다.

첫째로, 1절에서 3절 전반절까지는 바울 자신이 전한 복음은 바울 자신이 독창적으로 만들어낸 것이 아니라 전수받은 것임을 밝힙니다.

둘째로, 3절 후반 절에서 4절까지는 바울이 받은 복음의 내용이 무엇인가를 소개합니다. 지난달에 말씀드린 것처럼 이 본문에는 오늘날 모든 교회와 성도들이 공통적으로 믿어야 할 내용으로 고백하고 있는 사도신경의 기본형이 소개되어 있습니다. 오늘은 세 번째 작은 문단인 5절에서 7절까지와 네 번째 작은 문단인 8절에서 11절까지를 공부하고자 합니다.

오늘 우리가 다룰 본문인 5절에서 11절까지는 부활이 역사적으로 실제로 일어난 사건임을 증거 하는 부활의 증인들을 열거하고 있습니다. 바울은 이 부활의 증인들 가운데 한 증인은 다른 증인들과는 성격이 다른 특수한 경우이기 때문에 8절에서 11절까지 보다 상세하게 설명을 하고 있습니다.

그러면 이 특별한 한 사람을 제외한 다른 부활의 증인들의 목록을 나열하고 있는 5절에서 7절까지의 말씀을 먼저 읽고 검토해 보겠습니다. "게바에게 보이시고 후에 열 두 제자에게와 그 후에 오백여 형제들에게 일시에 보이셨나니 그 중에 지금까지 대다수는 살아 있고 어떤 사람은 잠들었으며 그 후에 야고보에게 보이셨으며 그 후에 모든 사도에게와." 이 목록에 등장하는 사람들은 부활하신 예수님이 자신의 모습을 보여 준 시간적 순서에 따라서 배열되어 있습니다. 이 목록이 가지는 몇 가지 의미를 짚어 보겠습니다.

우선 목록에 제시된 부활의 증인들을 다 합하면 아무리 적게 잡아도 최소한 516명은 훌쩍 넘습니다. 게바_{베드로 1} + 열 두 제자₁₂ + 오백여 형제들₅₀₀ + 알파 + 야고보₁ + 모든 사도들_{바울 당시 사도들은 두 유형으로 구분되었습니다. 하나는 가룟 유다 대신 제비뽑기를 통하여 합류한 맛디아를 포함한 12제자로 구성된 예루살렘 사도들이었고, 다른 하나는 안디옥 사도라고 불리는 바울, 실라, 바나바였습니다. 여기서 말하는 부활의 증인은 부활하신 예수님이 지상에 계실 때 예수님을 만난 사람들을 말하므로 바울은 제외됩니다. 예루살렘 사도들은 이미 열두 제자라는 이름으로 앞에 제시했으니까, 여기서 말하는 모든 사도들은 사실상 실라와 바나바 두 사람을 가리킵니다} = 516명 + 알파_{오백 명이 아니라 오백여 형제들이므로}가 됩니다. 이처럼 오백 명이 넘는 사람들에게 예수님이 자신의 모습을 보이셨다는 사실이 주는 의미가 무엇일까요? 만일 예수님이 두 명 내지 세 명 정도밖에 안 되는 극소수에게만 자신을 보이셨다면 증언의 신빙성이 의문시될 수도 있으나, 오백 명이 넘는 많은 사람들에게 그렇게 하셨다면 신빙성에 대한 의문은 없어집니다.

이 목록과 관련하여 제기되는 한 가지 의문은 시간적으로 예수님이 제일 먼저 자신의 모습을 보여주신 대상은 여성들이었는데, 왜 베드로가 제일 먼저 예수님의 모습을 본 것으로 제시되어 있는가 하는 것입니다. 예를 들어서 마태복음 28장 1절과 8절에서 10절까지를 보면 막달라 마리아와 다른 마리아에게 부활하신 예수님이 처음으로 나타나신 것으로 되어 있고, 마가복음 16장 9절과 요한복음 20장 11절에서 18절을 읽어 보면 특별하게 막달라 마리아를 특정하여 예수님이 자신의 모습을 처음으로 보이신 것으로 되어 있습니다. 그런데도 불구하고 바울은 베드로를 시간적으로 제일 앞에 배치했습니다. 그 뿐만 아니라 예수님은 분명히 여자들에게도 자신의 모습을 보이셨고, 아마도 남자들의 숫자 보다 훨씬 더 많은 여성들에게 자신의 모습을 보이셨음이 분명한데, 여자들의 이름이 거명되지 않고 있고 오백여명을 말할 때도 "형제들"이라고만 말할 뿐, "자매들"이라는 말은 등장하지 않고 있습니다. 이처럼 남성 일변도로 목록을 제시하고 있는 이유가 무엇일까요?

우선 바울이 제시한 목록은 단순히 예수님의 목격자들을 다 열거하기 위한 목적으로 작성된 목록이 아니라 "증인"의 목록이라는 점에 유의할 필요가 있습니다. 그런데 바울 당시에 여성의 증언은 법적으로 유효한 증언으로 인정받지 못했습니다. 따라서 여성을 증인으로 내세우는 것은 법적 효력이 없었습니다. 만일 바울이 증인의 목록이 아니라 단순하게 예수님이 자신을 보이신 사람들의 목록을 제시하는 것이 목적이었다면 바울의 목록은 달라졌을 것입니다.

게다가 당시 사람들은 "형제들"이라는 표현을 "자매들"을 포함하는 개념으로 받아 들였습니다. 따라서 바울은 자매들을 따로 언급할 필요를 느끼지 않았습니다. 따라서 이 말씀을 근거로 하여 바울이 여성을 폄하하는 생각을 가지고 있다고 추론하는 것은 지나친 생각입니다.

바울은 이 목록에서 베드로와 야고보의 이름을 특정하여 언급하고 있는데, 그 이유로는 두 가지를 생각할 수 있습니다.

하나의 이유는 베드로와 야고보는 예루살렘 교회를 대표하는 실질적인 두 지도자들로서 존경을 받고 명망이 있는 인물들이었기 때문에 베드로와 야고보가 증인의 대열에 나서면 다른 증인들과는 달리 그만큼 증언에 힘과 무게가 실리게 된다는 점에 있습니다. 베드로가 예루살렘 교회의 대표적인 지도자였다는 사실은 별다른 설명이 없어도 충분히 납득할 수 있습니다. 그러나 야고보가 베드로와 나란히 예루살렘 교회의 지도자로 부상한 것은 조금 의외입니다. 그러나 야고보는 충분히 그럴 만한 자격을 갖춘 인물입니다. 여기서 말하는 야고보는 예수님의 혈육동생 야고보를 가리킵니다. 초대교회 당시에 등장했던 문헌들인 "히브리인들이 기록한 복음서," "도마복음서," 헤게시푸스의 "비망록," 알렉산드리아의 클레멘트의 "히포테포세스," 오리게네스의 "셀수스 논박," 유세비우스의 "역사기록" 등과 같은 문헌들은 야고보가 탁월한 인품과 믿음으로 초대교회 성도들로부터 광범위한 사랑과 존경을 받은 인물이었음을 풍부하게 증언하고 있습니다. 원래 예루살렘 교회는 베드로의 지도를 받고 있었습니다. 그러나 예루살렘 교회에 대한 박해를 시작한 헤롯왕이 요한의 형제인 야고보를 죽인 후, 다음 표적으로 베드로를 노리기 시작했습니다. 헤롯은 베드로를 죽일 목적으로 체포하여 감옥에 가두었으나 베드로는 천사의 도움으로 겨우 풀려날 수 있었습니다. 감옥에서 풀려난 베드로는 헤롯왕의 표적이 된 상황에서는 예루살렘 교회를 지도하는 것이 힘들어질 수 있음을 직감하고 성도들을 은밀히 만난 자리에서 사실상 예루살렘 교회의 지도권을 야고보에게 위탁합니다. 이 사실이 사도행전 12장 17절에 암시되어 있습니다. 이때부터 야고보는 베드로와 함께 예루살렘 교회를 지도하기 시작하여 예루살렘 총회를 원활하게 주재하고 합의점을 도출해내는 지도력을 발휘했습니다. 바울은 갈라디아서 2장 9절에서 야고보를 베드로와 요한과 함께 교회의 기둥들로 이미 인정한 바 있습니다. 야고보는 유대백성들의 죄를 용서해 달라는 기도를 하기 위하여 항상 엎드려 있었는데, 너무 오래 엎드려 있다가 무릎이 낙타무릎처럼 굳어져 버렸다고 합니다. 야고보는 대 제사장 나나누스2세에 의하여 순교 당했습니다. 성전 꼭대기에 끌려 올라간 야고보는 예수를 부인하라는 요청을 거부하여 돌에 맞아 죽었습니다. 이때 야고보는 예수님과 스데반을 본받아서 "주 하나님 아버지여, 저들을 용서 하소서, 저들은 자신들이 무슨 일을 하는 지도 모르고 있습니다"라고 기도를 드린 후에 숨을 거둔 것으로 되어 있습니다.

바울이 베드로와 야고보를 특정하여 거명한 또 하나의 이유는 이 두 사람이 모두 공적으로 예수님을 거부한 확실한 경력을 가지고 있는 인물이라는 점에 있습니다. 베드로는 모든 사람이 보는 가운데 한 여종으로부터 예수님과 함께 있었던 자라는 지적을 받았을 때 예수님의 일행이라는 사실을 공식으로 부인했습니다. 야고보는 요한복음 7장 5절에 "이는 그 형제들까지도 예수를 믿지 아니함 이러라"는 말씀이 보여주는 것처럼 예수님이 지상에 계시는 동안에는 예수님을 믿지 않았습니다. 이처럼 공개적으로 예수님을 부인했던 사람들이 예수님의 부활의 증인으로 등장하면 그만큼 증언의 신빙성이 강화됩니다.

8절부터는 지금까지 소개한 사람들과는 성격이 다른 독특한 부활의 증인이 등장하는데, 이 증인은 바로 바울 자신입니다. 바울은 이 독특한 증인에 대하여 상세하게 설명하고 있습니다. 바울이 이 독특한 증인에 대하여 상세하게 설명하는 이유는 이 설명을 통하여 그리스도인의 삶의 특징들 가운데 하나가 잘 드러나는 부수효과가 있기 때문입니다.

먼저 8절을 읽겠습니다. "맨 나중에 만삭되지 못하여 난 자 같은 내게도 보이셨느니라."

"맨 나중에"로 번역된 말을 헬라어 원어를 보다 정확하게 직역하면 "모든 자들 가운데 마지막인 자"라는 뜻입니다. 여기서 말하는 "모든 자들"은 10절에 있는 "모든 사도"을 받는 것이므로 이 말은 "모든 사도들 가운데 마지막 사도"라는 뜻입니다. 이 말의 의미는 바울의 겸손을 나타내는 표현이기도 하지만, 이 보다 더 중요한 의미는 자신이 마지막 사도이기 때문에 바울 자신 이후에는 더 이상 사도가 등장하는 일은 없다는 뜻입니다. 부활하신 주님을 목격한 사도는 바울이 마지막입니다.

바울은 자기 자신을 "만삭되지 못하여 난 자"라고 묘사합니다. "만삭되지 못하여 난 자"라는 말은 조산한 자라는 뜻입니다. 조산한 자는 분만예정일 보다 일찍 나온 미숙아를 뜻합니다. 정상적으로 출산한 아이는 젖을 잘 먹여주고 외적인 보호만 제공해 주면 스스로 성장할 수 있는 자동성장기능을 갖추고 있습니다. 그러나 미숙아에게는 이런 자동성장기능이 없습니다. 오늘날에는 인큐베이터가 있어서 조산한 미숙아라도 살아날 수 있는 가능성이 열렸지만 바울 당시에는 의술이 형편없어서 미숙아로 태어나면 사실상 살 수 있는 길이 없었습니다. 바울은 자기 자신을 미숙아로 비유하면서 그 말의 구체적인 의미를 9절에서 이렇게 말합니다. "나는 사도 중에 가장 작은 자라 나는 하나님의 교회를 핍박하였으므로 사도라 칭함을 받기를 감당하지 못할 자니라." 바울은 자기 자신을 미숙아, 사도 중에 가장 작은 자라고 말해야만 하는 가장 큰 이유를 하나님의 교회를 핍박했던 사실에서 찾습니다. 바울을 제외한 다른 사도들은 비록 믿음이 제대로 들어가지 않고 연약하여 예수님을 버리고 떠난 경력은 있지만 하나님의 교회를 핍박한 경력은 없는 사람들입니다. 그러나 바울에게는 하나님의 교회를 가혹하게 핍박한 지울 수 없는 경력이 있습니다. 심지어는 천사와도 같은 의인이자 사랑이 많았던 스데반 집사를 죽이는 일에 앞장섰다는 치명적인 경력까지 지니고 있습니다. 이 점에서 바울은 다른 사도들과는 다른 독특성을 지니고 있습니다. 하나님과 하나님의 교회를 가혹하게 핍박해온 자 안에 과연 하나님과 하나님의 교회를 대변하고 지도하는 사도의 자격이 조금이라도 있을까요? 바울 당시의 조산한 미숙아에게 자동성장기능이 없었던 것처럼, 하나님의 교회를 핍박했던 경력이 있는 바울에게는 하나님의 사도가 될 수 있는 자격이 전혀 없었습니다.

그런데 어떤 일이 일어났습니까? 바로 그 바울이 하나님과 하나님의 교회를 대변하는 사도가 되었습니다. 이 일이 어떻게 가능하게 되었을까요? 사도의 조건 가운데 하나가 부활하신 예수님을 보는 것입니다. 바울은 여러 가지 점에서 이 조건을 충족시켜 줄 수 없는 처지에 있었습니다. 하나님의 교회를 핍박하는 일에 몰두하고 있는 사람에게 편안하고 자연스럽게 하나님의 교회의 머리이신 예수님이 나타나신다는 것은 상상하기 어렵습니다. 뿐만 아니라 예수님은 이미 부활승천하신 후이기 때문에 길을 가다가 우연히 라도 예수님을 만날 수가 없습니다. 의도적으로 예수님을 만나기 위하여 찾아가서 만나려고 해도 만날 방법도 없습니다. 인간 편에서 예수님을 만날 수 있는 가능성은 완전히 차단되어 있었습니다. 방법은 하나 있습니다. 그것은 예수님이 직접 바울에게 찾아 와서 만나 주시는 것입니다. 바울은 그런 방법으로 예수님을 만났습니다.

예수님이 바울에게 자신을 보여 주신 사건은 사도행전 9장과 26장에 기록되어 있습니다. 바울이 예수 믿는 자들을 체포하기 위하여 다메섹으로 내려가던 도중에 갑자기 정오의 햇볕보다 더 밝은 빛이 바울에게 나타났습니다. 바울은 이 빛은 햇볕이 아니라는 사실을 직감했고, 또한 구약성경을 잘 알고 있었던 바울은 이 빛은 하나님이 임재임을 바로 알아 차렸습니다. 바울은 즉시 땅에 엎드려 하나님께 경배하는 자세를 취했습니다. 그때 하늘로부터 소리가 들려 왔습니다. "사울아 사울아 네가 어찌하여 나를 박해하느냐?" 이 소리를 듣고 사울이 묻습니다. "주여 누구시니이까?" 하나님이 대답하셨습니다. "나는 네가 박해하는 예수라." 사울은 부활하신 예수님을 만난 것입니다. 예수님은 자신의 얼굴을 볼 자격을 전혀 갖추지 못한 사울에게 아무런 조건도 달지 않으시고 먼저 찾아 와 만나 주셨습니다. 사울이 범한 죄인 예수님을 박해한 죄를 지적하신 것은 만나주시고 난 직후였습니다. 예수님을 박해한 죄를 다 회개하고 난 이후에 사울을 만나 주신 것이 아닙니다. 먼저 만나 주시고 그 다음에 죄를 지적하셨습니다.

죄를 지적하신 다음에 예수님은 죄에 대하여 회개할 것을 요구하지도 않으셨고 일정한 시간 동안 죄를 청산할 시간을 요청하지도 않으셨습니다. 예수님은 사울이 자신이 그때까지 해 온 모든 일이 예수님을 박해하는 일이었다는 사실을 하나님이신 예수님 자신의 입으로 확인받고 엄청난 충격을 받고 거꾸러져 있는 그 순간에 바로 엄청난 사도의 직무를 바로 맡기셨습니다. 사도행전 26장 16절과 17절입니다. "일어나 너의 발로 서라 내가 네게 나타난 것은 곧 네가 나를 본 일과 장차 내가 네게 나타날 일에 너로 종과 증인을 삼으려 함이니 이스라엘과 이방인들에게서 내가 너를 그들에게 보내어 그 눈을 뜨게 하여 어둠에서 빛으로, 사탄의 권세에서 하나님께로 돌아오게 하고 죄 사함과 나를 믿어 거룩하게 된 무리 가운데서 기업을 얻게 하리라." 이처럼 바울은 부활하신 예수님을 만날 수 있는 도덕적이고 종교적인 조건도 갖추지 못했고, 부활하신 예수님을 만날 수 있는 자연적인 상황도 아닌 시점에 아무런 조건 없이 찾아 와서 만나 주시는 부활하신 예수님을 만나 단번에 부활하신 예수님의 증인이 되었고, 아무런 준비나 조건도 없는 상태에서 사도의 중차대한 직분을 받았습니다. 이 과정을 살펴보면 미숙아와도 같은 바울이 부활하신 예수님의 증인이 되고 사도가 된 것은 100% 하나님의 은혜일 수밖에 없습니다. 그러므로 바울은 10절 전반절에서 "그러나 내가 나 된 것은 하나님의 은혜로 된 것이니"라고 고백합니다. 이처럼 100% 하나님의 은혜로 부활하신 예수님을 보고 사도의 직무를 받은 바울은 다른 어떤 사도들보다도 더 많이 수고한 모든 수고도 하나님의 은혜의 힘을 행한 것들임을 고백합니다. 10절 후반 절입니다. "내게 주신 그의 은혜가 헛되지 아니하여 내가 모든 사도보다 더 많이 수고하였으나 내가 한 것이 아니요, 오직 나와 함께 하신 하나님의 은혜로라." 바울이 고린도교회에서 전한 복음이 바로 이 은혜의 복음, 곧 하나님의 자녀가 된 것도, 교회를 섬기는 직무를 위임받은 것도, 하나님의 자녀로서 살아갈 수 있는 것도 모두 하나님의 은혜로 이루어지는 것이라는 소식이었습니다. 11절입니다. "그러므로 나나 그들이나 이같이 전파하매 너희도 이같이 믿었느니라."

이제 오늘 본문이 주는 교훈을 정리하고 강의를 마무리하겠습니다.

첫째로, 우리는 예수님이 부활하신 사건은 오백 명 이상이나 되는 확실한 목격자를 증인으로 내세울 수 있는, 역사적으로 확실하게 일어난 사건이라는 인식을 분명히 가져야 하겠습니다. 예수님의 부활이 역사적인 사실이기 때문에 그리스도인들은 흔쾌하고 넉넉한 마음과 태도로 현세 안에서 자기를 희생하고 타인을 배려하는 삶을 살아낼 수 있는 것입니다.

둘째로, 우리는 하나님의 백성으로서 출발할 때부터 지금까지 오직 100% 하나님의 은혜로만 살아올 수 있었다는 고백을 확실히 할 수 있어야 하겠습니다. 우리가 하나님의 백성이 된 것도 오직 하나님의 은혜요, 교회를 섬기는 직무를 맡은 것도 오직 하나님의 은혜요, 지금까지 살아 올 수 있었던 것도 오직 하나님의 은혜임을 고백하고, 앞으로 주어지는 삶도 오직 하나님의 은혜로만 살아낼 수 있는 것임을 다짐할 수 있어야 하겠습니다.

12 그리스도께서 죽은 자 가운데서 다시 살아나셨다 전파되었거늘 너희 중에서 어떤 사람들은 어찌하여 죽은 자 가운데서 부활이 없다 하느냐 **13** 만일 죽은 자의 부활이 없으면 그리스도도 다시 살아나지 못하셨으리라 **14** 그리스도께서 만일 다시 살아나지 못하셨으면 우리가 전파하는 것도 헛것이요 또 너희 믿음도 헛것이며 **15** 또 우리가 하나님의 거짓 증인으로 발견되리니 우리가 하나님이 그리스도를 다시 살리셨다고 증언하였음이라 만일 죽은 자가 다시 살아나는 일이 없으면 하나님이 그리스도를 다시 살리지 아니하셨으리라 **16** 만일 죽은 자가 다시 살아나는 일이 없으면 그리스도도 다시 살아나신 일이 없었을 터이요 **17** 그리스도께서 다시 살아나신 일이 없으면 너희의 믿음도 헛되고 너희가 여전히 죄 가운데 있을 것이요 **18** 또한 그리스도 안에서 잠자는 자도 망하였으리니 **19** 만일 그리스도 안에서 우리가 바라는 것이 다만 이 세상의 삶뿐이면 모든 사람 가운데 우리가 더욱 불쌍한 자이리라

제54강

부활이 없으면

· From ·
the Cross
to Agape

고전 15장
12~19절

● 　　　바울은 고린도전서 15장에서 부활의 문제를 다루고 있습니다. 고린도전서 15장을 분석해 보면, 먼저 1절에서 11절까지 서론으로서 예수님의 부활은 십자가상의 죽음과 더불어 복음의 중심이자 역사적으로 실제로 일어난 사건임을 명확히 함으로써 앞으로 전개될 부활에 대한 논의의 터를 닦아 놓습니다. 그런 다음에 바울은 고린도교회에서 제기된 두 가지 부활에 대한 두 가지 오해를 다룹니다. 고린도교회 성도들 가운데 일부는 죽은 자의 몸이 다시 살아난다는 가르침을 받아들이려고 하지 않았습니다. 몸의 부활을 부정하는 이 관점에 대하여 12절에서 34절까지 다룹니다. 일부 다른 성도들은 몸의 부활을 믿기는 믿는데 부활한 몸이 어떤 몸인가에 대하여 오해하고 있었습니다. 이 문제에 대해서는 35절에서 57절까지 다룹니다. 마지막 58절은 결론으로서 부활의 신앙을 가진 성도들이 어떤 태도로 삶에 임해야 하는가를 다룹니다.

　몸의 부활을 믿지 않는 성도들의 문제를 다루는 12절에서 34절까지는 다시 세 부분으로 나눌 수가 있습니다. 첫째로, 12절에서 19절까지는 몸의 부활이 없을 때 어떤 결과들이 나타나는가를 말합니다. 둘째로, 20절에서 28절까지는 몸의 부활이 있을 때 어떤 결과들이 나타나는가를 말합니다. 셋째로, 29절에서 34절까지는 다시 앞에서 말했던 주제로 돌아가서 몸의 부활이 없을 때 나타나는 결과를 계속하여 다시 거론합니다. 그런데 이 부분에는 신약성경의 구절들 가운데 가장 오해되기 쉬운 구절이 하나 등장합니다. 그것은 죽은 자를 위하여 세례를 받는다는 표현입니다. 오늘은 첫 번째 작은 문단인 12절에서 19절까지를 살펴보고자 합니다.

12절은 고린도교회 성도들이 부활에 대하여 가지고 있었던 두 가지 오해 가운데 하나가 어떤 것인가를 소개합니다. "그리스도께서 죽은 자 가운데서 다시 살아 나셨다 전파되었거늘 너희 중에서 어떤 사람들은 어찌하여 죽은 자 가운데서 부활이 없다 하느냐?" 바울은 고린도교회에서 복음을 전할 때 그리스도의 몸이 장사 지낸 바 될 정도로 확실하게 죽으셨으나 다시 살아나셨다는 사실을 복음의 핵심으로서 명확히 선포했습니다. "살아 나셨다"로 번역된 헬라어 동사 에게레르타이는 완료형으로 되어 있습니다. 완료형은 과거에 일어난 사건이 현재에도 계속되고 있음을 뜻합니다. 바울 혼자만 그리스도의 부활을 가르친 것이 아니라 베드로와 야고보를 비롯한 사도들도 부활이 실제로 일어난 역사적인 사건임을 가르쳤고, 그 이외에도 오백 명이 넘는 증인들이 그리스도의 몸의 부활을 증언했습니다. 그럼에도 불구하고 고린도교회 성도들 가운데 일부가 죽은 자들의 몸이 다시 살아난다는 것은 있을 수가 없다고 주장했습니다.

일부 고린도교회 성도들이 몸의 부활을 부정하고 나선 이면에는 당시 고린도인들에게 영향을 끼치고 있었던 두 가지 철학사상이 깔려 있었다고 볼 수 있습니다. 하나는 영지주의입니다. 영지주의는 고대 플라톤 철학으로부터 영향을 받아 형성된 사상체계로서 육체는 악한 것이고 영혼은 선한 것이라는 보았습니다. 그렇다면 인간이 구원받는다는 것은 무엇을 뜻하느냐? 선한 영혼이 악한 육체를 벗어 버리고 영혼으로만 존재하는 것이 바로 구원이라고 영지주의는 가르쳤습니다. 따라서 영지주의의 관점에서 볼 때 사람의 몸이 죽어서 악한 감옥 과도 같은 몸으로부터 벗어나서 구원을 받앉는데, 몸이 다시 살아나고 영혼이 그 안에 다시 들어간다는 것은 상상조차 하기 싫은 끔찍한 일입니다. 이때 영지주의자들의 심정은 아마도 지긋지긋한 군 생활을 겨우 마치고 제대했는데, 서류가 잘못되어 더블백을 메고 군에 다시 신병으로 입대해야 할 때의 심정과 같을 것입니다. 따라서 영지주의는 구원사건으로서의 몸의 부활을 받아들일 수 없었습니다.

다른 하나는 쾌락주의입니다. 쾌락주의는 무신론의 일종으로서, 인간의 몸이 죽으면 소멸되어 없어져 버리며, 내세라는 것은 존재하지 않기 때문에 이 세상에 사는 동안 최대한 쾌락을 누리면서 살아야 한다고 가르쳤습니다. 영지주의와 쾌락주의의 영향을 받게 되면 몸의 부활을 받아들일 수 없게 됩니다.

바울은 13절에서 19절까지는 몸의 부활을 받아들이지 않을 경우에 나타나는 여섯 가지 결과들을 말하기 시작합니다. 13절을 읽겠습니다. "만일 죽은 자의 부활이 없으면 그리스도도 다시 살아나지 못하셨으리라." 죽은 사람의 몸이 부활하는 것이 있을 수 없는 일이라고 가정할 때 찾아오는 결과들 가운데 하나는 그리스도가 다시 살아나지 못한다는 것입니다. 왜냐하면 그리스도는 영적으로 죄는 없으신 분이시지만 다른 모든 인간과 동일한 몸을 입고 계시기 때문입니다. 그리스도께서 부활하시지 못하신다면 그리스도는 다른 인간과 같은 성질을 가진 인간이실 뿐, 하나님이실 수가 없습니다. 만일 예수님이 인간이시기만 하고 하나님이 아니시라면 어떤 결과가 초래될까요?

19세기말 유럽의 신학자들 사이에서 유행한 운동이 하나 있었습니다. 이 운동은 이른 바 예수전 운동이라는 것입니다. 예수전 운동은 성경에 등장한 예수님에 관한 기록들 중에서 초자연적인 부분을 모두 제거해 버리고 인간이신 예수에 관한 기록들만을 모두 모아서 예수님의 전기를 새롭게 써 보자는 운동이었습니다. 신학자들은 초자연적인 기록들, 예를 들면 성관계를 갖지 않았는데 처녀의 몸에서 잉태되어 탄생 하셨다거나, 물 위를 걸으셨다거나, 물고기 두 마리와 보리떡 다섯 개를 가지고 오천 명이 넘는 사람들을 먹이셨다거나, 죽은 몸이 다시 살아 나셨다거나 하는 등과 같은 일들은 이성이나 경험으로 납득이 안 되는 허황되고 구름 잡는 이야기들이므로 이런 것들을 다 빼버리고 예수님의 진솔한 인간의 모습만을 모아서 예수의 전기를 쓰면 훌륭한 종교 지도자의 면모가 드러나게 될 것이라고 생각했습니다. 그러나 이런 시도는 예상하지 못한 결과를 낳았습니다. 예수님으로부터 초자연적인 모습들을 모두 제거해 버리자 예수님의 인간으로서의 면모가 아름답게 살아난 것이 아니라 예수님의 인간성도 형편없는 것으로 무너져 버리고 만 것입니다. 왜냐하면 예수님에게 있어서 인간적인 모습과 초자연적인 모습은 뗄레야 뗄 수 없는 긴밀한 관계로 연결되어 있어서 하나를 죽이면 다른 하나도 죽게 되어 있기 때문입니다. 예수님의 인성과 신성은 하나의 핏줄로 연결되어 있기 때문에, 신성을 칼로 잘라서 피를 쏟게하면 인간성 안에 있는 피도 다 흘러 나와 버립니다.

예를 들어서 예수님은 무리들에게 자신이 하나님이라고 가르치셨고, 죽었다가 살아날 것이라고 가르치셨습니다. 그런데 예수님이 하나님이 아니고 부활하지 않으셨다면 예수님은 희대의 거짓말쟁이가 되고 마는 것입니다. 이 점이 예수님과 다른 종교 지도자들의 차이입니다. 석가모니의 전기에도 구름 잡는 이야기가 있습니다. 예를 들어서 석가모니가 200킬로미터 떨어진 곳에 있는 코끼리 군대를 천리안을 가지고 내다보고 마음의 힘으로 물리쳤다는 이야기가 전해 옵니다. 그런데 석가모니의 경우는 이런 초자연적인 이야기를 다 잘라내도 종교 지도자로서의 석가모니는 살아남습니다. 그 점은 공자나 맹자와 같은 철인들도 마찬가지입니다. 그러나 예수님으로부터 초자연적인 부분, 신성의 부분을 잘라내면 인간으로서의 예수님도 함께 처참하게 무너져 버립니다. 예수님의 경우는 모 아니면 도입니다. 하나님이신 동시에 인간이신 구주로 올라서시든지, 아니면 희대의 사기꾼이 되든지 둘 중의 하나일 뿐입니다. 예수님의 부활을 부인하면 예수님은 희대의 사기꾼으로 전락하게 되어 있습니다.

14절은 몸의 부활을 부인할 때 찾아오는 또 하나의 결과를 말합니다. "그리스도께서 만일 다시 살아나지 못하셨으면 우리가 전파하는 것도 헛것이요 또 너희 믿음도 헛것이며." 헛것이라는 말은 "텅 비었다"는 뜻입니다. 그리스도의 부활이 없으면 우리가 전하는 복음은 속 빈 강정, 앙꼬 없는 찐빵과 같은 것으로 전락하고 맙니다. 이 말은 부활이 없으면 기독교가 일반 종교학에서 가르치는 종교와 똑같은 것으로 전락하고 만다는 뜻입니다. 일반 종교학에서는 종교는 실체가 있는 것이 아니라 실체는 없지만 인간이 필요하기 때문에 있다고 가정한 것이라고 가르칩니다. 이 종교관은 칸트라는 독일 철학자가 제시한 종교관입니다.

우리 모두에게는 우리가 몸담고 살아가는 이 사회가 도덕법칙을 잘 지키는 사람들로 구성된 사회가 되어 주었으면 하는 바람이 있습니다. 그래야 사람들이 안심하고 편안하게 살아갈 수 있기 때문입니다. 만일 사람들이 도덕법칙을 무시하고 자기 멋대로 살아간다면 우리는 불안해서 살 수가 없게 됩니다. 그런데 유감스럽게도 현실 속에서는 도덕적으로 망나니처럼 살아가려는 사람들이 너무나 많습니다. 칸트는 이 사실을 잘 알고 있었습니다. 따라서 칸트는 이 사람들에게 도덕적으로 바르게 살라는 가르침을 주려고 노력했습니다. 그런데 사람들에게 도덕적으로 바르게 살라고 말하니까 사람들이 우리가 도덕적으로 바르게 살아야 되는 이유가 무엇인지 근거를 대라고 따지기 시작했습니다. 마침내 칸트는 곤경에 빠졌습니다. 칸트가 곤경에 빠진 이유는 자기 자신이 한 말 때문입니다. 칸트는 이성을 가지고는 하나님이 존재하는지 존재하지 않는지 알 수 없다고 주장한 사람입니다. 칸트는 하나님이 존재한다는 말을 할 수가 없었고, 따라서 내세나 영생이 있다는 말도 할 수가 없었고, 사후에 하나님의 심판이 있다는 말도 할 수가 없었습니다. 사람들은 칸트에게 이렇게 항의합니다. "하나님도 없고, 내세도 없고, 하나님의 심판도 없는데 우리가 무엇 때문에 도덕적으로 바르게 살아야 합니까? 이런 것들이 없다면 세상에 사는 동안만이라도 우리가 하고 싶은 것 실컷 하고, 행복과 쾌락을 실컷 즐기면서 살다가 죽는 것이 최선의 삶이 아닌가요?" 이 말을 듣고 칸트는 대답할 말이 없었습니다. 고민을 거듭하던 칸트는 마침내 이렇게 생각하기 시작합니다. "사람들에게 도덕적인 바른 삶을 살라고 가르치기 위해서는 하나님이나 내세나 하나님의 심판이 반드시 있어야겠구나! 그러면 이렇게 해보자. 사람들에게 도덕적인 삶을 살라고 가르쳐야 할 필요가 있으니까 하나님이 존재하고, 내세도 존재하고, 하나님의 심판도 존재한다고 가정하기로 하자!" 칸트는 여전히 하나님이나 내세나 하나님의 심판이 있는지 없는지 알 수 없었지만 하나님이나 내세나 하나님의 심판이 존재하는 것으로 가정하기로 결심합니다. 왜냐하면 이런 것들이 없으면 사람들에게 도덕적으로 바른 삶을 살라고 가르칠 명분이 없었기 때문입니다. 그런데 어떻습니까? 칸트의 말은 사실은 아주 애매모호한 말입니다. 칸트는 하나님이나 내세나 하나님의 심판이 실체로서 존재한다는 것을 확신하고 이 말을 하는 것이 아니라 이런 것들의 존재를 하나도 믿지 않지만 필요 때문에 존재한다고 가정하는 것뿐입니다. 그러므로 칸트가 말하는 하나님이나 내세나 하나님의 사후심판은 내용이 빠진 빈 껍데기에 지나지 않습니다. 만일 예수님이 부활하시지 않으셨다면 기독교가 바로 이런 가정의 종교, 속 빈 강정과 같은 빈 껍데기 종교로 전락한다는 것입니다.

15절은 그리스도의 부활이 없을 때 뒤따라오는 세 번째 결과를 말하고 있습니다. "또 우리가 하나님의 거짓 증인으로 발견되리니 우리가 하나님이 그리스도를 다시 살리셨다고 증언하였음이라 만일 죽은 자가 다시 살아나는 일이 없으면 하나님이 그리스도를 다시 살리지 아니하셨으리라." 이 본문은 죽은 자의 부활이 없고, 따라서 그리스도의 부활이 없다면 바울과 사도들을 비롯한 복음전하는 자들이 모두 거짓말쟁이가 되고 마는 결과가 나타난다고 말합니다. 왜냐하면 바울과 사도들과 복음전하는 자들은 한 결같이 그리스도께서 부활하셨다고 말해 왔기 때문입니다. 복음을 전하는 자들도 모 아니면 도입니다. 그리스도의 부활이 사실이면 복음을 전하는 자들은 최고의 진리전도자들이 되지만 그리스도의 부활이 사실이 아니면 희대의 거짓말쟁이가 되고 맙니다.

여기서 우리는 복음사역의 중요한 특성 한 가지를 확인할 수 있습니다. 복음사역은 진리를 전하는 사역이지 결과적 성공을 전하는 사역이 아니라는 점입니다. 진리를 진리 그대로 전하면 성공을 거두기 힘들 것 같은 예상이 들 때 적당히 진리의 수위를 조절하고 타협시켜서 반쪽 진리를 증거 하고자 하는 것은 바른 복음 증거자의 태도가 아닙니다. 진리를 증거 하다 보면 사람들로부터 칭송을 받을 때도 있지만 사람들로부터 비난과 핍박을 받을 수도 있고, 사람들이 많이 모여들 때도 있지만 사람들이 떠나갈 때도 있습니다. 베드로가 오순절 성령강림 이후에 설교를 했을 때는 삼천 명이 넘는 무리들이 회개하고 돌아오는 엄청난 반응이 있었고, 바울이 에베소에서 성경을 강론할 때는 소아시아 지방에 있는 사람들이 거의 대부분 와서 복음을 듣고 변화 받는 어마어마한 반응이 있었지만, 노아가 진리를 전할 때는 당대의 사람들이 아무도 주목하지 않았으며, 하나님의 천사들이 소돔과 고모라에서 진리를 전할 때는 반응이 없었으며, 구약의 선지자들이 진리를 전할 때는 오히려 핍박과 살해가 반응으로 따라 왔습니다. 열매를 어떤 방식으로 거두시는가는 전적으로 하나님이 결정하실 문제이므로 결과는 하나님께 맡기고 우리는 참된 진리를 있는 그대로 전하고 그 진리대로 사는 일에 힘쓰는 자들이 되어야 할 것입니다. 때를 얻든지 못 얻든지 항상 말씀을 전파하고 말씀대로 살기 위하여 힘쓰는 것이 우리에게 주어진 의무입니다.

16절과 17절은 그리스도의 부활이 없을 때 찾아오는 네 번째 결과를 말합니다. "만일 죽은 자가 다시 살아나는 일이 없으면 그리스도도 다시 살아나신 일이 없었을 터이요 그리스도께서 다시 살아나신 일이 없으면 너희의 믿음도 헛되고 너희가 여전히 죄 가운데 있을 것이요." 이 본문은 그리스도의 부활이 없으면 너희의 믿음 곧 고린도교회 성도들을 포함하는 모든 성도들의 믿음이 텅 빈 것이 되고 만다는 점을 지적합니다. 그러면 이 믿음은 무엇에 대한 믿음입니까? 예수 그리스도께서 죄와 사망의 권세를 이기셨다는 데 대한 믿음이고 이 이김은 부활을 통하여 확증되는 것인데, 부활이 없어져 버리면 믿음의 대상 자체가 없어져 버리는 것입니다. 그러면 어떻게 됩니까? 성도들이 여전히 죄 가운데 있게 됩니다. 이것이 그리스도의 부활이 없을 때 뒤따르는 네 번째 결과입니다. 죄 가운데 있다는 말은 우리가 우리의 죄를 용서받지 못한 채 남아 있다는 뜻입니다. 문제는 여기서 끝나는 것이 아닙니다. 죄의 삯은 사망이므로 사망의 굴레로부터도 헤어 나오지 못합니다. 교회는 죄와 사망의 권세로부터 구원받은 사람들의 모임이므로 성도들이 없어서 교회를 세울 수가 없습니다.

18절은 그리스도의 몸의 부활을 부인할 때 따라 오는 다섯 번째 결과를 말합니다. "또한 그리스도 안에서 잠자는 자도 망하였으리니." 그리스도의 몸이 다시 살아난 것이 사실이면 그리스도인의 경우에 육체적 죽음이 잠자는 것으로 인식되지만, 그리스도의 몸이 다시 살아난 것이 사실이 아니면 멸망으로 가는 관문으로 인식됩니다.

잠잔다는 표현은 성도들에게 있어서 육체적 죽음이 어떤 성질을 가지는가를 잘 보여 줍니다. 성도들이 예수 그리스도를 믿는 순간 육체적 죽음은 잠자는 것과 같은 것으로 그 성질이 변화됩니다. 죽음을 잠으로 비유하는 것은 두 가지 의미를 지닙니다.

하나는 죽음이 성도들에게는 더 이상 두려움과 공포의 대상이 아니라는 것입니다. 사람들에게 잠은 두려움과 공포의 대상이 아닙니다. 잠은 피곤하고 지친 몸과 마음을 편안하게 쉬게 해주는 감미롭고 좋은 시간입니다. 이처럼 성도들에게 있어서 육체적 죽음은 결코 두려움의 대상이 아닙니다. 물론 육체적 죽음을 실제로 당하기 전에는 죽음이 두려운 것은 사실입니다. 그러나 모양만 두렵게 보이는 것일 뿐, 아마도 실제로 죽음의 순간을 맞이하면 "내가 공연한 걱정에 사로잡혀 있었구나! 이렇게 쉬운 것인 줄 알았으면 좀 더 즐겁고 편안한 마음으로 맞이할 수 있었을 텐데..."라고 고백하게 될 것입니다.

다른 하나는 잠자는 자에게는 새 날에 대한 소망이 있다는 것입니다.

잠을 한 숨 푹 자고 나면 활기찬 새 날이 기다리고 있습니다. 이처럼 성도들에게 있어서 육체적 죽음은 새 날을 맞이하는 계기가 됩니다. 육체적 죽음을 죽고 나면 살아 있는 영혼은 천국에서 새로운 날들을 맞이하게 될 것이고, 예수님의 재림의 때가 되면 몸까지도 신령한 새 몸을 입게 될 것입니다.

그런데 그리스도의 부활이 없으면 죽음이 사람을 멸망으로 들여보내는 관문으로 둔갑합니다. 죽음이 다시 공포와 두려움의 대상으로 변합니다. 왜냐하면 죽음 이후에는 영원한 지옥에서의 고통이 기다리고 있기 때문입니다.

19절은 이 작은 문단의 결론에 해당하는 구절이며, 궁극적으로 부활을 믿지 않는 자가 현세 안에서 어떤 꼴이 되고 마는가를 말합니다. "만일 그리스도 안에서 우리가 바라는 것이 다만 이 세상의 삶뿐이면 모든 사람 가운데 우리가 더욱 불쌍한 자니라." 부활이 없다면 성도들이 현세 안에서 어떤 다른 사람들보다도 더 불쌍한 사람이 되어 버리고 맙니다. 하고 싶은 일들이 많고 즐기고 싶은 것들이 많이 있었음에도 불구하고 평생 동안 주님과 교회를 위하여 양보하고 참고 절제해 왔는데, 죽어서 불신자들과 똑같은 곳에 가야 한다면 성도들처럼 어리석고 억울한 사람이 또 어디 있겠습니까?

사랑하는 성도 여러분! 우리는 우리의 몸이 마지막 날에 반드시 다시 살아난다는 진리를 확실하게 붙들고 그 전망 안에서 살아가는 성도들이 되어야 하겠습니다. 그리하여 그리스도가 부활하신 사실을 무너뜨리고 그리스도를 사기꾼으로 둔갑시키는 일이 없도록 해야 하며, 우리가 믿는 기독교를 속이 텅 빈 껍데기 종교로 전락시키지 말아야 하며, 우리 자신을 거짓말을 지어내어 전하는 자들로 격하시키지 말아야 하며, 또 다시 죄와 사망의 권세 아래로 얽혀 들어가는 일이 없도록 해야 하며, 육체적 죽음이 다시 공포와 저주의 계기가 되지 않도록 해야 하며, 우리 자신을 세상에서 가장 불쌍한 자가 되지 않도록 주의해야 하겠습니다.

20 그러나 이제 그리스도께서 죽은 자 가운데서 다시 살아나사 잠자는 자들의 첫 열매가 되셨도다 21 사망이 한 사람으로 말미암았으니 죽은 자의 부활도 한 사람으로 말미암는도다 22 아담 안에서 모든 사람이 죽은 것 같이 그리스도 안에서 모든 사람이 삶을 얻으리라

제55강

잠자는 자들의 첫 열매

From the Cross to Agape

고전 15장 20~22절

● 　　　고린도전서 15장 12절로부터 19절까지에서 바울은 몸이 부활하는 일이 없을 때 신자들의 신앙생활에 어떤 결과들이 찾아오는가를 소개했습니다. 첫째로, 몸의 부활이 없다면 그리스도께서도 다시 살아나실 수 없게 되고, 그리스도께서 살아나시지 못하셨다면 그리스도는 하나님이실 수가 없게 되고, 자신이 하나님이라고 주장하셨던 그리스도는 희대의 사기꾼으로 전락되고 맙니다. 둘째로, 그리스도의 부활이 없다면 우리가 전하는 복음은 속빈 강정이 되고 복음을 전하는 사역자들은 모두 거짓말쟁이가 되고 맙니다. 셋째로, 그리스도의 부활이 없으면 우리의 죄가 용서받을 수 있는 길이 닫히고 우리는 영원한 멸망에 떨어지고 맙니다. 넷째로, 그리스도의 부활이 없으면 기독교인들은 세상에서 가장 불쌍한 자가 되고 맙니다.

오늘 우리가 읽은 본문 가운데 20절에서 28절은 반대로 몸의 부활이 있을 때 찾아오는 결과들을 소개하고 있습니다. 바울은 그 결과가 무엇인가를 20절 한 절에서 소개한 후에 이 결과가 가지고 있는 장엄하고 깊은 의미를 21절에서 28절까지 설명합니다. 21절에서 28절까지는 다시 21절에서 22절까지와 23절에서 28절까지 두 작은 문단으로 나누어집니다. 이 가운데 오늘은 22절까지 공부하고 23절부터 28절까지는 다음 시간에 살펴보도록 하겠습니다.

먼저 20절을 읽겠습니다. "그러나 이제 그리스도께서 죽은 자 가운데서 다시 살아 나사 잠자는 자들의 첫 열매가 되셨도다."

　이 문장은 "그러나"라는 접속사로 시작됩니다. 이 접속사는 뒤에 나오는 내용이 앞에서 다루어졌던 내용과는 반대되는 내용이 될 것임을 시사해 줍니다. 앞에서 다룬 내용은 몸의 부활이 없을 때 찾아오는 결과를 소개하고 있다면, 이제부터는 이와는 정반대로 몸의 부활이 있을 때 찾아오는 결과를 소개하기 시작합니다.

　"이제"라는 부사는 "실제로는"이라는 의미를 함축하고 있습니다. "실제로는"이라는 단어는 이제부터는 현실의 상황을 말하겠다는 뜻이 담겨 있습니다. 이제부터 현실의 상황을 말하겠다는 말은 이전에는 가상적인 상황을 말했다는 뜻입니다. 이 말의 의미를 보다 구체적으로 말하면 몸의 부활이 없다는 것은 가상적인 상황이고 현실의 상황은 몸의 부활이 있는 것이라는 뜻입니다. 이 한 단어 안에 세속적인 인간관의 큰 줄기를 비판하면서 기독교적 세계관의 큰 틀을 확고하게 선언하는 바울의 사상이 담겨 있습니다. 지난번에 칸트의 종교철학을 중심으로 하는 일반 종교학의 종교관을 말씀드린 일이 있습니다. 칸트를 비롯하여 일반 종교학에서는 죽은 사람의 몸이 다시 살아나는 것을 실제로 일어날 수 있는 일이라고 생각하지 않고 이 세상을 도덕적인 세상으로 만들기 위한 필요 때문에 어쩔 수 없이 가정하는 환상에 불과하다고 생각합니다. 실제로 기독교를 믿지 않는 대부분의 무신론자들은 몸이 다시 살아난다는 생각, 내세가 있다는 생각, 영생이 있다는 생각은 모두 하나의 가정 곧 환상에 지나지 않는다고 생각합니다. 그러나 바울은 정반대로 생각합니다. 바울은 오히려 몸의 부활이 없다는 생각이 환상에 불과하다고 생각합니다. 바울에게 있어서는 몸이 부활하는 것이 현실입니다. 이 점에 있어서 기독교인과 비기독교인의 세계관이 결정적으로 차이가 납니다. 비 기독교인들은 몸의 부활을 환상이라고 보고 몸이 부활하지 않는 것을 현실이라고 생각합니다. 그러나 기독교인들은 몸이 부활하지 않는 것이 환상이고 몸이 부활하는 것을 현실이라고 생각합니다.

몸의 부활이 현실이라면 어떤 결과가 나타나는가? 그 결과는 그리스도의 부활로 나타납니다. 그러면 그리스도의 부활은 기독교인들에게 어떤 결과를 가져 올까요? 그리스도의 부활이 기독교인들에게 가져다주는 결과를 바울은 "잠자는 자들의 첫 열매"라는 용어로 표현합니다. 잠자는 자들은 기독교인들을 가리킵니다. 그리스도의 부활은 기독교인들의 첫 열매가 됩니다. 첫 열매가 지닌 특징들이 그리스도의 부활에도 비유적으로 적용됩니다.

첫째로, 어느 한 나무에 첫 열매가 열렸다는 것은 그 나무에 있는 수많은 다른 꽃들도 확실하게 열매를 맺을 것을 약속하는 신호입니다. 이처럼 그리스도께서 부활하셨다는 것은 모든 신자들도 확실하게 부활할 것을 알리는 신호탄이 됩니다.

둘째로, 첫 열매와 이후에 열리게 될 모든 열매들은 동일한 성질을 가진 열매들이 될 것을 보장해 줍니다. 이처럼 신자들은 그리스도께서 부활하신 것과 동일한 방식으로 부활하게 될 것입니다.

셋째로, 첫 열매는 다른 열매들보다 시간적으로 앞서서 열리는 것이며, 다른 열매들도 시간적인 순서를 따라서 질서 있게 열리게 됩니다. 이처럼 그리스도의 부활은 모든 신자들의 부활 보다 앞서서 일어났으며, 모든 신자들은 그리스도의 부활 이후에 일정한 질서를 따라서 부활하게 될 것입니다.

21절과 22절에서는 그리스도의 부활을 아담의 죽음에 비유하면서 첫 열매인 그리스도의 부활이 성도들에게 가져오는 첫째와 둘째 결과들에 대하여 설명을 하고 있고, 23절에서 28절까지는 셋째 결과에 대하여 설명을 하고 있습니다.

그러면 첫 번째와 두 번째 결과를 설명하고 있는 21절과 22절을 살펴보겠습니다. 먼저 21절을 읽겠습니다. "사망이 한 사람으로 말미암았으니 죽은 자의 부활도 한 사람으로 말미암는 도다." 이 본문은 사망이 "한 사람" 때문에 온 것과 동일한 방식으로 죽은 자의 부활도 "한 사람" 때문에 왔음을 밝히고 있습니다. 이 문장에서는 한 사람이 누군가가 명시되지 않아서 독자들이 궁금해 할 수 있습니다. 22절은 이 한 사람이 누군가를 밝히면서 같은 내용을 반복하여 서술합니다. "아담 안에서 모든 사람이 죽은 것 같이 그리스도 안에서 모든 사람이 삶을 얻으리라." 사망의 원인이 된 한 사람은 아담이고, 부활의 원인이 된 한 사람은 그리스도입니다.

바울은 그리스도의 부활이 모든 기독교인들이 그리스도와 같은 방법과 내용으로 부활할 것을 보증해 주는 담보가 된다는 진리를 설명할 때 아담의 죽음을 비유로 사용합니다. 그리스도가 부활하신 것처럼 신자들이 그리스도와 동일한 방법과 내용으로 부활한 일은 아직 역사 안에서 한 번도 일어난 일이 없습니다. 바울은 이 사실을 설명하기 위하여 역사 안에서 실제로 있었던 일을 비유로 들어서 설명할 필요를 느꼈습니다. 이때 바울이 생각해낸 것이 바로 아담의 죽음입니다. 바울은 아담의 죽음도 모든 인류의 죽음의 첫 열매가 되었다는 사실을 알아낸 것입니다. 아담의 죽음이 모든 인류의 죽음의 첫 열매가 되었다는 사실은 수천 년의 역사 안에서 현실로 이미 명확하게 드러났습니다. 아담의 후손들은 하나님이 특별한 방법으로 불러 가신 에녹과 엘리야를 제외하고는 모두 아담과 동일한 방식으로 죽음을 맞이했습니다. 이처럼 바울은 역사적으로 명확하게 증명된 아담의 죽음의 경우를 예로 들면서 그리스도의 부활도 아담의 죽음과 동일한 패턴을 따를 것이라고 단언합니다. 아담이 모든 인류의 첫 열매가 되어서 모든 인류가 같은 방식으로 죽을 것을 보증해 주는 신호탄이 되었고, 실제로 모든 아담의 후손들이 아담과 동일한 방식으로 죽은 것이 엄연한 현실로 일어난 것처럼, 그리스도의 부활도 모든 신자들의 부활의 첫 열매가 되어서 모든 신자들이 그리스도와 같은 방식으로 확실하게 부활할 것입니다.

여기서 주의할 점은 바울의 가르침에 나타난 대칭구조를 오해해서는 안 된다는 것입니다. 바울의 가르침에는 아담 안에서 모든 사람이 죽었다는 것과 그리스도 안에서 모든 사람이 부활하리라는 것이 정확한 대칭구조로 되어 있습니다. 이 대칭구조를 문자 그대로 받아들이면 아담 안에서 온 인류가 죽은 것과 똑같은 방법으로 그리스도 안에서 온 인류가 – 예수님을 믿는 사람들이든, 아니면 예수님을 믿지 않는 사람들이든 – 부활할 것이라는 보편구원론 혹은 만민구원론이 됩니다. 그러나 이렇게 이해하는 것은 바울의 말을 오해하는 것입니다. 바울의 가르침을 오해하지 않도록 하기 위하여 두 가지 사실을 알 필요가 있습니다.

첫째로, 본문이 부활이라고 할 때는 단순히 죽은 몸이 살아나는 것만을 가리키는 것이 아니라 부활하여 주님과 함께 천국에 들어가 영원히 사는 것까지를 포함하는 개념으로 이해해야 합니다. 마지막 날에 예수 믿는 사람들만 부활하는 것이 아니라 믿지 않는 사람들도 부활합니다. 그러나 믿지 않는 사람들은 천국에는 들어가지 못합니다.

둘째로, 본문이 "그리스도 안에서 모든 사람이 삶을 얻으리라"고 했을 때 "모든 사람"은 온 인류를 가리키는 것이 아닙니다. 그 근거는 23절에 부활하여 천국에 들어갈 사람을 "그리스도에게 속한 자"로 제한하고 있다는 점 입니다. 뿐만 아니라 고린도전서에 짧게 등장한 아담의 죽음과 그리스도의 부활의 비교는 로마서 5장 12절에서 21절에 훨씬 더 자세하게 발전된 형태로 등장합니다. 그런데 로마서 5장 17절에 보면 그리스도의 부활에 참여한 자들을 "은혜와 의의 선물을 넘치게 받는 자들"로 분명하게 제한하고 있습니다. 이처럼 고린도전서 15장 21절과 22절은 23절과 로마서 5장 17절과 관련시켜서 해석되어야 오류에 빠지지 않을 수 있습니다.

그런데 우리는 바울이 사용한 비유가 기이하고 낯설다는 느낌을 떨쳐 버리기 어렵습니다. 합리적으로 생각해 볼 때도 잘 납득이 가지 않기도 합니다. 두 가지 사실이 우리에게 기이하고 낯설게 느껴집니다.

첫째로, 죽음과 부활은 정반대되는 개념인데, 정반대되는 개념을 비유로 사용했다는 것이 의외입니다. 보통 비유는 그 내용이 비슷한 방향으로 나아가거나 적어도 반대되는 방향으로는 나아가지 않는 것들을 사용하는 것이 통례입니다. 예를 들어서 예수님이 사용하신 비유들 곧, 겨자씨 비유나 밭의 비유나 포도원의 비유 등을 보면 내용이 서로 정반대되는 것들을 담고 있지 않습니다. 그런데 죽음과 부활은 너무나 이질적인 주제들 아닙니까? 그런 점에서 바울의 비유는 매우 독특하고 유례가 없는 것입니다. 아담은 좋은 면에서 하나님의 나라를 설명하는 비유로 사용된 것이 아니라 아주 고약한 면에서 하나님의 나라를 설명하는 비유로 사용되고 있습니다. 그것은 마치 이런 것과 같습니다. "A는 아프리카의 오지에 들어가서 가난한 원주민들을 위하여 봉사하는 일에 전적으로 헌신한 사람입니다. B는 IS 대원들처럼 잔혹하게 사람들을 죽이는 일에 헌신한 사람입니다. 이때 어떤 사람이 B가 사람들을 잔혹하게 죽이는 일에 헌신한 것과 같은 방식으로 A가 아프리카 오지에 들어가서 가난한 원주민들을 위하여 헌신했다고 설명하는 것이 좋은 비유일까요? 아닙니다. 결코 사용해서는 안 되는 비유입니다. 그런데 바울이 이런 비유를 사용하고 있습니다. 이 점에 대해서 우리가 바울을 책망해야 할까요? 아닙니다. 바울이 이런 비유를 사용했다면 성령의 감동을 받은 것이고 따라서 하나님의 뜻을 담은 바른 설명방식입니다. 그러나 이런 설명법은 매우 독특하고 이례적인 것으로서 성령의 특별한 감동을 받은 자들만이 할 수 있는 것입니다. 만일 우리가 이런 방식으로 비유를 사용한다면 어떻게 될까요? 우리는 욕을 먹게 되어 있습니다. 우리는 이런 방식의 비유를 사용하지 않는 것이 좋습니다.

둘째로, 바울이 사용한 비유 그 자체를 읽을 때 우리는 한층 더 기이하고 낯선 느낌을 받게 됩니다. 바울은 아담 한 사람 때문에 모든 인류가 죽었다고 말하고 있습니다. 죽음은 죄 때문에 오는 것이므로 이 말은 아담 한 사람의 죄 때문에 온 인류가 죽음에 이르게 되었다는 뜻입니다. 바로 이 점이 우리에게 기이하고 낯설게 다가옵니다. 바울의 말을 좀 더 구체적으로 말하면 아담 이후에 태어난 모든 사람들은 아담이 선악과를 따먹는 죄를 범한 순간에 모두 죄인으로 간주되었고, 그 결과 죽음이라는 형벌을 받게 되었다는 것입니다. 하나님은 아담이 선악과를 따먹는 죄를 범할 때 아담의 모든 후손들이 – 이 세상에 태어나기도 전에, 그리고 스스로 죄를 범하기 시작하기도 전에 – 아담과 함께 죄를 범한 것으로 간주하셨습니다. 그래서 모든 아담의 후손들이 아담과 똑같은 방식으로 죽는 것입니다. 하나님은 아담 한 사람의 죄에 대한 책임을 아담 이후에 태어날 모든 후손에게 물으셨습니다. 아담 한 사람과 온 인류 사이에는 어마어마한 연대성이 있는 것입니다. 하나님은 태초로부터 재림까지 역사 안에 등장한 모든 인류를 하나의 거대한 가족으로 간주하십니다.

이 같은 구조는 개인주의적 사고에 익숙해 있는 현대인들에게는 아주 낯설고 기이하게 보이며 납득이 잘 되지 않는 구조입니다. 현대인들은 나와는 아무런 상관이 없는 사람이 죄를 범했는데 내가 그 사람이 범한 죄에 대하여 처벌을 받는다는 생각을 받아들이지 못합니다. 그러나 다행한 것은 현대과학이 발달하면서 개인주의로는 인간의 삶의 구조를 제대로 파악하지 못하고 있다는 사실이 점점 드러나고 있습니다. 예를 들어 보겠습니다.

유전학의 관점에서 보자면 인간의 신체구조는 100% 유전자 안에 들어 있는 정보에 의하여 결정되는데, 이 유전자는 내가 선택한 것이 아니라 100% 부모로부터 물려받은 것입니다. 물론 부모의 유전자가 자식에게 전수될 때 유전자 구조의 순서가 바뀌는 변이가 일어나긴 하지만 유전자 자체는 부모로부터 온 것입니다. 부모의 유전자는 조부모로부터 100% 물려받은 것입니다. 이런 방식으로 거슬러 올라가면 우리의 유전자는 최초의 인류의 조상인 아담과 하와로부터 물려받은 것이 됩니다. 아담과 하와로부터 물려받은 유전자가 순서가 바뀐 상태에서 복제되어 우리의 유전자가 되었습니다. 그러므로 유전자의 차원에서 보면 온 인류는 하나로 연합되어 있다는 사실이 명백해집니다.

한 인간이 태어나 성장하는 과정을 보아도 개인주의가 설득력을 잃게 됩니다. 인간은 부모로부터 유전자뿐만 아니라 자양분도 100% 공급받으면서 부모의 몸 안에서 자라나고 부모의 몸 안에서 부모로부터 태교도 받습니다. 부모밖에 나온 다음에도 아기 혼자 힘으로는 살 수 없습니다. 부모의 돌봄을 받아야 하고, 유아시절을 지나 학교에 가기 시작하면 셀 수 없이 많은 선생님들과 주변 사람들로부터 물질적인 도움과 교육과 안내를 받아야 합니다. 이런 도움을 제공하는 사람들은 모두 사회의 다양한 기관들과 또 긴밀하게 연결되어 있습니다. 그러므로 오늘날의 내가 나 혼자만의 힘으로 있게 된 것은 결코 아닙니다. 가족, 학교, 사회, 교회, 국가 등 수많은 기관들과 사람들로부터 셀 수 없이 많은 도움을 받으면서 나라는 한 사람이 살아남을 수 있었던 것입니다. 자수성가라는 것은 사실상 있을 수가 없습니다. 오늘날의 나의 모습 가운데 나 혼자의 힘으로 이룩한 것은 거의 없다고 보면 됩니다. 그런 의미에서 우리는 거대한 공동체 안에 운명적으로 연결되어 있습니다.

오늘날 정치학, 경제학, 환경학을 연구해 보면 어느 한 지역의 정치구조나 경제구조나 환경구조가 전 세계의 정치구조, 경제구조, 환경구조와 아주 긴밀하게 연결되어 있어서 서로 결정적인 영향을 주고받는다는 사실이 확인되고 있습니다. 더욱이 교통수단이 발달하고 핸드폰과 인터넷 등과 같은 통신수단도 발달하여 온 세계가 지구촌화되어 가고 있습니다. 전화 한 통화나 SNS 상의 실시간 통화로 지구 반대편에서 일어나게 될 정치적 행위가 결정되고, 인터넷 뱅킹으로 단 1-2초 만에 천문학적인 자금이 국경을 넘어서 이동되고 있으며, 어느 한 지역에서 나온 환경호르몬이나 방사성 물질이 지구 반대편으로 전달되어 영향을 끼치고 있습니다. 이런 세계 안에서 개인주의의 관점으로는 인간과 사회를 이해할 길이 없습니다.

물리학에는 골디락스 딜레마라는 것이 있습니다. 골디락스 딜레마란 온 우주가 너무 빠르지도 않고 너무 느리지도 않은 적당한 상태에서 팽팽한 긴장 가운데 칼날 위에 아슬아슬하게 세워져 있는 것과 같은 상태로 맞추어져 있는데, 이 균형으로부터 약간만 벗어나도 별들이 모두 적색왜성이 되거나 청색왜성이 되어 사람이 살 수 없는 곳이 되어 버리고 만다고 합니다. 말하자면 온 우주가 하나의 구조 안에 운명적으로 연결되어 있다는 말입니다.

인간세계의 연대성은 전체를 보는 안목이 부족한 인간의 관점에서 보면 아주 기이하고 낯설게 느껴지지만 전체를 보시는 하나님의 관점에서 보면 당연한 것입니다.

하나님의 관점과 인간의 관점이 어떻게 차이가 나는가를 잘 보여주는 사건이 가인과 아벨사건입니다. 하나님께서 아벨의 제사는 받으시고 가인의 제사는 받아 주시지 않자 질투에 사로잡힌 가인이 아벨을 죽였습니다. 그 후에 하나님이 찾아 오셔서 가인에게 이렇게 묻습니다. "네 아우 아벨이 어디 있느냐?" 하나님의 질문 안에는 가인이 아벨의 안위에 대하여 관심을 가지고 돌보아야 한다는 뜻이 담겨 있습니다. 왜 그렇습니까? 하나님의 입장에서 볼 때 가인과 아벨은 하나의 혈통에 속한 가족의 일원이기 때문입니다. 더 나아가서 온 인류는 하나님의 관점에서 볼 때는 한 가족이라는 연대성 안에 있는 자들입니다. 하나님은 인류의 역사의 시작점에서 인류의 역사의 종결점까지를 한 눈에 보시면서 최초의 인간으로부터 시작하여 마지막 인간에 이르기까지 모두 하나의 가족으로 보십니다.

하나님의 질문에 대하여 가인은 이렇게 답변했습니다. "내가 알지 못하나이다. 내가 내 아우를 지키는 자니이까?" 가인은 아벨의 안위에 대하여 관심을 가지고 돌보는 것을 거부했습니다. 가인은 아벨을 가족적 연대성 안에 있는 자로 보기를 거부하고 오직 자신의 안위와 이익을 추구하는 일에 관심을 제한시켰습니다. 가인의 사상은 이기주의요 개인주의였습니다. 하나님은 가인과 아벨의 관계를 가족적 연대관계로 볼 것을 요청하셨으나 가인은 이 요청을 거부하고 이기적 개인주의로 파악했습니다. 이 때문에 가인은 하나님의 백성의 반열로부터 퇴출당했고, 향후 이기적 개인주의는 타락한 이방세계를 대표하는 사상이 되었습니다.

이제 오늘의 공부가 우리에게 주는 교훈을 정리하고 강의를 마무리하겠습니다.

첫째로, 비 기독교인들은 몸의 부활이 없는 것이 현실이고 몸의 부활이 환상에 지나지 않는다고 생각하지만 우리는 몸의 부활이 없는 것이 환상이고 몸의 부활이 있는 것이 현실이라는 확고한 세계관을 붙들어야 하겠습니다.

둘째로, 비 기독교인들은 온 인류가 하나의 가족 공동체라는 연대성을 지니고 있다는 사실을 받아들이지 않고 자기중심적인 개인주의에 매몰되어 있지만, 우리는 이중의 연대성 안에 있음을 고백합니다. 일차적으로 우리는 온 인류가 아담의 혈통에서 태어난 거대한 하나의 가족적인 공동체에 속해 있음을 고백합니다. 이 때문에 우리는 아담이 범죄 하는 순간 범죄자로 정해졌고 아담이 죽는 것처럼 죽어야 하는 비참한 운명을 맞이해야 했습니다. 그러나 우리는 믿음을 통하여 값없이 그리스도 안에서 그리스도와 모든 성도들과 하나로 연합되었으며, 그 결과 그리스도가 부활하신 그대로 우리도 부활한다는 소망 안에서 아담과의 연대성으로 인한 비참한 운명을 극복할 수 있게 되었음을 하나님께 감사해야 하겠습니다.

셋째로, 우리가 이중적인 연대성 안에 있다는 말은 이중적인 책임성 안에 있다는 뜻이기도 합니다. 우리는 아담의 후손으로서 온 인류와 하나로 연합하는 보편적인 연대성을 맺고 있기 때문에 온 인류를 우리의 혈통상의 가족으로 인식하고 인류의 안위에 관심을 가지고 헌신해야 하며, 이와 동시에 그리스도 안에서 모든 성도들과 하나로 연합하는 특별한 연대성을 지니고 있으므로 성도들의 안위에 특별히 더 깊은 관심을 가지고 헌신할 수 있어야 하겠습니다.

23 그러나 각각 자기 차례대로 되리니 먼저는 첫 열매인 그리스도요 다음에는 그가 강림하실 때에 그리스도에게 속한 자요 **24** 그 후에는 마지막이니 그가 모든 통치와 모든 권세와 능력을 멸하시고 나라를 아버지 하나님께 바칠 때라 **25** 그가 모든 원수를 그 발 아래에 둘 때까지 반드시 왕 노릇 하시리니 **26** 맨 나중에 멸망 받을 원수는 사망이니라 **27** 만물을 그의 발 아래에 두셨다 하셨으니 만물을 아래에 둔다 말씀하실 때에 만물을 그의 아래에 두신 이가 그 중에 들지 아니한 것이 분명하도다 **28** 만물을 그에게 복종하게 하실 때에는 아들 자신도 그 때에 만물을 자기에게 복종하게 하신 이에게 복종하게 되리니 이는 하나님이 만유의 주로서 만유 안에 계시려 하심이라

제56강

각각 차례대로 되리니

From
the Cross
to Agape

고전 15장
23~28절

● 　　　오늘 우리가 읽은 본문은 몸의 부활이 현실 속에서 실제로 일어날 수 있을 때 나타나는 결과들에 대하여 서술하고 있는 20절에서 28절의 후반부입니다. 몸의 부활이 현실 속에서 실제로 일어날 수 있기 때문에 인간과 동일한 몸을 가지고 계신 그리스도께서도 부활하셨습니다. 바울은 20절에서 그리스도의 부활이 기독교인들에게 가져오는 결과를 첫 열매라는 용어를 통하여 표현합니다. 첫 열매는 그 후에 열리는 열매들에 대하여 세 가지를 보장해 줍니다. 첫째로 첫 열매는 곧 이어 같은 나무에서 헤아릴 수 없이 많은 열매들이 확실하게 열릴 것을 예고합니다. 둘째로 이후에 열릴 수많은 열매들도 첫 열매와 동일한 성질을 가진 열매가 될 것을 예고합니다. 셋째로 열매가 열리는 데는 순서가 있습니다. 첫 열매가 반드시 시간적으로 먼저 열리고 그 다음에 다른 열매들이 열립니다. 이와 같은 특징들이 첫 열매인 그리스도의 부활과 성도들의 부활 사이에 적용됩니다. 첫째로, 그리스도께서 부활하셨다는 것은 그리스도에 속한 모든 성도들이 부활하여 천국에서 영생을 누리게 될 것을 확실하게 보장해 줍니다. 둘째로, 그리스도께서 부활하신 것과 동일한 몸으로 성도들의 몸도 부활하게 될 것입니다. 셋째로, 그리스도의 부활과 성도의 부활 사이에는 순서가 있습니다. 바울은 첫 번째 결과와 두 번째 결과에 대해서 아담의 죽음이 모든 인류의 죽음의 첫 열매가 된다는 것을 비유로 사용하여 21절과 22절에서 설명했습니다. 이 부분에 대해서는 지난 시간에 공부했습니다. 오늘은 세

번째 결과를 다루고 있는 23절에서 28절까지를 살펴보고자 합니다. 23절에서 28절은 축약된 계시록이라고 부르는 문단으로서 몸의 부활을 핵심으로 하여 인간역사의 미래에 일어날 일들을 예고하고 있습니다.

먼저 23절과 24절을 읽겠습니다. "그러나 각각 자기 차례대로 되리니 먼저는 첫 열매인 그리스도요 다음에는 그가 강림하실 때에 그리스도에게 속한 자요 그 후에는 마지막이니 그가 모든 통치와 모든 권세와 능력을 멸하시고 나라를 아버지 하나님께 바칠 때라."

먼저 "각각 자기 차례대로 되리니"라는 구절부터 검토해 보겠습니다. 이 본문에서 차례라는 말은 헬라어로 타그마라는 말인데, 이 말은 군대를 가리키는 표현입니다. 군대의 생명 가운데 하나는 질서입니다. 군대 안에서는 계급에 따른 질서가 엄격하게 유지됩니다. 바울은 군대 안에서 상급자와 하급자 사이에 철저하게 우선순위가 지켜지는 것처럼 그리스도와 성도들 사이에도 부활이 하나님이 정하신 순서에 따라서 일어난다고 말합니다. 그런데 바울은 엄격한 질서에 따라서 이루어지는 하나님의 사역을 부활에만 한정시키지 않고 더 크고 우주적인 차원으로 확대시키면서 인류역사 전체의 미래에 일어날 일들이 일정한 순서에 질서정연하게 일어난다는 것을 보여 줍니다.

바울이 엄격한 군대적인 우선순위에 따라서 질서정연하게 일어날 일들로서 제시하는 사건은 세 가지입니다. 첫 번째 사건은 이미 일어난 사건으로서 바로 그리스도의 부활입니다. "먼저는 첫 열매인 그리스도요." 두 번째 사건은 성도들의 부활입니다. 그런데 성도들의 부활은 언제 일어나느냐? 그리스도께서 강림하실 때 성도들의 부활이 있게 될 것입니다. "다음에는 그가 강림하실 때에 그리스도에게 속한 자요." 주님이 강림하심과 동시에 성도들의 몸이 부활하여 천국에서 영생에 들어갈 것입니다. 세 번째 사건은 마지막입니다. 여기서 말하는 마지막이 무엇을 뜻하는가는 바로 이어서 나오는 다음 구절이 잘 설명하고 있습니다. 마지막은 그리스도께서 모든 통치와 모든 권세와 능력을 멸하시고 나라를 아버지 하나님께 바치는 것입니다. 본문에 등장하는 통치, 권세, 능력은 하나님을 대적하는 모든 구조적인 반대세력들을 포괄적으로 통칭하는 표현입니다. 이 안에는 역사상에 등장한 악한 정치세력들, 악한 경제적인 집단들, 악한 종교집단들, 사탄과 사탄의 휘하에 있는 영적인 귀신의 세력들이 모두 포함됩니다. 그리스도께서 하나님을 대적하고 하나님 나라를 방해하는 모든 악한 세력들을 멸망시키시고 하나님의 나라를 아버지 하나님께 바침으로써 현재의 세상에 종지부를 찍는 사건이 바로 본문이 말하는 "마지막"입니다. 그리스도의 부활, 신자들의 부활, 모든 악한 세력들이 그리스도에 의하여 멸망당하고 그리스도께서 하나님의 나라를 성부 하나님께 헌정하는 일들이 순서대로 질서정연하게 확실히 일어나게 될 것입니다. 이 순서에 대하여 우리가 주목해야 할 두 가지 중요한 특징들이 있습니다.

첫째는, 각 순서들 사이의 간격이 어마어마하게 길다는 점입니다. 본문에는 "먼저는…다음에는…그 후에는"이라는 세 개의 시간표시 부사에 의하여 세 사건들이 연결되어 있습니다. "먼저는"이라는 시간표시 부사 뒤에 그리스도의 부활이 나오고, "다음에는"이라는 시간표시 부사 뒤에 그리스도의 강림과 동시에 일어나는 성도들의 몸의 부활이 나옵니다. 그런데 이 두 사건 곧, 그리스도의 부활과 그리스도의 강림 시에 있을 성도들의 몸의 부활 사이의 간격이 아주 깁니다. 그리스도께서 부활하신 후 오늘까지만 해도 벌써 이천년 이상이 경과되었습니다. 앞으로 몇 년이 더 계속될지는 알 수 없으나, 이천년이 경과된 것만으로도 이미 충분히 깁니다. "먼저는"과 "다음에는" 사이의 기간이 이렇게 길다면 "다음에는"에서부터 "그 후에는" 사이의 기간도 상당히 길다고 추정하는 것이 자연스러운 해석입니다.

두 번째 기간에 대한 학자들의 견해가 두 갈래로 나누어집니다. 하나는 두 번째 이 기간에 간격을 두지 않는 견해입니다. 이 견해에 따르면 성도들의 부활이 수반되는 그리스도의 강림과 그리스도께서 모든 악한 세력을 멸망시키고 나라를 성부 하나님께 드리는 사건이 시간적으로 동시에 일어난다고 합니다. 이 견해를 무천년설 또는 무천년기 재림론이라고 합니다. 그러나 이 견해는 이 본문의 문맥에는 자연스럽게 들어맞지 않습니다. 다른 하나는 앞의 기간처럼 세 시간표시부사가 한 문맥 안에서 사용되고 있기 때문에 시간간격도 비슷한 것으로 보는 것이 자연스럽다고 보고, 둘째 시간표시부사와 셋째 시간표시 부사 사이의 기간도 긴 간격이 있다고 보는 견해입니다. 이 긴 기간 사이에 요한계시록 20장이 말하고 있는 천년왕국이 들어갈 수 있습니다. 그러면 그리스도의 강림과 성도의 부활은 천년왕국 전에 일어나고 불신자들과 악에 대한 최종심판은 천년왕국 뒤에 온다는 말이 됩니다. 이 견해를 역사적 천년기전 재림론이라고 말합니다. 고린도전서의 자연스러운 해석에 따르면 후자가 더 타당성이 있는 것으로 생각됩니다.

둘째는, 세 번째 순서가 실현될 때까지는 그리스도의 완전한 승리가 유보되어 있다는 점입니다. 그리스도의 완전한 승리가 이때까지 유보되어 있다는 말은 이 긴 기간 동안 악의 세력이 꺾이지 않고 기승을 부린다는 뜻입니다. 그러면 이 기간 동안에는 그리스도께서 통치하시지 않는 것인가? 그리스도께서 통치하시지 않는다는 것은 우리 성도들의 입장에서는 상상하기 어려운 일입니다. 그리스도께서 통치하시는 것이 분명하긴 분명한데, 그러면 이 기간 동안에 그리스도의 통치의 성격은 어떤 것인가? 이런 궁금증이 우리를 떠나지 않습니다. 이런 궁금증에 대한 작은 실마리가 25절에 암시되어 있습니다. "그가 모든 원수를 그 발아래에 둘 때까지 반드시 왕노릇 하시리니."

"그"는 물론 그리스도를 가리킵니다. 모든 원수는 24절이 말하고 있는 "모든 통치와 모든 권세와 능력" 곧 하나님을 대적하는 지상과 천상의 모든 악한 구조들과 세력들을 뜻합니다. "발아래 둔다"는 말은 완전히 장악하여 굴복시킨다는 뜻입니다. 그리스도께서 모든 원수를 그 발아래 두시는 때는 23절이 말하는 세 번째 순서인 마지막 때입니다. 마지막 때는 명실상부하게 그리스도께서 완전한 통치를 베푸시는 때입니다. 그러면 그 전에는 그리스도께서 통치하시지 않는다는 말인가? 그렇지 않습니다. 그 기간도 그리스도께서 통치하시는 기간입니다. 이것이 25절이 말하고자 하는 것입니다. 그리스도께서 완전히 통치하시는 마지막 시간 이전에도 그리스도께서 "반드시 왕노릇하시리라"고 바울은 말합니다.

마지막 날까지 우리는 그리스도께서도 통치하시지만 악의 세력도 계속하여 기승을 부리는 현실 속에서 살아야 합니다. 이 말의 의미는 마지막 날이 되기 전까지는 그리스도의 통치 곧 하나님의 나라는 세상 사람들의 눈에 숨어 있다는 뜻입니다. 이 같은 하나님 나라의 특성이 가장 잘 드러난 것이 마가복음 4장이나 마태복음 13장에 있는 비유들입니다.

씨 뿌리는 비유에 따르면 마지막 때 이전에 임하는 하나님의 나라는 땅에 뿌려진 씨앗에 비유되고 있습니다. 팔레스타인의 농경법에서는 우리나라와는 달리 먼저 씨를 뿌린 다음에 땅을 갈아엎어서 씨앗이 땅 속에 들어

● 791

가도록 합니다. 씨앗이 땅 속에 들어가면 사람들 눈에 보이지 않습니다. 이처럼 마지막 때 이전에 임하는 하나님의 나라는 사람들 눈에 보이지 않습니다. 그러다가 추수 때가 되면 모든 사람들 눈에 완전히 공개됩니다. 추수 때는 고린도전서가 말하는 마지막 때입니다.

등불의 비유에서는 하나님의 나라가 등불에 비유됩니다. 이 등불은 불을 밝힐 필요가 없는 낮에는 말 – 이 말은 곡식을 담는 용기를 가리킵니다 – 속에 넣어 두거나 평상 곧 침상 밑에 넣어 두도록 되어 있었습니다. 등불을 말 안에 넣는 것은 옛날에 등불을 끄는 방법을 가리킵니다. 등불에 말을 덮어 놓으면 밀폐된 말 속의 산소가 다 소진되어서 불이 꺼지는 원리를 이용한 것입니다. 등불이 말 속에 있거나 침상 밑에 있는 것은 마지막 때 이전의 기간 동안의 하나님 나라의 모습을 묘사한 것입니다. 말이나 침상 밑에 넣어 두면 등불은 보이지 않습니다. 이처럼 마지막 때 이전에는 하나님 나라가 사람들 눈에 보이지 않습니다. 그러나 밤이 되어 등불을 밝히면 방 안에 있는 모든 사람들이 볼 수 있습니다. 등불을 밝히는 때는 마지막 때입니다.

또 하나님의 나라는 모든 씨앗 보다 더 작은 겨자씨에 비유됩니다. 겨자씨는 너무나 작아서 사람들 눈에 띄지 않습니다. 이처럼 마지막 때 이전에는 하나님 나라가 역사 안에 들어 와 있지만 사람들 눈에 보이지 않습니다. 그러나 겨자씨가 다 자라면 모든 사람들이 볼 수 있게 됩니다. 다 자란 겨자나무처럼 마지막 때가 되면 하나님 나라는 모든 사람들에게 공개될 것입니다.

그러면 역사 안에 있는 하나님 나라는 어떻게 해야 볼 수 있을까요? 역사 안에서는 오직 믿음이 있는 성도들에게만 하나님의 나라가 드러납니다.

물론 세상 사람들에게도 하나님 나라 그 자체는 결코 드러나지 않지만 하나님 나라에서 새어 나오는 빛은 감지할 수 있습니다. 영혼 깊은 곳에 하나님 나라와 영생의 씨앗을 담고 있는 성도들이 있는 곳에서는 그 안에 담겨 있는 하나님 나라의 빛이 새어 나오게 되어 있습니다. 세상 사람들은 이 빛을 감지할 수 있습니다. 이 빛이 세상 사람들을 하나님 나라로 끌어 들이는 매개역할을 할 수 있습니다.

그러면 이처럼 역사 안에서 자기 자신을 완전히 드러내지 않으시고 숨기시는 방법으로 왕 노릇하시는 이유가 무엇일까요? 그 이유는 그리스도께서 마지막 때 이전까지는 심판주로서 통치하시지 않고 구속주로서 통치하셔야 하기 때문입니다. 그리스도께서는 힘으로 통치하시는 것을 최대한 자제하시면서, 믿지 않는 자들이 더 많이 주께로 돌아 올 수 있는 기회를 주시기 위하여 최대한 오래 참으시면서 기다리십니다. 이와 같은 그리스도의 마음을 베드로가 베드로후서 3장 9절에서 잘 묘사하고 있습니다. "주의 약속은 어떤 이들이 더디다고 생각하는 것 같이 더딘 것이 아니라 오직 주께서는 너희를 대하여 오래 참으사 아무도 멸망하지 아니하고 다 회개하기에 이르기를 원하시느니라."

25절이 마지막 때 이전의 그리스도의 통치에 대하여 서술했다면 26절에서 28절까지는 드디어 세 번째 순서인 마지막 때에 일어날 일을 좀 더 자세히 설명합니다.

우선 26절이 말하는 것처럼 이때가 되면 그리스도께서 사망의 세력을 완전히 멸망시켜 버리실 것입니다. "맨 나중에 멸망 받을 원수는 사망이니라."

27절에서 바울은 마지막 때에 그리스도께서 하시는 일을 묘사하면서 고린도전서 15장의 주제인 부활의 확실성을 강화시킬 수 있는 또 하나의 논증을 찾아내어 소개하는 것을 잊지 않습니다. 27절을 읽겠습니다. "만물을 그의 발아래에 두셨다 하셨으니 만물을 아래에 둔다 말씀하실 때에 만물을 그의 아래에 두신 이가 그 중에 들지 아니한 것이 분명하도다." "만물을 그의 발아래에 두셨다 하셨으니"라는 말은 구약성경에 이런 말씀이 있다는 뜻입니다. "만물을 발아래에 둔다"는 말은 구약성경 시편8편6절을 인용한 것입니다. 만물이 그리스도의 발아래에 있다는 말은 그리스도가 만물 밖에 있다는 뜻입니다. 그런데 이 만물의 핵심이 무엇입니까? 만물의 핵심이 바로 죽음입니다. 생명이 있는 현실세계의 최대의 문제이자 현실세계를 가장 강하게 장악하고 있는 세력은 죽음입니다. 그리스도가 만물 밖에 있다는 말은 그리스도가 죽음을 벗어나 계신다, 죽음을 이기고 죽음을 초월해 계신다는 뜻입니다. 이 말은 그리스도의 부활의 확실성을 말하는 것입니다. 그리스도의 부활이 확실하다면 성도들의 부활도 확실할 수밖에 없습니다.

28절에서는 모든 순서의 피날레를 장식하는 그리스도의 마지막 행동이 묘사되어 있습니다. "만물을 그에게 복종하게 하실 때에는 아들 자신도 그때에 만물을 자기에게 복종하게 하신 이에게 복종하게 되리니 이는 하나님이 만유의 주로서 만유 안에 계시게 하심이라." 마지막 때에 그리스도께서 만물을 발밑에 복종하게 하시는데, 이 행위를 통하여 그리스도 자신이 만물의 주의 자리를 차지하려고 하시는 것이 아님을 이 본문이 말하고 있습니다. 만물을 정복하고 악을 완전히 멸망시키신 다음에 그리스도 자신이 성부 하나님께 철저하게 복종하십니다. 이로써 그리스도는 성부 하나님이 진정한 만유의 주로서 만유 안에 계시게 하실 것입니다. 그리스도는 모든 악의 세력을 정복한 영광을 자신이 차지하지 않으시고 모든 영광을 오직 성부 하나님께만 온전하게 헌정해 드립니다. 그리스도께서 성부 하나님에게 철저하게 순종하시는 태도를 보여 주시는 것은 성자 하나님이 성부 하나님보다 하나님이라는 본질에 있어서 열등하신 분이기 때문은 아닙니다. 성자 하나님이신 그리스도는 성부 하나님과 본질에 있어서 동등한 하나님이심에도 불구하고 자원하는 마음으로 철저하게 성부 하나님에게 순종하는 태도를 잃지 않으십니다. 그리스도는 모든 수고를 하시지만 그 모든 수고의 공은 철저하게 성부 하나님에게만 돌려 드립니다.

이제 오늘의 본문이 주는 교훈을 정리하고 강의를 마무리하겠습니다.

첫째로, 마지막 때가 되기 전에는 악과 죽음의 세력이 위세를 떨치는 반면 하나님의 나라는 숨겨져 있어서 사람들 눈에는 무기력하기 이를 데 없는 것처럼 보이도록 되어 있습니다. 이 사실은 성도들이 이 세상을 살아갈 때 매우 큰 시험거리가 될 수 있습니다. 눈에 보이는 것만을 보면 세상 사람들과 같은 세계관을 가지고 그들과 같은 방법으로 살아야만 살아남을 수 있다는 생각에 휘말려 들어갈 수가 있습니다. 그러나 우리는 기도하고 말씀이 주는 지침을 붙들기 위하여 노력하면서 이 유혹에 휘말려 들어가지 않도록 해야겠습니다. 우리의 믿음의 눈을 떠서 역사 안에 있는 하나님의 나라를 만나고, 이 나라의 능력과 이 나라의 원리로 무장하여 세상나라와 싸워서 능히 이기는 성도들이 되어야 하겠습니다. 특히 그리스도께서 세상의 악에 대하여 심판을 유보하시는 이유는 심판주가 아니라 구속주로서 통치하시면서 모든 민족이 회개하고 돌아오기를 기다리시는 안타까운 마음이 배경에 깔려 있다는 사실을 유념하고 하나님의 마음을 같이 느끼면서 믿지 않는 자들을 그리스도께로 돌아오도록 하기 위하여 노력해야 하겠습니다. 이때 우리가 우리 안에 있는 하나님 나라의 아름다운 빛을 세상 사람들이 감지할 수 있도록 해 준다면 그들을 그리스도께로 돌아오게 하는 좋은 계기가 될 것입니다.

둘째로, 우리에게는 마지막 때가 되기 전의 길고 긴 역사의 시간 동안에 위세를 떨치고 있는 악의 구조와 세력에 대항하여 싸워서 승리해야 하는 사명이 부여되어 있습니다. 우리가 말씀과 기도를 통한 성령의 능력으로 무장하여 담대하게 싸운다면 우리는 반드시 어느 정도 열매를 거둘 수 있을 것입니다. 이렇게 하여 열매를 거둔 다음에는 그리스도께서 악을 철저하게 궤멸시키는 엄청난 공로를 쌓으셨음에도 불구하고 모든 영광을 오직 성부 하나님에게만 헌정하셨던 것처럼, 우리도 우리가 거둔 열매에 대한 영광을 오직 하나님께 온전하게 헌정하는 성도들이 될 수 있어야 하겠습니다.

셋째로, 아무리 현실 속에서 악과 죽음이 기승을 부려도 결국은 하나님이 정하신 계획과 순서에 따라서 일어나는 일들에 지나지 않습니다. 어떤 일들도 하나님의 손바닥 안에서 하나님이 다 정해주신 틀 안에서 이루어지는 것뿐입니다. 더욱이 그리스도는 죽음을 벗어나 계신 자로서 죽음을 완전히 멸망시키실 것입니다. 우리는 이와 같은 하나님의 계획과 능력을 생각하면서 현실을 담대하게 이겨 나가는 성도들이 되어야 하겠습니다.

29 만일 죽은 자들이 도무지 다시 살아나지 못하면 죽은 자들을 위하여 세례를 받는 자들이 무엇을 하겠느냐 어찌하여 그들을 위하여 세례를 받느냐 30 또 어찌하여 우리가 언제나 위험을 무릅쓰리요 31 형제들아 내가 그리스도 예수 우리 주 안에서 가진 바 너희에 대한 나의 자랑을 두고 단언하노니 나는 날마다 죽노라 32 내가 사람의 방법으로 에베소에서 맹수와 더불어 싸웠다면 내게 무슨 유익이 있으리요 죽은 자가 다시 살아나지 못한다면 내일 죽을 터이니 먹고 마시자 하리라 33 속지 말라 악한 동무들은 선한 행실을 더럽히나니 34 깨어 의를 행하고 죄를 짓지 말라 하나님을 알지 못하는 자가 있기로 내가 너희를 부끄럽게 하기 위하여 말하노라

제57강

죽은 자들이
다시 살아나지 못하면

From the Cross to Agape

고전 15장 29~34절

● 고린도전서 15장 12절에서 34절은 몸의 부활이 없다고 주장하는 무신론자들의 주장을 다루는 본문입니다. 이 본문은 세 개의 작은 문단으로 구성되어 있습니다. 12절에서 19절까지는 몸의 부활이 없을 때 나타나는 결과들을 다루었고, 20절에서 28절까지는 몸의 부활이 있을 때 나타나는 결과들을 다루었습니다. 마지막 세 번째 문단인 29절에서 34절에서는 12절에서 19절까지에서 다루었던 주제 곧, 몸의 부활이 없을 때 나타나는 결과가 무엇인가라는 주제로 다시 돌아가서 몸의 부활이 없을 때 나타나는 결과들을 몇 가지 더 소개합니다.

29절에는 해석하기가 쉽지 않은 난제 하나가 등장합니다. "만일 죽은 자들이 도무지 다시 살아나지 못하면 죽은 자들을 위하여 세례를 받는 자들이 무엇을 하겠느냐 어찌하여 그들을 위하여 세례를 받느냐." "만일 죽은 자들이 도무지 다시 살아나지 못하면"이라는 구절은 바울이 12절에서 19절까지 다루었던 주제인 몸의 부활이 없는 경우에 나타나는 결과들을 다루는 문제로 돌아갔음을 보여 줍니다. 몸의 부활이 없을 경우에 나타나는 또 하나의 결과는 죽은 자들을 위하여 세례를 받는 것이 소용이 없게 된다는 것입니다. 이 구절에서 당연히 의문이 제기됩니다. 도대체 "죽은 자들을 위하여 세례를 받는다"는 것이 무엇을 뜻하느냐 하는 것입니다. 이 구절은 고린도전서에서 가장 해석하기가 어려운 난해 구절들 가운데 하나입니다.

많은 주석가들이 이 구절을 세례가 대리속죄의 기능을 한다는 뜻으로 해석했습니다. 이 해석은 세부적으로 아주 다양하게 변형된 형태들로 나타났는데, 핵심은 다음과 같이 전개됩니다. 고린도교회 성도들의 지인들 가운데 예수님을 믿지 않은 채 죽은 사람들이 있었습니다. 이렇게 죽은 사람들은 구원받지 못하고 지옥에 떨어지게 됩니다. 이때 누군가가 이렇게 권고합니다. "죽은 사람들 가운데 네가 구원하기를 원하는 사람을 위하여 당신이 세례를 받으면 그 효력으로 죽은 사람이 내세에서 지옥으로부터 건져냄을 받을 수 있습니다!" 일부 고린도교회 교인들이 이 가르침에 따라서 예수님을 믿지 않고 죽은 특정한 사람을 위하여 세례를 받았습니다. 그런데 만일 몸의 부활이 없다면 죽은 사람은 몸이 해체되어 존재하지 않게 되고, 그렇게 되면, 죽은 사람을 위하여 세례를 받는다는 것 자체가 아무런 의미도 없지 않느냐 라는 것이 본문의 뜻이라는 것입니다.

　이런 해석이 강력한 지원을 받을 수 있었던 가장 근본적인 이유는 이 해석이 로마 가톨릭의 사후세계관과 똑같은 것은 아니지만 상당히 유사한 부분이 있기 때문입니다. 로마 가톨릭에서는 믿지 않는 자들은 죽어서 지옥으로 가고 순교자처럼 신앙이 탁월하게 뛰어난 극소수의 성도들은 천국에 들어가지만, 예수님을 믿기는 하지만 신앙이 그렇게 탁월하지도 않고 죄로부터 완전히 벗어나지도 못한 대부분의 신자들은 육체적 죽음 이후에 천국도 아니고 지옥도 아닌 제 삼의 처소인 연옥에 들어가서 아주 길고 긴 세월동안 불을 통한 정화의 과정을 겪어야 한다고 가르쳤습니다. 이 기간은 몇 천 년이 될지, 몇 만 년이 될지 알 수 없습니다. 그런데 현세에 사는 신자가 죽어서 연옥에 들어간 신자를 생각하면서 공덕을 쌓으면 그 공덕의 힘으로 연옥에서 겪어야 하는 정화의 기간을 줄일 수 있다는 것입니다. 이 같은 이유 때문에 로마 가톨릭의 장례식에서는 죽어서 연옥에 간 자를 위한 연도 곧, 연속기도를 반복하여 드립니다. 장례식 내내 연도가 끊이지 않을 뿐만 아니라 추도예배를 드릴 때도 계속하여 연도를 드립니다. 연도를 드리는 공덕의 힘으로 연옥에 간 죽은 성도의 정화기간을 줄이려는 것입니다.

물론 로마 가톨릭의 이와 같은 사후 세계관은 앞에서 말씀드린 방식대로 죽은 자를 위하여 세례를 받는 것과는 차이점이 있습니다. 로마 가톨릭에서는 죽은 신자들을 위하여 무엇인가를 하는 것이지만, 29절을 앞에서 말씀드린 방식으로 해석하는 경우는 죽은 불신자를 위하여 무엇인가를 하는 것입니다. 그러나 여하튼 현세에 사는 신자가 죽은 사람의 구원을 위하여 무언가를 할 수 있다고 생각한다는 점에서는 공통점이 있습니다.

이처럼 29절의 본문을 죽은 불신자를 구원하기 위하여 세례를 받는다는 뜻으로 해석한다는 말은 바울이 죽은 자를 구원하기 위하여 세례를 받도록 가르쳤거나 아니면 그런 관행을 바울이 인정했다는 뜻이 되는데, 이런 관점은 바울의 구원관과는 너무나 거리가 멀고 생소한 것입니다. 바울은 이렇게 가르친 일이 없습니다. 따라서 이 해석은 받아들이기가 매우 어렵습니다.

그러면 이 본문은 어떻게 해석되어야 하는가? 이 본문에 대한 가장 무리가 없고 기독교 교리와 충돌을 일으키지 않는 해석으로서 신학자들이 동의하는 해석은 다음과 같이 전개됩니다.

우선 이 본문에서 죽은 자는 믿지 않고 죽은 자들을 가리키는 것이 아니라 신자들을 가리킨다고 보는 것이 바른 해석입니다. 특히 신자들 중에서 특별히 모범적으로 훌륭한 믿음생활의 본을 보여 주면서 살다가 죽은 신자들을 가리킵니다. 이 신자를 편의상 A라고 가정하겠습니다. A의 남은 가족들 중에는 A가 임종하던 무렵까지도 예수님을 믿지 않은 가족이 있습니다. 믿지 않는 이 가족을 B라고 가정하겠습니다. A는 임종 시에 남은 가족들을 불러 모아 놓고 B에게 간곡하게 부탁을 합니다. "우리는 서로 사랑하는 한 가족이 아니냐? 그런데 네가 끝까지 예수를 믿지 않은 채 죽는다면 어떻게 되겠느냐? 나는 지금 천국으로 가지만, 너는 지옥으로 갈 것이고 그러면 우리는 영원히 이별해야 하지 않느냐? 네가 사후에도 나와 만나려면 너도 예수를 믿어야 하지 않겠냐? 네가 예수를 믿는 것이 나의 마지막 소원이다!" 이 당부를 남기고 A는 세상을 떠납니다. B는 A가 떠난 후에 A가 평생 동안 보여 주었던 아름다운 신앙생활과 A가 마지막으로 한 부탁을 떠올립니다. 그리고 많은 감동을 받습니다. 마침내 B는 신앙생활을 하기로 결심합니다. 그 결심의 표현으로 교회에 나가게 되고 마침내 세례를 받습니다. 이렇게 하여 B는 세상을 떠난 A의 간곡한 부탁을 들어 주었습니다. B가 세례를 받고 신앙생활을 시작한 것은 결국은 죽은 이후에 천국에서도 B와 헤어지지 않고 함께 살고 싶어 하는 A의 소원을 들어 준 셈입니다. 이런 의미에서 B는 죽은 A를 위하여 세례를 받았다고 할 수 있습니다. 본문이 말하는 "죽은 자들을 위하여 세례를 받는다."는 구절은 이런 의미로 해석하는 것이 무리가 없는 해석입니다. 정리하면 본문은 믿지 않고 죽은 불신자를 구원하기 위하여 세례 받는다는 뜻이 아니라 믿지 않는 지인이 믿음생활을 하기를 간절히 바라는 믿는 고인의 소원을 들어 준다는 뜻으로 해석되어야 합니다.

바울은 이처럼 죽어서 천국에 간 사람의 소원 곧, 현세에 남아 있는 믿지 않는 지인이 꼭 예수님을 믿고 죽어서 천국에서 다시 만나고 싶어 하는 소원을 들어 주기 위하여 어떤 사람이 세례를 받고 신앙생활을 하는데, 만일 몸의 부활이 없다면 이 모든 일들이 꽝이 되어 버리지 않겠느냐라는 말을 29절에서 하고 있는 것입니다.

계속해서 등장하는 30절, 31절, 32절은 한 가지 내용을 표현을 바꾸어 가면서 다양한 방법으로 묘사하는 본문들입니다. 이 본문은 바울 자신의 이야기를 하고 있습니다. 바울은 이 세 본문에서 자기 자신이 만난 상황을 세 가지 표현을 통하여 반복적으로 묘사합니다.

30절입니다. "또 어찌하여 우리가 언제나 위험을 무릅쓰리요?" "우리"는 일차적으로는 고린도전서를 함께 쓴 소스데네를 포함하지만, 바울의 후계자로 고린도에 가서 사역하는 아볼로, 바울과 함께 동역하는 바나바, 실라, 디모데 등을 포괄적으로 가리킨다고 볼 수 있습니다. 바울의 사역의 과정에는 항상 위험한 일들이 기다리고 있었는데, 바울은 영혼구원을 위해서 이런 위험한 일들을 피하지 않고 그대로 다 겪었습니다. "어찌하여 우리가 언제나 위험을 무릅쓰리요."라는 말은 몸의 부활이 없고 바울 자신이 사는 날이 이 세상에서의 날로 끝나 버리는 것이라면 자신이 날마다 위험한 일들을 피하지 않고 다 겪었던 시간들이 모두 다 헛 일이 되어 버리고 말지 않겠느냐는 것입니다.

31절입니다. "형제들아 내가 그리스도 예수 우리 주 안에서 가진 바 너희에 대한 나의 자랑을 두고 단언하노니 나는 날마다 죽노라." "단언 한다"는 말은 자신이 하는 말이 사실임을 강조하기 위하여 사용하는 맹세 어법입니다. 고대인들에게는 그 누구도 의심할 수 없는 확실하고 자명한 사실이나 대상에 의지하여 맹세하는 관행이 있었습니다. 바울이 본문에서 맹세의 근거로 내세우는 사실은 고린도교인들에 대하여 바울이 품고 있던 자랑이었습니다. 바울이 고린도전서에서 고린도교회 성도들에게 책망과 비판을 많이 한 것은 사실이지만 이와 같은 책망 때문에 고린도교회 성도들에 대한 바울의 애정이 무너져 버린 것은 결코 아닙니다. 고린도교회 성도들은 바울이 영적인 산고의 과정을 거쳐서 낳은 영적인 자녀들이었기 때문에 자신의 사역의 열매들로서 항상 소중하게 생각했고 자랑스러워했습니다. 고린도교회 성도들은 바로 이 사실을 누구보다도 확실하게 알고 있었습니다. 이 사실이 너무나 자명한 사실이었기 때문에 이처럼 맹세어법의 근거로까지 이용될 수 있었습니다. 원래 맹세어법은 하나님의 이름을 걸고 하는 것인데, 바울은 고린도교회 성도들을 이런 정도로까지 자랑스러워했습니다. 바울이 맹세하면서까지 강조한 것은 "날마다 죽는다"는 것입니다. 바울은 자신의 감정과 자존심을 상하게 하고 분통이 터지게 하는 일들을 수도 없이 만났고, 그럴 때마다 화를 내고 싶고 자기가 그런 형편없는 대접을 받을 만큼 모자란 사람이 아니라는 것을 드러내 보여주고 싶은 생각이 많았지만 그런 생각을 모두 누르고 끝까지 겸손하고 겸비한 태도를 잃지 않기 위하여 날마다 노력했습니다. 그런데 만일 몸의 부활이 없다면 이 모든 노력들이 헛수고로 끝나 버리고 말 것입니다.

32절입니다. "내가 사람의 방법으로 에베소에서 맹수와 더불어 싸웠다면 내게 무슨 유익이 있으리요 죽은 자가 다시 살아나지 못한다면 내일 죽을 터이니 먹고 마시자 하리라." 이 본문은 바울이 겪었던 일을 좀 더 구체적으로 실감나게 묘사하고 있습니다. 그런데 이 본문은 주의 깊게 읽어야 합니다.

우선 우리는 가정적인 상황을 묘사하는 것으로 되어 있는 첫 구절인 "내가 사람의 방법으로 에베소에서 맹수와 더불어 싸웠다면"을 검토해 볼 필요가 있습니다. 이 조건 절은 단순히 가정적 상황을 묘사한 구절이 아닙니다. 형식은 가정적 상황을 묘사한 것처럼 되어 있지만 내용은 실제상황을 묘사한 것으로 보아야 합니다. 예를 들어서 A가 도둑질하는 장면을 B가 몰래 숨어서 사진으로 찍어 놓았습니다. A는 아무도 자신이 도둑질하는 장면을 보지 못했다고 확신하고 있습니다. 나중에 물건이 없어졌다는 사실이 확인되어 소동이 일어났습니다. 범인을 잡기 위하여 의심이 가는 사람들을 불러다가 조사를 하는 중에 A도 조사받으러 왔고 B가 조사위원으로 앉아 있습니다. A는 도둑질을 한 일이 없다고 잡아뗍니다. 이때 B가 이렇게 묻습니다. "만일 네가 도둑질하는 시간에 현장을 누군가가 보고 사진을 찍었다면 너는 어떻게 답변할래?" 이때 B는 가정법으로 말을 했지만 실제로 일어난 일을 묘사하고 있지 않습니까? 바울이 본문에서 이런 어법을 구사하고 있는 것입니다. 바울은 가정적 상황을 묘사하는 어법을 사용하고 있지만 그 안에 담긴 내용은 실제로 일어난 사건입니다. 바울은 실제로 에베소에서 맹수와 더불어 싸웠습니다. 바울은 실제로 싸운 사건을 전제로 삼고 말을 풀어 나가는 것입니다. 그러므로 이 조건 절은 이런 뜻으로 이해하는 것이 자연스럽습니다. "내가 에베소에서 맹수와 더불어 싸웠는데."

이처럼 바울은 에베소에서 맹수와 더불어 싸웠습니다. 그러면 바울이 맹수와 더불어 싸웠다는 말은 무슨 뜻일까요? 실제로 당시 에베소를 비롯한 지중해 연안의 도시들에서는 원형 경기장에서 굶주린 호랑이나 사자와 같은 맹수를 경기장에 풀어 넣고 노예들 가운데 싸움에 능한 검투사들을 동원하여 싸움을 붙였습니다. 이 싸움은 검투사가 호랑이나 사자와 같은 맹수들을 죽이든지, 아니면 호랑이나 사자가 검투사를 죽이고 잡아먹어야 끝나는 아주 잔인한 경기였습니다. 로마의 귀족들은 관람석에 앉아서 느긋하게 경기를 즐겼고, 관중들 사이에서는 당연히 도박판이 벌어졌습니다.

오늘날의 경마장이나 복싱경기장이나 레슬링 경기장의 풍경을 연상하면 됩니다. 물론 오늘날의 이런 경기장들에서는 사람을 죽이는 것은 금지되어 있지만 도박판이 벌어지는 것은 옛날과 다름없습니다.

그러면 바울이 맹수와 벌이는 이 경기에 검투사로 나서서 싸웠다는 말인가? 그것은 몇 가지 이유들 때문에 사실상 불가능한 해석입니다. 첫째로, 바울이 맹수와 더불어 싸웠다면 상당히 큰 사건인데, 이 정도의 사건이라면 바울의 에베소 사역을 소상하게 보도하고 있는 사도행전에 기록이 남았을 것입니다. 그러나 사도행전에는 이런 기록이 없습니다. 둘째로, 검투사는 노예들이 담당했고 로마의 시민들은 참여하지 않았습니다. 바울은 로마의 시민권을 가지고 있었기 때문에 바울이 검투사로 나설 수가 없습니다. 셋째로, 바울이 검투사로 나섰다 하더라도 바울에게는 호랑이나 사자와 싸워서 이길 만한 체력이나 무술 실력이 없었습니다. 아마도 바울이 나섰다면 100% 호랑이나 사자에게 물려 죽었을 것입니다.

따라서 바울이 에베소에서 맹수와 더불어 싸운 것은 일종의 비유적인 표현으로서, 에베소에 있는 사람들과 싸워야 했던 싸움이 마치 호랑이나 사자와 같은 맹수와 더불어 싸우는 것을 방불케 했다는 것을 실감나게 표현한 것입니다. 아마도 바울은 에베소에서 있었던 은장색 데메드리오가 일으킨 소동을 염두에 두고 이런 표현을 사용한 것 같습니다. 고린도전서는 바울이 에베소에서 사역하는 동안 쓴 서신이기 때문에 충분히 가능성이 있는 해석입니다. 이 사건은 사도행전 19장 21절에서 41절까지 기록되어 있습니다. 사건은 이렇습니다. 바울의 에베소사역은 아주 성공적인 사역이었습니다. 특히 바울이 두란노 서원에서 행한 성경강의에는 에베소를 중심으로 하는 소아시아 지방에 있는 거의 모든 사람들이 찾아와서 듣고 개종하는 엄청난 일이 일어났습니다. 바울의 두란노서원 강의가 계기가 되어서 소아시아의 일곱 교회가 설립되기까지 했습니다. 마침 에베소에는 달의 여신인 아르테미스 여신을 숭배하는 신전이 있었고 데메드리오라는 은세공업자가 아르테미스 여신의 신상 모형을 만들어 팔아 돈벌이를 하고 있었습니다. 그런데 바울의 설교를 들은 청중들이 아르테미스 신 숭배를 끊어 버리기 시작했습니다. 그러자 신상 모형이 팔리지 않았고 데메드리오의 돈벌이가 제대로 되지 않았습니다. 화가 난 데메드리오는 바울을 방해하기로 계획합니다. 데메드리오는 바울이 아르테미스 신전을 무시하고 위협하고 있다고 군중들을 선동했고, 데메드리오의 선동에 넘어간 군중들이 분노하여 바울을 잡으려고 했습니다. 그러나 성도들이 바울을 보호했기 때문에 바울은 잡지 못한 채 바울의 동료들인 가이오와 아리스다고를 붙잡아 연극장으로 모여 들었습니다. 군중들은 무슨 일인지도 모른 채 모여 들었고 붙잡힌 바울의 동료들이 집단 테러를 당해 죽을 수 있는 일촉즉발의 위기상황이 벌어졌습니다. 그러나 다행하게도 민란이 일어나는 것을 원하지 않았던 서기장의 지혜로 간신히 사태가 진정되었습니다. 바울은 이때의 상황을 맹수와 더불어 싸우는 것으로 묘사한 것 같습니다.

그런데 이런 위험한 일들이 막 벌어질 때 바울이 어떻게 이 일들을 맞이해야 했느냐? "사람의 방법대로" 이 일들을 맞이해야 했습니다. "사람의 방법대로"라는 표현은 32절에만 적용되는 것이 아니라 30절에 있는 "언제나 위험을 무릅쓴다"는 표현이나 31절에 있는 "날마다 죽노라"는 묘사에도 적용됩니다.

그러면 "사람의 방법대로" 에베소에서 맹수와 더불어 싸웠다는 말은 무슨 뜻일까요? 이 표현은 하나님의 기적적인 간섭과 도우심이 나타나지 않았다는 뜻입니다. 예를 들어서 에베소에서 소동이 일어날 때 하나님이 보란 듯이 바울을 공격하는 사람들을 기적적인 방법으로 물리쳐 주시거나 기적적인 방법으로 바울을 무리로부터 빼내 주시거나 하는 방법으로 바울을 도우시지 않았습니다. 하나님을 모르는 사람들이 어려운 일을 만날 때 그 일을 몸으로 다 당해야 하는 것과 같은 방법으로 어려운 일들을 그냥 다 당하게 하셨다는 것입니다. 바울의 사역과정을 보면 이 사실을 알 수 있습니다. 바울이 다메섹 도상에서 예수님을 만나 개종한 이후에 바울이 살아 온 과정을 주의 깊게 살펴보면, 물론 간혹 하나님이 특별한 방법으로 간섭해 주신 일이 있긴 하지만 거의 대부분의 시간을 사람들이 겪으면서 사는 과정을 큰 차이 없이 다 겪으면서 살았습니다. 기독교인을 가혹하게 핍박하다가 갑자기 개종하여 복음을 전했을 때 사람들은 거의 대부분 바울의 진심을 의심하여 바울의 말을 받아들이지 않았습니다. 이 때문에 바울은 14년이라는 긴 시간 동안 아무런 사역의 열매도 거두지 못한 채 좌절의 시간을 보내야 했습니다. 바나바가 바울을 다소로부터 불러내어 본격적으로 열매를 거두는 사역이 시작된 이후에는 바울이 사역하는 곳마다 예외 없이 유대교인들과 방해하는 이방인들이 바울을 괴롭히고 위협하고 돌로 치고 감옥에 가두었는데, 바울은 이 모든 과정을 고스란히 그대로 당해야만 했습니다. 3차 여행이 끝난 후에는 억울하게 내란죄를 일으킨 죄수라는 누명을 쓰고 로마로 호송되어 갔는데, 하나님은 바울을 기적적으로 석방시켜 주시지 않았습니다. 바울은 또한 몸에 지병이 있었습니다. 아마도 간질병도 있었던 것 같고 눈병도 있었던 것 같습니다. 바울은 이 병을 견디기가 너무 힘들어서 하나님께 병을 낫게 해달라고 여러 차례 간구했으나 하나님은 바울의 병을 고쳐 주시지 않으셨습니다. 바울은 병든 몸을 이끌고 가는 곳마다 온갖 방해꾼들이 노리고 있음에도 불구하고 엄청나게 먼 거리를 그냥 하염없이 걸어서 이동해야 했습니다. 마음이 가라앉고 실망에 깊이 사로잡혀 헤어 나오지 못하는 시간들도 많이 찾아 왔지만 이런 순간들도 다 그대로 견뎌내야 했습니다. 바울의 삶의 과정에는 이런 일들로부터 자유로운 시간이 거의 없었습니다. "언제나" 위험을 무릅써야 했고, "날마다" 죽어야 했습니다. 바울 개인으로 볼 때 현실에서는 별로 희망이 없었습니다. 그런데 만일 몸의 부활이 없고 현실에서의 삶이 전부라면, 바울이 인내하면서 견뎌내야 했던 이 모든 삶의 순간들이 너무나 허무하고 무의미한 것으로 무너져 버리지 않겠습니까? 내가 왜 이 고생을 해야만 했는가? 하는 한탄을 하게 되지 않겠습니까? 그야말로 인생을 헛산 셈이 되지 않겠습니까?

만일 몸의 부활이 없다면 어떻게 사는 것이 훨씬 지혜로운 삶이겠습니까? "오늘이라도 실컷 먹고 마시는" 삶을 사는 것이 훨씬 지혜로운 삶이 아니겠습니까? 본문에 인용되어 있는 "내일 죽을 터이니 먹고 마시자"는 경구는 바울이 다른 문헌으로부터 인용한 것인데, 어떤 문헌에서 인용했는가에 대해서는 두 가지 견해가 있습니다. 하나는 구약성경 이사야서 22장 13절에서 인용했다는 견해입니다. 이사야서의 본문은 강대국 앗시리아에게 포위당한 예루살렘 거민들의 자포 자기하는 심정을 표현하고 있습니다. "내일 죽으리니 먹고 마시자 하는도다." 예루살렘 거민들은 예루살렘을 포위한 앗시리아 군대가 예루살렘을 공격하면 살아날 길이 없다고 단정했습니다. 미래에 살 소망이 없으니 차라리 오늘 하루라도 배부르게 먹고 마시다가 죽는 것이 더 낫겠다고 생각한 것입니다. 이사야의 본문이 바울의 상황과 유사한 점이 있는 것은 사실이지만 예루살렘인들은 내세에서 살 희망이 없다는 것을 문제 삼았던 것이 아니라 현세에서 살아남는 희망이 없는 것을 문제 삼았다는 점에서 바울의 문맥과는 잘 안 맞습니다. 다른 하나는 바울 당시에 유행했던 철학파인 쾌락주의 학파에서 주장했던 경구를 인용했다고 보는 견해입니다. 쾌락주의 학파는 무신론자들로서 내세를 믿지 않았고 몸이 부활한다는 것도 믿지 않았습니다. 이들은 내세라는 것은 존재하지 않으므로 현세에서 누릴 수 있는 것을 최대한 누리는 것이 바른 삶이라고 가르쳤습니다. 이 주장이 바울이 문제 삼고 있는 상황과 잘 들어맞습니다.

바울은 33절과 34절에서 부활을 믿는 성도들이 유의해야 할 생활태도를 제시하는 것으로 몸의 부활이 없을 때 나타나는 추가적인 결과들에 대한 서술을 마무리합니다. 33절입니다. "속지 말라 악한 동무들은 선한 행실을 더럽히나니." "악한 동무들"은 몸의 부활이 없다고 주장하는 사람들을 뜻합니다. 몸의 부활을 믿지 않는 자들에게서 나타나는 생활태도는 현실의 삶 속에서 최대한 쾌락을 추구하는 것입니다. 부활이 있고 내세가 있고 하나님의 심판도 있다고 믿는 성도들은 인내하면서 절제하고 조심하는 생활 자세를 유지하려고 하는데, 이들은 이런 성도들의 바른 생활태도를 흩어 놓으려고 시도합니다. 이들은 이렇게 속삭입니다. "죽으면 다 끝나 버리는 게 우리 인생인데 뭐 그렇게 바보처럼 구차스럽게 사느냐? 하고 싶은 것 마음대로 하고 즐기고 싶은 것 마음대로 즐기면서 사는 것이 최고가 아니냐?" 이런 속삭임에 속아 넘어 가서는 안 된다고 바울은 말합니다. 34절에서 바울은 영적으로 정신을 차리고 깨어서 의를 행하고 죄를 짓지 말라는 권고로써 서술을 마무리합니다. "깨어 의를 행하고 죄를 짓지 말라 하나님을 알지 못하는 자가 있기로 내가 너희를 부끄럽게 하기 위하여 말하노라."

이제 오늘의 본문이 주는 교훈을 정리하고 강의를 마무리하겠습니다.

첫째로, 우리는 우리가 장차 맞이하게 될 임종 시점에서 우리의 신앙생활의 여정을 되돌아보았을 때, 우리의 지나온 신앙생활이 다른 사람들의 마음에 감명을 줄 수 있을 정도로 아름답고 바른 모습을 견지하고 있는가를 점검해 볼 필요가 있습니다. 본문29절에서 믿지 않는 불신자가 이 세상을 떠난 지인 신자를 위하여 신앙을 고백하고 세례를 받기로 결심할 수 있었던 것은 이 신자가 신앙생활 하는 모습을 보고 감명을 받았기 때문입니다. 만일 이 신자가 신앙생활을 엉망으로 해놓고 죽어가는 시점에서 예수 믿으라고 권고한다면 그 권고가 먹히지 않을 것 아니겠습니까? 우리는 이 세상을 떠나는 시점에서도 우리의 지난 삶의 여정을 아는 자들에게 하나님 나라의 아름다움과 영광스러움을 증언할 수 있는 자들이 되어야 하겠습니다.

둘째로, 우리는 우리의 신앙생활이 항상 하나님의 기적 같은 간섭을 경험하는 감미로운 순간들만으로 구성되지 않는다는 사실을 반드시 유념할 필요가 있습니다. 우리에게 주어진 대부분의 시간들은 사람들이 다 겪어야 하는 평범한 일들과 어려움들을 똑같이 겪고 견디고 헤쳐 나가야 하는 시간들입니다. 한걸음 더 나아가서 우리가 하나님 앞에서 바르게 살기 위해서는 다른 사람들보다 더 많은 어려움을 각오해야 할 때도 있습니다. 그러나 우리는 다른 사람들과 동일한 삶을 살아내면서도 이 삶에 임하는 태도를 달리해야 하겠습니다. 다른 사람들이 아무런 의미도 발견하지 못하고 그저 피하고 싶어 하기만 하는 이런 삶의 과정 속에서도 하나님을 만나고 하나님이 주시는 의미를 발견하고 기뻐할 수 있어야 하겠습니다. 무엇보다도 우리에게는 현실을 넘어서 영원까지 이어지는 부활의 삶, 아브라함이 바랐던 영원한 본향이 있다는 소망 안에서 우리의 삶을 해석하고 정돈하는 지혜가 있어야 하겠습니다.

35 누가 묻기를 죽은 자들이 어떻게 다시 살아나며 어떠한 몸으로 오느냐 하리니 36 어리석은 자여 네가 뿌리는 씨가 죽지 않으면 살아나지 못하겠고 37 또 네가 뿌리는 것은 장래의 형체를 뿌리는 것이 아니요 다만 밀이나 다른 것의 알맹이 뿐이로되 38 하나님이 그 뜻대로 그에게 형체를 주시되 각 종자에게 그 형체를 주시느니라 39 육체는 다 같은 육체가 아니니 하나는 사람의 육체요 하나는 짐승의 육체요 하나는 새의 육체요 하나는 물고기의 육체라 40 하늘에 속한 형체도 있고 땅에 속한 형체도 있으나 하늘에 속한 것의 영광이 따로 있고 땅에 속한 것의 영광이 따로 있으니 41 해의 영광이 다르고 달의 영광이 다르며 별의 영광도 다른데 별과 별의 영광이 다르도다 42 죽은 자의 부활도 그와 같으니 썩을 것으로 심고 썩지 아니할 것으로 다시 살아나며 43 욕된 것으로 심고 영광스러운 것으로 다시 살아나며 약한 것으로 심고 강한 것으로 다시 살아나며 44 육의 몸으로 심고 신령한 몸으로 다시 살아나나니 육의 몸이 있은즉 또 영의 몸도 있느니라

제58강

어떠한 몸으로 오느냐

From
the Cross
to Agape

고전 15장 35~44절

● 　　　　고린도전서 15장 12절에서 34절이 몸의 부활 자체를 부정하는 무신론적인 주장에 대한 비판을 다루었다면 35절에서 58절까지는 또 하나의 큰 문제 곧 부활 시에 입게 될 몸에 대하여 오해를 하고 있고, 이 때문에 부활에 대하여 의문을 품는 일부 고린도교회 성도들의 입장을 다루고 있습니다. 본문은 다시 크게 다섯 개의 단위로 나눌 수가 있습니다. 첫째로, 35절은 부활에 대하여 제기된 또 하나의 문제가 무엇인가를 소개하고 있습니다. 둘째로, 36절에서 44절까지는 현세의 몸과 부활의 몸의 다른 몸임을 자연 안에서 관찰되는 현상들을 비유로 들면서 곧, 일반계시를 비유로 들면서 논증하고 있습니다. 셋째로, 45절에서 50절까지는 현세의 몸과 부활 시에 입게 될 몸의 차이를 아담사건과 그리스도사건을 비교하면서 곧, 특별계시에 근거하여 논증합니다. 넷째로, 51절에서 57절까지는 신자들이 그 몸을 언제, 그리고 어떤 방법으로 입게 될 것인가를 다루고 있습니다. 58절에서는 부활신앙을 확고하게 가진 성도들은 현세 안에서 어떤 삶을 살아야 하는가를 결론으로 제시합니다. 오늘은 이 다섯 가지 단위들 가운데 첫째 단위와 둘째 단위를 다루고 있는 44절까지 공부하고 셋째 단위부터 다섯째 단위까지는 다음 시간에 이어서 공부하겠습니다.

　　35절은 부활과 관련하여 고린도교회에서 제기된 또 하나의 문제가 무엇인가를 소개하고 있습니다. "누가 묻기를 죽은 자들이 어떻게 다시 살아나며 어떠한 몸으로 오느냐 하리니."

12절에서 34절에서 다룬 문제는 단호하게 "부활이 없다"는 주장이었습니다. 두 번째 문제는 첫 번째 문제 보다는 강도가 많이 약해진 주장입니다. "죽은 자들이 어떻게 다시 살아나는가?" 이 질문을 하는 사람은 부활이 없다고 단정 짓지는 않고 다만 죽은 사람이 다시 살아난다는 것을 납득하는 데 어려움을 겪고 있습니다. 계속되는 질문은 이 사람이 죽은 사람이 다시 살아난다는 것을 납득하지 못한 이유가 무엇인가를 보여 줍니다. "어떠한 몸으로 오느냐?" 이 사람이 죽은 사람의 부활을 납득하지 못한 이유는 부활한 사람이 입게 될 몸에 대한 궁금증이 풀리지 않았기 때문입니다.

이 질문을 하는 사람은 아마도 당시 유대인들 사이에서 널리 퍼져 있었던 부활한 몸에 대한 관점이 어떤 것인가를 잘 알고 있었던 것 같습니다. 이 사람은 만일 부활이 유대인이 생각하는 방식으로 일어나는 것이라면 정말로 부활은 유치한 것이고 믿을만한 일이 못된다고 생각했던 것 같습니다. 그러면 유대인이 생각하고 있었던 부활관은 어떤 것인가? 다행하게도 성경 안에 유대인들이 생각하고 있었던 부활관이 어떤 것인가를 잘 보여 주는 본문이 있습니다. 그 본문은 부활문제를 둘러싸고 예수님과 서기관들 사이에서 벌어진 논쟁을 보도하고 있는 마가복음 12장 18절에서 27절입니다. 사두개인들은 무신론자들로서 부활을 믿지 않았습니다. 사두개인들이 부활을 믿지 않았던 이유들 가운데 하나는 당시 바리새인들을 비롯한 유대교인들이 가지고 있었던 부활관이 유치하다고 생각했기 때문입니다. 사두개인들은 조롱이 가득 찬 어조로 당시 유대교인들이 가지고 있었던 부활관의 어리석음을 보여 주는 한 가지 비유를 들면서 예수님께 시비를 걸어 왔습니다. 이 비유는 당시에 통용되고 있었던 계대 결혼법의 관점에서 내세에서의 삶을 패러디한 것입니다. 계대 결혼법은 형이 결혼하여 살다가 아이가 없이 죽으면 집안의 대를 잇기 위하여 남동생이 형수를 아내로 받아들이도록 규정한 것입니다. 이런 제도를 만든 이유는 가계의 혈통이 끊어지는 것을 막기 위한 것이었습니다. 유대사회에서 남자 아이를 낳아서 가계의 맥을 잇는 것은 혈통의 맥을 잇는다는 차원을 넘어서서 하나님 나라의 맥을 잇는다는 종교적인 의미까지도 지니고 있었습니다. 예컨대 아브라함으로부터 시작하여 요셉까지 이르는 족장시대에는 하나님 나라의 전통과 사역이 자손을 통하여 계승되었습니다. 하나님이 이방사회에서 들어온 계대 결혼법을 묵인하신 이유도 이와 같은 하나님 나라의 전통의 계승과 무관하지 않습니다.

　사두개인들은 계대 결혼법을 극단적으로 적용한 예를 들면서 예수님께 시비를 걸어 왔습니다. 어느 집에 형제가 일곱 명이 있었습니다. 맏아들이 결혼을 했는데, 자식을 낳지 못한 채 죽었습니다. 그러자 둘째 남동생이 형수를 아내로 맞아 들였습니다. 그런데 둘째도 자식을 낳지 못하고 죽었습니다. 이번에는 셋째 남동생이 다시 형수를 아내로 맞아 들였습니다. 마침내 막내까지 형수를 아내로 맞아 들여야 하는 상황이 벌어졌습니다. 마침내는 막내 남동생도 죽고, 형수도 죽어서 모두 천국에 갔습니다. 사두개인의 질문은 이것입니다. "형수가 천국에 가 보니 일곱 형제들이 모두 한 자리에 모여 있는데, 형수는 그곳에서 누구의 아내로 살아야 합니까?" 사두개인은 유대교가 주장하는 부활신앙이라는 것이 얼마나 어리숙한 것인가를 지적하기 위하여 이 비유를 들었습니다. 이 비유에는 당시 유대교인들에게 널리 알려져 있었던 부활관이 반영되어 있습니다. 유대교의 부활관의 핵심은 천국에서의 삶은 현세에서의 삶과 성질이 같다는 것입니다. 현세에서 결혼생활이 내세에서도 그대로 옮겨가서 계속됩니다. 달라지는 것은 장소

뿐입니다.

　유대교에서는 당연히 부활한 몸에 대해서도 같은 원리를 적용했습니다. 유대교에서는 현세의 몸을 구성하고 있던 재료들이 그대로 재조립되어 현세에서의 몸과 동일한 몸으로 다시 살아난다고 보았습니다. 유대교의 문헌들 가운데 하나인 바룩2서 49장 2절과 50장 1절과 2절에 보면 이런 내용이 있습니다. "땅은 분명히 죽은 자를 회복시켜 줄 것이다. 땅은 죽은 자들을 보존하기 위하여 죽은 시신을 받아들인다. 땅은 시신의 형태에 변화를 주지 않고 시신을 받아들인 모습 그대로 회복시켜 줄 것이다." 부활한 몸이 어떤 몸인가를 궁금해 하던 사람들에게 이런 방식으로 부활한 몸을 설명해 주면 부활 신앙 자체가 패러디거리로 전락할 수 있습니다. 35절에 등장하는 질문자는 부활의 몸이 현세의 몸을 구성하고 있던 재료들이 재조립되어 현세의 몸과 똑같은 몸으로 살아난다는 가르침을 듣고 난감해 했던 것 같습니다.

　죽어서 해체되어 버린 시신이 원상으로 복구된다는 것은 과학이 발달하지 않았던 당시 사람들도 상식적으로 납득하기 힘들어 한 일이었는데, 과학이 발달한 오늘날에는 시신이 원래 몸을 구성하고 있던 재료들을 그대로 이용하여 복구된다는 사실이 상식적으로 말이 안 되는 일이라는 점이 더 선명해졌습니다. 죽은 시신을 땅에 묻으면 시신의 입자들이 해체되어 흙속으로 스며들어 갈 것이며, 흙 속에 들어간 어떤 입자들은 빗물을 타고 떠내려가 바다 가운데 가 있기도 할 것이고, 어떤 입자들은 영양분이 되어 나무 수액을 타고 올라가 과일의 성분이 되고 과일을 먹은 어떤 사람이나 짐승의 몸속으로 들어가 버리기도 하는 등, 산지사방으로 흩어져서 다른 물체나 생명체의 몸의 일부가 되어 버릴 것입니다. 이 입자들이 원위치로 모이려면 전 세계에 있는 물체들과 사람들과 짐승들의 몸이 아마도 수억 개 이상의 조각으로 폭발하듯이 분해되어 이합 집산하는, 보기에도 끔찍한 대혼란이 일어나지 않겠습니까? 문제는 여기에 그치지 않습니다. 더욱이 입자들은 화학변화를 일으켜서 구성이 다른 입자들로 바뀌기도 하고, 유전자들은 변이를 일으켜서 다른 유전자 구조들로 바뀌기도 하는데, 이렇게 변화를 일으킨 입자들이나 유전자들이 원상으로 복구되려면 입자가 다시 해체되고 유전자가 다시 해체되는, 한층 더 끔찍한 혼란이 전 세계적으로 일어나지 않겠습니까? 아마도 전 세계에 있던 핵무기가 모두 폭발하는 것을 능가하는 어마어마한 폭발과 대혼란이 일어나게 될 것입니다. 따라서 현세에서의 몸과 부활 이후에 입게 될 몸이 동질의 몸인가 하는 질문에 대하여 바울은 답변을 주지 않을 수 없었습니다.

바울은 사람들이 가까운 곳에서 쉽게 관찰할 수 있는 자연현상들 가운데 하나를 소개하면서 이야기를 풀어 나갑니다. 그 자연현상은 식물이 성장하는 과정입니다. 36절입니다. "어리석은 자여 네가 뿌리는 씨가 죽지 않으면 살아나지 못하겠고."

바울은 부활시의 몸이 현세의 몸과 형체와 재료에서 모두 원상 그대로 복구된다고 생각하는 자들을 "어리석은 자"라고 호칭함으로써 이들이 부활에 대하여 가지고 있는 생각이 부활을 오해하고 있음을 분명히 합니다.

바울은 사람들이 알고 있는 사실 한 가지를 상기시킵니다. 그것은 "네가 뿌리는 씨가 죽지 않으면 살아나지 못 한다"는 것입니다. 우리는 이 문장을 읽을 때 현대 생물학의 관점을 적용하면 안 됩니다. 생명체가 자라나는 과학적 기전에 따라서 성장과정을 묘사하는 현대 생물학의 관점에서 보면 이 문장은 틀린 말입니다. 생물학의 관점에서 보면 실제로 땅에 심은 씨앗이 죽어 버리면 싹이 나올 수가 없습니다. 과학적 진리는 땅에 심은 씨앗이 살아 있어야 싹이 나온다는 것입니다. 실제로 식물이 자라나는 것은 땅에 심은 씨앗이 영양분을 받아 들여서 세포분열을 통하여 몸체를 크게 불려갈 수 있어야 가능한 일입니다. 이 본문은 과학적 관점에서 기록한 본문이 아니라 이른바 현상학적 관점에서 기록한 것입니다. 현상학적 관점이란 눈에 보이는 그대로 정직하게 묘사하는 서술법입니다. 옛날 사람들은 사람이 땅 속에 묻히는 경우가 사람이 죽었음을 의미하는 것처럼, 어떤 생명체든지 땅 속에 묻히는 것은 생명체가 죽는 것이라고 생각했습니다. 식물들의 경우에 씨앗을 땅에 심으면 싹이 터 오르는데, 이 현상은 죽었던 생명체가 다시 살아나는 것을 뜻한다고 생각했습니다. 당시의 유대인들은 땅 속에 들어간 씨앗이 싹으로 움터 올라오기까지의 과학적 기전을 밝혀내는 일에는 관심이 없었습니다. 이들은 눈에 보이는 그대로를 정직하게 묘사하는 것으로 만족했습니다. 바울이 서술하는 방법도 같은 맥락입니다. 바울은 씨앗에서 성체가 자라나는 과학적 기전에는 관심이 없었고 다만 당시 사람들이 통상적으로 식물의 성장과정에 대하여 생각하고 있던 내용을 상기시키면서 말을 이어 갑니다. 예수님이 요한복음 12장 24-25절에서 말씀하신 한 알의 밀알의 비유도 같은 관점에서 읽어야 합니다. 예수님도 씨앗이 땅 속에 들어가서 죽으면 많은 열매를 맺는다고 보았던 당시의 서민들의 관점을 매개로 이용하면서 교훈을 하는 것입니다.

바울이 식물의 성장에 대한 이와 같은 묘사를 이용하여 보여 주려고 한 것이 무엇일까요? 37절입니다. "또 네가 뿌리는 것은 장래의 형체를 뿌리는 것이 아니요 다만 밀이나 다른 것의 알맹이 뿐이로되." "장래의 형체"는 싹이 튼 이후에 다 자란 성체로서의 식물을 가리킵니다. "형체"라는 말은 원문이 "소마"인데, "소마"는 "몸"이라고 번역하는 것이 더 자연스럽습니다. 그런데 농부가 땅에 심을 때 몸, 곧 성체로서의 식물을 심는 것이 아닙니다. 농부가 땅에 심을 때는 식물의 알갱이를 심습니다. "밀이나 다른 것"은 농부가 땅에 심는 식물들을 통칭하는 표현입니다. 특별히 밀을 언급한 이유는 당시에 가장 많이 심었던 식물이 밀이었기 때문입니다. 알갱이는 껍질을 벗겨낸 속 씨앗을 뜻합니다. 농부가 땅에 심을 때는 아주 작은 식물의 씨의 알갱이 하나를 심었는데, 나중에 이 알갱이와는 형태가 전혀 다른 식물이 나온 것입니다. 여기서 바울이 암시하고자 한 것은 땅에 들어간 씨의 형태와 이 씨로부터 솟아 나온 식물의 형태가 다르다는 것입니다.

 식물이 자라나는 생물학적 기전을 모르는 당시 사람들의 눈에는 이 현상은 문자 그대로 기적이었습니다. 어떻게 이런 일이 가능한가? 38절 전반절입니다. "하나님이 그 뜻대로 그에게 형체를 주시되." 하나님이 원하시는 대로 종자에게 형체 곧 몸을 주시기 때문에 가능합니다. 하나님은 전능하신 창조주이시기 때문에 얼마든지 땅에 심을 때와는 전혀 다른 몸이 자라나게 하실 수 있습니다. 하나님은 자신이 원하시는 뜻대로 종자에게 종자와는 다른 형태의 몸을 주십니다. 사실 유전학의 단계에까지 발달한 현대 생물학의 관점에서도 작은 씨앗으로부터 이 씨앗만으로는 추정이 불가능한 성체의 식물이 자라나는 과정은 여전히 신비에 둘러싸여 있습니다. 현대 생물학에서는 씨앗보다도 훨씬 더 작은 유전자에게로 연구의 범위가 좁혀졌습니다. 그런데 정자가 정자 따로 존재하고 난자가 난자 따로 존재할 때는 아무런 변화가 일어나지 않다가 수정이 이루어지는 순간 갑자기 살아 있는 생명체의 두 가지 특징인 자기복제와 단백질생성이 시작되는데, 왜 이 시점에 이 두 가지 작용이 시작되는지 유전학은 전혀 밝혀내지 못하고 있습니다. 현대 유전학은 DNA가 어떤 입자들로 구성되어 있고, 성체의 모양을 결정하는 수많은 유전자들이 있다는 사실 정도를 확인하는 이상은 아무 것도 밝혀내지 못하고 있습니다. 그 이상은 여전히 신비입니다. 바울 당시에 생물성장기 전에 대하여 거의 모르고 있었다면 현대 생물학은 1%쯤 알아낸 정도라고 보면 될는지 모르겠습니다. 그런데 이 작용을 살아계신 하나님이 하신다고 설명하면 단순하면서도 명료하게 정리가 되어 버립니다. 하나님은 종자들 곧 씨앗들 하나하나 마다 종자들과는 다른 형태의 몸 곧 성체로서의 식물을 자라나게 하십니다. 식물도 그렇고 동물도 그렇습니다. 땅에 심을 때의 씨앗의 형체와 다 자란 성체 식물의 몸이 다른 것처럼 현세 안에서 살 때의 몸과 부활 이후의 몸은 질적으로 다르다는 것이 바울이 말하려고 하는 요지입니다.

바울은 38절 하반 절에서 41절까지에서 하나님이 다른 몸을 주실 수 있다는 사실을 전 우주적인 차원에까지 확대시켜서 증명합니다.

하나님은 씨와는 다른 성체의 식물의 몸을 주실 뿐만 아니라 종자들 하나하나마다 다른 몸을 주십니다. 38절 후반 절입니다. "각 종자에게 그 형체를 주시느니라." "그 형체"라는 말은 "고유한 형체" 또는 "고유한 몸"이라는 뜻입니다. 세상에 어마어마하게 많은 숫자의 씨앗들이 있는데, 하나님은 각 씨앗의 종류들마다 그 씨앗에 고유한 성체의 몸들을 주시는데, 이 몸들이 각각 다 다릅니다.

식물들의 몸의 형태만 다른 것이 아니라 동물들의 몸의 형태들도 종류마다 다 다릅니다. 39절입니다. "육체는 다 같은 육체가 아니니 하나는 사람의 육체요 하나는 짐승의 육체요 하나는 새의 육체요 하나는 물고기의 육체라." 사람의 몸과 사람이 아닌 육상동물의 몸과 하늘을 나는 새의 몸과 바다에 사는 물고기의 몸이 각각 다릅니다.

특별히 하나님이 식물을 그 종자들마다 각각 다른 고유한 몸을 따로따로 주셨고, 동물의 경우도 사람, 땅의 동물, 하늘의 동물, 바다의 동물을 각각 따로따로 주셨다는 바울의 진술은 한 종으로부터 자연발생의 과정을 통하여 모든 다른 종들이 파생되어 나왔다고 주장하는 진화론을 거부합니다.

하나님이 피조물을 종류별로 다르게 만드셨다는 사실은 우주적으로 확대됩니다. 40절입니다. "하늘에 속한 형체도 있고 땅에 속한 형체도 있으나 하늘에 속한 것의 영광이 따로 있고 땅에 속한 것의 영광이 따로 있으니." "하늘에 속한 형체"는 해와 달과 별과 같은 천체를 뜻합니다. 땅에 속한 형체는 지구상에 있는 모든 것들을 뜻합니다. 천체가 주는 아름다움과 위엄은 지구상에 있는 것들 – 에베레스트, 융프라우, 나이아가라 폭포, 그랜드 캐년 등이 주는 아름다움과 위엄은 다릅니다.

천체라 해도 해가 주는 아름다움과 위엄, 달이 주는 아름다움과 위엄, 별이 주는 아름다움과 위엄이 또 다 다릅니다. 41절 전반절입니다. "해의 영광이 다르고 달의 영광이 다르며 별의 영광도 다른데." 해가 지구를 비추는 빛과 달이 지구를 비추는 빛이 다르고 별이 지구를 비추는 빛이 다릅니다. 해는 그 모양 그대로 있지만 달은 시시각각으로 초생 달에서 반달로, 반달에서 그믐달로, 그믐달에서 보름달로 모양이 바뀝니다. 별들은 지구인들의 눈에 아주 작게 보이지만 무한히 크고 많은 숫자를 자랑합니다.

뿐만 아니라 별들마다 자세히 들여다보면 또 아름다움과 위엄이 다 다릅니다. 41절 하반 절입니다. "별과 별의 영광이 다르도다." 바울 시대에는 망원경이 없어서 그저 육안으로 별을 관찰할 수밖에 없던 시절이었는데도 별들이 지닌 아름다움과 위엄이 별들마다 다 다르다는 생각을 할 수 있었다는 것이 놀랍기만 합니다. 오늘날 망원경뿐만 아니라 전자망원경, 인공위성에 장착된 망원경, 화성과 토성과 명왕성까지 날아가서 직접 사진을 찍어 오는 기술 등을 통해서 들여다 본 우주는 우리가 보기에 전율을 일으킬 만큼 형언할 수 없는 아름다움과 위엄으로 가득 차 있습니다.

땅에 심긴 씨앗과 다 자란 식물의 형태가 다르다는 관찰에서 시작하여 하나님이 식물이나 동물의 종마다 다른 몸을 주셨고, 심지어는 하늘의 천체들과 땅에 있는 물체들 사이에도 다른 형체를 가진 몸체들을 주시고, 해와 달과 별들에게 각각 다른 몸체들을 주셨고, 별들마다 또한 무한히 다양한 몸체들을 주셨음을 보여줌으로써 하나님이 얼마든지 다른 몸들을 주실 수 있음을 예증한 바울은 이제 처음에 제시한 씨앗과 다 자란 식물의 비유로 돌아갑니다. 바울은 다 자란 식물의 몸체가 땅에 심긴 씨앗의 몸체와는 다른 몸체임을 상기시키면서 현세의 몸과 부활 이후에 성도들이 입게 될 몸도 다르다고 말합니다. 동시에 바울은 현세의 몸과 부활 이후의 몸이 지닌 각각 다른 특징들을 네 가지로 정리하여 제시합니다. 42절 전반절입니다. "죽은 자의 부활도 그와 같으니." 이 말은 부활을 식물의 성장과정에 비유하는 말입니다. 땅 속에 들어가는 씨앗의 형태와 다 자란 식물의 형태가 다른 것처럼, 현세의 몸과 부활 이후에 신자들이 입게 될 몸은 다릅니다. 그러면 어떻게 다른가?

42절 후반 절은 첫 번째 특징의 차이를 말합니다. "썩을 것으로 심고 썩지 아니할 것으로 다시 살아나며." 첫 번째 특징의 차이는 "썩는 것"과 "썩지 않는 것"의 차이입니다. "썩을 것"은 처음에는 온전한 모습을 지니고 있다가 점진적으로 기능이 약화되고, 손상되고, 오염되고, 부패되어 가다가 마침내 소진되어 버리는 성질을 가진 것이라는 뜻입니다. 인간의 신체에 이런 특징이 나타납니다. 점차 온전한 모습으로 자라나던 인간의 신체는 젊은 시절에 온전한 모습의 정점을 찍은 다음에는 점진적으로 기능과 힘이 약화되어 가다가 마침내 기능과 힘이 소진되어 죽음을 맞이합니다. "썩지 않는 것"은 부패하지 않은 상태로 유지되는 것만이 아니라 윤리적으로나 미학적으로나 심리사회적으로나 점점 더 풍부해지고 완전해지고 생명으로 충만해지는 것을 뜻합니다.

43절 전반절은 두 번째 차이를 보여 줍니다. "욕된 것으로 심고 영광스러운 것으로 다시 살아나며." 두 번째 특징의 차이는 "욕된 것"과 "영광스러운 것"의 차이입니다. "욕되다"는 말은 "굴욕을 겪는다"는 뜻인데, 현세의 몸은 질병이나 죽음이 찾아 올 때 굴욕을 겪습니다. 질병이 몸에 찾아오면 몸이 변형되거나 망가지거나 기능을 상실하는 굴욕을 겪습니다. 결정적인 굴욕은 죽음이 찾아 온 직후부터 겪습니다. 죽음이 찾아 온 직후부터 몸은 급격하게 부패해 가기 시작하고 몸이 한 번 부패를 시작하면 생전에 아무리 아름다운 미모를 지닌 사람이라도 철저하게 외면하고 싶은 몸으로 변합니다. 게다가 이 몸은 흙속에 파묻히거나 화장터에서 불에 태워지는 최대의 굴욕을 당합니다. "영광스럽다"는 말은 즐거움으로 꽉 차 있는 상태를 가리킵니다. 사랑하는 사람과 오랫동안 헤어져 있다가 만나는 순간 벅차오르는 즐거움이 꽉 차 있는 순간과 같은 상태입니다. 마지막 날 그리스도와 같은 몸으로 변화되어 하나님을 대면할 때 이런 상태에 들어가게 될 것입니다.

43절 후반 절은 세 번째 특징의 차이를 보여 줍니다. "약한 것으로 심고 강한 것으로 다시 살아나며." 세 번째 특징의 차이는 "약한 것"과 "강한 것"의 차이입니다. 현세의 몸은 약한 몸입니다. 현세의 몸이 "약하다"는 말은 현세의 몸이 질병이나 사고에 취약하다는 것을 뜻하며, 또한 죄악의 유혹에 취약하다는 뜻을 지닙니다. 예를 들어서 술과 담배가 인체에 유해하다는 사실을 알고서도 술과 담배를 끊지 못하고 계속함으로써 흉측하게 망가져 버린 몸들을 우리 주위에서 쉽게 볼 수가 있습니다. 술을 날마다 마셔서 온 몸에서 시궁창 썩는 것과 같은 냄새가 나도 계속 술을 마시고, 담배를 계속 피워서 폐가 썩어 가는 데도 담배를 끊지 못합니다. 이것이 현세의 몸입니다. 그러나 부활 이후에 입게 될 몸은 질병이나 사고에 무너지지 않으며, 죄악의 유혹에도 강력하게 대응하는 몸입니다.

44절은 가장 중요한 네 번째 특징의 차이를 보여 줍니다. "육의 몸으로 심고 신령한 몸으로 다시 살아나나니 육의 몸이 있은 즉 또 영의 몸도 있느니라." 네 번째 특징의 차이는 현세의 몸은 "육의 몸"이라는 것이고, 부활 이후의 몸은 "신령한 몸"이라는 것입니다. "육의 몸"은 죄악으로 물들어 있는 인간의 성품의 지배하에 있는 몸이라는 뜻입니다. 몸이라는 말은 바울의 문맥에서는 몸을 통하여 영위되는 삶이라는 뜻도 있으므로 이 말은 죄악 된 인간의 성품에 의하여 좌지우지되는 삶이라는 뜻도 됩니다. 현세 안에는 철저하게 인간의 계획과 목적과 욕망에 의해서만 영위되는 삶이 있습니다. 불신자들의 삶이 모두 이런 삶입니다. 신자들도 아직 새로운 몸을 입지 못했기 때문에 이런 삶으로부터 완전히 벗어나지 못합니다. "신령한 몸"이라는 말은 구체적인 물질로 구성되지 않은 영적인 실재라는 뜻이 아닙니다. "신령한"이라는 말은 "성령에 의한"이라는 뜻입니다. 성령에 의하여 새롭게 창조된 몸이요, 성령의 지배를 받는 몸이요, 성령 안에서 살아내는 삶을 뜻합니다. 부활 이후의 몸은 인간의 기술이나 지혜로 얻을 수 있는 몸이 아니라 "성령 하나님"의 기적적인 능력으로라야 비로소 얻을 수 있는 몸이요, 현세의 몸과는 질적으로 다른 새롭게 창조된 몸입니다. 이 몸은 현세의 몸 보다 더 아름답고, 더 낫고, 더 강하고, 더 건강하고, 더 행복하고, 하나님이 원하시는 것만을 듣는 능력이 탁월한 몸입니다.

부활 이후에 입게 될 몸에 대한 보다 구체적인 정보는 부활하신 후에 제자들에게 나타나신 예수님에게서 확인할 수 있습니다. 오늘은 예수님의 말씀을 근거로 하여 부활 이후에 입게 될 몸이 어떤 몸인가를 결론을 대신하여 말씀드리고 다음 시간에 계속하여 바울의 부활논증을 살펴보도록 하겠습니다. 요한복음 21장 12절과 13절은 부활하신 예수님의 몸에 대하여 이렇게 보도하고 있습니다. "예수께서 이르시되 와서 조반을 먹으라 하시니 제자들이 주님이신 줄 아는 고로 당신이 누구냐 감히 묻는 자가 없더라 예수께서 떡을 가져다가 그들에게 주시고 생선도 그와 같이 하시니라." 본문은 예수님이 제자들에게 조찬자리를 마련해 주시는 장면을 보도하고 있습니다. 물론 본문에는 예수님이 제자들에게 조찬자리를 마련해 주시고 예수님 자신이 잡수셨다는 명시적인 표현은 없지만 함께 식사를 하신 것으로 보는 것이 자연스러운 해석입니다. 여기서 우리는 부활 이후에 우리가 입게 될 몸에 대하여 중요한 정보를 얻을 수 있습니다.

첫째로 이 몸은 현세의 몸과 같이 구체적인 실체가 있는 몸이요, 음식을 먹을 수도 있는 몸이요, 희노애락의 감정들을 다 느낄 수 있는 몸이요, 현세에 있는 사람들과 똑같이 사회적 교제를 나눌 수도 있는 몸입니다. 뿐만 아니라 생전의 예수님의 모습과 동일한 외형을 지니고 있었습니다. 그런 점에서 부활 이전의 예수님의 몸과 부활 이후의 예수님의 몸 사이에는 연속성이 있습니다. 이처럼 신자들이 현세에 입고 있는 몸과 부활 이후에 입게 될 몸 사이에는 연속성이 있습니다.

둘째로, 그러나 이 몸은 시공을 초월한 몸이라는 점에서 현세의 몸과는 다른 몸입니다. 사도행전 1장 9절과 10절이 보도하고 있는 것처럼 예수님은 이 몸으로 시공을 초월하여 승천하셨습니다. 장차 부활 이후에 우리가 입게 될 몸도 예수님처럼 시공을 초월한 경이로운 몸이며, 어떤 질병과 사고와 죽음과 죄의 세력에도 강력하게 대응하는 능력을 가진 몸입니다.

45 기록된 바 첫 사람 아담은 생령이 되었다 함과 같이 마지막 아담은 살려 주는 영이 되었나니 **46** 그러나 먼저는 신령한 사람이 아니요 육의 사람이요 그 다음에 신령한 사람이니라 **47** 첫 사람은 땅에서 났으니 흙에 속한 자이거니와 둘째 사람은 하늘에서 나셨느니라 **48** 무릇 흙에 속한 자들은 저 흙에 속한 자와 같고 무릇 하늘에 속한 자들은 저 하늘에 속한 이와 같으니 **49** 우리가 흙에 속한 자의 형상을 입은 것 같이 또한 하늘에 속한 이의 형상을 입으리라 **50** 형제들아 내가 이것을 말하노니 혈과 육은 하나님 나라를 이어 받을 수 없고 또한 썩는 것은 썩지 아니하는 것을 유업으로 받지 못하느니라 **51** 보라 내가 너희에게 비밀을 말하노니 우리가 다 잠 잘 것이 아니요 마지막 나팔에 순식간에 홀연히 다 변화되리니 **52** 나팔 소리가 나매 죽은 자들이 썩지 아니할 것으로 다시 살아나고 우리도 변화되리라 **53** 이 썩을 것이 반드시 썩지 아니할 것을 입겠고 이 죽을 것이 죽지 아니함을 입으리로다 **54** 이 썩을 것이 썩지 아니함을 입고 이 죽을 것이 죽지 아니함을 입을 때에는 사망을 삼키고 이기리라고 기록된 말씀이 이루어지리라 **55** 사망아 너의 승리가 어디 있느냐 사망아 네가 쏘는 것이 어디 있느냐 **56** 사망이 쏘는 것은 죄요 죄의 권능은 율법이라 **57** 우리 주 예수 그리스도로 말미암아 우리에게 승리를 주시는 하나님께 감사하노니 **58** 그러므로 내 사랑하는 형제들아 견실하며 흔들리지 말고 항상 주의 일에 더욱 힘쓰는 자들이 되라 이는 너희 수고가 주 안에서 헛되지 않은 줄 앎이라

제59강

썩지 아니할 것으로

From the Cross to Agape

고전 15장
45~58절

- 45절에서 50절까지에서 바울은 아담의 몸과 그리스도의 몸이 다른 점을 비교하는 가운데 현세의 몸과 부활 이후에 입게 될 몸의 차이를 설명합니다. 그런데 여기서 바울은 "현세의 몸은 곧 아담의 몸과 같은 몸이고, 부활 이후에 입을 몸은 그리스도가 입은 몸과 같은 몸이다"라는 방식으로 단순하게 비교하는 것은 아닙니다. 그러면 바울이 어떤 방식으로 비교하고 있는가를 살펴보겠습니다.

먼저 45절을 읽겠습니다. "기록된바 첫 사람 아담은 생령이 되었다 함과 같이 마지막 아담은 살려 주는 영이 되었나니." "기록된바"라는 표현은 바울이 구약성경에서 인용하고 있음을 보여 줍니다. 바울이 인용한 구약성경은 창세기 2장 7절중에 마지막 부분인 "사람이 생령이 되니라"고 말한 구절입니다. 바울이 인용한 구절은 "첫 사람 아담이 생령이 되었다"고 되어 있습니다. 번역 성경만으로도 두 구절을 비교해 보면 차이가 난다는 사실을 알 수 있습니다.

> 사람이 생령이 되니라.
> 첫 사람 아담이 생령이 되었다.

이 구절을 비교해 보면 바울은 창세기 2장 7절에는 없는 두 구절을 첨가했음을 알 수 있습니다. "첫"과 "아담"이 첨가단어들입니다. 이 단어들은 히브리어 원문에 없는 단어들입니다. 바울은 이 단어들을 첨가하여 읽을 때 창세기 2장 7절의 말씀의 뜻이 좀 더 선명하게 드러난다고 생각하고 이 단어들을 첨가했습니다. 이처럼 바울이 첨가한 단어들도 성령의 감동으로 기록된 하나님의 말씀입니다. 창세기 2장 7절에 보면 하나님이 영을 창조하셔서 아담의 몸 안에 불어 넣어 주시자 아담은 영혼을 가진 살아 있는 몸이 되었습니다.

"마지막 아담"은 그리스도를 뜻합니다. 그리스도는 "살려 주는 영"이 되셨습니다. 첫 번째 아담은 살아 움직이는 영이라면 마지막 아담인 그리스도는 살려 주는 영이 되었습니다. 이 말이 지닌 뜻은 무엇일까요? 아담은 피조물인 반면에 그리스도는 하나님이시자 창조주시라는 뜻입니다. 이 점은 "살아 있는 영"과 "살려 주는 영"에 사용된 용어의 차이에서도 드러납니다. 첫 번째 아담을 가리키는 표현인 "생령"에도 "영"이 나오고 마지막 아담인 그리스도를 가리킬 때도 "살려 주는 영"이 나와서 우리 말로는 똑같은 영이라는 표현이 사용된 것 같지만, 헬라어 원어 상으로는 첫 번째 아담을 가리킬 때 사용한 "영"은 프쉬케라는 단어인 반면에 마지막 아담을 가리킬 때 사용한 "영"은 프뉴마로서 단어 자체가 다릅니다. 뒤에 나오는 프뉴마는 인간의 영을 가리킬 때도 사용되고 하나님의 영을 가리킬 때도 사용되는 용어이지만 앞에 나오는 프쉬케는 하나님의 영을 가리킬 때는 절대로 사용되지 않고 단지 사람의 영혼을 가리킬 때만 사용됩니다. 부활하신 이후의 그리스도는 죄와 허물로 죽었던 인간의 영혼뿐만 아니라 육체까지도 살려 내시는 하나님이십니다.

46절입니다. "그러나 먼저는 신령한 사람이 아니요 육의 사람이요 그 다음에 신령한 사람이니라." 이 문장은 두 몸 사이에 존재하는 시간적 순서의 차이를 말합니다. 먼저 오는 것은 "육의 사람"입니다. 육의 사람은 현세의 인간을 가리킵니다. 반면에 신령한 사람은 부활 이후의 사람을 가리킵니다. 본문은 부활한 이후에 입게 될 몸에 대하여 두 가지 중요한 정보를 제시하고 있습니다.

첫째로, 이 몸은 "신령한 몸"입니다. 신령한 몸이라는 말은 물질적 실체가 없는 영적인 몸이라는 뜻이 아닙니다. "신령한"이라는 말은 "성령에 의한"이라는 뜻입니다. 그러므로 "신령한 몸"은 "성령에 의하여 새롭게 창조된 몸"이라는 뜻입니다.

둘째로, 현세의 몸이 성령에 의하여 창조된 몸 보다 선행한다는 말은 성령께서 새로운 몸을 창조하실 때는 언제나 현세의 몸을 바탕으로, 그리고 현세의 몸과 연속성을 유지하면서 창조하신다는 것입니다. 부활한 인간은 반드시 현세의 인간을 바탕으로 주어집니다. 현세에서 몸을 지니고 산 경력이 없는 사람에게 부활의 몸이 주어지는 일은 없습니다. 그런 점에서 현세의 인간과 부활 이후의 인간은 연속성이 있습니다. 현세의 인간이 지니고 있던 영혼은 이 세상을 떠나는 날 없어지는 것이 아니라 완전한 영혼으로 업그레이드된 상태로 존재하게 될 것입니다. 현세의 인간이 지니고 있던 몸은 내용물은 모두 새롭게 창조된 새 몸이지만 외형은 현세에서의 모습을 그대로 유지할 것입니다.

47절입니다. "첫 사람은 땅에서 났으니 흙에 속한 자이거니와 둘째 사람은 하늘에서 나셨느니라." "첫 사람은 땅에서 났으니"라는 구절은 창세기 2장 7절 전반절을 반영하고 있습니다. 이 본문에서는 "사람"이라는 단어가 사용되고 있지만 강조점은 문맥상 영혼 보다는 몸에 강조점이 있습니다. 첫 사람 아담의 몸은 그 재료를 땅으로부터 취했습니다. 그렇다고 해서 땅에 있는 모든 성분들이 무차별적으로 인간의 몸 안으로 다 들어간 것이 아니라 땅 중에서 특히 선별된 아주 부드러운 흙이 재료로 이용되었습니다. "땅에서 났으니 흙에 속한 자"라는 말은 사람의 몸이 땅 속에 있는 부드러운 흙으로 구성되었음을 말합니다. 흙을 재료로 어떻게 복잡한 유전자구조 등을 가진 생체가 만들어졌는가? 이 과정은 생물학적으로 설명될 수 없습니다. 이 과정은 하나님만이 하실 수 있는 기적입니다. 반면에 둘째 사람이신 그리스도의 몸은 "하늘로부터" 왔습니다. 하늘로부터 왔다는 말은 하나님이 새롭게 창조하신 몸이라는 뜻입니다. 그리스도의 몸은 하나님에 의하여 새롭게 창조되어 입혀진 몸입니다. 그리스도는 살려 주는 영이신 동시에 하나님이 창조하신 새로운 몸을 입으셨습니다. 신자들의 영은 "살려 주신 영"이신 그리스도의 영이 살려내 주신 영이지 그리스도의 영이 아닙니다. 그러나 신자들이 부활 이후에 입게 될 몸은 그리스도가 입고 있는 몸과는 같은 몸입니다. 몸이라는 차원에서 볼 때 48절이 말하고 있는 것처럼 "흙에 속한 자들" – 성도들 – 은 "저 흙에 속한 자" – 아담 – 과 같고, "하늘에 속한 자들" – 하늘에 계신 아버지 하나님과 아들 하나님이 보내신 성령에 의하여 재창조된 성도들 – 은 "저 하늘에 속한 이 – 그리스도 – 와 같다고 할 수 있습니다. 49절이 말하는 것처럼 성도들은 현세에 사는 동안에 "흙에 속한 자" – 아담 – 의 형상을 입은 자들로서 살아가는 것처럼, 부활 이후에는 "하늘에 속한 자" – 그리스도 – 의 형상도 입게 될 것입니다.

그러면 우리가 반드시 새 몸을 입어야 하는 이유는 무엇일까요? 현세에 입고 있는 몸을 가지고는 하나님 나라의 유업을 받을 수가 없기 때문입니다. 50절입니다. "형제들아 내가 이것을 말하노니 혈과 육은 하나님 나라를 이어 받을 수 없고 또한 썩는 것은 썩지 아니하는 것을 유업으로 받지 못하느니라." "혈과 육"은 현세의 몸이 가지고 있는 인간의 본성을 가리킵니다. 현세 안에서 인간의 본성은 죄의 강력한 지배를 받고 있어서 심각하게 손상된 상태에 있습니다. 따라서 현세 안에서 인간이 가지고 있는 본성으로는 하나님의 나라를 유업으로 받을 수가 없습니다. 왜냐하면 하나님의 나라는 죄의 세력이나 죄에 의하여 오염된 본성과는 양립할 수 없기 때문입니다. "썩는 것"은 현세에서 인간이 입고 있는 몸을 뜻합니다. 썩어서 부패해가는 현세의 몸도 하나님 나라에 참여할 수가 없는데, 왜냐하면 하나님의 나라는 썩지 않는 것을 특징으로 하기 때문입니다. 영원한 하나님 나라의 백성이 되기 위해서는 죄로 오염된 인간의 본성뿐만 아니라 썩어 부패하는 몸을 포함하여 전인이 새롭게 변화되어야 합니다.

인간은 영혼과 육체로 구성되어 있으며, 영혼은 다시 속사람과 겉 사람으로 구성되어 있습니다. 속사람은 쉽게 말하면 무의식의 세계를 뜻합니다. 겉 사람은 의식의 세계를 뜻합니다. 본성은 대부분 속사람에 속해 있으면서 겉 사람에도 그 일부 자락을 뻗혀 놓고 있습니다. 인간의 몸은 대부분 물질에 속해 있으면서 겉 사람에도 그 일부 자락을 뻗혀 놓고 있습니다.

인간이 예수 그리스도를 영접하는 순간 속사람 속에 성령께서 들어 와 내주하시면서 속사람을 거듭나게 하십니다. 그러나 이때 겉 사람은 아직 죄의 오염과 죄의 세력 아래 그대로 있습니다. 신자들은 평생에 걸쳐서 겉 사람 속에 여전히 남아 있는 죄의 오염과 세력과 싸우는 전투적인 삶을 살아야 합니다. 이것이 성화의 삶이며 우리 그리스도인들이 살아내야 하는 삶입니다. 그러다가 영혼에 몸을 떠날 때 곧, 육체적인 죽음을 죽을 때 겉 사람까지도 완전히 새로워짐으로써 영혼의 완전한 변화가 일어납니다. 그러나 몸은 썩고 부패하여 해체됩니다. 마지막 재림 때가 되면 몸이 성령에 의하여 새롭게 창조된 새 몸으로 변화됨으로써 전인의 변화가 완결됩니다.

그렇다면 성도들의 몸의 부활은 언제 어떤 방식으로 일어나는가? 이 질문에 대하여 51절에서 53절이 답변합니다.

　51절입니다. "보라 내가 너희에게 비밀을 말하노니 우리가 다 잠잘 것이 아니요 마지막 나팔에 순식간에 홀연히 변화하리니." 중요한 것은 아닙니다만, 원래 원문에 보면 "마지막 나팔에, 순식간에, 홀연히"라는 세 개의 부사구는 52절로 분류되어 있습니다. 그런데 한 문장이 이 세 부사가 들어 있는 52절 중간까지 이어져 있어서 이 세 부사는 51절에 연결되어야 한 문장이 됩니다. 따라서 우리말로 번역할 때는 어쩔 수 없이 52절에 있는 이 세 부사구를 51절로 당겨서 연결시킨 것입니다.

　몸의 변화가 일어나는 시점은 재림 때입니다. "우리가 다"에서 "우리"는 성도들을 가리키므로 "우리가 다"는 성도들 전부를 가리킵니다. 재림의 시점을 기준으로 하여 보면 "잠잔다"는 표현은 육체적 죽음을 가리키는 표현입니다. 우리가 다 잠잘 것이 아니라는 말은 재림의 때에 이미 죽은 성도들도 있지만 살아서 재림을 맞이하는 성도들도 있을 것이라는 사실을 보여 줍니다. 그런데 이미 죽어서 몸이 해체되어 버린 성도들이나 살아서 재림을 맞이하는 성도들이나 몸이 변화를 겪는다는 점에서는 아무런 차이가 없습니다. 사실 재림 시에 몸이 변화를 겪을 때 현세의 몸을 가지고 있으나 가지고 있지 않으나 아무런 차이가 없습니다. 왜냐하면 현세의 몸을 구성하고 있는 재료를 가지고 새 몸을 입는 것이 아니라 현세의 몸은 다 벗어 버리고 성령에 의하여 새롭게 만들어진 몸을 입게 될 것이기 때문입니다.

　그러면 어떤 방식으로 변화되는가? 첫째로, 마지막 나팔 소리가 울려 퍼집니다. 요한계시록 8장에서 10장까지 보면 일곱 명의 천사가 등장하여 일곱 번 나팔을 부는 것으로 되어 있는데, 바울이 말하는 마지막 나팔은 일곱 번째 천사가 부는 나팔소리를 뜻하는 것으로 해석하면 됩니다. 군대에서 새벽에 울리는 기상나팔 소리와도 같은 나팔 소리리 온 우주 가득히 장엄하게 울려 퍼질 것입니다. 그러면 둘째로, 순식간에, 그리고 셋째로, 홀연히 새로운 몸을 입을 것입니다. "순식간에"는 시간을 가장 짧은 단위로 미세하게 쪼갠 작은 단위를 뜻합니다. 현대 과학에서 나노라는 단위를 사용합니다. 나노 초라는 말이 있습니다. 나노 초는 1억분의 1초를 가리킵니다. 본문이 말하는 "순식간에"는 나노 초 정도로 번역하면 될 것 같습니다. "홀연히"는 별 빛이 한 번 번쩍하고 빛나는 순간을 가리킵니다. 우리의 눈에는 별 빛이 변함없이 지속되는 것처럼 보이지만 사실은 우리가 알아차리지 못하는 순간에 수없이 많이 깜빡입니다. 번개가 한 번 번쩍하고 내리치는 것과 같은 극히 짧은 나노 초와도 같은 짧은 시간에 우리는 성령이 새롭게 만드신 몸을 입을 것입니다.

52절은 51절의 내용을 보완해 줍니다. "나팔 소리가 나매 죽은 자들이 썩지 아니할 것으로 다시 살아나고 우리도 변화하리라." 재림 때 사람들은 두 가지 형태로 존재하게 될 것입니다. 육체적인 죽음에 의하여 몸이 해체되어 버리고 영혼만이 남아 있는 형태로 존재하는 사람들이 있고, 살아 있는 상태로 존재하는 사람들이 있습니다. 죽은 사람들은 다시 살아나서 썩지 않는 몸을 입게 되고, 살아 있는 사람들은 썩는 몸이 썩지 않는 몸으로 변화될 것입니다. 이미 말씀드린 것처럼 현세의 썩을 몸을 입고 있든, 아니면 이 몸이 해체되어 없어져 버리든, 별 차이가 없습니다. 어차피 우리가 입게 될 새 몸은 현세의 몸을 재활용한 몸은 아니기 때문입니다. 53절은 부활 시에 있을 변화의 내용을 다시 정리합니다. "이 썩을 것이 반드시 썩지 아니할 것을 입겠고 이 죽을 것이 죽지 아니함을 입으리로다." 우리가 입게 될 몸은 썩지 않는 몸이고, 죽지 않는 몸입니다.

이처럼 썩지 않고 죽지 않는 몸을 입으면 최종적으로 어떤 결과가 찾아오는가? 54절입니다. "이 썩을 것이 썩지 아니함을 입고 이 죽을 것이 죽지 아니함을 입을 때에는 사망을 삼키고 이기리라고 기록된 말씀이 이루어지리라." 최종적인 결과는 "사망을 삼키고 이기리라"는 예언이 실현되는 것입니다. 이 말씀은 "사망을 영원히 멸하실 것이라"는 이사야서 25장 8절을 인용한 것입니다. 여기서도 바울은 이사야서의 본문을 자구적으로 그대로 인용하지 않고 변형하여 인용하고 있습니다. 바울은 성령의 감동을 받은 성경기록자이기 때문에 이렇게 할 자격이 있고, 이렇게 변형한 내용도 하나님의 영감 받은 말씀입니다. 55절은 54절이 말한 결과를 보완 설명합니다. "사망아 너의 승리가 어디 있느냐 사망아 네가 쏘는 것이 어디 있느냐?" 이 외침도 바울이 구약성경 호세아서 13장 14절을 인용한 것입니다. "사망아 네 재앙이 어디 있느냐? 스올아 네 멸망이 어디 있느냐?" 역시 이 본문도 호세아의 본문을 자구 그대로 인용한 것이 아니라 바울이 본문의 내용을 해석하면서 변형하여 인용한 것입니다. 사망은 인간들에게는 최대의 재앙이고 인간을 파멸시키는 것입니다. 사망이 인간들에게 가져 오는 재앙과 파멸을 바울은 사망의 승리라고 해석하면서 그것을 쏘는 침에 비유했습니다. 재앙과 파멸은 사망이 인간들을 공격하는 최대의 무기입니다. 쏘는 침은 독이 들어 있는 전갈이나 벌의 침을 가리킵니다. 그런데 재림 때가 되면 사망이 인류에게 더 이상 재앙이 되지 않고 더 이상 파멸이 되지 않는데, 그 모습이 마치 침을 제거당한 전갈과도 같고 침을 제거당한 벌과도 같다는 것입니다.

예수님을 믿지 않는 불신자들에게 있어서 죽음은 재앙이고 멸망입니다. 불신자들에게 있어서 죽음이 재앙이고 멸망이 되는 이유는 두 가지입니다. 첫째는, 육체적 죽음 이후에 지옥 안에서의 영원한 고통이 기다리고 있기 때문입니다. 둘째는, 생명의 근원이신 하나님과 영원한 단절 상태에 들어가기 때문입니다. 불신자들 가운데서도 평온한 마음으로 의연하게 죽음을 맞이하는 자들도 간혹 있습니다. 예를 들어서 고대 희랍의 철학자인 소크라테스는 아주 평온한 태도로 독이 든 잔을 마시고 생애를 마감했습니다. 그런데 소크라테스가 이렇게 평온한 태도로 죽음을 맞이할 수 있었던 이유는 죽음 이후의 세계에 대하여 오해하고 있었기 때문입니다. 소크라테스는 죽음은 육체라는 악한 감옥 안에 갇혀 있던 영혼이 감옥으로부터 벗어나서 자유함을 얻고 영혼이 원래 살았던 이상향의 세계인 이데아의 세계로 돌아가는 것이라고 믿었습니다. 소크라테스는 죽음을 교도소에 수감된 상태로 수십 년 동안을 지내다가 자유인의 몸이 되어 가족이 있는 집으로 돌아가는 것처럼 생각한 것입니다. 그렇다면 당연히 평온한 마음으로 의연히 죽음을 맞이할 수 있습니다.

그런데 예수 그리스도는 소크라테스와는 전혀 다른 태도로 죽음을 맞이했습니다. 예수님은 두려움과 공포 안에서 죽음을 맞이하셨습니다. 왜냐하면 예수님은 온 인류의 죄를 대신 짊어지신 죄인 곧 불신자의 입장에서 죽음을 맞이하셨고, 이 입장에서 죽음을 맞이할 때 성부 하나님과 관계가 완전히 단절되어야 할 뿐만 아니라 하나님의 무시무시한 진노 속에 들어가야 한다는 사실을 알고 계셨기 때문입니다. 불신자들이 평온하게 죽음을 맞이하는 것은 죽음 이후의 세계에 대하여 잘못된 정보를 가지고 있기 때문입니다.

그런데 재림 때가 되면 성도들의 경우에는 사망이 지니고 있던 독침이 완전히 제거되어 버립니다. 이 독침은 일차적으로는 우리가 예수 그리스도를 구주로 영접할 때 독성이 약화되었습니다. 영혼의 속사람이 독침이 쏘는 독의 사정권에서 벗어난 것입니다. 그러나 독이 아직도 남아 있어서 몸과 겉 사람을 괴롭히지만 이제는 현세 안에서도 맞붙어서 싸울 만 한 정도가 되었습니다. 그러다가 성도들이 이 세상을 떠날 때 독이 한층 더 약화됩니다. 몸은 사망이 쏘는 독침을 맞아서 썩어 가지만 영혼은 독침으로부터 완전히 벗어납니다. 성도들이 세상을 떠나는 순간 곧, 몸이 썩어서 해체되는 순간에 남아 있는 가족들과 이별하는 슬픔, 수십 년 동안 정들었던 몸이 약해져 가고 마침내 해체되어 가는 슬픔이 물론 큽니다. 그러나 견뎌낼 만한 슬픔입니다. 그리고 막상 당해 보면 "별 것 아니구나"라는 것을 절실하게 깨닫게 될 것입니다. "이렇게 쉬운 것이라면 그렇게 두려워하지 않아도 되는 것이었는데…"라는 생각을 반드시 하게 될 것입니다. 그러다가 재림 때가 되면 나머지 독도 완전히 제거되고, 성도들에게는 사망이 더 이상 어떤 독도 쏠 수 없는 무력한 전갈, 무력한 벌처럼 되어 버립니다. 성도들은 우리가 현세 안에 있을 때는 상상조차도 하지 못했던 영광스럽고 행복한 영원한 생명의 나라로 완전히 들어가 버릴 것입니다. 물론 주님을 믿지 않는 자들의 경우에는 사정이 정반대입니다.

바울은 재림 전에, 성도들이 현세 안에 사는 동안 사망이 어떤 방식으로 독침을 쏘아 대는가를 56절에서 설명합니다. "사망이 쏘는 것은 죄요 죄의 권능은 율법이라."

"사망의 쏘는 것은 죄요." 바울은 사람들이 죄에 빠지는 순간을 갑자기 선산에 성묘하러 갔다가 갑자기 벌의 침에 쏘이는 것, 산길을 걷다가 독이 든 뱀에 물리는 것, 누군가가 쏜 화살을 몸에 맞은 것에 비유합니다. 죄를 범하면 그때부터 즐겁고 편안하고 생명에 넘던 마음과 생활이 갑자기 불안하고 초조하고 마음과 몸이 병이 드는 어둡고 음침한 세계로 접어들게 됩니다. 어떤 오랏줄 같은 것에 몸이 휘감겨서 빠져 나오고 싶어도 빠져 나올 수가 없는, 일종의 가위눌림과 같은 상태, 습지에 한번 발을 들여 놓았는데 아무리 기를 써도 점점 끌려 들어가기만 하는 절망적인 상태에 들어가게 됩니다. 그 상태 그대로 가면 참혹한 파멸과 죽음에 이르리라는 것을 직감하게 됩니다. 그러는 와중에 도대체 누가 죄의 화살을 쏜 거야? 하고 둘러보면 궁사는 눈에 보이지 않습니다. 그러나 저 후미진 곳에 숨어 있는 궁사가 바로 사망 그 자체라는 사실을 어렴풋이 감지할 수 있습니다.

"죄의 권능을 율법이라." 그러면 우리가 죄를 범하고 있다는 사실을 어떻게 알 수 있을까요? 율법이 우리가 죄를 범했다는 사실을 가르쳐 줍니다. 율법을 읽으면 우리가 죄를 범했다는 사실을 알 수 있습니다. 이 사실을 바울은 로마서 7장 7절에서 11절까지 소상하게 묘사하고 있습니다. 이 본문의 중심 단어들이 세 개 곧 사망, 죄, 율법이 아닙니까? 로마서 7장 7-11절도 중심 단어들이 세 개 곧 사망, 죄, 계명율법입니다. 바울은 고린도전서 15장 56절 한 절에 살짝 맛보기로 보여 준 사망과 죄와 율법의 역학관계를 로마서에서 상세하고 더 깊이 있게 전개합니다. 고린도전후서를 쓴 다음에 바울이 쓴 서신이 바로 로마서입니다. "그런즉 우리가 무슨 말 하리요 율법이 죄냐 그럴 수 없느니라 율법으로 말미암지 않고는 내가 죄를 알지 못하였으니 곧 율법이 탐내지 말라 하지 아니하였더라면 내가 탐심을 알지 못하였으리라 그러나 죄가 기회를 타서 계명으로 말미암아 내 속에서 온갖 탐심을 이루었나니 이는 율법이 없으면 죄가 죽은 것임이라 전에 율법을 깨닫지 못했을 때에는 내가 살았더니 계명이 이르매 죄는 살아나고 나는 죽었도다 생명에 이르게 할 그 계명이 내게 대하여 도리어 사망에 이르게 하는 것이 되었도다 죄가 기회를 타서 계명으로 말미암아 나를 속이고 그

것으로 나를 죽였도다.”

그러나 재림 때가 되면 이 모든 일을 조종하던 주체인 사망이 지닌 최고의 무기인 독침, 독화살이 완전히 제거되기 때문에 이런 일들이 다시는 일어나지 않게 될 것입니다. 바울은 이처럼 사망을 이기게 하신 하나님께 감사의 찬양을 드립니다. 57절입니다. “우리 주 예수 그리스도로 말미암아 우리에게 승리를 주시는 하나님께 감사하 노니.”

부활에 대한 가르침을 끝낸 바울은 마지막 절인 58절에서는 이제 현실로 눈을 돌려서 부활을 믿는 성도들은 어떤 마음가짐으로 현세에서 주어진 삶을 살아내야 하는가를 제시하는 것으로 서술을 마무리 짓습니다. “그러므로 내 사랑하는 형제들아 견실하며 흔들리지 말고 항상 주의 일에 더욱 힘쓰는 자들이 되라 이는 너희 수고가 주 안에서 헛되지 않은 줄 앎이라.” 바울의 권고는 세 가지 태도로 요약될 수 있습니다.

첫째로, 부활을 믿는 성도들은 “견실하며 흔들리지 말아야” 합니다. 견실하라는 말이나 흔들리지 말라는 말이나 의미의 차이는 없습니다. 견실할 것과 흔들리지 말 것을 강조하는 이유는 현실의 상황이 부활에 대한 믿음을 유지하는 것을 어렵게 하기 때문입니다. 현대의 성도들이 부활신앙을 유지하는 데 어려움을 겪는 이유로는 두 가지를 고려해 볼 수 있습니다.

하나는 부활신앙을 진리로 믿는 사람들의 숫자 보다는 믿지 않거나 의심하는 사람들의 숫자가 월등히 많기 때문입니다. 사람들은 숫자의 위력에 매우 취약합니다. 다수가 추구하는 흐름에 같이 따라가면 마음이 편안해지고 다수의 흐름에 거스르면 뭔가 잘못하는 것 같고 실패하는 것처럼 느껴지는 것이 우리 모두가 경험하는 것입니다. 고린도교회 성도들이 부활에 대한 믿음을 견지하지 못하고 흔들린 이유도 고린도교회 성도들이 만나는 고린도에 사는 대다수의 사람들이 부활신앙을 어리석은 것으로 여기는 사람들이었기 때문입니다. 고린도시의 인구가 어느 정도인가는 알 수 없지만 고린도시의 총 인구가 아마도 수만 명 정도는 되었을 것이고, 고린도시에 있는 교회는 고린도교회 하나뿐이었던 데다가 고린도교회 자체도 아마도 회중의 숫자가 수십 명 정도밖에 되지 않는 것으로 추정해 본다면, 고린도시의 시민들 중에서 기독교인들의 숫자는 1%를 훨씬 밑돌았을 것입니다. 아마 거의 무시해도 좋은 숫자였음이 분명합니다. 이런 상황 속에서 부활신앙이 없거나 부활신앙을 조롱하는 사람들과 어울려서 일상생활을 하다 보면 이들의 영향을 받아서 부활신앙이 흔들릴 수가 있습니다. 어떤 사람들은 쾌락주의 철학의 영향을 받아서 죽은 사람이 다시 살아나는 것은 말도 안 되는 이야기라고 주장했고, 죽음 이후에 계속하여 산다고 믿는 사람들도 영혼이 육체라는 감옥을 떠나서 이상향의 세계로 날아간다거나 사람이 아닌 각종 짐승의 형태로 살아난다거나 현세의 몸과 똑같은 몸으로 살아난다는 등과 같은 주장을 전개하여 오히려 부활신앙에 대한 의구심을 부채질했습니다.

현대의 성도들 특히, 한국사회에 살고 있는 성도들은 그래도 고린도교회 성도들보다는 더 나은 상황에 처해 이는 셈입니다. 한국에서는 그래도 공식적으로 25% 정도는 기독교인으로 집계되고 있지 않습니까? 그럼에도 불구하고 우리 주위에는 부활신앙을 시대에 뒤떨어진 낡은 종교관으로 생각하는 사람들이 대다수입니다. 이런 의식을 가진 사람들과 같이 날마다 어울리다 보면 이 사람들이 가지고 있는 이들의 무신론적인 사상의 영향이 나도 모르게 나를 압도하여 나의 부활신앙이 흔들릴 수 있습니다. 교회에 나와서 예배에 참석할 때나 성경공부를 할 때는 부활신앙이 올라갔다가 교회 문을 나서거나 성경공부를 끝내고 집에 돌아가면 부활신앙이 흔들립니다.

또 다른 이유로는 부활신앙이 경험적으로나 이성적으로 납득하기가 매우 어려운 항목이라는 것입니다. 나 자신의 이성이나 경험을 따라가면 부활신앙을 가질 수가 없습니다. 우선 부활한 사람을 우리 눈으로 한 번도 직접 목격한 일이 없고, 영혼은 눈에 보이지 않고, 몸은 땅 속에 들어가서 속절없이 썩어서 해체되어 버립니다. 이런 상황에서 죽었던 몸이 다시 살아난다는 것을 믿는 것은 이성적으로 볼 때나 경험적으로 볼 때 정말로 어려운 일입니다.

이런 상황에 처해 있는 성도들에게 바울은 아무 것도 없는 상태에서 이 어마어마한 우주를 창조하신 전능하신 하나님의 능력을 믿고, 또한 이 전능하신 하나님이 부활을 약속하셨음을 또한 믿는 가운데 흔들리지 않는 부활신앙을 견고히 붙들고 흔들리지 말 것을 주문합니다. 어쩔 수 없습니다. 예배에 집중하고, 성경을 공부하는 일에 열심을 내고, 틈틈이 기도하면서 살아계신 하나님을 바라보는 훈련을 하고, 특히 믿음이 있는 동료 성도들과 자주 어울려서 같이 기도하고 격려하고 지내는 시간이 늘어나면 어느 정도라도 부활신앙을 견지할 수 있는 것이고, 이런 훈련을 하지 않으면 다수의 사람들, 경험, 이성 등의 힘에 밀려서 부활신앙이 흔들릴 수밖에 없도록 되어 있습니다.

둘째는 "항상 주의 일에 힘쓰라"는 것입니다. "힘쓰라"는 표현은 원문을 직역하면 "풍성하라," "부유하라"는 뜻입니다. 본문은 주님의 일을 하는 자들이 유념해야 할 두 가지 방법을 제시하고 있습니다. 하나는 시간적인 것이고 다른 하나는 공간적인 것입니다.

성도들은 시간적인 면에서는 "항상" 주의 일에 관심을 가지고 헌신해야 합니다. 바른 도덕적인 실천에는 항상성이 매우 중요합니다. 기분이 내킬 때는 선한 일을 하다가 기분이 내키지 않을 때는 하지 않는 변덕스러운 태도는 성도들의 바른 삶의 모습이 아닙니다. 우리가 해야 하는 중요한 일이 있다면 기분이 좋을 때나 기분이 내키지 않을 때나 같은 마음으로 꾸준히 하는 것이 중요합니다. 이런 태도가 고린도전서 13장이 말하는 사랑의 의미들 가운데 하나입니다.

또한 성도들은 공간적으로는 풍성하고 넉넉한 마음으로 주의 일을 해야 합니다. 교회 일을 할 때 시간적으로나 물질적으로나 심리적으로나 인색한 마음으로 하지 말고 풍요로운 마음으로 하라는 것입니다. 성도들이 이처럼 풍요로운 마음으로 해야 하고 또 할 수 있는 이유들 가운데 하나는 재림 시에 우리가 입게 될 몸이 너무나 놀라운 것이고 이 몸을 가지고 누리게 될 천국에서의 삶이 너무나 엄청난 것이기 때문입니다. 우리는 영원히 썩지 않으며, 시공간을 초월한 새 몸을 입고 하나님이 예비하신 어마어마한 영광스러운 삶을 영원토록 누리게 될 것입니다. 성도들이 상상을 초월하는 엄청난 축복을 약속받고 대망하고 있다면 현세에서 주어진 주의 일을 할 때도 그런 대망이 스며 나올 수 있어야 할 것입니다. 영원을 사모하기에 항상 주의 일에 관심을 가지고 헌신할 수 있으며, 엄청나게 부요한 축복을 누릴 것을 기대하기에 주의 일을 넉넉한 마음으로 해낼 수 있습니다.

셋째는, "우리의 수고가 주 안에서 헛되지 않을 줄 알라"는 것입니다. 그렇습니다. 고린도전서가 강조하는 삶은 우리의 삶의 모든 영역에서 아가페 사랑을 실천에 옮기는 삶입니다. 우리가 사랑이라는 동기에서 행하는 모든 삶의 궤적들은 헛되이 끝나는 것이 아니라 마지막 심판까지도 견디고 살아남아 하나님의 칭찬과 상급으로 보상을 받게 되고, 천국에서 영원히 자랑할 수 있는 훈장이 됩니다.

1 성도를 위하는 연보에 관하여는 내가 갈라디아 교회들에게 명한 것 같이 너희도 그렇게 하라 2 매주 첫날에 너희 각 사람이 수입에 따라 모아 두어서 내가 갈 때에 연보를 하지 않게 하라 3 내가 이를 때에 너희가 인정한 사람에게 편지를 주어 너희의 은혜를 예루살렘으로 가지고 가게 하리니 4 만일 나도 가는 것이 합당하면 그들이 나와 함께 가리라 5 내가 마게도냐를 지날 터이니 마게도냐를 지난 후에 너희에게 가서 6 혹 너희와 함께 머물며 겨울을 지낼 듯도 하니 이는 너희가 나를 내가 갈 곳으로 보내어 주게 하려 함이라 7 이제는 지나는 길에 너희 보기를 원하지 아니하노니 이는 만일 주께서 허락하시면 얼마 동안 너희와 함께 머물기를 바람이라 8 내가 오순절까지 에베소에 머물려 함은 9 내게 광대하고 유효한 문이 열렸으나 대적하는 자가 많음이라 10 디모데가 이르거든 너희는 조심하여 그로 두려움이 없이 너희 가운데 있게 하라 이는 그도 나와 같이 주의 일을 힘쓰는 자임이라 11 그러므로 누구든지 그를 멸시하지 말고 평안히 보내어 내게로 오게 하라 나는 그가 형제들과 함께 오기를 기다리노라 12 형제 아볼로에 대하여는 그에게 형제들과 함께 너희에게 가라고 내가 많이 권하였으되 지금은 갈 뜻이 전혀 없으나 기회가 있으면 가리라 13 깨어 믿음에 굳게 서서 남자답게 강건하라 14 너희 모든 일을 사랑으로 행하라 15 형제들아 스데바나의 집은 곧 아가야의 첫 열매요 또 성도 섬기기로 작정한 줄을 너희가 아는지라 내가 너희를 권하노니 16 이같은 사람들과 또 함께 일하며 수고하는 모든 사람에게 순종하라 17 내가 스데바나와 브드나도와 아가이고가 온 것을 기뻐하노니 그들이 너희의 부족한 것을 채웠음이라 18 그들이 나와 너희 마음을 시원하게 하였으니 그러므로 너희는 이런 사람들을 알아 주라 19 아시아의 교회들이 너희에게 문안하고 아굴라와 브리스가와 그 집에 있는 교회가 주 안에서 너희에게 간절히 문안하고 20 모든 형제도 너희에게 문안하니 너희는 거룩하게 입맞춤으로 서로 문안하라 21 나 바울은 친필로 너희에게 문안하노니 22 만일 누구든지 주를 사랑하지 아니하면 저주를 받을지어다 우리 주여 오시옵소서 23 주 예수 그리스도의 은혜가 너희와 함께 하고 24 나의 사랑이 그리스도 예수 안에서 너희 무리와 함께 할지어다

제60강

몇 가지 남은 문제들과
마무리 인사

From the Cross to Agape

고전 16장
1~24절

● 　　　　　바울은 15장에서 부활에 관련된 문제를 다루는 것으로써 사실상 중요한 문제들에 관한 논의는 종결했습니다. 16장에서는 헌금과 관련하여 고린도교회 성도들에게 부탁하는 내용을 1절에서 4절까지 다루고, 이어서 바울 자신의 향후 일정에 대한 계획을 5절에서 14절까지 밝힌 다음에 마무리 문안인사를 15절에서 24절까지 하는 것으로 서신이 끝납니다. 그러나 이처럼 작은 문제들을 다루는 중에도 성도들의 신앙생활에 꼭 필요한 보석과 같은 교훈들이 곳곳에 담겨 있습니다.

1절에서 4절까지는 예루살렘 교회를 위한 헌금을 모으는 방법과 헌금을 다루는 방법에 대한 바울의 권고가 담겨 있습니다.

1절을 읽겠습니다. "성도를 위하는 연보에 관하여는 내가 갈라디아 교회들에게 명한 것같이 너희도 그렇게 하라." 본문이 말하는 "성도"는 예루살렘 교회 성도들을 뜻합니다. "연보"는 헌금을 거두는 것을 뜻합니다. 이 연보는 예루살렘 교회 성도들을 위하여 특별히 작정하고 거두는 구제금을 가리킵니다. 예루살렘 교회는 신약시대에 공식적으로 등장한 첫 번째 교회로서 그 이후의 모든 교회들의 모 교회 역할을 하는 중요한 교회였고, 또 개종한 제사장들만 수만 명에 이를 정도로 대형 교회였으나 경제적으로는 매우 어려운 형편에 있었습니다. 몇 가지 이유들이 복합적으로 작용하여 예루살렘 교회를 경제적으로 힘들게 했습니다.

우선 예루살렘 교회는 갈릴리 지역에 사는 유대인들로 구성되었는데,

이들은 대부분 가난한 사람들이었습니다. 이 문제로 고민하던 예루살렘 교회 지도부는 부유한 일부 성도들로부터 재산을 헌납 받아서 공동기금을 만들고 이 기금을 가지고 교회 성도들의 식사를 대접하고 성도들의 긴급한 필요를 채우기도 했습니다. 이런 사정이 사도행전 2장 44절과 45절과 4장 32절에서 37절에 기록되어 있습니다. 그러나 이런 조치는 곧 부작용이 나타나기 시작했기 때문에 오래 지속되지는 못했던 것 같습니다. 재산을 헌납하는 일이 성도들에게 부담이 되었던 증거는 아나니아와 삽비라 사건을 통하여 잘 드러났습니다. 교회는 성도들에게 전 재산을 헌납하라는 요구를 한 일도 없고 재산을 헌납하지 않아도 문제가 되지 않았습니다. 다만 기도하는 가운데 원하는 성도들은 성도들을 섬기고 사랑하는 차원에서 자발적으로 자기 형편에 맞게 하면 헌납하면 되는 일이었습니다. 아나니아와 삽비라는 아마도 좋은 마음으로 땅을 팔아서 판 돈을 교회에 헌납하기로 했던 것 같습니다. 그런데 돈을 바치는 과정에서 처음에 가졌던 마음을 끝까지 유지하지 못한 채 도중에 마음이 인색해 져서 바친 돈의 일부를 감춘 뒤에 판 돈을 다 드렸다고 예루살렘 교회 지도부에 거짓말을 했다가 하나님의 징계를 받고 죽었습니다. 이 외에도 헌납한 기금을 가지고 구제를 위한 식사를 준비하여 대접할 때 헬라인 출신 과부들이 유대인 출신 과부들에 비하여 불이익을 받는다는 불만이 터져 나오기도 했습니다. 이런 과정을 거치면서 자연스럽게 공동기금제도는 유야무야되었던 것 같습니다. 공동기금제도가 무력해지자 예루살렘 교회 성도들의 사정은 한층 더 어려워지지 않았나 생각됩니다.

　예루살렘 교회의 재정형편을 악화시켰던 또 하나의 원인으로는 예루살렘 산헤드린 당국이 예수님을 믿는 자들에 대한 탄압을 재개한 일을 들 수 있습니다. 예루살렘 당국은 예수님을 처형하고 난 이후에 예수님을 따르던 무리들이 잠잠해졌을 것으로 확신하고 안심하고 있었습니다. 그러나 오순절 성령강림사건 후에 성도들의 숫자가 폭발적으로 늘어나기 시작하자 다시 박해의 칼을 빼들었습니다. 예루살렘 당국의 박해의 여파로 처음으로 순교당한 사람이 스데반 집사였는데, 스데반 집사의 순교를 계기로 하여 성도들에 대한 박해가 본격적으로 전개되었습니다. 사도행전 8장 1절에 보면 이 박해를 피하여 사도들을 제외한 성도들이 예루살렘을 떠나 유대와 사마리아 땅으로 흩어졌다고 했는데, 이때 주로 헬라파 출신 유대인들이 대거 예루살렘을 떠났습니다. 스데반도 헬라파 출신이었고, 일곱 집사들이 모두 헬라파 출신이었습니다. 헬라파 출신은 예루살렘을 떠나서 살다가 예루살렘으로 다시 온 사람들이었습니다. 이들이 장거리 이주를 이처럼 할 수 있었다는 것은 이들이 상당한 경제력을 가지고 있었음을 뜻합니다. 경제적으로 비교적 넉넉했던 헬라파 출신 성도들이 떠나면서 예루살렘 교회의 경제사정은 더 악화되었을 것입니다.

사도행전 11장 27절 이하에 보면 글라우디오 황제 때 천하에 큰 흉년이 들었는데 팔레스타인 지역도 그 영향으로부터 벗어날 수 없었고 그렇지 않아도 힘든 예루살렘 교회가 직격탄을 맞은 것 같습니다. 이 때문에 바나바와 사울이 함께 지도하고 있던 안디옥교회가 구제금을 예루살렘 교회에 전달해야만 했습니다. 이 사정이 갈라디아서 2장 10절에 기록되어 있습니다. "다만 우리에게 가난한 자들을 기억하도록 부탁하였으니 이것은 나도 본래부터 힘써 행하여 왔노라." 이 본문에 보면 바울이 예루살렘 교회를 경제적으로 돕는 일을 "본래부터 힘써 행하여 왔노라"라고 말하고 있는데, 이 말은 바울이 예루살렘 교회를 경제적으로 돕는 일을 지속적으로 관심을 가지고 해야 하는 일로 인식하고 있었음을 보여 줍니다. 오늘 본문에 "내가 갈라디아 교회들에게 명한 것같이"라고 한 것을 보아서 바울은 갈라디아 지방에 있는 교회들에게도 예루살렘 교회를 위한 구제금을 모아서 보낼 것을 부탁한 것 같습니다. 여기서 말하는 갈라디아 교회들은 바울이 일차선교여행 시에 갈라디아 지방에 있는 루스드라, 이고니온, 더베, 비시디아 안디옥 등과 같은 도시들에 설립한 교회들을 통칭합니다. 바울은 갈라디아 교회들에게 부탁한 것과 같은 내용을 지금 고린도교회를 향해서도 부탁하고 있습니다. "너희도 그렇게 하라." 그만큼 예루살렘 교회의 경제문제는 쉽게 해결되지 않고 계속되는 문제였습니다.

2절에서 바울은 헌금을 하는 방법을 제시합니다. "매주 첫 날에 너희 각 사람이 수입에 따라 모아 두어서 내가 갈 때에 연보를 하지 않게 하라."

먼저 헌금은 "안식 후 첫 날에" 하도록 했습니다. 안식 후 첫 날은 일요일 곧 주일을 뜻합니다. 이 본문은 사도 시대에 주일에 예배를 드리고 있음을 보여 주는 최초의 기록으로서 신약시대의 주일의 형성과정을 공부할 때 매우 중요한 의미를 가지는 본문입니다. 십계명 가운데 제4계명은 안식일을 지킬 것을 명령하고 있습니다. 그런데 구약의 안식은 예수님의 부활사건에 이르러서 성취되면서 더 풍성하고 완전한 의미를 부여받습니다. 육체뿐만 아니라 영혼도 쉴 때 비로소 안식은 완성됩니다. 육체가 쉬기 위해서는 출애굽기의 안식일 명령에 따라서 일주일 동안 하던 일을 중단해야 합니다. 영혼이 쉬기 위해서는 영혼이 죄로부터 자유함을 얻어야 합니다. 그러기 위해서는 안식일에는 신명기의 명령에 따라서 출애굽사건을 기억해야 합니다. 안식일에는 일을 중단하고 쉬면서 출애굽사건을 기억해야 온전하게 안식일을 지킬 수 있습니다. 그런데 영혼과 몸의 안식을 보장해 주는 사건이 예수 그리스도의 부활사건입니다. 부활하신 예수 그리스도께서 우리 안에 들어오셔서 우리의 속사람을 거듭나게 해 주셔야 우리의 영혼이 죄로부터 해방되어 쉼을 얻을 수 있습니다. 재림 때에 성령께서 부활하신 예수님이 입으신 것과 같은 몸을 우리에게 입혀 주실 것인데, 예수님의 부활이 그 근거와 보증이 되어 주십니다. 따라서 예수님이 부활하신 이후에는 안식일인 토요일을 지키지 않고 토요일 다음 날 곧 예수님이 부활하신 날을 지키기 시작한 것입니다. 요한복음 20장 19절에 보면 안식 후 첫 날 곧 일요일에 예수님이 제자들에 찾아 오셔서 교제를 가지심으로써 안식 후 첫 날이 예수님과 교제하는 날 곧 예배하는 날이 될 것이 예고되었습니다. 바로 오늘 본문에 있는 것처럼 사도 시대에 안식 후 첫 날에 예배를 드리는 관행이 시작되었습니다. 사도행전 20장 7절도 안식 후 첫 날에 예배를 드렸음을 보여 줍니다. 마침내 요한계시록 1장 10절은 안식 후 첫 날을 "주의 날"이라고 명명함으로써 구약시대 때 안식일이 주일로 전환되었음을 공식화했습니다. 그 이후에 2세기경에는 디다케 14장 1절, 이그나티우스가 쓴 [마그네시아인들에 대한 편지] 9장 1절, 베드로복음 35장 50절이 주일을 예배의 날로 언급했고, 저스틴은 태양의 날인 일요일을 예배의 날로 언급했습니다. 마침내 주후 4세기 초반인 323년에 콘스탄틴대제가 주일을 공식으로 인정했습니다.

구제금은 주일마다 예배를 드릴 때 "각 사람이 수입에 따라 모아 두도록" 했습니다. 우선 각 사람이 구제헌금에 참여하라고 했는데, 이 말은 교회의 구제금을 포함한 헌금은 어떤 특정한 사람이 내는 돈으로 이루어져서는 안 되고 교회에 나오는 모든 사람 하나하나가 다 참여해야 한다는 뜻입니다. 돈이 많은 사람이 다 부담하고 그렇지 않은 사람들은 참여하지 않는 그런 방법으로 헌금을 모으지 말라는 것입니다. 모든 사람이 전부 다 참여해야 합니다. 그래서 교회의 헌금이 구제금으로 전달될 때는 어떤 특정한 한 사람의 이름으로 전달되기 보다는 "교회"의 이름으로 전달되어야 합니다. 고린도교회가 모은 연보도 어떤 개인에게 전달되는 것이 아니라 "예루살렘 교회"를 지원하는 금액으로 전달되는 것입니다. 왜냐하면 당시 예루살렘 교회가 행해야 하는 가장 중요한 일 가운데 하나가 구제였기 때문입니다.

다음으로는 "수입에 따라" 하도록 했습니다. "수입에 따른다"는 말은 "얻을 수 있는 최대한의 한도 안에서"라는 뜻입니다. 이 말은 각자의 경제적인 형편에 맞게 하라는 말입니다. 헌금은 자원하는 마음으로 자기 자신의 형편에 맞게 하되, 할 수 있는 한 최대한의 것을 드린다는 마음으로 하도록 했습니다. 바울의 이 권고의 배경에는 부활에 대한 바울의 가르침이 깔려 있습니다. 예루살렘 교회를 돕는 구제금을 모으는 일이 부활의 가르침과 어떻게 관련될까요? 우리는 두 가지 점에서 관련성을 말할 수 있습니다.

첫째로, 하나님이 우리에게 반드시 새로운 몸을 주신다는 사실은 하나님이 몸을 그만큼 중요하게 여기고 계시기 때문입니다. 만일 헬라 철학이 주장하는 것처럼 몸은 죄의 자리로서 그 자체가 악한 것이라면 영혼이 몸으로부터 떠난 후에는 몸에 대해서는 관심을 갖지 않으실 것입니다. 그러나 하나님은 현세의 몸이 죄로 인하여 오염되고 부패되어 해체되고 영혼으로만 사는 것을 안타깝게 보셨고, 바른 모습의 온전한 삶이라고 보지 않으셨습니다. 따라서 하나님은 죄로 오염되지 않고 썩지 않는 새 몸을 주셔서 영혼뿐만 아니라 몸으로 사는 삶을 완전한 모습으로 회복시켜 주시고자 하신 것입니다. 이처럼 하나님이 몸을 중요하게 여기신다면 성도들도 몸을 중요하게 여겨야 합니다. 성경에서 몸은 단순히 육체만을 가리키지 않고 몸을 가지고 영위되는 먹고 입고 자는 일상의 삶 전체를 뜻합니다. 하나님이 인간의 몸이 죄로 오염되어 망가지고 부패해 썩어감으로써 제 기능을 담당하지 못하는 것을 보고 안타까워하시고 그 해결책으로서 새 몸을 예비해 주시는 대책을 마련해 주신다면, 하나님의 자녀인 우리들은 경제적인 빈곤이나 질병이나 기타 여러 가지 원인으로 동료 인간들이 몸의 생활 곧, 먹고 입고 자는 일상생활에서 어려움을 만날 때 안타까워하고 이를 도울 수 있어야 합니다. 이것이 부활의 몸을 주시는 하나님의 마음을 읽어내어 우리 생활에 반영하고 실천하는 것입니다. 교회적 차원에서 하나님의 마음을 읽어낸다면 재정적으로 넉넉한 교회는 마땅히 재정적으로 어려운 교회를 도와야 합니다.

둘째로, "수입에 따라 모아 두라"는 바울의 권고에는 부활에 관한 가르침을 마무리하고 부활신앙을 가진 자들이 살아내야 하는 삶이 어떤 것인가를 제시하고 있는 고린도전서 15장 58절의 가르침이 반영되어 있습니다. 이 권고에 보면 "주의 일에 더욱 힘쓰는 자들이 되라"는 권고가 있습니다. 이 본문을 공부할 때 말씀드린 것처럼 이 구절은 "넉넉한 마음으로 하라"는 의미를 담고 있습니다. "수입에 따라"는 구절도 자기가 할 수 있는 능력의 범위 안에서 최대한 넉넉하게 하라는 뜻입니다. 헌금을 할 때 자기가 할 수 있는 능력의 범위를 넘어서서 무리하게 해서는 안 됩니다. 자기의 능력의 범위를 바르게 잘 살펴야 합니다. 그러나 자기의 능력의 범위 안에서는 최대한의 마음을 담아서 넉넉하고 즐거운 마음으로 해야 합니다.

바울은 매 주일마다 조금씩 자기 형편에 맞게 모아 두어서 바울이 고린도교회를 방문하여 갑자기 큰 돈을 무리하게 모으는 일이 없도록 준비해

둘 것을 권고합니다. 조금씩 그때그때 형편에 맞게 모으면 모을 때는 마음에 부담이 없지만 다 모아 놓으면 제법 큰 돈이 되기 마련입니다.

바울은 3절에서 헌금을 전달하는 방법에 대하여 매우 구체적인 지시를 하고 있는데, 이 지시 안에는 오늘날 교회에서 교회 재정을 다루는 자들이 유념해야 할 매우 중요한 지침이 담겨 있습니다. "내가 이를 때에 너희가 인정한 사람에게 편지를 주어 너희의 은혜를 예루살렘으로 가지고 가게 하리니." "내가 이를 때에" – 이 말은 "바울이 고린도교회를 방문하게 된다면"이라는 뜻입니다. 뒷 구절부터 먼저 보겠습니다. "너희의 은혜를" – 은혜라는 단어는 관대함, 너그러움이라는 뜻도 있고 선물이라는 뜻도 있는데, 이 문맥에서는 선물이라고 번역하는 것이 문맥에 더 부합합니다. 그러나 관대함이나 너그러움이라는 뜻이 없는 것이 아니므로 "너그러운 선물"이라고 번역하면 가장 훌륭한 번역이 될 것 같습니다. 바울은 고린도교회 성도들이 모아서 전달할 구제금을 너그러운 마음으로 전달하는 선물로 표현하고 있습니다. 이 선물을 누구에게 전달하나요? "예루살렘으로 가지고 가게 하리니." 예루살렘 교회에게 전달합니다.

바울은 이 구제금을 예루살렘 교회로 가지고 가서 전달할 사람들을 선정할 것을 지시합니다. "너희가 인정한 사람에게" – "인정한다"는 말은 인품이나 능력 등을 신중하게 검토한다는 뜻입니다. 바울은 인품이나 능력 등을 신중하게 검토하여 사람을 선정하라고 말하고 있습니다. 본문은 단수로 "사람"이라고 번역되어 있으나 원문 상으로는 "사람들"이라고 복수로 되어 있습니다. 바울은 믿을 만한 복수의 사람들을 신중하게 선정하라고 말합니다. 그리고 이들에게 편지를 써서 주라고 말합니다. 이 편지는 전달할 구제금이 어떤 돈인가를 교회의 이름으로 명시한 일종의 증서와 같은 것입니다. 이 편지는 일종의 영수증과 같은 역할을 했습니다. 바울은 왜 이런 조치들을 취했을까요?

아마도 고린도교회가 모으는 구제금은 액수가 상당해 되었을 것이기 때문에 이 돈을 있는 그대로 모아 가지고 그 먼 거리를 걷거나 말을 타고 운송하는 것은 현실적으로 불가능했을 것입니다. 따라서 이 돈을 부피가 작은 것, 예를 들어서 금으로 바꾸어서 보관했다가 가지고 갔을 것으로 추정됩니다. 우선 이 구제금을 가지고 먼 거리를 운송하려고 하면 안전이 문제가 되지 않을 수 없었습니다. 또 오늘날도 헌금 도난사고가 종종 일어나는 것처럼 돈을 운송하던 자들이 중간에 마음이 바뀌어서 구제금 중에서 전부나 일부를 착복할 수도 있습니다. 이런 문제들을 해결하기 위하여 바울은 믿을 만한 사람들을 복수로 선정하고 영수증에 해당하는 편지를 써서 같이 보내도록 조치를 취하고 있는 것입니다. 바울은 이 돈을 자기가 직접 전달하려고 하지 않았습니다. 4절에 보면 "만일 나도 가는 것이 합당하면 그들이 나와 함께 가리라"라고 말하고 있는데, 바울 자신은 별 일이 없으면 같이 가지 않으려고까지 했습니다.

바울은 교회의 헌금을 사적으로 처리하지 않고 공금으로 생각하고 투명하고 안전하게 잘 처리될 수 있도록 조치를 취했습니다. 그리하여 교회 헌금 사용 문제로 인하여 불필요한 오해가 생기지 않도록 세심하게 배려했습니다. 오늘날 일부 교역자들을 포함한 성도들이 자기 자신의 개인 돈은 철저하게 아껴서 쓰면서 교회의 돈을 쓸 때는 영수증 처리도 하지 않고 자기 개인의 돈처럼 흥청망청 쓰는 경우가 있습니다. 아주 잘못된 관행입니다. 또한 교역자들이나 성도들이 교회 재정을 가지고 선교사들을 대접하거나 선교비를 지원하거나 실제로 구제활동을 하는 것과 같은 선한 일들에

썼는데, 혼자 이 돈들을 쓰고 영수증 처리하는 것을 소홀히 하여 나중에 돈을 쓴 내역을 조사할 때 증빙자료가 없어서 곤욕을 치루는 경우도 종종 있습니다. 이런 방식으로 교회의 재정사용이 불투명하면 교회에 대한 성도들의 신뢰에 금이 가고 마침내 교회의 운영에 큰 부담으로 작용합니다. 이와 같은 상황에 빠지지 않으려면 바울처럼 교회 재정을 안전하고 투명하게 관리하는 것이 필요합니다.

계속되는 5절부터 14절에서는 바울이 자신의 향후의 여행일정을 고린도교회 성도들에게 밝히고 협조를 구하는 내용이 등장합니다.

먼저 바울은 자신이 현재 구상하고 있는 여행계획을 5절에서 7절까지 밝힙니다. 5절입니다. "내가 마게도냐를 지날 터이니 마게도냐를 지난 후에 너희에게 가서." 바울은 마게도냐를 경유하여 고린도로 가고자 하는 자신의 여정을 밝힙니다. 마게도냐 지방은 바울이 2차 선교 여행 때에 설립한 교회들인 빌립보교회와 데살로니가 교회, 그리고 베뢰아 교회가 있는 곳입니다. 이 세 곳에서 모두 바울은 많은 열매들을 거두면서 사역을 하고 있다가 유대주의자들의 방해공작으로 인하여 쫓겨났습니다. 따라서 바울에게는 늘 이곳에 있는 성도들에 대하여 가르쳐야 할 것을 다 가르치지 못했다는 아쉬움과 미안함과 그리움을 느끼고 있었습니다. 따라서 바울은 고린도로 향하는 여정 중에 이곳의 교회들을 방문하고 싶어 했습니다.

6절은 바울이 고린도에 가면 어느 정도 머물 것이며, 고린도교회 성도들에게 기대하는 바가 무엇인가를 밝힙니다. "혹 너희와 함께 머물며 겨울도 지낼 듯 하니 이는 너희가 나를 내가 갈 곳으로 보내어 주게 하려 함이라." 바울은 고린도교회에 가면 잠깐 며칠 단짝 머물다가 떠날 생각을 하지 않고 고린도에서 몇 달 정도에 해당하는 겨울 한 철 동안 머물면서 고린도교회 성도들과 같이 있고 싶다는 생각을 밝힙니다. 이 생각은 7절에서 재차 강조됩니다. "이제는 지나는 길에 너희 보기를 원하지 아니하노니 이는 만일 주께서 허락하시면 얼마 동안 너희와 함께 머물기를 바람이라." 바울은 "지나는 길에" 곧, 잠깐 들렀다가 가는 정도가 아니라 "얼마 동안" 곧, 상당한 기간 동안 체류하면서 교제하고 싶어 했습니다. 고린도교회는 바울이 몇 개월 동안 머물면서 신세를 지는 일도 주저하지 않고 말할 수 있을 만큼 바울에게는 친숙한 교회였습니다. 바울이 이처럼 고린도교회에 상당한 기간 동안 머물고 싶어 하는 이유는 고린도교회에서 일어난 문제들에 대하여 성도들과 충분한 시간을 가지고 대화하고 지도할 시간을 가지기를 원했기 때문입니다.

그러나 그 이외에도 본문이 밝히고 있는 또 다른 이유는 "이는 너희가 나를 내가 갈 곳으로 보내어 주게 하려 함이라"는 구절에 나타나 있습니다. "나를 내가 갈 곳으로 보낸다"는 말은 그 당시 통용되고 있었던 일종의 관용적 표현으로서, "여행에 필요한 음식이나 돈이나 여행의 동반자들을 마련해 주어서 보낸다"는 뜻입니다. 예를 들어서 오늘날 어떤 교회가 외국에 어떤 사람을 선교사로 파송하여 보낸다는 말은 교인들에게 그냥 인사만 시키고 보낸다는 뜻이 아니라 선교에 필요한 선교비를 지원한다는 뜻인 것과 같습니다. 바울은 고린도에 머물면서 바울 자신이 향후에 구상하고 있는 선교여정에 대하여 대화를 나누고 고린도교회의 지원을 부탁하고자 했습니다. 바울은 고린도교회가 당면한 여러 가지 문제들에 대하여 준엄한 책망을 하기도 했지만 이런 책망들은 바울이 고린도교회 성도들에 대하여 아비와 같은 마음과 깊은 애정을 가지고 있었기 때문에 가능한 것들이었습니다. 이런 책망들 안에는 바울의 애정이 담겨 있다는 사실을 고린도교회 성도들이 잘 알고 있었습니다. 이런 책망을 하면서도 고린도교회 성도들에 대한 바울의 신뢰는 변하지 않았습니다. 바울은 고린도교회가 자신의 미래의 선교여정에 대해서도 지원을 해주리라는 기대를 가지고 있었습니다.

그러나 바울은 당분간은 현재 서신을 쓰고 있는 에베소에 계속하여 머물 필요가 있다고 말하면서 그 이유가 무엇인가를 밝힙니다. 8절입니다. "내가 오순절까지 에베소에 머물려 함은." 바울은 오순절까지는 에베소에 머물겠다는 의사를 밝힙니다. 이 기간이 얼마나 소용되었는가는 알 수 없으나 아마도 몇 달 정도는 에베소에 계속하여 머물 계획이었던 것 같습니다. 바울이 에베소를 떠나야겠다는 마음을 굳혔으면서도 에베소에서 당분간 더 머무르기로 계획한 이유가 9절에 나타나 있습니다. "내게 광대하고 유효한 문이 열렸으나 대적하는 자가 많음이라." 이 본문은 우리 말 번역이 주는 뉘앙스가 본문을 통하여 바울이 말하고자 하는 바를 혼란스럽게 할 수 있습니다. 본문은 바울이 에베소에 머물고자 하는 의도가 대적하는 자가 많은 것 때문이라는 인상을 주고 있는데, 사실은 그렇지 않습니다. 본문에 "열렸으나"로 번역된 구절에서 "으나"에 대항하는 헬라어 원어는 "카이"인데, 이 단어는 영어로 표현하면 "and"로서 이 단어의 기본 뜻은 "그리고"입니다. "내게 광대하고 유효한 문이 열렸고, 그리고 동시에 대적하는 자도 많다." 물론 카이는 "그러나"로 번역될 수도 있습니다. 그렇게 번역할 경우에는 이 문장을 이렇게 조정해야 합니다. "내게 광대하고 유효한 문이 열려 있는 반면에 대적하는 자도 많이 생겼다." 바울이 말하고자 하는 것은 광대하고 유효한 문이 열린 것과 대적하는 자가 많이 등장한 일이 동시에 찾아왔다는 것입니다. 이 말이 무슨 뜻일까요?

먼저 "광대하고 유효한 문이 열렸다"는 말은 문이 넓게 열려 있고 이 문은 아주 유효하다는 뜻인데, 이 말은 복음을 전하고 열매를 거둘 수 있는 절호의 기회가 에베소에서 활짝 열려 있다는 뜻입니다. 이 말은 바울이 자신이 에베소에서 한 사역을 염두에 두고 하는 말입니다. 사실 바울의 에베소 전도는 바울이 행한 모든 사역들 가운데 가장 많은 열매를 거둔 효율적인 사역이었습니다. 바울의 에베소사역이 얼마나 놀라운 열매를 거두었는가는 사도행전 19장이 잘 보도하고 있습니다.

첫째로, 에베소에는 바울 보다 먼저 아볼로가 와서 복음을 전했는데, 아볼로는 요한의 세례만을 전하고 있었습니다. 아볼로의 전도를 받은 에베소인들은 요한이 베푸는 물세례만을 알고 있었을 뿐, 마음속을 변화시키는 성령세례에 대해서는 모르고 있었습니다. 바울은 이들에게 성령세례를 소개하고 안수하여 성령을 받도록 했습니다.

둘째로, 그 이후에 바울은 2년간에 걸쳐서 두란노서원이라는 곳에서 성경 강론을 했습니다. 두란노서원이란 두란노스라는 철학자를 기념하기 위하여 세운 도서관 겸 철학 강론 장소였습니다. 바울은 오전에는 가죽옷을 짓는 일을 하고 낮잠시간인 오후시간을 이용하여 이 장소를 빌려서 성경을 강론했습니다. 이미 말씀드린 것처럼 이 강론이 엄청난 반응을 보이면서 아시아 지역에 사는 유대인과 헬라인들이 다 이 강론을 듣고 변화를 받았습니다. 여기서 말하는 아시아는 에베소를 수도로 둔 터키 남쪽 일정한 지역을 가리킵니다. 이 강론을 듣고 개종한 사람 가운데 골로새 출신의 에바브라가 있는데, 에바브라는 다시 골로새로 돌아가서 골로새교회를 세웠고 이어서 라오디게아와 히에로폴리스에도 교회를 세운 것으로 알려져 있습니다.

셋째로, 바울의 설교를 듣고 많은 마술사들이 개종하고 엄청난 분량의 마술서들을 불에 태워 버리는 일까지도 일어났습니다. 그 결과 사도행전 19장 2절이 말하는 것처럼 "주의 말씀이 흥왕하여 세력을 얻는" 일이 일어났습니다.

바울은 이처럼 복음전도가 큰 규모로 그리고 효율적으로 이루어지는 선교현장에 조금이라도 더 머물면서 사역을 계속하고 싶어 했습니다.

그런데 이처럼 엄청난 열매를 거두는 사역에는 고난과 핍박이 동반되었습니다. 대적하는 자가 많이 등장한 것입니다. 대적하는 자들 가운데 대표적인 인물이 은장색 데메드리오였습니다. 데메드리오는 바울의 설교를 듣고 변화된 사람들이 아데미 신전을 찾아오지 않고 아데미 신상구입을 하지 않게 되자 신상을 팔 수가 없었습니다. 화가 난 데메드리오는 바울이 아데미 신전을 무시한다는 죄목으로 군중들을 선동하여 바울을 죽이려고 했습니다. 이 사건은 민란이 일어나는 것에 부담을 느낀 서기장의 중재로 가까스로 마무리되긴 했지만 이후로부터 바울의 사역은 제한받을 수밖에 없게 되었고 바울은 이를 계기로 에베소를 떠날 생각을 하게 되었습니다. 물론 바울이 이렇게 생각하게 된 것은 단순히 위험을 피해 도망가겠다는 뜻은 아닙니다. 바울은 이제는 에베소교회에 일꾼들이 많이 등장해서 바울 자신이 없어도 교회운영에 문제가 없다는 판단을 했습니다. 게다가 일단 바울이 이런 방식으로 에베소인들의 주목을 받기 시작한 이상 자칫하면 바울의 존재가 교회에 부담이 될 수도 있습니다. 이런 사정들을 고려하여 바울은 에베소를 떠나기로 결심을 하긴 했지만 머무를 수 있는 한 에베소에 머무르면서 활짝 열린 복음전도의 기회를 최대한 활용하고 싶어 했습니다. 이 때문에 바울은 오순절이 될 때가지는 에베소에 머물러야겠다는 의사를 밝힌 것입니다.

이와 같은 바울의 진술에서 우리는 복음을 전하는 사역을 포함하여 하나님 나라의 일을 하는 사람들이 유념해야 할 중요한 원리를 하나 발견할 수 있습니다. 하나님 나라의 일이 효율적으로 잘 이루어지는 곳에서는 대부분 방해하는 세력이 뒤따라온다는 것입니다. 그러므로 하나님 나라의 일을 하고자 하는 자들은 대적하는 세력들이 등장하여 방해할 것이라는 점을 각오하고 일에 임해야 합니다. 하나님 나라의 일에 관심이 없으면 사탄도 그냥 내버려 두고 관심을 갖지 않습니다. 그래서 모든 일이 평온합니다. 그러나 무언가 옳은 일을 하려고 작심하고 시작하면 그때부터 사탄의 세력도 정신 차리고 방해 작전을 집요하게 하는 법입니다. 그러므로 우리 성도들은 하나님 나라의 일이라는 선한 일을 할 때 어려움이 더 많이 뒤따라오는 것을 억울하게 생각하고 손해 본다고 생각해서는 안 됩니다. 하나님의 일을 하는데 어려움이 뒤따라오면 길을 바르게 가고 있다고 생각하면 됩니다.

바울이 당장 자신이 직접 고린도에 가지 않는 대신 대안으로 제시한 것은 바울이 아끼는 분신과도 같은 제자인 디모데를 고린도로 보내는 것입니다. 바울은 디모데를 우선 고린도로 보낼 생각을 밝히면서 디모데를 어떤 태도로 맞이해야 하는가를 10절과 11절에서 말합니다. 10절입니다. "디모데가 이르거든 너희는 조심하여 그로 두려움이 없이 너희 가운데 있게 하라 이는 그도 나와 같이 주의 일을 힘쓰는 자임이라." 디모데는 사도행전 16장 1절에 따르면 유대인 어머니와 헬라인 아버지 사이에서 태어난 인물로서 바울이 1차 선교여행 중에 얻은 훌륭한 열매였습니다. 사도행전 16장 2절에 보면 디모데는 루스드라와 이고니온에 있는 성도들로부터 칭찬을 많이 받은 훌륭한 일꾼이었기 때문에 바울이 조력자로 선정했습니다. 고린도전서 4장 17절에 보면 바울이 디모데를 얼마나 신뢰했는가를 알 수 있습니다. "이로 말미암아 내가 주 안에서 내 사랑하고 신실한 아들 디모데를 너희에게 보내었으니 그가 너희로 하여금 그리스도 예수 안에서 나의 행사 곧 내가 각처 각 교회에서 가르치는 것을 생각나게 하리라." 바울은 자신의 손길이 미처 닿지 않는 곳에는 디모데를 보내서 대신 사역을 하도록 했습니다. 디모데는 바울의 2차 선교여행에 동행했습니다. 실제로 바울이 디모데를 고린도에 보낸 기록이 사도행전 19장 22절에 있고, 고린도후서 1장 19절에 보면 고린도교회를 실제로 방문하여 복음을 전하는 설교를 한 것으로 되어 있습니다.

그런데 12절이 시사 하는 것처럼 고린도교회는 디모데보다는 아볼로가 와 주었으면 하는 바람을 표현했던 것 같습니다. 그러나 이 무렵 아볼로가 에베소에 와서 체류하는 중이었는데, 아볼로가 갈 형편이 아니었기 때문에 디모데를 대신 보내려고 했던 것입니다. 아볼로에 비하면 디모데는 중량감이 많이 떨어지는 것이 사실입니다. 따라서 고린도교회의 아볼로파에 속한 성도들이 디모데를 무시할 수도 있는 상황입니다. 바울은 디모데가 자신의 분신과도 같은 훌륭한 사역자임을 거듭 강조하면서 디모데가 두려움을 느끼지 않고 고린도교회에 머무를 수 있도록 배려할 것을 부탁합니다.

디모데에 관련된 권고는 11절에 계속됩니다. "그러므로 누구든지 그를 멸시하지 말고 평안히 보내어 내게로 오게 하라 나는 그가 형제들과 함께 오기를 기다리노라." 바울은 디모데가 고린도에 머무르는 동안 어리다고 멸시하지 말고 잘 대우했다가 다시 몇 명의 성도들과 함께 에베소로 보내 줄 것을 요청합니다.

12절에서는 고린도교회가 보내 주기를 원했던 아볼로가 지금 당장 가지 못하는 이유를 설명합니다. "형제 아볼로에 대하여는 그에게 형제들과 함께 너희에게로 가라고 내가 많이 권하였으되 지금은 갈 뜻이 전혀 없으나 기회가 있으면 가리라." "형제 아볼로에 대하여는"이라는 구절은 고린도교회가 아볼로가 와 주었으면 하는 의사를 표현했음을 암시합니다. 사실 고린도전서는 아볼로 때문에 일어난 문제를 해결하기 위하여 쓴 서신입니다. 물론 이 문제에 대하여 아볼로 자신에게는 책임이 없고 다만 아볼로를 내세워서 자신들의 입지를 굳히려는 일부 성도들의 신중하지 못한 처신 때문에 갈등이 일어난 것입니다. 이 성도들이 주장하는 것은 아볼로가 바울의 아성을 침범한다는 것입니다. 그러나 바울은 이 사태를 정확하게 파악하고 있었고, 이 문제가 아볼로가 일으킨 문제가 아니라는 사실을 잘 알고 있었습니다. 이런 갈등이 있었음에도 불구하고 바울은 아볼로가 명실상부한 자신의 후임 지도자임을 의심하지 않았습니다. 따라서 바울은 디모데를 보내기로 결정하기 전에 아볼로에게 여러 차례 간곡하게 고린도교회로 갈 것을 권했습니다. 그런데 아볼로는 바울의 강권에도 불구하고 많이 고민한 끝에 당장은 고린도교회로 가지 않겠다는 의사를 분명히 했습니다. 아마도 아볼로는 자신이 고린도교회로 돌아가면 또 다시 자신의 이름을 빙자한 분열운동이 일어나게 될 가능성을 배제할 수 없고, 그렇게 되면 교회에 덕이 되지 않는다는 판단을 한 것 같습니다. 그러나 아볼로는 적절한 때가 되면 고린도교회에 갈 마음이 있다는 점을 밝힘으로써 여운을 남겨 놓습니다.

바울은 13절과 14절에서 고린도교회 성도들의 바른 신앙생활에 대한 권고를 주는 것으로 자신의 향후 일정을 밝히는 것을 마무리합니다. "깨어 믿음에 굳게 서서 남자답게 강건하라 너희 모든 일을 사랑으로 행하라." 바울의 권고는 다섯 개의 짤막한 명령으로 되어 있습니다. 첫째는 깨어 있으라는 것입니다. 깨어 있으라는 말은 정신을 똑바로 차리고 분별력을 잃지 말라는 것입니다. 이 권고는 주로 인간의 이성에 호소하는 권고라고 할 수 있습니다. 둘째는, 믿음 안에 굳게 서라는 것입니다. 부활의 복음을 확실하게 믿고 흔들리지 말아야 합니다. 셋째는, "남자답게"로 번역하여 부사로 처리했는데, 사실을 부사가 아니라 독립된 하나의 동사입니다. 이 동사는 안드리제테라는 동사인데, 안드리라는 말이 남자 또는 어른이라는 뜻입니다. 그러므로 이 동사는 "남자처럼 대담하고 용기 있게 행동하라"는 것입니다. 그런데 여기 사용된 동사 안에 있는 안드리라는 어근은 아네르라는 명사와 같은 단어이며, 이 단어는 고린도전서 13장 11절에서 말하는 "장성한 사람"과 같은 단어입니다. 따라서 이 단어는 장성한 사람이 자기 자신의 이익만을 위해서 행동하지 않고 다른 사람의 유익을 위하여 행동하는 일에 남자답게 적극적으로 과감하게 나서라는 뜻입니다. 넷째는 강건하라는 것입니다. 둘째, 셋째, 넷째 권고는 주로 의지에 강조점이 있는 권고라고 할 수 있습니다. 다섯 번째 권고는 "너희 모든 일을 사랑으로 행하라"는 것입니다. 고린도전서가 말하는 아가페 사랑은 참고 인내하는 것을 중심 내용으로 하고 있지만 이와 같은 인내와 사랑은 감성적으로 따뜻한 마음을 갖는 것으로부터 시작되므로 이 권고는 감성까지도 중시하는 권고라고 할 수 있습니다. 결국 바울의 권고는 전인적인 권고입니다. 따뜻한 애정의 바탕 위에서 이성적으로 바른 분별력을 유지하면서 믿음 안에서 자기 자신을 희생하면서 다른 사람의 유익을 구하는 삶을 굳은 의지로써 살아 내라고 바울은 명령합니다.

바울은 마지막으로 바울 자신에게 특별한 호의를 베풀어 준 성도들에게 감사의 마음을 표하는 동시에 문안인사를 전하는 것으로 서신을 마무리

합니다.

　바울은 15절에서 18절까지에서 특별히 스데바나의 가정을 구체적으로 거명하면서 감사를 표현합니다. 15절입니다. "형제들아 스데바나의 집은 곧 아가야의 첫 열매요 또 성도 섬기기로 작정한 줄을 너희가 아는지라 내가 너희를 권하노니." 스데바나는 바울이 아가야 지방의 사역에서 거둔 첫 열매라고 소개되고 있습니다. 아가야 지방은 오늘날의 그리스 지방입니다. 이 지역에 있는 도시들 중에서 바울과 인연이 있는 도시들로는 아테네와 고린도를 들 수 있습니다. 스데바나가 바울이 거둔 첫 열매라는 말은 이 지역에서 바울의 사역의 결과로서 처음 얻은 개종자라는 뜻인가? 그렇지는 않습니다. 왜냐하면 스데바나는 바울의 고린도교회 사역에서 얻은 개종자인데, 사실 스데바나에 앞서서 바울의 아테네 사역에서 이미 얻은 개종자가 있기 때문입니다. 사도행전 17장 34절을 보면 아테네에서 아레오바고 관리인 디오누시오와 다마리라 하는 여자와 또 다른 사람들이 이미 개종한 것으로 되어 있습니다. 아마도 스데바나를 첫 열매로 거론한 이유는 스데바나가 고린도교회에서 바울이 공식으로 처음 세례를 줄 때 세례를 받은 소수의 사람들 중에 한 사람이었기 때문이라고 추정됩니다. 바울은 고린도교회에서 그리스도, 가이오, 스데바나 가정에게만 세례를 베풀었다고 고린도전서 1장 14절이 말하고 있습니다. 바울은 스데바나가 성도들을 섬기는 일에 헌신한 사람임을 상기시킵니다. 스데바나는 상당한 재력을 가진 평신도 지도자로서 교회를 헌신적으로 섬긴 인물이었던 것 같습니다. 바울은 이처럼 헌신적으로 교회를 섬기는 평신도 지도자들을 존중하고 이들의 지도에 잘 따르라고 16절에서 권고합니다. "이 같은 사람들과 또 함께 일하며 수고하는 모든 사람에게 순종하라."

그런데 스데바나가 지금 바울에게 와서 바울과 함께 머물고 있습니다. 17절입니다. "내가 스데바나와 브드나도와 아가이고가 온 것을 기뻐하노니 그들이 너희의 부족한 것을 채웠음이라." 스데바나는 혼자 오지 않고 브드나도와 아이고가와 함께 왔는데, 아마도 나중의 두 사람은 스데바나의 집에서 일하고 있던 노예들이었던 것 같습니다. 스데바나는 고린도교회 성도들이 바울에게 보내는 서신을 들고 노예 두 명과 함께 에베소에 온 것으로 추정됩니다. 이 서신 안에 고린도교회 성도들이 바울에게 문의하는 문제들이 들어 있었습니다. 그리고 스데바나는 서신을 바울에게 전달했을 뿐만 아니라 바울이 떠난 후에 고린도교회에서 일어났던 일들을 소상하게 바울에게 설명을 했던 것 같습니다. 바울은 스데바나를 통하여 전달된 서신과 스데바나의 설명을 통하여 고린도교회의 문제들을 구체적으로 알 수 있었습니다. 원래 바울은 고린도교회의 파벌에 관하여 교훈하는 내용만을 담아서 서신을 보내려고 했었습니다. 그러나 스데바나로부터 전달된 서신을 읽고 그 이외에도 심각한 문제들이 많다는 사실을 확인하고 분량을 더 늘려서 서신을 작성하게 되었습니다. 그 결과 오늘날 우리에게 전해지는 고린도전서가 등장한 것입니다.

"너희의 부족한 것을 채웠다"는 말은 원문의 의미가 정확하게 전달되지 않는 번역입니다. 원문을 보면 "스데바나와 브드나도와 아가이고가 온 것"과 "너희의 부족한 것"을 서로 비교하는 구조로 되어 있습니다. "온"으로 번역된 파루시아라는 말은 두 가지 뜻이 있는데, 하나는 재림이라는 뜻이고 다른 하나는 "있다"라는 뜻입니다. 본문에서는 "있다"는 뜻으로 사용되었습니다. "부족한 것"으로 번역된 단어는 "결석하여 없다"는 뜻과 결함이라는 두 가지 뜻을 지니고 있는데, 여기서는 앞의 "있다"에 대응하여 "결석하고 없다"로 번역되어야 합니다. 이 문장은 스데바나와 브드나도와 아가이고는 바울과 함께 있고, 그 외의 다른 고린도교회 성도들은 지금 바울과 함께 있지 않다는 뜻입니다. 그러므로 이 문장은 스데바나 일행이 고린도교회 성도들이 없어서 생긴 공백을 채워주고 있다는 뜻입니다. 바울은 에베소에 있으니까 고린도교회 성도들에게 무슨 말을 하고 싶어도 할 수가 없고, 고린도교회 상황이 어떻게 돌아가고 있는지 알고 싶어도 알 수가 없고, 보고 싶어도 볼 수가 없는 상황입니다. 그러니 얼마나 바울의 마음이 갑갑하겠습니까? 뭔가 꽉 막힌 상태에 갇혀 있는 느낌이 들지 않겠습니까? 그런데 이 공백을 스데바나 일행이 채워 주고 있다는 것입니다. 고린도교회 성도들이 없어서 바울의 마음속에 생긴 빈 자리에 이 세 사람이 오니까 그래도 어느 정도 채워지지 않습니까? 세 사람이 와서 고린도교회 사정을 직접 이야기해주고 바울의 궁금증도 풀어주니까 바울의 빈자리가 채워지지 않겠습니까? 18절은 바울의 마음 상태를 더 상세히 설명합니다. "그들이 나와 너희 마음을 시원하게 하였으니 그러므로 너희는 이런 사람들을 알아 주라." "시원하게 했다"는 말은 안심시켜 주었다, 안도의 쉼을 내쉴 수 있도록 해 주었다는 뜻도 있습니다. 스데바나 일행으로부터 설명을 듣고 나서 비로소 바울은 마음속의 갑갑함을 풀 수 있었고 비로소 마음에 안심이 되었고 숨을 쉴 수 있었습니다. 시원하게 했다는 번역은 아주 잘 된 번역입니다. 바울은 스데바나와 같은 평신도 지도자들의 수고를 인정해 주라고 권고합니다.

다음으로 바울은 에베소에 있는 성도들과 자신이 전하는 문안인사를 전합니다. 19절과 20절입니다. "아시아의 교회들이 너희에게 문안하고 아굴라와 브리스가와 그 집에 있는 교회가 주 안에서 너희에게 간절히 문안하고 모든 형제도 너희에게 문안하니 너희는 거룩하게 입맞춤으로 서로 문안하라."

아시아의 교회들은 에베소를 중심으로 한 지역에 설립되기 시작한 교회들을 뜻합니다. 에베소교회는 바울이 오기 이전부터 있었습니다. 그러다가 바울의 두란노서원에서의 강의로써 아시아 지역에 교회들이 추가로 속속 설립되었습니다. 이 교회들이 안부 인사를 전하는 것입니다.

바울은 특별히 아굴라와 브리스길라를 언급하면서 문안인사를 전달합니다. 사도행전 18장 1-3절에 따르면 아굴라와 브리스길라 부부는 주후 49년경 로마제국의 글라우디우스 황제가 로마에 있는 유대인 회당을 중심으로 하여 일어난 소동 때문에 유대인들을 로마로부터 추방할 때 추방당한 사람들입니다. 이 부부는 로마에서 이미 개종했을 것으로 추정됩니다. 이 부부는 고린도에 와서 가죽제품을 만들어 파는 상점을 하나 열었습니다. 그러던 중에 바울을 만나게 되었습니다. 아마도 이 부부는 상점 이층에 있는 다락방에서 거주했고, 바울은 아래층에 있는 상점에서 일하면서 이 상점 안에 있는 소파 같은 곳에서 기거했던 것으로 추정됩니다. 이런 과정에서 이 부부는 자연스럽게 대화를 할 수 있었고, 이 대화를 통하여 바울로부터 복음을 충실하게 전수받고 바울의 제자가 되었습니다. 바울은 고린도교회를 떠나 하나님 앞에서 서약한 일을 행하기 위하여 시리아의 안디옥으로 돌아가는 길에 이 부부를 대동했습니다. 여정 중에 에베소에 잠깐 머무르는 기회가 있었습니다. 에베소에 이미 설립되어 있던 에베소 교회의 성도들은 바울에게 에베소에 머물면서 자신들을 지도해 달라고 요청했고 또 바울도 원래는 2차 선교여행을 에베소로 오려고 할 만큼 에베소에 대한 애착이 강했지만, 시리아의 안디옥에 돌아가서 하나님 앞에서 지켜야 할 서약 때문에 부득이 요청에 응하지 못하고 그 대신 아굴라와 브리스길라 부부를 에베소에 머물면서 에베소 교회 성도들을 돌보도록 조치를 취했습니다. 바울이 안디옥에서의 일을 마치고 마침내 에베소로 3차 선교여행을 왔을 때 아굴라 부부는 이미 에베소에서 터전을 잡고 있는 상태에서 바울을 맞이하여 바울의 에베소사역을 물심양면으로 후원했습니다. 아마도 이 부부는 바울이 에베소에서 사역하는 동안 자신의 집을 교회모임의 장소로 제공했던 것 같습니다. 아굴라와 브리스길라 부부는 로마에서 고린도로, 고린도에서 다시 에베소로 이주했는데, 당시 이런 장거리 여행은 상당한 재력을 소지한 사람들만이 할 수 있었던 일입니다. 아마도 이 부부는 상당한 재력과 사업수완을 가지고 있었던 것으로 추정됩니다. 따라서 로마, 고린도, 에베소에서 모두 가죽 상점을 열 수 있었던 것 같고 에베소에서는 바울에게 집회 장소를 제공할 만큼 돈을 벌 수 있었던 것으로 추정됩니다. "모든 형제들"은 아마도 에베소 교회의 성도들 특히 고린도교회와 인연이 있는 성도들을 뜻한다고 보면 됩니다. 에베소에 있는 교회와 성도들의 문안인사를 전한 바울은 고린도교회 성도들 상호간에도 이런 따뜻한 문안인사를 하는 것을 잊지 말도록 권고합니다. 바울은 "거룩하게 입을 맞추는" 인사를 하도록 권고하고 있는데, 당시에는 가룟 유다가 스승인 예수님에게 입을 맞추었던 것처럼 제자가 스승에게 존경심을 표현할 때 눅22:47, 집주인이 존경하는 손님을 향하여 환영의 뜻을 표현할 때 눅7:45 참조, 그리고 이별의 슬픔을 표현할 때 행20:37 입을 맞추었습니다.

여기까지 바울은 아마도 당시 통용되던 서신 쓰는 관행에 따라서 서기를 고용하여 구두로 말하는 것을 대필하는 방식으로 서신을 써내려 간 것으로 추정됩니다. 그러나 21절에 이르러서는 바울이 직접 친필로 자신이 전하는 인사를 써 내려 갑니다. "나 바울은 친필로 너희에게 문안하노니." 당시에 서신은 서기를 통하여 대필을 하고 마지막에 친필로 서명을 하는 관행이 있었습니다. 그러나 이 관행은 의무조항은 아니었고, 이런 서명을 하지 않을 때도 많았습니다. 여기서 바울은 형식적으로 서명을 한다는 뜻에서 친필을 든 것이 아니라 고린도교회 성도들에 대한 애정의 표시로서 친필로 마지막 몇 절을 써내려 간 것으로 보면 됩니다.

그런데 22절은 지금까지 칭찬을 주로 해 온 바울의 어조로 볼 때는 좀 뜻밖의 내용이 나옵니다. "만일 누구든지 주를 사랑하지 아니하면 저주를 받을지어다 우리 주여 오시옵소서." 바울은 복음전도자로서 항상 칭찬만 하지는 않았습니다. 바울은 생명을 얻는 길은 무엇이며, 멸망으로 가는 길은 무엇인가를 언제나 분명하게 밝히는 것을 잊지 않습니다. 지금 바울은 고린도전서 15장에서 다루었던 재림의 때를 바라보는 관점을 계속하여 유지하고 있습니다. 주님을 사랑하고 믿는 생활을 하지 않으면 재림의 날에 하나님으로부터 준엄한 심판이 있을 것임을 바울은 분명히 합니다. 23절에서는 주님의 은혜가 모든 성도들에게 임하기를 기원합니다. "주 예수 그리스도의 은혜가 너희와 함께 하고." 24절에서는 바울 자신이 모든 고린도교회의 성도들을 아가페 사랑으로 사랑하고 있음을 전하면서 문안인사와 더불어 모든 서신의 서술을 마무리합니다. "나의 사랑이 그리스도 예수 안에서 너희 무리와 함께 할지어다."